紀念中國工農紅軍長征勝利七十周年

长征颂

上册

中央文献出版社
大象出版社

《长征颂》编委会

主　　编： 李国城　姜廷玉　张　海
副 主 编： 郑秀桂　马　勇　潘　宏　叶茂盛
鹿海啸　李树增
编　　辑： 刘中刚　关　泠　马宏伟　叶茂起　田　辉
梅大勇　阎　雪　王东红

统筹策划： 叶茂盛　张文和　耿相新
责任编辑： 耿相新　张文和

撰 稿 人：（按姓氏笔画为序）
刘中刚　任　征　任家序　张世华　张　杰
张　海　李树增　李继红　李　静　罗　波
周　燕　姜廷玉　缪炳法　霍庆跃

装帧设计： 李　伟　刘春红　赵　鑫
制　　作： 连金霞　陈　葳

监　　制： 边彦军　李亚娜

我们完成了空前伟大的远征，是历史上从来没有过的。

长征是历史记录上的第一次，长征是宣言书，长征是宣传队，长征是播种机。

自从盘古开天地，三皇五帝到于今，历史上曾经有过我们这样的长征吗？

毛泽东

毛泽东

1949 年 3 月 5 日，毛泽东在七届二中全会上的报告中指出："夺取全国胜利，这只是万里长征走完了第一步。……中国的革命是伟大的，但革命以后的路程更长，工作更伟大，更艰苦。这一点现在就必须向党内讲明白，务必使同志们继续地保持谦虚、谨慎、不骄、不躁的作风，务必使同志们继续地保持艰苦奋斗的作风。"

邓小平

“正是由于有了艰苦奋斗的作风，党和红军才能经受常人所不能忍受的二万五千里长征的困难考验，完成了人类历史上这一罕见的英雄壮举。”

“在长征中为什么我们能在非常困难的情况下奋斗出来，战胜千难万险使革命胜利呢？那就是因为我们有理想、有马克思主义信念，有共产主义信念。”

江泽民

1996年10月22日，在纪念红军长征胜利60周年大会上，江泽民对长征精神作了系统的概括，指出：伟大的长征精神，“就是把全国人民和中华民族的根本利益看得高于一切，坚定革命的理想和信念，坚信正义事业必然胜利的精神；就是为了救国救民，不怕任何艰难险阻，不惜付出一切牺牲的精神；就是坚持独立自主，实事求是，一切从实际出发的精神；就是顾全大局、严守纪律、紧密团结的精神；就是紧紧依靠人民群众，同人民群众生死相依、患难与共、艰苦奋斗的精神。长征精神，是中华民族百折不挠、自强不息的民族精神的最高体现，是保证我们革命和建设事业从胜利走向胜利的强大精神力量。

胡锦涛

2006 年 7 月 25 日，胡锦涛在中共中央政治局第三十三次集体学习时指出：长征是中国共产党领导中国人民英勇革命的壮丽史诗。包括长征在内的中国革命史，是我们党领导全国各族人民为争取民族独立、人民解放长期英勇奋斗的真实记录，是坚持马克思主义基本原理同中国革命具体实践相结合、推进理论创新的生动教材，是中国共产党人光荣革命传统和中华民族伟大民族精神的集中反映。我们应该十分珍惜和充分运用这个精神宝库。在改革发展任务艰巨繁重的新形势下，在深刻变化的国际环境中，我们要更加注重用中国历史特别是中国革命史来教育干部和人民。

中国工农红军长征路线图

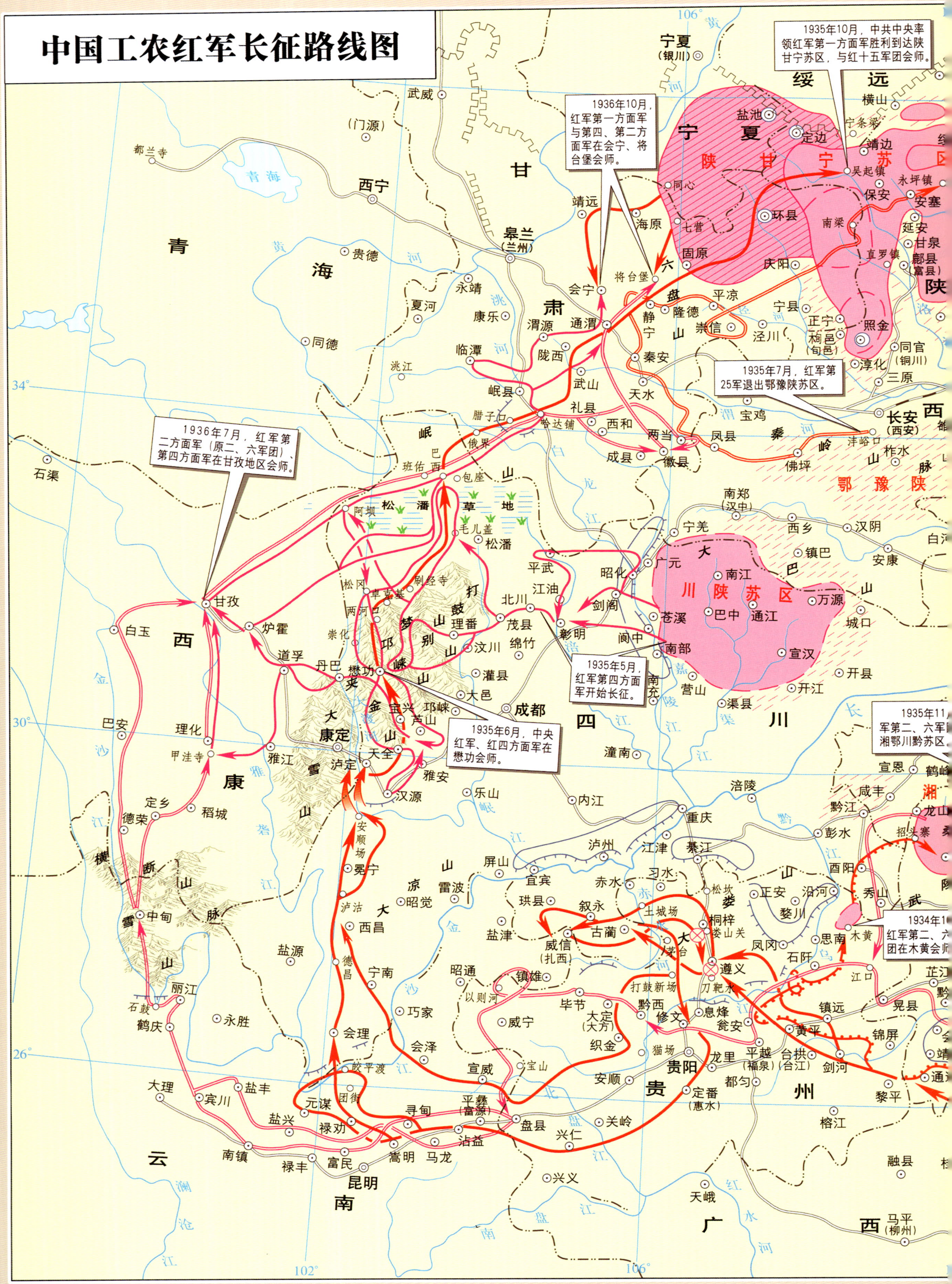

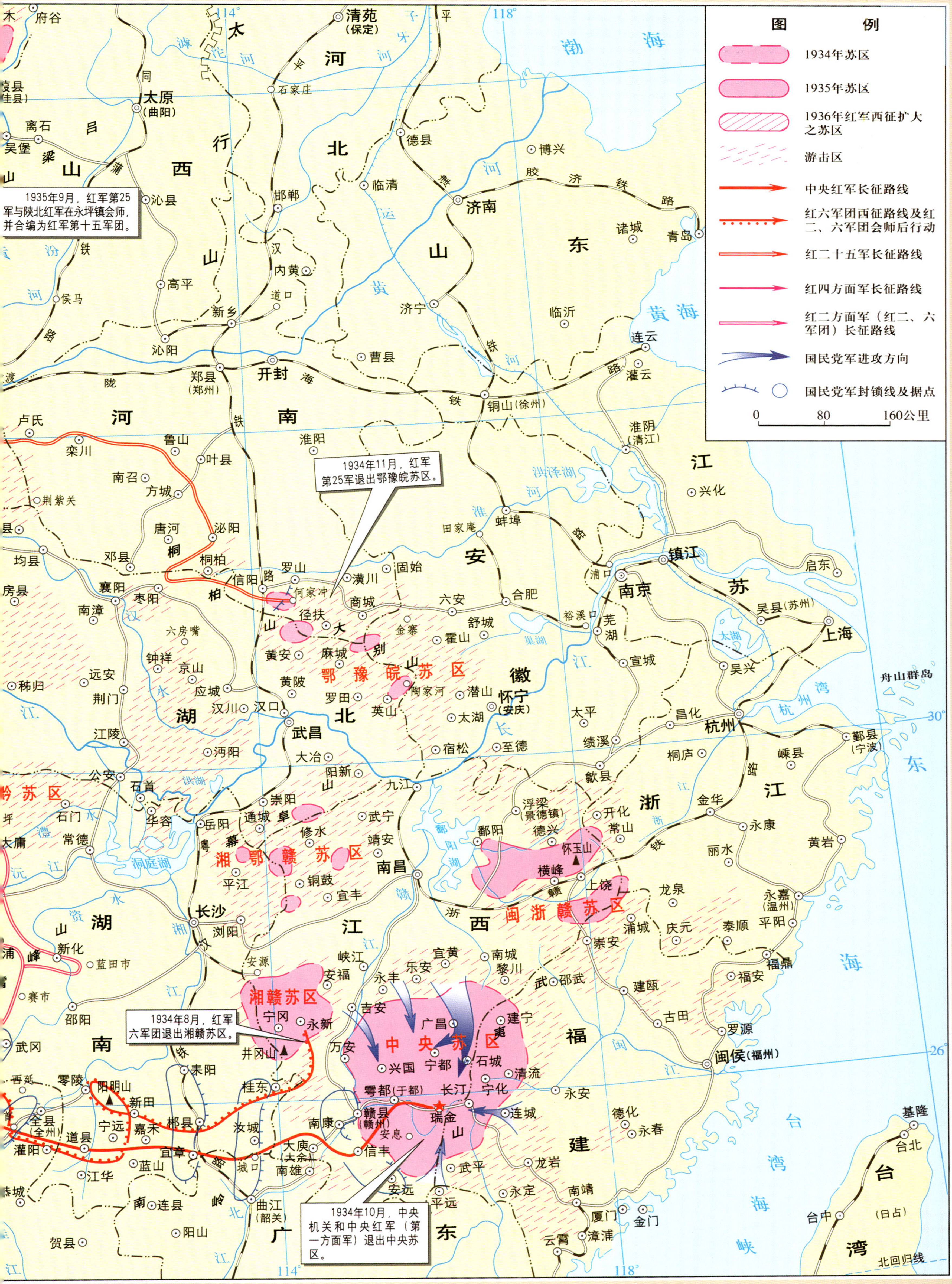

图例
1934年苏区
1935年苏区
1936年红军西征扩大之苏区
游击区
中央红军长征路线
红六军团西征路线及红二、六军团会师后行动
红二十五军长征路线
红四方面军长征路线
红二方面军（红二、六军团）长征路线
国民党军进攻方向
国民党军封锁线及据点
0 80 160公里
1935年9月，红军第25军与陕北红军在永坪镇会师，并合编为红军第十五军团。
1934年11月，红军第25军退出鄂豫皖苏区。
1934年8月，红军六军团退出湘赣苏区。
1934年10月，中央机关和中央红军（第一方面军）退出中央苏区。
鄂豫皖苏区
湘鄂赣苏区
湘赣苏区
中央苏区
闽浙赣苏区
河北
山西
山东
河南
安徽
江苏
湖北
浙江
江西
湖南
福建
广东
台湾
渤海
黄海
东海
台湾海峡
太原
济南
开封
郑县（郑州）
南京
上海
杭州
武昌
汉口
南昌
长沙
瑞金
闽侯（福州）

前　言

举世闻名的中国工农红军长征，是一部气壮山河的英雄史诗，中国革命史上的奇迹，世界军事史上的伟大壮举。信念与鲜血浇铸的长征之路，“万水千山只等闲”的红军精神，早已突破了时空和国度的界限，在人类历史上树起了一座无与伦比的丰碑。这是中国共产党人的骄傲，中国红军人的骄傲，中华民族的骄傲。

红军长征，是在日本帝国主义加紧侵略，全国抗日救国运动不断高涨，中日民族矛盾逐步上升为主要矛盾的总形势下进行的，是由于以王明为代表的“左”倾冒险主义错误指导，未能粉碎国民党军的第五次“围剿”而被迫举行的一次战略大转移。

红军长征，是革命与反革命两种力量、光明与黑暗两种命运的一场大搏斗，是中国共产党和中国革命事业从挫折走向胜利的伟大转折点。在红军长征途中，英雄的红军指战员在以毛泽东为代表的中国共产党的正确领导和指挥下，以非凡的智慧和勇气，运用灵活机动的战略战术，与强敌进行重要战役战斗约600次，其中师以上规模的战役战斗达120余次，纵横驰骋于湘鄂川黔滇等14个省，长驱6.5万里，终于打破上百万敌军的穷凶极恶地围追堵截，克服难以想象的艰难险阻，取得长征的伟大胜利。

长征的胜利，向全世界庄严宣告，以马克思列宁主义武装起来的、深深植根于中国各族人民之中的中国共产党及其领导的新型人民军队，是不可战胜的；长征的胜利，是红军以实际行动宣传和践行了中国共产党抗日救国的正确主张，播下了革命火种，扩大了党和红军的政治影响，极大地振奋了全国各族人民的斗志，推动了中国国内形势的迅速发展；长征的胜利，实现了党的北上抗日战略方针，使三大主力红军逐步转移到抗日的前线阵地，为促进抗日民族统一战线的建立、肩负抗日救国的历史使命，奠定了坚实的基础；长征的胜利，保存和锻炼了革命力量，特别是经过极其艰难困苦的长征考验所保存下来的共产党员、红军指战员，是中国共产党和人民军队的宝贵财富，是民族的精华，许多人后来成为治党治国治军的骨干；长征的胜利，最具有深远意义的是，在遵义会议确立了毛泽东在红军和党中央的领导地位，开始逐步形成以毛泽东为代表的第一代中共中央领导集体，这是中国共产党走向成熟的重要标志，也是中国共产党和中国革命事业转危为安，不断开创新局面的重要保证。

红军主力长征后，留在长江南北各苏区的红军和地方革命武装，在极端艰难困苦的条件下，依靠人民群众，坚持长达三年之久的艰苦卓绝的游击战争，牵制和消耗了大量敌军；陕甘苏区的红军同长征先期到达的红二十五军组成中国工农红军第十五军团，取得劳山、榆林桥等战斗的胜利，巩固和扩大了陕甘苏区，为党中央把革命大本营放在西北创造了条件；转战于白山黑水之间的东北抗日联军，积极开展抗日游击战争，粉碎了日伪军的多次“扫荡”；坚持在国民党统治区域的党组织，以及中国共产党领导的各方面力量，都在进行艰苦卓绝的斗争。他们都为红军长征取得胜利做出了不可磨灭的贡献。

红军长征的胜利是来之不易的。当时，红军的物资供应极其匮乏，甚至连生存的基本条件都不具备，这在中外军事历史上是罕见的。但是，红军是英雄好汉。他们战胜了难以想象的艰难险阻，终于实现了自己的战略目标。他们用热血和生命铸就了长盛不衰的长征精神：即把人民的根本利益看得高于一切，坚信中国共产党及其所领导的革命事业必然会胜利的坚定革命理想和信念；为了救国救民，不怕任何艰难险阻，不惜牺牲一切，敢于斗争、敢于胜利的大无畏英雄气概；坚持独立自主，实事求是，一切从实际出发的求实创新精神；顾全大局、严守纪律、团结战斗的高尚品格；紧密依靠人民群众，同人民群众生死相依、患难与共，艰苦奋斗的工作作风。这种信念、气概、精神和作风，集中体现了中华民族百折不挠、自强不息的民族精神，是保证红军长征胜利的强大精神力量。

今天，红军长征胜利已经过去70年了，但她用生命和热血铸就的长征精神是永存的。她必将激励当今国人高举邓小平理论和“三个代表”重要思想的伟大旗帜，紧密团结在以胡锦涛为总书记的党中央周围，树立和落实科学发展观，万众一心，同心同德，在全面建设小康社会、实现中华民族伟大复兴的新的长征路上，开拓进取，奋勇前进。也正是为此，我们编辑了这部大型画册《长征颂》，奉献给广大读者。

红军精神永存！

伟大的长征万岁！

下册

目录

生命谱写的壮歌

中共江西省委常委、宣传部长　刘上洋

“红色摇篮，绿色家园。”江西这片郁郁葱葱的红土地，是中国革命的摇篮、人民军队的摇篮、共和国的摇篮，老一辈无产阶级革命家毛泽东、刘少奇、周恩来、朱德等都在这里留下过战斗的足迹。70年前，举世闻名的万里长征正是从江西的于都、瑞金等地出发，历尽千辛万苦，战胜千难万险，终于从一个个胜利走向了最后的胜利。

赣水苍茫，青山肃立。江西人民曾经为中国革命、红军长征作出了巨大贡献和牺牲。在那段风雨如晦的岁月，30万红军经过长征，最后只剩下3万。其中从江西出发的8万中央红军，只有6000余人到达陕北，无数革命战士献出了自己宝贵的生命。仅

仅兴国一个县，倒在长征路上的烈士就有12038名，平均每公里就有一名兴国籍烈士化作永远闪耀的路标。这用无数生命谱写的英雄壮歌，不仅给中华民族留下了一段永不磨灭的红色经典，而且必将铸成人类历史上一座高耸入云的永恒丰碑！

从烽火岁月到和平时期，长征精神薪火相传。长征英雄矢志不移的坚定信念、一往无前的英雄气概、团结奋斗的高贵品质，始终激励着江西人民在社会主义现代化的道路上，不畏艰险，奋勇前进。现在的江西，到处是一派催人奋进的精神风貌，到处是一片生机勃勃的喜人景象。我们坚信，在长征精神的鼓舞下，4300万井冈山儿女一定能够在科学发展、富民兴赣的道路上昂首阔步，意气风发，不断唱响加快发展的主旋律，谱写和谐平安的新篇章，在新的起点上实现经济社会又快又好发展。

引言

江西

江西是中国工农红军成长壮大的主要地区之一。1927年八一南昌起义，中国共产党在这里打响了武装反抗国民党反动派的第一枪。随后党的“八七会议”确定了土地革命和武装斗争的总方针，在江西先后举行了秋收起义和弋横起义等，开辟了井冈山革命根据地，形成了以江西瑞金为中心的中央苏区。在江西，党创建了中国工农红军第一方面军（中央红军），连续粉碎了国民党军的4次大规模“围剿”。但由于“左”倾教条主义者的错误领导，中央红军第五次反“围剿”最终失败，红军被迫实行战略转移。

1934年10月10日，中共中央、中华苏维埃中央政府、中革军委率领军委第一、第二纵队和中央红军第一、第三、第五、第八、第九军团共8.6万余人，陆续撤离江西瑞金、于都、兴国等地，开始长征，至10月30日进入湖南省，离开了战斗7年之久的红土地。

中央红军主力长征后，留在苏区的红军和地方武装在中共苏区中央分局书记项英、中华苏维埃共和国中央政府办事处主任陈毅等的领导下，坚持了艰苦卓绝的三年游击战争，保存了南方革命的战略支点和红军骨干力量，成为后来坚持华中抗日战争的重要力量之一。

江西是中国革命的老区，江西人民曾为中国革命做出了重大贡献，付出了巨大牺牲。长征中，仅江西兴国籍的红军指战员就牺牲了1万2千余人，几乎平均每1公里就倒下1位兴国籍的红军战士，他们的功绩和英名将永载史册。

江西是中共中央、中华苏维埃共和国中央政府、中革军委和中央红军长期战斗的地方，留下了大量的战斗历史遗存，留传着许多有关长征的经典故事，诸多有关长征的亲历与回忆，将再次把我们带进那如火如荼的战争岁月，让我们永远缅怀革命先辈的伟大业绩，体会长征精神的现代意义。

第五次反『围剿』失利

中央红军的长征，是在中央苏区第五次反“围剿”失败的情况下，为了求生存、求发展而被迫举行的战略转移。

1933年5月，国民党蒋介石在美、英、日等帝国主义支持下，开始部署对中央苏区的第五次大规模“围剿”。他们撤销了赣粤闽边区“剿共”总司令部，设立了“军事委员会委员长南昌行营”，全权处理赣粤闽湘鄂5省军政事宜。

这次“围剿”，蒋介石汲取了前几次“围剿”失败的教训，采取了“三分军事、七分政治”和“堡垒主义”的新战略，给红军的反“围剿”作战增加了许多困难。不过，红军的这次反“围剿”，在敌我兵力对比上，与前几次反“围剿”大体相等。特别是红军已经有了多次反“围剿”斗争的丰富经验，对于打破这次“围剿”仍然充满了必胜的决心和信心。同时，中央苏区的面积已经扩大到约6万平方公里，拥有300多万人口、4个省30余个县。苏区的政权建设得到加强，经济建设得到迅速恢复和发展。红军已经发展到10万人，地方武装也得到较大的发展。人民群众的政治思想觉悟有了很大提高。特别是由于日本帝国主义加快侵华步伐后，民族危机日益严重，民族矛盾急剧上升，抗日救国运动风起云涌，这是前几次反“围剿”中所不具备的有利条件。如果继续按照毛泽东提出和制定的一系列正确的战略战术基本原则，红军粉碎国民党军的第五次大规模“围剿”是完全有可能的。

但是，由于以王明为代表的“左”倾教条主义者无视中国革命和革命战争的客观实际，全盘否定了毛泽东为红军提出和制定的一系列正确的战略战术基本原则，全面推行“左”倾冒险主义的进攻路线。特别是应博古等人的邀请，共产国际驻中国代表李德担任中共中央军事顾问后，中央苏区的反“围剿”斗争日趋不利。

正当红军第五次反“围剿”作战陷入被动之时，国民党第十九路军将领陈铭枢、蒋光鼐、蔡廷锴等，联合国民党内李济琛等一部分反对蒋介石的势力，于11月20日在福州成立了“中华共和国人民革命政府”，公开与蒋介石国民党统治集团决裂，掉转枪口向国民党蒋介石统治集团开火。这是国民党营垒中的一次分裂，对红军反“围剿”作战十分有利。

但是，博古、李德等人由进攻中的军事冒险主义变为防御中的军事保守主义。他们拒绝采纳毛泽东的正确建议，命令红军在重要城镇、大居民点、交通要道、隘口等地构筑碉堡，分兵把口，处处设防，企图以阵地防御战结合“短促突击”顶住国民党军的推进，使红军再次遭受损失，特别是广昌保卫战，红军伤亡5093人，约占参战总人数的1/5。激起了红军广大指战员的极大不满，彭德怀痛斥李德“崽卖爷田心不痛”。

广昌保卫战失败后，中央红军经过近8个多月的反“围剿”作战，部队已经受到很大损失，苏区遭到严重破坏，红军“继续在内线作战取得决定的胜利已经极少可能以至最后完全没有可能”，应该毫不迟疑地转变战略方针，实行战略上的退却，

1 “三人团”成员：博古、李德、周恩来

1

以保存有生力量，“在广大无堡垒地区，寻求有利时机，转入反攻，粉碎‘围剿’，创造新苏区，以保卫老苏区”。对此问题，博古、李德等人虽然有所考虑，并把这一设想报告了共产国际，还组成了博古、李德、周恩来“三人团”，负责“处理一切”。1934年6月25日，共产国际复电，同意实行战略转移，以“保存活的力量”。但是，博古、李德等人不但未能果敢地做出战略转移的决定，反而命令中央红军主力和地方武装继续在苏区内与优势的国民党军拼消耗，企图阻止国民党军的推进。另外，命令红七、红六军团分别从中央苏区和湘赣苏区转移到闽浙皖赣边区和湘中地区，开展斗争，创建新区，吸引国民党军北上和西进，以减轻中央苏区的压力，配合中央红军主力粉碎国民党军的第五次“围剿”。然而，由于红七军团和红六军团兵力小，均未达到调动国民党军、减轻中央革命根据地压力的目的。中央

1 位于江西茨坪西北的井冈山五大哨口之一——黄洋界

2 毛泽东诗词手迹:《西江月·井冈山》

苏区进一步缩小，人力、物力极为匮乏，红军在内线打破国民党军的“围剿”已经根本没有可能了。特别是驿前以北的阵地沦陷后，博古、李德等人才被迫放弃了在苏区内抵御国民党军进攻的计划，决定于10月底或11月初实行战略转移，准备到湘西去同红三军和红六军团会合，尔后实行战略反攻，以粉碎国民党军的第五次“围剿”，恢复中央苏区。

但是，红军的战略转移是一次大规模的军事行动，必然会遭到优势的国民党军的有组织、有计划地围追堵截。红军要想打破国民党军的围追堵截，必须进行必要的和充分的准备。中共中央尽管进行了一些具体的准备，却是不足的，不充分的。

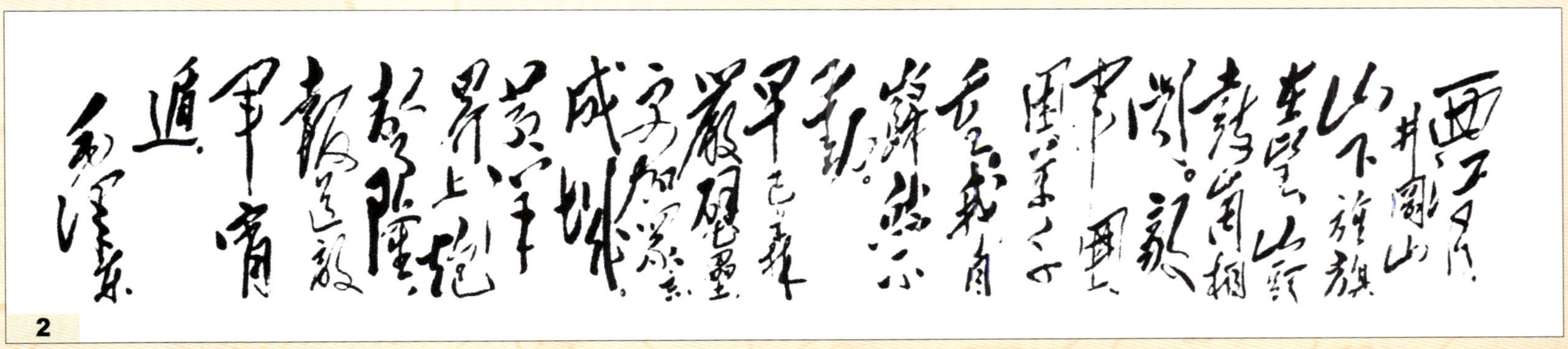

2

特别是对于撤出中央苏区这个关系到党和红军前途命运的重大问题，只限于中共中央上层少数人了解，甚至在中央政治局会议上也没有进行过讨论，“关于为什么退出中央苏区、当前任务怎样、到何处去等基本的任务与方向问题，始终秘而不宣”。“因此，在军事上，特别在政治上，不能提高红军战士的热情与积极性，这不能不是严重的错误。”特别是10月6日，国民党军占领石城后，博古、李德等人被国民党军的气势汹汹所吓倒，决定提前一个月实行战略转移。许多党政军高级干部对于战略转移没有思想准备或者准备很不充分；部队亦未进行必要的动员和休整，有的部队在撤离战场后又匆忙踏上了新的征程；新征集的战士尚未完全集中和进行必要的训

1

练，有不少新兵在转移后，才陆续补入部队，表现了不应有的“仓猝的出动”。

10月7日，中共中央和中革军委命令红二十四师和地方武装接替中央红军主力的防御任务，主力第一、第三、第五、第八、第九军团由兴国、石城、宁化、长汀等地向瑞金、雩都（今于都）、会昌等地区撤退，准备实行战略转移。9日，红军总政治部发布《关于准备长途行军与战斗的政治指令》，要求“加强部队的政治、军事训练，发扬部队的攻击精神，准备突破敌人的封锁线，进行长途行军与战斗”。并把10多个团的新兵、140多万发子弹、7.6万多枚手榴弹和大批物资补充到中央红军各主力军团。

与此同时，中共中央、中革军委决定：由红军总部和干部团组成第一野战纵队（也称军委纵队、红星纵队），叶剑英任纵队司令员兼政治委员，钟伟剑任参谋长，王首道任政治部主任。下辖4个梯队，第一梯队由军委总部第一、第二、第三局及无线电3台、电话排、通讯队、警备连、工兵连、运输排组成，负责人彭雪枫；第二梯队由军委总部第四、第五局及总政治处、警卫营、红军总政治部、医务所、运输排组成，负责人罗彬；第三梯队由军委工兵营、炮兵营、运输大队、附属医院组成，负责人武亭；第四梯队由干部团、医务所、运输排组成，负责人陈赓、宋任穷。其中干部团是由红军大学、公略步兵学校、彭杨步兵学校、特科学校合并组成，陈赓任团长，宋任穷任政治委员，毕士悌任参谋长，莫文骅任政治部主任。下辖4个

1 1934年，毛泽东和警卫员在瑞金

2 中央红军第五次反“围剿”要图

营，第一、第二营为步兵营，第三营为政治营，第四营为特科营。另有上级干部队（简称上干队），分指挥科、政治科等，属干部团指挥。博古、李德、周恩来、朱德等随该纵队行动。

由中共中央机关、中华苏维埃共和国中央政府机关、后勤部队、卫生部门、总工会、青年团等组成第二野战纵队（也称中央纵队、红章纵队），罗迈（李维汉）任司令员兼政治委员，邓发任副司令员兼副政治委员，张宗逊任参谋长（后为张劲武、姚喆代理），邵式平任政治部主任。毛泽东、张闻天、王稼祥等随该纵队行动。

至此，由于在博古、李德等人的错误指挥，历时1年之久的第五次反“围剿”斗争最终以失败而告终，中央红军被迫实施战略转移。

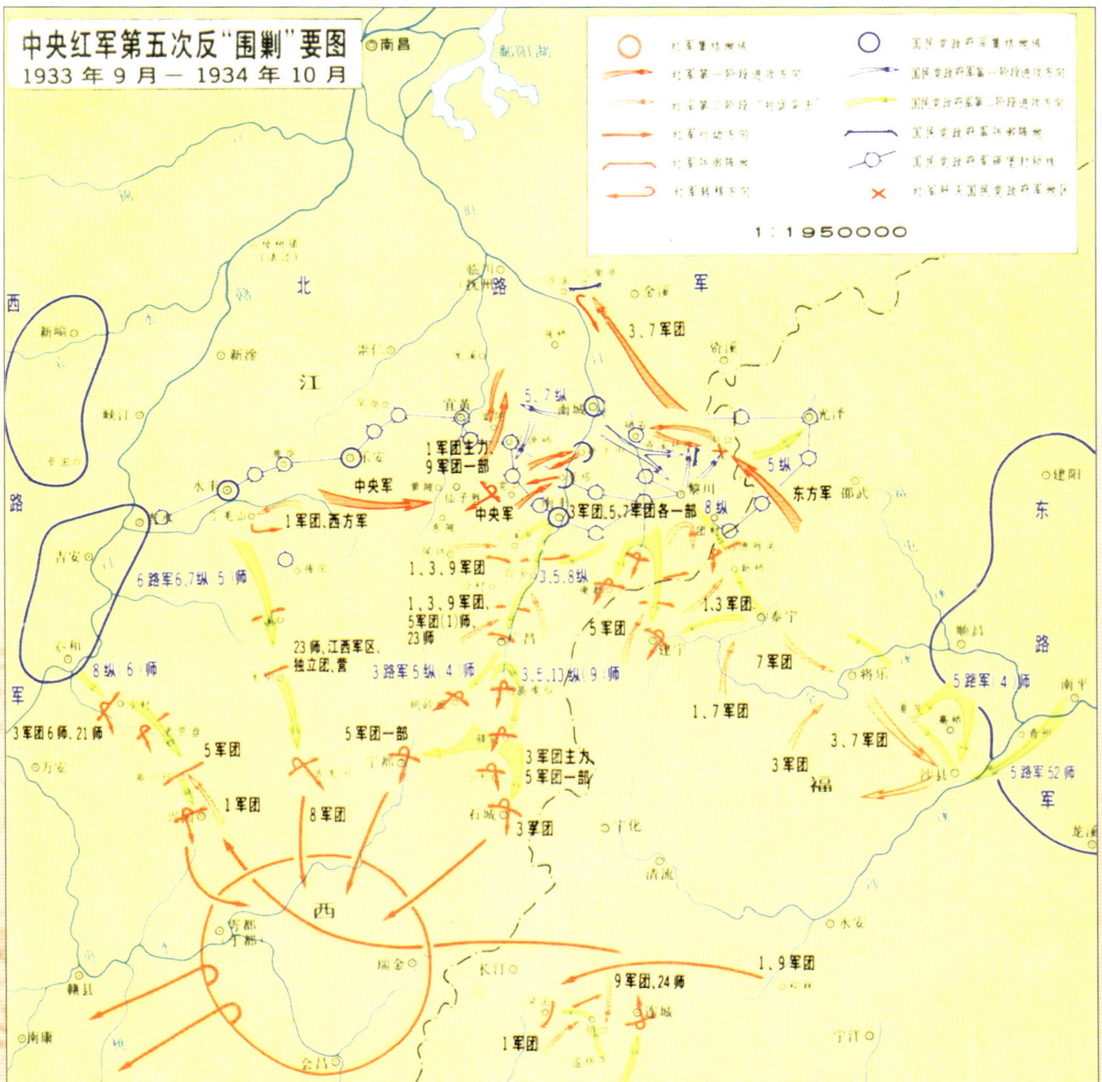

江西

中央红军实施战略转移

chang zheng

1934年10月10日晚，中共中央、中华苏维埃共和国中央政府、中革军委率领第一、第二野战纵队，分别由江西瑞金田心、梅坑、九堡地区出发，向于都地区开进，开始了战略大转移。同时，中共中央为了加强对红九、红八、红五军团的领导，分别派凯丰、刘少奇、陈云为中央代表，先后到达这些部队，随军行动。

10月17日，中央红军第一、第三、第五、第八、第九军团和军委第一、第二纵队共8.6万余人按照中革军委颁布的《野战军渡河计划》，分别从于都、花桥、潭头圩（龙石咀）、赖公庙、大坪心（龙山门）、峡山圩（孟口）等10个渡口南渡于

1

1 苏区中央局旧址——瑞金下霄村

2 战略转移的秘密准备工作：突击扩大红军；大量征集粮食；筹措和收集军用物资

3 1934年9月29日张闻天在《红色中华报》第239期发表《一切为了保卫苏维埃》，为战略转移进行舆论宣传

4 总政治部发出关于巩固部队准备长途行军与战斗的政治命令

六七两月份中的筹款工作概况
收集军用器材初步总结
募集被服的热潮在各地汹涌着
三个月扩红计划完成了!!!
武装起来到红军中去!

2

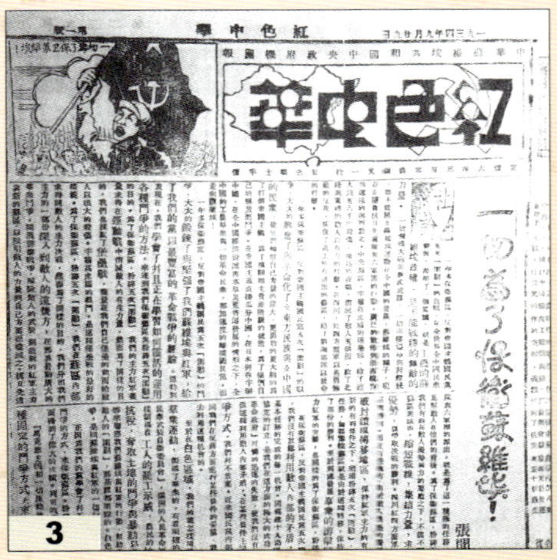
红色中华
一切为了保卫苏维埃!

3

都河（即贡水），向突围前进阵地开进。根据地人民群众怀着难分难舍的心情，聚集在村头、路边，为红军送行。红军指战员也怀着依恋之情与乡亲们频频挥手告别。

这时，“围剿”中央苏区的国民党南路军陈济棠部为配合国民党北路军、东路军对中央苏区的进攻，在赣州以东，沿桃江（即信丰河）向南，经大埠、王母渡，折向东南，经韩坊、新田等地，构成了第一道封锁线，阻止中央红军进入广东。其部署是：第四师驻赣州、南康，第二师驻信丰、王母渡，第一师主力驻古陂、新田、重石、版石等地，独立第三师驻韶关、乐昌、连县、

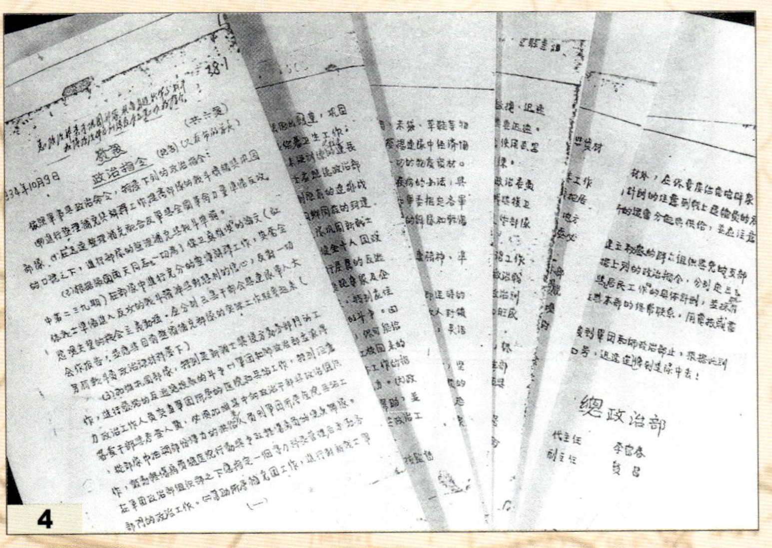
政治命令
总政治部

4

中央红军长征初期序列

（1934年10月—12月）

- 中央革命军事委员会
  - 主席 朱德
  - 副主席 周恩来、王稼祥
- 中国工农红军
  - 总司令 朱德
  - 总政治委员 周恩来
  - 总参谋长 刘伯承
  - 副参谋长 叶剑英、张云逸
  - 总政治部主任 王稼祥
  - 代理主任 李富春、秦邦宪（后）
  - 军委第1纵队
    - 司令员 叶剑英
    - 政治委员 叶剑英（兼）
    - 参谋长 钟伟剑
    - 政治部主任 王首道
    - 第1梯队：队长 彭雪枫；政治委员 彭雪枫（兼）
    - 第2梯队：队长 罗彬；政治委员 罗彬（兼）
    - 第3梯队：队长 武亭；政治委员 武亭（兼）
    - 第4梯队（干部团）：团长 陈赓；政治委员 宋任穷
  - 军委第2纵队
    - 司令员 罗迈（李维汉）
    - 政治委员 罗迈（兼）
    - 副司令员 邓发
    - 副政治委员 邓发（兼）
    - 参谋长 张宗逊、张经武（后）、姚喆（代）
    - 政治部主任 邵式平
    - 第1梯队：队长 张经武；政治委员 张经武（兼）
    - 第2梯队：队长 何长工；政治委员 何长工（兼）
    - 第3梯队：队长 贺诚；政治委员 贺诚（兼）
    - 第4梯队
  - 第1军团
    - 军团长 林彪
    - 政治委员 聂荣臻
    - 参谋长 左权
    - 政治部主任 朱瑞
    - 第1师：师长 李聚奎；政治委员 赖传珠 —— 第1团、第2团、第3团
    - 第2师：师长 陈光；政治委员 刘亚楼 —— 第4团、第5团、第6团
    - 第15师：师长 彭绍辉；政治委员 萧华 —— 第43团、第44团、第45团
  - 第3军团
    - 军团长 彭德怀
    - 政治委员 杨尚昆
    - 参谋长 邓萍、叶剑英（后）
    - 政治部主任 袁国平、刘少奇（后）
    - 第4师：师长 洪超、张宗逊（后）；政治委员 黄克诚 —— 第10团、第11团、第12团
    - 第5师：师长 李天佑；政治委员 钟赤兵 —— 第13团、第14团、第15团
    - 第6师：师长 曹德清；政治委员 徐策 —— 第16团、第17团、第18团
  - 第5军团
    - 军团长 董振堂
    - 政治委员 李卓然
    - 参谋长 刘伯承
    - 政治部主任 曾日三、（后）陈伯均
    - 中央代表 陈云
    - 第13师：师长 陈伯钧；政治委员 罗华民（罗华明） —— 第37团、第38团、第39团
    - 第34师：师长 陈树湘；政治委员 程翠林 —— 第100团、第101团、第102团
  - 第8军团
    - 军团长 周昆
    - 政治委员 黄甦
    - 参谋长 张云逸、（后）毕占云
    - 政治部主任 罗荣桓
    - 中央代表 刘少奇
    - 第21师：师长 周昆（兼）；政治委员 黄甦（兼） —— 第61团、第62团、第63团
    - 第23师：师长 孙超群；政治委员 李干辉 —— 第67团、第68团、第69团
  - 第9军团
    - 军团长 罗炳辉
    - 政治委员 蔡树藩、（后）何长工
    - 参谋长 郭天民
    - 政治部主任 黄火青
    - 中央代表 何克全
    - 第3师：师长 罗炳辉（兼）；政治委员 蔡树藩（兼） —— 第7团、第8团、第9团
    - 第22师：师长 周子昆；政治委员 黄开湘 —— 第64团、第65团、第66团

1

南雄等地，第二独立旅驻安远。

根据上述情况，中革军委决定中央红军由王母渡、韩坊、金鸡、新田之间地区突破粤军的封锁，向湘南前进。部署是：以红一军团为左路，歼击新田、金鸡的国民党军，向安西、铁石口方向发展；红三军团为右路，歼击韩坊的国民党军，占领古陂，向坪石、大塘方向发展；红九军团随红一军团后跟进，掩护左翼安全；红八军团随红三军团后跟进，掩护右翼安全；军委第一、第二纵队居中，红五军团担任后卫，掩护红军主力和中央机关前进。

10月21日，中央红军各军团按照中革军委的命令，开始进行突围战役。红一军团攻占金鸡、新田，红三军团攻占百室、韩坊、古陂，军委总部进至合头地区。国民党南路军稍加抵抗，即从重石、新田、古陂、韩坊全线撤退，向安远、信丰、南康集中，红军主力随即向信丰东南地域前进。22日，左路红一军团与由重石、版石向安西撤退的粤军2个团遭遇，经数小时激战，将其

▌1　中央红军长征初期序列

▌2　瑞金云石山云山寺——中央政府机关长征出发地（凌步机 摄）

2

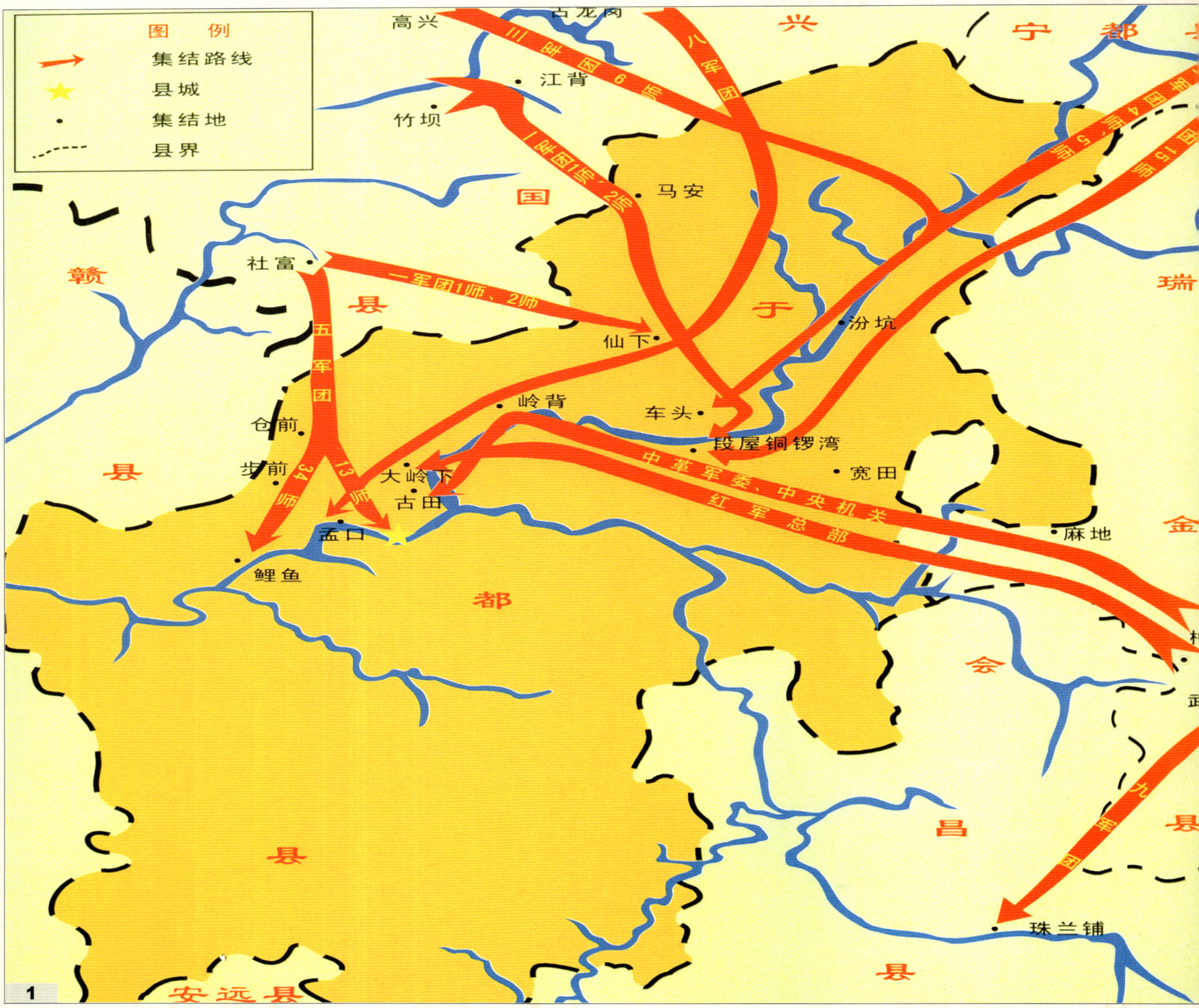

图 例
集结路线
县城
集结地
县界
高兴
古龙岗
江背
竹坝
三军团6师
八军团
一军团1师、2师
军团4师、5师
15师
马安
社富
一军团1师、2师
五军团
34师
13师
仙下
汾坑
岭背
车头
段屋铜锣湾
仓前
步前
大岭下
古田
宽田
孟口
鲤鱼
麻地
中革军委、中央机关
红军总部
九军团
珠兰铺
兴
国
县
宁
都
赣
县
于
都
县
瑞
金
会
昌
县
安远县

1

2

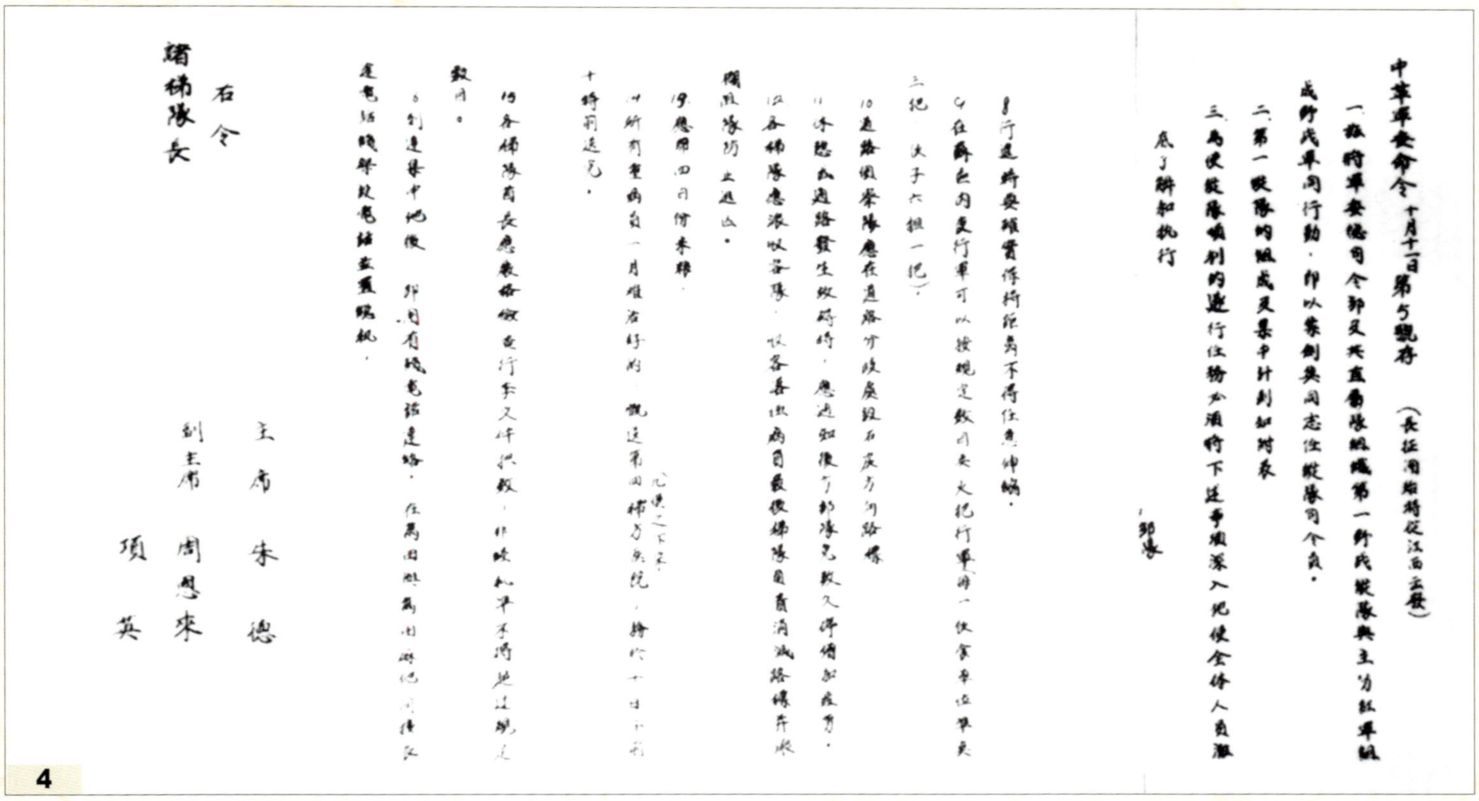

中革军委命令 十月十日第5号存

一、政府军委总司令部及其直属队组成第一野战纵队与主力红军组成野战军同行动，即以叶剑英同志任纵队司令员。

二、第一纵队的组成及集中计划如附表

三、为使纵队顺利的进行任务必须将下述事项深入地使全体人员澈底了解和执行

右令

诸梯队长

主席 朱德

副主席 周恩来

项英

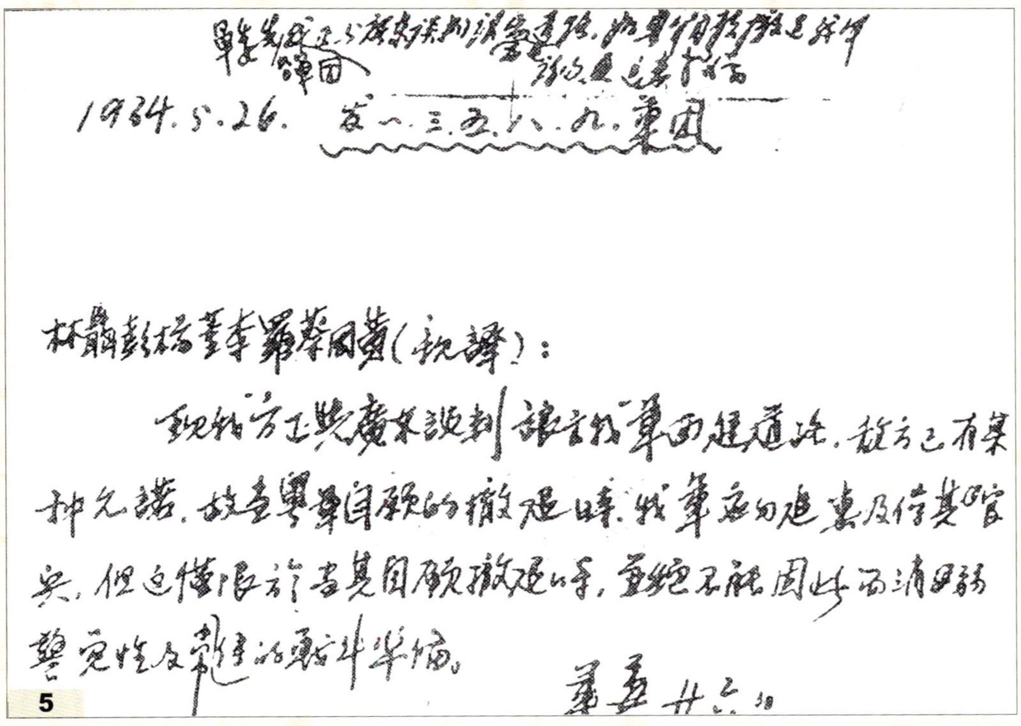

林聂彭杨董李罗蔡周黄（秘译）：

1. 中央机关、中革军委、红军总部及各军团集结于都路线示意图
2. 红三军团于都河渡口之一：于都城南门渡口
3. 中央红军长征第一渡。中央第一野战纵队和第二野战纵队在于都城东门渡口渡河。
4. 1934 年 10 月中革军委发布的长征命令
5. 中革军委指示：如粤军自愿撤退，红军请勿追击

1934.07 1934.08 1934.09 1934.10 1934.11 1934.12 1935.01 1935.02 1935.03 1935.04 1935.05 1935.06 1935.07

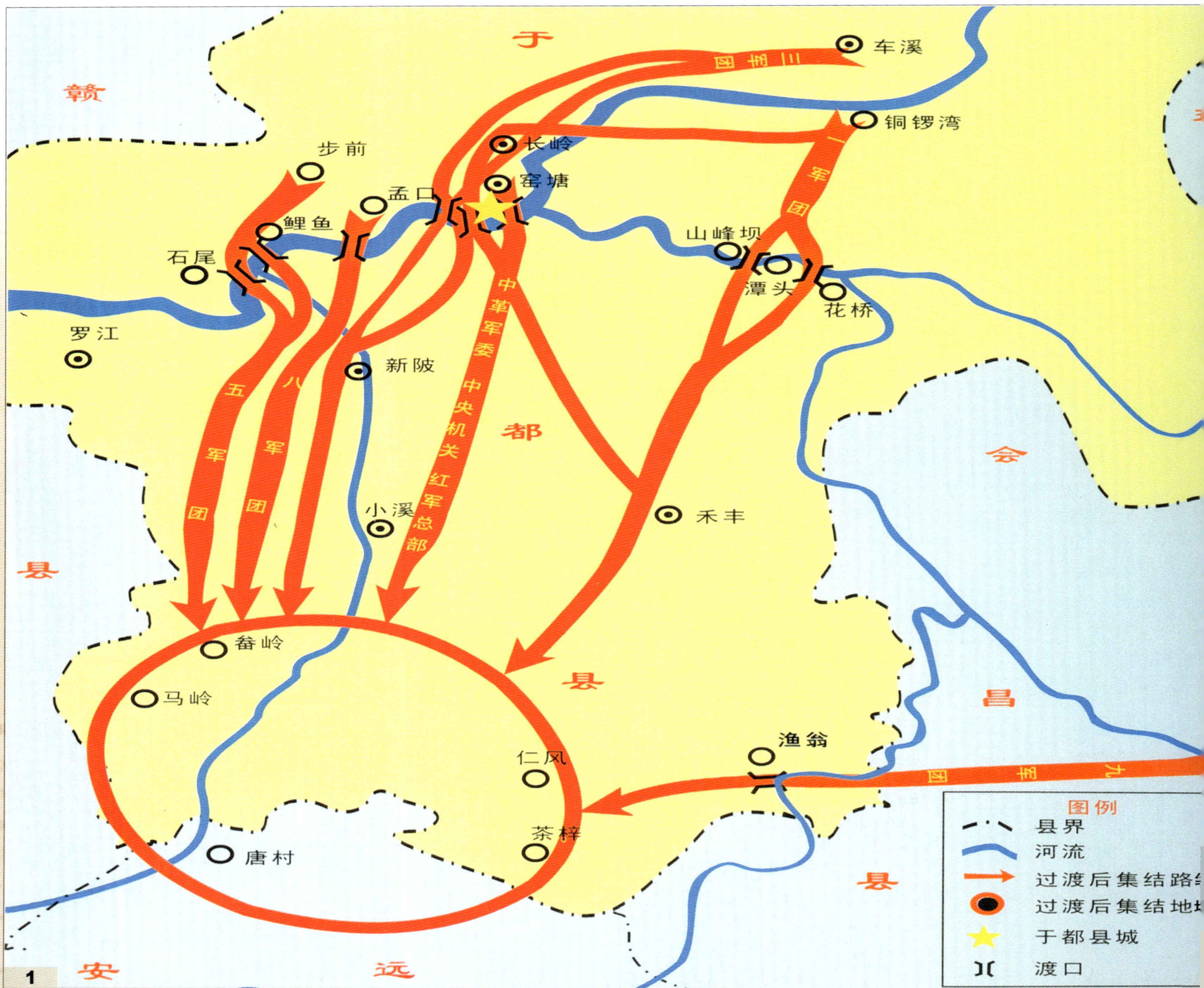

1 中央机关、中革军委、红军总部及各军团出发长征示意图

2 古田村窑塘的朱屋。中革军委机关从瑞金转移于都后的驻地

3 中央红军长征出发时经过的瑞金武阳桥

击溃，乘势向安西发展；右路红三军团进占坪石，红八军团由王母渡渡过桃江，向坳头、大垅方向前进。23日，左路红九军团监视安西的国民党军，红一军团绕过安西向桃江发展；右路红三军团向大塘铺前进。24日，红一军团主力占领铁石口等地，红三军团主力占领大塘铺等地；两军团的前锋占领桃江东岸，控制了渡口。当晚，各路先头部队开始西

2

3

1934.07 1934.08 1934.09 1934.10 1934.11 1934.12 1935.01 1935.02 1935.03 1935.04 1935.05 1935.06 1935.07 1935.08

1

2

渡桃江，抢占河西要点，掩护主力渡河。红三军团第五师占领江口等地，前锋进至梅岭关、中站，红一军团第二师向广东的乌径方向前进。25日，军委第一、第二纵队和红军其他各部队从信丰南北先后渡过桃江，突破了国民党军设在江西安远、信丰间的第一道封锁线，继续向西前进。10月30日，红军前锋部队进入湖南。

1 中革军委领导机关长征前集结地——于都贡江镇有古田村窑塘朱屋（张小平 摄）

2 红九军团渡江渡口之一：于都县靖石乡渔翁埠渡口

3 红一军团长征出发前的驻地于都县段屋锣湾村

4 1934年10月20日红五军团第十三师从这里渡河开始长征

5 红八军团渡于都河渡口之一：孟口渡口

当时，由于红军出动提前，粤军与红军谈判达成的协议尚未来得及通告下级指挥员，因此，在红军突破其第一道封锁线时，双方发生了比较激烈的战事，红军牺牲1000余人，红三军团第四师师长洪超牺牲，张宗逊继任师长。

3

4

5

1934.07 1934.08 1934.09 1934.10 1934.11 1934.12 1935.01 1935.02 1935.03 1935.04 1935.05 1935.06 1935.07 1935.08

江西

红七军团东进北上

chang zheng

1934年7月，中共中央和中革军委为摆脱中央苏区第五次反“围剿”的困境，决定以中国工农红军第七军团组成抗日先遣队，北上闽浙赣皖边地区，发展游击战争，创建苏区，以“吸引蒋敌将其兵力从中央苏区调回一部到其后方去”，配合中央红军主力，粉碎敌人第五次“围剿”。同时派曾洪易（后叛变）为中共中央代表，随军行动，“如联络长期中断时，则由中央代表与军团长、政委三人组织七军团的军委会”，统一领导党政军工作。

7月初，红七军团由福建连城地区回到瑞金，进行短期的休整，部队改编后下辖第一、第二、第三师，由寻淮洲任军团长、乐少华任政治委员、粟裕任参谋长、刘英任政治部主任。并突击补充了2000多名新战士，全军团共计6000余人，1200余支枪和6门迫击炮。

在此期间，中共中央和中革军委领导接见了军团的领导人，进一步明确了红七军团北上的任务，要求在1个半月内赶到皖南地区，发动、组织和武装该地区的群众，建立小块苏区，以推动该地区革命形势的发展。同时强调指出：要大力宣传党

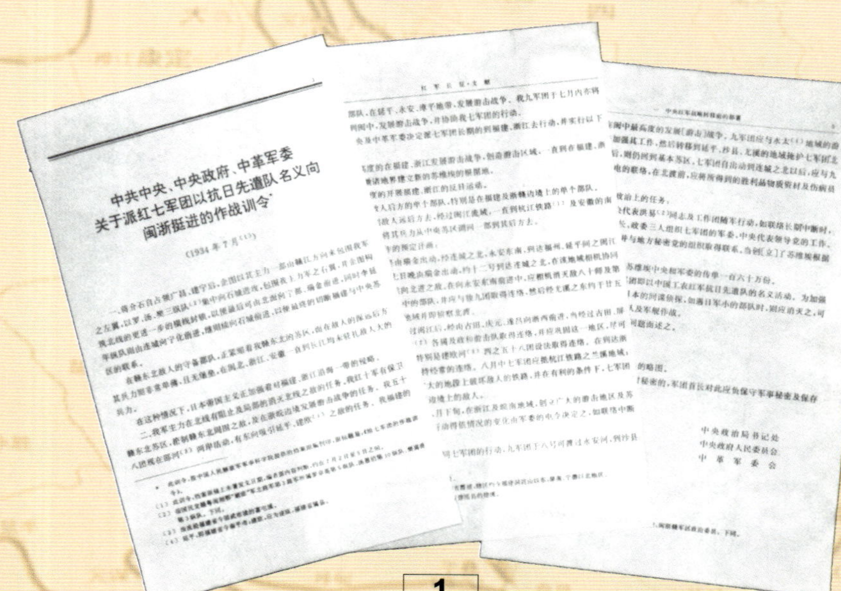
中共中央、中央政府、中革军委关于派红七军团以抗日先遣队名义向闽浙挺进的作战训令

（1934年7月）

1 1934年7月，中共中央、中央政府、中革军委关于派红七军团组成北上抗日先遣队向闽浙挺进的作战训令

2 红七军团军团长寻淮洲

3 红七军团政治委员乐少华

4 红七军团参谋长粟裕

5 红七军团政治部主任刘英

6 红七军团序列

2

3

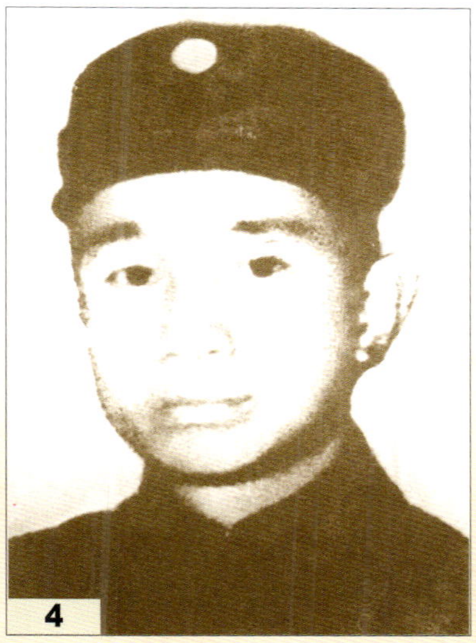
4

5

的抗日主张，推动抗日民主运动的发展。中央还在印刷条件极为困难的情况下，赶印了《中国工农红军北上抗日宣言》、《中国工农红军北上抗日先遣队告农民书》、《中国能不能抗日？》及《拥护红军北上抗日运动口号》等宣传材料，共160万份，供红7军团北上沿途宣传和散发。

7月6日晚，红七军团6000余人，从瑞金出发东进，经福建、浙西，向皖南进军。经过2个多月的艰苦转战，全军团已不足2000人到达皖南，在中共皖赣边区特委协助下，补充新战士约500人，并安置了伤病员。

10月21日，中革军委电令红七军团逐步向闽浙赣苏区转移。遵照中革军委命令，红七军团由浮梁、德兴间的山地，通过国民党军的两道封锁线，于11月上旬进入闽浙赣苏区，并在江西葛源以北地区同红十军会合，受到了当地党政军民的热烈欢迎和慰问。红七军团转入短时间休整。

红军第七军团序列

（1934年7月—11月）

- 第7军团
  - 军团长 寻淮洲
  - 政治委员 乐少华
  - 参谋长 粟裕
  - 政治部主任 刘英
  - 第1师
    - 师长
    - 政治委员
  - 第2师
    - 师长
    - 政治委员
  - 第3师
    - 师长
    - 政治委员

6

江西

红六军团突围西征

*1934*年*7*月*23*日，中共中央和中革军委命令红六军团离开湘赣苏区，转移到湖南中部地区，广泛开展游击战争和创立新的苏区，迫使湘军放弃紧缩湘赣苏区的计划及辅助中央苏区之作战，“最大限度的保存六军团的有生力量”，“确立与二军团（当时已改为红三军）的可靠的联系，以造成江西、四川两苏区联结的前提”。并指定任弼时、萧克、王震组成军政委员会，任命任弼时为军政委员会主席和中共中

红军第六军团西征时序列
（1934年8月—10月）

- 第6军团军政委员会
  - 主席 任弼时
  - 委员 萧克、王震
- 第6军团
  - 军团长 萧克
  - 政治委员 王震
  - 参谋长 李达
  - 政治部主任 张子意、甘泗淇（后）
  - 第17师
    - 师长 萧克（兼）
    - 政治委员 王震（兼）
    - 第49团
    - 第50团
    - 第51团
  - 第18师
    - 师长 龙云、戈勇（后）
    - 政治委员 甘泗淇
    - 第52团
    - 第53团
    - 第54团
  - 红军学校

1 红六军团西征时序列

2 1934年7月，中共中央、中革军委关于红六军团撤离湘赣苏区，到湖南中部创立新苏区的训令

3 红六军团西征出发地——江西遂川县横石村

央代表，领导红六军团的行动。同时命令湘赣军区所属部队、游击队均留在湘赣苏区坚持斗争，阻止湘军由西向东进攻中央苏区。

中共湘赣省委和湘赣军区根据上述命令，立即进行突围西征的准备：成立了以任弼时为主席，萧克、王震为委员的军政委员会，领导红六军团的突围西征；对部队进行了政治动员和军事训练，并调整干部，精简机关，充实部队；抽调250名地方干部随红六军团行动，作为创建新苏区的骨干；以陈洪时（后叛变）、谭余保等人组成湘赣军区新的领导机关，领导5个独立团和游击队，继续坚持湘赣苏

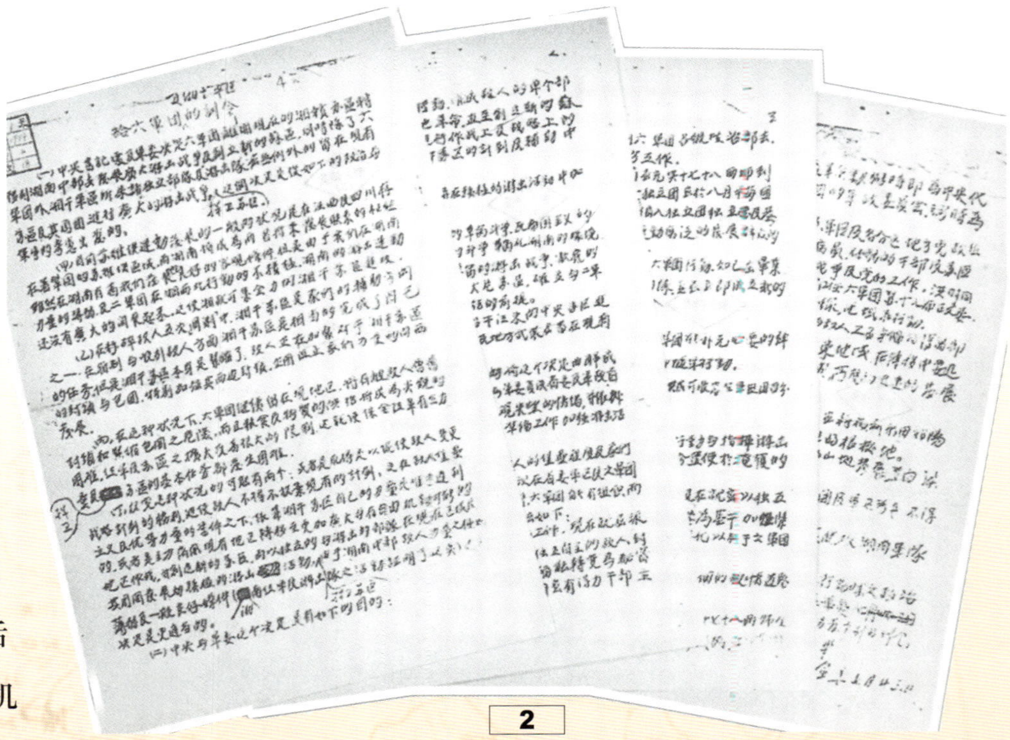
给六军团的训令

2

3

1

区的斗争。

8月5日，红六军团经过充分准备后，以一部兵力攻占敌军据点江西遂川县衙前。7日，红六军团率第十七、第十八师（各辖3个团）和红军学校共9700余人从江西遂川县横石、新江口地区出发，开始突围西征，离开了长期哺育红军的湘赣苏区人民，离开了以鲜血和生命建立起来的湘赣苏区。

红六军团在独立第四团的接应和掩护下，以突然行动，首先在遂川以北五斗江、以东的溪口，突破了敌军正在抢修的衙前至五斗江的封锁碉线，而后经下长隆、枫树坳、官坑等地，连续突破敌军遂川至黄坳、遂川至七岭的封锁线，并于8日袭占藻林，全歼敌守军地方民团，9日攻占左安。接着，红六军团广大指战员不顾盛暑酷热，昼夜兼程，于8月11日在猴子岭又突破了敌军寒口至广东桥的封锁线，进到湖南省桂东县的寨前圩，并于当晚派出前卫第五十三团占领沙田，将寨前圩到沙田之间20余座碉堡全部摧毁。至此，红六军团胜利地突破敌军的重围，跳出了敌军的包围圈。

2

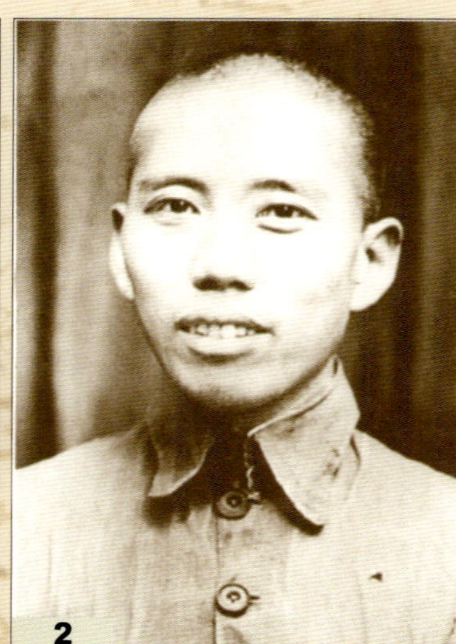

2

1 任弼时

2 萧克

3 王震

4 红六军团西征与红三军会师要图

1935.10 1935.11 1935.12 1936.01 1936.02 1936.03 1936.04 1936.05 1936.06 1936.07 1936.08 1936.09 1936.10

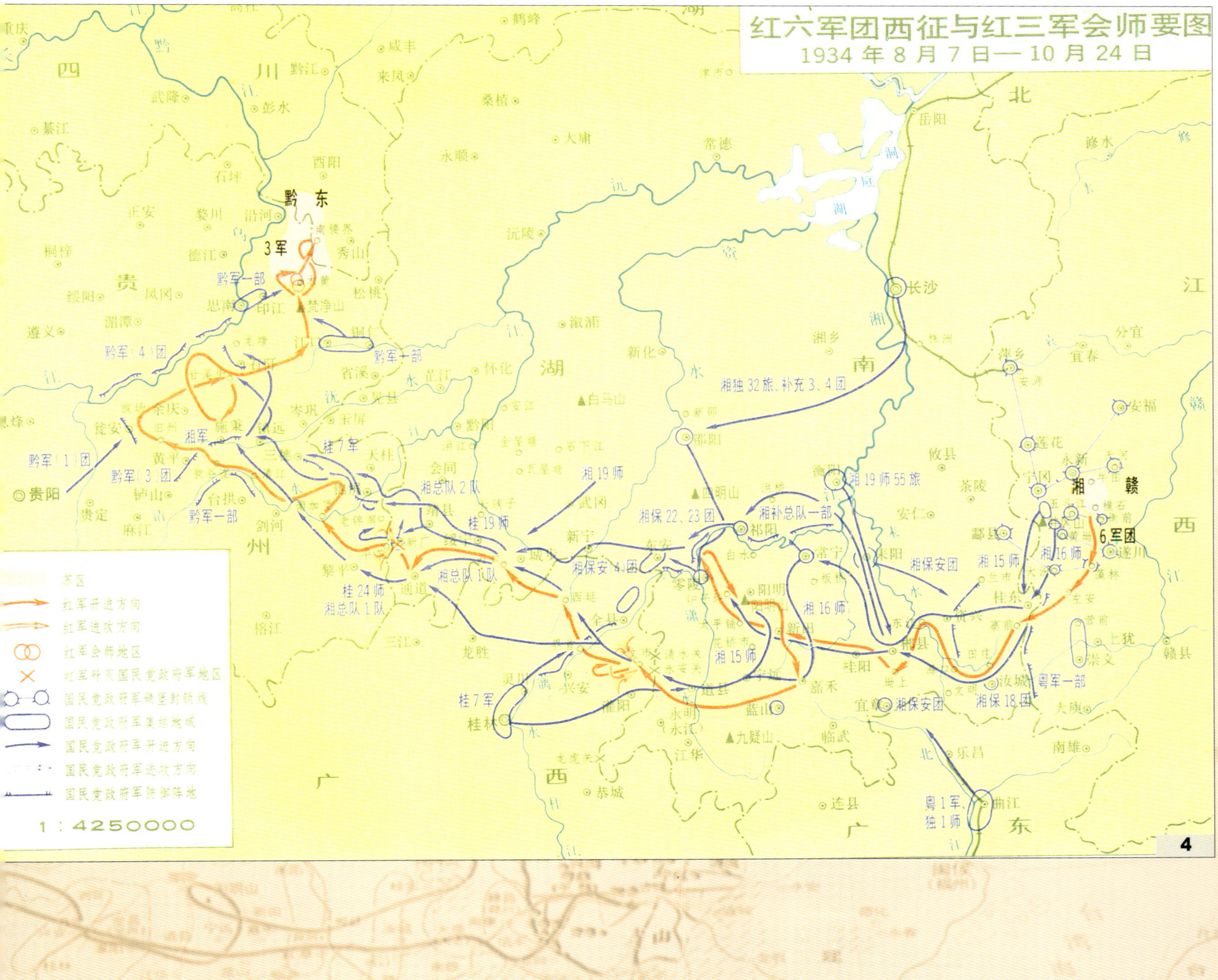

4

留赣红军和地方武装坚持斗争

中共中央、中革军委在决定率领中央红军主力实施战略转移时，决定成立中共苏区中央分局、中央军区和中华苏维埃共和国中央政府办事处。任命项英为中央分局书记、中央军区司令员兼政治委员，陈毅为中央政府办事处主任，统一领导中央苏区和闽浙赣苏区的斗争。同时决定留下红二十四师和10多个独立团等地方武装共1.6万余人，接替中央红军主力的防务，在中央苏区继续坚持斗争。

中央红军主力长征以后，敌人集中约50个正规师另6个独立旅继续向苏区中心区推进。苏区军民在中共苏区中央分局和中央军区领导下，不畏强暴，伪装主力部队，到处虚张声势，英勇顽强地抗击着敌军的进攻，把敌军主力紧紧牵制在中央苏

1

1 于都县谢家祠。1934年10月15日，毛泽东在此出席赣南省三级干部会议，鼓励苏区干部群众坚持斗争

2 《中央政府办事处布告》（1934年11月7日）

区及其邻近地区，使中共中央和中央红军主力比较顺利地通过了敌军的三道封锁线，进入湘南地区。

*1934*年*11*月中旬，蒋介石判明中央红军战略转移的意图后，除命令薛岳、周浑元两个纵队“追剿”中央红军外，其余兵力加紧向中央苏区中心区推进。那些卷土重来的豪绅地主、流氓恶棍，也组织了“还乡团”、“铲共团”、“暗杀团”等，对苏区军民进行残绝人寰的大屠杀，苏区20余万军民惨死在国民党反动派的屠刀之下，坚持斗争的红军和地方革命武装遭受严重损失。

遵义会议后，以毛泽东为核心的党中央对留在苏区坚持斗争的红军和地方武装十分关心。1935年2月接连电示中央分局：“立即改变你们的

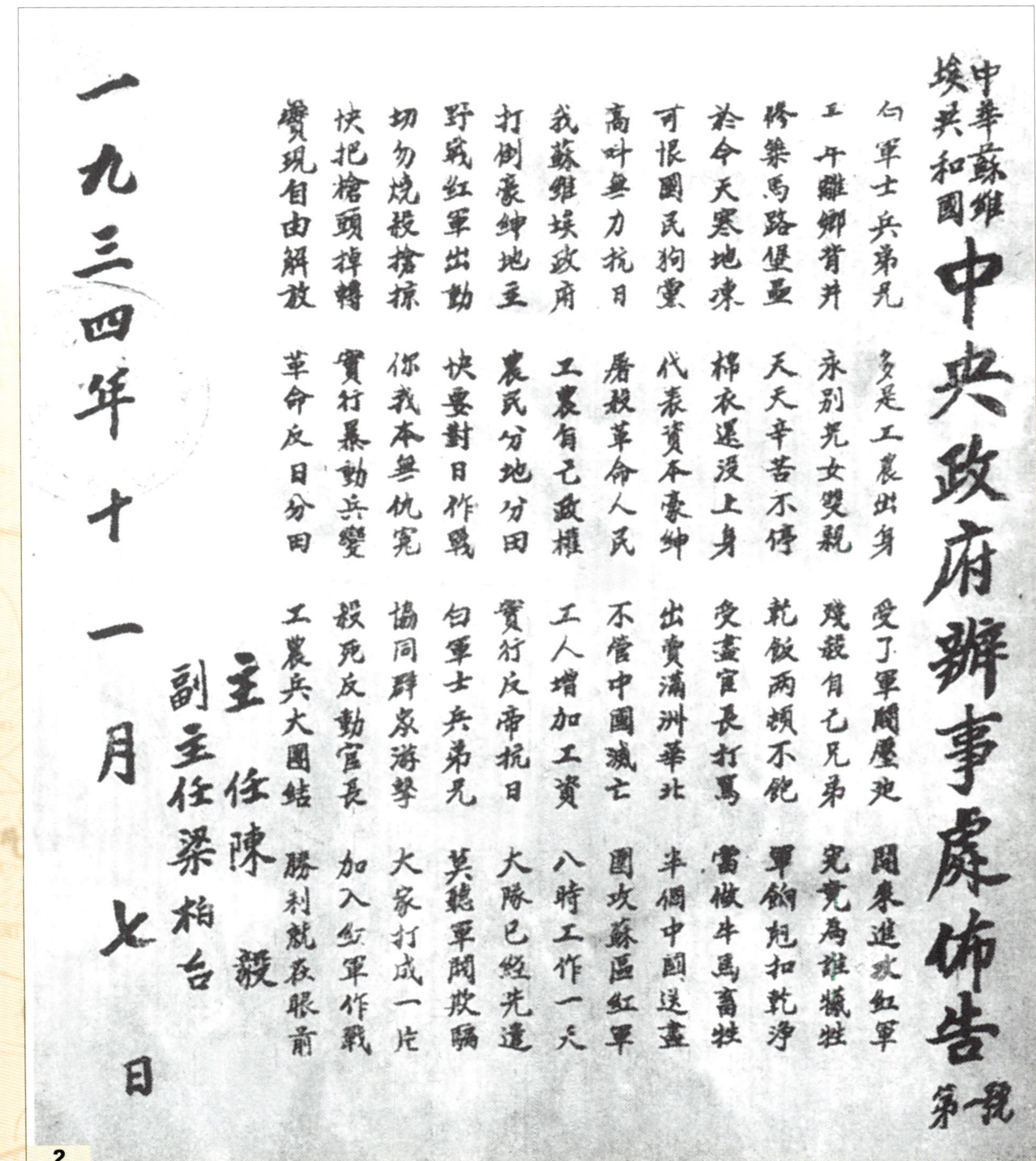
中華蘇維埃共和國
中央政府辦事處佈告 第一號

白軍士兵弟兄　多是工農出身　受了軍閥壓迫　開來進攻紅軍
工人離鄉背井　永別兒女雙親　殘殺自己兄弟　究竟為誰犧牲
修築馬路堡壘　天天辛苦不停　乾餓兩頓不飽　軍餉剋扣乾淨
縱令天寒地凍　棉衣還沒上身　受盡官長打罵　當做牛馬畜牲
可恨國民狗黨　代表資本豪紳　出賣滿洲華北　半個中國送盡
高叫無力抗日　屠殺革命人民　不管中國滅亡　圍攻蘇區紅軍
我蘇維埃政府　工農自己政權　工人增加工資　八時工作一天
打倒豪紳地主　農民分地分田　實行反帝抗日　大隊已經先遣
野戰紅軍出動　快要對日作戰　白軍士兵弟兄　莫聽軍閥欺騙
切勿燒殺搶掠　你我本無仇冤　協同群眾游擊　大家打成一片
快把槍頭掉轉　實行暴動兵變　殺死反動官長　加入紅軍作戰
實現自由解放　革命反日分田　工農兵大團結　勝利就在眼前

主任 陳毅
副主任 梁柏台

一九三四年十一月七日

2

组织方式与斗争方式，使与游击战争的环境相适应”，“反对机械的使用老苏区的一切办法的倾向。”部队要以“小游击队的形式，有计划的分散行动，环境有利则集中起来，不利又分散下去”；“占领山地，灵活机动，伏击袭击，出奇制胜”；要缩小或取消庞大的机关，负责同志随游击队行动，把“得力干部分配到地方去”，恢复党的组织，加强群众武装，做好瓦解敌军的工作。党中央这些指示，对中央苏区乃至苏区游击战争的坚持具有关键性的作用。

根据党中央的指示，中央分局随即决定将红二十四师等部队分散到中央苏区及其邻近地区开展游击战争，实现由正规战向游击战的转变。在转移过程中，苏区中央分局和红二十四师等又遭到很大损失。至此，部队由1.6余人锐减到2000余人(包括已分散到闽西地区的部队)，留在苏区内坚持斗争的党政军高级干部何叔衡、贺昌、阮啸仙、毛泽覃、万永诚、李赐凡、李天柱等相继在战斗中牺牲，瞿秋白、刘伯坚被俘，不久英勇就义。项英、陈毅和赣南军区300余人转至赣粤边区，会同赣粤边特委书记、

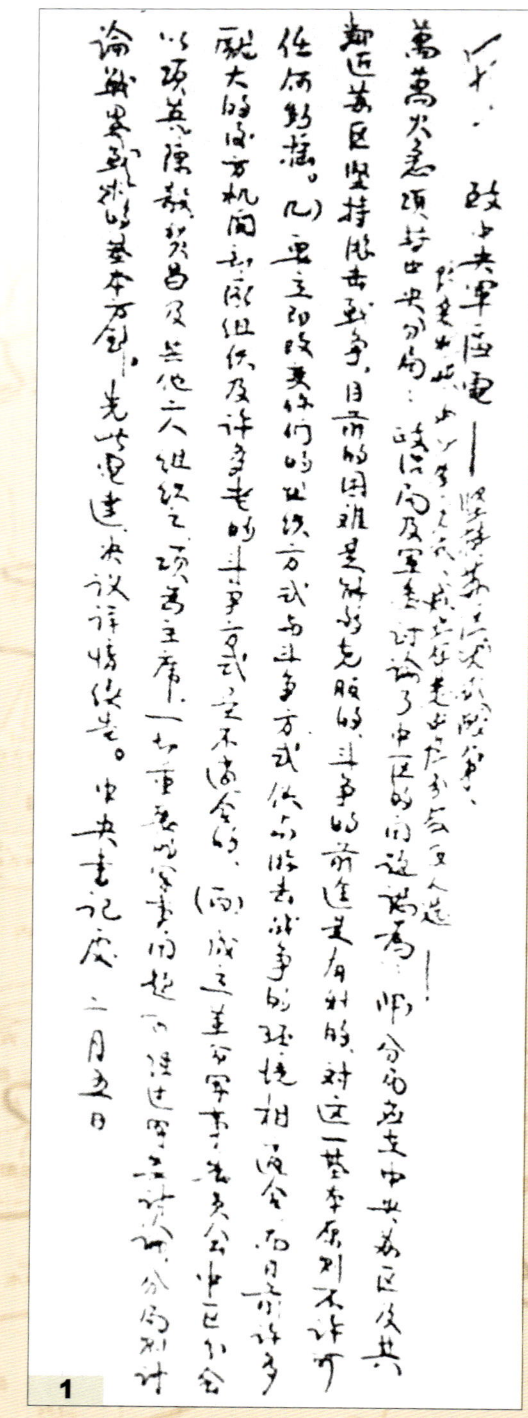

1

1 1935年2月5日，长征中的中共中央书记处致中央军区电

2 于都县南部山区的上坪村，是中央苏区坚持到最后的一个乡苏维埃政府

军分区司令员李乐天及其所部共1000余人，在以油山为中心的赣粤边区继续坚持斗争；邓子恢及谭震林所率红二十四师100余人转移到闽西地区，与先期到达该地区的张鼎丞及红八团、红九团等武装会合，在闽西南军政委员会领导下，就地坚持斗争；钟德胜、彭胜标、刘国兴等率领一部分地方革命武装，在瑞金、长汀、会昌地区开展游击活动。从此，中央苏区变为三个独立的游击区，苏区中央分局也与中共

2

1

中央和自己所领导的其他地区失去了联系，开始独立地坚持游击战争。

与此同时，红十军团亦遭受了严重损失。具有光荣革命传统的闽浙赣苏区沦于敌手，在苏区内坚持斗争的红三十师及其他革命武装也遭受很大损失，余部亦分散在皖浙赣边区坚持游击活动。

2

赣粤边红军坚持游击战争

赣粤边游击区位于江西省和广东省交界，中心区域在江西信丰、大庾（今大余）和广东省南雄三县交界的油山、北山地区。

*1934*年*10*月，中央红军主力长征后，中共苏区中央分局即派出一支部队到该地区开展游击战争。1935年3月，中共中央分局书记、中央军区司令员兼政治委员项英，中华苏维埃共和国中央政府

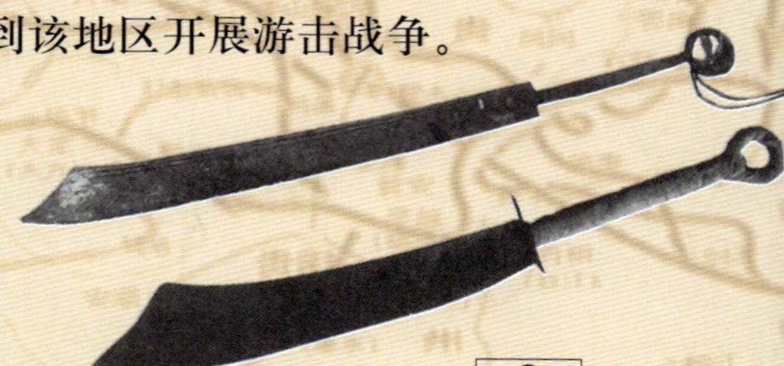

3

1 项英、陈毅、陈丕显（从左至右）

2 粤赣边红军游击队活动的根据地——油山

3 粤赣边游击队使用过的大刀

4 湘赣边游击队使用过的枪支残件

5 陈毅在大庾坚持斗争时，经常到瓷江小汾村彭坑，就住在这棵树下搭的草棚子里

办事处主任陈毅，以及赣南军区司令员蔡会文，赣南少共省委书记陈丕显率领突围部队余部，先后转移到赣粤边油山山区，同先期到达该地区活动的赣粤边军分区司令员兼政治委员李乐天部会合，组成1400余人的红军游击队。4月，项英、陈毅在江西省大庾县长岭召开会议，项英作了形势报告，陈毅作了苏区新形势和采取新的斗争方式的发言，会议确定了依靠群众、坚持斗争、积蓄力量、创造条件、迎接新的革命高潮的斗争方针。从这时起，国民党粤军第一军3个师和赣南警备团及保安团队共4万余人对红军和游击队进行大规模的“清剿”，红军和游击队则分兵游击于大庾、南雄、信丰、全南、龙南、定南县境的油山、北山、南山和信（丰）（南）康赣（县）、上（犹）崇（义）等地区。至年底，袭击了南雄乌迳镇、大庾游仙墟、西华山矿警队和崇义高山松等地，不断打击国民党军、保安团、靖卫团，继续坚持斗争。同年冬，国民党军对游击区实行经

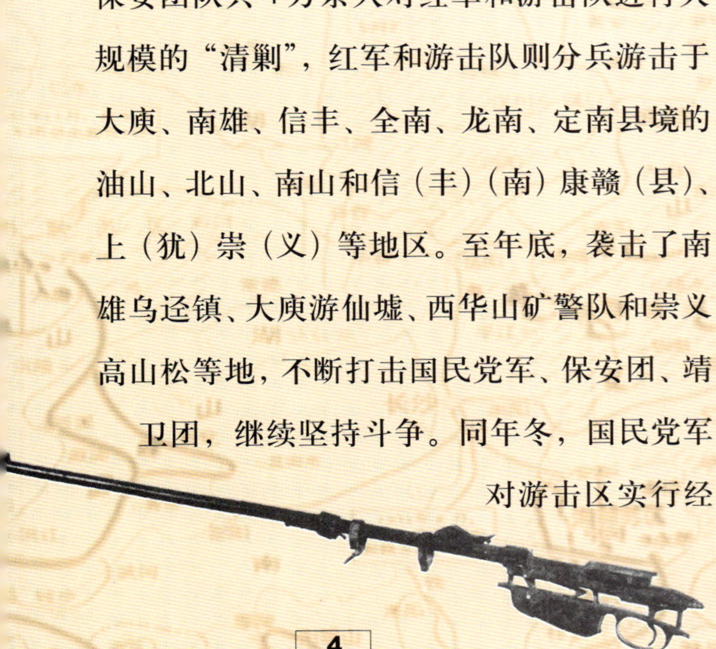
4

5

济封锁，控制了边区交通要道、渡口、集镇，设置伏击圈，并于1936年强迫民众随军进山“清剿”。红军和游击队在极端困难的条件下，依靠群众的帮助，组织了许多游击小组潜出山外，袭扰国民党军及其据点，迫使其出山。但部队也遭受很大损失，减少到不足200人，李乐天在信丰坳背村突围战斗中牺牲。7～8月，红军和游击队乘“两广事变”发生，国民党军他调之际，集中兵力向当地的保安团出击，攻克大庾、信丰、南雄等县的许多城镇，使油山、北山、南山游击区连成一片，部队发展到500余人。9月，在国民党军一师进攻下，一部留在山里发动群众，开展争取保甲长等活动；大部挺进山外，寻机歼敌。“西安事变”爆发后，红军和游击队宣传党的抗日民族统一战线总政策，但却遭到国民党军更加残酷的“清剿”。为

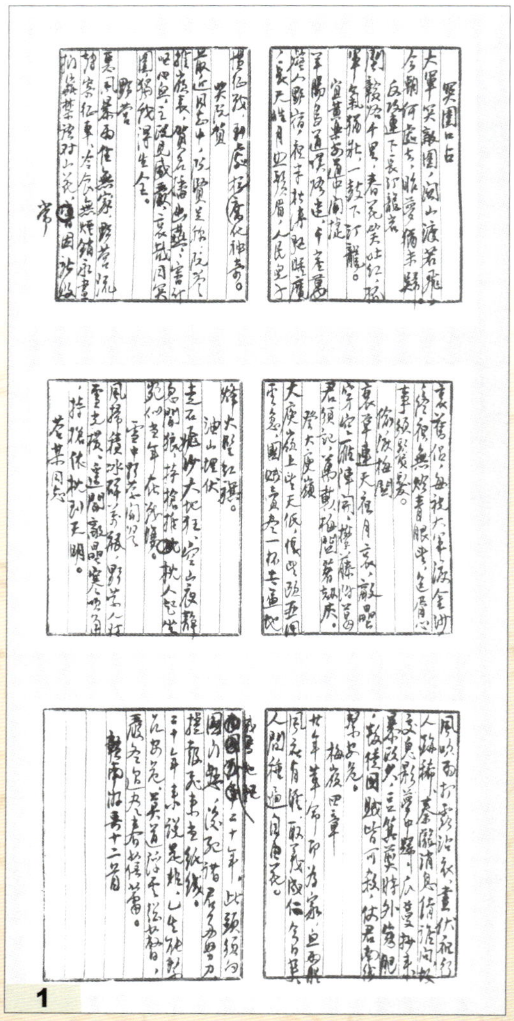

1

2

1 陈毅手迹：赣南游击诗 12 首

2 赣粤边红军游击战争中心区之一：赣粤边界大庾岭主峰帽子峰

3 于都黄麟乡井塘村。1934 年 12 月至 1935 年 2 月上旬，中共苏区中央分局和中央政府办事处等机关驻地

3

保存有生力量，部队“化整为零”，运用避实击虚、避强击弱等战术，转至外线游击，取得了多次战斗的胜利。全国抗日战争爆发后，根据中共中央指示，赣粤边红军和游击队同国民党地方当局谈判，于 1937 年 9 月达成停止内战、共同抗日的协议。随后，在大庾县池江集中 500 余人（后发展到 700 余人），改编为新四军第一支队第二团第二营，奔赴抗日前线。

闽赣边红军和游击队坚持游击战争

闽赣边游击区位于福建省长汀县和江西省瑞金县交界地区，又称汀瑞游击区，原是中共中央和中华苏维埃共和国中央政府所在地区。

*1934*年*10*月，中央红军主力撤出中央苏区长征后，留在闽赣边的瑞金、会昌、长汀等县坚持斗争的红军和游击队有：在铜钵山区以赖昌祚为书记（原为中共

1

闽赣省委书记）的中共瑞西特委领导的红军和游击队；在（长）汀瑞（金）地区胡荣佳、彭胜标领导的兆征独立营和陶（阳）古（城）游击队；在瑞金南部地区张开荆领导的瑞（金）会（昌）独立营和刘国兴领导的武阳游击队。上述武装共1000余人，就地开展游击战争，配合红二十四师作战。1935年春，国民党军集中两个师的兵力对红军和游击队进行大规模进攻。中共瑞西特委书记赖昌祚率部经半年多的苦战，大部损失，余部30余人编为瑞金游击队，由钟德胜率领转移到大柏地山区坚

1 汀瑞边界的山箭脑村。1935—1937 年汀瑞边红军游击队一直在此坚持作战

2 湘赣边游击队员使用过的医书

持斗争。与此同时，瑞金独立营也遭受重大损失，余部与兆征独立营、陶古游击队会合，成立汀瑞游击队。同年夏秋之交，各地红军和游击队乘国民党军主力他调之机，运用伏击、奇袭等战术，向保安团出击，至 1936 年上半年，取得麻子坝、苦竹、合龙和隘前等战斗的胜利。在此期间，中共瑞金特委书记赖昌祚牺牲，武阳游击队受挫。1937 年 6 月下旬，汀瑞游击队袭占国民党瑞金蓝田办事处，影响很大。抗日战争全面爆发后，瑞金、武阳、汀瑞 3 支游击队合编为汀瑞游击支队，下辖 3 个大队，共 200 余人（后发展到 300 余人）。1937 年 10 月，中共中央分局派赣南少共省委书记陈丕显到闽赣边向红军和游击队传达中共中央关于国共合作抗日的指示，并与国民党地方当局谈判达成协议。之后，红军和游击队在武阳、蓝田地区集结整训时，于 1938 年 1 月突遭背信弃义的国民党军的包围袭击，史称“瑞金事件”。“瑞金事件”平息后，红军游击队于 2 月上旬到达福建省龙岩县白土集中，编入新四军第二支队第三团第二营和第四团第二营，奔赴抗日前线。

湘赣边红军和游击队坚持游击战争

湘赣边游击区位于湖南、江西两省交界的罗霄山脉北段，其中心区域为武功山地区，北与湘鄂赣边游击区相邻，原是在井冈山革命根据地基础上形成的湘赣老苏区。

1934 年 8 月，红军第六军团突围西征后，留下的红军 5 个独立团和游击队约 5000 人，担负起保卫湘赣苏区和策应红六军团战略转移的任务，后遭国民党军 6 个师及保安团队的“清剿”。红军和游击队在中共湘赣省委书记陈洪时（后叛变）和湘赣军区司令员彭辉明率领下，于 9 月中旬从江西省永新

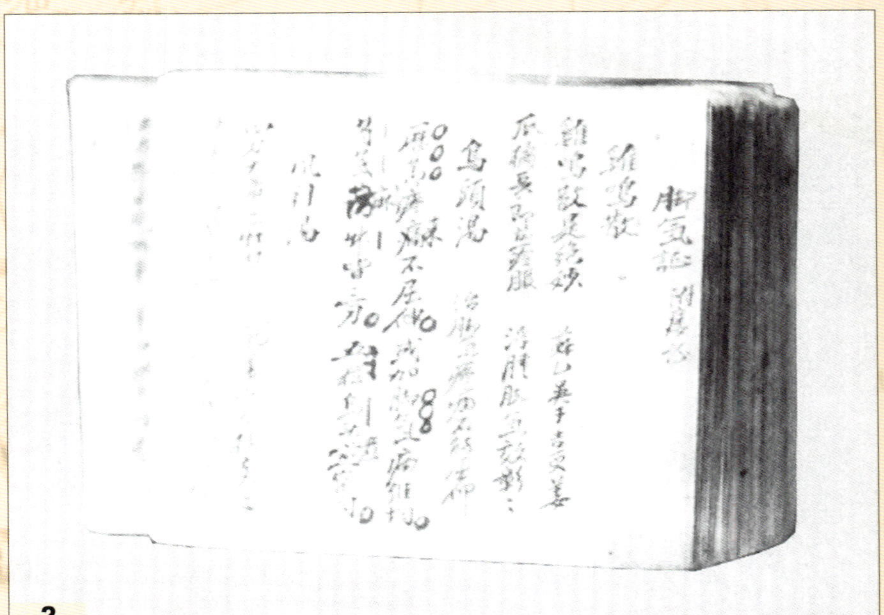

2

1

地区突围，向罗霄山脉之武功山转移，途中虽击溃国民党军1个团另2个营，但部队遭受严重损失，已不足2000人。年底，从宜黄、乐安地区突围的地方武装100余人到达武功山区，并入湘赣红军和游击队。1935年2月在江西省莲花县虎头岭战斗中，司令员彭辉明牺牲。4月，红军主力离开武功山区深入湘南等地活动，遭国民党军重兵截击，连战失利。6月初，返回武功山时尚存百余人。这时，湘赣苏区全部丧失，陈洪时投敌叛变，边区党政军领导机关遭到严重破坏，红军和游击队处境危急。7月，中共湘赣省委副书记谭余保在江西莲花县棋盘山召开紧急会议，组成以谭余保为书记的中共湘赣临时省委，并成立以曾开福为司令员、谭余保兼政

1 湘赣边游击队主要活动地区——九龙山

2 湘赣边游击队员使用过的怀表

治委员的游击司令部，确定以武功山区为依托，开展游击战。随后，收集失散的部队约300人，整编为4个大队，分散活动于永新、莲花、安福、吉安、分宜、攸县、茶陵等县，袭民团，烧碉堡，除恶霸。经1年半的艰苦斗争，先后取得永新县潞江、吉安县油田、安福县坪桥等战斗的胜利，建立了以武功山为中心方圆约400公里的茶（陵）攸（县）莲（花）、攸（县）醴（陵）萍（乡）、萍（乡）宜（春）安（福）3块游击根据地。1936年12月，红军和游击队在安福县三江村改编为湘赣红色独立团。至1937年上半年，独立团采用奇袭和远程奔袭战术攻占永新县里田和安福县洲湖等地，歼国民党军1个保安中队。抗日战争全面爆发后，陈毅到湘赣边红军游击队传达中共中央关于国共合作抗日的指示。11月，湘赣边红军和游击队300余人，在莲花县神泉集中，后改编为新四军第一支队第二团第一营，奔赴抗日前线。

皖浙赣边红军和游击队坚持游击战争

皖浙赣边游击区位于安徽、浙江和江西三省交界地区，由闽浙赣苏区演变而成。

红十军是闽浙赣苏区的主力，是配合中央苏区反“围剿”的一支重要力量。国民党军在第五次“围剿”中央苏区的同时，以5个师和4个保安团“围剿”红十军和闽浙赣苏区。红十军在苏区人民群众的大力支持下，奋起抗击，并乘敌集中兵力镇压福建人民政府之机积极袭扰敌军后方，先后取得上饶罗桥、枫岭头和横峰姚盘山等战斗的胜利，歼敌2个多团，缴获大批冬装，有力地支援了红一方面军的行动。之后，红十军遵照中革军委的指示，以阵地防御战结合“短促突击”阻止敌人的推进，同优势的敌人拼消耗，受到很大损失，闽浙赣苏区也进一步缩小。

2

11月4日，中革军委决定红七军团与红十军合编为红军第十军团。红七军团缩编为第十九师，红十军改编为第二十师。由刘畴西任军团长兼第二十

1

1　1936年7月，皖浙赣独立团攻克开化县城。图为开化县城新貌

2　红七军团发表的《我们是中国工农红军抗日先遣队》宣言

师师长，乐少华为军团政治委员兼第二十师政治委员；寻淮洲改任第十九师师长，聂洪钧为政治委员，王如痴任参谋长，刘英任政治部主任（后改任红十军团政治部主任）。并决定：闽浙赣省苏维埃政府主席方志敏兼任闽浙赣军区司令员，曾洪易任中共闽浙赣省委书记兼军区政治委员，粟裕任军区参谋长（后改任红十军团参谋长）。同时决定中共闽浙赣省委、省军区和红十军团统受中共苏区中央分局和中央军区的直接领导与指挥。

红十军团编成后，遵照中革军委的指示，第二十师和由地方武装组成的第二十一师(胡天桃任师长)，留在闽浙赣苏区坚持斗争，第十九师向东北出击。11月18日，红十九师由闽浙赣苏区出发，经上饶的石人殿、白沙，进至玉山的叶家桥，迅速地突破敌玉山至开化间的封锁线，向浙皖赣边挺进。敌急调浙江保安纵队1个团由玉山“追剿”，令驻常山的浙江保安纵队的部队进行堵截。红十九师打退敌军的追堵后，于25日进驻上方镇，27日渡过新安江，29日在分水(今武盛)附近再次击溃追敌，经河村(即合村)进入安徽歙县境。

在红十九师出动当天，中央军区致电红十军团，认为：“二十师留在苏(区)活动将受限制与不利，应全部立即从玉(山)常(山)间挺进铁

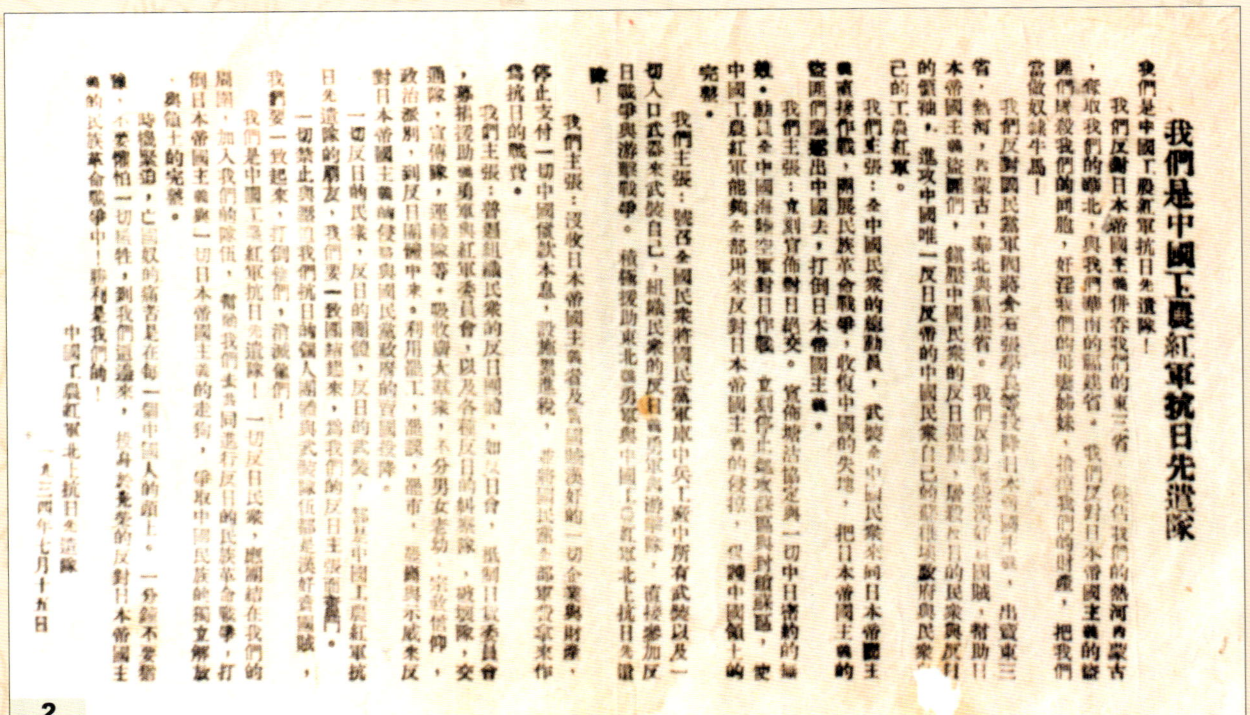

我們是中國工農紅軍抗日先遣隊

我們是中國工農紅軍抗日先遣隊！

我們反對日本帝國主義併吞我們的東三省、熱河、內蒙古，奪取我們的華北，與我們華南的福建省。我們反對日本帝國主義的蹂躪我們的同胞，姦淫我們的母妻姊妹，搶掠我們的財產，把我們當做奴隸牛馬！

我們反對國民黨軍閥蔣介石張學良等投降日本帝國主義，出賣東三省，熱河，內蒙古，華北與福建省。我們反對這些漢奸賣國賊，幫助日本帝國主義鎮壓我們，鎮壓中國民衆的反日運動，屠殺反日的民衆與反日的領袖。進攻中國唯一反日反帝的中國民衆自己的蘇維埃政府與民衆自己的工農紅軍。

我們主張：全中國民衆的總動員，武裝全中國民衆來同日本帝國主義直接作戰，開展民族革命戰爭，收復中國的失地，把日本帝國主義的強盜們驅逐出中國去，打倒日本帝國主義。

我們主張：立刻宣佈對日絕交。宣佈塘沽協定與一切中日賣國的條約[illegible]。動員全中國海陸空軍對日作戰。立刻停止進攻蘇區與封鎖蘇區，使中國工農紅軍能夠全部用來反對日本帝國主義的侵掠，保護中國領土的完整。

我們主張：號召全國民衆將國民黨軍庫中兵工廠中所有武裝以及一切人口武器來武裝自己，組織民衆的反日義勇軍與游擊隊，直接參加反日戰爭與游擊戰爭。積極援助東北義勇軍與中國工農紅軍北上抗日先遣隊！

我們主張：沒收日本帝國主義者及賣國賊漢奸的一切企業與財產，停止支付一切中國債款本息，設施累進稅，要求國民黨全部軍費拿來作爲抗日的戰費。

我們主張：普遍組織民衆的反日團體，如反日會，抵制日貨委員會，募捐援助義勇軍與紅軍委員會，以及各種反日的糾察隊，破壞隊，交通隊，宣傳隊，運輸隊等。吸收廣大群衆，不分男女老幼，宗教信仰，政治派別，到反日團體中來。利用罷工，罷課，罷市，罷崗與示威來反對日本帝國主義的侵略與國民黨政府的賣國投降。

一切反日的民衆，反日的團體，反日的武裝，都是中國工農紅軍抗日先遣隊的朋友，我們要一致團結起來，為我們的反日主張而奮鬥。

一切禁止與壓迫我們抗日的個人團體與武裝隊伍都是漢奸賣國賊，我們要一致起來，打倒他們，消滅他們！

我們是中國工農紅軍抗日先遣隊！一切反日民衆，應團結在我們的周圍，加入我們的隊伍，幫助我們去共同進行反日的民族革命戰爭，打倒日本帝國主義與一切日本帝國主義的走狗，爭取中國民族的獨立解放與領土的完整。

時機緊迫，亡國奴的痛苦是在每一個中國人的頭上。一分鐘不要猶豫，不要懼怕一切犧牲，到我們這邊來，投身於光榮的反對日本帝國主義的民族革命戰爭中！勝利是我們的！

中國工農紅軍北上抗日先遣隊

一九三四年七月十五日

2

道以北，集结主力坚决的争取运动中消灭敌人以创造皖浙边苏区”。“为了领导十军团与创造新苏区，决以方志敏、刘畴西、乐少华、聂洪钧、刘英五同志组织军政委员，并以方为主席，随十军团行动”。按

1

2

1 唐在刚、关英（从左至右）
2 安徽岳西鹞落坪
3 抗日先遣队行动路线要图

照这一指示，方志敏、刘畴西等于11月下旬，率领军团部和第二十、第二十一师由江西重溪出发，通过德兴、开化间的敌封锁线，经大畈、龙湾向安徽南部挺进。12月，在皖南作战失利，被迫向闽浙赣苏区转移。1935年1月15日，红十军团进至江西德兴时，先头部队1000余人在粟裕、刘英率领下，突破国民党军封锁线，返回闽浙赣苏区，随后组成挺进师，转战到浙南地区；主力2000余人被国民党军重兵合围于怀玉山地区，奋战七昼夜，指战员大部牺牲，方志敏、刘畴西被俘，后在南昌英勇就义。

*1934*年*11*月，红军第十军团离开闽浙赣苏区北上皖南时，中共闽浙赣省委代理书记关英(后任书记)和闽浙赣军区司令员唐在刚领导红军第三十师和游击队共1000余人，留在赣东北坚持斗争，另有皖赣独立师和皖南

1

独立团等部队亦就地坚持斗争。1935 年 1 月，闽浙赣苏区被国民党军占领。7 月，红三十师在弋阳、横峰地区亦遭国民党军围攻，损失严重，唐在刚牺牲，余部在中共赣东北特委书记余金德率领下，分散在皖赣边坚持游击活动。此后，各地红军和游击队积极发动群众，积蓄革命力量。至年底，恢复和建立了贵(池)秋(浦)东(流)、都(昌)湖(口)鄱(阳，今波阳)彭(泽)、泾(县)旌(德)宁(国)宣(城)、开(化)婺(源)休(宁)、淳(安)遂(昌)歙(县)、鄣公山和赣东北等游击区。不久，在国民党军大规模“清剿”中，除鄣公山地区的皖南独立团外，均遭严重损失。1936 年初，各地红军和游击

1 位于江西横峰县葛源村的闽浙赣省苏维埃政府旧址

2 方志敏

3 聂洪钧

4 红十军的宣传画

5 在瑞金召开的第二次工农兵代表大会授给方志敏的一枚红旗奖章

队余部相继转至鄣公山会合。4月，中共闽浙赣省委改称皖浙赣省委，关英任书记。为加强领导，省委决定以皖南独立团为基础，成立800余人的皖浙赣红军独立团，扩大以鄣公山为中心的游击根据地；同时在皖浙赣边区30余县分设赣东北、皖赣、上浙皖、下浙皖、开(化)婺(源)休(宁)5个特委，各领导1个独立营开展游击战争。7月，独立团袭占

2

3

4

5

擁護紅軍北上抗日，全中國的民眾總動員起來！
為驅逐日本帝國主義解放中國而戰！

中華蘇維埃共和國中央政府中國工農紅軍革命軍事委員會

為中國工農紅軍北上抗日宣言

八一前夜抗日紅軍在各個戰線上的新勝利

北方戰線繼續繳敵軍前進部隊

閩北部隊又獲大批資材

湘贛紅軍進攻五斗江獲勝

閩浙贛蘇區游擊隊攻進王高石

1

开化，并在婺源县沱川月岭伏击歼灭国民党军2个连。12月，独立团奔袭昌化县城，歼敌一部。与此同时，各特委领导的独立营也积极开展游击活动。至年底，红军和游击队发展到近3000人，游击区域扩大到30余个县。1937年春，在国民党军36个团和地方保安团队的进攻下，红军和游击队遭受重大损失。全国抗日战争全国爆发后，皖浙赣边红军和游击队同国民党地方当局谈判，于11月达成停止内战、共同抗日的协议。12月，红军和游击队改编为江西抗

2

1 《红色中华报》发表的《为中国工农红军北上抗日宣言》
2 中国工农红军第十军军旗
3 北上抗日先遣队的宣传画
4 闽浙赣革命根据地的中心——横峰县葛源村

1935.10 1935.11 1935.12 1936.01 1936.02 1936.03 1936.04 1936.05 1936.06 1936.07 1936.08 1936.09 1936.10

3

日义勇军第二支队，共300余人(后发展到500余人)。1938年1月开赴窑里(今瑶里)整训，2月改编为新四军第一支队第二团第三营，奔赴抗日前线。

4

1934.07 1934.08 1934.09 1934.10 1934.11 1934.12 1935.01 1935.02 1935.03 1935.04 1935.05 1935.06 1935.07 1935.0

告别苏区

聂荣臻　红一军团政治委员

一军团的部队，是十月十六日以后，先后离开瑞金以西的宽田、岭背等地，告别了根据地群众，跨过于都河走向长征之途。过于都河，正当夕阳西下，我像许多红军指战员一样，心情非常激动，不断地回头，凝望中央根据地的山山水水，告别在河边送别的战友和乡亲们。这是我战斗了两年十个月的地方，亲眼看到中央根据地人民为中国革命作出了重大的牺牲和贡献，他们向红军输送了大批优秀儿女，红军战士大多来自江西和福建，根据地人民给了红军最大限度的物质上和精神上的鼓励和支持。想到这些，我不胜留恋。

1

暂别了，江西根据地的兄弟

李富春　红军总政治部代主任

2

当我和蔡畅同志离开江西省委时，许多同志知道我们要走，并且也隐约知道要离开中央根据地了。要走的十天前，就恋恋不舍的不忍离别，大家都在感觉，都在估计，都在说，我们相处工作是“蛮”久了，这一分别，“吗格”（江西土话，意为“什么”）时候会面咧？“好的，挨（即我）仍然是努力在此继续奋斗。你们走了，还是要常常指示呀！”虽然那时，抱着一个准备完成党给我的新的使命，踏

1 聂荣臻

2 李富春

3 红军突破第一道封锁线的地点之一——固陂

4 于都一角

5 于都河

着新的历史车轮而前进的雄心，然而当着离别的日子一天一天逼近的当儿，心中留恋与忐忑不宁，是没有办法避免的！然而毕竟是忍着不宁的精神，离开了似乎是第二故乡的江西根据地！

10月10日的黄昏，从瑞金雄赳赳地出发了。夜行军，三日经过富田、于都城，乘着月夜，徒涉了于都河。第五夜，乘月色光明，过了革命根据地边界的新陂，于是完全出了江西边区了！三年未见过的白区，也从黑夜中踏着了！这时更增加着不断的回忆和留恋！脑中不禁暗暗想着：同很多亲爱同志同二百万为中国革命奋斗而起了先锋作用的江西男女群众奋斗了三年，终于非离别不可了！

直到听了固陂战斗的枪炮声，直到我们得到冲破第一道封锁线的胜利，才警觉到当前新的任务的严重，“你没有时间去回忆过去呀！”

3

4

5

边走边打，为长征部队殿后

李卓然　红五军团政治委员

1

突围前，我在红一军团当政治部主任，由于工作上的需要，周恩来副主席要我和当时在红五军团工作的朱瑞同志对调。于是，我便于1934年9月带了两名警卫员赴红五军团去任政治委员。军团长是董振堂同志，他是1931年宁都起义的著名将领，为人耿直，作战身先士卒，很会带兵打仗。我们一直合作得很好。可惜，1936年12月，他不幸以身殉职于甘肃的高台城。

1934年的9月，我们从江西的兴国出发。中央在兴国召开过一个会议，具体内容我记不太清了，只记得会议决定红五军团担任长征的后卫任务，主要是保证前面中央机关的安全和阻截后面的追敌。红五军团的成员大部分是宁都暴动的官兵，很能打硬仗，既能打阵地战，又能打攻坚战，能攻善守。所以，我和董振堂同志带领的红五军团，从长征开始后一直在后边打阻击战，与中央相距着有一两天的路程。中央用电报指挥军事行动路线，部署军事行动。离开兴国，我们边走边打，有时刚到宿营地，敌人就追上来了，甚至冲到了军团部里，仗打得相当激烈。湘江战役是撤离中央根据地冲破敌人包围的最后一次硬仗。红五军团保卫中央机关和其他红军部队安全撤离湘江后，立即组织部队过江。但由于敌人炸毁了湘江桥，我们有一个师没有过来，折损了整整一个师的兵力。

2

1 李卓然

2 董振堂

3 红五军团渡河前集结地之一：于都县罗坳圩

4 石城县南部屏山镇。1934年10月，红三军团奉命从此撤离战场。（温礼明 摄）

告别乡亲上征途

李聚奎　红一军团第一师师长

中央红军被迫离开中央苏区开始向西进行战略转移时，党中央并没有打算走那么远，也没有提出什么长征。1934年10月上旬，即在部队出发的前几天，我们红一师还在江西兴国县属的高兴圩地区同国民党军进行堡垒对堡垒的战斗。当时整个中央革命根据地在敌人重兵的猛攻之下，日益缩小，原来纵横近千里的苏区，只剩下兴国、于都、瑞金、宁化等县。我师在高兴圩地区同敌人作战时，左右战区敌人的炮声已侧耳可闻。

3

一天上午，军团长林彪来到我们师指挥所，告诉我们逐渐把部队收拢起来，把阵地移交给红五军团的第十三师，但这时他只跟我们说部队将有一个大的行动，并没有提出要离开苏区的问题。

4

10月15日，我师刚收拢集结于兴国县的东南地区，军团司令部即派机要参谋送来军团长林彪、政委聂荣臻交我和政委亲收的绝密信及军委关于红军主力撤出中央苏区的命令和行军路线图。信中指定我们红一师（包括军团供给部、卫生部）为军团右翼队，于10月16

1

日向信丰县属的新田、古陂方向前进。

同一天，军团给我师补充了几百名新战士、一批子弹、手榴弹，还有500块大洋，这批大洋规定由师团的主要干部随身携带，以备不时之需。

在红军历次的反“围剿”中，部队由一个区域作战转移到另一个区域作战，是常有的事，犹如家常便饭。但是过去部队转移时，军团首长总要尽量争取时间采取各种方式面授任务，讲明情况；遇到情况紧急时，也要给师的主管干部直接打个电话。可是这次部队转移，军团司令部只是通知我们按行军路线图指定的方向前进。而且每天要到达的地点，是一天一通知，即第一天指定第二天要到达的地点，第二天指定第三天要到达地点。至于红军主力为什么要转移？转移到何处去？均不得而知。后来我们才知道，中央红军主力这次转移，由于“左”倾教条主义的领导者强调军事保密，不但我们当师长的被蒙在鼓里，就连军团首长也不了解全部意图。

这样，我们部队离开兴国时，不但来不及召开驻地群众的告别会，而且有的干部连自己在地方工作的家属也来不及通知。这除了因为时间仓促之外，还因为当时谁也没有想

2

1 会昌县珠兰埠。1934年9月底红九军团在此休整补充。（杨荣生 摄）

2 红八军团驻地：兴国县古龙岗镇邹家祠（胡玉春 摄）

3 瑞金一瞥

到，这次红军主力离开中央苏区会离开那么久，离开那么远。但是根据地的群众凭着多年的斗争经验，还是从我们的行动上感觉到，红军这次的转移不是一般的战斗转移。因此，在部队出发时，他们从四面八方不约而同地聚拢来了。

一个激动人心的场面出现了。

在部队行进的道路两旁，乡亲们一面跟着队伍往前走，一面将鸡蛋、糯米团往战士的口袋里装，有的拉着我们战士的手问：“什么时候回来？”有的忍不住地“呜呜”哭了起来。一时间，队伍成了军民汇集在一起的人流………

这时，全师的指战员们心情异常沉重。大家都为红军主力离开根据地后人民的安全担忧，许多人泪洒衣襟，同乡亲们依依惜别。为检查部队的群众纪律，师政治部主任谭政同志带着几名干部暂时留在后面，并给乡亲们做了许多耐心细致的解释工作，告诉乡亲们：“我们一定会回来的！”

就这样，我们红一师离开了生活、战斗多年的中央革命根据地，告别了夹道送别的亲人，踏上了新的征途。

扛着重担上征途

裴周玉　红军中央教导师特派员

1

2

3

10月上旬的一天，刘伯承同志急匆匆来到教导师，代表总部宣布突围命令，并给我师具体交代了帮助中央机关撤退的任务，即帮助中央机关担负1000多担物资的搬运任务。

经过一天的动员工作后，当天晚上，教导师派出3000多人分赴中央机关及其直属的兵工厂、印刷厂、医院等单位帮助捆绑机器，做撤退的准备。到了那里一看，工厂的机器，医院的医疗设备大都已拆卸下来，堆放在屋子里、院子里，还有他们已用木箱、铁皮箱或布包装好的一些小件物资，以及许多没有包装的桌椅板凳、锅碗瓢盆等等，里里外外，密密麻麻摆了一地，连个下脚的地方都没有，真像个彻底大搬家的样子。

4

望着这种情景，别说是战士们，就是带队的师团领导也感到无法下手，特别是见到那些修理枪炮的，印钞票的、印书印文件的，照“X”光的器械，一

1 孙毅

2 张经武

3 何长工

4 段屋铜锣湾村。1934年10月7日，红一军团奉命撤离战场至此集结休整

5 萧华

个个又大又笨又重，更是叫人头疼。这么多坛坛罐罐，不要说教导师6000人搬不了，就是再来一个教导师也搬不完。加上又没有包装用品，一个晚上也没捆好几件东西。

经请示总部同意后，我们帮助机关选择重要的物资，按每人担负50斤左右一担（大件的需几个人抬的，每人为一担）整理出1000余担物资，经过两天两夜的紧张工作，终于完成了包装任务。

10月中旬的一天，教导师全体官兵背着武器行装、抬着、扛着、挑着600多件大小不等的担子从瑞金附近的高围出发，迈开了长征的第一步。

5

我们的队伍打不烂、拖不垮

萧华　少共国际师政治委员

10月16日的夜晚，我们怀着沉重的心情渡过于都河，最后离开了中央根据地，开始了长征。那时候，我师改归一军团建制，担负掩护军委机关纵队的任务。前面队伍很多，携带着大批骡马、辎重，行走在山中的羊肠小道上，因此行动缓慢。后边敌人又紧紧地尾追着我们，所以我们“少共国际师”一直处于紧张的戒备状态。但是，打仗也罢，行军也罢，年轻的战士们总是快活得很。情况稍一缓和，“哎呀嘞”的兴国山歌声，“英勇上前线”的进行曲就在长长的队列中荡漾开来。空谷回音，此起彼和，威武雄壮，实在热闹。我们这支队伍确实象一趟逶迤不断的文化列车，即使在长征初期那样艰难困苦的条件下，也充满着青春的活力和战斗的欢乐。经过敌人统治区时，居民们开始对我们还有点回避，听到歌声，又看到红军不损坏他们的一草一木，就觉得这支队伍很有点奇怪，而且可爱了。不少青年就跟着我们看，混熟了以后，有些人就自觉自愿地跟我们一起走了。为着避免敌机的侦察和轰炸，我们都是夜间行军。在漆黑的夜里，走高低不平的陌生的山路是十分困难的，

1

我们想了许多办法，在没有敌情顾虑的地方，每个人都准备了松枝或干竹竿，点起万千火炬，照亮着行进道路。在浓墨涂抹的夜幕上，蜿蜒着一条条红色的火龙，磷光闪闪，曲曲弯弯，连续不断，煞是壮观。在有敌情顾虑的时候，我们每个人就拄上一根拐杖，帮助探路，背包上都放上一条白毛巾，作为联络记号，再加上从前面不断传过来的“跟上”、“不要掉队”的口令，道路虽然难走，但也很少有落伍掉队的。有时因情况十分紧张或发生了战斗，便化整为零，分路前进到指定地点集合。正是依靠着战士们高度的政治觉悟和组织纪律性，不管情况千变万化，我们的队伍始终是打不垮拖不烂的。

1 赣县桃江王母渡。1934年10月20日，担任右路后卫的红八军团在此渡桃江西进（曾广焜 摄）

2 莫文骅

3 兴国革命烈士纪念碑

报到之后即出发

莫文骅　红八军团政治部宣传部部长

1934年10月中旬，由于第五次反“围剿”战争的失利，中央红军和中共中央机关8.5万人，被迫离开中央苏区，实行战略大转移，踏上向西突围的征程。当时我们虽然意识到要突围，但并不知道这就是长征的开始。

10月17日，我赶到古龙岗向红八军团政治部报到后，便跟随部队强行军。因时间紧迫，罗荣桓主任只好边行军，边向我介绍部队情况。

2

八军团是同年9月在兴国集贤圩由扩大来的新兵编成的。下辖二十一师、二十三师，共7000余人。军团长周昆，政委黄甦，参谋长唐浚。为加强领导，中央还派刘少奇同志担任军团党代表。该军团二十一师原配属江西军区，还打过几仗。而二十三师则全是新兵，尚未上过战场。周昆和黄甦两人原在一军团时分别为师长和师政委，罗荣桓同志原是红一军团的政治部主任。

3

行军步子在逐渐加快，当部队向西跨出苏区边界时，大家不断地回头，凝望着中央苏区的山山水水，不胜留恋！

10月22日，我们从赣州以南的王母渡、立濑圩之间渡过桃江，便进入了白区……

“大搬家式”的转移

李志民　红三军团教导营政治委员

1

1934年10月16日傍晚，我和营长彭绍辉奉命率红三军团教导营从江西于都出发，随军团部一起撤离中央苏区，进行战略转移。当时我的脚伤还未完全康复，又患了疟疾，身体很虚弱；临出发这一天，偏偏疟疾又发作，发高烧到39度多，昏昏沉沉地半睡半醒，无法行动。彭绍辉营长非常焦急，生怕上级知道我发病把我留下，悄悄地找来一付担架，派了五六个战士轮流抬着我行进。就这样我带着病告别转战多年的中央苏区，踏上了艰难的征途。

第二天上午，我退了烧，虽然身体仍很虚弱，但还能支撑着行动。说也奇怪，此后行军、战斗日益紧张、艰苦，一直到长征结束，我却再没有发过疟疾，也没有再坐过担架。我真感谢彭绍辉把我带出了苏区，没有把我撂下。彭绍辉有时也对我开玩笑地说：“老李，你命大，马克思在天之灵保佑你，把疟疾虫也赶跑了。”

下午，军团供给部给每个人发了一套新棉衣，还补充了一批子弹和手榴弹。干部和学员都兴奋地议论着：“又要打大仗了。”因为南方的10月还是金秋季节，天气并不寒冷，这么早就发下棉衣，还补充弹药，所以大家凭一、二、三、四次反“围剿”的经验判断，估计这次转移可能又是要“诱敌深入”或“调动敌人”在运动中歼灭它，个个情绪很高，作好打大仗、打恶仗的准备。

长征前，我们三军团没有设后勤部，只设供给部和卫生部；长征时，临时将供给部、卫生部、医院和教导营、山炮营编成后勤部队，任命唐延杰为司令员，负责组织指挥；由我

1 李志民

2 粤赣边游击队使用过的手榴弹

们教导营担任后卫掩护任务。供给部负责整个军团的粮秣油盐、被服装备的供应保障和财务收支，挑夫担子很多，其中最重要的是装有银元、钞票的担子。卫生部、医院装有药品和医疗用品的挑夫担子也很多，还有抬着重伤病员的担架队，人数也不少。这支后勤队伍本来负担就不轻，加之当时错误的中央领导者搞“大搬家式”的转移，什么东西都要求带着，连打沙县时缴获那个兵工厂修枪、造子弹的笨重机器也都要卸下来抬着走，更增加了后勤部队的负担。还有，军团山炮营的几门山炮本来炮弹不多，用处并不大，这种又笨又重的大家伙，没有骡马挽拽，全靠人力抬扛，更是累煞了人。但上级命令全部带走，想丢也不敢丢，只好勉强抬着走。更烦人的是中央机关组成的中央纵队比我们军团的辎重更多，什么文件箱、印刷机、制币机，坛坛罐罐许多东西都带着，行动比我们更缓慢，有时挡住了去路，有时相遇又要给他们让路，就这样走走停停，一天只能走几十里，甚至只走一二十里，行动非常困难……

2

赣南游击队的艰苦岁月

杨尚奎　中共赣粤边特委副书记

敌人不断搜山、伐林、烧山，实行“树砍光、屋烧光、人杀光”的惨无人道的三光政策，并且采取经济封锁政策。首先是并村，强迫山里人民搬到敌人据点里去，企图断绝我们与人民的联系，困死和饿死我们。其次是严格控制墟场上的买卖，规定了一个人只能买一定数量的粮菜油盐和日用品，多买了就以“通匪”论罪。在军事进攻和经济封锁的同时，又提出了所谓“三分军事，七分政治”，严密控制了保甲制度，加强了基层反动统治力量，到处撒传单贴标语，污蔑我们是土匪；到处张贴布告，说什么捉到陈毅“赏洋三万元”，捉到特委负责人，也可得到一笔大赏钱；再就是用欺骗手段来瓦解游击队，如说拖去一支枪是多少钱，一发子弹、一颗手榴弹是多少钱；有时抓我们的家属又故意释放，企图动摇我们的意志。我们采取了小规模的、分散的群众性的游击战，以游击队为骨干，与不脱离生产的游击小组、革命群众三者结合。山里的年轻人，大都参加了游击小组。

1

1 在江西坚持游击战争的部分同志。左 1 陈丕显、左 2 杨尚奎

2 湘赣边游击队员穿戴过的蓑衣、帽

3 1937 年，杨尚奎与陈丕显

游击队的武装活动，以突然袭击和伏击为主。敌人来搜山，常是拂晓来黄昏走，游击队就事先隐蔽在敌人回去的路上打埋伏，截尾子，打掉队的。选择到有利地形时，也打整股敌人，趁敌人在村子里只顾抢劫的时候，枪弹和手榴弹突然落到他们头上。等他们清醒过来，我们早无影无踪了。在敌人重重封锁和包围的困难情况下，游击队就跳到敌人的封锁线以外去活动，奇袭敌人的中心据点和后方，因为这些地方比较空虚。游击队曾对南雄的乌迳、大庾的青龙、池江等据点进行过奇袭。乌迳战斗的影响很大，当时是敌人进行“清剿”最紧张的时候，游击队在地下党的呼应下，隐蔽急行一百多里，在拂晓前赶到乌迳，全歼了伪自卫团和区公所，击毙了自卫团长丘桂兴。又用几支队、几大队等各种番号，在四乡张贴传单、写标语。再加上群众有意识地推波助澜，闹得敌人草木皆兵。国民党不知道究竟到了多少游击队，只好在里山收兵，开回来进行防守。等国民党部队开回来以后，游击队却一个都不见了。

3

2

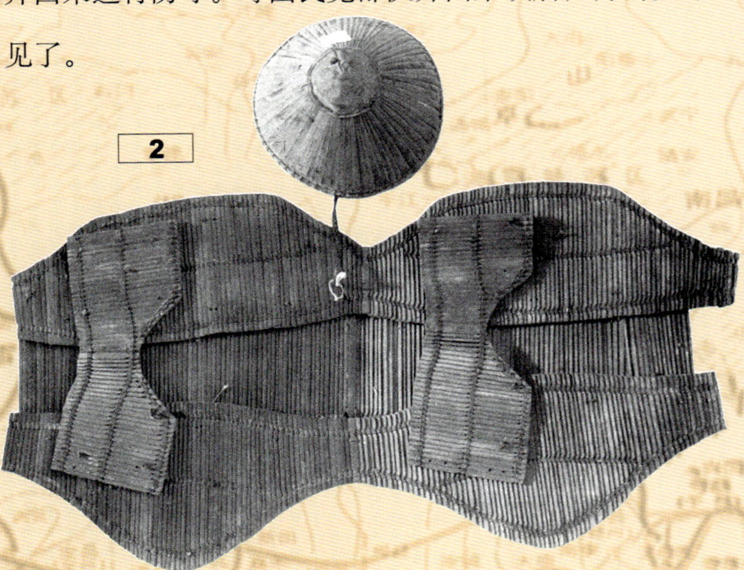

毛泽东、贺子珍忍痛托子

1934年10月的一天，毛泽东带着警卫员突然回到家里。毛泽东的神情十分严峻，他很沉重地对贺子珍说："我们的队伍要撤离苏区。"贺子珍当时只有24岁，听到这个消息后，她又惊异又难过。她知道前方的仗打得不好，却不知道情况严重到这个地步。红军一撤走，根据地就没有了，又要开始打游击。她想到这里，心里像被谁揪了一把那么难过。

他们都不再说话，默默地坐在那里。惟有两岁多的儿子小毛几天不见爸爸了，快活得像只小喜鹊，吱吱喳喳地说着、笑着。

几天以后，毛泽东派警卫员给她捎来了话：中央已经批准贺子珍随部队出发，同干部休养连的同志一起行动，让贺子珍抓紧时间将小毛安顿好。

1

贺子珍赶忙清理和销毁文件，收拾好自己的行装，便坐下来心神不定地等待毛泽覃、贺怡夫妇到来，商量安置儿子小毛的事。她听说毛泽东的弟弟毛泽覃和自己的妹妹贺怡被留在中央苏区打游击，便决定将小毛托付给他们照管。

毛泽覃和贺怡接到贺子珍的口信，连夜骑马，从沙洲坝赶到了云石山。

想到即将到来的离别，贺子珍再也控制不了自己，眼泪顺着面颊顿时流了下来。是呀！连年的征战生活，她

1 毛泽东与贺子珍

2 毛泽东

3 毛泽东长征前在于都的住地——于都城北门外何屋（凌步机 摄）

和毛泽东很少享受到天伦之乐。他们的第一个孩子是女儿，生在龙岩，半个多月后就交给当地农民照料，从此没有下落，第二个孩子是早夭的。只有小毛，是在稍微安定的环境下出生，在他们身边长大，夫妻俩爱如珍宝。现在，为了革命，不得不舍他而去，做母亲的，怎么能不难受呢？

贺子珍忍着悲痛，把小毛双手交给贺怡，声音有些低沉地说："小毛，妈妈马上要到于都去，乖乖，你就跟姨玩吧。"

小毛抱着妈妈的脖子不放，哭喊着：

"我要爸爸，我要妈妈！"

这一声声的哭喊，刺痛贺子珍的心。她含着眼泪哄着儿子道：

"小毛不要哭，你在叔叔和姨身边要听话啊，等打了胜仗，爸爸妈妈会来接你的，到时候，我会给你带很多吃的、玩的回来！"

贺子珍万万没有料到的是，瑞金一别，竟是同小毛的永别。红军北上后，瑞金和苏区落入敌手。1935年，毛泽覃在江西作战中不幸牺牲，贺怡把小毛留在福建的一个农民家里，小毛从此下落不明。

2

3

病榻前的道别

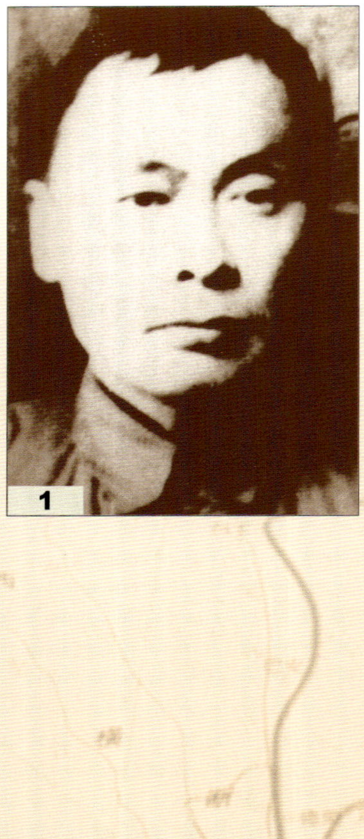
1

兴国老营盘一仗，陈毅负重伤。经过一段时间的治疗保养，烧退了，大腿总是红肿疼痛、不能伸直，不能下床。听说中央机关和红军主力就要撤出中央革命根据地了，但是还没有哪一位中央领导人找他谈过话。他应该动手术，但因为云石山国家医院没有电源，不能拍X光片，动手术的事被搁置下来。10月9日，医院各科室的医疗器械、药品都装箱了，看样子一两天就要行动，陈毅赶快给中央革命军事委员会副主席周恩来写了封信反映情况。

周恩来接到陈毅的信后，立刻下令卫生部长贺诚打开已装箱的医疗器械，派两个医生给陈毅做了手术。术后第二天，周恩来到医院去看望陈毅。周恩来坐在床沿细心地看了陈毅的伤情，并询问治疗的情况。之后，周恩来对陈毅说："我们很快就要走了，中央考虑到你重伤在身，决定你留下来坚持斗争。""你有革命斗争的丰富经验，又有军事斗争的经验。更可贵的是你有井冈山斗争的经验，有中央根据地几次反"围剿"的斗争经验。相信你一定能依靠群众，依靠党的领导，坚持到胜利。"

周恩来告诉陈毅，中央革命根据地设立中共中央分局、中华苏维埃共和国中央政府的办事处。中央分局以项英为书记；陈毅担任中央分局委员、中央政府办事处主任。

而对周恩来的嘱托，陈毅坚定地说："请党放心！"又说："你要保重，代我向毛泽东和朱德等同志问好！"

革命本来就是艰险的事。陈毅深知，更加艰险的岁月在等待着他。他很想随大部队远征，但身负重伤不得不卧床休养。他也知道自己对中央革命根据地确实比较熟悉，留下来可以为党做更多的事情，也可以使大家觉得共产党并没有放弃中央苏区。

1 陈毅
2 董必武

陈碧英送董必武送了三天三夜

董必武曾感慨地对人说："一切行动听从党的指挥，革命就一定胜利，个人服从党。长征时我爱人陈碧英，组织上叫她留下，我半句话没有。"董心武的妻子陈碧英是广东梅县人，曾担任中共汀州市委宣传部长，1932年以后与董必武结婚，两人感情深厚。长征就要开始了，年近五旬的董必武将要随军出发。中央有命令，需要随军的女同志，要经过严格的身体检查，陈碧英过磅时体重差一斤，被刷了下来。董老服从了决定，让妻子留在了瑞金。对组织没有提出任何要求。

2

夫妻告别是那样困难，那样的依依不舍。陈碧英泪眼汪汪，揩湿了手帕。董必武只能不停地劝她，并鼓励她说，要相信革命的未来。

部队出发时，陈碧英坚持要送董必武上路，送了一程又一程。董必武多次劝阻她别送了，但陈碧英流着泪，不愿离开。一直送了三天三夜，就要出中央苏区了。董必武看着瘦弱的妻子，久久不能平静。但毕竟是要分离的，他狠狠心，坚决地劝陈碧英说："莫送了，赶快回去吧，你还要一个人走几天回头路啊！"

陈碧英只好停下来了，心中无限伤感。她把系在腰上的小手电筒解下来，给了董必武，哽咽地说："你年纪大了，晚上走路多留心啊！"

董必武安慰她："我们很快就会回来的，我们很快就会再见面的。"

董必武打着陈碧英送的手电，上了路。

分别后，组织上决定陈碧英经广东坪石回兴梅地区开展地下工作，却从此生死不明。

洪超——长征中牺牲的第一位师长

原中共中央军事委员会副主席张震曾这样回顾和评价道："洪超是红三军团最年轻的师长，很会指挥打仗，他的牺牲是红军的重大损失。"

洪超，湖北省黄梅县人。1926年参加革命，1927年进入武汉中央军事政治学校学习。同年12月参加了广州起义，后随朱德、陈毅率领的南昌起义军余部进入湘南。他曾任朱德的警卫员，在朱德身边，洪超注重学习朱德的军事指挥艺术，并光荣地加入了中国共产党。朱毛会师井冈后，洪超参加了历次反"围剿"作战，战争锻炼了洪超的军事指挥艺术，优秀的军事才华深得红五军军长彭德怀的赏识。

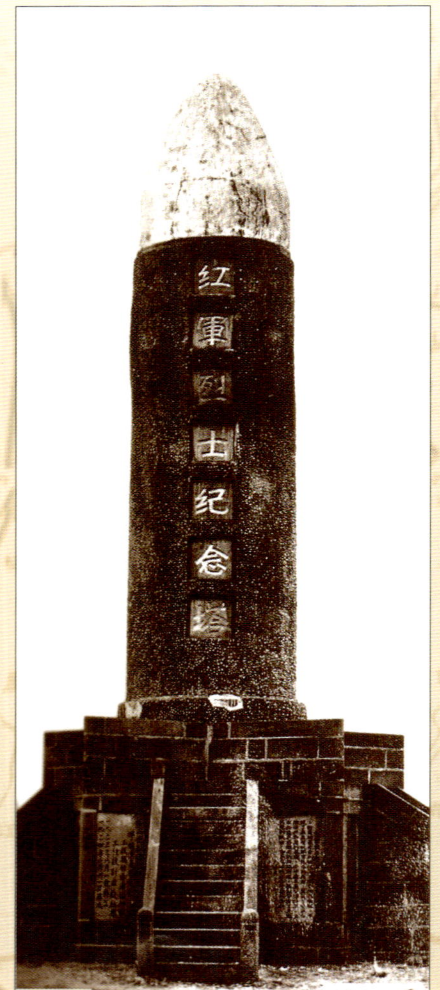

1

1932年3月，洪超接任红五军第一师师长。时年仅22岁。他率第一师在随后西征赣西南时，开辟了大片新根据地。洪超作战指挥靠前，曾在抗击赣湘粤"三省会剿"之敌激战中左臂致残。1933年2月，洪超伤愈后重返前线，接任红三军团第三师师长。广昌会战中，在"左"倾主义者的错误指挥下，洪超率红四师同优势之敌苦战18天，部队遭受很大伤亡，后被迫撤退，与第五、第三十四师一起，在高虎垴地区继续抗击敌军的推进。

1934年10月8日，洪超奉命率领红四师到宁都集中，并在此进行了人员、弹药、装备的补充，全师达6000人。17日，他和师政委黄克诚一起，率领全师指

1 瑞金苏区红军烈士纪念塔

2 桃江。1934年10月25日，突围长征的红军野战军全部西渡桃江，继续西进。（凌步机 摄）

战员南渡于都河，告别中央苏区，踏上了西去征途。

10月21日，中央红军主力突围开始。25日，军委第一、第二纵队和中央红军其他部队从信丰南北先后渡过桃江，突破了敌人第一道封锁线。当晚，洪超及其所部在突破了敌军设置的第一道封锁线后，又亲自率领前锋第十一团向百室圩挺进，掩护红军主力通过。突然，敌军向红十一团左侧攻击，企图截断红军前锋部队与后继部队的联系。洪超立即指挥红十一团实施反击，迅速将敌军击退。为摆脱敌军的堵截，他决定乘夜暗率部继续前进。不料，在前进中突然遭左侧敌军的射击，不幸中弹牺牲，年仅25岁。

郑　伦

广东省东莞县人。中国共产党党员。黄埔军官学校第五期毕业。1927年9月参加东江农民起义，随后参加了海陆丰地区的革命斗争和赣南、闽西地区的游击战争。历任红四军团长、第十二师参谋长、师长，红一军团教导团团长，红九军团司令部作战科科长。参加了中央苏区历次反"围剿"作战。1934年10月长征突围时，在江西信丰安西战斗中牺牲。

2

方志敏在狱中写《可爱的中国》和《清贫》

1934年11月初，红军北上抗日先遣队（即第七军团）到达闽浙赣苏区，与第十军合编为第十军团后，方志敏任军团军政委员会主席，率部继续北上。至皖南遭国民党重兵围追堵截，艰苦奋战两月余，所部受挫，在撤回赣东北途中被7倍于己的国民党军围困于怀玉山区。他带领先头部队奋战脱险，但为接应后续部队复入重围，终因寡不敌众，于1935年1月在江西玉山陇首村被俘。

1

方志敏入狱后的第5天，就开始了写作。当时他并没有想到写好的文稿能够送出去，他曾劝说狱中的难友写点东西，他们都怕送不出去，不愿意写，方志敏通过努力，先后争取了同情革命的胡逸民、高易鹏等人，并答应将他的文稿送出。方志敏高兴地说："那我将努力写多少，算多少，至死而已。我愿我写出的文稿，在我死后递交我的同志。"此后，方志敏把写作当作了他向党最后尽力的机会。他要在生命的最后时刻，倾吐对党对祖国的赤子之心，他要总结自己毕生奋斗的历史，为后来的同志留下一笔鲜血凝成的精神遗产。在狱中半年多的时间里，从寒春到炎夏，从炎夏写到初秋。他白天写，晚上写，从深夜写到黎明。为了这些文稿，不知熬过多少不眠之夜，也不知咳过多少次血，但他咬紧牙关，边想边写。他是毕一生最后的精力，把血滴在地上写的，有时头痛欲裂，只好用双手抱住头，稍有缓解，又继续写作，他将自己的炽烈感情和全部心血，都倾注在了文稿中。到6月中旬，先后写完了《我从事革命斗争略述》、《可爱的中国》、《清贫》等8篇文稿。当他在写作《赣东北苏维埃创立的历史》第三章的时候，噩耗一个接着一个地传来。入狱的难友先后被枪杀了。这时方志敏也预感到自己的日子不长了，便抓紧安排送出文稿的后事。7月初，他写了《遗信》和《给党中央的信》、

1 方志敏，照片题诗为叶剑英

2 方志敏英勇就义前写的自述："我愿意牺牲一切，贡献于苏维埃和革命。"

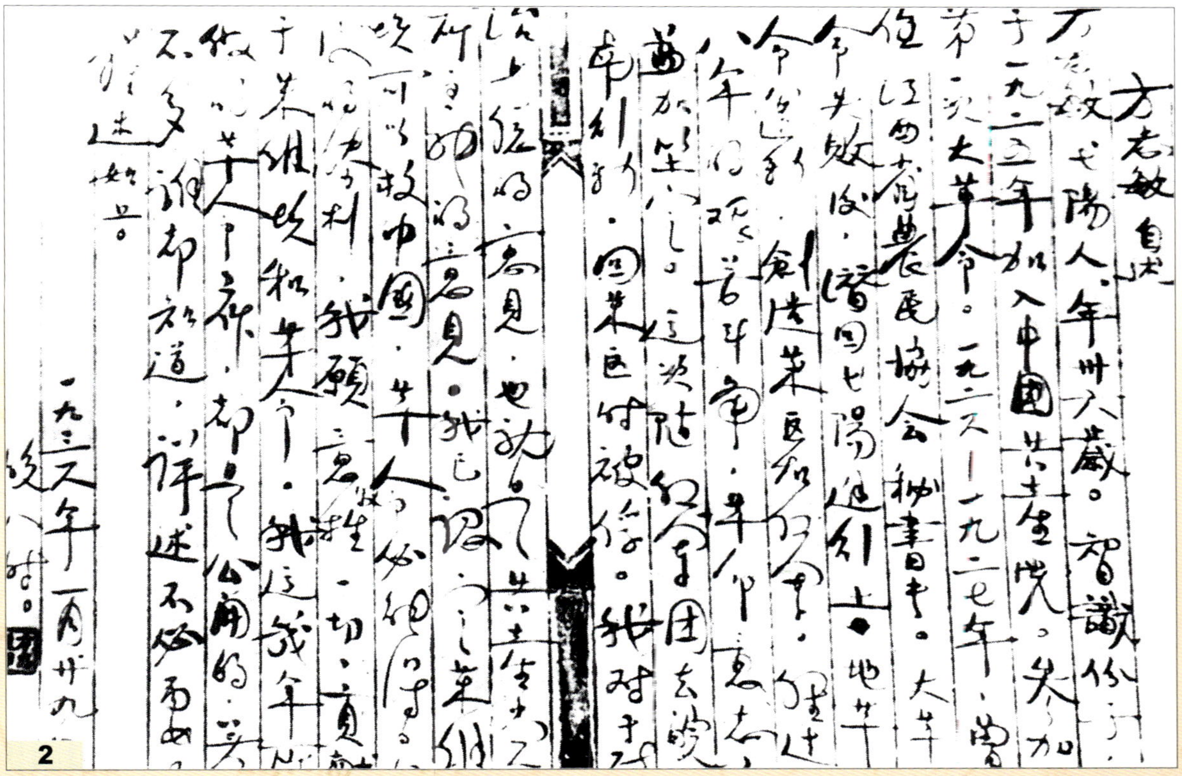
方志敏自述
方志敏，弋阳人，年卅八岁。智识份子
于一九二三年加入中国共产党。参加
第一次大革命。

2

《给我妻缪敏的信》、《给鲁迅先生的信》等。信写好之后，便投入紧张的文稿复写工作。为保险起见，他打定主意要传出4份，这就要复写3份。这3份有的是米汤密写，有的用墨笔抄写，不能找人代写，十几万字，复写3份就是30多万字，在短短的半个月时间里，每天都要写2万多字，这样大的艰苦劳动，没有惊人的毅力，顽强的斗志，是不可能做到的。

继之，方志敏又通过单线联系，委托胡逸民和他的妻子向影心，高易鹏和他的女友程全昭先后分4次从狱中传出。前两次是方志敏生前送出来的，后两次是方志敏就义后传出来的。

1935年8月6日，东方微亮，细雨蒙蒙，方志敏被敌人杀害于南昌市下沙窝，年仅36岁。1965年中共江西省委为方志敏烈士建墓时，毛泽东主席亲笔题写"方志敏烈士之墓"七个大字。

1940年叶剑英同志在八路军重庆办事处得到方志敏的手稿后，曾有感而作一首七言绝句："血染东南半壁红，忍将奇迹作奇功，文山去后南朝月，又照秦淮一叶枫"，并将它题在方志敏烈士被捕的照片上，充分表达了对革命先烈的敬仰之情。

宁死不屈的中央军区政治部主任贺昌

1

1934年10月中央红军主力长征后，贺昌奉命留在中央苏区坚持斗争，任中共中央分局委员兼中央军区政治部主任。根据中共中央指示，与中共中央分局书记项英、中央政府办事处主任陈毅等一起，以瑞金、会昌、雩都、宁都4县之间的三角地区为最后坚持的阵地，领导苏区军民掩护红军主力转移，保卫苏区土地革命胜利果实。1935年1月，主持编写了《中共中央给中央分局训令的讨论提纲》和《巩固我们的部队》政治课教材等文件，教育和鼓舞部队坚持斗争。同年2月兼任中央革命军事委员会中区分会委员。根据中共中央立即改变组织方式与斗争方式，开展游击战争的指示，同项英、陈毅一道共同指挥被围困在中央苏区的红军部队和地方工作人员陆续突围。突围前对部队动员说："同志们！主力红军已经胜利地进入了贵州的第二个大城市，并在那里召开了政治局扩大会议，批评了中央在五次反'围剿'中的错误，并给了我们今后斗争的指示。现在，我们是在敌人重重包围之中，弹缺粮缺，特别在这深山之中，孤军作战，形势是严重的。这是考验每个共产党员，尤其是干部对党对人民忠心的时候，也是考验每个同志对共产主义事业忠心的时候。"3月9日下午3时左右，贺昌率第3大队（大队长周建屏、政委杨英）从雩都上坪向福建长汀方向突围。在会昌天门嶂地区遭国民党军猛烈阻击，激战中身负重伤。10日凌晨行至归庄时，眼见敌人重兵逼近，一群敌人蜂拥而上，高叫"抓活的、抓活的……"。贺昌宁死不作俘虏，高呼"红军万岁"口号，举枪自尽。

1 贺昌
2 阮啸仙

在信丰壮烈牺牲的赣南省委书记阮啸仙

1934年10月中共中央率中央红军主力长征后，阮啸仙奉命留在中央苏区坚持斗争。不久，调任中共赣南省委书记兼赣南军区政委，与军区司令员蔡会文、政治部主任刘伯坚等领导赣南军民抗击国民党军的进犯。1935年2月，与蔡会文、刘伯坚等率独立6团及省委机关在雩都禾丰、黎村地区坚持游击战争。3月初，根据敌情变化，决定率部队和机关突围到“三南”（定南、龙南、虔南）和信丰地区活动。3月4日，他与蔡会文、刘伯坚率领临时编成的3个支队从雩都南部的上坪山区出发。在畚岭与敌遭遇，激战中突围部队被敌打散。阮啸仙与蔡会文率第二支队大部于3月6日冲破国民党军马岭、牛岭间的封锁线。突围中，阮啸仙在信丰县小埂被流弹击中壮烈牺牲。

2

1935年4月，陈毅闻阮啸仙、贺昌英勇牺牲的音讯后，即赋诗《哭阮啸仙、贺昌同志》：

环顾同志中，阮贺足称贤。
阮誉传岭表，贺名播幽燕。
审计呕心血，主政见威严。
哀哉同突围，独我得生全。

蔡会文

1

蔡会文(1908～1936) 湖南攸县人。1926年3月加入中国共产主义青年团。同年转入中国共产党。曾任国民革命军第二方面军警卫团连党代表。参加了北伐战争。1927年9月参加湘赣边界秋收起义，后任红四军教导队党代表，第三纵队支队党代表。参加了井冈山和赣南、闽西地区的游击战争。1930年后，任红十二军第一纵队党代表，红三军政治委员，江西军区政治部主任。参加了中央苏区第一至第三次反“围剿”斗争。1932年后，任中共湘赣省委委员，湘赣军区总指挥兼政治委员，红八军政治委员，红六军团代理政治委员兼第十七师政治委员，湘赣军区司令员。参加领导了湘赣苏区反“围剿”斗争，配合了中央红军的作战行动。1934年调回中央苏区，任赣南军区司令员。中央红军主力长征时，留在中央苏区坚持斗争。1935年3月率部突围到以油山为中心的赣粤边区，后转赴湘南开展游击战争，任中共湘粤赣边特委委员兼游击支队支队长、政治委员。1936年初春在湖南桂东朱冠山战斗中负伤被俘，后英勇就义。

刘伯坚带镣长街行

1934年10月中央红军长征后，刘伯坚奉命留在中央苏区坚持斗争，任赣南军区政治部主任。为了护送主力红军渡过于都河，他指挥赣南军区政治部的同志筹划架桥和后勤支援事宜。刘伯坚站在于都河边与渡河的红军战友握别，满怀豪情地鼓励战友们：“为了革命的需要和革命的发展，同志们要远征了。但是，这个事件不会长，胜利后我们会再相见的！”于都河边弥漫着一片凝重的惜别气氛。

红军抗日事长征，夜渡于都溅溅鸣，
梁上伯坚来击筑，荆卿豪气渐离情。

叶剑英的这首诗，描述了刘伯坚当年于都河边叮咛相送的动人情景。

2

主力红军撤离后，国民党军队大举进攻中央苏区，在苏区留下坚持斗争的部队遭到严重损失。1935年2月，中央分局、中央军区根据中共中央关于立即改变组织方式与斗争方式，使之与游击战争的环境相适应的指示，决定将被国民党军围困在于都南部地区的机关和部队分路突围，到中央苏区周围及其邻近地区开展游击战争。3月4日，刘伯坚与赣南军区司令员蔡会文、政治委员阮啸仙等率赣南军区独立第六团及机关人员1800余人，分成3个支队从于都县左坑出发。刘伯坚在安远县鸭婆坑指挥部队突围时，不幸左腿负伤被俘。

刘伯坚从被俘那天起即抱定“一死以殉主义，并为中国民族解放流血”的决心，大义凛然，义正词严地拒绝了国民党的劝降。3月11日，敌人将刘伯坚由大余县监狱移往绥靖公署候审室。在移狱的路上，敌人故意押着带镣的刘伯坚从三条繁华的大街上走过，借以进行反共宣传，妄图从精神上解除他的武装。刘伯坚拖着沉重的脚镣，镇定自若，气宇轩昂地走过大街。当天夜，他在狱中写下了气吞山河的《带镣行》：

带镣长街行，蹒跚复蹒跚，
市人争瞩目，我心无愧怍。
带镣长街行，镣声何铿锵，
市人皆惊讶，我心自安详。
带镣长街行，志气愈轩昂，
拼做阶下囚，工农齐解放。

3月21日，刘伯坚在大余金莲山英勇就义。就义前，在狱中连续写了几封感人肺腑的家书，谆谆嘱告亲人要继承他毕生为之奋斗的革命事业，并把自己的一生归结为“生是为中国，死是为中国”，坚信：“不久的将来中华民族必能得到解放”，充分表达了一个共产党人的高尚革命情操和坚定的革命信念。后人写诗赞刘伯坚：“西北军中驰令誉，红军帐里足良猷。百战何尝计苦乐，劳生为解万民忧”。

赖昌祚

赖昌祚(1907～1936)江西瑞金人。1929年参加革命。1930年加入共产主义青年团。翌年转为中共党员。从1930年起，历任少共瑞金县瑞林区委书记、中共瑞林区委书记、城市区委书记、瑞金县委书记。1933年9月，调中央直属机关工作。12月任瑞金中央扩红突击总队河东区突击队长。1934年7月，任中共闽赣省委书记。1934年10月，中共中央率红一方面军主力长征后，奉命留在中央苏区闽赣边坚持游击战争。11月，根据中央分局指示和当时恶劣的形势，当机立断作出决议：“闽赣党和军区应独立坚持就地领导斗争，组织和武装广大工农群众，广泛地开展游击战争。”领导闽赣全省军民积极开展游击战争，骚扰、牵制敌人。12月，将省苏维埃政府、省工联等直属机关工作人员组成省委工作团，随省军区机关和第十七、十八团行动，以适应游击战争的新环境。

1

1935年1月，调任中共瑞西特委书记。在瑞金九堡铜钵山区组建了特委、军分区和瑞金游击大队，领导瑞金、瑞西、西江3县人民开展游击战争。1935年三四月间，国民党军第四、八、八十九师向铜钵黔山区进行疯狂“清剿”。果断决定将特委和所属部队分路突围。当首次突围受挫后，再次分3路突围获得成功。5月，在福建长汀的丝茅坪主持召开特委、瑞金县委和游击队部分领导干部会议，根据形势，提出“保存力量，分散活动”的方针，将

1 赖昌祚
2 大柏地战斗指挥所旧址

1935.10 1935.11 1935.12 1936.01 1936.02 1936.03 1936.04 1936.05 1936.06 1936.07 1936.08 1936.09 1936.10

2

游击队化整为零，分散各地，辗转闽赣边区坚持斗争。采取伏击、袭击、智取等灵活斗争形式，紧紧依靠人民群众，粉碎国民党军的经济封锁和军事“清剿”。同年10月、11月，先后领导游击队成功地袭击了国民党合龙乡公所，在大柏地麻子堋伏击国民党军车，并缴获大量武器和物资。由于过度劳累身患重病，同志们劝他回家乡休息治疗，他怕连累群众，更不愿离开队伍和工作，忍着病痛带领游击队坚持斗争。1936年夏，病情恶化。瑞西特委委员钟德胜(钟民)建议并得到组织上同意，由游击队员温华桂、颜炳南、熊德效、傅伯全护送到瑞金罗汉岩养病。同年10月，温华桂等分头下山执行任务，傅伯全乘赖昌祚熟睡之机，将其杀害并将钱物洗劫一空后溜走。不久傅被游击队抓获处决。赖昌祚遇害时，年仅29岁。

彭辉明

1

彭辉明（1908～1935）广西人。中共党员。1929年12月参加百色起义，编入红七军。1930年，红七军及所属五十五团和五十八团奉命离开右江革命根据地，北上配合中央苏区的反“围剿”作战。途中，于粤北乐昌强渡武水时，部队被敌人阻截成两段。随五十八团于1931年进入湘赣革命根据地，被留下开展地方武装工作。这期间先后任永新县赤卫队大队长、湘赣军区十七师五十一团团长、第三分区司令员。

1934年8月，湘赣革命根据地的主力红军六军团西征后，受中央军委的委派，担任湘赣军区司令员，奉命留在湘赣革命根据地坚持斗争。随后，率领独立五团随省委到达武功山下的安福县泰山村，与独立三团汇合，开辟游击根据地。1935年2月，为扭转被敌“追剿”的被动局面，率部离开武功山，西进五里山一带，骚扰、打击敌人。返回途中，在虎头岭遭莲花保安十团和萍乡保安四团，以及莲花、安福两县“铲共义勇队”的合围。他沉着镇定，果断地指挥部队进行反击，一举攻下几个山头，将敌人压下山。就在战斗快要结束时，突被流弹击中，当场壮烈牺牲。

2

李乐天

李乐天(1905～1935)广东南雄人。1919年就读于南雄国民高等小学，受“五四”运动进步思想影响，积极参加了反帝反封建斗争。在南雄中学，因参加反对校长贪赃枉法的罢课斗争，被开除学籍。1923年参加“青年学社”，积极从事革命活动。1927年加入中国共产党。1928年1月参加南雄农民武装暴动，任中共南雄县委委员。暴动受挫后，与彭显模等

1 彭辉明
2 李乐天
3 信丰县油山老屋下杉石村

人带领武装队伍转入赣粤边油山，组建油山游击队。1930年编入西河红二十六纵队，先后任纵队政治干事，游击队大队长，红二十二军、红十二军政治部干部，南雄县委书记，粤赣边军政委员会主席等职。

中共中央率红一方面军主力长征后，奉命到江西雩都小溪参加了中共信康赣雄特委(后称中共赣粤边特委)和信康赣雄军分区成立会议，任特委书记、军分区司令员兼政委。随即率领特委、司令部机关和独立营共700人的队伍转移到赣粤边油山，坚持游击战争。1935年3月底，中共中央分局书记项英和中央政府办事处主任陈毅突围到油山与李乐天部会合。4月出席了由项英、陈毅主持召开的长岭干部会议，汇报了几个月来的工作情况。共同研究制定了开展游击战争的方针策略，作出了以南岭山脉为依托，以北山、油山为主要根据地进行游击战争的决定。从此，在项英、陈毅直接领导下，在江西大庾、广东南雄交界的北山，指挥赣粤边区各地开展游击战争。同年10月，指挥部机关人员化整为零，分散各地开展游击战争。11月中旬，率直属队到崇仙游击区，在仙人迹召开该区主要领导干部会议，向游击队、工作团传达特委部署，要求各游击队公开亮出旗帜，各工作团要紧密依靠群众，扩大游击区，并亲自指挥崇仙地区游击战争。12月，从油山返回崇仙游击区，途经信丰时被国民党军包围，突围中身负重伤后牺牲。

3

英勇就义的红十军团军团长刘畴西

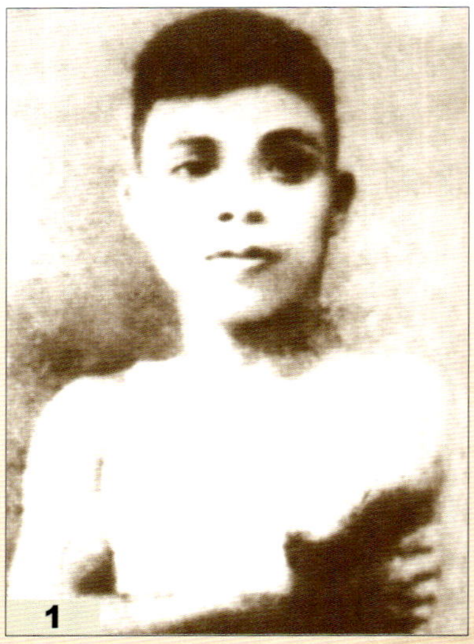
1

刘畴西(1897～1935)，湖南长沙望城靖港人。1920年考入湖南省立第一师范学校，同年冬加入中国社会主义青年团，1922年夏转入中国共产党。1924年5月考入黄埔军校第一期，曾参加平定广州商团叛乱的战斗。同年11月毕业后，在教导一团任三连党代表。1925年在参加讨伐陈炯明的东征中负重伤，截去左臂，后留军校任黄埔同学会总务科长。1927年夏任国民革命军第十一军二十四师参谋，参加南昌起义，后任营长、团参谋长。1929年初赴苏联，入伏龙芝军事学院学习。1930年8月回国，被派往中央苏区，历任红军第一军团三军八师师长，瑞金中央军事政治学校政治部主任，红二十一军军长，参加了中央苏区第一至第三次反“围剿”。后调任闽浙赣军区司令员兼红军新编第十军军长，闽浙赣苏维埃政府执行委员。1934年1月被选为中华苏维埃共和国中央执行委员，11月任红十军团军团长兼第二十师师长。12月，红十军团在浙赣边界的怀玉山区被国民党军包围，经苦战后于1935年1月被俘，狱中坚贞不屈，8月6日在江西南昌就义。

在突围中壮烈牺牲的毛泽覃

2

1934年10月中央红军主力长征后，毛泽覃奉命留在中央苏区坚持斗争。后被以项英为首的中共中央分局派往福建省委任秘书长。1935年2月中旬，率领一个连的部队从江西省雩都县禾丰出发，途经会昌、白鹅、小密，在福建省长汀县四都地区，与中共福建省委书记兼福建军区政治委员万永诚、福建军区司令员龙腾云及其所率部队会合。3月，随福建省委等党政军机关转移至谢坊、琉璃、汤屋、小金、乌泥一带开展斗争。曾在琉璃村主办

"白区工作训练班"，并在敌我力量极为悬殊的情况下，向万永诚建议：放弃四都，将部队编成几个支队，分散四出袭击敌人，领导中心退到闽粤赣边深山中去。但未被采纳。4月上旬，福建省委、省苏维埃政府、军区及所属红军第十九、二十团在四都地区陷敌重围、遭受重大损失后，毛泽覃被任命为第三支队支队长，率领三支队向江西会昌方向突围。行至会昌田心，被国民党军包围。经苦战，仅率十几人突出重围，转移至瑞金县安治黄膳口的红林山区。4月26日，在与国民党军毛炳文部作战时毛泽覃被叛徒出卖，在突围中壮烈牺牲。

徐彦刚

徐彦刚(1907～1935)四川开江人。1926年加入中国共产党。1927年春考入武汉中央军事政治学校学习，同年9月参加湘赣边界秋收起义。1928年后，任工农革命军第一军第一师第二团参谋长，红四军第三十二团参谋长。参加了井冈山革命根据地历次反"进剿"、反"会剿"。1929年1月红四军主力向赣南出击后，留在井冈山地区坚持斗争，任莲花赤卫大队大队长。1930年1月随赤卫队编入主力红军，后任红六军第三纵队纵队长，红三军第三纵队纵队长、第九师师长，红三军军长，红一军团参谋长，第二师师长。参加了中央苏区第一至第四次反"围剿"斗争。1933年7月奉命到湘鄂赣苏区工作，后任湘鄂赣军区司令员，红十六师师长。1934年2月，当选为中华苏维埃共和国第二届中央执行委员。1935年7月在湖南平江江桥战斗中负伤。同年8月在江西永修、安义边界养伤时被叛徒杀害。

3

长征中牺牲的部分江西籍营以上干部烈士名录

姓名	籍贯	出生年月	部职别	牺牲时间	牺牲地点
甘盛财	江西省永新县	1898	第六军团第十七师某团政治委员	1934 秋	贵州
毛国雄	江西省修水县		第三军团第五师第十四团政治委员	1934 年底	广西龙胜
陈金泉	江西省瑞金县	1900	原补充师师长	1934	长征途中
许瑞芳	江西省崇仁县		第一军团某师政治部宣传科科长	1934	长征途中
刘世浩	江西省赣县	1911	第三军团新兵师师长	1934	长征途中
赵云龙	江西省吉安县		第一军团第二师第五团政治委员	1935.1	贵州赤水
陈胜富	江西省	1915	第一军团第一师第二团政治委员	1935.1	贵州土城
林芳英	江西省	1900	军委干部团第三营营长	1935.1	贵州土城
尹界基	江西省永新县	1905	第三军团政治部青年部部长	1935	贵州
余心清	江西省		第九军团没收委员会主任	1935	贵州
易德培	江西省吉安县		军委抄报员	1935	贵州
王光荣	江西省		军委译电员	1935	贵州
张志高	江西省		川南游击纵队大队政治指导员	1935.2	云南威信
刘友江	江西省兴国县		第九军团第九团特派员	1935.3	贵州大方县猫场
胡任金	江西省		第九军团第八团营长	1935.3	贵州大方县猫场
尹自勇	江西省		第九军团政治部青年科科长	1935.3	贵州大方县猫场
戴元怀	江西省		泰和县川南特委组织部部长	1935.3.26	四川兴文县
陈监财	江西省		军委报务员	1935.5	四川泸定桥
刘大兰	江西省赣县	1906	原江西独立团政治委员	1935.5	四川泸定
陈达太	江西省兴国县		第三军团保卫局执行科科长	1935	四川草地
王子湘	江西省		军委译电员	1935	四川草地
刘自升	江西省		军委抄报员	1935	四川草地
刘廷荣	江西省万安县		粤赣省保卫局局长	1935	四川草地
谢日光	江西省兴国县	1910	第一方面军某部供给处处长	1935	川西草地
江德皮	江西省永丰县	1912	第一方面军某团政治委员	1935	四川
何勇	江西省瑞金县		第三军团政治部秘书	1935.6	四川雪山
邱兴国	江西省兴国县	1911	第五军某团政治委员	1935.7	四川大藏寺
龙振文	江西省		永新县第一军团第一师第二团团长	1935.8	四川草地
钟汉秋	江西省		兴国县第三军团某部营长	1935.8	四川草地
阮芳资	江西省		吉安县第三军司令部侦察参谋	1935.8	四川阿坝
卢宋兴	江西省		高安县第一军团政治部事务科科长	1935.8	四川黑水波罗子
李嘉焕	江西省兴国县		军委报务员	1935.8	四川草地
刘宗仁	江西省安福县		军委报务员	1935.8	四川草地

姓 名	籍 贯	出生年月	部 职 别	牺牲时间	牺牲地点
胡廷铨	江西省泰和县		原红十军代政委	1935	云南
郭宝华	江西省		军委报务员	1935	甘肃
苏光明	江西省永新县	1902	第一军团政治部敌工部部长	1935	甘肃
罗连生	江西省吉水县	1906	第三军团第十二团营长	1935	甘肃
杨桂林	江西省吉安县	1911	第一方面军独立团团长	1935	四川黑水
罗潮彬	江西省兴国县		军委报务员	1935	甘肃
谢有勋	江西省兴国县		第一军团第二师第五团政治委员	1935.9	四川芦花
刘发任	江西省瑞金县		第一军团第一师第二团政治委员	1935.9	甘肃腊子口
黄开湘	江西省弋阳县	1908	第一军团第二师第四团团长	1935.10.19	陕北吴起镇
架荣华	江西省莲花县		第六军团第十七师第四十九团参谋长	1935.11.20	湖南大庸
樊孝竹	江西省永新县	1907	第六军团第十八师第五十三团团长	1935.12.	湖北宣恩
刘凤江	西省莲花县	1910	第六军团第十八师参谋长	1935.12	湖北来凤
罗一汇	江西省吉安县	1894	第 1 方面军某团政治处主任	1935	长征途中
萧俊祥	江西省兴国县	1912	第一军团第二师第六团特派员	1935	长征途中
董来镇	江西省南康县	1907	第一军团某师某团政治委员	1935	长征途中
谭详琼	江西省兴国县	1915	第三军团第六师政治部宣传队长	1935	长征途中
戴元棹	江西省吉安县	1911	第三军团某团副团长	1935	长征途中
曾文辉	江西省瑞金县	1893	第一方面军某团团长	1935	长征途中
唐辉	江西省安福县	1912	第六军团第十六师组织科科长	1936.3	云南宣威
姜春南	江西省		格勒得沙政府副主席	1936.3	金川
罗辉	江西省上犹县	1912	第六军团第十七师组织科科长	1936.4	云南宣威
萧令彬	江西省永新县	1908	第二军团第四师政治部主任	1936.4.8	云南普渡河
张达立	江西省永新县	1914	第六军团第十八师供给部部长	1936	云南
康福海	江西省		第三十二军第八团营长	1936	甘肃
郁匡南	江西省安福县		第六军团模范师组织科科长	1936.8	甘肃腊子口
彭盛德	江西省泰和县		第六军团第十六师某营政治教导员	1936.9	甘肃天水
文明	江西省永新县		第六军团第十七师第五十一团营长	1936.10	甘肃天水
旷春太	江西省永新县	1908	第六军团第十七师供给部部长	1936.10	甘肃天水
尹冬先	江西省永新县	1913	第六军团第十六师卫生部长	1936.10.7	甘肃天水
张辉	江西省安福县		第六军团第十六师师长	1936.10.7	甘肃天水
唐金符	江西省瑞金县	1908	第三十二军某团营长	1936	甘肃成县
陈桂	江西省		第五军某团总支书记	1936	甘肃南部
刘金龙	江西省莲花县		第六军团第十七师卫生部长	1936	甘肃礼县
阮光明	江西省		川南游击纵队大队长		长征途中

弘扬长征精神 推进海峡西岸经济区建设

中共福建省委常委、宣传部长、教育工委书记 唐国忠

长征是中华民族历史上的一部英雄史诗，福建人民和福建子弟兵为之谱写了壮丽篇章。1934年10月上旬，中央红军一部从福建的长汀县、宁化县出发，近3万的福建子弟兵参加了长征，占长征红军总数的三分之一，其中90%在长征途中英勇献身，到达陕北时仅剩下2千余人，为长征的胜利付出了巨大的牺牲。中央红军长征后，福建革命红旗不倒，八闽儿女前赴后继，坚持艰苦卓绝的游击战争，同其他游击区一起，形成了伟大的第二战场，有力地配合中央红军长征。

红军二万五千里长征，是人类挑战自然的战斗凯歌，是革命与反革命两种力量的激烈较量，是光明与黑暗两种前途的生死搏斗，是中国共产党和中国革命事业从挫折走向胜利的伟大转折。在长征途中，福建子弟兵与来自五湖四海的红军将士一道并肩战斗，历经千难万险，受尽艰难困苦，以惊天地、泣鬼神的革命壮举，创造了伟大的

长征精神。这种精神是中华民族百折不挠、自强不息的民族精神的最高体现，是保证革命和建设事业从胜利走向胜利的强大精神力量。

今天，我们纪念红军长征的胜利，既是为了缅怀红军的光辉业绩，也是为了汲取长征的历史经验，弘扬长征革命精神，把老一辈革命家开创的伟大事业继续推向前进。要用红军长征胜利的生动历史和闽籍红军将士的英雄壮举，在广大干部群众中深入开展长征精神、革命传统、革命理想和信念的宣传教育，使全省人民始终保持昂扬向上、奋发有为的精神状态，让长征精神在八闽大地上薪火相传、发扬光大，在建设对外开放、协调发展、全面繁荣的海峡西岸经济区中充分显示其巨大生命力和时代价值，鼓舞全省人民不断夺取改革开放和现代化建设的新胜利。

引言

福建是中央红军的发祥地之一。早在1929年1月，毛泽东、朱德率领红四军主力走下井冈山革命根据地，挺进赣南、闽西，开辟了新苏区，壮大了红军力量。红一方面军建立后，在毛泽东、朱德等的正确领导和指挥下，连续粉碎国民党军的三次大规模“围剿”，赣南、闽西革命根据地连成一片，称之为中央苏区，成为中国共产党领导和指挥中国革命和革命战争的战略基地和指挥中心。中央红军长征后，留在福建的红军和地方革命武装，红旗不倒，继续坚持斗争，有力地配合了红军主力的战略转移，推动了抗日救国运动的发展，成为华中抗日战争的重要力量。

福建是中央红军长征的出发地之一，苏区广大人民为红军长征做出了重大贡献，付出了重大牺牲。苏区人民群众一切为了前线，一切为了红军长征，他们倾其所有，尽其所能，竭其全力。仅长汀县在长征前就突击完成了“收集 5 万床被单”、“借谷 60 万担”、“募集 20 万双草鞋”的支前任务，“妻送夫，父送子，兄弟双双当红军”的情景更是感天动地。据初步统计，在中央红军长征时，参加红军的福建籍指战员近3万人，占中央红军总人数的三分之一。其中6600多位宁化籍的红军指战员牺牲在长征路上，胜利到达陕北苏区的仅有 58 人。

福建是中国革命的老区，大量有关红军长征的历史遗存和红军将士的浩浩英名，留给后人的是无限的缅怀和激励。

1934.07 1934.08 1934.09 1934.10 1934.11 1934.12 1935.01 1935.02 1935.03 1935.04 1935.05 1935.06 1935.07 1935.08

福建

chang zheng

中央红军从长汀、宁化出发长征

红九军团在胜利完成了护送红七军团渡过闽江的任务后，于1934年8月底进抵福建长汀。9月，参加了温坊战斗和松毛岭保卫战。9月底，红九军团奉中革军委命令撤出松毛岭，于10月初兵分两路开赴长征集结地。其中，第九团与军团直属队为一路，从钟屋村出发，经河田前往汀州城；第七、第八两团为一路，仍由钟屋村经河田到汀州城。10月3日，红九军团两路人马齐集汀州城，休整4天。期间，中革军委发给红九军团大批军用物资，使得每个红军指战员都领到一套斜纹布薄棉衣和夹被、鞋子等物品。6日傍晚，红九军团从汀州城西移，于7日凌晨抵长汀古城宿

1

1 长汀山川美
2 宁化革命烈士纪念碑

营。入夜，部队继续西移，当晚8时到达瑞金，次日拂晓抵达武阳。

与此同时，红一军团第十五师于10月9日从宁化地区开始向西转移；12日，红三军团主力部队根据中革军委命令，将防务交地方红军接管，彭德怀率主力部队撤出防御阵地，在凤凰山进行短时间休整后，开始向西转移；同日，红一军团后方机关和中革军委直属炮兵营奉命从宁化的曹坊、滑石、淮阳等地向集结地出发。中革军委直属营和红三军团后方医院从宁化方田出发；红三、红五军团部分后方医院也于10月12日分别从城关、湖村、方田等地出发，开始长征。

2

北上抗日先遣队转战福建

1934年7月6日晚，红七军团从瑞金出发，经福建北上。

与此同时，红九军团在军团长罗炳辉、政治委员蔡树藩的率领下，从江西的石城地区出发，护送红七军团过闽江。

7月11日，红七军团主力从宁化西北地区东进，军团指挥部与红十九师进抵长汀境内。红九军团亦到达石城东南的大畎一带。

19日，红七军团主力和军团指挥部与红十九师分别经宁化西南的禾口、宁化县城、清流县城与长汀、连城等地逼近白区永安城的东南面。红九军团也以急行军赶到永安城的西北面，对永安城形成钳形包围。

永安，位于福建中部偏西，东南临大田，西接连城、清流，南毗漳平、龙岩，北与三明接壤，地势险要。红军准备攻城时，大批增援之敌正向永安快速推进。为不影响红七军团渡江，两个军团的首长决定，放弃进攻永安，待红七军团渡江后，再寻战机歼灭这股敌军。红七、红九军团先后撤离永安，继续东进。

7月26日，红七军团先头部队进逼尤溪县城，城内守敌千余人未作任何抵抗即向顺昌逃窜，沿途溃不成军。

29日，红七军团主力进抵尤溪口，一举将其攻克，缴获一批枪弹和炸药。

翌日，在红九军团的掩护和配合下，红七军团乘胜向闽江中游的障湖

1

2

1 蔡树藩

2 罗炳辉

3 抗日先遣队行动路线要图

坂村发起进攻。经过简短激战，红军击溃守敌一个保安团，消灭其两个连，缴获步枪100余支，机枪2挺。战斗结束后，红七军团立即分头寻找渡江工具，结果只找到一只小舢板。乘夜暗中，红七团硬是靠着这仅有的小舢板，全部顺利地渡过了闽江。

红七团渡江后，红九军团在障湖坂休整了10天，于8月11日带着缴获的大批弹药、食盐和其他物资动身西返中央苏区。

红七军团渡过闽江后，按原定计划准备由古田、庆元、遂昌北上浙西，然后去皖南开创新的苏区。

7月31日凌晨，红七军团主力抵达古田县谷口村时，中革军委突然改变计划，紧急电令红七军团由谷口东进，占领水口，威胁并相继攻克福州。军团首长虽然对中革军委的命令感到困惑，但还是决定执行。他们放弃攻打

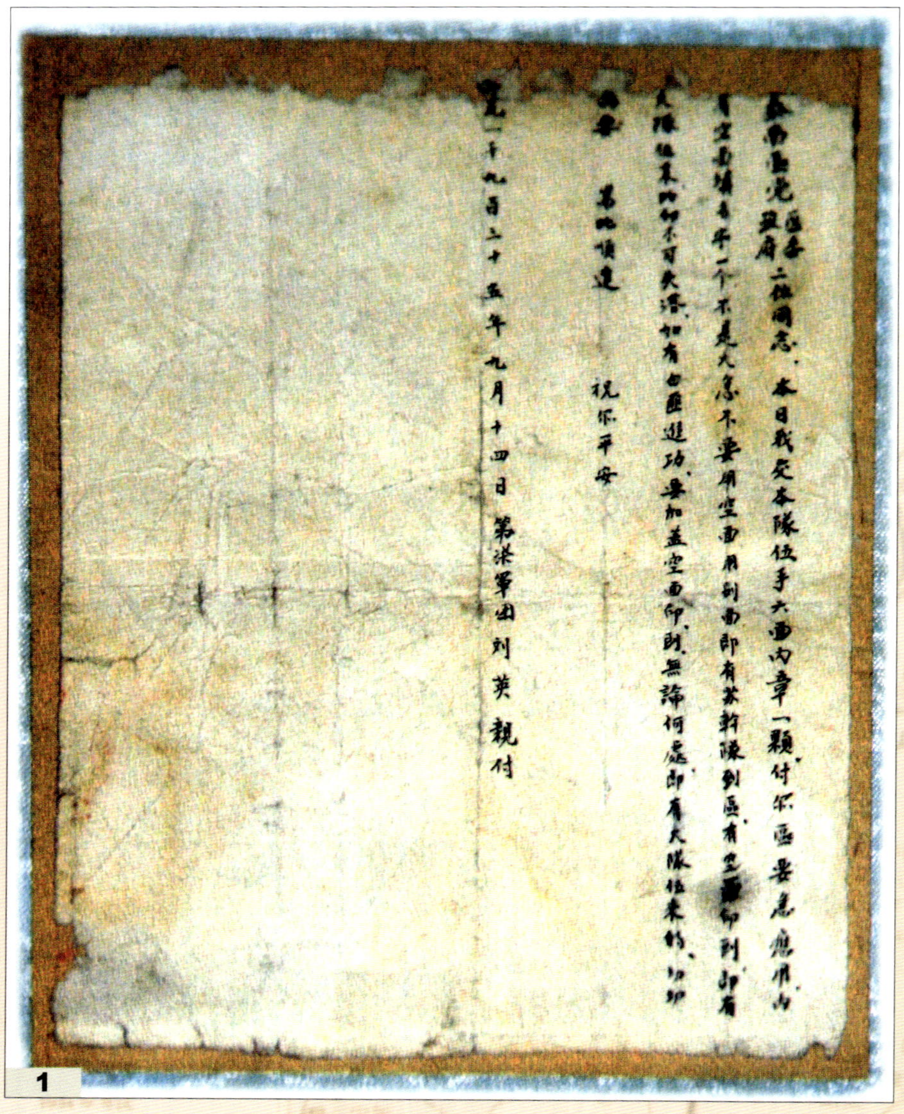

1

古田县城的部署，命令部队连夜向水口前进。

水口，是福州西北面的一个重镇，国民党福建闽江警备司令部在此驻防，城内约有4个营的兵力。红七团先头部队以迅雷不及掩耳之势向敌人发起进攻，敌警备司令慌忙率部乘船顺闽江而下逃往福州。红七军团顺利占领水口。

8月1日，红七军团在水口召开了纪念“八一”建军大会，并公开打出“中国工农红军北上抗日先遣队”的旗号。

8月2日，红七团从水口出发，直奔福州。从水口到福州，距离70多公里，沿江交通要道早已被国民党控制。为了快速推进，红七军团指挥部队绕道安仁溪、白沙、大湖等地，于7日抵进福州西北郊的岭头、笔架山、赤桥、浮村一带。

红军突然出现在福州郊区，引起了国民党当局的极大震惊。敌人急令位于闽东宁德、福安、霞浦和泉州的第八十七师王敬玖部驰援福州。同时，又急调在湖南整训的第四十九师伍成仁部由长江水路日夜兼程东进，经海运驰援福州。正在“围剿”中央苏区的国民党东路军总司令蒋鼎文也急忙从漳州飞到福州“视察”。

2

1 刘英就六面印的使用方法给泰南区的信

2 六面密印

3 泰南游击队发出的紧急调令，上有六面印

1935.10 1935.11 1935.12 1936.01 1936.02 1936.03 1936.04 1936.05 1936.06 1936.07 1936.08 1936.09 1936.10

福州市系福建省省会，地处东南沿海，交通方便，城墙高大坚固，城内外驻有国民党军第八十七师1个团和1个宪兵队，还有一些炮兵、工兵和海军陆战队，城郊南台建有飞机场。

由于侦察到的敌情有限，军团长寻淮洲和参谋长粟裕认为，贸然攻城相当危险，但政治委员乐少华却坚决要求部队执行中革军委的命令。8月7日晚，红七军团向福州城发起进攻，主力部队进攻辛店、富村、大夫岭、隐士坡一线，小分队袭击南台的军用机场。

福州城内外的守敌早已做好准备。他们凭借坚固的工事拚命扼守，并以猛烈炮

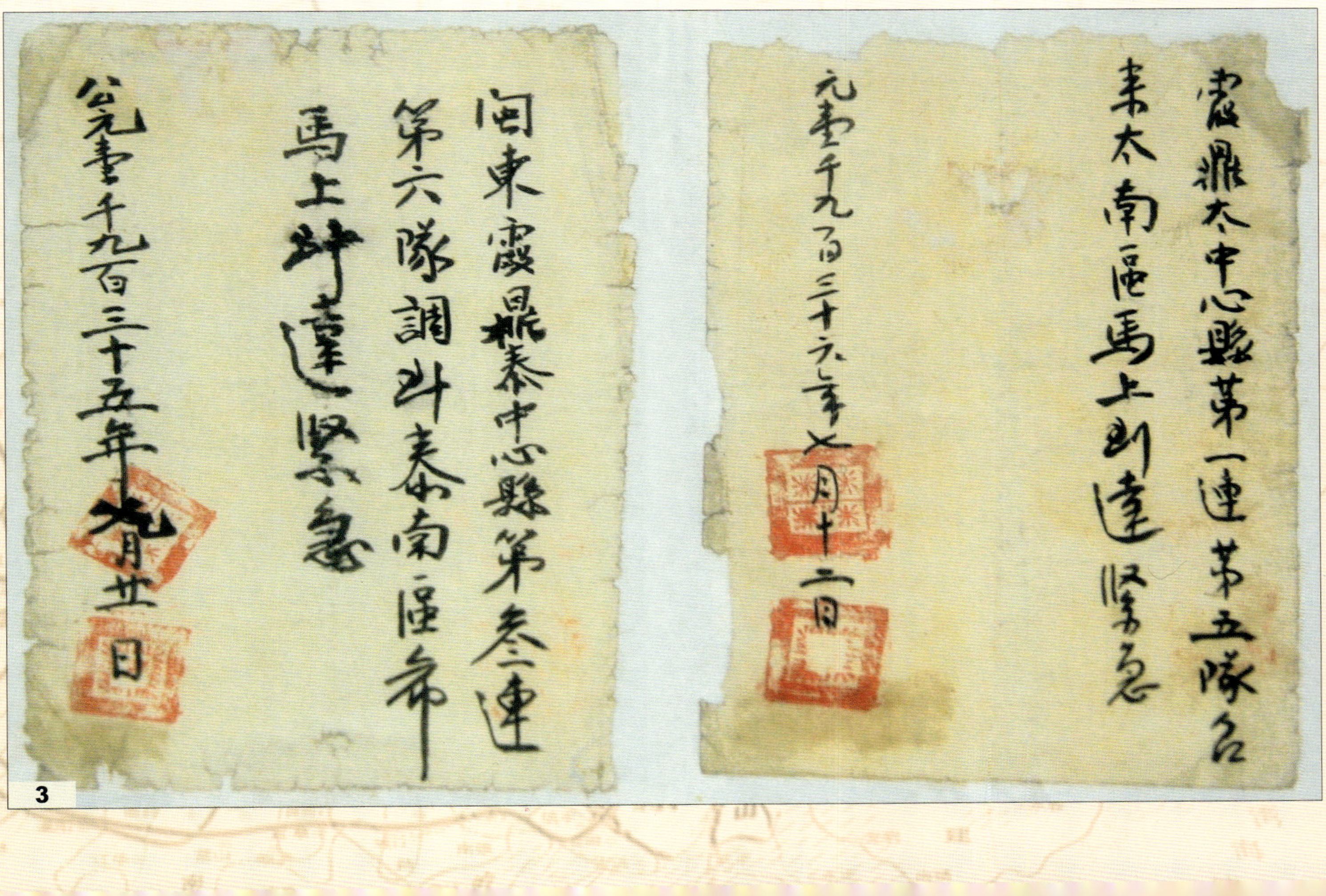
霞鼎太中心縣第一連第五隊召
来太南區馬上到達緊急
元壹千九百三十六年七月十二日

閩東霞鼎泰中心縣第叁連
第六隊調赴泰南區命
馬上到達緊急
公元壹千九百三十五年九月廿日

3

火对红军实施拦阻轰击，同时出动数架飞机进行轮番轰炸。强攻一昼夜，红七军团攻占了大、小北岭和城北的街道，可是，由于缺乏攻城重武器和防空手段，又不善于迫近作业，加之福州地下党组织遭破坏，如果再打，会使红七军团陷于不利境地。

在此紧急时刻，红七军团召开军政委员会会议，决定将部队撤至福州以北岭头一带，准备向闽东转移。中革军委这次电令攻打福州，不仅使红七军团付出巨大代价，伤亡300名红军战士，而且还暴露了红七军团实力，国民党军队开始了更为疯狂的围追堵截。

1

8月9日，红七军团转移到福州西北的岭头一带。敌第八十七师尾随而来，对红七军团实施步枪、火炮夹击，辅之以飞机扫射。为保存实力，红七军团主动撤出战斗，根据中革军委的指示，向福州以北的连江桃源、潘渡方向转移。

10日，红七军团行至桃源，敌第八十九师又一次追击迫近，红七军团面对敌军地面密集的枪炮射击、空中的狂

1 福州古城

2 刘英

3 英勇就义前的刘畴西

1935.10 1935.11 1935.12 1936.01 1936.02 1936.03 1936.04 1936.05 1936.06 1936.07 1936.08 1936.09 1936.10

2

3

轰滥炸和后续部队赶来增援的不利态势，即主动撤退，兵分两路继续向北转移。

桃源战斗结束后，敌第八十九师退守福州，改由伍成仁率领所部第四十九师继续围追红军。这时，伍成仁判断红七军团有可能进攻连江，遂率部星夜驰往。当其开进连江时，红七团却兵临罗源城下，并在当地党组织和地方武装的配合下，采取袭击与强攻相结合的战术，于8月14日凌晨一举攻克罗源县城，全歼保安第十一团第三营及县警备队共1000余人。

红七军团旋即沿闽浙边北上，顺利攻克穆阳，并缴获大批物资和银元，之后再挥师经福安向西北直插浙西。

9月4日，红七军团从浙江龙泉县八都进入福建蒲城县党溪一带，随即进驻闽北苏区东北的古楼一带游击区活动。红七军团在闽浙边地区，一面应付敌人日益加紧的围追堵截，一面按照中革军委的指示，开展游击战争，打击敌人。

9月9日，遵照中革军委的的指示，红七军团离开闽北苏区北上，继续执行深入敌后进行破袭的任务。

留闽红军和地方武装坚持斗争

闽西红军和游击队坚持游击战争

闽西游击区位于福建西南部，中心区域在(龙)岩永(定)(上)杭地区。这里原系中央苏区，归中共福建省委、省苏维埃政府管辖。

*1934*年*10*月，中央红军主力长征后，国民党军部署8个师和保安团队共10万人，于1935年1月对闽西苏区进行大规模“清剿”。留在闽西长汀地区的中共福建省委、军区及其直辖部队共4000余人，在国民党军重兵围攻下，遭受重大损失；留在漳平、连城、宁洋(今划为龙岩、漳平、永安3县)等地活动的红军独立第九团及明光独立营，及时转移到永定、上杭地区，与坚持在龙岩、永定的红军独立第八团及当地游击队会合，在由中央苏区派回的原福建省苏维埃政府主席张鼎丞领导

1

1 闽西红军经常活动的地区之一——永定金丰大山

2 张鼎丞

3 陈潭秋

4 邓子恢

5 谭震林

2

3

4

5

下，坚持斗争。随后，中共中央分局委员陈潭秋和邓子恢、谭震林率领从中央苏区突围出来的100余人也到达永定。这时，闽西红军和游击队共约2000人。4月，张鼎丞召开各部队负责人会议，确定了依靠群众、保存力量、等待时机，以开创新局面的斗争方针，并成立以张鼎丞为主席，邓子恢、谭震林为副主席的闽西南军政委员会，统一领导该地区的党政军工作，开展游击战争。接着，闽西红军和游击队统一划分为第一、第二、第三、第四军分区，分散在龙岩、永定、上杭、连城、宁洋、漳平、南靖、平和、大埔等地创建游击根据地，发展地方武装，进行反“清剿”作战。至年底，红八团运用夜袭和伏击等战术，先后袭击龙岩城及其附近的崎赖、南洋坝等地，歼敌一部。红九团主力向闽粤边的平和、南靖、大埔、饶平行动，击溃国民党军1个团另1个营，摧毁许多据点，并与闽南红三团会合，后红九团在返回闽西途中，遭国民党军围追堵截，损失严重。1936年，红军和游击队根据中共中央关于建立抗日反蒋统一战线的指示精神，积极开展武装宣传工作，后执行联蒋抗日新方针，停止对国民党军的主动进攻。但国民党军拒绝和谈，再次发动“清剿”。红军和游击队针锋相对，坚决反击，至1937年2月，在龙岩、漳

1

平、上杭、永定等地区歼国民党军一部，取得反“清剿”斗争的胜利。全国抗日战争爆发后，根据中共中央指示，闽西南军政委员会同国民党闽西驻军谈判，于7月底达成停止内战、共同抗日的协议。随后，闽西红军和游击队2000余人，并与闽粤边和闽赣边红军和游击队等在龙岩县白土集中，编入新四军第二支队第三、第四团，奔赴抗日前线。

闽北红军游击队坚持游击战争

闽北游击区位于福建省北部山区，以武夷山脉为中心。闽北苏区曾是闽浙赣苏区的一个分区，1933年春划归新成立的中共闽赣省领导。

1934年10月，中央红军主力长征后，坚持在闽北地区斗争的有以中共闽北分区委书记黄道和闽北军分区司令员李德胜（后吴先喜）及其领导下的红军和游击

1 闽西红军游击队活动的游击区之一——龙岩紫金山

2 1935年2月，闽北红军在崇安县长涧源集中整编，重建闽北红军独立师。图为长涧源。

队。不久，国民党军集中6个师、1个旅、1个纵队和闽赣保安团共10万余人，对以崇安为中心的闽北苏区进行大规模“清剿”。至1935年1月，苏区大部被占，闽北分区委率部转移到武夷山区。2月，闽北红军第58团、西南独立团、闽北独立团等部共约2000人，合编为红军闽北独立师，在师长黄立贵、政治委员卢文卿指挥下，继续在闽北地区开展游击战争。3月，闽北独立师被围困在崇安北部山区的狭窄地段内，情势危急。独立师根据分区委关于分兵向敌后挺进的决定，于8月兵分3路转至外线。其中第二、第三团挺进建瓯、松溪、政和、庆元、龙泉、周宁、寿

2

宁、古田、屏南等地；第一团挺进邵武、顺昌、建阳等地；第四团挺进资溪、光泽、贵溪等地。至1936年春，先后在铅山县紫溪、上饶县甘溪、建阳县界首镇地区共歼敌1000余人。同时，积极发动群众与当地大刀会建立统一战线，经过一年多的艰苦斗争，3路红军和游击队创建了闽东北、邵(武)顺(昌)建(阳)和资(溪)光(泽)贵(溪)等几块游击根据地。红军和游击队运用伏击、夜袭等战术，打了许多胜仗，挫败了国民党军的多次“清剿”。

1

*1936*年*4*月，与闽东游击区打通联系后，组建了中共闽赣省委和闽赣军区，与友邻游击队相互照应。至年底，闽北游击区扩大到东起庆元、周宁，西迄资溪、泰宁、南及将乐、古田，北至上饶、贵溪共26个县的广大地区，部队发展到3000余人。全国抗日战争爆发后，中共闽赣省委与国民党江西省地方当局谈判，于1937年9月达成停止内战、共同抗日的协议。随后，闽北红军和游击队近800人(后发展到1500余人)在江西省铅山县石塘镇集结，改编为新四军第五团，奔赴抗日前线。

闽东红军和游击队坚持游击战争

闽东游击区位于福建省东部与浙江省南部交界地区，中心区域是闽东北，东临东海，南抵福州。

2

*1934*年*10*月，中央红军主力长征后，坚持在闽东地区斗争的闽东红军独立师和游击队共2000余人，在中共闽东特委书记苏达、师长冯品泰和政治委员叶飞领导下，抗击国民党军2个师另1个团和5个保安团的进攻。至1935年春，闽东苏区的寿宁、福安、霞浦、宁德、罗源、连江等地全部被国民党军占领，部队受严重损失，副师长赖金标牺牲，独立师余部500余人在叶飞率领下突出重围，转移到宁(德)屏(南)古(田)地区开展游击战争。1935年3～4月间，独立师乘国民党军大部撤离苏区之机，主力进入福安、寿宁和霞浦、福鼎等地，摧毁敌人据点，恢复苏区。5月，重新组成以叶飞为书记的中共闽东特委，统一领导闽东地区的斗争。8月，独

1 黄道
2 叶飞
3 1934年9月，红军闽东独立师在宁德县支提寺成立。图为支提寺。

1935.10 1935.11 1935.12 1936.01 1936.02 1936.03 1936.04 1936.05 1936.06 1936.07 1936.08 1936.09 1936.10

3

立师编成3个纵队分散活动。此后，红军和游击队运用伏击和奇袭等战术，取得全歼霞浦县槟澳岔之敌1个加强连和攻占福鼎县港口重镇沙埕、桃坑、龟子山以及岗垄、莒家岭等战斗的胜利，多次粉碎国民党军的“清剿”。至年底，恢复和建立了宁(德)屏(南)古(田)、福(安)寿(宁)、霞(浦)(福) 鼎和(福)鼎平(阳)等几块游击根据地，并以此为依托，四出打击敌人。至1936年下半年，游击区扩大到东濒东海，西接闽北，南抵福州，北邻浙江等23个县的广大地区。这时，闽东特委看到党的《八一宣言》，随即调整政策，开展抗日统一战线活动。全国抗日战争爆发后，在闽东特委向国民党地方当局提出停战谈判主张遭到拒绝并受到新的进攻的情况下，红军和游击队积极反击，在宁德县亲母岭等地接连打了几个胜仗。1937年9月，中共闽东特委与国民党福建地方当局达成停止内战、共同抗日的协议。年底，闽东红军和游击队在屏南县集结1300余人，后改编为新四军第三支队第六团，奔赴抗日前线。

1

闽中红军和游击队坚持游击战争

闽中游击区位于福建沿海地区中部，其中心在福清县罗汉里和莆田县常太地区。

*1934*年*10*月，中央红军主力长征后，在福建省中部地区的红军游击队继续坚持斗争。1935年5月，成立以王于洁为书记的中共闽中特委，活动在福清、莆田地区的两支游击队改编为闽中工农游击队第一、第二支队，共190余人。第一、第二支队在特委领导下，依靠人民群众，分别在以罗汉里为中心的福(清)莆(田)永(泰)边和以常太为中心的莆（田)仙(游)永(泰)边两游击根据地坚持斗争。12月和1936年2月，先后奔袭闽侯县大义乡常备队和驻沪屿镇的保安团，并在福(州)厦(门)公路相思岭下河村桥伏击1辆国民党军汽车，俘获7人。6月，两个支队合编为中华抗日义勇军第2支队，吴德标任司令员，刘突军任政治委员，部队转移到莆田和莆(田)永(泰)边的仙溪、宁里、旗插安等地区开展游击战。1937年2月，特委书记王于洁等被捕(6月英勇就义)，3月，成立以刘突军为书记的中共闽中工委继续领导斗争。全国抗日战争爆发后，闽中工委与国民党莆田县当局达成停止内战、共同抗日的协议，红军游击队集中莆田庄边地区整训，部队扩大到200余人。由于工委领导人对时局认识不清，革命警惕性不高，部队被

1 1936年2月，闽中工农游击队在福厦公路相思岭的河村桥伏击国民党军汽车。图为伏击地。

国民党军收编，于11月调至泉州承天寺驻防。1938年3月，刘突军被国民党顽固派秘密杀害，部队被缴械(史称“泉州事件”)。后经新四军福州办事处交涉，闽中红军游击队160余人于4月下旬离开福州红山桥赴安徽省太平县，编为新四军军部特务营第二连，奔赴抗日前线。

退出阵地立即上征途

杨尚昆　红三军团政治委员

10月7日，中革军委命令：将阵地移交给地方兵团，全军团在五天内完成部队调整、兵员和弹药补充，14日到于都东北的水头圩、石溪坝、东头圩、禾田和仙霞观等地域集中。9日，又接到军委总政治部训令，要我们做好思想工作，准备突破敌人的封锁线，进行长途行军作战。这便是历时一年、行程两万多华里、跨越11省的长征。不过，当时称为突围西征或转移阵地。

1

我们三军团从奉命撤出阵地到离开中央苏区，只有9天时间。……其他方面的准备，我们是在7天时间内仓促完成的。比如兵员和装备的补充，我们是10月8日到宁都以南的渡头、罗底屋、三坑底等第一集中点后开始进行的。全军团原有战斗人员和后勤人员共1.52万多人，这时补充了2500人，共有1.77万多人。调整后的序列和领导人员是：军团长彭德怀，政治委员杨尚昆，参谋长邓萍，政治部主任袁国平。全军团辖第四、第五、第六3个师，一个师平均不到6000人，每师3个团，全军9个团，顺序从第十团到第十八团。

由于在第五次反“围剿”战争中，同强敌硬拼硬顶，全军团有伤病员近一万人。为了使他们尽可能一起突围，军团决定：凡是能行动的伤病员一律归队，随部队转移。当时，从红军医院出院归队的干部，我记得有宣传部长刘志坚，四师第十一团政治处主任甘渭汉，十团第三营营长张震和钟伟剑(后任第十团参谋长)等同志。刘志坚卧病在床，是用担架抬

1 杨尚昆
2 粟裕

着走的。有些重伤病员，实在无法随军行动，他们又不愿出院，只好就地安置。

10月16日傍晚，我同彭德怀同志检查部队出发情况归来，走在于都的小街上。他突然拉着我的手说："明天我们就要离开苏区了。今天我请一次客，留个纪念！"说着，他从口袋里掏出一块光洋，买了两条鱼，一瓶酒。德怀同志素来生活简朴，很少花钱。这一块发了黑的光洋，是他把每次分得的伙食"尾子"积攒起来的。今天他破例请我客，我意识到他是舍不得离开这块用无数革命者鲜血浇灌而来的红色根据地，想借此一吐心中的块垒。我和德怀同志共事已经10个月了。在这期间，我们转战在闽西、赣南，经历了从广昌到石城的艰苦战斗生活，彼此思想上相互沟通，工作上也很协调。他一边给我斟酒一边说："尚昆，在几次反'围剿'中，毛主席领导我们，仗打得很顺利。第三次战争，蒋介石50万兵力长驱直入，我们只有3万多一点人，丝毫不乱，将敌军一一粉碎。这次反'围剿'，从客观形势看，中央苏区和红军的实力比以前要强得多，可是得出了这么个结果……"他深感抑郁和愤懑。第二天凌晨，我们率领红三军团，在秋雾弥漫中，同中央苏区的老乡依依惜别，渡过于都河(即贡水)逶迤西去。

红七军团威震八闽

粟裕　红七军团参谋长

2

宣传抗日和支援皖南，是当时赋予七军团的任务。中央在这方面做了不少准备工作。为了宣传我党抗日主张，中央公开发表了《为中国工农红军北上抗日宣言》、《中国工农红军北上抗日先遣队告农民书》等文件，印制了"中国能不能抗日"、"一致对外——驱逐日本帝国主义出中国"、"拥护红军北上抗日运动口号"等大量宣传品，总数达160万份以上，这在当时条件下是很不容易的。

后来我们才知道，当时中央派出这支部队的更加直接的目的，是企图以这一行动威胁国民党统治的腹心地区，吸引和调动一部分“围剿”中央苏区的敌人，配合中央红军主力即将实行的战略转移。在中央领导同志接见我们时，并没有说明这个战略意图。当时中央下发的作战任务训令和政治训令中，虽然表达了要以先遣队的北上行动促使敌人变更战略部署的意图，但在“左”倾宗派主义控制下，这两份绝密文件未见传达，我是若干年后才看到的，当时对于中央这个重要的战略意图，并不知晓。

1934年7月6日晚，红七军团从瑞金出发，开始执行北上抗日先遣队的任务。我们经过了长汀、连城、永安县境，打下大田县城，经尤溪向东，进到闽中地区。在罗炳辉同志率领的红九军团掩护和配合下，打下了樟湖坂，从那里渡过闽江，完全进入了白区。按原计划，我们渡过闽江之后，应由古田、庆元、遂昌直接北上浙西，然后去皖南。但中革军委忽然改变计划，电令我们由谷口东进，占领水口，威胁并相机袭取福州。于是，我们便转兵向东。水口是福州西北闽江边上的一个重要集镇，守敌4个营，慑于我军声威，连夜逃走。8月1日，我军进占水口。同时，我军另一部占领了古田县城。

占领水口之后，军团部即在该镇召开“八一”纪念大会。这时向部队正式宣布：对外以“中国工农红军北上抗日先遣队”的名义活动，对内仍称红七军团。在大会上，对北上行动和攻打福州进行了动员，部队情绪高涨，斗志昂扬。

1

我军在闽中地区的突然出现，引起了国民党反动当局的很大震惊。敌人匆忙将部署在闽东宁德、福安、霞浦和泉州等地的第八十七师王敬久部集中到福州，并向闽江上游堵截我军。同时，又急调在湖北整训的第四十九师伍诚仁部由长江水路日夜兼程东进，经海运驰援福建。“围剿”中央苏区的国民党东路军总司令蒋鼎文也急忙从漳州飞到福州“观察”……

1 竹安寨

2 闽江

2

桃源战斗以后，我们继续向闽东地区转移。时值8月中旬，天气十分炎热，伤病员增加到七八百人。在敌区行动，民夫很不好找，伤病员大部分由干部战士抬着走，部队行动异常艰难，迫切需要一个适当的地区把伤病员安置下来。在经过连江附近的时候，我们和闽东游击区取得了联系。

闽东游击区主要位于宁德、福安、霞浦3县之间，以赛岐、赤溪一带为中心，领导人是叶飞、阮英平、范式人等同志。我们一进入游击区，在当地党和群众的协助下，先将伤病员进行安置。同时根据闽东同志的意见，为了打通宁德、连江等地几块小游击区之间的联系，军团决定攻打罗源县城。8月14日凌晨，在当地党、群众和游击队的配合支援下，我们采用突然袭击的手段，一举攻克了罗源县城，全歼敌保安十一团第三营及县警备队共1000余人，活捉了敌县长和营长，群众大为振奋。我们在福州和桃源两次作战，都是采取正规战的打法，猛打硬拚，伤亡很大。这次罗源战斗，事先进行较详细的侦察，采用奇袭方法，因而能够以很小的代价一举全歼守敌。这使我们体会到，孤军深入敌区，在作战指导上应当有相应的改变。

七军团进入闽东，是红军主力部队第一次到这个地区，当地党和群众十分兴奋和热情。他们为七军团动员补充了一批新战士，我们也把战斗中缴获的几百条枪交给了地方党。留在当地的几百名伤病员，后来大都成了闽东独立师的骨干。

8月16日，我们奉命离开闽东游击区，沿着闽浙边境，向闽北前进。8月22日，攻克福安县西部的穆阳镇，消灭敌军数百人。8月28日，在浙西南击溃敌1个保安团的拦阻后，又攻克了庆元县城，随后又在竹口打跨了敌浙江省保安纵队两个团的阻截，俘敌两百多人，缴获步枪数百支，轻重机枪10余挺，迫击炮两门。不到半个月的时间打了3个胜仗，我军声威大振。9月初，我们进入了闽北苏区东北的古楼一带游击区。

攻破紫来庵，占领沪屿镇

杨采衡　闽中红军游击队、

中华人民抗日救国义勇军第七路军第一纵队参谋长

闽侯县沪屿镇的豪绅地主与驻该镇外围紫来庵的保安队、民团互相勾结，欺压百姓。1936年临近春节之际，地主、豪绅凭借反动武装作后盾，加紧逼税逼债，弄得民不聊生。驻罗汉里的红军游击队决定兵分两路，协调行动，以速战速决的战术攻紫来庵民团、打沪屿镇豪绅。一个夜晚，一路由吴德标率领主力60人负责攻打紫来庵民团，一路由刘突军率精干武装10多名深入沪屿镇组织群众负责打击地主豪绅。当夜，我主力部队包围紫来庵时，庵内民团、保安队便在楼上架起轻重机枪，向我猛烈扫射。吴德标当机立断，把主力部队分为打掩护和主攻两个分队。在敌火力被一分队压住的瞬间，匍匐到楼墙下的二分队战士迅速登上竹梯，集8枚手榴弹为一束，从窗口投入敌楼内，炸得敌人血肉横飞。我游击队立即抢占了制高点，向庵内负隅顽抗的敌人猛烈开火。敌人当即乱成一团，纷纷爬墙跳窗，争相逃命，此次战斗毙敌10余名，获长短枪40余支、机枪3挺和一批弹药，同时释放关押的无辜群众30多人。

由刘突军率领的一部分游击队员听到围攻紫来庵的战斗打响时，即率领当地群众数百人占领了沪屿镇，打开地主、豪绅的仓库、商店，将大部物资分给群众，少数留作部队给养。第二天拂晓，一支队全体指战员怀着胜利的喜悦撤离沪屿镇，返回罗汉里欢度春节。

1

1 闽北游击队使用过的宝剑

2 闽东红军游击队使用的牛角号

3 闽北独立师使用过的菜刀

难忘老根据地的老妈妈

张波　闽北独立师第四纵队政治部主任

武夷山山很大，树林很密，又没有人家，我们钻在深山密林中，好多天看不见炊烟、听不见人声。起初我们还带了一些粮食，勉强维持了一个时候，后来我们只有下山去打土豪地主，解决粮食问题。以后被敌人发觉，跟踪追击，所以弄来的粮食也丢光了。我们没有地方可去，便在山上寻找野草、竹笋、香菇、野苦菜、野金钱菜来充饥。以后连这些都被吃光了，便只好把野草拔来煮一煮再吃，可是遇到了雨天，没有干柴，只有吃生草了，野草本来就不是人吃的东西，又是生的，吃到肚里难受不用说，拉出来的仍然是绿草。有的同志身体本来就弱，经过这么一折磨，身体更是一日不如一日。我们不能这样等死，便决定翻山突围。

我们突围的那一仗打得很好，缴获了许多枪支不说，还得到了不少粮食和熟饭，这些粮食我们精打细算地吃了好多天。

我们是游击队，不能老呆在一个地方，这样会挨打的，所以我们经常像牧民一样到处移动。有一次我们游到了竹鸡垅。这里原来也是老根据地，也被敌人烧杀得鸡犬不留。许多地方干部和军烈属，为了革命躲在山上，以自己的智慧和搜山的敌人进行着英勇的斗争。他们见我们来了，真像见了自己久别了的亲骨肉一样，又是高兴又是流着眼泪问长问短。他们见我们一个个脸黄肌瘦，面无人色的样子，便把自己省吃节用埋藏起来的粮食送给我们吃。我们说："我们人多，你们的粮食就是全部给我们也不能解决问题。我们有枪，能战斗，敌人困不住饿不死我们!"可是一个年纪最大的老妈妈，一把鼻涕一把眼泪地对我们说："孩子们，你们是打反动派的，可不能饿着肚子呀!来，吃得饱饱的力气大，多消灭些吃人的野兽！"我们最后还是拒绝接受老百姓的粮食；可是那位白发苍苍的老妈妈的形象总在我们的眼前，她好像永不疲倦似地为我们领路、指点我们去和敌人战斗。这样，我们终于克服了困难，打了许多胜仗，解决了吃的问题。

2

3

搞好群众工作

张鼎丞、邓子恢、谭震林　闽西游击区领导人

这个时期，红军部队实际上是一支武装政治工作队，部队流动性大，接触群众多，因而党的政策通过他们得以影响广大地区。当时，红八团、红九团以及各县红军游击队都严格地执行了“三大纪律八项注意”，以实际行动来影响、争取群众。如果不是这样，就很难在那样困难的条件下，在群众中立住脚跟。龙岩外山前十八乡的群众，因受反动派的欺骗宣传，害怕我们，当红八团第一次到那里时，群众都上了山。那一天恰巧下雨，又是收割稻子的时候。战士们看见稻子还晒在场上，就帮助收藏起来，又给群众喂猪喂鸡。他们在群众家里煮了饭吃，也按价给钱，还留下信。部队走了，群众回来一看，非常高兴。第二次去时，大多数群众不跑了；第三次去时，群众不但不跑，还拉红军在家里住。

1

2

1935年的下半年，在游击队积极活动、不断胜利的鼓舞下，群众斗争也开始活跃起来，合法斗争与非法斗争相结合，和平斗争与武装活动相结合，反迫害斗争与保持土地和反捐税斗争相结合。在这些斗争中，各地群众创造了许多出色的经验。

例如在龙岩白土(即东肖区)，敌人到处放火烧山。有些乔木林，树高烧不着，敌人便要乡保长强迫群众去砍树，这不利于我军的活动，对群众更不利。当时东肖区委和岩永游击队便动员一些老人到乡公所去请愿，要求免砍，乡长不允许则拖，拖不过则派一些妇女老弱去磨洋工，并与游击队约好，在砍到中午时，游击队在山上打几枪，老百姓便借此一哄而散，砍树便停顿下来。

1 张鼎丞
2 邓子恢
3 永定金丰大山

当时，驻白土敌人知道后田是主要红色据点，要后田保长强迫群众修炮楼。党支部书记张溪兜同志，便动员群众向保长要求免修，照例不准，便一拖再拖。后来拖不过，便动员一批老人、小孩、小脚婆，扛着破锄头，漏粪箕，慢慢磨。等炮楼盖到丈把高时，又通知游击队夜间去把它扒掉。这样盖了几个月，炮楼也没盖成。敌人明知是我们搞的鬼，但无法对付，只好派了1个营，自己动手才盖起来。

为了阻挠游击队活动，并挑拨我军与群众关系，敌人下令各乡村群众，见红军来就“鸣锣报警”。群众明知不利，但无法反对。后与我们商量好，我们来时不打锣，等我们走远了才打锣，敌人跑来扑个空。有时候我们没来群众也打锣，甚至一夜打几次，弄得敌人来回跑个不停。敌人明知这是群众故意作弄他们，但又无法责备群众，只好取消这个命令。

岩杭永敌人都实行“计口购粮“，实际上是限制农民购粮，使我们不可能再通过农民之手买到粮食。农民不能坐视红军得不到粮食，就告诉我们一个办法：由游击队突然到保长和地富家里，要他们出卖或代购粮食，我们照价给钱。这样保长和地富自己就先犯了“济匪”之罪，再也不敢追究别人。以后我们再逐渐到一般群众家里去买粮，敌人的禁粮令便失去作用。

3

开始，我们在村子里贴了布告、标语、传单，群众就要受摧残。后来，我们干脆把布告和标语交给群众，要他们晚上贴，拂晓撕下来送给联保主任，沿途还高喊布告内容：“不好了，红军出布告了，收租的要杀头！”这样我们的口号就由群众公开宣传出去了。群众要我们杀几个收租的，我们就杀。有一次，我们在永定西溪乡杀了几个收租的。事后，国民党来了1个营包围了西溪李田坝村，抓去群众100多人，说他们“通匪”，要杀头。群众据理申辩说：“红军早有布告，我们也报告了联保主任，地主们不顾红军布告，自作自受，与我们何关，有什么理由说我们通匪?”驳得国民党区乡长无话可说，无可奈何，只好将群众放回。

饿死在山上也不向敌人投降

叶飞　中共闽东特委书记

1

独立师打了这一仗以后，当晚即由褚坪经福安上白石附近(福安和浙江泰顺交界处)转移到寿宁地区。到达寿宁的三岔岭，正是下午三四点钟光景，太阳已经西斜。突然队伍前后枪声大作，原来是中了敌人的埋伏。副师长赖金彪同志立即指挥部队占领背侧小山头抗击。不幸就在这时，一颗子弹打中了他，当即光荣牺牲。这是我们的一个重大损失。当晚突破包围，迟到政和，又转到周墩，最后转移到宁德的杨梅岔。这时，独立师只剩下500个人了。但是主力保存了下来，跳到苏区外围宁(德)、屏(南)、古(田)边区开展游击战争。

独立师一突围，敌人就象洪水一样，几乎淹没了整个根据地。敌人采取“分兵清剿”的战术，较大的村庄都筑起碉堡，驻上部队，封锁大小路口，由地方反动分子作向导，搜山“清剿”。对根据地人民则采取毒辣的“五光”政策，烧杀抢掠、移民并举。我们地方工作同志没有做好准备，受到极大的摧残。这时，剩下的根据地被敌人分割为3块：宁屏古、福安、寿宁地区和霞浦、福鼎地区。在敌人残酷的“清剿”、疯狂的镇压下，一部分人经受不住考验，有的脱离革命逃到外地去了，有些人作了可耻的叛徒。独立师师长冯品泰在敌

1 叶飞
2 福安古地图

人“清剿”开始时就悲观失望，唉声叹气，以后竟发展到阴谋叛变投敌。他鼓动参谋长投敌时，被参谋长揭发，经特委决定，将其处决。

这时，闽东遭受了一次痛心的损失，那就是苏维埃政府主席马立峰、副主席叶秀番、特委代理书记詹如柏等同志牺牲。独立师突围的第二天，马立峰同志在福安独立营营长游裕康叛变时被出卖而遭杀害；叶秀番同志也是由于叛徒出卖被敌人杀害于寿宁官宅深山里；詹如柏同志在化装成和尚去宁德找我和独立师的途中，被敌人发觉，在寿宁武曲的寺庙内被捕，于福安赛歧英勇就义；另外，原福安中心县委委员施霖同志在霞浦被捕就义。主要领导干部的牺牲，加上敌人的破坏，闽东苏区全部陷入敌手，各县的游击武装与上级的联系都中断了。这是闽东斗争形势最危急最困难的时期。可是尽管少数不坚定分子动摇叛变，但大多数干部和革命群众没有低头。阮英平、范式人、许旺等不少特委、县、区的负责同志带领少数武装，坚持斗争。独立师仍然存在，干部群众抱有希望，许多人直至饿死在山上，也不向敌人投降。

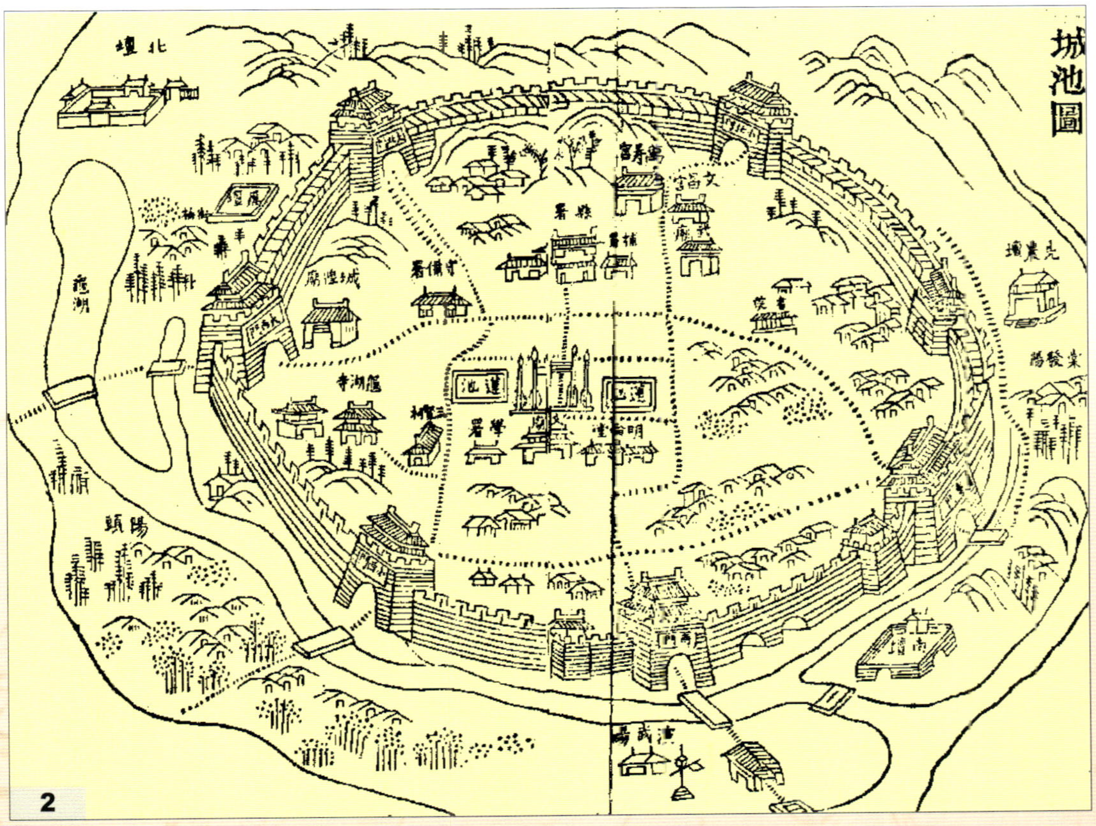

2

1934.07 1934.08 1934.09 1934.10 1934.11 1934.12 1935.01 1935.02 1935.03 1935.04 1935.05 1935.06 1935.07 1935.

艰苦的岁月

黄知真　闽北游击区领导人黄道之子

这时，我们最大的困难是吃饭问题。我们每个人携带的一点粮食吃不了几天，群众也没有余力支援我们，大家只能节省着吃。记得有一次5斤米做了100多人的“稀饭”，清可见底，一碗粥也捞不到几颗米粒。粮食越来越少，就上山挖蕨根、竹笋和苦叶菜、糯米藤之类的野菜补充。黄道和吴先喜决定尽快转移出去。但路口有敌兵把守，有位老人说30多年前有人从小路翻过黄岗山，走50里能到江西。循着这条线索，派人寻找了几天，路的影子也找不到。吴先喜同志说：“找不到路，就砍出一条路走。”可在深山密林中，开路谈何容易。一个排砍了几天，还砍不到3华里。

然而时不待人，粮食早已吃完了，蕨根野菜也越来越难找了，同志们饿得浑身无力，站着想坐，坐下想躺，躺下就不想再起来。黄道同志下了决心：从双溪口冲出去！

经过周密的研究和安排，一天晚上，大家吃了一餐野菜，乘着朦胧的夜色，在小河上架设竹桥，准备必要时进行强渡。桥架好了，突击队员过去了，同志们紧张地等待着。时间一秒一秒地过去了，双溪口却静悄悄的毫无功静。不久，突击队员回来报告：敌人已经从双溪口撤走了。原来敌人同样遇到了吃饭问题，又熬不过我们，只好先撤走。

1

离开北坑到溪源，得知粟裕、刘英同志率领挺进师途经闽北，将转到浙西南已到车盆坑。分区委决定

1 武夷山

2 建瓯革命烈士纪念碑

越过封锁线，回师大安以东地区。入夜，我们站在大安后面的高山上，看到从大安到黄连坑，沿路已燃起堆堆篝火，没多久又听到清脆的枪声，侦察员和敌人接火了，知道敌人已有准备，撤回浆源待机。几天以后，再从大安以北越过封锁线。那天晚上，细雨绵绵，天暗路滑，走的又是羊肠小道，行进速度很慢，掉队的同志不少，拂晓时，仍有少数人过不来。这次虽然没有受到大损失，但是又一次暴露了领导机关的行踪。

4月以后，情况更为严重。敌人已经修建了几十条封锁线，将根据地中心区域分割成几十块。所谓封锁线，实际上就是碉堡线，每隔几百米构筑一座碉堡。每座碉堡守敌不多，但碉堡之间火力可以互相支援。再在封锁线上的重要村镇，设置据点，驻以重兵，利用封锁线分区轮番“清剿”。他们妄图用这种办法隔断根据地的相互联系，消灭红军游击队。按照陈诚的说法，这叫做‘撒开大网捕鱼”。还有更狠毒的一招，叫做“移民并村”。强迫据点外的群众搬进据点，在他们难于控制的地方制造“无人区”，拒绝搬迁就以匪论处。在据点里建立保甲制，实行“连坐法”，粮、盐、布和药品实施配给，进出据点要严格盘查，查到携带粮、盐、布、药等物资出据点，就以通“匪”治罪，他们妄图用这种办法隔断红军游击队同群众的联系，断绝我们的衣食来源。按照陈诚的说法，这叫做“抽干塘水抓鱼”。

2

敌人的封锁线、“移民并村”和反复“清剿”，使根据地群众遭受到严重的摧残，也给红军游击队带来了极大的困难。

六千宁化子弟血洒长征路

宁化是中央红军长征起点县之一，也是中央苏区扩红重点县，当时出现了“妻送夫，父送子，兄弟双双当红军”的动人景象。

据不完全统计，土地革命战争中，宁化有两万多名青壮年参加了中国工农红军，有据可查的就达13777人，约占中央红军总兵力的1/10。而当时，全县总户数3.6万户，总人口13万人。全县平均不到3户就有1户是军属，每10人中就有1人参加红军，男性每五人中就有1人参加红军，青壮年中不到2人就有1人参加红军，加上地方的赤卫队员，青壮年几乎全部上了前线。中央机关报《红色中华》以多篇幅刊登了宁化扩红运动的典型报道。

1

中央红军长征到达陕北后活着的宁化籍红军仅58人，在

1 坚持南方三年游击战争的部分干部合影。前左：刘英、刘树林、曾山、涂正坤；后左：陈丕显、黄知真、谭启龙。

2 曾任闽南红军总指挥的蔡协民

长征途中牺牲6600多人。中央红军北上每前进1万米，就约有3名宁化籍战士倒下，其中有名可查列入共和国《革命烈士英名录》中就有3305人。

红五军团第三十四师是一支由福建子弟兵组成的武装力量，其中80%的将士是宁化籍的，甚至有一个团是纯宁化人。按照党中央、中革军委战略转移的部署，红五军团担任全军的后卫，红三十四师又是红五军团的后卫，乃“后卫的后卫”，一路抵挡着国民党的追兵。1934年11月，在突破国民党军队第四道封锁线的湘江战役中，红三十四师为掩护党中央、中革军委和中央主力红军大部队过江，以一师兵力阻击国民党数十倍兵力的围追堵截，全师将士全部壮烈牺牲。

宁化是中央苏区坚持革命最久，最后失陷的中央苏区重点县。中央主力红军北上后，国民党反动派卷土重来，对宁化人民进行血腥镇压。烧毁房屋15923间，被灭绝5506户，土地荒芜39932亩，饿死23359人，被杀害3275人，抓走2342人。宁化人民为中国革命取得成功，牺牲惨烈，贡献巨大，立下了不可磨灭的历史功绩。

参军支前前仆后继无怨无悔

福建苏区各县市人民对红军长征，作出了伟大的贡献。当时苏区人民，一切为了前线，一切为了红军长征，倾其所有，竭尽全力，献出白米、粮草、布匹、草鞋、斗篷、军衣、军被和后勤人力，还献出了无数英雄儿女的鲜血和生命。

长征出发时，中央红军发展为一、三、五、八、九军团，共计86800余人。福建子弟兵占红军总数的1/3，近3万人。他们来自福建省近30个县市，其中闽西的长汀、上杭、永定、龙岩、连城、武平和宁化、建宁等县为最多，尤其是长汀、宁化等地。在长征出发前夕，福建苏区各县不断将大批新生力量输送到中央红军各部队，各县参加红军的人数占青壮年的比例达到70%至80%。“中央苏区第一模范乡”才溪乡，当年88%的青壮年当了红军。长汀县的河田中坊乡，全乡100%的青壮年参加了红军。长汀县有1.7万多人参加了红军，仅送到红军补充团的新战士就达到1292名，荣获福建省苏维埃政府授予的“扩大红军模范区”的光荣称号。当年只有17万人口的宁化县，有近1.4万人参加了红军。上杭县输送了1.2万名优秀儿女参加红军。永定县有2000多名工农子弟兵参加了长征。中央红军各军团中近3万福建籍子弟兵，同其他红军一样，吃苦耐劳，前仆后继，到达陕北后仅存2000人，其中90%在长征途中英勇献身，谱写了一曲极其悲壮的史诗。

在那个粮食、衣物等供应都十分紧缺的年代，为了保证长征所需的必备品，长汀人民全力而为，突击完成了“收集5万床被单”、“借谷60万担”、“募集20万双草鞋”的支前任务。红军出发时每人要携带10天的口粮，长汀人民秋收时收获的粮食首先供应红军。现今汀州市所属的长汀、汀东、兆征三个县，当时完成借谷任务67717担，比原计划的59000担，超额完成8000余担。为了让长征的红军有衣穿，那时候当地的一些作坊曾日夜加班生产军需用品。长汀县斗笠厂赶制出20万顶斗笠，使每个红军战士都戴上了一顶新斗笠。该县红军军服厂，赶制了大量军衣、军帽、绑腿、被单、夹被、子弹袋、干粮袋等。10月5日，长汀县为即将出征的红九军团，每人发给一件新灰斜纹布薄棉衣、一条新灰夹被、3双新草鞋、几斤口粮；为每个战士生产了2～4个手榴弹。宁化虽属小县，仍筹集14万担粮食，出动1370名支前民工和500多人的运粮队、担架队。

1

福建苏区人民为红军长征，付出了沉重的代价，建立了不朽的历史功勋，百世流芳。

1 闽南游击队使用的雨伞

2 闽南红军游击队使用过的手炮

1935.10 1935.11 1935.12 1936.01 1936.02 1936.03 1936.04 1936.05 1936.06 1936.07 1936.08 1936.09 1936.10

公文包给罗炳辉挡住了子弹

温坊战斗后，1934年9月下旬，蒋介石的军队向中央革命根据地发功了总攻击。敌东路军李延年纵队集中了6个师的兵力于朋口，在飞机大炮的配合下会攻松毛岭，企图强行向长汀推进。坚守松毛岭高地的红九军团在罗炳辉和蔡树藩的指挥下，与敌人展开了激烈残酷的松毛岭保卫战。罗炳辉在三师八团的阵地亲自指挥战斗，他不顾个人安危，一手提着枪，一手举着望远镜观察敌人动向。突然，一颗子弹飞来，打在罗炳辉身上。全神贯注的罗炳辉并没有觉察自己中弹了，旁边的警卫员却吓了一大跳，连忙扑过去查看罗炳辉的伤情。警卫员看了半天没看到血迹和伤口。原来子弹正好打在罗炳辉左边背着的牛皮包上，皮包穿了两个洞，罗炳辉安然无恙。周围的人都为军团长感到庆幸，脸上笑开了花，说："军团长真是福将唉，连子弹都伤不到你。"罗炳辉笑着拍拍身上的那个皮包说："还是这个东西好，平时能装文件，战时还能做挡箭牌。"说得大家都笑了。

2

英勇顽强的红军打退了敌人的一次又一次进攻，保住了松毛岭阵地。1934年9月底，红九军团奉命撤出战斗，进行转移。

9月28日，九军团撤到长汀南钟屋村休整，10月2日在河田休息一天，夜间向汀州开拔。10月3日到6日，红九军团在汀州休整后，在罗炳辉和蔡树藩的带领下，向瑞金进发，开始了长征。

福建

英名永存

永远的红五军团红三十四师

红三十四师是在毛泽东、朱德的关怀和谭震林、罗瑞卿、萧劲光等具体帮助下，由闽西地方武装逐步改编、组建起来的。师、团干部大多数是原红四军调来的骨干和红军学校毕业的作战经验丰富、指挥能力较强的干部。广大指战员出身贫苦，阶级觉悟较高，部队士气旺盛，战斗力较强。部队组建后，虽然隶属关系几次变更，但始终服从命令听指挥，指到哪里，打到哪里，在第四、第五次反"围剿"战斗中，屡建战功。

湘江血战，是中央红军撤出中央革命根据地以来打得最激烈、损失最惨重的一仗。红军广大指战员以高度的政治热情和英勇的献身精神，与优势的国民党军苦战5昼夜，终于

1

1 湘江夕照

2 湘江渡口

2

突破了国民党重兵设防的第四道封锁线，保护中共中央领导机关安全渡过湘江，粉碎了蒋介石围歼中央红军于湘江以东的企图。但是，红军也付出了极为惨重的代价。中央红军渡过湘江后，损失过半，连同沿途的减员，由出发时的8.6万余人锐减到3万余人。特别是红三军团第十八团、红五军团第三十四师全军覆没，这在红军历史上还属首次。这是党内“左”倾教条主义者在退却中实行逃跑主义所造成的严重恶果。

红军长征后，红三十四师随红五军团担任全军的殿后任务。在湘江战役中，中革军委又规定红三十四师的具体任务是：坚决阻止尾追的国民党军，掩护红八军团通过苏江、沧江，而后为全军后卫；万一被国民党军截断，返回湘南发展游击战争。师长陈树湘、政治委员程翠林和全师广大指战员一致表示：坚决完成军委交赋的任务，为全军团争光！

红三十四师的确是一支英雄的部队，他们在保卫湘江渡口的激战中，出色地完成掩护中共中央、中革军委和红军主力抢渡湘江的任务，但却被国民党军阻于湘江以东，处在国民党湘军、桂军、中央军的包围之中。在无法跟上红军长征主力部队的情况下，师领导决定，根据中革军委的指示，率余部返湘南坚持游击斗争。但是，当红三十四余部沿原道转至湘南江左子江地区时，遭到国民党军的突然袭击，师长陈树湘身负重伤后英勇就义，全师指战员战至最后，全部壮烈牺牲。

瞿秋白在《国际歌》歌声中从容就义

1

2

中央红军长征前，将体弱多病的瞿秋白留在撤退和留下人员的名单中。尽管瞿秋白也想随军远征，而且他眼睛高度近视，身患肺病，以这样的身体条件根本无法适应游击战争的环境，但组织上既已作出决定，他表示坚决服从。

主力红军撤走以后，白色恐怖笼罩了中央苏区。国民党军队实行严密封锁，步步紧缩的政策，致使留下来的红军活动范围越来越小。留守的中共中央江西分局决定撤消中央后方办事处，将部队化整为零、分头突围。同时决定派邓子恢去福建永定一带领导游击战争，沿途护送瞿秋白转道香港去上海就医，同行的还有中共一大代表何叔衡、项英的妻子张亮等。

1935年2月24日拂晓时分，一支武装小分队护送瞿秋白等人到达福建长汀县濯田区水口镇小迳村牛庄岭，遭遇到国民党地方武装保安团的袭击，何叔衡壮烈牺牲，瞿秋白不幸被捕。

敌人将瞿秋白与张亮、周月林三人关在一间房子里。三人趁此机会悄悄商定了一套对付敌人审讯的假口供，使得真实身份暂时没有被敌人察觉。第三天，瞿秋白等人被转移到上杭县监狱。

再次被提审后回到牢房，瞿秋白靠着冰冷的牢墙，坐在发霉的稻草上，冷静地思索起来，如果趁现在身份尚未暴露，抓紧时机陈述病情，要求保外就医，或许有一线希望。想到这里，他向敌人要来纸笔，给在上海的鲁迅兄弟写了封信。

这封信辗转送到鲁迅和周建人兄弟手中，俩人又将此信转给瞿秋白之妻杨之华，鲁迅还送来50块大洋。杨之华随即秘密开始营救瞿秋白的工作。她托人找到以牧师身份活动的秦化人，再通过他找到上海一家旅馆老板做担保。杨之华迅即将保书挂号寄出。

然而，就在杨之华焦急等待消息时，她看到了登载在《中央日报》上的一则消息，称前共党总书记瞿秋白，于今年2月在闽长汀濯田被俘。杨之华知道营救瞿秋白的希望彻底落空了。

1 瞿秋白

2 瞿秋白在长汀被俘就义前留影

3 宋希濂

瞿秋白身份被暴露，源于1936年4月中旬中共福建省委书记万永诚的妻子周贺英的被俘。在威胁利诱下，周贺英供出了瞿秋白、何叔衡、张亮、周月林等人于2月在长汀县濯田地区被俘的信息，这一重要情报在敌营引起了巨大的震动。于是，瞿秋白被重兵押解到设在长汀县长汀中学里的第三十六师师部。

三十六师长宋希濂、参谋长向贤矩、政训处长蒋先启等人先后以谈话为名，劝降瞿秋白。瞿秋白态度不卑不亢，让国民党要员无计可施，屡屡败下阵来。

宋希濂见三番五次的劝降毫无结果，就以三十六师师部名义给驻龙溪的闽西绥靖主任蒋鼎文和南京国民政府各发了一道密电，请示处决瞿秋白。蒋介石复电就地枪决。

3

6月17日，宋希濂派人向瞿秋白传达蒋介石的密令。瞿秋白坦然说道："我料到这一天迟早会到来。'粉身碎骨全不顾，要留清白在人间'。我爱我的历史，胜过鸟爱自己的羽毛。我瞿秋白早等着这一天了。"

翌日早晨，国民党三十六师师部内外，三步一岗，五步一哨，警卫森严，一派阴冷肃杀的气氛。瞿秋白起床梳洗完毕后，来到桌前，铺展开宣纸，集唐人诗句，饱醮笔墨写道："夕旧明灭乱山中，落叶寒泉听不穷；已忍伶俜十年事，心持半偈万缘空。"随后，又在诗稿上加跋数句："方欲提笔录出，而毕命之令已下，甚可念也。秋白曾有句：'眼底云烟过尽时，正我逍遥处。'此非词谶，乃狱中言志耳，秋白绝笔。"

瞿秋白写完，从容放下毛笔，脸含微笑，环视四壁，整了整衣衫，便缓缓步出囚室，坦然上路了，一路上，瞿秋白用俄语不断吟唱《国际歌》。

上午10时左右，在一队荷枪实弹的国民党士兵的押解下，瞿秋白迈着坚定的步伐缓缓走向长汀县西门外罗汉岭下的一片草坪，这里就是行刑处。瞿秋白环顾四周，只见群山环绕，树木苍翠，脚下绿草茵茵，花朵鲜亮。他神态自若地对着站成一排、全副武装的国民党士兵说："此地甚好。"说罢，他走到右边，盘腿席地而坐，神清气定，面露微笑。

一声令下，枪声骤然响起，瞿秋白饮弹洒血，壮烈牺牲，时年36岁。

“为苏维埃流尽最后一滴血”的何叔衡

1

何叔衡1931年到达中央革命根据地，历任中华苏维埃共和国中央执行委员、临时中央政府工农监察人民委员、最高人民法院院长和内务人民委员等职。

1934年10月，中共中央率中央红军主力长征后，何叔衡奉命留在中央苏区坚持斗争。1935年2月，参加了中央分局根据中共中央关于“立即改变组织方式和斗争方式”指示召开的紧急会议，研究部署部队和机关分路突围问题。会后，根据中央分局的安排，与瞿秋白、邓子恢等向白区转移。2月24日行抵福建长汀和武平交界的水口地区时，遭到国民党福建保安第十四团的包围袭击。突围中，他在无法脱险的情况下，高呼“我为苏维埃流尽最后一滴血”，大义凛然地跳下悬崖，身负重伤滚落在山脚下的一块稻田中。在敌人搜身时从昏迷中苏醒过来，立即抱住敌人与之搏斗，被敌杀害。

英勇牺牲的福建省委书记万永诚

1934年10月，中央红军主力长征后，万永诚任中共福建省委书记兼福建军区政治委员，留在闽西负全责坚持斗争，率部在松毛岭、南山坝、河田、白叶岭等地阻滞、抗击国民党军的进攻，完成了中共中央赋予的确保长汀县城10月底前不陷敌手的任务，掩护了中央红军的集结和转移。并与福建军区司令员龙腾云一起，领导组建了瑞会、长汀、兆征、汀东、汀西、新杭、武平等各县游击司令部或独立营等，为坚持闽赣边的游击战争打下基础。1935年2月，率部在长汀四都地区与数倍于己之国民党军激战，受到严重损失。4月上旬，指挥部队在长汀西南边境之腊口西分水坳分路突围。4月10日，带领少数部队突围至武平、会

1 何叔衡

2 松毛岭战斗烈士纪念碑

昌边境之梅子坝山区，再次遭国民党军第八师的重兵包围。虽率部打退敌多次进攻，但寡不敌众，弹尽粮绝，兼身患浮肿，难以行走。为不作俘虏和不连累战士突围，11日晨，当敌再一次扑上来时，万永诚举枪自尽，以身殉国。

龙腾云

龙腾云（1907～1935）广西人。1928年加入中国共产党，同年参加中国工农红军。1931年在红一方面军第三军团任团长。1933年任红三军团第五师参谋长，年底改任闽赣军区抚东分区司令员，1934年任闽浙赣军区新红十军参谋长、福建军区司令员。

1934年10月中央红军主力长征后，奉命留在闽西苏区坚持斗争，与福建省委书记兼福建军区政委万永诚一起，率福建军区及所属独立第十九、第二十团等部队在松毛岭、南山坝、河田、白叶岭一带，顽强阻击国民党军的进攻，完成了中央赋予的确保长汀县城10月底前不落敌手的任务，配合了中央红军主力的胜利转移。此后，他与福建领导一起，依据当时的斗争形势，对部队进行战时编制，组建了长汀、汀东、汀西、武平等各县游击司令部和独立营，为闽赣边红军游击队坚持艰苦的游击战争奠定了基础。11月1日，国民党军对长汀县实施进攻并占领长汀县城。龙腾云率部退守长汀西南部的四都山区。1935年2月，与万永诚指挥部队与数倍于己的国民党“清剿军”作战，陷入重围，后率部分红军和游击队从长汀向武平方向突围。4月11日凌晨在与敌激战中壮烈牺牲。

2

长征中牺牲的部分福建籍营以上干部烈士名录

姓 名	籍 贯	出生年月	部 职 别	牺牲时间	牺牲地点
郭文清	福建省漳浦县	1897	第一军团某团副团长	1935.1	贵州遵义
余维新	福建省长汀县		军委机要工作者	1935	贵州土城
魏赤	福建省龙岩县	1906	原江西军区参谋长	1935 春	云南
林春生	福建省		第三军团无线电台报务员	1935.5	四川大渡河
萧荣代	福建省长汀县	1913	第三军团某团政治委员	1935	川西
许德尧	福建省永定县		军委译电员	1935	四川草地
孙宪炳	福建省		军委报务员	1935	四川草地
吴清涪	福建省崇安县	1901	第九军团卫生部部长兼政治委员	1935.6	四川小金

1935.10 1935.11 1935.12 1936.01 1936.02 1936.03 1936.04 1936.05 1936.06 1936.07 1936.08 1936.09 1936.10

姓 名	籍 贯	出生年月	部 职 别	牺牲时间	牺牲地点
张子文	福建省永定县	1894	红军总供给部会计科科长	1935	四川小金
李寿标	福建省上杭县		军委报务员	1935.8	四川草地
李立国	福建省长汀县		军委机要科科长	1935.8	四川出草地后
孙安定	福建省厦门市	1909	第一军团某师政治部宣传科长	1935	长征途中
陈督钦	福建省永定县	1904	原闽西独立三团团长	1935	长征途中
蔡威	福建省宁德县	1907	第四方面军总部二局局长	1936.9	甘肃岷县
曹达兴	福建省长汀县	1913	第三十二军司令部作战科科长	1936.10	甘肃成县

大力弘扬长征精神 继续当好排头兵

中共广东省委常委、宣传部长 朱小丹

长征是人类历史上无与伦比的革命壮举。广东人民特别是粤籍红军将士为长征胜利作出了重要贡献。长征初期，红军转战粤北，当地老百姓踊跃支前，为红军送衣送粮，提供给养，保存至今的许多革命标语生动地反映了当年红军战士和广东人民的鱼水深情。长征途中，以叶剑英、邓发等为杰出代表的粤籍红军将士本着对党和人民的无限忠诚，在大是大非面前立场坚定、毫不含糊，坚决拥护毛泽东同志的正确领导。红军主力北上后，南粤儿女在党组织领导下，创建了赣粤边、闽粤边、琼崖等游击区，开展艰苦卓绝的游击战，箝制和消耗了国民党军队的有效兵力，掩护和策应了主力红军的战略转移，谱写了中国革命斗争史上的光辉篇章。长征是中华民族一部惊天动地的英雄史诗。伟大的长征铸就了伟大的长征精神。长征精神，是中国共产党及其领导的人民军队崇高理想、坚强意志的集中体现，是中华民族百折不挠、自强不息的精神象征，是鼓舞我们奋勇向前、从胜利走向胜利的强大精神力量。

万里长征，震古烁今；长征精神，千秋永存。建国前夕，毛泽东同志就告诫我们：“夺取全国胜利，这只是万里长征走完了第一步。”“中国革命是伟大的，但革命以后的路程更长，工作更伟大、更艰苦。”新世纪、新阶段，广东肩负着全面建设小康社会、率先基本实现社会主义现代化的历史重任。时代要求我们更加自觉继承和大力弘扬长征精神。在长征胜利70周年之际，我们深切缅怀革命先烈和前辈们的三功伟绩。我们要切实加强长征精神的宣传教育，使长征精神在南粤大地生生不息、代代相传，成为激励全省人民万众一心、艰苦奋斗、开拓进取的强大精神动力，努力在落实科学发展观中走在前面、在构建社会主义和谐社会中走在前面、在加强党的建设中走在前面、在全面建设小康社会、加快社会主义现代化建设进程中更好地发挥排头兵作用。

引言

广东，包括琼崖，具有光荣的革命传统。早在1921年，就有了中国共产党组织的活动。1927年12月11日，在大革命失败后，中共广东省委按照党的“八七会议”确定的土地革命和武装反抗国民党反对派的总方针，在广州举行武装起义，开始领导工农武装夺取政权的伟大尝试。广州起义和南昌起义、湘赣边界秋收起义，是中国共产党独立领导革命战争和创建人民军队的伟大开端，在党和红军历史上占有重要地位。

长期以来，广东人民遭受封建主义、外国侵略势力的剥削和压迫，激起了广东民众强烈的反抗意识。特别是著名的农民运动领袖彭湃等为主要领导的中共东江特委，广泛发动民众，创建了红军，开辟了东江革命根据地，坚持了长期的革命斗争。

中共中央对广东革命极为重视。南昌起义胜利后，周恩来率领起义军南下广东，建立革命根据地。起义军南下失败后，余部在东江编成工农革命军第二师。1928年1月，由广州起义军余部编成的工农革命军第四师也转入东江，与第二师会合，增强了东江的革命武装力量。1929年10月，朱德、陈毅率领红四军进入东江西北的蕉岭、大埔、梅县、丰顺，进一步推动了东江革命根据地的发展。与此同时，琼崖地区的革命斗争也如火如荼地迅速发展。

1934年10月，中央红军长征途中，先后突破了粤军在江西、湘赣边、湘粤边设置的三道封锁线。同时留在广东琼崖（今属海南）和赣粤边、闽粤边的红军和地方革命武装，坚持红旗不倒，继续进行斗争，壮大了党和红军的政治影响，在全国抗日高潮到来之际，成为华南抗日的重要力量。

1934.07 1934.08 1934.09 1934.10 1934.11 1934.12 1935.01 1935.02 1935.03 1935.04 1935.05 1935.06 1935.07 1935

中央红军长征过广东

chang zheng

中央红军突破粤军第一道封锁线后，陈济棠已把其主力撤至大庾、南雄、安远等地，取守势，以防红军进入广东。这时，蒋介石急令何键主力在湘粤边界的湖南汝城、广东仁化之间构筑工事，布置第二道封锁线，企图截击红军。

在战略转移前夕，中央红军已与粤军陈济棠部达成了“必要时可以互相借道”等秘密协议，这是中央红军过广东的一个有利条件。

1934年10月5日，中共中央、中革军委决定乘敌军尚未判明红军战略转移的意图之际，沿赣粤和湘粤边界，迅速向湖南的汝 城和广东的城口方向前进。并规定：第一步进到西江、大庾、南雄地域，主力则于大庾、南雄之间西进；第二步

1

1 国民党军正在修筑的碉堡

2 朱德关于红军五日至八日通过汝城至城口间封锁线的部署

朱德关于我军五日至八日通过汝城至城口间封锁线的部署

（1934 年 11 月 5 日）

各兵团及纵队首长：

（一）五号晚，野战军开始通过汝城到恩村间的封锁线。

（二）规定三条基本的前进道路：

A、右边的道路由大来圩经店圩、百丈岭向文明司、山田铺方向前进，另经店圩南之延寿圩向三界圩，为辅助的道路。

B、中央道路，由新桥经界头、燕子排、九峰山向九峰圩方向前进。

C、左边的道路，由城口经麻坑圩向岭子头方向前进，但是确定这条道路的路线，要看粤敌的行动，由林、聂确定之。

（三）为掩护通过封锁线，规定以下的部队担任之：

A、汝城地域由三军团派出一个师任之。

B、大坪地域由三军团派出一个团任之。

C、为箝制长江及厚坑圩之敌，由一军团派出一个师任之。

诸掩护部队应于其他部队全部通过后为后卫跟进。

（四）通过封锁线的秩序如下：

A、六日早三军团主力走右边的道路，一军团一个师及军委第一纵队走中央道路，一军团一个师走左边的道路，通过封锁线。三军团司令部直属队及后方部，应随在六日早通过封锁线部队的后面跟进。

B、七号早通过的部队如下：八军团走右边的路，军委第二纵队及十三师之一个团走中央的路，九军团走左边的路，通过封锁线。

C、八号早通过如下部队：三军团一个师加一个团的掩护队走右边的路，五军团（欠十三师之一个团及三十四师）走中央的路，一军团掩护的一个师及三十四师走左边的路，通过封锁线。

（五）掩护部队依据各该军团首长的命令，于本五号晚即占领阵地。

（六）为求得各部队有配合的移动及规定各兵团的作战任务，军委对于各兵团有单个的命令规定之。

朱　德

五号十三时半

2

1

进到沙田、汝城、城口地域，并相机占领汝城。当晚，中央红军在博古、李德等人的指挥下，以2个军团在左，2个军团在右，军委2个纵队居中，1个军团在后的甬道式部署西进。由于中央机关“大搬家”式的转移，行动十分迟缓，有时一天只走10至15公里，这种转移方式，使主力红军变成了中央机关的掩护队，严重影响了红军的机动能力，极大地削弱了红军的战斗力。

11月2日，红一军团第二师第六团由江西崇义的聂都进入广东南雄的长江圩、东岭，后与红三军团的前锋在三江口会合，准备攻敌第二道封锁线上的城口，11月4日，红军占领了城口。5日，中革军委决定：中央红军以一部兵力监视汝城之敌，主力分3路纵队，由汝城、城口之间通过敌人的第二道封锁线。红三、红八军团为右纵队，由汝城至大坪间通过，向百丈岭、文明司前进；红一军团第一师和军委第一、第二纵队及红五军团一部为中纵队，由新桥经界头、九峰山向九峰圩前进；红一军团第二师和红九军团等部为左纵队，由城口、思村向岭子头前进。至8日，中央红军全部通过敌人第二道封锁线。此时，蒋介石调嫡系部队一部从江西、福建追来，粤军也利用铁路、公路赶往红军前面堵截。在这种情况下，中革军委命令红一军团从广东乐昌、九峰打过去，并派部队占领九峰山要点，掩护主力西进。于是，红一军团的第四团星夜直奔九峰山，抢在由乐昌北上的敌人前面占领了阵地，随后又派部队攻击九峰山南侧的茶岭，监视九峰山敌人。9日，红一军团改向九峰山坡东北地区转进。这样，中央红军顺利地通过了广东地区，继续向湖南宜章方向挺进。

1 陈济棠

2 朱德在给红军机枪训练班讲话

1935.10 1935.11 1935.12 1936.01 1936.02 1936.03 1936.04 1936.05 1936.06 1936.07 1936.08 1936.09 1936.10

2

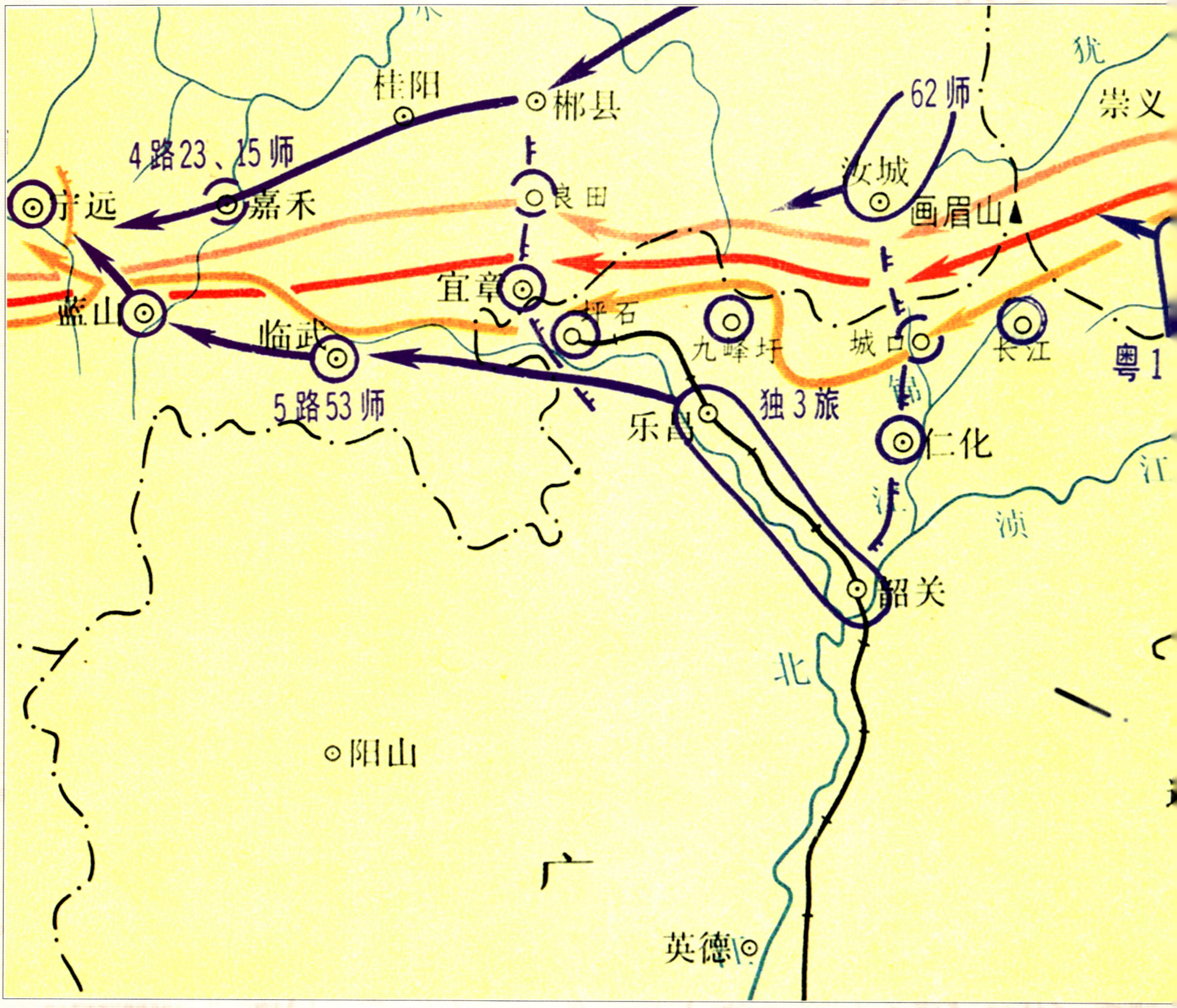
犹
62师
崇义
桂阳
郴县
4路23、15师
汝城
宁远
嘉禾
良田
画眉山
宜章
坪石
蓝山
临武
九峰圩
城口
长江
粤1
5路53师
乐昌
独3旅
锦
仁化
江
江
浈
韶关
北
阳山
广
英德

中央红军过广东示意图

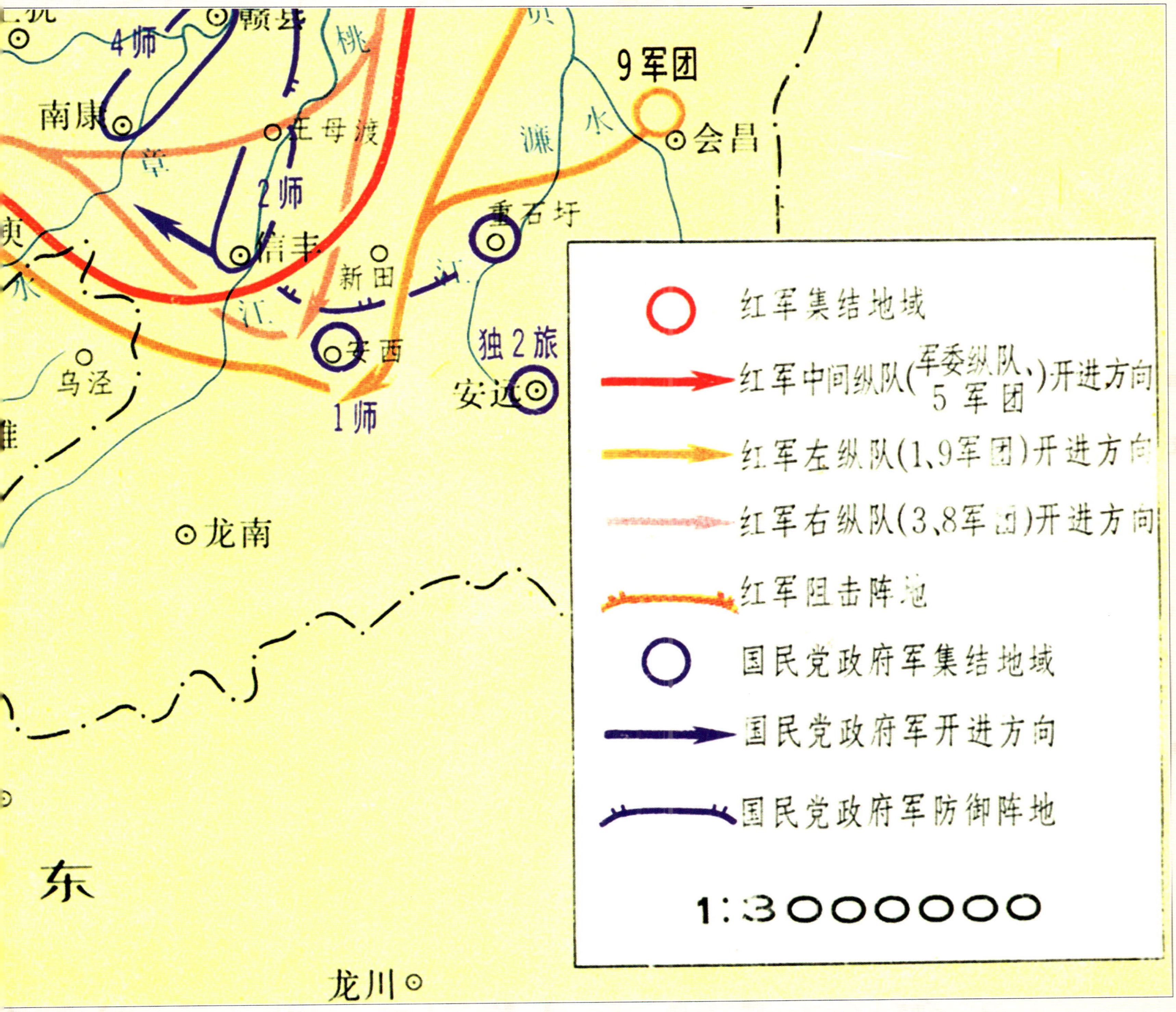

赣县
4师
南康
王母渡
桃
章
2师
信丰
新田
江
重石圩
濂
水
9军团
会昌
安西
独2旅
安远
1师
乌泾
龙南
东
龙川
红军集结地域
红军中间纵队(军委纵队、5军团)开进方向
红军左纵队(1、9军团)开进方向
红军右纵队(3、8军团)开进方向
红军阻击阵地
国民党政府军集结地域
国民党政府军开进方向
国民党政府军防御阵地
1:3000000

广东

留粤红军和游击队坚持斗争

chang zheng

闽粤边游击区位于福建南部和广东东部濒海地区，其北部与闽西苏区相连。开始时为靖（平）和（漳）浦、饶（平）和（大）埔、潮（安）澄（海）饶（平）3块相对独立又相互联系的游击区。1934年8月，以黄会聪为书记的中共闽粤边特委在靖和浦地区正式成立后，上述3块游击区逐渐形成了统一游击区，以何鸣、张长水率领的红三团和潮澄饶红三大队为骨干，开展游击战争。

*1934*年*10*月，中央红军主力长征后，书记黄会聪领导的红军独立第三团等武装约400人，在福建省南部的靖和浦地区坚持斗争。不久，在国民党军3个师及

1

1 闽粤边游击区红军游击队主要活动地之一——乌山

2 黄会聪

保安团的联合“清剿”中，遭受一些损失，至1935年5月，游击根据地被敌占领。在此期间，原由中共东江特委领导的活动在广东省东部潮澄饶地区的红军第三大队，也遭到袭击受挫，9月，余部160余人归中共闽粤边特委领导。红三团和红三大队依托乌山、梁山和漳浦、云霄、平和、诏安边界地区开展游击战。不久，红三团大部与到闽南活动的闽西红军第九团会师，共同开辟了云(霄)(平)和诏(安)游击根据地，一部与红三大队合编为闽粤边支队(后改称闽粤边独立营，邓珊、卢胜先后任营长。)也在云和诏地区活动，打了许多胜仗。同年冬，红军和游击队针对国民党军重兵包围和“分进合击”的战术，分散游击，挫败了国民党军的“清剿”，保存了有生力量。1936年初，闽粤边特委将红军和游击队改编为中国工农红军闽南抗日军，并于6月组成600余人的人民抗日义勇军。9月，红军和游击队集中兵力，袭占云霄县城，打破国民党粤军1个师的“清剿”。至年底，靖和浦、云和诏、潮澄饶游击根据地连成一片。1937年6月，闽粤边特委代理书记何鸣同国民党粤军谈判达成合作抗日协议后，丧失革命警惕，于7月16日将闽南抗日军800余人带进漳浦城，被背信弃义的粤军全部缴械(史称“漳浦事件”)，其中100余人先后跑回，由特委常委何浚重新组成红三团，继续坚持斗争。1937年底，闽粤边红军和游击队又发展到300余人。随后，部队开赴闽西龙岩县白土集中，编为新四军第二支队第四团第一营，奔赴抗日前线。

2

广东

琼崖红军和游击队坚持游击战争

changzheng

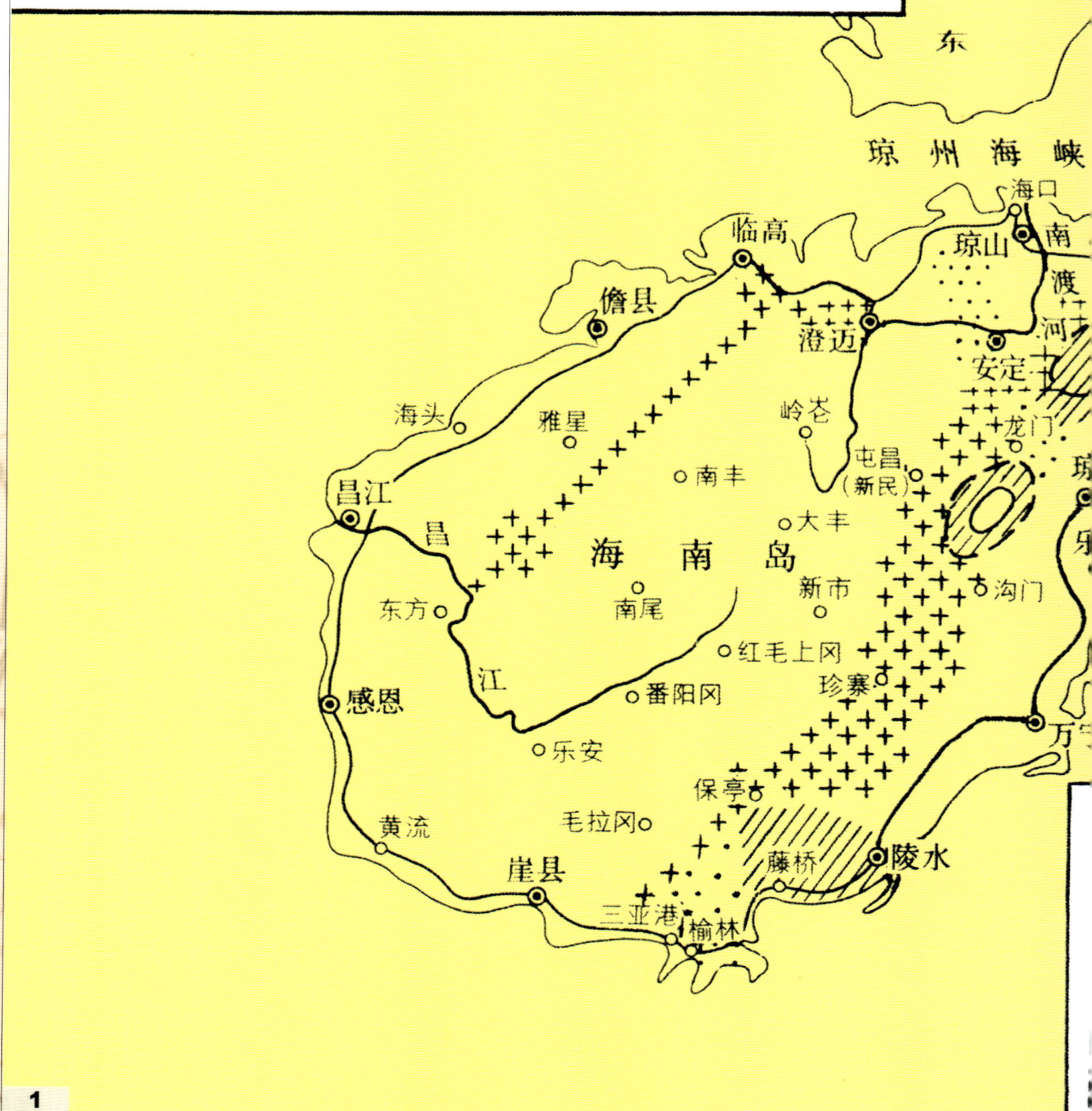

海南岛革命根据地形势示意图

1927年12月—1934年

1 海南岛革命形势示意图
2 海南岛的女赤卫队队员

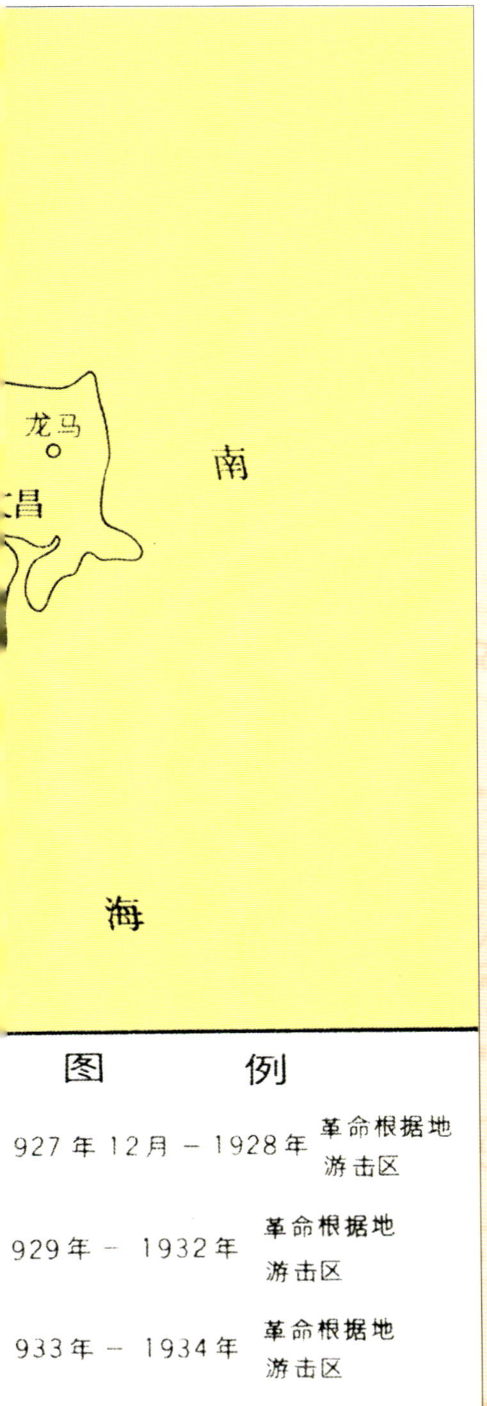

琼崖游击区位于海南岛(又称琼岛，今为海南省)境内，地处祖国南疆边陲，它毗邻雷州半岛，战略地位十分重要，历来为帝国主义和两广军阀所垂涎。红军游击队主要活动在琼东、乐会(今琼海)、万宁、文昌、陵水、崖县、临高、澄迈、儋县等地区，其中心在琼(山)文(昌)、乐(会)万(宁)地区，依托母瑞山、六连岭，坚持斗争。

琼崖人民具有光荣的革命传统。早在1921年底，中国共产党就在这里开展活动。1926年6月，成立

2

了中共琼崖地方委员会(后改为中共琼崖特别委员会，简称琼崖特委)。土地革命战争开始后，党在这里多次举行农民起义，创建了工农红军和琼崖苏区。1927年7月，建立了琼崖讨逆革命军，9月，全琼武装总暴动后，中共琼崖特委将讨逆革命军改编为工农革命军(后又改称工农红军)。1928年，创建了以乐会四区和六连岭为中心的革命根据地。随后，成立了琼崖苏维埃政府。

正当琼崖革命斗争不断发展之时，国民党军第十一军第十师向琼崖苏区发动第一次“围剿”，苏区和红军受到很大损失。特委被迫率领红军余部上母瑞山，开辟新的苏区。至1930年，琼崖革命斗争得到恢复和发展。同年8月，中国工农红军第二独立师(简称琼崖红军独立师)在母瑞山成立。1931年5月，又成立了女子军特务

1

1 海南岛游击队活动的基地之一——母瑞山

2 红军纪念章

连(即红色娘子军)。年底，独立师发展到2000多人，地方武装发展到近6000人，各县都成立了苏维埃政府。

琼崖革命斗争的蓬勃发展，引起国民党反动当局的震惊。1932年秋，国民党粤军警卫旅对琼崖苏区发动第二次“围剿”。由于敌强我弱，加之受到“左”倾教条主义的影响，独立师实行了消极防御方针，致使反“围剿”斗争失败，红军独立师解体，苏区或沦陷或成为游击区，各地党组织和革命武装遭到严重摧残。琼崖革命斗争进入了极其艰苦的游击战争时期。

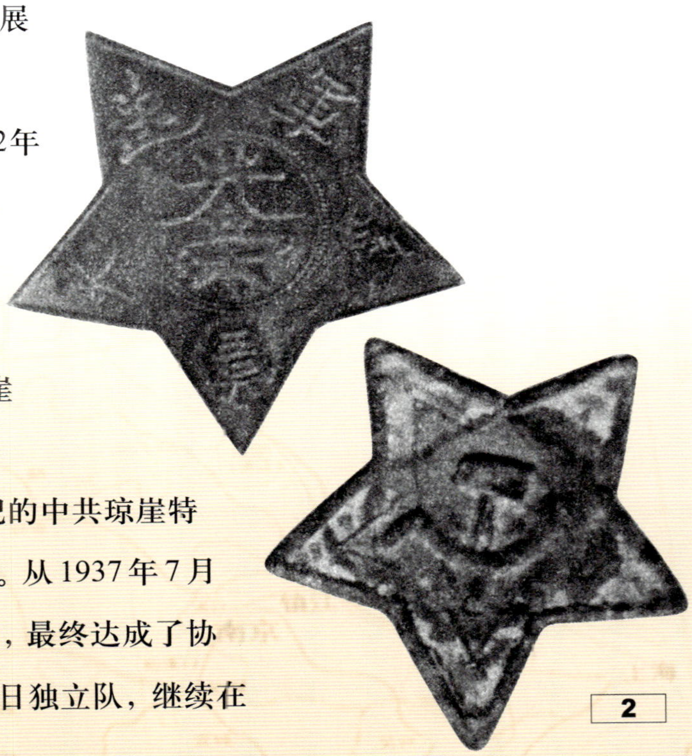

2

从1933年春到1938年冬，琼崖红军游击队在以冯白驹为书记的中共琼崖特委领导下，在极其艰苦的条件下，坚持长达6年之久的游击战争。从1937年7月到1938年冬，同国民党当局展开谈判斗争，经过艰难曲折的努力，最终达成了协议，实现了国共合作、共同抗日的新局面。红军游击队改编为抗日独立队，继续在琼岛坚持斗争。

琼崖红军游击队的斗争，是在远离党中央、孤岛奋战的条件下进行的。它经历了一个曲折的斗争过程，最终胜利地度过了最艰难的岁月，保持了革命的“火种不灭”、“红旗不倒”。他们在以冯白驹为首的中共琼崖特委领导下，采取灵活机动的游击战略战术，紧密依靠革命群众，团结少数民族，充分发挥广大青年特别是妇女的作用，形成了特有的铜墙铁壁，在祖国的最南疆，保持了一个重要的战略支点，为琼崖革命斗争谱写了光辉的历史篇章。

长征前夕与陈济棠的秘密谈判

何长工　粤赣军区司令员兼政治委员

1934年10月，忽接到周恩来同志的通知，要我急去瑞金。我抵达目的地后，周恩来同志亲切地握着我的手说："南天王"陈济棠电约我们，要举行秘密谈判，这很好，我们可以利用陈、蒋之间的矛盾。朱德同志已给他复信。根据目前党的统战策略思想及政策，我们准备与陈谈判。我们商定，派你和中央宣传副部长潘汉年为代表，到陈管区寻乌附近和陈派来的代表——第一集团军总部少将参谋杨幼敏及两个师师长一个是第七师师长黄质文，另一个是独一师师长黄任寰，举行密谈。周恩来同志亲切而又郑重地对我说："长工同志，这是中央给你的重任，望你勇敢沉着，见机而作。"他还向我说明了联络密语等项事宜。陪同接见的军委副参谋长叶剑英同志也嘱咐道："此去白区谈判，任务重大，谈成了，是很有益处的，要尽力而为；谈不成，也不要紧，关键是沉着灵活。"于是我带着朱德同志署名的一封介绍信上路了。信的内容是这样的：

1

黄师长大鉴：

兹应贵司令电约，特派潘健行、何长工两君为代表前来寻乌与贵方代表幼敏、宗盛两先生协商一切，予接洽照拂为感！专此，顺致

戎祺

朱德手启

10月5日

1 何长工
2 潘汉年
3 朱德署名的为潘汉年、何长工与粤军谈判写的介绍信

1935.10 1935.11 1935.12 1936.01 1936.02 1936.03 1936.04 1936.05 1936.06 1936.07 1936.08 1936.09 1936.10

2

我们立刻踏上了去寻乌的路程。天色将晚时，我们来到了赤白交界处之筠门岭羊角水附近。前来迎接我们的是陈部独一师二旅旅长严应鱼心腹特务连连长严直，率领全连和严旅长的4名轿夫。一见面，严直就悄悄地讲：“何先生，我听到了你们的宣传，看到了你们的宣传，是啊，我们与贵军都是炎黄子孙，真不愿意看到中国人打中国人！”为保密起见，粤军方面为红军谈判专门准备了两顶轿子，每遇岗哨盘问，连长就高声说，这是司令请来的贵客，把他们喝令回去，故一路畅通无阻。经过轿夫的跋涉，轿子抬到旅部所在地罗塘镇一处寂静山村，我们被安排在一幢崭新的两层小洋楼上。对方谈判代表住在楼下。翌日，在楼上一间不大的会议室里，密谈开始了。由于双方均有诚意，而且事先有过接触，因而谈判比较顺利，很快达成了以下5项协议：

1.就地停战，取消敌对局面；

2.互通情报，用有线电通报；

3.解除封锁；

4.互相通商，必要时红军可在陈的防区设后方，建立医院；

5.必要时可以互相借道，红军有行动事先告诉陈，陈部撤离40华里。红军人员进入陈的防区用陈部护照。

为保密起见，协议只写在双方代表的记事本上，未形成正式文件。这是继1933年11月我们同蔡廷锴19路军谈判达成停战同盟协定之后，又一个停战协议的签订，是中国共产党统一战线政策的又一胜利。

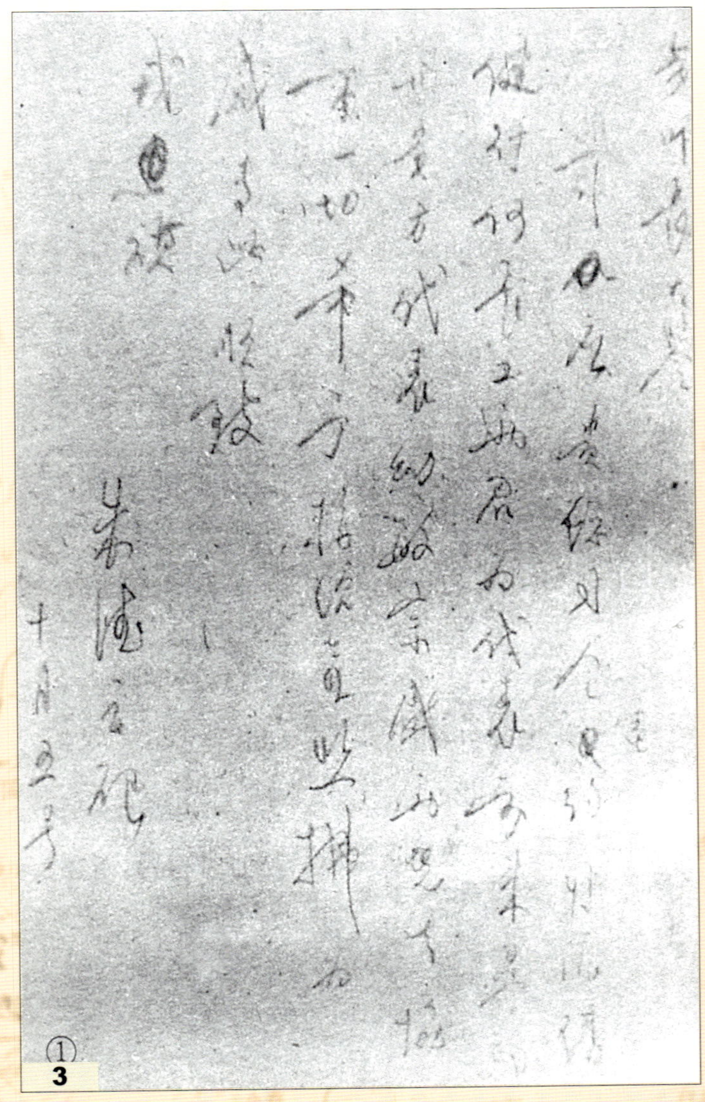

3

奔袭城口

曾保堂　红一军团二师六团一营营长

11月里天黑的早，6点不到太阳便沉下去了。我命令部队按侦察排、重机枪排和一、二、三连的序列出发。战士门早就在看着太阳，命令一下，战士们便似一支离弦的箭飞下山去。

擦黑时分，我们上了马路。按左参谋长的指示，我命令部队上刺刀，排成4路纵队跑步前进。走了不远，就看到远远的有黑乎乎的碉堡立在路旁。战士们有些紧张，我低声要求大家不要紧张，稳住神继续走。“干什么的？站住！”“你们是什么队伍？”碉堡上传来了几声严厉的喝问。侦察排的几个战士按我事先的交待，一边跑一边吼：“老子是中央军，你们他妈的咋唬什么！”“有胆子下来看看！别他妈瞎嚷嚷，惊动了红军，老子毙了你们！”在我们的一顿臭骂下，碉堡里的民团不吭声了。自从第一个碉堡挨训以后，下面经过的碉堡再也不敢理睬我们了，任我们从他们眼皮底下大摇大摆的跑步通过。我不由暗暗佩服左参谋长，真是知己知彼，足智多谋。事实上，当时军阀割据，别说是民团，就是有的地方军阀也不完全认得中央军是什么样子，更不认识红军，难怪他们要把红军认成是中央军了。

我们一步不停地奔跑了一夜，每人好像刚从水里走出来一样。双腿走麻了，两脚像灌了铅。许多战士边跑边打盹，不是撞到前边人的身上，就是挡住后边同志的道。看大家疲累的样子，我真想命令休息一下。但是想到军团首长的指示，想到我们全军面临的危险处境，想到敌人正向城口疾进增援的两个军，我硬了硬心，率领全营继续向城口飞进。“同志们，加油啊！军团首长在等着我们的捷报，几万名战友在等着我们胜利的消息啊！”

1 红军突破第二道封锁线地点之一——城口

1

身后，传来余勋光同志低沉有力的鼓动声。多好的同志，多好的战友，我心里不禁一阵发热。也脱口向部队喊道：“同志们，时间就是生命，就是胜利！抢在敌人前面夺下城口，就是革命的英雄！”在我们和各连干部的鼓动下，部队走得更快了。

太阳从远远的山际升起来，把万道金光洒在连绵起伏的山岭上，洒在我们这支疲惫不堪的队伍里。这时我看到许多共产党员、共青团员，身上有的背两支枪，有的扛着三四支枪。连排干部几乎人人超载。唐参谋扛着一挺重机枪，气昂昂地和重机枪排走在一起。一些掉队的战士，在收容排战友的帮助下，也紧紧跟在后面坚持前进。看着这些熟悉的面孔，我的眼睛不禁湿润了。

天近中午，我们走到一片小树林旁，从地图上看，这里离城口还有50多里路。我、老唐、老余商量了一下，命令大家休息片刻，立即吃午饭。半小时后，我本想让部队打个盹再走，但担心睡着了误事，便鼓励战士们一鼓作气赶到城口，打完仗再休息。唐参谋和老余十分赞成。于是，部队吃完饭又继续前进。下午6点左右，终于赶到了城口……

侦察排根据我们的意图，立即指定十几个水性好的战士分别从桥的上游和下游泅渡过去。待泅渡战士下水后，我带领部队大摇大摆往桥边跑。对岸草棚里灯火通明，五六个敌人正围在一起赌钱。我决定继续迷惑敌人，先诈桥，诈不成再用武力夺。敌人的桥头哨兵见河对岸突然跑出一支队伍来，惊慌地喊道：“什么人，站住！”说着打开五节手电，刺眼的光柱在我们的脸上扫来扫去。几个侦察员厉声骂道：“照他妈什么？再照，老子崩了你。”“你们是什么人？”那家伙不甘示弱，战士们更横：“老子是中央军，让你们当官的出来说话。”说着，登登上桥直闯过去。敌哨兵把枪栓一拉，“不许走，再走我就开枪了！”然后转身朝棚里喊道：“班长、班长，中央军兄弟要过来，让不让过啊！”棚里一个沙哑的声音回答说：“问一下他们，是不是陈长官的队伍！这样吧，让他们先过来一个，老子问问清楚。”“是”。那个哨兵转过身来朝我们喊道：“你们听着，先过来一个。”“一个就一个。”已经上桥的一个侦察员气呼呼地提着枪往前走。在他身后的两个侦察员也机警地跟上去。我

1 红军御寒用的破麻布片

2 国民党军在中央红军前进道路上预置的封锁线

示意机枪准备掩护。走在前面的侦察员一边走一边骂："叫你们班长出来，真他妈瞎了眼，老子吃辛受苦，你们倒自在，在这赌钱！"说着连跑带跃地奔到桥头，那个哨兵见他来势很猛正不知所措，我们的英雄甩手一把把他摞倒在地。与此同时，一颗手榴弹"轰"的一声在草棚里爆炸了，原来是泅渡的勇士们已经上了岸。我见夺下了桥头阵地，把手一挥，战士们便似猛虎般地扑过河去。刹那间，冲锋号声伴着枪声、手榴弹声和战士们威武的呐喊声，在古镇上空响起。敌人被这突然的一击打懵了，民团团长慌慌张张带着一股队伍夺路而逃，不料一上山就遭到我一、二连迎头痛击，混乱中这家伙被击毙，逃跑的敌人纷纷投降。在镇里没有跑出去的敌人见团长逃跑，哪里还有心思抵抗，乖乖地把枪扔到地下。前后不到3个小时，我们俘虏了300多敌人，缴了200多条枪，控制了镇子周围所有的制高点，胜利结束了战斗。

2

夺下城口之后，我命令部队整修敌人留下的工事，准备打击随时可能来犯之敌。虽然又累又困，但我不敢睡。我知道部队很疲劳，而敌人一来就是两个军，稍有不慎全营就会毁于敌手，我们一天一夜的奔袭将前功尽弃。我和唐参谋、余主任3人轮流到各个山头去察看，警惕地守卫着这几万红军的脱险之地、生命之口。

一宿无事，敌人没有来。我感到奇怪，丝毫不敢放松警惕。除了向四面八方派出了侦察员，还派部队在阵子周围巡逻。上午10点左右，巡逻队抓到5个形迹可疑的人，一审查原来是敌人的便衣侦探。据他们供认：昨晚6点多钟，敌人的一个师已行进到离城口20里的地方，隐隐约约听到城口有枪炮声便停止了前进。后来碰到从城口山上溃逃的民团士兵，才知道这里已被红军大队占领。敌师长怕孤军深入被红军吃掉，令部队连夜回撤40里，同时派便衣来侦察情况。听俘虏说完，我惊出了一身冷汗。好险！如果我们昨天迟到两小时，后果真是不堪设想！

五岭深山显精神

杨尚奎　中共赣粤边特委副书记

我们住的棚子里，是一个大统铺，特委负责同志加上警卫员、炊事员等，十几二十个人住在一起。每人只有一条毯子，垫的垫，盖的盖，两三个人合着睡。当时，不分等级，每人每月都是一块钱的“鞋子费”。我们这些领导干部路走得少些，一个月穿不了一双鞋。战士们就不够了，一双鞋补了又补。我们常常用自己的“鞋子费”买来鞋，给战士们穿。也没有什么你的我的，衣、被、鞋、袜等用品，不分彼此，

1 五岭大山一隅
2 雾锁五岭

2

谁需要谁就用。天气寒冷了，陈毅同志每夜总要起来查哨，帮战士们盖被子。行军中，干部战士们互相帮助，充分地表现了阶级友爱的精神。

陈毅同志在第四次反“围剿”时，大腿盘骨负伤，伤口时常复发，爬山越岭很不方便，然而他不以为苦，不让人家知道。当时药品很少，主要用草药治疗。我们有一盒万金油，算是“万灵药膏”，不管什么病痛都用万金油抹一下。陈毅同志的伤口化了脓，也用万金油抹一抹。有一次伤口发得更厉害，他把大腿绑在树上，着人拚命挤，挤出了血水，扯些白布条抹上万金油，用竹签子一点一点塞进伤口去，旁边的人都不敢看，他却仍然谈笑自若。

游击队的生活既紧张也愉快，只要情况允许，终日歌声不断。除了少数中央根据地来的同志唱唱兴国山歌，主要是唱本地的山歌，很多人唱采茶戏里的爬山调是非常出色的，而大家经常唱的是《十二月革命歌》，我还记得其中一些词句：

正月革命是新年，无产阶级笑涟涟，
好比笼中放鸟子，脱了笼背出头天。

饶平大战敌加强营

李德安　闽西红军独立第九团一营二连排长

随着新根据地的扩展，部队开向了饶平的上、下善，突然发现国民党广东军李汉魂部一个加强营(4个步兵连、1个重机枪连)加地方乡团共600余人，从饶平县城出动来拦截我们。这个部队装备精良，训练有素，战术、技术动作熟练，是一支较精锐的部队，面对着这只“拦路虎”，怎么办？撤退、避开都已来不及，它逼着我们打出了红九团历史上值得骄傲的一战。

上午约8时许，我一连警戒部队在石马坑北侧与敌先头部队接触，敌先头排向石马坑北侧高地连续发起两次攻击，均被我一连一班打退了下去。大约9点来钟。敌在1挺重机枪和3挺轻机枪的火力掩护下，以两个排兵力猛扑高地，一连一班撤退到了一连阵地。敌占踞了石马坑北侧阵地后，立即修固火力掩体工事。十点半钟左右，敌以1个连的兵力，冲向我一连阵地，我隐蔽待命的一营二连在赵群营长的带领下，突然跃起冲向敌阵，敌遇这意外反击，掉头乱窜，当即死伤20余人，被俘15人，丢下了20多支枪支，数千发子弹，

1 饶平县今貌
2 饶平雷音寺

2

数十枚手榴弹，退回石马坑北侧高地。

三营方向从上午8时半打到下午1时，战斗非常激烈。敌人先后发起4次冲锋，曾两次突破我阵地，被三营组织的3梯队及时投入反冲击夺了回来。三营坚守住了坑子里两侧的高地，但弹药消耗很多，重机枪子弹几乎打光了，步枪子弹和手榴弹也寥寥无几。最后，敌人倾全力，300多人一齐发起攻击，在这危急关头，一营赵营长率二、三连带着缴获的枪弹赶到，正当敌人突破七营阵地时，我们以密集火力封锁了突破口，九连投入反冲击，夺回了阵地。

太阳将要落山时，团长亲自指挥重机枪在山头隐蔽处做好压制敌人的准备，我们按计划沿着阵地西侧斜坡上的松树林悄悄接近敌人阵地背后凹部。这时，敌人阵地西侧的部队已经收回集中，准备撤走，正面留下一个班警戒。我们沿着高地西侧运动过去，在距离50来米时，敌人才发现我们，我们猛扑过去，击毙了大部分警戒的敌人，抢占阵地，踞高临下，步枪、机枪、手榴弹一齐向凹部敌人倾泻。敌人遭这突然袭击，顿时乱作一团，几百人争相夺路逃命。

……

第二天我们才知道，这一仗共击毙、击伤敌官兵近200人，余下的敌人已仓皇逃回饶平县城。我方牺牲5位同志，负伤18人。晚上，我们一营由饶和埔游击队带路，在下善西南边插入列凤凰山脚，派出宣传小组到各家各户宣传，扩大红军的影响，还连续端了两个乡公所，一个区公所，消灭了20余敌人，缴枪近20支。

“你喂的鸽子飞了”

在中央红军和粤军代表谈判期间，何长工等人接到周恩来同志事先商定的密语电报：“长工，你喂的鸽子飞了。”对方的谈判代表很敏感，问何长工：“是否你们要远走高飞了？”何长工平静地回答道：“不是，这是说谈判成功了，和平鸽上天了。”但何长工等人心理明白，红军已经决定实行战略转移。在结束谈判后，何长工等人便立即离开寻乌，返回会昌。当时，中央军委机关已从瑞金的白石山转移到雩都去了，周恩来同志特地派人等候他们，并留下一封信。信上简略地说：“长工同志，我在雩都等你们。”我们立即动身前往雩都，见面后即向周恩来同志汇报谈判情况。他得知谈判成功，达成了5项协议，异常高兴，并且说，这对于我们红军、中央机关的突围转移，将起重大作用。

1934年10月10日，军委主席朱德、副主席周恩来下达了中央关于中国工农红军第一方面军长征行动的命令。20日，红军在安远、信丰一线发起突围战役。从王母渡、信丰间全部渡过信丰江，沿大庚岭边缘进入粤北，突破了敌人第一道封锁线。粤军余汉谋部未作坚决抵抗，即边打边撤，退守赣州、南雄等城镇。11月初，长征的队伍分两路从南康经聂都、王洞进入广东的仁化县。徒涉锦江时，布防在这里的粤军警卫旅第一团奉命不准堵击。粤军的主力

1

1 仁化狮子峰
2 九峰山

则集结于乐昌、仁化之线，使红军得以顺利地转向城口，迅即突破汝城、城口之线敌人第二道封锁线，急向粤湘交界地势险要的军事要冲九峰山进发，从这里通过了第三道封锁线。

事实表明，中央红军如此顺利迅速地得以通过粤军辖区，固然与红军的英勇作战分不开，但也不能不说与陈济棠的统战工作起到了很大作用。

翻越九峰山

为了掩护中央红军顺利突破第三道封锁线，党中央要求一军团派一支部队控制粤汉铁路东北约十多公里的制高点——九峰山，掩护中央纵队从九峰山与五指峰之间的安全地带顺利通过。

2

九峰山，其实是一座连绵起伏的峰峦，红军如果占领了九峰山，就可以阻止广东军阀先期占领粤汉线上的乐昌，阻止他们从乐昌向我中央纵队发动袭击和堵截。但军团长林彪却认为趁着广东军阀的部队还没有到达乐昌，完全可以不去占领九峰山，直接冲过乐昌。

军团政治委员聂荣臻坚决反对："那也不行。我知道广东军阀的部队还没有到达乐昌。可是，我们离乐昌也还有一段路。敌人坐汽车，我们凭一双脚。等我们的两只脚走到乐昌时，也许敌人的汽车

1

2

已经跑到我们前面去了。"

但林彪仍固执己见，说："是呀，两只脚跑不过敌人的汽车轮子。可是，占领九峰山不是更耽误时间吗?"

为了解决争端，左权参谋长建议说："是否可以派一个连到乐昌去侦察一下，看看敌人到什么地方了。"

很快，侦察连长就跑来报告说：通往乐昌的大路上已经看见了敌人的汽车。这样，林彪只好同意去占领九峰山。

11月6日下午3点，军团部到达离九峰山不远的一个小村庄。林彪看见村口上有一条电话线，就叫通信参谋接上电话试试。一接，果然通了，对方不停地问："喂，喂，你是哪里?"

林彪一把拿过话筒，装作国民党部队的口气说："九师师部。你们是哪一部分?"

"我们是赖田民团，现在正往乐昌开进呢。"

林彪一楞，立到又说："叫你们团长接电话。"

通过这个电话，林彪了解到粤军邓龙光部的三个团已经到达乐昌，其中有一个团已经开往九峰山了。

情况万分紧急，军团立刻命令担任前卫的二师四团昼夜不停地赶住九峰山，一定要抢在敌人前面占领九峰山要点。同时，又派出两个团去攻占九峰山南侧的茶岭，派出1个团去监视九峰山左侧的敌人，以便保障中央纵队左翼万无一失。

当九军团翻越九峰山的时候，雨水哗地一声，像瀑布一样倾泻下来。连日行军，聂荣臻的双脚磨起了泡，磨破了皮，雨水一挠，火辣辣的痛。部队在崎岖的羊肠小道上行进，疲劳、饥饿、寒冷折磨着聂荣臻和九军团的战士们。这时，电报传来，中央纵队和兄弟部队都通过第三道封锁线了。聂荣臻突然兴奋起来，忍着脚上的剧痛，紧走几步，站到一个山坡上，抹一把满脸的雨水，对大家喊："同志们，加油呀，中央纵队赶到我们前面，已经越过封锁线了。"

1 林彪
2 左权
3 今日乐昌鸟瞰

1935.10 1935.11 1935.12 1936.01 1936.02 1936.03 1936.04 1936.05 1936.06 1936.07 1936.08 1936.09 1936.10

3

“英俊奋发，为国牺牲”的古柏

古柏(1906～1935)，江西寻乌人。1925年12月加入中国共产党。1927年，先后参加广州起义和平远、蕉岭等地的工农武装暴动。大革命失败后，受中共东江特委指派，回寻乌从事革命活动。创建了寻乌最早的党组织——中共寻乌支部。1929年后，任赣南红军游击队第二十一纵队政治委员，寻乌革命委员会主任委员、军事委员会主任委员，中共寻乌县委书记。1930年5月，任寻乌苏维埃政府主席，并协助毛泽东在寻乌进行深入的社会调查，后毛泽东写下著名的《寻乌调查》。不久，调任中共红一方面军前敌委员会秘书长。1931年4月，任中共苏区中央局秘书长。尔后，历任江西省苏维埃政府裁判部长兼内政部长，中华苏维埃中央政府粮食部和劳动部秘书长，江西省苏维埃政府委员、党团书记等职。1933年1月，王明“左”倾教条主义在中央苏区全面推行，古柏因坚持正确路线，与邓小平、毛泽覃、谢唯俊被定为“罗明路线在江西的创造者”而受到“最后严重警告”处分，后被分配到会昌任扩大红军运动突击队长和苏维埃中央政府粮食部做粮食征集工作。

1

1934年10月，中央红军长征后，古柏奉命留在中央苏区坚持斗争，任闽粤赣边红军游击纵队司令员，率部转战雩都、安远、寻乌等地，积极开展游击活动。1935年3月13日，古柏率两名游击队员由赣南赴广东联络东江游击队，传达遵义会议精神。14日，由于交通站叛徒告密，在广东龙川上坪鸳鸯坑遭到国民党民团包围袭击，古柏3人奋勇与敌战至弹尽，壮烈牺牲，时年29岁。

1 古柏
2 红色娘子军纪念园

毛泽东听到古柏牺牲的消息后，极为悲痛，亲笔题词悼念古柏：

吾友古柏，英俊奋发，为国牺牲，殊堪悼念。愿古氏同胞，继其遗志，以完成其自由解放之目的。

“红色娘子军”传奇

“向前进！向前进！战士的责任重，妇女的冤仇深，古有花木兰替父去从军，今有娘子军，扛枪为人民。”

19世纪30年代，海南岛美丽的万泉河畔，104位不愿做奴隶的青年女子，毅然参加“中国工农红军第二独立师第三团女子特务连”。在中国共产党的领导下，她们英勇奋战，与反动势力进行了英勇的搏斗，一年之内参加八次大型战斗，连连获胜，最终在国民党正规军围剿中喋血海岛，被迫解散。红色娘子军演绎出了琼岛妇女轰轰烈烈闹革命的斗争传奇历史，为中国革命斗争写下了光辉一页。这首《红色娘子军连连歌》唱出了为中华民族妇女求解放的最强音。

2

19世纪60年代初，中国刚刚熬过三年自然灾害，文化缓慢复苏。1963年，周恩来总理观看完芭蕾舞剧《巴黎圣母院》之后提出由中央芭蕾舞团自己创作一部革命舞剧，他建议可以从“巴黎公社”、“十月革命”等外国题材入手。《红色娘子军》伴随着这一年底音乐舞蹈座谈会上发出的“革命化、民族化、群众化”号召应运而生，成为中国第一代芭蕾舞艺术家的第一次大胆尝试。中国著名导演谢晋把琼岛妇女斗争故事演绎成芭蕾舞剧《红色娘子军》。鲜明的阶级矛盾冲突与“女儿当自强”的浪漫理想准确地切中了当时政治文化的命脉，一时之间风靡大江南北。不仅如此，《红色娘子军》还成为外交活动的重要内容。六七十年代，中国特殊的历史环境，让这幕芭蕾舞剧在人民大会堂小礼堂的舞台20年不变地上演着，幕起幕落间台下走过一批批世界各国政要。红色娘子军真实的斗争历史及其艺术表现形式，一同见证了新中国的对外交往。

1

建成于2001年5月1日的“红色娘子军纪念园”，被中宣部确定为爱国主义教育示范基地。远远望去，大门中间的芭蕾舞剧《红色娘子军》的大幅剧照引人注目，由“军号与和平鸽”组成的巨大石雕以及红色娘子军战士的雕塑，向人们展示着当年娘子军的光辉战斗历程。她们的传奇经历和英雄故事影响了中国一代又一代人。

1 红色娘子军雕像

2 今日南雄一角

南雄好女儿——吴炳秀

吴炳秀是南雄县平田坳人，在家里经常受豪绅的欺负。16 岁那年毅然参加了油山游击队。参加游击队后，吴炳秀勤奋学习军事知识和文化知识，迅速成长起来。后来，她与游击队负责人李乐天结了婚。婚后有了一个可爱的小孩，在艰苦的环境中被迫送给了老乡。1936 年春，李乐天牺牲了。吴炳秀没有被悲痛击倒，她说：“我们南雄有首山歌：‘砍了竹子有竹笋，拗了笋子有竹根’。坚持把游击打下去，总有出头天。”吴炳秀更加坚强地参与了斗争，在游击队负责经济工作。

从此，在油山脚下就活跃着这样一位女游击战士：腰间别支手枪，衣内缠满装光洋的袋子，白天爬山越岭与敌人周旋，夜里就下到山村组织抗日救亡会，宣传抗日救国。

1937 午 4 月的一个晚上，吴炳秀、吕新洪、孔炳生、丁祖怡 4 个同志，来到小汾秘密召开党员会议，传达和布置新的工作。会议一直到深夜才结束，4 个同志就住在小汾后面的菜园里。天未亮，从南雄来的“铲共团”突然包围了村子，到处搜查，毒打群众。吴炳秀等人甚至清楚地听见院外敌人的斥骂声：“去他妈!快把这里的‘土匪’交出来。”

2

1

吴炳秀和几个同志想开枪突围，但又担心连累群众，于是决定翻过菜园的高墙，往山上跑。丁祖怡第一个跳出院墙，吕新洪、孔炳生接着也跳过了墙。他们正待跑时，才发现吴炳秀还没爬过墙来。吴炳秀身上缠着一二百块光洋，很笨重，怎么也爬不上墙。吕新洪、孔炳生又翻回园内，想把吴炳秀扶上墙头，但是来不及了，墙外的敌人蜂拥而来。吴炳秀等只好转身拉开菜园门冲出去，没跑几步，敌人把吕新洪、孔炳生抓住了。吴炳秀急忙转身，朝一条田塍跑去，敌人的电筒照见了她，一阵乱枪，响天震地，吴炳秀旋转一下身子，倒在晚稻田里，牺牲时年仅20岁。

1 油山

1935.10 1935.11 1935.12 1936.01 1936.02 1936.03 1936.04 1936.05 1936.06 1936.07 1936.08 1936.09 1936.10

长征中牺牲的部分广东籍营以上干部烈士名录

姓 名	籍 贯	出生年月	部 职 别	牺牲时间	牺牲地点
何耀辉	广东省梅县		粤赣省保卫局侦察部部长	1934	长征途中
谭泳华	广东省云浮县		第三十二军政治部宣传部科长	1935	四川卓克基
陈铣	广东省琼山县		原广西红七军某团供给处主任	1935.7	四川
徐迪生	广东省海丰县		第三军团第六师第十七团政治委员	1935	长征途中

三湘四水铸辉煌

中共湖南省委常委、宣传部长　蒋建国

长征，是信仰引导的人间壮举，是精神支撑的军事奇迹，是理想煅造的现代神话。二万五千里征程，如铁血长缨，缚住阻挡历史潮流的苍龙；似如椽巨笔，描绘中华民族走向复兴的壮丽画卷。长征精神，是中国共产党人崇高理想和革命风范的结晶，是人民军队优良作风凝结的瑰宝，是中华民族百折不挠、自强不息的民族精神放射的光芒，是中国革命和建设事业从胜利走向胜利的不竭动力。

三湘波涌，四水澜巨。长征先遣队红六军团与红二军团会合后，在湘征战一年有余，创建了湘鄂川黔革命根据地，有力地支援和配合了中央红军长征。中央红军、红六军团、红二军团在湘辗转征战，途经45个县市的广大地区，得到了湖南地方党组织和广大群众的积极支援，谱写了军民团结奋斗的光辉篇章。

“雄关漫道真如铁，而今迈步从头越。”长征，作为中国革命史上伟大而神奇的一页，虽已翻过了70年，但是，伟大的长征所凝聚成的伟大长征精神永远闪耀着不可磨灭的光芒。70年来，在中国共产党的领导下，勤劳勇敢的湖南人民历经风雨，历久弥坚。特别是改革开放以来，全省人民在省委、省政府的带领下，开拓进取，敢为人先，取得了经济社会发展的巨大成就，城乡面貌和人民生活水平发生了天翻地覆的变化。今天，湖南正进入前所未有的发展机遇期。6700万湖南人民将紧密团结在以胡锦涛同志为总书记的党中央周围，进一步继承和弘扬伟大的长征精神，牢固树立科学发展观，大力推进新型工业化、农业产业化和城镇化建设，为全面实现小康湖南、平安湖南、生态湖南和诚信湖南的宏伟目标而努力奋斗！

引言

湖南是英雄辈出的宝地。它虽处内地，却每每成为中国政治变革的前导。从戊戌变法、辛亥革命，一直到新民主主义革命，在中国近代一百多年的风云变幻中，湖南涌现出了一批又一批杰出的政治人物、军事人物以及著名学者。特别是当代最伟大的革命领袖毛泽东，也诞生在“人杰地灵”的潇湘大地。

湖南是一块革命的热土。1927年9月9日，毛泽东以中共中央特派员身份组织领导了湘赣边界秋收起义，创建了中国工农红军的基干，开辟了井冈山革命根据地，点燃了“以农村包围城市”的革命星火。随后，贺龙又在湖南桑植举行了武装起义，朱德、陈毅率领南昌起义军余部在湘南举行了武装起义，革命运动在湖南如火如荼地发展，革命力量像雨后春笋般不断成长壮大。

湖南曾对中国革命做出了巨大贡献。它不仅孕育了毛泽东这样的历史巨人，而且是两大主力红军战斗和长征经过的地方。1934年10月30日，中央红军长征进入湖南，连续突破国民党军设置的第二、第三道封锁线，于11月下旬进入广西，而后又经湘西南进入贵州。与此同时，红二、红六军团会师后，于10月28日由黔东向湘西发起攻势，连克永顺、大庸、桑植、桃源、慈利等县城，并攻袭沅陵，包围常德，威胁岳阳和长沙，有力地配合了中央红军的战略转移，创建了湘鄂川黔苏区，连续粉碎国民党军的两次“围剿”。1935年11月19日，红二、红六军团离开战斗长达8年之久的湖南，经湘中开始长征。

中央红军突破敌第二、第三道封锁线

1934年11月8日，中央红军由湖南汝城、广东城口间通过了国民党军第二道封锁线，至9日进入湘南地区。

接着，中央红军继续西进，至15日，中央红军从郴县、良田、宜章间全部通过了国民党军第三道封锁线。

在突破国民党军第二、第三道封锁线时，红三军团在彭德怀、杨尚昆的指挥下，英勇善战，勇往直前，受到中革军委的表彰。11月11日，中革军委致电各军团首长，高度赞扬“三军团首长彭、杨同志及三军团全体指战员在突破汝城及宜、郴两封锁线时之英勇与模范的战斗动作”。

中央红军进入湘南后，大力进行革命宣传和组织工作，成立了宜章县苏维埃政府，帮助建立了赤卫队，释放被国民党关押的革命群众，把没收土豪劣绅的财物分发给穷苦群众。红军的行动，鼓舞了湘南人民的革命斗争。他们主动给红军带路，为红军沏茶送饭，照顾伤病员，还有四五百名穷苦的青壮年自愿参加了红军。特别是茶园、黄茅、桃花垅等地的地下党员和贫苦群众，冒着生命危险，掩护和照料红军留下的几百名伤病员。这些伤病员痊愈后，同当地的红军游击队一起，坚持了3年游击战争。

这时，蒋介石已判明红军战略转移的企图。11月12日，他任命何键为“追剿”军总司令，指挥原“围剿”中央苏区的西路军和北路军中的

1

2

1 彭德怀

2 杨尚昆

3 红军突破第三道封锁线的地点之一——宜章渡口

4 红军长征经过湖南汝城时送给群众的棉毯

薛岳、周浑元两个纵队共16个师77个团，专事“追剿”中央红军主力。同时，命令粤军陈济棠部4个师北进粤湘桂边进行截击，桂军第四集团军李宗仁部以5个师控制灌阳、兴安、全州至黄沙河一线，贵州“剿共”总指挥王家烈派有力部队到湘黔边堵截，企图一举将红军消灭于湘江、漓水以东地区。

国民党“追剿”军和粤、桂军虽有25个师的兵力，但他们之间矛盾重重，各打算盘，相互之间难以形成有效协同作战局面。其中，湘军何键部行动比较积极；蒋介石嫡系薛岳、周浑元两部虽然装备好、战斗力强，但何键对其指挥不灵；粤、桂两军仅在其边境防堵，以求自保，并不真正想与红军作战，而且，粤、桂军与蒋介石素有矛盾，他们担心蒋介石的中央军乘机跟进，攫取自己的统治地盘。因此，对蒋介石的“追剿”计划并不积极。再加上湘南地区是无堡垒地区，国民党军兵力也不强，这对红军实行机动作战十分有利。为此，毛泽东曾建议，红军应乘各路敌军正在调

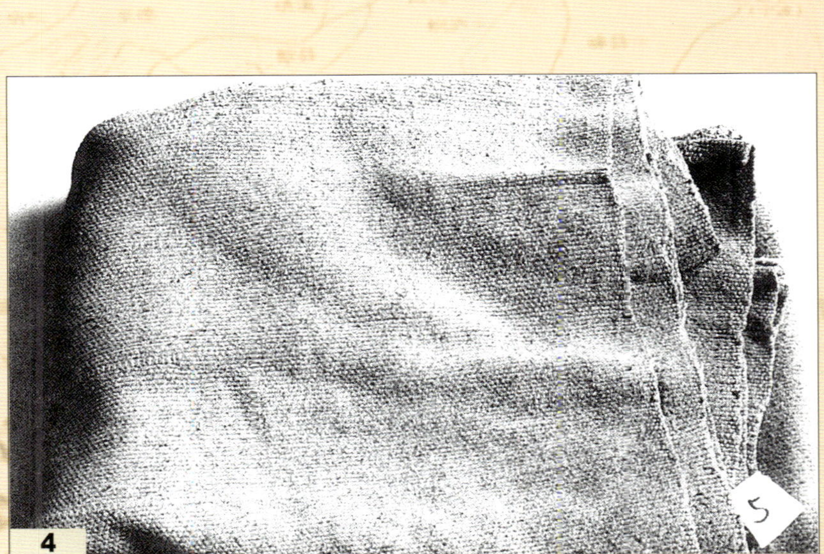

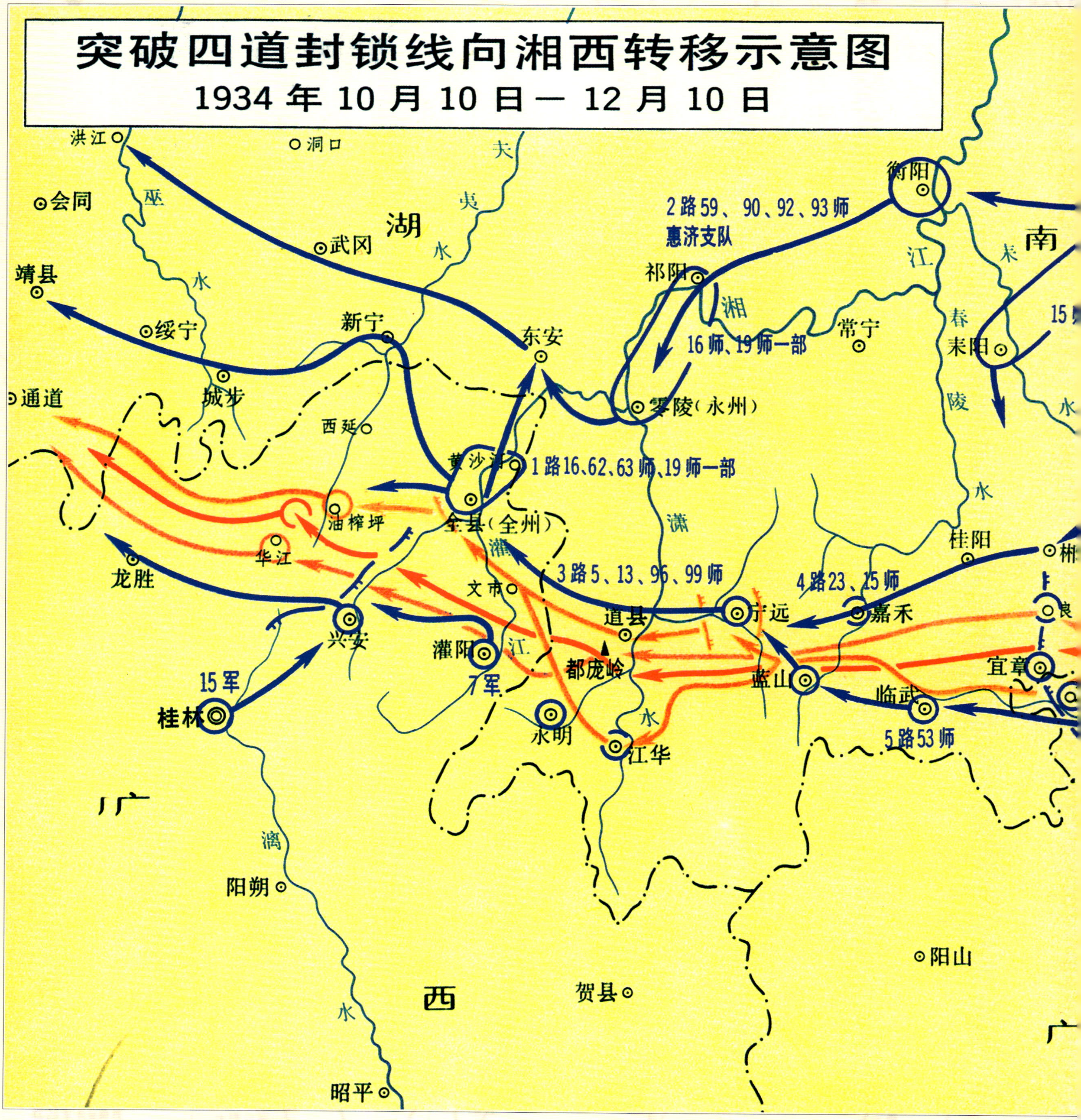

中央红军突破四道封锁线向湘西转移示意图

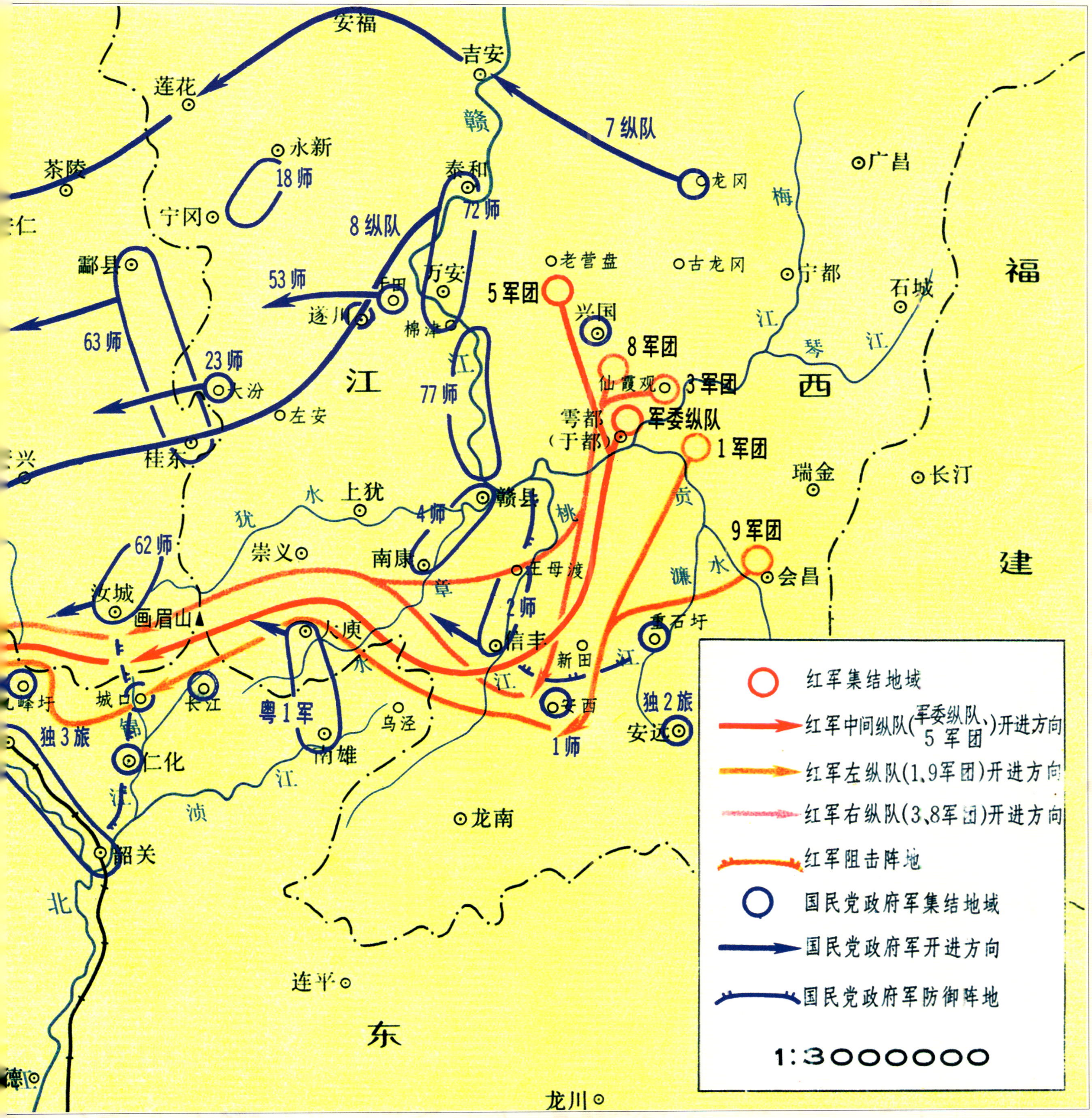
安福
吉安
莲花
7纵队
赣
永新
茶陵
18师
泰和
龙冈
广昌
宁冈
72师
梅
8纵队
鄙县
老营盘
古龙冈
宁都
福
53师
万安
5军团
兴国
石城
遂川
棉津
63师
江
琴
8军团
23师
大汾
江
77师
仙霞观
3军团
西
雩都
（于都）
军委纵队
左安
1军团
桂东
瑞金
长汀
上犹
水
赣县
犹
4师
桃
贡
9军团
62师
崇义
南康
王母渡
濂
水
会昌
建
汝城
章
2师
画眉山
大庾
重石圩
信丰
新田
江
城口
长江
粤1军
安西
独2旅
乌迳
安远
1师
独3旅
仁化
南雄
江
浈
龙南
韶关
北
连平
东
龙川
红军集结地域
红军中间纵队（军委纵队、5军团）开进方向
红军左纵队（1、9军团）开进方向
红军右纵队（3、8军团）开进方向
红军阻击阵地
国民党政府军集结地域
国民党政府军开进方向
国民党政府军防御阵地
1:3000000

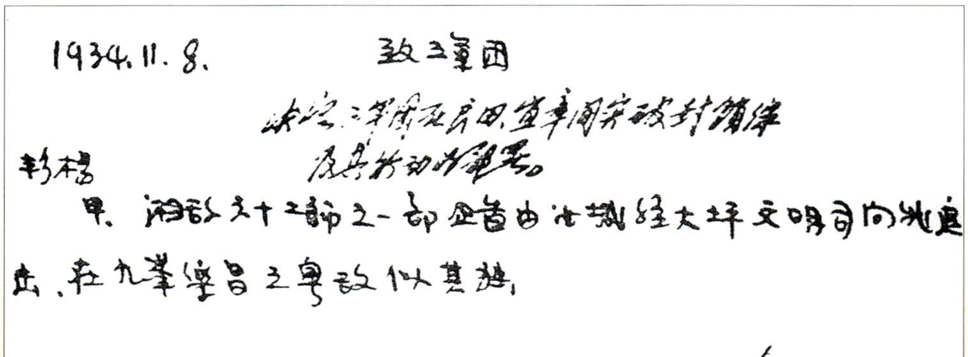

1934.11.8. 致三军团

1

动之际，且薛岳、周浑元两纵队尚未靠拢之时，组织力量进行反击，杀一个回马枪，寻歼敌军一路或一部，以扭转战局，争取主动。红三军团军团长彭德怀也建议："以三军团迅速向湘潭、宁乡、益阳挺进，威胁长沙，在灵活机动中抓住战机消灭敌军小股，迫使蒋军改变部署，阻击、牵制敌人；同时我中央率领其他兵团，进占溆浦、辰溪、沅陵一带，迅速发动群众，创造战场，创造根据地，粉碎敌军进攻，否则，将被迫经过湘桂边之西延山脉，同桂军作战，其后果是不利的。"

但是，博古、李德"根本忘记了红军的战略转变将遇到敌人严重的反对，忘记了红军在长途运动中，将要同所有追堵截击的敌人作许多艰苦的决斗，才能达到自己的目的"。他们拒绝采纳毛泽东、彭德怀的建议，一味地向西退却，实行消极避战，以致丧失了红军在湘南歼敌的良机，也为后来中央红军突破敌军第四道封锁线造成了很大的被动。

11月14日，中革军委发布命令，以第三、第八军团为右纵队，由彭德怀、杨尚昆统一指挥，从秀凤圩地区出发，经保和圩、青和圩，向嘉禾方向前进；以第一、第九军团为左纵队，由林彪、聂荣臻统一指挥，从宜章、坪石地区出发，经梅田，向临武、蓝山前进；军委两个纵队和红五军团随后跟进。各纵队遵照中革军委命令，

1 中革军委关于红三军团在良田、宜章间突破国民党军封锁线任务的指示

2 湘粤边宜章城全景：国民党军曾在此设置了第三道封锁线

3 中央红军过蓝山县大汉口村时，逢两家失火，官兵灭火后救济每户30枚银元。图为灭火后的房子。

于15日出发，继续西进。16日，红一军团占领临武城。此时，驻桂阳的国民党军两个团已到达嘉禾，若红军强攻嘉禾非常不利。因此，红三军团以第六师从嘉禾南面扼制该城之敌南进，保障左纵队攻占蓝山城。18日，左纵队红九军团占领蓝山城。20日，红一军团第二师奉命长途奔袭位于潇水西岸的道县县城。第二师第四、第五团从蓝山县的祠堂圩出发，以日行军百余里的强行军，经天堂圩、柑子园，于21日黄昏赶到道县县城对岸。当晚，第四团即组织战士武装泅渡潇水，并取得了成功，夺取了对岸的船只，迅速架起了浮桥。第二天拂晓，第四团全部渡过潇水，攻占了道县城的东、北两城门。第五团也从潇水上游渡过了河，占领了县城的西门。城内守敌惊慌失措，胡乱放了几枪便狼狈逃窜了。红军乘胜占领了道县城。24日，第四团又占领了水口，并在西元地区用步枪击落了敌机1架，活捉了两名飞行员。接着，红九军团也占领了道县以南的江华城，控制了道县至江华间的潇水渡口。25日，中央红军主力从此间全部渡过潇水，粉碎了国民党军企图利用潇水迟滞、阻击红军的阴谋。

2

3

中央红军渡过潇水后，分途继续西进，11月24日，红军前锋部队进入广西。随之，红军主力进入广西，并准备抢渡湘江。

红六军团西征与红三军会师

1934年8月12日，红六军团突破敌人的包围，在湖南桂东县寨前圩进行了短暂的休整，召开了军团连以上干部大会，庆祝突围胜利，并作进一步的战斗动员。大会正式宣布成立红六军团领导机关，萧克为军团长兼第十七师师长，王震为军团政治委员兼第十七师政治委员，李达为军团参谋长兼第十七师参谋长，张子意为军团政治部主任兼第十七师政治部主任；龙云为第十八师师长，甘泗淇为政治委员，谭家述为参谋长，方礼明为政治部主任。

1

红六军团的胜利突围，引起了国民党军很大震动。国民党第四路军总司令何键立即调兵遣将，实施围追堵截，企图将红六军团歼灭。同时，何键电令刘建绪为第四路军前敌总指挥，驰往湖南衡阳，部署围歼红军作战计划。刘建绪立即命令第十五、第十六师紧紧尾追红六军团，同时派遣第十九师第五十五旅、第六十二师以及湖南地方保安团5个团沿衡阳、耒阳、郴县一线构筑防线，实施堵截。湘东、湘南、湘西各县民团也倾巢出动，控制交通要道，协助国民党军正规军作战。另外，刘建绪还电请广东、广西两省国民党军派兵北上，配合作战。刚刚突出重围的红六军团，

1 中共湘赣省委和湘赣军区根据中共中央指示，成立了任弼时（左）为主席，萧克（中）、王震（右）为委员的军政委员会，领导红六军团西征

2 中共中央、中革军委致红六军团训令：到湘中开展游击战争，创立新苏区

一时又陷入国民党军重兵的“追剿”中。

红六军团军政委员会针对敌军新的部署，决定放弃原定在湘南桂东地区开展游击战争、建立游击根据地计划，乘敌人部署尚未完成和湘江防御较薄弱之际，迅速越过郴（县）宜（章）公路，经新田至零陵，西渡湘江，而后向新化、溆浦地区前进。为此，军团先派第十八师第五十三团前出侦察。接着，又派军区独立第四团，经桂东四都圩到资兴东江附近地域活动，牵制敌人，并保障军团主力右侧安全。8月12日，红六军团乘夜暗从桂东寨前圩出发，经汝城县田庄圩、资兴县滁口、郴县走马岭，越过郴宜公路，再经桂阳西进。20日，袭占新田县城，全歼守敌保安团，缴枪160余支。23日，红六军团进抵零陵县蔡家埠地区，准备抢渡湘江。

这时，国民党军刘建绪部已发觉红六军团有西渡湘江意图，即令第十五、第十六师加紧尾追外，急调9个团的兵力先于红六军团到达了湘江，加紧了湘江沿线的布防。与此同时，桂军第七军第十九、第二十四师也已由广西进入湖南，正向道县、零陵推进。尾追的敌第十五师已进到阳明山西南地区，第十六师正乘汽车向常宁急进。敌独立第三十二旅，也正向零陵和东安方向开进。敌湘军第十九师第五十五旅已集中在祁阳作为机动部队。这时，零陵地区，湘江之畔，敌重兵云集，加之湘江上游连降暴雨，江水陡涨，水流湍急，船只也都被国民党军拉到了江对岸，红六军团要渡过湘江已极为困难。军团领导审时度势，立即放弃抢渡湘江计划，率部转兵东南，进入阳明山区，并准备在该地区开展游击战争，建立以阳明山为中心的游击根据地，以求得暂时的立足。8月24日，红六军团在分水坳击退了追敌第十五师。

红军进入阳明山区后，发现该地区地瘠人稀，十分荒凉，而且区域狭小，既不利于部队活动，也不利于建立根据地。25日，中革

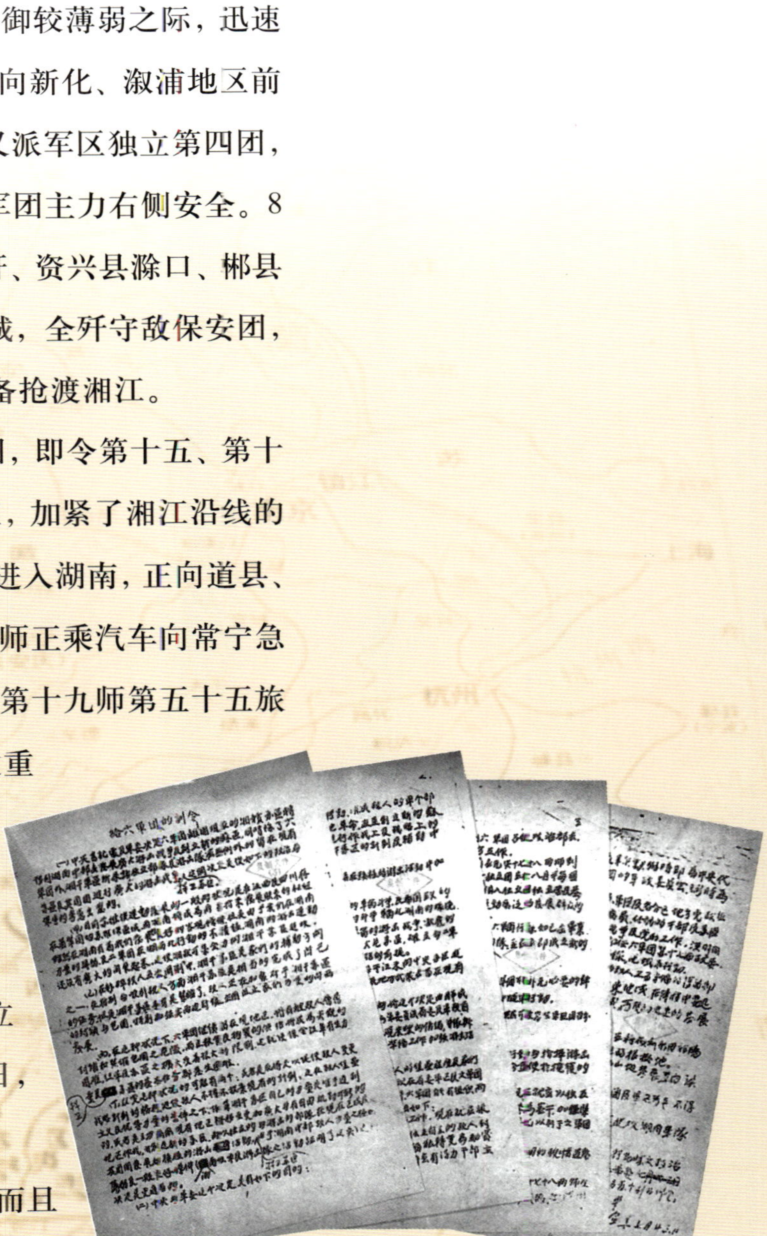

2

红六军团西征与红三军会师要图

红六军团西征与红三军会师要图

1934 年 8 月 7 日—10 月 24 日

1

军委致电红六军团，通报了“敌人拟于零陵地区与我决战”的重要情况，指示红六军团立即行动，于26日晨前转移到阳明山以南地区，先击退追敌第十五师，相机渡过潇水，尔后“经道县、全县地区进至城步，或不经全县而经湘、桂边境，转至新化、巫山地域”。26日，红六军团离开阳明山区，东出白果市。当敌军发现红军东移而赶来白果市时，红六军团则饶过敌第十五师侧翼，急转南下，摆脱敌人包围，于28日进至嘉禾县广发圩。继而，红六军团马不停蹄，转兵西进，连续急行军3天，于31日在道县以南的薛家厂地区安全渡过了潇水，到达湘桂边境的蒋家岭，把追敌远远地甩在了潇水以东。敌人追又追不上，堵又堵不住，打又打不着，结果被红六军团牵着鼻子兜了一大圈，一无所获，反而被搞得晕头转向，疲惫不堪。

2

9月初，红六军团进入广西境内，继续转战，并在广西境内胜利地渡过湘江，于9月8日由湘桂边界的车田地区再次进入湖南。当天，红六军团接中共中央、中革军委补充训令，要求红六军团努力在城步、绥宁、武冈等山地区域坚持活动至9月20日前，并力求消灭敌人一旅以下的单个部队并发展苏维埃和游击运动。以后则转移到湘西北地域，与红二军团取得联络，共同发展湘西和湘西北地区，建立巩固的根据地，吸引更多的敌人于湘西北。至此，中革军委正式赋予了红六军团为中央红军实行战略转移而探路的任务。

根据中革军委指示，红六军团于9日向西北进军，于11日到达湖南城步以西的

1 寨前圩——红六军团成功突围后，在此举行西征誓师大会

2 湖南新田县古寨村民给红六军团送饭时用的水桶

3 红六军团过湖南城步县贺家寨时，群众送来一坛酸菜，他们吃完后将一枚银元放在盛菜的坛子里

4 红军时期的贺龙

5 红军时期的关向应

丹口地区。此时，国民党湘军李觉指挥第一、第二补充总队和第五十五旅第一〇九团，分路向城步紧追而来，桂军第二十四师也由广西龙城向城步方向急进，湘军独立第三十二旅和桂军第十九师正沿广西西延城至城步大道向红六军团压来，企图以重兵合围，一举消灭红六军团于城步地区。面对如此严重敌情，红六军团领导人任弼时、萧克、王震等立即率部继续西进，准备在绥宁以南地区打击湘军，但未能得手。14日，红六军团在绥宁高工山地区，反遭桂军第十九师1个团的堵击。追击红军的湘桂两军主力已纷纷进抵绥宁、靖县地区。在此情况下，军团领导当机立断，由小水地区转兵南下。17日，乘虚袭占通道城。

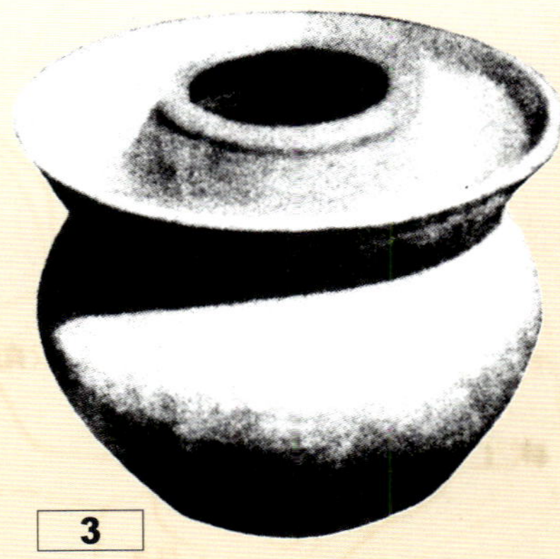
3

红军占领通道后，欲向西北方向运动，进入贵州，与红三军会合。但红军的这一意图被敌人识破。于是，敌湘、桂两军主力纷纷向靖县以南的新厂地区集结，企图堵截红军。湘军补充第二总队两个团更是邀功心切，由靖县以南的中央桥抄小路径直向新厂追来。19日拂晓，该敌进至五里庙一带。随即，便向红军发起了进攻。红六军团领导鉴于该敌孤军冒进，态势孤立，且兵力不大，决心抓住机会，集中军团兵力，歼灭该敌。经一天激战，红六军团将该敌全部击溃，歼敌500余人，缴枪300余支，给湘军补充第二总队以歼灭性打击。自此，各路尾追的敌军就不敢轻易近前了。

新厂战斗后，红六军团继续向西北挺进。20日，进入贵州，并在贵州黎平以北的潭溪地区击退黔军周芳仁部第七团的阻击，乘胜进入清水江流域，准备按照中革军委的指示，"经清江、青溪、思县到达省溪、铜仁、江口地域"，与红三军取得联络。至此，红六军团胜利地完成了西征中在湖南省境内的转战。

4

5

红二、红六军团开始长征

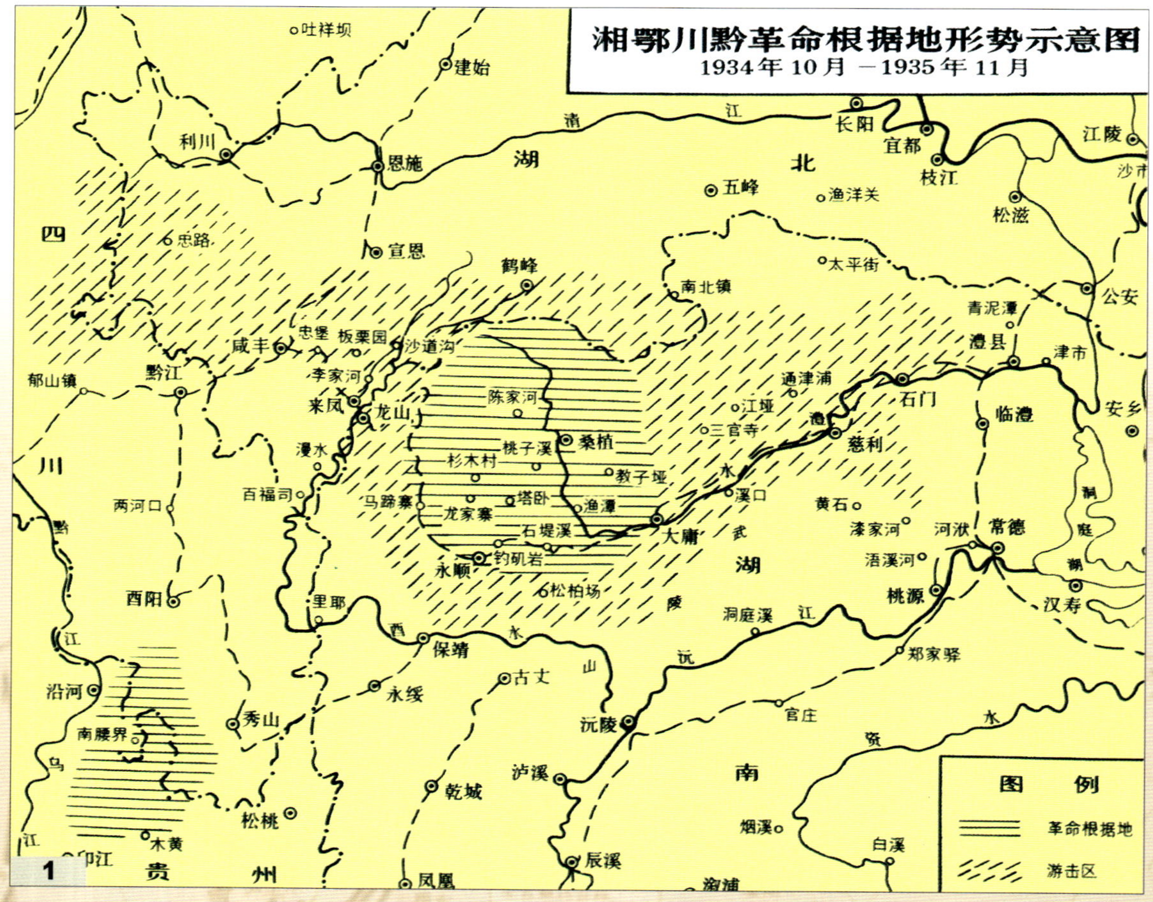

1935年9月，蒋介石调集军队向湘鄂川黔苏区发动新的“围剿”，企图将红二、红六军团彻底“剿灭”。

9月29日，红二、红六军团在湖南磨岗隘召开军团积极分子会议，任弼时在会上作《冲破敌人“围剿”的经验教训与粉碎敌人新的大举“围剿”的报告》，提出进行战略转移问题，并开始作了思想上、政治上的准备。

恰在这时，红二军团收到周恩来发来的明码电报，询问红二、红六军团的情况。任弼时等红二、红六军团领导人非常高兴，也很警惕，当即用密码电报致电周恩来：“你们现在何处？久失联络，请来电对此间省委委员姓名说明，以证明我们关系。”

1 湘鄂川黔革命根据地形势示意图
2 红二军团军团长贺龙（左）、政治委员任弼时（右）、副政治委员关向应（中）
3 中革军委湘鄂川黔军委分会的布告

第二天，即收到朱德和张国焘共同签署的回电。电文说：“二十九日来电收到。你们省委弼时书记，贺龙、夏曦、关向应、萧克、王震等委员。一、四方面军6月中在懋功会合行动，中央任国焘为总政委。我们今后应互相密切联络。”

2

任弼时、贺龙、关向应等当时并不知道红一、红四方面军会师后张国焘的分裂活动，更不知道这时中共中央已率领红一、红三军团和军委纵队先行北上。所以，接到来电后，任弼时等认为已与中革军委恢复了电讯联络。因此，在很长一段时间里，红二、红六军团给中共中央的电报，都是发给朱德、张国焘的。中共湘鄂川黔边省委和军委分会于10月上旬，就红二、红六军团下一步的军事行动问题进行了讨论，并于10月19日，由贺龙、任弼时、关向应等联名致电朱德、张国焘并转中共中央，报告了红二、红六军团反“围剿”斗争及其行动的计划。10月15日，朱德、张国焘复电指示：“在狭小地区内固守为失策，决战防御亦不可轻于尝试。远征减员太大。可否在敌包围线外，原有苏区附近，诱敌出堡垒，用进攻路线集中兵力，各个击破之”。19日，朱德、张国焘再次电示贺龙、任弼时、关向应：“取守势最失策，远征损失大可否在赤区外围和附近地区诱敌各个击破之。”据此，红二、红六军团先后于17日、23日在石门的渡水坪和热水溪召开军分会会议，进一步对行动方针进行讨论。会议认为，敌人以绝对优势兵力向苏区步步紧逼，红

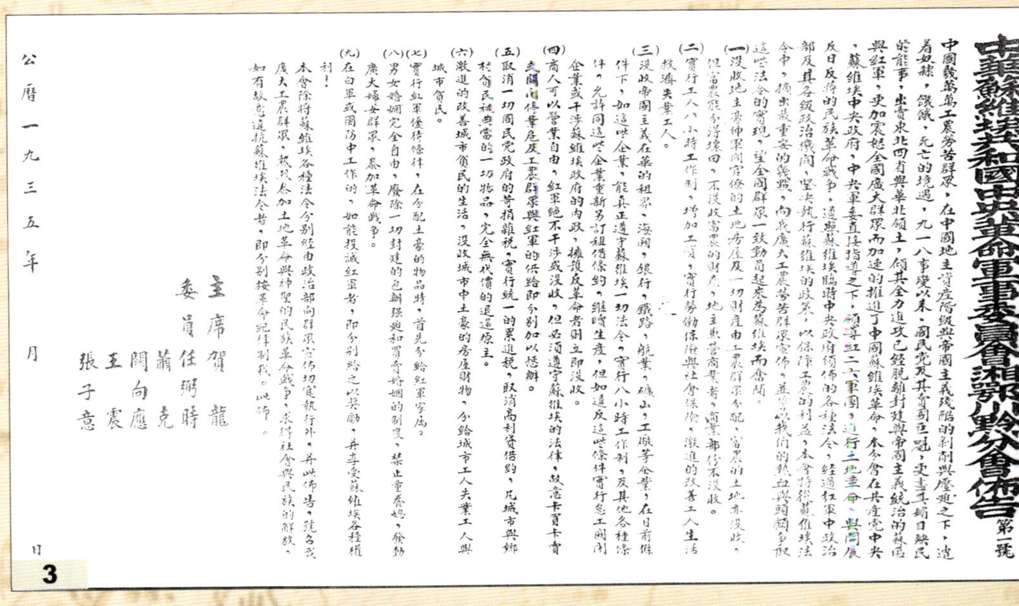
中華蘇維埃共和國中央革命軍事委員會湘鄂川黔分會佈告 第一號

中國幾萬萬工農勞苦群眾，在中國地主資產階級與帝國主義殘酷的剝削與壓迫之下，過着奴隸，饑餓，死亡的境遇，九一八事變以來，國民党及其賣國軍閥，更盡其媚日缺民的能事，出賣東北四省與華北領土，傾其全力進攻已經脫離封建與帝國主義統治的蘇區與紅軍，更加震怒全國廣大群眾而加速的推進了中國蘇維埃革命，本分會在共產党中央，蘇維埃中央政府，中央軍委直接指導之下，領導紅二六軍團，進行土地革命，與開展反日反蔣的民族革命戰爭，遵照蘇維埃臨時中央政府頒佈的各種法令，經過紅軍中政治部及其各級政治機關，堅決執行蘇維埃的政策，以保障工農的利益，本會特將蘇維埃法令中，摘出最重要的幾點，向我廣大工農勞苦群眾宣佈，並望以我們的熱血與頭顱爭取這些法令的實現，望全國群眾一致動員起來為蘇維埃而奮鬥。

（一）沒收地主豪紳軍閥官僚的土地房屋及一切財產由工農群眾分配，富農的土地亦沒收，但富農能分得壞田，不沒收富農的財產，地主兼營商業者，商業部份不沒收。

（二）實行工人八小時工作制，增加工資，實行勞動保險與社會保險，激進的改善工人生活救濟失業工人。

（三）沒收帝國主義在華的租界，海關，銀行，鐵路，航業，礦山，工廠等企業，在目前條件下，如這些企業，能真正遵守蘇維埃一切法令，實行八小時工作制，及其他各種條件，允許同這些企業重新另訂租借條約，繼續生產，但如違反這些條件實行怠工關閉企業或干涉蘇維埃政府的內政，擁護反革命者則立即沒收。

（四）商人可以營業自由，紅軍絕不干涉或沒收，但必須遵守蘇維埃的法律，故意卡買卡賣或關閉停業危及工農群眾與紅軍的供給即分別加以懲辦。

（五）取消一切國民党政府的苛捐雜稅，實行統一的累進稅，取消高利貸借約，凡城市與鄉村貧民被典當的一切物品，完全無代價的退還原主。

（六）激進的改善城市貧民的生活，沒收城市中土豪的房屋財物，分給城市工人失業工人與城市貧民。

（七）實行紅軍優待條件，在分配土豪的物品時，首先分給紅軍家屬。

（八）男女婚姻完全自由，廢除一切封建的包辦強迫和買賣婚姻的制度，禁止童養媳，發動廣大婦女群眾，參加革命戰爭。

（九）在白軍或國防中工作的，如能投誠紅軍者，即分別給之以獎勵，並享受蘇維埃各種權利！

本會除將蘇維埃各種法令分別經由政治部向群眾宣佈切實執行外，並此佈告，號召我廣大工農群眾，熱烈參加土地革命與神聖的民族革命戰爭，求得社會與民族的解放，如有故意違抗蘇維埃法令者，即分別按革命紀律制裁。此佈。

主席 賀龍
委員 任弼時 蕭克 關向應 王震 張子意

公曆一九三五年 月 日

3

1

二、红六军团若在苏区狭小区域内作战难以冲破敌人的“围剿”。同时认为，湘鄂川黔苏区北面除敌人封锁外，濒临长江、青江，地形极坏；西有乌江天险，且有敌重兵把守，以及碉堡林立，十分密集；东边是狭小的湖区，河湖港汊，纵横交错，大部队机动作战十分受限制；南部地区是敌人防守兵力较弱的地方，但有澧水、沅江间隔。红军主力若到外线作战，敌必乘虚而入，并在苏区内构筑堡垒，使红军不易恢复。在这种情况下，红军虽有可能在苏区附近取得一些战斗的胜利，但由于无根据地作依托，很难持久，甚至有遭受失败的可能。因情况复杂，两次会议均未做出最后决断。

11月4日，省委和军委分会在湖南桑植刘家坪再次召开会议。任弼时、贺龙、关向应等领导人鉴于红二、红六军团已经完成了直接策应中央红军战略转移的任务，且国民党已集中重兵“围剿”湘鄂川黔苏区，敌我兵力相差过于悬殊，以及苏区区域狭小，也不巩固等实际情况，认可红二、红六军团不宜继续固守原有苏区，决定按照中共中央、中革军委2月11日电报关于“必要时，主力红军可以突破敌人的围攻线，向川、黔广大地区活动，甚至渡过乌江”的指示精神，主力部队采取逐步转移的方法，首先向南运动，突破敌军澧水、沅江两道封锁线，挥师直入湘中，筹措给养，扩大红军，然后掉头西进，突入湘黔边广大地区，争取在敌军防守薄弱的贵州石阡、镇远、黄平一带创建新的根据地。为了保证红二、红六军团主力的顺利突围，军分会决定以张正坤率第十八师在苏区坚持斗争，牵制、吸引敌人的兵力，如形势确实不利或策应任务完成，也可向湘黔边地区转移，同主力部队会合。

会后，红二、红六军团集中在桑植开始进行战略转移的周密而认真的准备：

一是对广大指战员进行广泛的思想动员。各部队普遍召开了党的积极分子大会

1 红二、六军团领导在湖南澧县合影。后左起：贺龙、李达、关向应、任弼时；坐者为王震

2 湖南永顺。红二、六军团于1934年底创建了以之为中心的湘鄂川黔革命根据地

3 湘鄂川黔革命根据地的部分红军

和红军大会，利用各种形式进行动员。任弼时、贺龙、关向应等军团领导人分别到红军基层作报告，讲明当前形势，提出部队当前的任务，从而坚定部队的胜利信心。同时“为着苏区内籍的战士保障在脱离苏区后坚决执行我们的政治任务，在这些战士中经过支部进行了一些个别的解释工作。”

二是对主力红军进行全面整编和充实，妥善安置部队伤病员。新组建红二军团第五师和红六军团第十六师，将鄂川边、龙桑和龙山

2

3

等地方武装独立团合编为第五师，归属红二军团建制，成立师政治部，补充各级政治工作干部；将第十八师第五十二、第五十四团改为第四十六、第四十七团，划归新组建的第十六师建制，将红六军团警卫营和龙永独立团、永顺独立团合编为第十六师第四十八团；第十八师重新组建第五十二、第五十三团。经过整编，红二、红六军团分别下辖第四、第五、第六和第十六、第十七、第十八师，共1.7万余人。在整编的同时，对不宜进行长途行军的伤病员，则进行妥善安置。对遣散回家的，发给适当路费，对坚决要求留队的转送省苏维埃政府机关，或补入第十八师，留守苏

1

1 湖南省桑植县刘家坪

区。对伤病员，还发放一定数量的养伤费，并由当地党组织安排到可靠的群众家里养伤。

三是吸取红六军团西征时的经验教训，实行轻装行动。规定：每人只带3天的粮食和必要的枪支弹药，每人带3至6双草鞋及必要的行军用具。带不动的笨重物资，或掩埋、或送当地群众。

经过紧张有序的动员和准备，部队面貌一新，战斗力大为加强。11月18日，在桑植刘家坪，贺龙代表军委分会向部队下达了突围转移的命令。但是，如何选择有

利的突围方向，成为关系到红二、红六军团能否突围成功的大问题。为此，军分会又进行了反复的研究和分析，同时派出部队进行侦察。突围命令下达前，红二、红六军团领导人曾想从苏区西南方向突围，取捷径直达贵州东部的石阡、镇远、黄平等地区。然而，经过侦察，发现在这个方向上，敌人已配置了第十六、第六十二、第十五和新三十四师等四个师的强大兵力，而且，在纵深的百户司、龙潭、秀山等地区，敌还分别部署了第二十六、第六十三和新八师等三个师的兵力。因此，从这个方向突围，路程虽近，但要从防守如此严密的封锁线上打开缺口，不但获胜的可能性小，搞不好要付出很大的代价。经过各方面权衡分析，最后决定将突围方向选择在苏区南面。虽然路途远，江河纵横，会给红军的突围行动带来困难，但敌军依仗澧水、沅江屏障，在摸不清红军的行动意图前，也是敌军疏于防守的地区。贺龙建议，红军以声东击西的手段，南下湘中，调动敌人，然后再转入贵州，这样，既可迷惑敌人，隐蔽红军战略意图，又可以在湘中发动群众，筹措资财。

军委分会同意贺龙的建议，决定放弃从西南方向突围的意图，全军以迅速动作，首先向南突破敌人的

红军第二、第六军团长征时序列

（1935年11月—1936年6月）

- 中央革命军事委员会湘鄂川黔分会
  - 主席 贺龙
  - 委员 任弼时 关向应 夏曦 萧克 王震
  - 第2军团
    - 军团长 贺龙（兼）
    - 政治委员 任弼时（兼）
    - 副政治委员 关向应
    - 参谋长 李达
    - 政治部主任 甘泗淇
    - 第4师　师长 卢冬生　政治委员 冼恒汉
      - 第10团、第11团、第12团
    - 第5师　师长 贺炳炎　王尚荣（后）　政治委员 谭友林
      - 第13团、第14团、第15团
    - 第6师　师长 郭鹏　政治委员 廖汉生
      - 第16团、第17团、第18团
  - 第6军团
    - 军团长 萧克
    - 政治委员 王震
    - 参谋长 谭家述
    - 政治部主任 夏曦　张子意（后）
    - 第16师　师长 周球保　政治委员 晏福生
      - 第46团、第47团、第48团
    - 第17师　师长 吴正卿　刘转连（后）　政治委员 汤祥丰
      - 第49团、第50团、第51团
    - 第18师　师长 张振坤　政治委员 张振坤（兼）
      - 第52团、第53团、第54团
    - 教导团

1 红二、红六军团长征时序列

2 湘鄂川黔苏区省委旧址——湖南省永顺县塔卧

3 红二、红六军团总指挥部旧址

澧水、沅江封锁线，占领湘中交通重镇，争取将敌“围剿”军主力吸引到湘中来，然后再寻机打击蒋介石的嫡系樊崧甫纵队。若能达到歼灭樊崧甫纵队大部或将其他敌军引到湘中，红军就立即回师原来苏区坚持斗争；若不能达到这个目的，就继续向石阡、镇远、黄平等黔东地区活动。

2

为了配合红二、红六军团主力转移，军委分会决定由红六军团第十八师留在苏区坚持斗争，执行牵制、迷惑敌人的任务。由于第十八师的任务相当艰巨，为此，红六军团政治委员王震亲自到第十八师驻地看望全体指战员，并指示第十八师，待主力出发后，即向西佯攻，给敌人造成红军向西突围的假象，尽可能多地牵制敌人的兵力，使敌人一时难以弄清红军实行战略转移的方向和意图。王震还指示，如斗争确实不利，就主动放弃根据地，相机突围出去，以保存有生力量，向湘黔边寻找主力部队会合。

3

11月19日，红二、红六军团按照贺龙的命令，分别在桑植刘家坪的干田坝和枫树塔举行突围誓师大会。当日晚，在贺龙、任弼时、关向应等的率领下，红二、红六军团指战员告别了湘鄂川黔苏区，告别了患难与共的苏区父老乡亲，踏上了战略转移的漫漫征程。

红二、红六军团以第十七师为先头部队，该师第四十九团为先头团，担负抢渡澧水、沅江，在敌人沿江构筑的封锁线上打开缺口，为全军开辟前进通道的重要任务。红军先头部队在王震的直接指挥下，在师参谋长刘转连和团长王烈的率领下昼

1

1 《烽烟澧水》（国画　程宝泓　作）
2 沅江

夜兼程，于11月20日下午4时到达澧水北岸的大庸、慈利交界的安坝、杨林渡、张家湾一带。这里是湘军李觉部和当地敌保安团防区的结合部，敌人料想不到红军会走人迹罕至的险路，所以防守薄弱。但澧水岸边敌人还是修筑了许多明碉暗堡。先头团在出发前已得知澧水沿岸的所有船只早已被敌军控制，于是部队在出发时，除了携带自己的武器外，还带有绳子、斧头和锯等，以便到达目的地后能及时赶制渡河工具和搭架浮桥。在澧水北岸的潭口，第四十九团团长王烈指挥部队，隐蔽在一片茂密的竹林中，砍伐竹竿，捆扎竹筏，抢造渡河工具。随后，又挑选了30余名身强体壮、水性好的战士，组成抢渡突击队。队员们都配备了较好的武器，每人还带了8颗手榴弹，秘密地接近渡口潜伏待命。准备天黑后实施抢渡。

2

一切准备就绪，夜幕也渐渐降临。只听王烈团长一声令下，突击队员似离弦之箭，扛着竹筏，直扑江边。当竹筏推进江时，被敌人发觉。顿时枪声大作，江面涌起密集水花。突击队员不顾一切，登上竹筏，顽强地向对岸划过去。红军的轻重机枪也开了火，掩护突击队强度澧水。团长王烈率第一营在突击队后跟进，加入抢渡澧水的战斗。经过一番激烈的战斗，红军突击队员终于踏上了对岸滩头。敌人发觉过江来的红军人数不多，便从碉堡中出来，企图乘红军立足未稳，把红军压回江中。在这关键时刻，团长率第一营从后面拍岸而到，所有枪口对着敌人一齐开火。敌人不仅没有把红军压回江中，反而被红军打得鬼哭狼嚎，急急忙忙地逃回碉堡，再也不敢离碉堡半步。双方在澧水岸边滩头阵地展开激烈的争夺战，战斗处于胶着状态。尽管第一营伤亡很大，团长王烈也在战斗中负伤，但指战员们仍顽强地守住了这个

1

突破口，同时也吸引了大量的敌人。

正当红军在潭口渡口与守敌进行激烈战斗时，红四十九团侦察排在当地向导的引导下，在潭口下游两三公里处找到了一处隐蔽的徒涉点。于是，红四十九团第二、第三营在师参谋长刘转连的指挥下，迅速赶往徒涉点。由于敌军都被吸引在潭口，徒涉点敌人的守备兵力十分空虚，第二、第三营在夜幕的掩护下，很快就过了江。然后，迅速向潭口猛扑过去。红军前后夹击，一举全歼守敌，占领了潭口渡口。当晚10时，敌增援部队1个营赶到潭口，企图夺回渡口，却遭到红军的迎头痛击，敌人死的死，伤的伤，大部被歼，残部落荒而逃。战斗结束后，第四十九团立即在澧水的安坝、杨林渡等几处渡口同时架设浮桥。红二、红六军团主力到达后，迅速越过了澧水。

在抢渡澧水的战斗中，红军第四十九团共歼敌两个营，击溃敌人1个营，摧毁敌碉堡30余座，取得了红二、红六军团突围转移后的第一个胜利。但红军也付出了很大的代价，红四十九团团长王烈和湘鄂川黔少共省委书记周玉珠以及10余名红军战士壮烈牺牲。

红二、红六军团突破敌澧水封锁线后，总指挥部仍以红四十九团为先头团，继续向沅江兼程前进。连续征战的红四十九团尽管已十分疲劳，但他们仍然连续急行军百余公里，于11月21日晚8时赶到了沅江的洞庭溪渡口。在这之前，红四十九团侦察排先于主力部队到达了洞庭溪。他们通过仔细侦察得知渡口仅有两个班、16名团丁把守，而且对红军已突破澧水的情况全然不知，也没料到红军的行动如此神速。侦察排的战士悄悄地摸进团丁把守的哨所，一枪未放，就将16名团丁全部缴了

1 今日沅陵

2 澧水两岸——红二、红六军团长征经过地

械。随即，战士们又割断了电话线，派出警戒，封锁消息，还找到了准备过江用的竹筏。当红四十九团主力到达后，立即以前卫部队换下侦察排，命令侦察排指战员趁夜幕渡过沅水，并迅速解决了沅水南岸渡口的敌人，全部控制了渡口。红四十九团第三营也随之渡过了沅水，筹备木料，架桥扎筏，做好迎接大部队过江的准备。

在红六军团第十七师四十九团抢占洞庭溪渡口的同时，另一支红军先头部队红二军团第四师也袭占了沅江上游的大宴溪渡口，全歼守敌1个连，并控制了渡口。红二、红六军团主力分别在这两个渡口渡过了沅江，再一次突破了敌军的封锁线。

红二、红六军团渡过沅江后，立即按原定计划兵分3路，直趋湘中。右路以红二军团第四、第五师组成，由军团参谋长李达指挥，从沅江大宴溪出发，直取湘中辰溪。为迷惑敌人，李达命令第四师派出第十一团的一部分兵力，向沅陵县城方向迂回，相机占领沅陵县城附近的南岳庙、松溪铺等地，再摆出攻打沅陵县城的阵势。李达则率领右路主力经过丰溪、茅坪、白务坪、土地垭、龙岩头、筲箕湾等地，于11月27日占领了辰溪县城。红军占领辰溪县城后，沅陵守敌接到上司命令，令其夺回辰溪城。但是，敌人的情报被红军截获。于是，参谋长李达命令第四师师长卢冬生带两个团，埋伏在城北约15公里处的田湾、铺里桥一带，伏击沅陵援敌。沅陵守敌本是主要由保安团改编的杂牌部队，战斗力很弱，根本不敢和红军较量。该部敌军接到命令后，行动并不积极，一路走走停停。不过，最终还是闯进了红军的伏击圈。师长卢冬生一声令下，两个团的红军一齐出击，不堪一击的敌人纷纷夺路而逃。红军一气追出了几十里。李达在命令第四师伏击沅陵援敌的同时，命令第五师

2

1

师长贺炳炎率部沿沅水直下，夺取沅陵和泸溪间的重要码头浦市镇。28日，贺炳炎指挥第十三团攻占了浦市镇。就在红军占领浦市镇的当天，国民党湘军李觉部湖南保安司令部第十九师1个团也赶到浦市镇。贺炳炎指挥第十三团迎击来敌。双方在浦市镇的红土溪展开激战，从早至晚，不见胜负。虽值冬日，但红十三团团长刘汉卿甩掉了身上的衣服，端起机枪，奋勇冲向敌阵。战士们见团长赤膊冲杀，士气大增，纷纷紧随团长左右，杀向敌人。敌终不支，夺路溃逃。在追击逃敌中，刘团长不幸中弹，壮烈牺牲。

红军左路军以红六军团第十六、第十七两个师组成，由军团长萧克指挥，经安化向新化进军。萧克率领部队，从沅水边出发，一路所向披靡，势如破竹，先占安化，继克新化。随后，萧克又率部攻占了周边长达10余公里的锡矿山矿区。在锡矿山，红军从矿霸家中抄没银元数万块，粮食3000余石，另外，有700余名穷苦矿工加入了红军队伍。之后，左路军又相继占领了蓝田和冷水江等地。

中路军以红军学校和红二军团第六师组成，由总指挥兼红二军团军团长贺龙指挥，直取湘中溆浦县城。溆浦守敌为湖南暂编补充团欧阳烈的两个加强营。贺龙率部抵达溆浦县城后，守敌欧阳烈不敢抵抗，即弃城而逃。贺龙立即命令第六师第十七团团长范春生率本团追击逃敌，欧阳烈见红军追来，愈加惊慌，一路狂奔，逃到资水岸边。敌人见江水滔滔，又无船只，只得回身抵抗。于是，敌我双方在资水岸

1 沅江一景
2 李达
3 卢冬生

边展开了激烈的战斗。原来，湘军李觉为防止红军渡江，将资水江面的船只全部破坏掉了。这本是敌人防红军的计划，没想到却把自己人送上了绝路。经过数小时的战斗，红军全歼欧阳烈部两个加强营，共800余人，敌团长欧阳烈也被击毙。在此次战斗中，红军团长范春生也光荣牺牲。28日，贺龙率部进占溆浦县城。

红二、红六军团左、中、右三路军长驱直入湘中，占领湘中10余座县城，控制了湘中广大地区。这样，国民党围歼红军于桑植、永顺一带的计划破灭。国民党军只得重新调整“追剿”部署，这就为红军在湘中进行休整赢得了宝贵时间。

红二、红六军团南下湘中后，蒋介石立即命陈诚迅速改变作战部署，重新组织“追剿”军，继续实施对红二、红六军团的“追剿”。“追剿”军以何键为总司令，集中李觉纵队3个师、樊崧甫纵队4个师、陶广纵队3个师、郭汝栋纵队1个师又1个旅、汤恩伯纵队两个师等5个纵队，分别从北、西、东3个方向，向湘中直扑而来。东面，敌汤恩伯纵队经长沙、岳阳急进；西面，敌陶广纵队沿沅江南下；郭汝栋纵队从沅陵向南伸展。各路敌军锋芒直指红二、红六军团，企图以孙连仲第二十六路军和鄂军徐源泉部从北边堵截，防止红军重返苏区，其他各路则从东、西两面迂回包围，将红二、红六军团主力限制在溆浦一带狭小地区，然后集中兵力，歼红军于沅江、资水两江之间。针对敌人的部署和企图，军委分会认为红二、红六军团南进湘中的战略任务已经完成，因此决定退出湘中，向贵州石阡、镇远、黄平地区转移。

红二、红六军团采取声东击西战术，于12月11日从溆浦的潭家湾、底庄、桥江等地出发，兵分两路，连续9天向东南方向急进，造成东渡资水，重返湘赣苏区的态势，以迷惑和调动敌人。21日，红二、红六军团进到湘

2

3

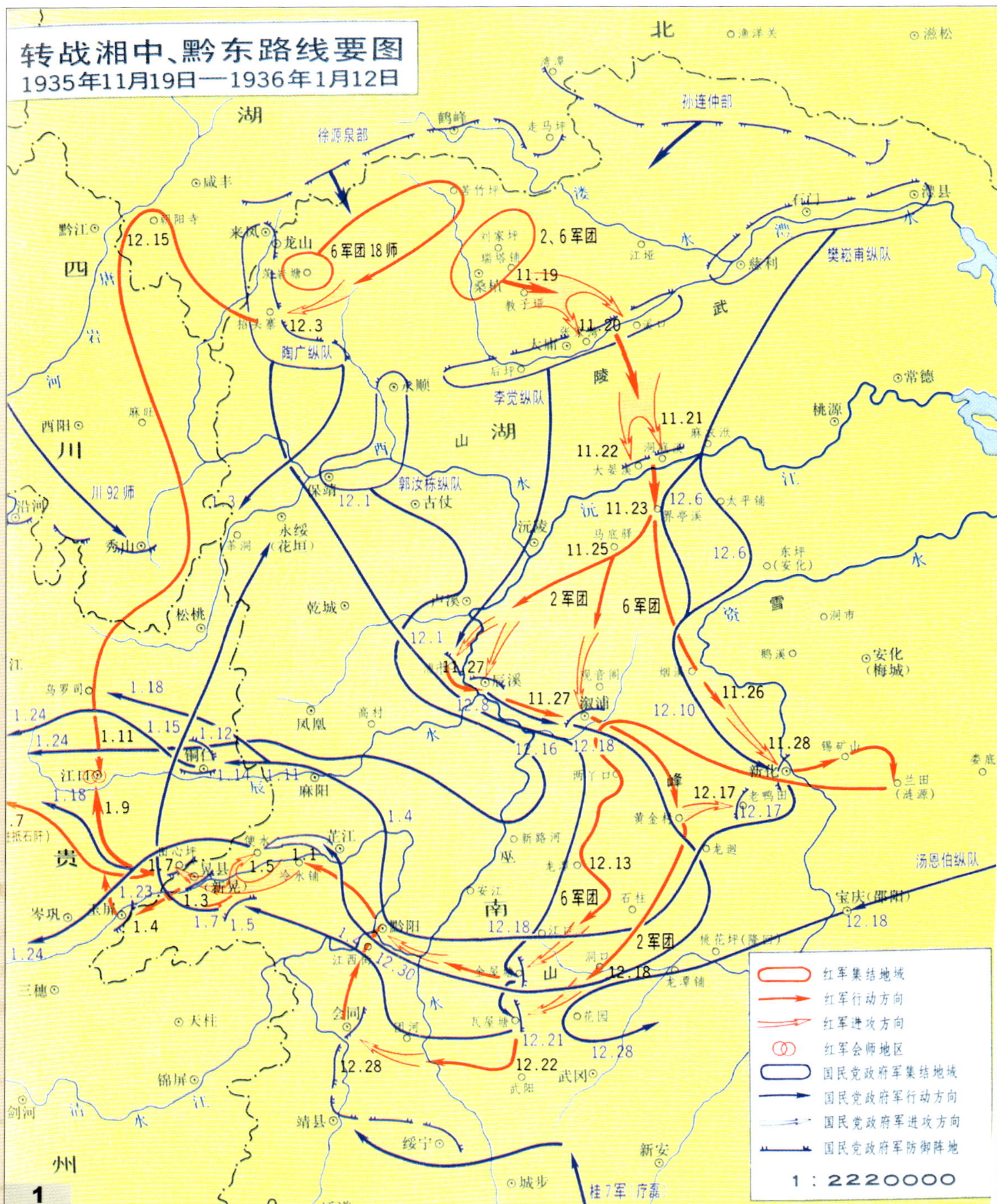

1

南的高沙市、洞口地区，引诱桂军北上。桂军果然中计，纷纷掉头北上，以防红军进入广西。总指挥贺龙见目的已达到，立即下令部队掉头西进，向黔东方向挺进，一下子将敌人各路“追剿”军甩在了湘南的深山峡谷之中。22日，红二、红六军团在武岗和绥宁间侧击陶广纵队第六十二师，目的是打开红军进入贵州通道。红二军团第四师首先在瓦屋塘投入战斗，以第四师十二团担任正面主攻，第十团从右翼佯攻。同时，贺龙命红六军团绕道金屋塘，准备从后面对敌军实施攻击。但由于敌先于红军占领了有利地形，红六军团在金屋塘被敌截住，迂回受阻。而红二军团第四师在瓦屋塘与敌交战，进展也很困难。红二、红六军团领导人贺龙、任弼时、关向应等考虑到若战斗再拖延下去，将对红军十

1 红二、红六军团转战湘中、黔东路线要图

2 资水

分不利。于是，决定立即调第五师投入到瓦屋塘战斗中，以期尽快结束战斗。第五师师长贺炳炎接到命令后，立即率部赶往前沿，部署战斗。由于敌人占据了有利地形，火力又猛，因此，战斗十分激烈，从中午一直持续到黄昏。师长贺炳炎手提机枪和战士们一道向敌人阵地发起了冲锋。虽然最终将敌陶广纵队从瓦屋塘击退，并暂时阻止了敌人的追击，但红军为此也付出了伤亡300余人的代价。而且，贺炳炎在此次战斗中身负重伤，被截去了右臂，成为了红二、红六军团长征中的第一位独臂将领。

2

敌情的变化，迫使红二、红六军团放弃原定的转移路线，改道南取武阳，绕过敌陶广纵队主力。24日，红军经遂宁、洪江间的竹舟口，抢渡巫水，向北疾进。然后冒严寒，翻越了湘西南的会同山，于27日在黔阳的江西街、托口一带再次渡过沅江。至月底，红二、红六军团到达芷江以西的冷水铺地区，终于全部甩开了尾追的敌军。

在冷水铺，红二、红六军团迎来了1936年元旦新年。部队利用短暂时间抓紧休整。军委分会召开了两军团的政治工作会议，总结了部队自突围转移一个多月以来的政治工作，进行了新的一年的战斗动员，提出了在湘黔边以决战的胜利创造新苏区的任务。1月2日、3日，红二、红六军团相继占领了晃县、龙溪口和波州等地。

为了达到在湘黔边创建新苏区的总任务，红二、红六军团决心集中主力，在晃县和芷江龙溪之间反击尾追的敌军。因为此时，敌“追剿”军樊崧甫纵队的先头部队才进至榆树湾，郭汝栋纵队主力尚在麻阳，与红军相距均有4天路程。敌汤恩伯纵队进到金屋塘后即停止了前进，准备开回宝庆，以防范广西桂军进入贵州。尾追

1

红军最紧的只有李觉纵队和陶广纵队，而其中以李觉纵队的章亮基第十六师最为积极，单独从芷江竹坪铺、冷水铺一带向晃县前进。1月4日，军分会在龙溪口开会，决定抓住章亮基师孤军突进的有利时机，组织红二、红六军团主力，在便水地区消灭该敌。当日，总指挥贺龙命令第五师进占贵州玉屏，作为两军团的临时后方，同时以小股部队向北游动，给敌军造成红军主力北上的错觉。

1月4日，李觉派保安第十三团1个营先期渡过沅江，占领新店坪、便水地区，担任警戒，架设浮桥，以保障主力渡江。5日清晨，李觉纵队第十六师从岩田铺、裴家店地区出发，沿芷（江）晃（县）公路西进，打算经便水、波州向晃县追击红军；第十九、第六十三两个师同时由竹坪铺、芷江地区出发，在第十六师后跟进，两部敌军相距约1天路程。5日上午，红六军团第十六、第十七师分别由晃县、波州出发，于当日下午进抵芷江上坪一带，迅速占领了茅庵界、云寨坡、花棚界等高地，做好战斗准备。下午2时，敌章亮基第十六师先头部队第四十七旅在上坪、对河铺之间与红军遭遇。红军先敌展开了进攻。敌军受到突然打击，急忙抢占大坡、尖坡和掌架坡等高地，进行抵抗。下午4时左右，红二军团第四、第六师从龙溪口赶到了战斗现场，迅即投入战斗。其中，第四师向敌右翼实施攻击，第六师按计划向便水敌军渡江点进行迂回。但这时，敌师长章亮基率领其第十六师第四十六旅从新店坪赶到了荷叶塘、岩禾塘一带，将红军第六师阻截在了新店坪地区。由于红军是先后投入战斗的，因此兵力不集中，没有达到消灭敌章亮基师的目的。战至6日凌晨，李觉指挥第十九师赶来增援，并接替了章亮基第十六师第九十五团的阵地。随后，敌军第六十三师

1 溆浦山乡

2 长征途中，红六军团第十七师解放湖南新化县后，团以上干部合影

也赶来便水地区增援，敌人力量骤然增强。红军原计划打敌人1个师，变成了现在的打3个师，从而使这场战斗打成了消耗战，敌我双方伤亡均在1000人以上。此后，随着敌军增援部队源源不断地涌来，红军继续歼敌已不可能。至6日黄昏，红二、红六军团主力在第四师的接应、掩护下，相继撤出了战斗。接着，于1月8日由晃县进入贵州，于9日和12日相继占领贵州的江口、石阡等两座县城。

便水战斗，是红二、红六军团长征在湖南境内的最后一仗，虽未能大量消灭敌人的有生力量，但也狠狠地教训了湘军李觉，使其不敢再紧紧地尾追红军了。为此，总指挥贺龙风趣地说：“人怕老虎，不知道老虎也怕人。”便水战斗后，红二、红六军团在贺龙、任弼时、关向应等的指挥下，从容转移，由湘西南进入贵州，顺利地完成了向贵州石阡、镇远、黄平地区转移的战略任务。

2

红二、红六军团主力转移后，奉命留在湘鄂川黔苏区的红十八师2000余人，在师长兼政治委员张正坤的率领下，在苏区地方党组织和人民群众的支援下，同国民党军7个师又3个旅近10万人的优势兵力进行了1个多月的艰苦斗争，圆满完成了牵制任务，为主力南下湘中创造了有利条件。在完成牵制、掩护主力转移的任务后，红十八师遵照军委分会的指示，于1935年12月21日在龙山地区突破国民党军重围，直插湖北西部，踏上了与红二、红六军团主力会合的艰难历程。

留湘红军及地方武装坚持斗争

湘鄂赣边红军和游击队坚持游击战争

湘鄂赣游击区位于湖南、湖北和江西3省交界地区，包括20余县的广大乡村，其中心区域在湖南省的平江、浏阳和江西省的铜鼓一带。这里原是平江起义后逐渐形成的老苏区。1934年夏，边区主力红十六师出击受挫后，变成游击区。

1934年秋，红军主力长征后，湘鄂赣边游击区的红军第十六师和游击队共1100余人，在中共湘鄂赣省委书记兼军区政治委员陈寿昌和军区司令员徐彦刚的领导下，依托幕阜山，在平江、奉新、修水、崇阳、通城、通山、阳新等县境开展游击战争。不久，陈寿昌在平江老虎洞战斗中牺牲，傅秋涛继任省委书记和军区政治委

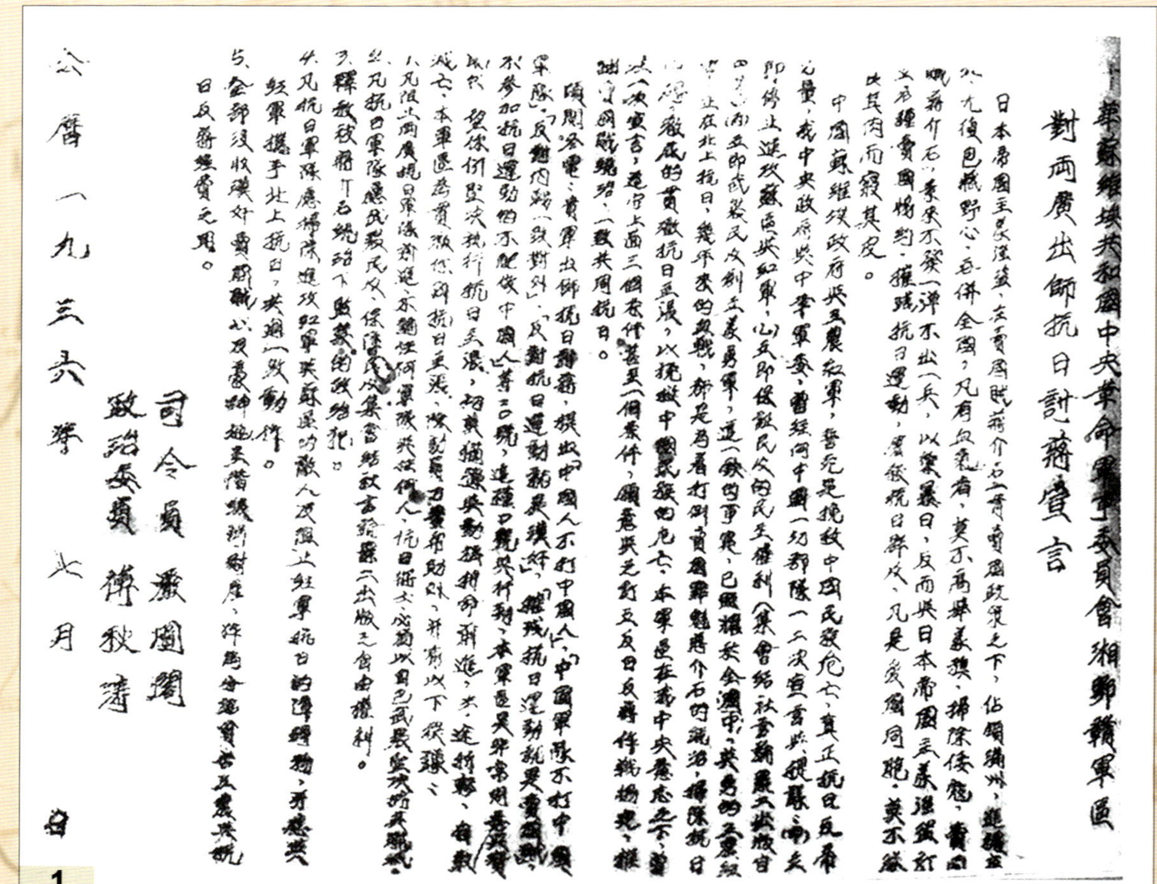

1

1 湘鄂赣军区对两广出师抗日讨蒋宣言

2 傅秋涛

3 徐彦刚

4 湘鄂自卫游击队司令部关防印章

员。同年11月，红十六师乘国民党军“追剿”长征的红军主力而边区兵力薄弱之机，集中兵力打击敌人。至1935年5月，先后取得崇阳县大源、高枧，平江县虹桥，通山县三界尖等战斗的胜利，歼国民党军1个团另4个营，击溃3个团，部队发展到5000余人，恢复了以平江黄金洞为中心纵横各50公里的游击根据地。7月，国民党军集中60余个团和地方保安团队共10余万人，对在平江北部地区集中休整的红十六师形成层层包围。红十六师在突围战斗中，军区司令员兼红十六师师长徐彦刚负伤后牺牲，部队遭重大损失，锐减到400余人。1936年3月，国民党军由大规模进攻转为分区“清剿”，中共湘鄂赣省委和红十六师总结经验教训，决定改变斗争方式，采取集中和分散相结合，运用“大游小击、专打弱小”等战术，寻机歼敌，并在湘鄂赣边的东北、东南、西北、西南4个军分区部队的配合下，转战于平汉铁路(今北京－汉口)和南浔铁路(南昌－九江)之间的广大地区，在奉新东坑歼国民党军第三十六旅600余人，在万载地区和铜(鼓)修(水)武(宁)地区歼2个保安团各一部，攻占分宜和瑞昌两县城，红军和游击队有了发展。在此期间，省军区司令员严图阁病逝、红十六师政治部主任黄加高牺牲。1937年春，国民党军再次对湘鄂赣边游击区发动大规模“清剿”，红十六师和游击队再次受

2

3

4

挫。全国抗日战争爆发后，根据中共中央指示，中共湘鄂赣省委同国民党地方当局谈判，于1937年8月达成停止内战、共同抗日的协议。随后，湘鄂赣边红军和游击队共1100余人，在平江县嘉义集中，改编为新四军第一支队第一团，奔赴抗日前线。

湘南红军和游击队坚持游击战争

湘南游击区位于湖南、广东、江西三省交界地区，主要区域在湘南。是一个斗争规模较小且几支游击队在不同地区分别坚持斗争的游击区。1934年8月，红六军团西征经过湘南；10月至11月间，中央红军长征也经过湘南地区。这时，湘南地区原有两支红军游击队，即活动在茶（陵）安（仁）酃（县）永（兴）边境地区的湘南赤色游击队第二大队和活动在耒（阳）安（仁）永（兴）边境地区的湘南赤色游击队第三大队。11月，中央红军长征途经湘南时留下的伤病员加上部分地方干部和地方游击队员150余人组成湘南红军支队，也在该地区坚持游击活动。1935年1月，留在湘赣苏区坚持斗争的湘赣军区独立四团，进入湘南。国民党地方武装1个旅和5个保安团向独立第四团及红军支队进行“围剿”，湘南红军支队失败，独立第四团遭受严重损失。4月，独立第四团余部100余人转移到桂东县东边山地区，另以该团6名伤员为骨干组成湘南红军独立大队(后改为湘粤边赤色游击大队)，在郴县与宜章县交界的骑田岭一带坚持游击活动，部队发展到80余人。同月，赣粤边区游击队300余人及赣粤边北山游击队转至桂东地区，同独立第四团、湘赣军区

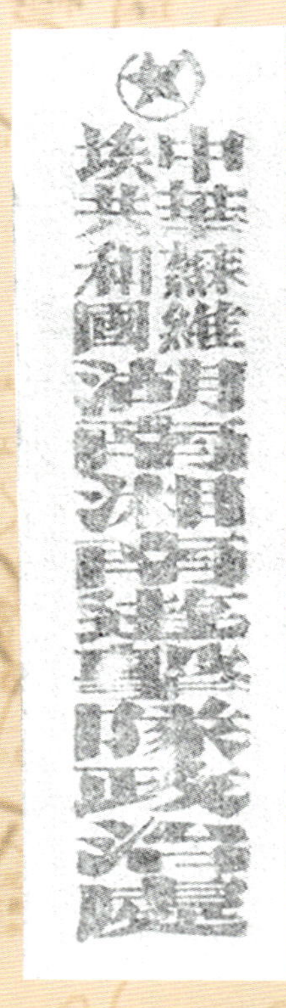

1

1 湘南游击队政治处条印

2 湘南游击队使用过的大刀等武器

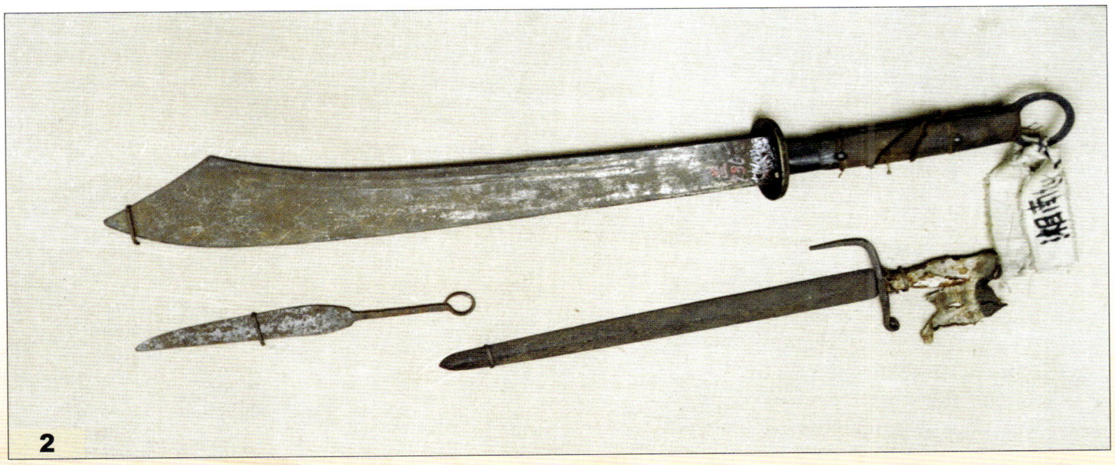

2

第四分区1个连、红军第二十四师第七十一团余部以及桂东游击队共近千人，合编为湘粤赣边游击支队，蔡会文任支队长兼政治委员，下辖7个大队，同时成立中共湘粤赣边特委，陈山任特委书记。随后游击支队多次取得反“清剿”的胜利，并建立了包括湖南省酃县(今炎陵)、茶陵，江西省上犹、崇义，广东省始兴、南雄等16个县450平方公里的湘粤赣边游击根据地。同年秋到1936年春，在国民党军重兵“清剿”中，部队遭重大损失，蔡会文牺牲。湘粤赣边特委与湘南特委合并成立新的湘南特委，游击支队在特委书记兼支队政治委员周里和支队长游世雄率领下，继续开展游击战争。与此同时，湘南赤色游击第二、第三大队分别在茶安酃永和耒安永边界地区坚持游击战争。全国抗日战争爆发后，国共两党达成停止内战、共同抗日的协议。湘南红军和游击队下山集结，扩大部队。1938年2月由湘粤赣边游击支队改编的湘粤赣边区人民抗日义勇军300余人，开赴江西省大庾(今大余)县池江，编入新四军第一支队第二团；湘粤边赤色游击大队和湘南赤色游击第三大队共300余人，进到安徽省太平县城，改编为新四军军部特务营，奔赴抗日前线。

通道会议

1934年12月5日，中央红军突破敌军第四道封锁线，渡过湘江后，由桂北西延、龙胜等地区向湘西前进，以图实现与红二、红六军团会合的原定计划。

为阻止中央红军与红二、红六军团会师湘西，蒋介石重新调整军事部署，以“追剿”军总司令何键所属各部编为第一兵团，刘建绪为总指挥，下辖第一路陶广部、第四路李云杰部、第五路李抱冰部等；以国民党中央军8个师为第二兵团，薛岳为总指挥，下辖第二路吴奇伟部、第三路周浑元部等，由湘江地区专事对红军实施追击，并在湘西的城步、绥县、靖县、洪江、武冈、芷江等地区构筑工事，阻止中央红军前出湘西。同时，桂军也分别组织了以第十五军军长夏威和第七军军长廖磊为指挥官的第一、第二追击队，对中央红军实施尾追。

12月11日，中央红军先头部队第一军团第二师占领了通道县城。12日，红一军团主力和红九军团迅速地向通道县及其附近地域集结；红三军团主力进至长安堡地域，红五、红八军团由流源、辰口、麻隆塘之线西移；野战司令部、军委纵队相继到达芙蓉镇。这时，国民党“追剿”军主力分别到达城步、绥宁、靖县、洪江、武冈等地，构筑了工事，组织了严密的防线，张网以待红军的到来。而其中，敌“追剿”军第一兵团陶广部正向临口、通道方向杀奔而来，寻觅红军主力以截剿，李云杰、李抱冰等部则进驻绥宁进行策应；第二兵团薛岳部的先头部队已进抵洪江，周浑元部紧随其后向洪江开进；桂军已到达马蹄街、石林、独境山一带；黔军也已在湘黔边的锦屏、黎平一线驻守。如果中央红军继续北出湘西，与红二、红六军团会合，势必要与五六倍于己的敌军决战，有全军覆没的危险。

1 毛泽东

2 红军写在湖南省道县孔庙外墙上的标语

在这严峻关头，毛泽东力主放弃与红二、红六军团会合的原定计划，改向敌人兵力薄弱的贵州前进，以争取主动。

毛泽东的这一主张无疑是正确的。首先，可以避免同优势的敌军作战。在通往湘西的道路上，国民党军已布置了五六倍于红军的兵力，形成了强大的封锁线，如红军继续北进，则势必与该线之敌决战，这对红军非常不利。其次，可以避强击弱，争取主动。在各路敌军中，黔军最弱，武器装备也差，部队组织纪律涣散，战斗力低下。加之黔军内部派系林立，矛盾重重，黔军侯之担、犹国才、蒋在珍等部各据一方，互不协作。红军可以利用矛盾，各个击破，争取主动。第三，可以打乱敌军围歼红军于出湘西途中的计划，而且，可以使中央红军与红四方面军及红二、红六军团形成鼎足之势，有利于尔后的战略发展。毛泽东的这一主张首先得到王稼祥、张闻天的赞同。然而，把持中央和红军大权的博古、李德却坚持北出湘西，与红二、红六军团会合的计划。为此，中共中央于12月12日在通道召开非常会议。李德在《中国纪事》一书中称之谓“飞行会议”。会议的中心议题是研究解决红军的行军路线和战略方针问题。由于博古、李德坚持中央红军与二、六军团会合的原定计划，会议未能接受毛泽东的正确意见，未改变战略方向。而只是在行军路线上作了一些调整。

2

13日，中革军委命令中央红军“迅速脱离桂敌，西入贵州，寻求机动，以便转入北上”。同时，命令红二、红六军团向湘西出击，迎接中央红军北上。当日，中央红军遵照中革军委命令，由通道地区出发，向贵州进军，从而避免了与强敌的决战，暂时摆脱了险境。14日，中央红军突破黔军防线，进入贵州，开始了在贵州境内的转战。

夺取宜章城，突破国民党军第三道封锁线

黄振棠　红三军团第六师十六团一营总支书记

黄荣贤　红三军团第六师十六团一营二连连长

红三军团首长将攻打宜章城的任务交给了我们所在的第六师第十六团。记得部队在通过敌人的第二道封锁线后，到达距宜章城约七八十里的一个村庄宿营。部队刚刚住下，师长曹德清、政委徐策来到我们团，命令我团在11月11日，也就是明天黄昏前一定要拿下宜章城。曹德清师长说："此次任务关系重大，它直接关系到中央纵队及红军能否安全顺利通过敌人第三道封锁线的大问题，军团首长对此非常重视。彭德怀军团长、杨尚昆政委专门指示，将军团的山炮营配属给攻城部队使用。这充分体现了军团首长对我们的关怀，也

1

1 宜章山色
2 宜章渡口

2

表现了军团首长对拿下宜章城的决心！我们决不能辜负军团首长对我们的信任，无论遇到什么困难，一定要按时拿下宜章城！”

我团接受任务后，已经很晚了。晚饭后，团长李寿轩、政委于端祥立即召开了营以上干部紧急会议。会上团长、政委分别传达了军团首长的指示和师首长的命令。之后，团长对宜章城周围的地理环境、敌人兵力布置做了介绍，并对攻打宜章城进行了认真的分析和部署。

天刚亮，部队即冒雨向宜章挺进。在艰难地翻过几道山梁后，走上了郴宜公路。当部队进到距宜章城还有约30里的地方时，突然遭到200多民团的拦截和袭击。红军看准时机，一次冲锋就将敌打垮了。敌人沿着郴宜公路拼命地向宜章城逃窜。红军紧追不舍，一直追到宜章城下。这时，城外围的敌碉堡群开始吼叫了，密集的枪声响成一片。雨点般的子弹织成一道道火网，封锁着通往城里的每一条道路。部队陆续赶到了宜章城的外围，团指挥所设在城北的一座小山上，从这里用望远镜可以俯眺全城。下午3时，扫除外围敌碉堡的战斗打响了。军团配备的山炮营开炮了，炮弹象长了眼睛似的，在爆炸的同时，敌碉堡也飞上了天。敌人顿时慌了。在连续摧毁了敌人的一些碉堡后，红十六团一营二连的战士们在连长黄贤荣的带领下迅速向宜章火车站附近的两个大碉堡接近，碉堡里的敌人早已吓破了胆，那里还有心思抵抗，见红军进攻，丢下碉堡就跑。红军奋起直追。敌人比兔子跑的还快，转眼间，就越过了铁路，跑进了城，二连乘势占领了火车站。其他碉堡的敌人见状，不顾一切地逃命，敌人外围防线彻底崩溃了。随后，红十六团开始做攻城的准备。附近的群众听说红军要攻打宜章城，纷纷前来帮助。有的帮助扎云梯，有的帮助挖战壕，特别是宜章修铁路的300多名工人，纷纷扛着工具热情地前来助战。当一切准备就绪，红十六团开始攻城时，突然，城门大开，从里面涌出大批群众，他们一边跑一边喊："红军同志快进城吧，敌人跑了！"原来，守成的敌人看到红军已突破外围防线，早已吓得六神无主，当红军的大炮一响，敌人更是招架不住，急急忙忙地从南门逃跑了。宜章城被红军攻克了。部队进城时受到群众的热情欢迎，成千上万群众站在道路两旁观看红军进城。部队进城后立即进行部署，加强守备，防止敌人反扑夺城。同时，红十六团砸开了宜章监狱，释放了所有在押的革命者和无辜群众，缉拿土豪恶霸，并收缴他们的财物分给广大劳苦群众。对那些铁路工人更是优先照顾，除分给他们财物外，愿意回家的红军还发给路费。后来，不少铁路工人和青壮年群众纷纷要求参加红军。由于红三军团六师十六团按时完成了攻占宜章城的任务，从而保证了中央纵队和其他兄弟部队安全通过了敌人的第三道封锁线。此刻，红十六团的指战员们都感到无比的高兴，脸上露出了胜利的微笑。

抢渡澧水

刘转连　红六军团第十七师参谋长

1

1935年8月，蒋介石集中80余个团的兵力对湘鄂川黔革命根据地的"围剿"被粉碎后，紧接着又于同年10月调集130多个团，约20余万兵力，再次对湘鄂川黔革命根据地发动了更大规模的"围剿"，企图一举"剿灭"红二、红六军团，彻底摧毁被蒋介石视为心腹之患的、长江以南惟一规模较大的湘鄂川黔革命根据地。

面对气势汹汹的国民党军重兵"围剿"，红二、红六军团总指挥部及军分会立即作出战略部署，决定退出根据地，实行战略转移，突围远征到敌人统治力量较薄弱的湘黔边地区，

1 刘转连

2 澧水峡谷

并争取在贵州的石阡、镇远、黄平地区创建新的根据地。

11月19日，红二、红六军团近2万人，在总指挥贺龙、政治委员任弼时等的率领下，告别了患难与共的湘鄂川黔革命根据地的父老乡亲，踏上了战略转移的漫漫征程。在此次战略转移的行动中，红六军团第十七师担当了两个军团的先头部队，第十七师第四十九团又为先头团，担负抢渡澧水、沅江，把敌人依江构筑的双重封锁线打开突破口，为全军开辟前进的通道。当日傍晚，红四十九团在师参谋长刘转连、四十九团团长王烈的指挥下，先于主力部队出发，20日下午4时，红四十九团经过急行军到达了澧水北岸的大庸、慈利两县交界的安坝、杨林渡、张家湾一带。这里是国民党湘军李觉和湖南保安团防区的结合部，他们想不到红军会走人迹罕至的险路，所以防守比较麻痹，对红四十九团的到来没有一点察觉。同时，红四十九团在出发前就已侦知，澧水沿岸的船只已被国民党军控制或破坏了，于是，红军除了随身携带的枪支、弹药外，还带有绳子、斧头和锯等，以便及时赶制渡江工具。部队在离预定渡江点潭口约二三里的一片山林里停了下来，团长王烈当即布置部队在原地砍伐竹木，捆扎竹筏，做好渡江前的准备工作。尔后与师参谋长刘转连等一起到江边侦察敌情和地形，选择渡江点。

2

当一切准备就绪，夜幕也降临了。暮色笼罩着整个山谷和江面，对岸的远山和碉堡渐渐地消失在了战士们的视线里。随着团长的一声令下，突击队员们扛着竹筏，象离弦之箭，飞快地跑向江边。很快，突击队员就到达了江边的渡江点。战斗开始时进行得还算顺利，

1934.07 1934.08 1934.09 1934.10 1934.11 1934.12 1935.01 1935.02 1935.03 1935.04 1935.05 1935.06 1935.07 1935.0

1

当突击队员把竹筏推进江中时，水声惊动了对岸碉堡里的敌人。顿时枪声大作，把本是宁静的夜空搅得惊天动地。开弓没有回头箭。偷渡不成，改行强渡。突击队员们毫不犹豫地登上自制的竹筏，不顾一切，强行向江对岸划去。团长王烈率第一营紧跟其后，勇闯澧水。师参谋长刘转连命令机枪开火，掩护部队渡江。但红军的火力太弱了，压不住敌人从碉堡中喷射出的条条“火舌”。有的竹筏被打散了，有的战士中弹倒下了。时间在分分秒秒中流逝。突然，澧水对岸腾起了一簇火光，火光中敌碉堡的轮廓清晰可见。一个碉堡打着了。此时，师参谋长刘转连终于看见红军突击队员闯过了澧水。这火光是红军点燃的胜利曙光。火光照亮了滩头，也照亮了江水。借着火光，看见战士们又向另一个碉堡扑去。江边，尚未登岸的战士扔开了竹筏，一个个跳进齐胸的江水中，急急跨上岸去。江中，还有无数载有红军战士的竹筏和被打散的根根竹竿一齐涌向前去。敌人慌乱了，一股股敌军从碉堡中出来，扑向滩头，企图乘红军过江人数不多以及尚立足未稳把红军压回江中。正在这时，紧跟其后的后续部队第一营也陆续地登上了江岸。在团长王烈的指挥下，一个冲锋，就将敌人赶回了碉堡。于是双方在滩头展开了激战。由于敌火力较猛，红军被压缩在一段狭小的滩头，兵力展不开，且无任何工事可利用，处境极为艰难。

2

正在这时，团侦察排带来了一个令人兴奋的好消息，在离红军强渡点约二三公里的处，又找到了一个可以徒涉过江的地方。而且，因为潭口附近沿江布防的敌军基本上都被突击队员和第一营所吸引，徒涉点敌军守备非常弱。刘转连立即带领第二、第三营，在侦察员的引导下，赶到了徒涉点，借着夜幕的掩护，顺利的渡过了澧水。随即向第一营靠拢。一路上，红军一连拔除了十几座敌人的碉堡。这些碉堡都是用砖砌成的，里面铺满了稻草，一个手榴弹甩进去，就立即燃烧起来。一串燃烧的碉堡，像一条长长的火龙，沿着江岸一直向第一营的突破口伸展。守江的敌人见此情状，顿时乱了阵脚，一个个涌出碉堡，争相逃窜。第一营也趁势发起反击，和第二、第三营胜利会合。在此次战

1 红军长征中送给群众自编的藤碗

2 红军塔卧兵工厂生产的手雷

3 红军长征时使用的发报机

斗中，红四十九团团长王烈壮烈牺牲。另外，还有十几名红军战士也和团长一起付出了年轻的生命，永远地长眠在了这滔滔的澧水江畔。晚10时左右，敌军增援的1个营赶到了潭口，企图夺回渡口，不料却遭到红四十九团的迎头痛击，敌大部被歼，余部仓皇逃走。战斗结束后，红四十九团在澧水江面上迅速地架起了几处浮桥，等待主力部队的到来。半夜时分，红二、红六军团终于全部越过了澧水。

红十八师的电台

黎东汉　红六军团十八师电台队队长

红二、红六军团主力全部突围转移后，红十八师在师长张正坤的率领下，运用丰富的游击战争经验和灵活多变的游击战战略战术，在苏区内坚持斗争，以不过3000人的队伍，牢牢地牵制、吸引了近10万国民党“追剿”大军，从而大大地减轻了对主力部队的压力，为主力胜利地突出敌人的封锁线，顺利地实行战略转移，创造了有利条件。

1935年12月初，敌人又再次调集十几个团的兵力，向红十八师活动的苏区中心区域茨岩塘压缩逼进，企图全歼红十八师。师长张正坤根据红二、红六军团总指挥部首长的指示，收拢全师兵力，伺机突围转移，寻找主力会合。

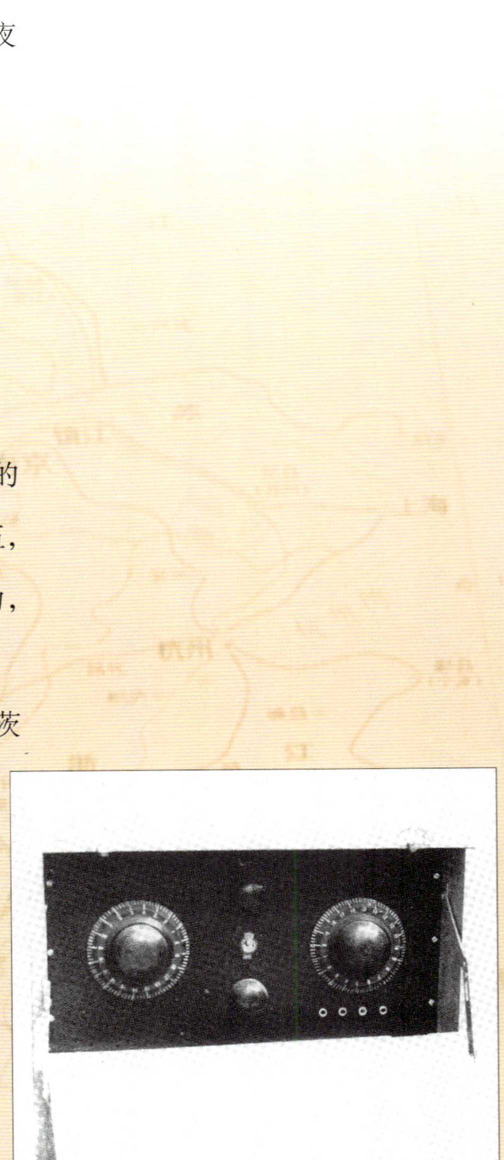

3

由于电台是红十八师与主力联系的惟一纽带，能否突出敌军重围，与主力会合，这部电台对红十八师来说至关重要。因此，红十八师在突围行动中，师长张正坤特派师部警卫连专门保护电台和报务员的安全，每天行军打仗，电台总与师长寸步不离。一天，红十八师转战至桑植县凉水口地区时，突遭1旅敌军的侧击。红十八师被敌拦腰截断，师电台队也被敌人打散。师长见电台队不见了，十分着急，立即派两个连去寻找。不曾想，电台队的同志十分机智，趁战场混乱，悄悄地绕过了敌人，一气跑了30

多里，带着电台找到了师部。突然出现在师长面前的电台队，让师长高兴不已，连夸电台队的同志机智勇敢。随后，师长张正坤率领部队经龙家寨、忠堡，转战龙山、来凤等地，几乎天天打仗。

在来凤，部队被来凤河挡住了去路，河上既没有桥，也没有渡船，又时值隆冬季节，也不能组织泅渡。红十八师的指战员们只能沿来凤河来回寻找能徒涉来凤河的地方。直至上午9时许，终于找到了一处水深约1米的徒涉点。师长立即派前卫营快速渡过河去，担任警戒。紧接着，师长走在最前面，带领后续部队开始过河。师警卫连和电台队紧随师长身后。当师长张正坤刚刚登岸，突然，敌人的枪声响了。密集的子弹把师长和正在过河的红军战士们压得抬不起头来。原来，一直尾追红十八师的敌军1个旅已悄悄地包抄了上来，并企图乘红军渡河之际加以消灭。一时间，红十八师前进不得，后退不成。师长张正坤决心背水一战，亲自指挥已登岸的警卫连向敌人发起冲击。但先后几次冲击都被敌人的火力压了回来。最后，师长又率领警卫连从敌人的侧翼实施突围，电台队的同志也紧紧地跟在师长身后，向一座大山的一个分水岭爬去。刚爬到山顶，尚来不及喘口气，敌人又冲了上来，几乎和红军混在了一起。师长见状，连忙和身边的警卫员一起向敌人射击。敌人见是一位红军指挥员，立刻蜂拥而上。师长身边的警卫员眼疾手快，架起师长纵身跳起，沿着陡坡向山谷谷底滑去。敌人被红军的这一举动惊呆了！就在这一瞬间，电台队队长黎东汉一声大喊：同志们快向下滑呀！接着，电台队的同志不顾一切危险，学着师长的样子，一个个纵身向谷底滑去。由于山高坡陡，坡上长满了荆棘杂草，又刚刚下过雪，战士们从近500米高的山上溜下去，一个个身上脸上全划破了，满身是污泥血迹。但能跳出敌人的包围圈，摆脱敌人的追击，战士们非常高兴。他们顾不得伤痛，背着电台，紧紧追赶师长。师长张正坤见到电台队的同志又一个不少的回来了，非常满意，说："只要电台到了，我们就能收到上级的指示和情报，我们就有战胜敌人的办法。"接着又对电台队的同志们说："快把电台架起来，随时收听军团部的电报。"报务员连忙打开机器，开始架设电台。可是，电台摔

1

1 张正坤

2 红二、六军团书写的宣传标语

坏了。收报机的4个真空管摔碎了两个，弹簧灯座破成了两半；发报机的两个电容器的动片碰在了一起，也无法正常工作；电台的工具、备件以及电台的波长表也都弄丢了，剩下的只有队长黎东汉带着的几个备份真空管和一把小刀。这下真遇到了难题，如果电台不能用，就成了聋子的耳朵，无法和军团部进行联络。没有电台，红十八师想要和主力会合，比登天还难。师长见报务员一个个紧张着急的样子，用宽慰的语气对他们说："不要着急，多观察多研究，总会有办法的。"红十八师的报务员是我军的第一代报务员，他们没有经过正规的专业培训，基本上只会使用，不会修理。但报务员们在师长的鼓励下，稳定了一下紧张的情绪，便开始忙着修起了电台。收报机的灯座摔成了两半，他们就用麻丝绑起来，固定在机器上，再换上备份的真空管，收报机终于能用了。发报机的电容器动片碰在了一起，他们就用小刀一片一片的慢慢剥离，最后，机器终于修好了。但是问题还没有结束，因为，电台的波长表丢了，波长变了多少不知道，这样还是无法和军团的电台联络。于是，报务员们商量着，每隔10度一呼叫，从零到100度，不停地呼叫军团电台。功夫不负有心人。在报务员们的反复呼叫下，果然与军团的电台接上了。师长见此情景，也高兴地大笑了起来。当时军团部的电台报务员龙振彪接到红十八师的电台呼叫后，就问：为什么你们电台的波长变了这么多，比原定的波长差了20度……

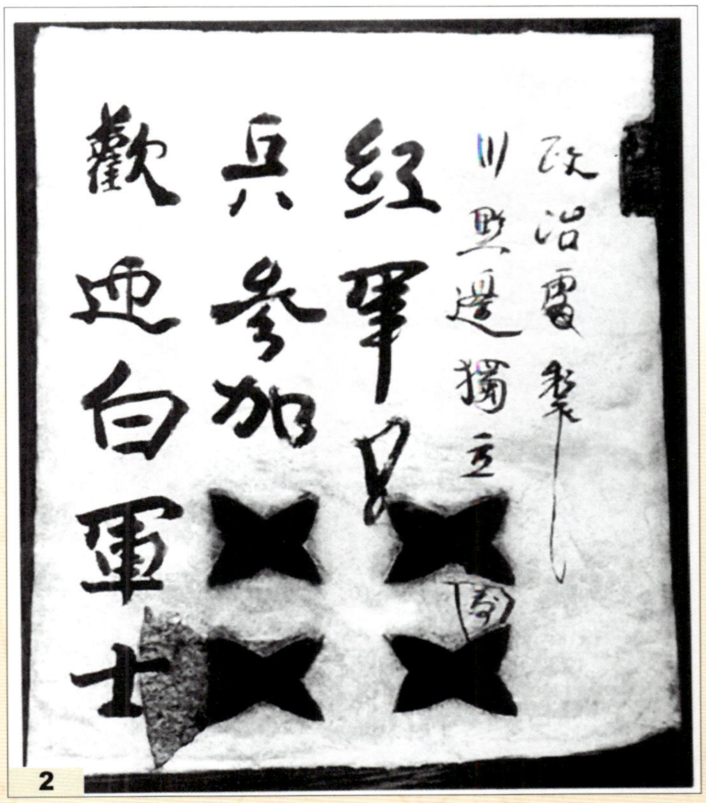

2

部队行军约100里，又到了一处新的宿营地，报务员向军团发了宿营报告后，正要休息，突然收到军团复电，通报了在我部前方约10公里处，有两个师的敌军已设置了防线，正以逸待劳，拦截我们。为此，军团首长命令红十八师立即返回昨天的出发地。真是命悬一线，好险！这一次，红十八师如果没有军团部给予及时的敌情通报，后果不堪想象。这就是战争年代，通信联络对于军队就像人的神经一样，非常重要。

贺龙告别故土踏上长征路

1935年9月，蒋介石下令调集140多个团的兵力，分数路向湘鄂川黔革命根据地发动了疯狂的“围剿”，妄图一举踏平根据地，剿灭红二、红六军团。面对穷凶极恶的敌人的进逼，红二、红六军团总指挥部鉴于已经胜利地完成了配合中央红军进行战略转移的任务，决定退出根据地，实行战略转移，向贵州东部的石阡、镇远、黄平等地区进军，以创建新的革命根据地。

部队出发前，湖南桑植县县城的周围到处是红军。除了紧张的军事训练外，同志们打草鞋、备干粮、制作轻便的担架、筹集渡河时搭浮桥的工具等，忙得不亦乐乎。在出发的前两天，总指挥贺龙为检查部队行动前的准备工作，骑着马，带着一个警卫班，走过30多里的山坡路，顺便到了生他养他的故土洪家关。因为时间紧、军务忙，他没进村子，只从

1

1 湖南桑植，红二、六军团长征出发地
2 《送别》（浮雕）
3 湘鄂西工农武装使用的铁炮

马背上跳下来，站在山头上，对他熟悉的村庄瞭望的片刻。村庄周围的峰峦，枫叶正红，像一片片色彩斑斓的晚霞，染遍了整个山野。村边的河流美如玉带，蜿蜒盘旋，潺潺流动。还在童年的时候，贺龙就盼望在河上架一座桥，以方便来往行人。20年前在反袁的斗争浪潮中，他和同村的农民兄弟举起了义旗，由其父亲带头，发动群众捐工献料，修起了一座十分漂亮的典型的湘西“花桥”。从此，来往行人过河不要踩水，乡亲们从桥上经过，非常感激贺龙为他们做的善事，把这座桥叫做“贺龙桥”。后来，贺龙指挥部队在此地多次打败国民党军的“围剿”，恶毒的敌人为了泄恨，放火烧掉了这座“贺龙桥”，而且还挖掉了贺家的祖坟，烧掉了村里的房子，胡说什么只要烧掉了这座桥，就斩断了“龙脉”，贺龙就成不了大气候。谁知贺龙在党的领导下，革命的方向越来越明，意志越来越坚，队伍越来越壮。但是，20多年的革命斗争经历，贺龙一家也付出了巨大的代价。从举起义旗时的全家9口人，此时就只有贺龙1个人了。特别是回忆起父亲、弟弟、大姐、二姐和满姑等5人的牺牲，贺龙悲痛难忍，怒火满腔。他深情地凝望着村庄，感慨万千。他知道红军这一走，往后的斗争形势将更加严峻，家乡的遭遇将会更加残酷。他在心里暗暗地嘱咐道：但愿家乡的父老乡亲们在红军离开的日子里，能经得起血与火的考验！

2

3

贺龙万万没有想到，这次万里征程竟是他最后一次与故土告别。

贺炳炎“刮骨疗毒”

红二、红六军团自退出湘鄂川黔革命根据地后，一路翻山越岭，闯关夺隘，准备由瓦屋塘翻越东山，进入贵州。

部队在翻越东山时，担任军团前卫的红五师第十五团将要到达山顶时，忽然山顶上弹雨如飞，瞬间即有不少战士中弹倒下，团长李文清疾步上前，连忙问退下来的士兵是怎么回事。士兵答道：“报告团长，山上发现了大批敌人。”这时，红五师师长贺炳炎也赶来了，他问明了情况，立即对李文清说：“你速去报告贺总，说遇到大批敌军阻击，我来指挥部队拿下山头，杀开通路。”李文清答应着走了，贺炳炎当即传来十几名机枪射手，下令道：“机枪掩护！”言罢，手枪一举，对部队高声喊道：“同志们，跟我来！”冒着敌人密集的火力，贺炳炎率先冲了上去。正在行进间的贺龙，听到东山响起了密集的枪声，不知为何，正要派人前去探究情况，团长李文清拍马赶到，没等李文清落马站定，贺龙当即就问：“李文清，前面发生了什么情况？”李文清连忙说：“报告贺总，东山上发现了大批敌人，经查是陶广的部队，已经把东山封锁了。”贺龙听罢，拧着眉说：“这么重要的情报，我们事先怎么一点儿也不知道？”李文清非常内疚地说：“贺总，是我们侦察不够。根据我们抓到的俘虏供说，陶广部是沿雪峰山东侧行进的，赶到了我们的前面，封锁了我们的通路。”贺龙一把拉过坐骑黄骠子，翻身跃上，猛抽两鞭。顿时，黄骠子撒开四蹄，飞也似地冲了出去，李文清随后打马跟了过去。贺龙飞马来到了第十五团阵地，只见几名战士抬着一位伤员从山上下来。战士见贺龙走过来，忙说：“老总，我们师长挂花了。”贺龙急问：“伤在哪里？”“右胳膊。”战士答道。贺龙快步来到贺炳炎身边，见贺炳炎的脸色焦黄，头上滚着汗珠，鲜血把右边袖子都染红了，忙俯下身子说：“炳炎，你感觉怎么样？”贺炳炎睁开眼，咬着牙说：“没事儿。”贺龙又疼爱又带埋怨地说：“你怎么能带头冲锋呢？”贺炳炎艰难地说：“贺总，不要讲了，快组织部队攻下山头，陶广人马刚刚占领东山，还没有做下工事。”

1

1 贺炳炎
2 贺彪
3 井冈山红军医院

红二军团又经两昼夜的急行军，先突过巫水，又翻越会同山，再跨过沅水，最后到达芷江县冷水铺。部队住下来后，贺龙立即把军医贺彪叫了过来，询问贺炳炎的伤势情况。贺彪心情沉重地告诉贺龙："炳炎的右胳膊完全打断了，看来是保不住了。"贺龙用期望的眼神问："一点办法也没有了吗？"贺彪低着头，无可奈何地说："骨头全打碎了，无法接，现在当务之急是把胳膊锯掉，晚了，有生命危险。"贺龙听到要锯掉贺炳炎的胳膊，心里非常难过，他知道，这条胳膊对于贺炳炎来说，是多么的重要，可不锯又不行。贺龙又担心，眼下没有医疗设备，这手术该怎么做呀？贺彪咬着牙对贺龙说："贺总，我考虑过了，没有手术锯，只好用木锯代替，严格消毒后可以，就是没有麻药，怕炳炎受不了。"贺龙没再说什么，转过身来到贺炳炎床前，轻声地说："贺彪要给你做手术了，你的胳膊要锯掉。"贺炳炎毫不含糊地回答："老总，不要紧，有一条胳膊，我也一样革命。"贺龙眼里闪着泪花说："炳炎，动手术可没有麻药，本来想拖到找到麻药后再给你做手术，可伤势不容再拖了。"此时，贺炳炎淡淡地一笑，对贺龙说："关云长还能刮骨疗毒呢，何况我这个共产党员？"贺龙听了心里安慰了许多，随即退了出来，叮嘱身旁的人说："告诉伙食房，多买几只老母鸡给贺师长炖汤喝。"

2

贺龙走后，贺彪为贺炳炎开始施行手术。他把木锯放在开水锅里煮了又煮，尔后叫来了4名身强体壮的战士，要他们分别按住贺炳炎的双腿、头和左臂。只

3

1

见贺炳炎把左手一挥，要4名战士靠边，对贺彪说：“放心吧，我挺得住。”说完，他把身边的毛巾抓过来，咬在嘴里，神情刚毅地朝贺彪点了点头。贺彪一手握锯，一手抓紧贺炳炎的胳膊，紧咬牙便锯了起来。刹时，血水顺着锯条流了下来。锯到骨头时，只听骨头被锯得吱吱直响。贺炳炎的头上也滚起了一层黄豆大的汗珠。几分钟后，贺炳炎的胳膊被锯了下来。大家看到贺炳炎像被水淋过一样，全身湿透。这时贺龙走了进来，他拿毛巾为贺炳炎擦汗，又从贺炳炎嘴里取出毛巾，那毛巾已被贺炳炎咬出了一排洞。接着，贺龙又从贺彪手中接过了锯下的贺炳炎的右臂托在手里，眼中不由地噙满了泪花。他从这断臂中取下了几块碎骨，用布包好。从此以后，这几块骨头就一直带在了贺龙的身边，他经常把这骨头给别人看，并充满深情地说：“这就是贺炳炎右臂上的骨头，硬是没有打麻药，用木锯锯下来的。关云长刮骨疗毒算个甚，我们共产党人胜过他一千倍！”

2

长征路上的姊妹花

参加长征的女红军几乎都是传奇人物，而姐妹同当红军，同走长征路，同经60年风雨磨砺的蹇家两姐妹更是传奇中的传奇了。

1935年11月19日，红二、红六军团共1.7万余人，在贺龙、任弼时、关向应等的率领下，从湖南桑植等地出发，实行战略转移，并由此开始了长征。蹇家姐妹蹇先任、蹇先佛也随部队踏上了漫漫长征路。红二、红六军团指战员一路翻山越岭，闯关夺隘，在4天时间里，先突敌军澧水封锁线，又跨沅江封锁线，锋芒直指湘中。11月23日至28日，贺龙等命令两军团兵分两路，向湘中实施攻击前进，先后占领了辰溪、浦市、溆浦、新化、蓝田（今涟源）和锡矿山，控制了湘中的广大地区。随即，部队在湘中热火朝天地开展发动群众抗日救国、打击土豪劣绅、矿霸、组织抗日游击队和筹措资财以及扩红等工作。

1 贺龙
2 湖南桑植革命烈士纪念塔
3 蹇先任
4 蹇先佛

正当红二、红六军团在湘中接连取得胜利，捷报频传的时候，蹇先任生下了她和贺龙的小女儿。当时，贺龙正在前方指挥部队打仗，红六军团政委王震说：这孩子是我们红军打了胜仗，在捷报频传的时候生的，就叫“捷生”吧！

面对敌重兵的进逼，贺龙等决定红二、红六军团退出湘中，继续转移。部队出发时，蹇先任背起襁褓中的捷生，重又开始了新的征程。

长征的艰难困苦是今天的人们难以想象的，不要说女同志，就是身强体壮的棒小伙子也倍感艰辛，何况蹇先任还怀抱一个襁褓中的女婴。

蹇先任抱着孩子走在队伍里，每逢路过集镇、村寨，常常引来群众特别是妇女们的目光。每当这个时候，蹇先任就趁机做宣传群众的工作，她说：“乡亲们，我们红军北上抗日目的是救国救民，让老百姓过上有饭吃、有衣穿、安居乐业的幸福生活。”话音一落，群众一阵叹息，红军抗日带着这么小的孩子，真不容易啊！由此对红军更加佩服了。蹇先任带着女儿以超人的毅力，爬山涉水走到了陕北。

蹇先任的同胞妹妹蹇先佛，参加红军时不满20岁，写得一手好字，还会画画儿。长征出发前在军团政治部做宣传工作，负责刷标语、刻蜡版、画宣传画。直到今天，湘鄂川黔边的许多地方还留有她当年刷写的标语。最令人佩服的是，在“扩红”工作中，她那声情并茂的演说，常常可以动员许多人参加红军。有一天，她一下子竟动员20多个俘虏参加了红军。

3

4

在长征路上，蹇先佛勇敢顽强，吃苦耐劳，行军、工作样样都不亚于男同志，甚至比男同志付出更多的辛苦。过松潘草地的时候，蹇先佛生下她和萧克的一个男孩，在连一棵树都没有的茫茫草地上，孩子降生在一个用草皮垒起的土堡里，于是，她给自己的孩子

1

起了个意味深长的名字——堡生。蹇先佛以一个红军战士的坚强无畏的意志，带着小“堡生”走完了长征路上最艰苦的一段路程，终于到达了陕北。

贺龙的“神来之笔”

1935年9月，蒋介石调集140多个团的兵力，对湘鄂川黔革命根据地发动了大规模的新的“围剿”。贺龙等认为此次敌情空前严重，决定依据原有苏区及东部游击区，抓住有利时机击破东面急进之敌，破坏其向西逼进，企图将我军包围于龙山、桑植、永顺狭小地区之计划，再寻求机动，在运动中击灭其他方向的敌人。按照这个方针，红二、红六军团于9月上旬主动撤离津市、澧州，在石门西北集结待机。

但是，敌人采取步步为营缩紧包围圈的战法，使得红二、红六军团难以寻机歼敌，形

1 参加长征的红二方面军部分领导人和部分干部合影。（前排左2为经历长征到达陕北的幼年时期的贺捷生）

2 贺龙（前排左7）等红二、六军团领导同志到达陕北后合影

势日渐不利。鉴于局势严峻，湘鄂川黔边省委和军分会经过反复研究讨论，作出了红二、红六军团主力退出根据地，实行战略转移，到黔东国民党兵力较薄弱的石阡、镇远、黄平一带继续开展斗争，并争取在那里创建新根据地的决定。贺龙认为，如果我们直奔贵州，后边紧跟10几万敌军，红军将处于十分被动的地位。因此，贺龙建议部队先向湖南中西部突进，威胁长沙，调动敌人大批兵力追往湘中，打乱敌人的“围剿”计划，然后，再抛开敌人，转兵贵州，取得主动权。

军分会领导成员一致同意贺龙的建议。突围开始后，红军第二天就突破了敌人的澧水封锁线，第四天又突破了敌人的沅江封锁线，而且还消灭了一批敌人。11月23日，贺龙等命令红二、红六军团兵分两路，向湘中实施攻击前进，至28日，先后占领了辰溪、浦市、溆浦、新化、蓝田和锡矿山，控制了湖南中西部的广大地区。

红军突入湘中，大大出乎敌人的意料，蒋介石急忙调整部署，集中7个师的兵力直扑湘中而来。贺龙得知敌人进逼湘中，立即率红二、红六军团连续向东南急进9天，正当大量敌人穷追不舍，拥向湘东南时，贺龙命令红军疾进西北，进抵芷江冷水铺一带，把各路追击的敌军远远地甩在了后面。红二、红六军团在这里安安稳稳地度过了新年元旦，1月9日，部队到达了贵州的石阡地区。红二、红六军团长征开始时的这次行动，在指挥上被人们称为“神来之笔”。

2

陈树湘惨烈牺牲

陈树湘(1905～1934)出生于湖南长沙。1927年9月参加湘赣边界秋收起义，不久加入中国共产党。历任红四军第31团连长、第三纵队大队长。参加了井冈山革命根据地的创建和赣南、闽西的斗争。1930年后，他历任红一方面军司令部特务队队长，红十二军的团长，红十九军第五十六师师长，红五军团第三十四第一〇一团团长、师师长等职。参加了中央革命根据地的历次反“围剿”斗争。1934年10月率部参加长征。

红军长征后，红三十四师随红五军团担任全军的殿后任务。

湘江血战，是中央红军撤出中央革命根据地以来打得最激烈、损失最惨重的一仗。在湘江战役中，中革军委规定红三十四师的具体任务是：坚决阻止尾追的国民党军，掩护红

1

1 九曲湘江

2 毛泽东题写：人民英雄永垂不朽

八军团通过苏江、沧江，尔后为全军后卫；万一被国民党军截断，返回湘南发展游击战争。

红三十四师在陈淑湘、程翠林等人的率领下，红军广大指战员以高度的政治热情和献身精神，浴血奋战，与优势的国民党军苦战5昼夜，掩护中共中央、中革军委和中央红军主力突破了国民党军重兵设防的第四道封锁线，顺利地渡过了湘江，出色地完成了中革军委赋予的光荣而艰巨的任务，彻底粉碎了蒋介石围歼中央红军于湘江以东的企图。

不幸的是，在完成掩护中共中央、中革军委和红军主力抢渡湘江的任务后，红三十四师被国民党军阻于湘江以东，西进的道路被国民党军切断，部队处在国民党湘军、桂军、中央军的包围之中。在此严重情况下，陈树湘按照中革军委的预先规定，率领部队东进，准备沿原道转至湘南开展游击战争。但当部队行至湘南江左子江地区时，遭到国民党军的突然袭击，陈树湘身负重伤，战士们用担架抬着他继续指挥战斗，不幸在道县被俘。

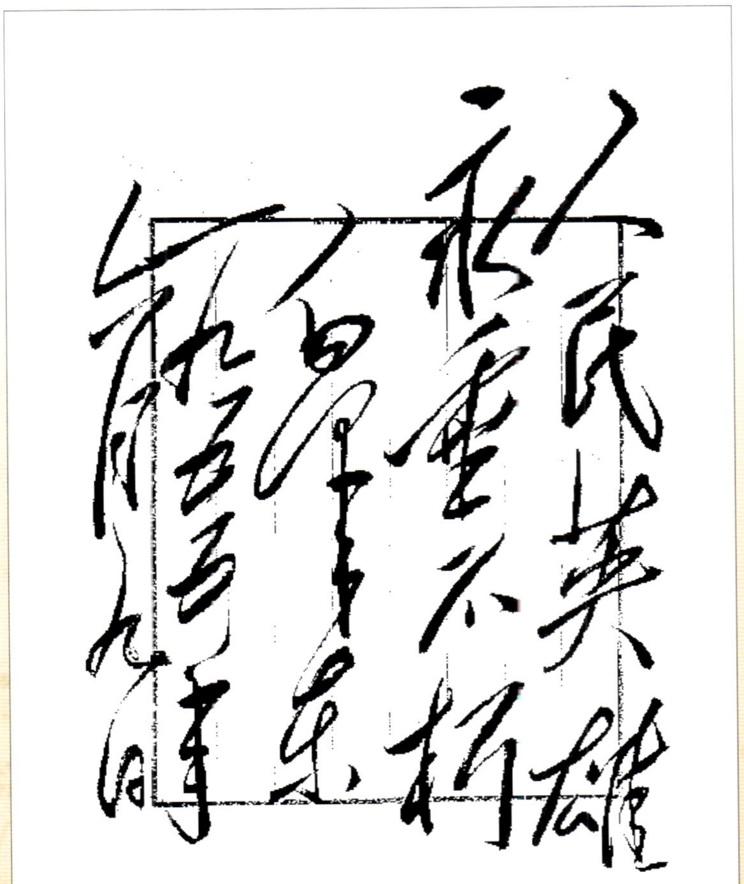
2

时任红三十四师第一〇〇团团长韩伟回忆：“敌保安司令何汉听说抓到一个红军师长，高兴得发了狂，命令他的爪牙抬着陈师长去向主子邀功领赏。”在被押往长沙途中，“陈师长乘敌不备，用手从腹部伤口处绞断了肠子，壮烈牺牲，年仅29岁，实现了他‘为苏维埃新中国流尽最后一滴血’的誓言。敌人残忍地割下了陈树湘的头，送回他的原籍长沙悬挂在小吴门的城墙上。其余100多人，也终因敌人重围弹尽粮绝，最后大部光荣献身”。

长征中牺牲的部分湖南籍营以上干部烈士名录

姓名	籍贯	出生年月	部职别	牺牲时间	牺牲地点
谭振	湖南省茶陵县	1905	第六军团政治部组织部部长	1934.8	湖南桂东
彭祖光	湖南省茶陵县		第六军团第十八师政治部秘书	1934.9	广西灌阳
刘运珠	湖南省茶陵县		第六军团第十七师第四十九团营长	1934.9	江西分宜
赵雄	湖南省浏阳县	1909	第六军团第十八师第五十四团团长	1934.9	贵州清江
张文化	湖南省浏阳县		第六军团第十八师第五十二团政治委员	1934 秋	贵州
张一吾	湖南省浏阳县	1910	第六军团第十七师第四十九团政治委员	1934 秋	湘黔边
何福生	湖南省茶陵县		第六军团第十七师营长	1934	贵州
龙黄喜	湖南省茶陵县		第六军团第十七师营长	1934	贵州
陈秋生	湖南省茶陵县		第六军团随营学校政治指导员	1934	贵州
李笑岩	湖南省酃县		第六军团第十八师第五十二团政治委员	1934	
谭毛仔	湖南省茶陵县		第六军团第十七师营长	1934	
龙云	湖南省浏阳县	1904	第六军团第十八师师长	1934.10	湖南长沙
消仰焕	湖南省酃县		第一方面军独立团团长	1934.10	湖南郴县
沈述清	湖南省益阳县		第三军团第四师第十团团长	1934.11	广西界首
胡震（胡濬）	湖南省宁乡县	1901	第三军团第五师参谋长	1934.11	湘江
易荡平	湖南省浏阳县		第一军团第二师第五团政治委员	1934.11	湘江
蔡中	湖南省攸县		第五军团第三十四师政治部主任	1934.12.2	湘江
王光泽	湖南省衡东县	1903	黔东独立师师长	1934.12	四川省酉阳县
周子安	湖南省宝庆县	1908	第五军团第三十四师第一零二团团长	1934.12	广西灌阳
陈树湘	湖南省长沙市	1906	第五军团第三十四师师长	1934.12	湖南道县

姓 名	籍 贯	出生年月	部 职 别	牺牲时间	牺牲地点
余练东	湖南省平江县	1903	第三军团某团团长	1934.12	广西
方光	湖南省平江县		第三军团无线电台政治委员	1934年底	贵州
林瑞	湖南省茶陵县		第六军团第十八师第五十三团第三营营长	1934	贵州黄坪
段国云	湖南省茶陵县		第六军团第十七师第四十九团第三营副营长	1934	贵州
邓友禺	湖南省茶陵县		第六军团第十七师第四十九团供给处主任	1934	龙山
贺庭旦	湖南省茶陵县		第六军团第十七师宣传队队长	1934	广西桂林
曾杰	湖南省浏阳县		第六军团第十七师第四十九团政治处主任	1934	江西永新
杨文仲	湖南省长沙市		曾任福建新泉县委书记后调中央党校学习和工作	1934	长征途中
张金楼	湖南省		湘鄂赣省苏维埃政府副主席	1934	长征途中
陈顺清	湖南省浏阳县	1906	第三军团某团副团长	1934	长征途中
萧贤珠	湖南省宜章县	1901	第一军团第二师第五团团长	1934	长征途中
杨鳌	湖南省		第八军团第六十九团营长	1935.1	贵州娄山关
王松清	湖南省岳阳县		第三军团第六师第十七团团长	1935.1	贵州乌江
吴国清	湖南省湘乡县		第三军团某团参谋长	1935	贵州
钟伟剑	湖南省醴陵县	1903	第三军团第四师参谋长	1935.2	贵州遵义
胡敏安	湖南省平江县	1898	第三军团科长	1935.2	贵州
曹德清	湖南省益阳县	1908	第三军团第六师师长	1935.2.7	四川叙永
陈云连	湖南省茶陵县	1910	第八军团某团政治委员	1935春	贵州大定
王喜	湖南省浏阳县		第三军团第十二团总支书记	1935.5	四川会理
钟灵	湖南省		浏阳县第三军团第五师供给部部长	1935.5	四川天全
徐石林	湖南省浏阳县		第三军团司令部通讯主任	1935	川西草地
朱谋生	湖南省		军委报务员	1935	四川草地
钟福元	湖南省		第一军团某部营长	1935	四川

姓 名	籍 贯	出生年月	部 职 别	牺牲时间	牺牲地点
何宗周	湖南省平江县		第三军团第五师第十四团总支书记	1935	四川
曹春生	湖南省		第三军团第十二团营长	1935	四川
刘浩	湖南省湘乡县		第九军团管理科科长	1935.6	四川小金
方忠	湖南省		第一方面军某部调查科科长	1935 夏	四川凉山
张凤光	湖南省耒阳县		川滇黔边区游击纵队副政委	1935.7.13	云南威信
谭珠妹	湖南省茶陵县	1908	第一方面军某团政治委员	1935.7	四川
姚礼晶	湖南省浏阳县		军委通信科科长	1935.8	川西草地
刘金锭	湖南省		军委队列科科长	1935.8	四川草地
谢根发	湖南省耒阳县		第一军团第一师第一团团长	1935.8	四川草地
胡正南	湖南省茶陵县		第一军团第一师第三团管理主任	1935.8	四川草地
曾中生	湖南省资兴县	1900	西北革命军事委员会参谋长	1935.8	四川卓克基
李国柱	湖南省平江县		第九军团侦察科科长	1935	四川大兴场
钟	湖南省平江县	1901	红校校务部主任	1935	甘肃通谓
戴奇	湖南省酃县	1903	原第一军团第三军第十师政治委	1935.9	甘肃腊子口
李明轶(李铁民)	湖南省资兴县	1884	第三军团政治部秘书长	1935.10	陕北吴起镇
朱玉珠	湖南省茶陵县		湘鄂川黔省团委书记	1935.11.12	湖南澧水
张雄	湖南省浏阳县		第六军团第十八师第五十二团团长	1935.12	贵州
覃耀楚	湖南省石门县		第二军团第四师第十一团团长	1936.1.5	湖南芷江便水
金承忠	湖南省		第二军团第四师参谋长	1936.1.5	湖南芷江便水
朱世伯	湖南省桑植县	1912	第六军团第十六师第四十七团参谋长	1936.1.7	贵州玉屏
夏曦	湖南省益阳县	1901	第六军团政治部主任	1936.2.29	贵州毕节
段兴寿	湖南省茶陵县	1913	第六军团第十七师第五十团政治委员	1936.3.23	云南宣威
钟子廷	湖南省桑植县	1913	第二军团第四师第十二团团长	1936.3.23	云南宣威

姓 名	籍 贯	出生年月	部 职 别	牺牲时间	牺牲地点
徐道虎	湖南省桑植县	1906	第二军团某团团长	1936 春	云南
萧生亮	湖南省茶陵县	1907	第六军团第十七师第五十一团总支书记	1936 春	云南
胡志坚	湖南省平江县		第六军团第十七师第五十一团总支书记	1936.4	云南宣威
汤福林	湖南省桑植县	1908	第二军团第四师参谋长	1936.5.7	云南中甸
刘坚定	湖南省		第六军团第十七师第四十九团政治委员	1936.6.7	西康理化
刘初同	湖南省茶陵县		第六军团某团营长	1936	四川
李斗然	湖南省大庸县	1899	第二军团某部参谋长	1936	川西
彭晚成	湖南省浏阳县	1901	第六军团第十八师某团政治委员	1936	川西
余瑞祥	湖南省平江县		原第三军团第六师第十六团政治委员	1936	长征途中
彭占先	湖南省永顺县	1895	第二军团某团副团长	1936	长征途中
贺学柱	湖南省桑植县	1908	第二军团某团团长	1936	长征途中
郑廷辉	湖南省邵东县	1911	第二军团某部参谋长	1936	长征途中
侯国珍	湖南省华容县	1906	第二军团某团团长	1936	长征途中
江东生	湖南省茶陵县		第六军团某师青年干事	1936.8	长征途中
吴子义	湖南省慈利县	1906	第二军团第六师第十六团团长	1936.8	四川阿坝
易秋生	湖南省石门县		第二军团收容队队长	1936.8	四川草地
郑文榜	湖南省		石门县第二军团收容队队长	1936.8	四川草地
李科	湖南省新化县	1896	第六军团第十七师参谋长	1936.9.18	甘肃两当
贺虎	湖南省桑植县		第二方面军某部突击队长	1936.9	甘肃成县
陈胜瑞	湖南省		第三十二军某团营长	1936	甘肃德川堡
李觉	湖南省		第六军团第十七师第四十九团第三营营长	1936	陕西凤翔
余德胜	湖南省		川滇黔边游击纵队二大队大队长	1936.10	云南威信

宁夏
（银川）
武威
（门源）
都兰寺
西宁
1936年10月，
红军第一方面军
与第四、第二方
面军在会宁、将
台堡会师。
甘
宁
夏
盐池
陕
同心
靖远
海原
七营
皋兰
（兰州）
青
贵德
海
固原
六
将台堡
会宁
永靖
夏河
肃
盘
平凉
康乐
渭源
通渭
静
宁
山
隆德
崇信
泾川
临源
陇西
秦安
岷县
武山
天水
礼县
西和
宝鸡
两当
凤县
成县
徽县
石泉

桐柏英雄

1935年9月，红军第25
军与陕北红军在永坪镇会师，
并合编为红军第十五军团。
榆林
葭县
(佳县)
米脂
横山
绥德
离石
吴堡
靖边
清涧
永坪镇
保安
安塞
延安
甘泉
鄜县
(富县)
宜川
陕
黄龙
同官
(铜川)
淳化
三原
长安
(西安)
西
太原
(曲阳)
吕
梁
山
西
行
山
沁县
高平
侯马
沁阳
新乡
开封
河
南
石家庄
(保定)
太
河
北
德县
博兴
临清
济南
邯郸
汉
内黄
道口
山
东
济宁
临沂
曹县

引言

河南是红二十五军长征的出发地，红二十五军的伟大壮举在广大河南人民中留下了深刻的影响。早在1927年，河南党组织按照党的八七会议确定的土地革命和武装起义总方针，在豫东南举行了商（城）南起义，进行了英勇斗争，创建了工农红军第十一军第三十二师，开辟了豫东南革命根据地，成为后来的红四方面军和鄂豫皖革命根据地的重要组成部分。

1932年10月，红四方面军撤离鄂豫皖革命根据地后，留在根据地的红军和地方武装重组红二十五军，继续坚持斗争，连续粉碎数十倍于己的国民党军的大规模划区“清剿”，恢复和开辟了一部分革命根据地，鼓舞了根据地人民群众的斗志，并使自己得到锻炼，成长为一支具有高度政治、军事素质的部队。

1934年11月11日，中共鄂豫皖省委在光山县花山寨举行常委会议，根据中共中央“创造新的苏区，新的根据地，创造新的主力红军”的指示和中革军委副主席周恩来关于要红军主力进行战略转移，建立新的根据地的口头指示，决定实行战略转移。11月16日，红二十五军2980余人，在军长程子华、政治委员吴焕先、副军长徐海东的率领下，高举“中国工农红军北上抗日第二先遣队”的旗帜，由河南省罗山县何家冲出发西进，开始长征。红二十五军西越平汉路，到达伏牛山，进入陕南。留在根据地的红军和地方革命武装继续坚持斗争。

红二十五军长征途中，在河南方城独树镇曾进行过一场生死存亡的战斗，留下了许多亲历者的回忆和红军长征故事。

红二十五军开始长征

红四方面军主力于1932年10月离开鄂豫皖苏区向西转移后，留下坚持斗争的红军和地方武装重组红二十五军，依靠人民的支援，在极其困难的条件下，开展游击战争，坚持鄂豫皖苏区的斗争。但是，在以王明为代表的“左”倾教条主义错误影响下，加之敌人的疯狂“围剿”，致使鄂豫皖革命根据地的斗争形势出现了严重危机：根据地人口锐减，兵源枯竭，军民生活极端困难。据此，1934年11月11日，

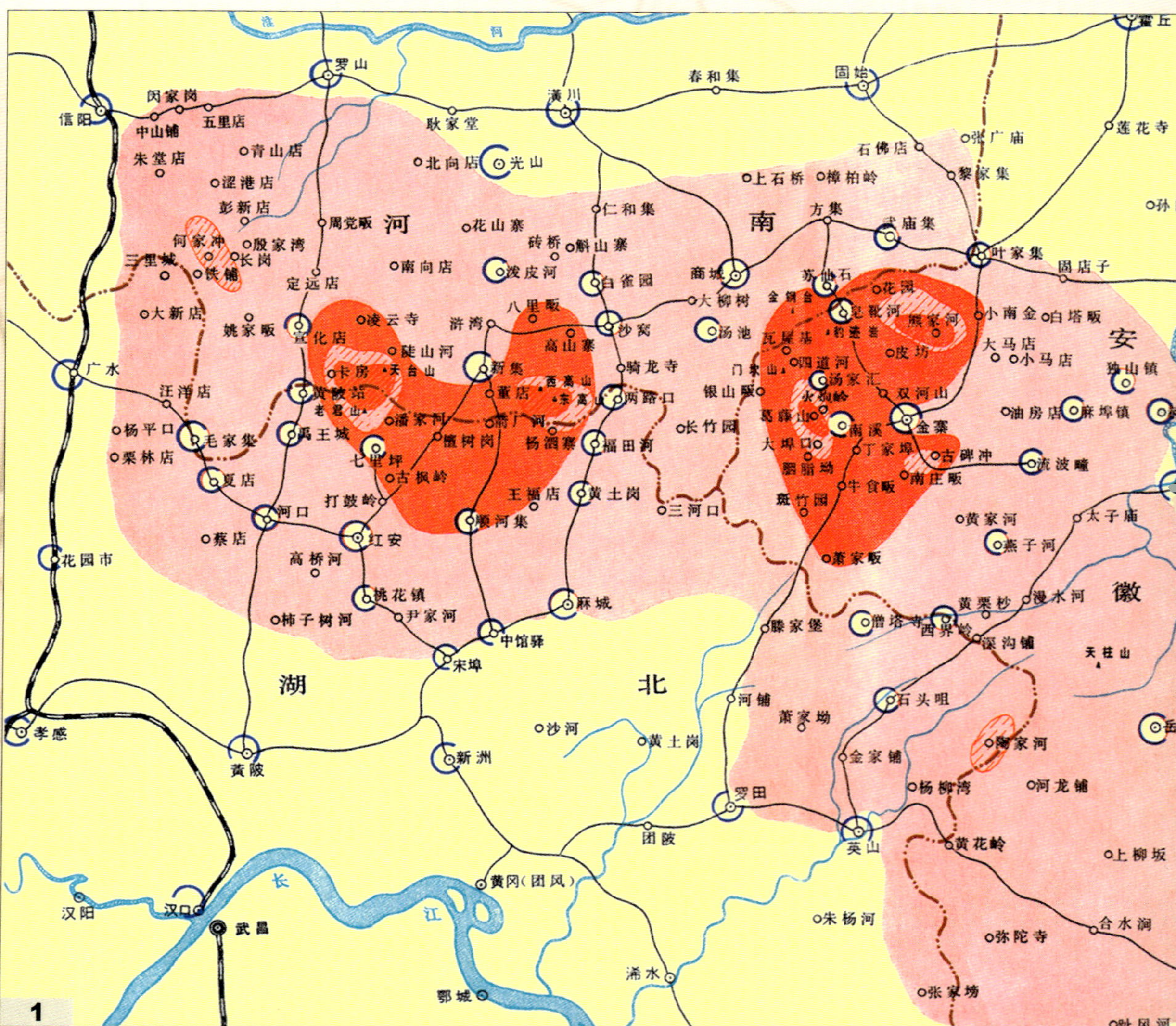

1 鄂豫皖革命根据地形势图（1932年11月－1934年11月）

2 红二十五军1934年11月编制

3 鄂豫皖根据地中心区河南新集

1935.10 1935.11 1935.12 1936.01 1936.02 1936.03 1936.04 1936.05 1936.06 1936.07 1936.08 1936.09 1936.10

中共鄂豫皖省委在光山县花山寨举行常委会议讨论红二十五军实行战略转移问题。省委认为当前敌我力量过分悬殊，如不转移，将会继续削弱以至被消灭。于是，根据中共中央“去创造新的苏区，新的根据地，创造新的主力红军”的指示和中革军委副主席周恩来关于要红军主力作战略转移，建立新的根据地的口头指示，适时地作出了关于战略转移的决定：一、省委立即率红二十五军实施战略转移，为发展红军和苏区而斗争；二、转移地区以平汉铁路以西鄂豫皖边区的桐柏山区和伏牛山区为目标；三、为宣传党的抗日主张，扩大党和红军的政治影响，行动中部队对外称“中国工农红军北上抗日第二先遣队”；四、留省委委员高敬亭领导一部分武装重建红二十八军，继续坚持鄂豫皖边区的斗争。

花山寨会议后，红二十五军即紧张地进行战略转移的准备工作。首先，进行了整编，将鄂东北地方武装西路军补入部队。决定由程子华任红二十五军军长，吴焕先任政治委员，徐海东任副军长。同时撤消了师一级编制，军直辖3个步兵团和1个手枪团。其次，向全军指战员讲解形势，进行打“远游击”和“创建新苏区的政治动员”。再次，实行轻装，安置不能随军行动的伤病员。最后，每人准备三天的干粮，两双草鞋。

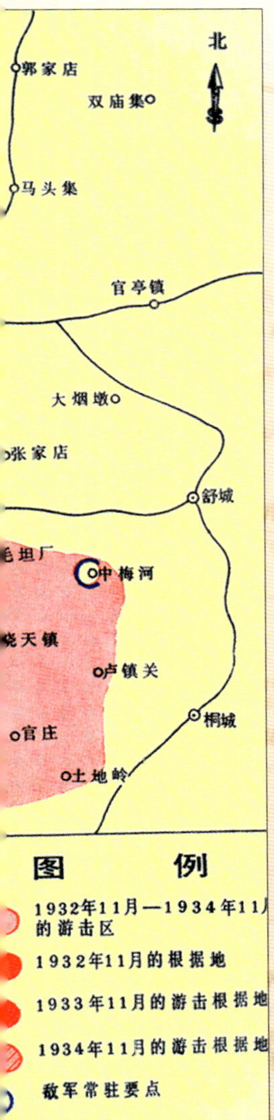

红 25 军

1934 年 11 月 11 日整编

军　　长：程子华　徐海东
政　　委：吴焕先　程子华
副 军 长：徐海东
参 谋 长：戴季英
政治部主任：郑位三
副 主 任：郭述申

	223团	224团	225团	手枪团
团长	张绍东、韩先楚	叶光宏、廖家富	周易华、方炳仁	姚寿华、杜本润
政委	赵凌波	胡柱先、易德高	张明光	宋兴国、李隆贵

2

3

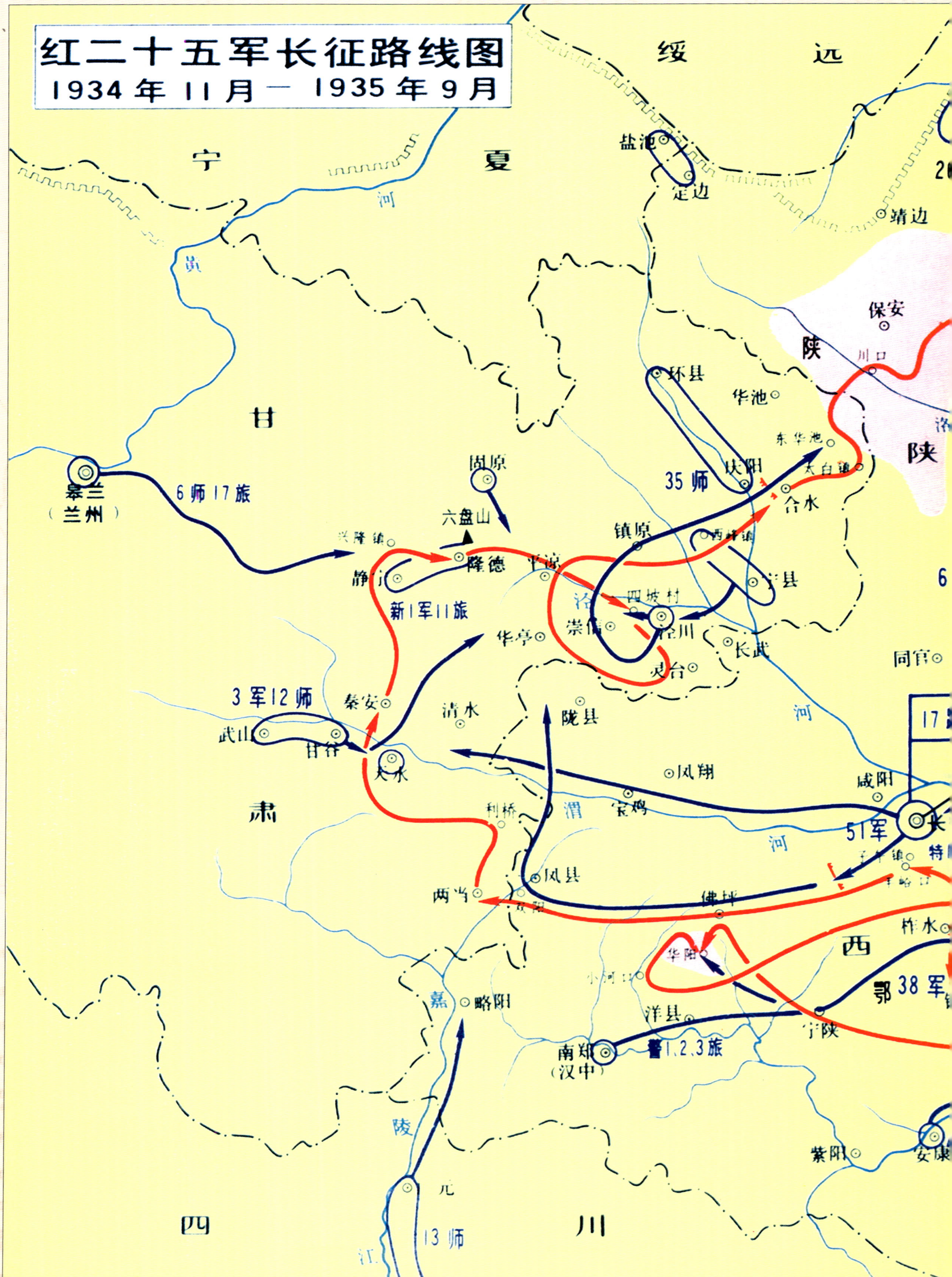
红二十五军长征路线图
1934年11月—1935年9月
绥
远
宁
夏
甘
肃
陕
西
四
川
盐池
定边
靖边
保安
皋兰
（兰州）
6师17旅
固原
六盘山
兴隆镇
隆德
静宁
平凉
新1军11旅
环县
华池
东华池
庆阳
35师
太白镇
合水
镇原
西峰镇
宁县
四坡村
泾川
崇信
长武
灵台
华亭
秦安
3军12师
武山
甘谷
天水
清水
陇县
同官
凤翔
咸阳
宝鸡
渭
河
51军
凤县
两当
佛坪
柞水
华阳
38军
洋县
宁陕
南郑
（汉中）
警1、2、3旅
略阳
嘉
陵
江
13师
紫阳
安康
黄
洛
川口

红二十五军长征路线图

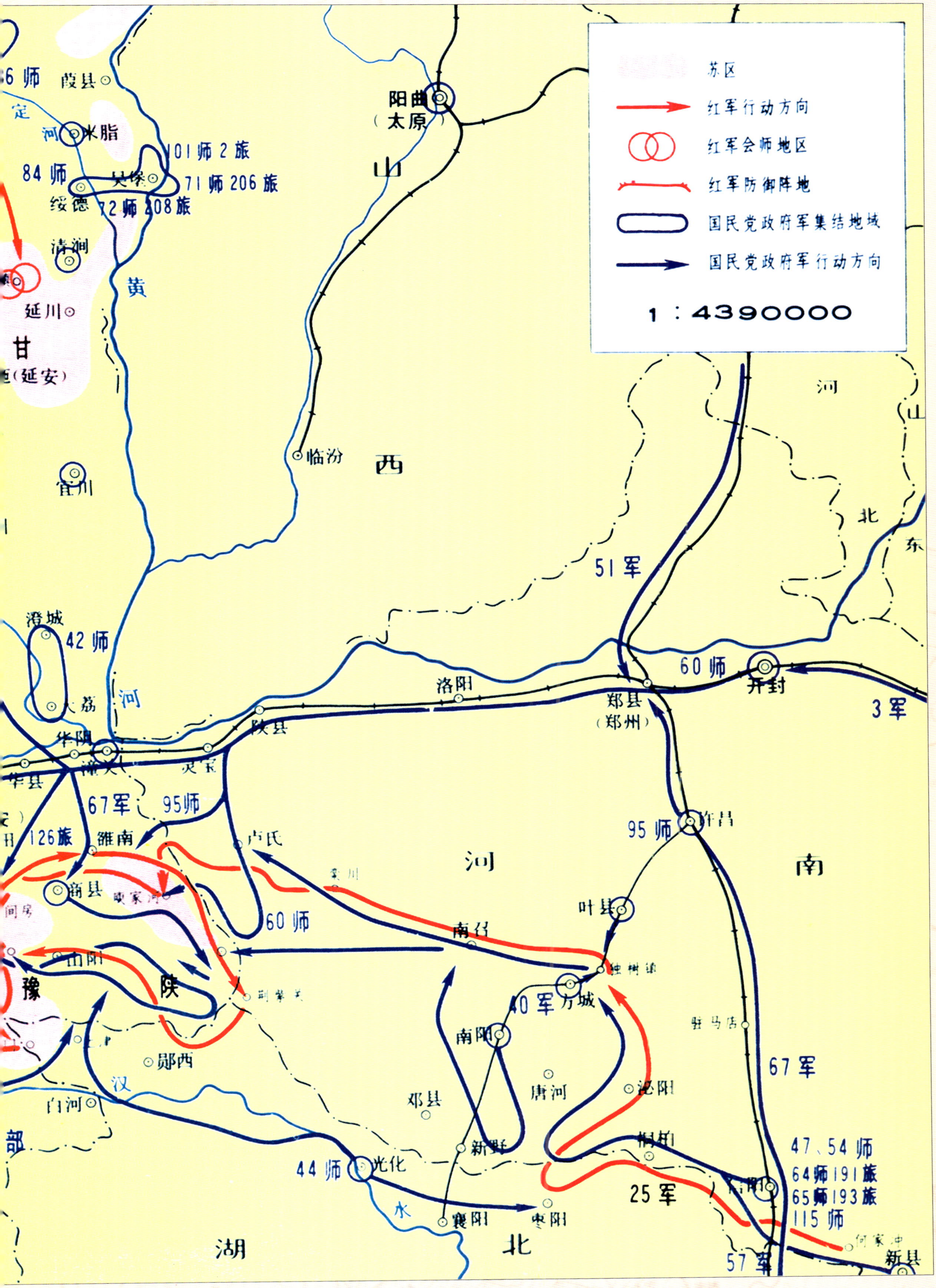

苏区
红军行动方向
红军会师地区
红军防御阵地
国民党政府军集结地域
国民党政府军行动方向
1：4390000
葭县
米脂
84师
101师2旅
吴堡
71师206旅
绥德
72师208旅
清涧
延川
甘
(延安)
宜川
阳曲
(太原)
山
西
临汾
黄
河
澄城
42师
大荔
华阴
潼关
华县
灵宝
陕县
洛阳
郑县
(郑州)
开封
60师
51军
3军
67军
95师
126旅
雒南
卢氏
商县
60师
山阳
豫
陕
郧西
白河
汉
水
光化
44师
襄阳
枣阳
新野
邓县
唐河
南阳
40军
方城
叶县
许昌
95师
南召
独树镇
驻马店
泌阳
67军
桐柏
25军
47、54师
64师191旅
65师193旅
115师
何家冲
新县
57军
河
南
湖
北

1934.07 1934.08 1934.09 1934.10 1934.11 1934.12 1935.01 1935.02 1935.03 1935.04 1935.05 1935.06 1935.07 1935.08

1

2

3

11月16日，红二十五军三千余人，在军长程子华、政治委员吴焕先的率领下，高举“中国工农红军北上抗日第二先遣队”的旗帜，由河南省罗山县何家冲出发西进。一支人数最少的红军队伍从此开始长征。

*1934*年*11*月*17*日，红二十五军在朱堂店以南突破敌人阻拦，乘敌人部署间隙，以秘密突然的行动，于当晚从信阳以南的东双河与柳林间越过了平汉铁路，后经青石桥、黄龙寺、月河店、金桥等地，很快进入了鄂豫边界的桐柏山区，胜利地迈出了战略转移的第一步。

蒋介石闻讯后，急派“鄂豫皖三省追剿队”30多个团的绝对优势兵力，拟乘红二十五军脱离根据地，孤军远征之际，企图包围消灭之。

红二十五军进入桐柏山区后，中共鄂豫皖省委鉴于该区靠近平汉铁路和汉水，回旋余地狭小，加之敌重兵压境，难以立足发展。于是，决定立即通过豫西平原，向河南西部的伏牛山区挺进，相机创建新的根据地。

为了隐匿向北行动的意图，迷惑调动敌人，红二十五军故作继续西进的姿态，并派小股部队佯攻湖北枣阳县城，调敌西援。各路追堵之敌果然中计，纷纷向枣阳一带集中，正当敌人形成合围之势时，红军突然调头东进，在中共鄂豫边区委书记张星江的引导下，在保安寨、歇马岭连续击退敌人的阻挠，经泌阳以东转向北进。

11月26日，红二十五军前梯队抵方城县独树镇附近，遭敌阻击。红二十五军

1 程子华
2 吴焕先
3 徐海东
4 红二十五军长征出发地——河南省罗山县何家冲

抵抗不及，以至被迫后撤，情况十分险恶。在此危机时刻，军政治委员吴焕先指挥部队奋勇抵抗。战斗正在激烈时，副军长徐海东带领增援部队跑步赶到，立即投入战斗。经过一番恶战，终于打退了敌人的进攻。入夜之后，由地下党同志带路，穿过了敌人空隙，疾速行进。27日拂晓，部队进入伏牛山东麓。接着，又在拐河镇附近的沣河两岸，打退敌人的追堵，进入伏牛山区，甩掉了敌人。

红二十五军进入伏牛山区后，发现该地区反动统治较严，地主围寨又多，群众被围在寨子里不便接近，加之敌人跟踪而至，在这里建立苏区比较困难。于是，中共鄂豫皖省委决定向陕南转移，相机创立新的根据地。

11月30日，红二十五军以“中国工农红军北上抗日第二先遣队”的名义发出布告。明确宣布：“我们调动队伍北上，一方面去打击日本帝国主义，一方面来帮助陕西的工农穷苦群众弄吃的、弄穿的，解除一切痛苦。”布告颁布后，红二十五军日夜兼程，经一行树、陶湾等地，直奔豫陕边界。

12月4日，红二十五军到达河南卢氏县叫河附近，发现敌人在卢氏县城以南的下城子、朱阳关、黄沙镇一带构筑工事，企图堵歼红军。红军以一部分兵力进到朱阳关一带活动，虚张声势，迷惑敌人。主力则在货郎小贩陈廷贤的积极帮助下，经隐蔽小路，直插

4

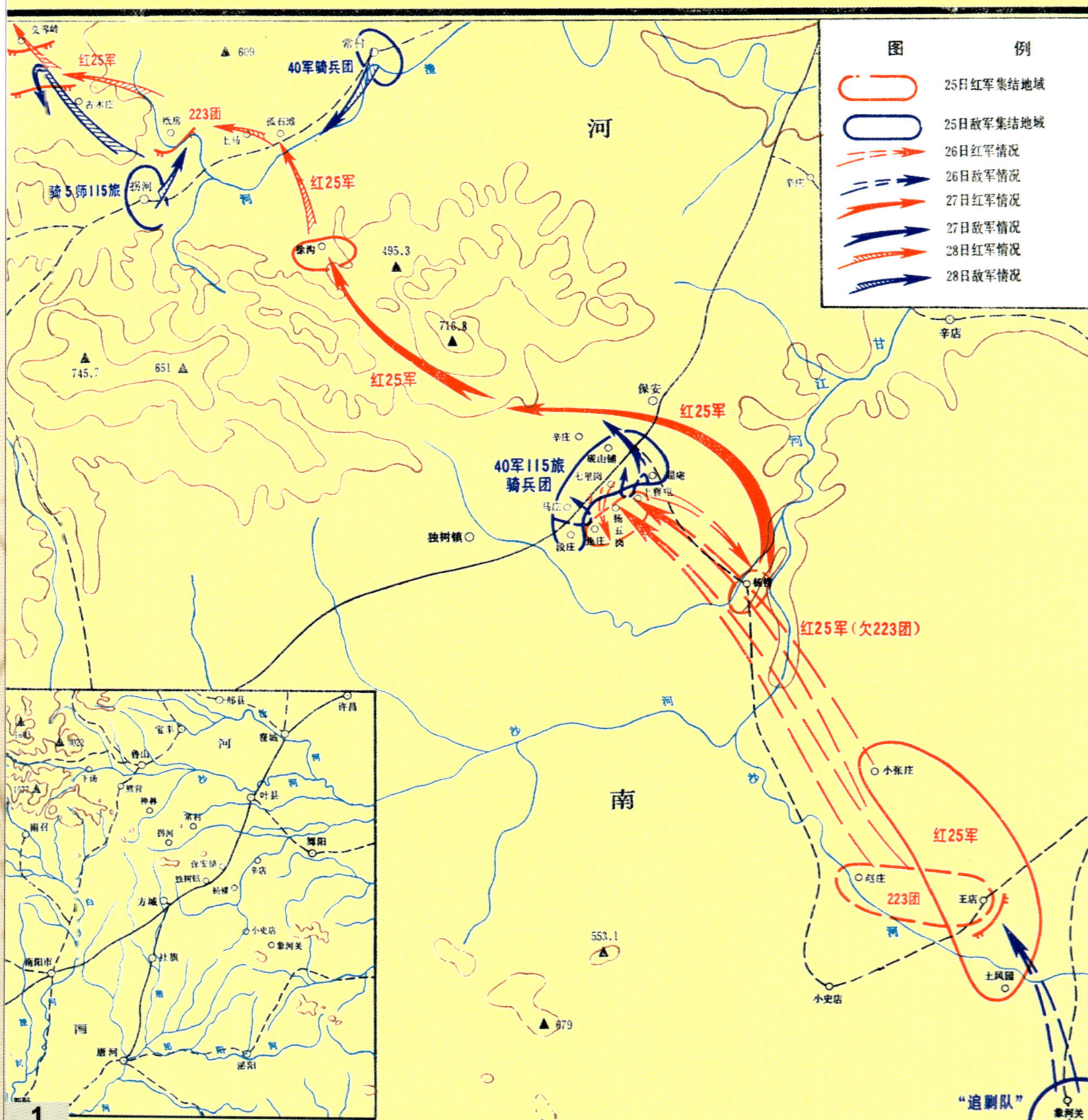

独树镇地区战斗经过要图
（1935年11月26日）

1 独树镇地区战斗经过要图

2 徐海东在长征时穿过的红军军服

3 红二十五军发布的《中国工农红军北上抗日第二先遣队出发宣言》

2

卢氏县城。当晚，顺利通过敌人的堵击线，直奔豫陕交界的铁锁关。8日，在洛南县铁锁关击溃陕西守关民团后，进入陕西东南部。此后，红二十五军全力开展创建鄂豫陕革命根据地的斗争。10日，中共鄂豫皖省委在庾家河召开会议，决定在鄂豫陕三省边区创建根据地，并将省委改称鄂豫陕省委。此间，曾再入河南卢氏地区，打击地方反动势力。

1935年6月上旬，正在进行鄂豫陕苏区第二次反“围剿”作战的红二十五军根据省委的作战方针，先北上商县地区，继而向东转进。15日，远程奔袭河南荆紫关。手枪团化装成敌兵，不费一枪一弹智取敌四十四师后方临时补给站。接着迅速进到荆紫关城下，搭人梯强行登城，缴获大批物资。此时，敌4个师又1个旅向荆紫关扑来。红二十五军为了摆脱敌人，沿着鄂陕交界的崇山峻岭向西急进，诱敌深入根据地中心区。6月25日，红二十五军回到根据地边缘黑山街，继续进行反“围剿”作战。

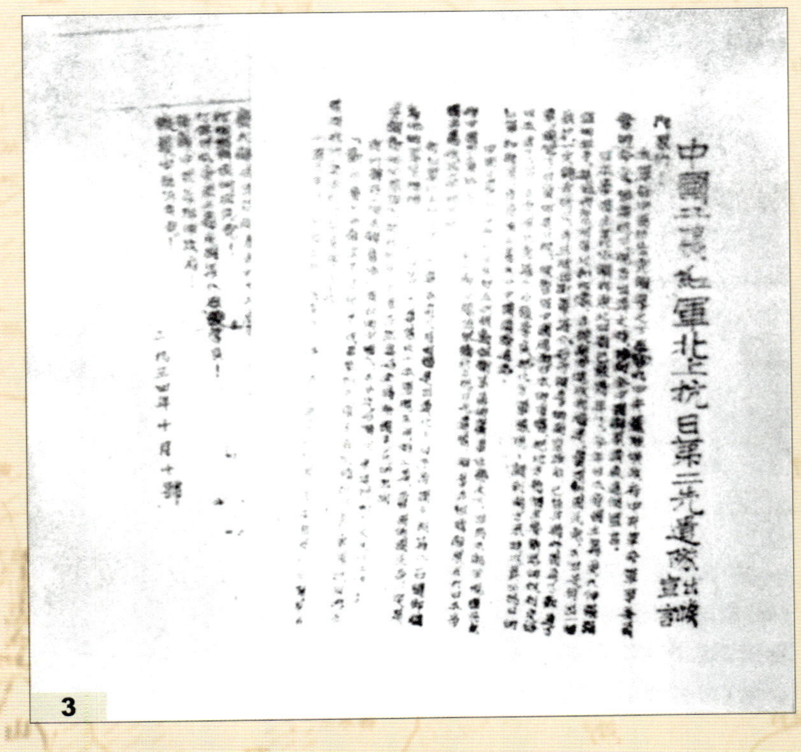

中國工農紅軍北上抗日第二先遣隊出發宣言

3

独树镇地区战斗要图
1934年11月25日—27日
609▲青山寨
常村
砚台庄
夏李
澧
河
40军骑兵团
沈湾
旧县
常庄
龙泉
上马
古石滩
纸房
二郎庙
曹庄
杨庄
彦岭
河
蛮子营
草厂街
拐河
铁佛寺
徐沟
骑兵团
庙岗
小竹园
红石岩寨▲
沈庄
程庄
柳庄
甘
江
赵庄
474.6▲五里坡
红25军
辛店
581▲
716.8▲
魏岗铺
647.9▲大花尖
115旅
疙垱店
河
老君堂
保安
胡庵
▲456.4
360.6▲双山
砚山铺
刘庵
张庄
程伍庄
七里岗
曹庄
吕庵
河套寨
老袁庄
马庄
段庄
王庄
小赵庄
浮沱
独树镇
棠树杨
▲462.2
大韩庄
马庄
小侯庄
许沟
招抚岗
杨楼
吴岗
小张庄
竹园
秦岗
范店
大官庄
40军115旅
金汤寨
红25军
曹庄
古庄店
治平
306.5▲房山
315.0▲西塔山
至方城
沙
大关庄
真信庄
付竹园
韩凹
赵庄
张庄
南
223团
王店
河
小卫庄
莲岗
▲553.2
赵庄
曹庄
土凤园
711.2▲白龙寨
小史店
余旺庄
322▲雾云山
225团
军直
窑岗
券桥
赵庄
象
583▲
47师
562.9▲
红军集结地域
红军开进方向
红军进攻方向
红军阻击阵地
红军撤退方向
国民党政府军集结地域
国民党政府军开进方向
国民党政府军进攻方向
国民党政府军撤退方向
0 3 6公里

2

3

1 独树镇地区战斗要图

2 红二十五军长征动员大会旧址——罗山县净居寺及当时留下的标语

3 独树镇城门旧址

鄂豫边红军坚持游击战争

鄂豫边游击区位于豫南、鄂北交界的桐柏山地区，东南部靠近鄂豫皖边游击区。

1934年11月，中国工农红军第二十五军撤离鄂豫皖苏区开始长征后，在湖北、河南两省边界地区坚持斗争的中共鄂豫边工作委员会，为开展鄂豫边游击战争，于1935年6月成立以张星江为书记的中共鄂豫边省委员会，并确定在信阳天目山山区建立游击根据地。1936年1月，成立以周骏鸣为队长、张星江兼指导员的鄂豫边红军游击队开展活动，先后消灭了一些反动的联保主任、保长和土豪劣绅。由于这里地处偏僻山区，且创建较晚，起初没有引起国民党的重视，游击队利用这个有利空隙，逐渐发展起来，队伍由成立时的7人发展到30余人，创立并巩固了边区游击根据地，成为中国共产党在南方八省最北端的一个战略支点。4月，在桐柏县平氏战斗中游击队受较大损失，张星江牺牲。之后，先后在仝中玉、王国华为书记的省委领导下，游击队分散发动发动群众，秘密建立党和群众组织，至1937年春，队伍发展到100余人。4月，在鄂豫皖边红二十八军一部的支援下，连续攻占地主、土豪的围寨，取得多次战斗的胜利。同时，对"清剿"的国民党东北军1个师进行团结抗日的宣传工作，达成互不攻击的协议，至是年冬，确山、信阳、桐柏、泌阳等县境的游击区连成一片，部队发展到300余人，并改称豫南人民抗日军独立团。1938年1月，鄂豫边红军游击队改编为新四军第四支队第八团，部队发展到1300余人，在信阳县邢集集结后，奔赴抗日前线。

从1934年11月，红二十五军西征至抗战爆发，鄂豫皖边、鄂豫边红军和游击队经过三年艰苦卓绝的斗争，胜利地完成了党和人民赋予的历史任务；牵制了国民党正规军，支援了红二十五军和中央红军的战略转移；配合了南方其他游击区的斗争；造就了一批忠于党和人民的军政干部；锻炼了一支打不散、拖不垮的红军部队，取得了鄂豫皖边、鄂豫边三年游击战争的胜利。

1 1936年3月5日，鄂豫边红军游击队在桐柏平氏镇进行夺枪斗争时的旧址

1

中央指示

徐海东　红二十五军副军长

红二十五军打了长岭岗以后到皖西，打下太湖县城，回到陶家河发展新苏区。我们转移到南溪，遇到陈锦秀，他带来一信，是位三、季英签名的，内说“宝珊、海东、焕先同志：中央派人重要指示，已到我处，请你们接信后，火速率领红二十五军到鄂东来找我们”。当时接信后，我们立即布置了皖西的工作，又组织了红二十五军的留守处，当日率领二十五军西进。从出发地到鄂东必须通过敌人四道封锁线。

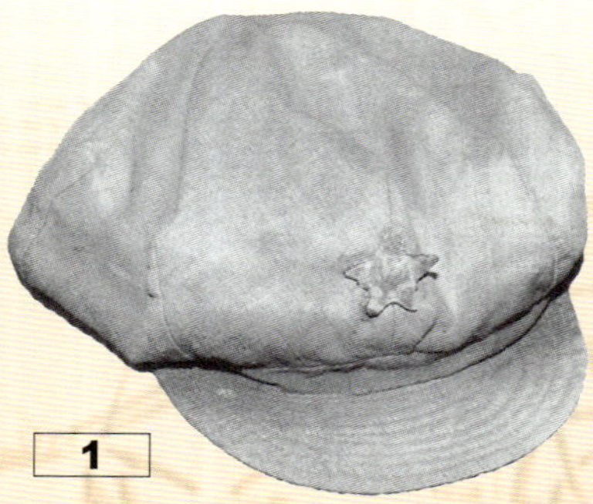

1

我们到宣化店西北，和郑位三、程子华、戴季英同志汇合。他们看中央指示，叫我去看阵地，布置警戒，搞粮食，我没有看到中央指示。省委开会，吴焕先拿出一张小纸条念给我听，大意是：鄂豫皖苏区经过四次“围剿”，根据地受到暂时的失败，人力物力皆空，应该另找地区重整旗鼓（“重整旗鼓”这四个字我问了徐宝珊同志，他专给我解释了一下，所以记得很牢），老根据地应留独立团、游击队、便衣队坚持。至于什么地方，中央不作决定，因为不熟悉具体情况，由鄂豫皖同志根据以下三个条件自行选择：第一，地形好；第二，敌人力量薄弱；第三，群众条件好。念完就讨论，大家一致认为中央指示是正确的，长征是正确的。

2

3

1 徐海东在长征时戴过的八角帽
2 郑位三
3 戴季英
4 红二十五军长征途中印发的传单：《什么是红军》
5 红二十五军军部旧址——河南省新县闵家祠堂

长征的初步目标

程子华　红二十五军军长

省委和红二十五军于1934年11月11日，在光山县花山寨举行了第十四次省委常委会议。这次会议我没有参加，会后，郑位三同志向我传达了常委会讨论情况和决定。会议上常委们一致同意周副主席的指示，认为红二十五军应该打出去，创造新根据地。至于转移的方向，会议认为向东、南、北都不合适，向西北比较容易发展。西面鄂豫陕边是三个省的边缘地带和结合部，是蒋介石和杨虎城分别割据的地方，我们可以利用他们之间的矛盾，那里又是山区。会议还决定省委率红二十五军实行战略转移，为创建新的根据地和发展红军而斗争，并以平汉铁路西鄂豫边界的桐柏山区和豫西的伏牛山区为初步目标。为了宣传党的抗日主张，扩大我党我军的政治影响，行动中部队称为“中国工农红军北上抗日第二先遣队”。

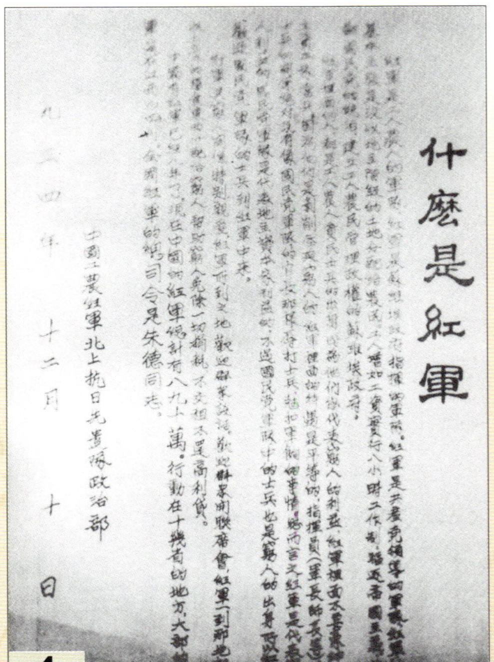
什麽是紅軍

[illegible]

中國工農紅軍北上抗日先遣隊政治部

一九三四年十二月十日

4

省委率红二十五军是1934年11月16日从罗山县何家冲出发开始长征的。

17日，在朱堂店以南的罗古寨击退敌“追击队”第5支队的进攻，当晚在信阳城以南的东双河和柳林之间越过了平汉铁路，进入了桐柏山区。

我军进入桐柏山区后，经中共鄂豫边工委介绍情况和实地观察，感到这里靠平汉路和汉水太近，回旋范围小，又有敌重兵追堵，不易立足。省委研究，决定向伏牛山区前进。当时为了隐蔽北上意图，迷惑和调动敌人，我军继续西进，并派少数部队佯攻枣阳县城。敌军果然纷纷向枣阳集中，我军却突然从枣阳城北调头东进，转向东北方向。由鄂豫边工委书记张星江带路，越过陡峭高山，次日抵达平氏镇，跳出了敌人的夹击。向西北急进，经独树镇一番恶战，上了伏牛山。

5

1934.07 1934.08 1934.09 1934.10 1934.11 1934.12 1935.01 1935.02 1935.03 1935.04 1935.05 1935.06 1935.07 1935.0

秘密出发

刘华清　红二十五军组织科科长

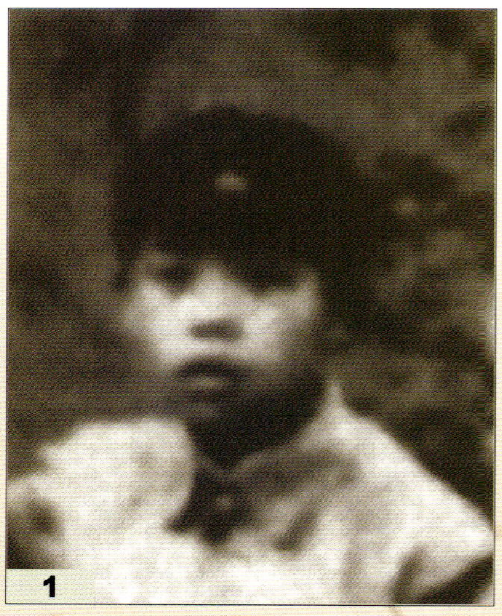

1

红二十五军的长征是秘密出发的。

1934年11月16日，在河南省罗山县何家冲，3000余名红二十五军将士高举“中国工农红军北上抗日第二先遣队”的旗帜，踏上了长征之路。和有些苏区红军部队不同的是，我们的出发，没有父老乡亲十里相送。

红二十五军终于决定进行战略转移，是花山寨会议的结果。

花山寨会议整整开了一夜。会议从战略高度审时度势，正确解决了红二十五军迫切需要解决的几个问题。第一，下定了战略转移的决心，解决了走不走的问题；第二，以平汉铁路以西鄂豫边界的桐柏山为初步转移目标，解决了转移的方向问题；第三，红二十五军在行动中，对外称为“中国工农红军北上抗日第二先遣队”，解决了举什么旗的问题；第四，留下一部分武装再组建红二十八军，解决了苏区继续坚持斗争的问题。

花山寨会议第二天，红二十五军便西移到罗山县殷家冲、何家冲一带，加紧出发前的准备。

各项工作进展得很匆忙。政治部主任戴季英找到我和郭述申分别谈了话，他对我说：“你是鄂东北道委和游击总司令部来的，你就担任组织科长吧。郭述申当宣传科长，他是皖西北道委书记、红二十八军政治委员。”

长征出发前一天，省委常委郑位三把省委决定发布的《中国工农红军北上抗日第二先遣队出发宣言》原稿交给我，要求快速刻印，多印一些，发给部队；来不及发，就边走边发。

我连夜把《宣言》刻印出来了。

在一个寒冷的夜晚，我们踏着坚定的步伐，秘密出发了……

1 时任红二十五军政治部组织科长的刘华清

2 红二十五军在镇安县发布的布告，由刘华清刻印

1935.10 1935.11 1935.12 1936.01 1936.02 1936.03 1936.04 1936.05 1936.06 1936.07 1936.08 1936.09 1936.10

改变路线神速西进

程子华 红二十五军军长

郭述申 红二十五军第二二四团政治处主任

韩先楚 红二十五军第二二五团营长

独树镇战斗，是我军长征途中一次极为险恶的战斗。在地形平坦和气候恶劣的条件下，遭到突然袭击，能否击退敌人进攻，突出重围，关系到全军的生死存亡。全体指战员在军领导的带领下，不畏强敌。英勇拼搏，终以顽强的战斗作风和大无畏的革命精神，挫败了敌人的围追堵击，很快进入伏牛山区。

伏牛山区，为豫西“内乡王”别庭芳的势力范围，反动统治严密。加之这一带地域狭窄，人烟稀少，粮食和物资都很缺乏，创建根据地比较困难。我军一进入伏牛山，敌四十军和“围剿队”主力便相继跟来。因此，省委决定继续西进，直奔豫陕边界的商洛山区。

蒋介石为防堵我军入陕，在我军进入伏牛山之前，就将驻开封的第六十师调至卢氏县城以南之朱阳关、五里川一带。控制了入陕大道，企图堵歼我军。12月4日，我军进入卢氏县境，敌“追剿队”第二支队也跟踪追至。在敌前堵后追的情势下，我军当即改变路线，另择小路从卢氏城南与洛河之间神速西进。敌六十师筹谋多日的堵击防线被我军置于背后。

12月8日，我军从豫陕交界的铁锁关(又名箭杆岭)进入陕境。

中國工農紅軍北上抗日先遣隊 司令部 政治部 佈告
關於宗教政策問題
司令 程子華
副司令 徐海東
政治委員 吳煥先
政治主任 鄭位三
一九三四年十二月二十日

2

掀开了鄂豫边区武装斗争的新篇章

周骏鸣　鄂豫边区游击队长

1936年1月4日(农历1935年腊月初十)，张星江、王国华、王国平和我到王老庄吴元昌的家里开了个会，决定将小石岭村的反动保长汪心乐干掉，缴掉寨上的六七支长枪，把游击队拉起来。成立游击队，是关系着能否发展鄂豫边区革命斗争的一件大事，晚饭时，主人吴元昌特意给我们弄了一壶当地出的小曲酒，每人喝了两盅，既以此壮行色，又以此表庆贺。

饭后，天已完全黑下来，王国华留在王老庄，我和张星江、王国平一块去小石岭。我们一到汪心泰家，他就焦急地报告说：康春傍黑来他家集中时，在后门口遇到保长汪心乐扛着一支枪从寨上下来，进了隔壁人家，担心事情被察觉。听到这个意外情况，我们决定提前下手。这时人员已经到齐，有张星江、王国平、汪心泰、康春、老汪、吴恒山和我7个人。康春是地下党员，老汪是红二十五军留下来的伤员，现已治愈；吴恒山是本地青年农民，游击队成立的次日就脱离了队伍。这支游击队由省委书记张星江兼任指导员，我任队长，王国平任副队长，其他4人为队员。当时大家商议，由我和王国平、康春去干掉汪心乐，其他人留在汪心泰家等候。原来准备的3支枪，我使用“撅把子”，王国平使用八音手枪，康春使用七九汉阳造步枪。

保长汪心乐去的那个人家，和汪心泰家只隔一堵半截墙。我们3人依次翻墙而过，谁知王国平落地时踩住了一头猪，猪忽地一蹿把他掀翻老远。这时，我和康春已接近北屋门口，即推门进去，照着正在烤火的汪心乐开了枪，他“哎呀”一声，欲躺未倒。因来不及装第二发子弹，我迅速跃到他身后，一手抓住他的枪，一手用枪把子砸他的头，就这样连打带砸，结果了汪心乐。清脆的枪声划破夜空，掀开了鄂豫边区武装斗争的新篇章。

1 周骏鸣

2 河南信阳鸡公山

2

打死汪心乐后，我和张星江、王国平、康春、老汪 5 个人带着缴获的一支步枪，及时转移到村东北约八九公里的小山顶上。山上有座小庙,住着胡者二一家，他掩护游击队安全地住了一夜。第二天，我们得到消息，汪心乐的亲戚带着一帮坏家伙来到小石岭，打伤了汪心泰，打死了他的老父亲。这不幸的消息使我们万分悲痛，暗暗发誓：这笔账一定要清算。汪心泰被捕后，关押在信阳监牢，不久以两家有私仇的理由取保释放。出狱后，他撇下年轻的老婆和刚学会走路的孩子，继续从事革命活动。从此他一直没有回过家，抗战时曾任新四军八团队营长，后来在江苏省仪征县同日军作战时英勇牺牲，仪征县人民为他建了纪念馆。

“七仙女”苦求出征

参加红二十五军长征的女红军仅有随军医院的七名女护士，她们是：周少兰（后改名周东屏）、戴觉敏、余国清、田喜兰、曾纪兰、张桂香、曹宗楷。1935年11月17日，红二十五军在击退了敌人的“追剿队”后，来到了平汉铁路旁，军政治部考虑前有阻敌，后有追兵，担心女同志随部队行动不方便，在急行军中掉队出危险，于是就给每个女护士8块大洋做路费，要求她们或是返回老家，或是就近找个穷苦人家做媳妇，这样既不拖累部队也能找条生路。军医院政治委员苏焕清传达了上级的决定。7名女护士被这突如其来的消息惊呆了，手里攥着大洋，心里却是一片茫然，无奈之际，她们坐在路边哭了起来。当她们听说是军参谋长戴季英的命令时，她们便有了主意。

1

7名护士中戴觉敏是戴季英的本家侄女，有了这层关系，“七仙女”中胆子最大的周少兰拉上戴觉敏找到了参谋长去论理说情。

见到了参谋长戴季英，周少兰把银洋往地上一掷，开了口：“回去，回到哪里去啊？我是逃出来参加革命的，难道还要我重新去当童养媳吗？你没有排斥女同志革命的权力！”周少兰这一带头，其他姐妹们也如法炮制起来，她们知道，这时是“背水一战”，否则，她们就要永久地被留下来了。但是，不管她们怎样软磨硬泡，戴季英却摆出了一副坚持原则的面孔，不为所动。

恰在此时，军政治委员吴焕先和副军长徐海东并肩走了过来，看到当时七吵八嚷的阵式，随口

1 周东屏
2 徐海东

问道：

“这些女孩子是怎么回事儿？”

“仙女”们顺势将状“告”到了更上一级领导处，她们态度极为坚决：

“我们没有家了，往哪里去？”“红军就是我们的家！”“我们活着是红军的人，死了是红军的鬼！”

徐海东素来办事果断且平易近人，他对革命矢志不移，“仙女”们的态度深深地感动了他。他转向了戴季英：

“就她们几个？”

“对，就她们几个人！”

徐海东望着眼前这几个可爱的姑娘，像是对戴季英也像是对自己说：

“这几个女孩子，都是经过艰苦斗争考验出来的，她们革命的决心很大，就让她们和我们一起走吧！”

军政治委员吴焕先不愧是政治工作的好手，连忙给自己的参谋长找了个台阶：

“这个戴季英，怎么连本家的侄女都不肯带。”

“仙女”们破涕为笑，顿时欢呼雀跃起来。

徐海东转过身对她们说：“你们先别笑，让你们留下也是省委和军领导的意思。这次部队走到哪里，走多少天都不一定，情况比现在想像的要更复杂、更困难，这可不比喝凉水那么容易，你们思想上要有准备啊！”

“我们早就准备好啦！男同志能做到的，我们也能做到。我们能经受得起任何考验，决不掉队！”

2

“七仙女”终于跟随红二十五军踏上了漫漫长征路，她们不怕血

恶战独树镇

独树镇之战，是关系到红二十五军生死存亡的一战。

1934年11月25日，红二十五军在象和关西北的王店、土风园、小张庄一带打退了“追剿总队”第二支队的进攻。可次日拂晓，敌人又尾追而至。为了防止敌人的追堵合围，保持部队有回旋的余地，军领导决定以二二四团、二二五团和军直属队为前梯队先行出发。二二三团为后梯队阻击尾追之敌，掩护红军通过公路。

这天正好来了寒流，气温骤降。天气阴冷，朔风吼、风雪飘，一片混浊迷茫。红军衣着单薄，很快就被雨雪湿透，大家饥寒交迫，行进十分困难。许多同志的鞋子都被烂泥粘掉，只好赤脚。但是，全军上下不畏艰难困苦，向方城县独树镇奋勇前进。红军必须赶在敌人前面通过公路，所以当时什么也顾不得了,只有一个念头：走、走、走，快点走！由于行军速度太快，不少同志掉了队。由于天气太坏，能见度低，致使红军先头团没有及时发现敌情，又无战斗准备。是日13时，当红军前梯队二二四团走进独树镇附近，准备由七星坪通过公路时，受到了敌人的猛烈阻击。原来敌一一五旅南下桐柏山合围扑空后，立即掉头北返，已于两小时前抢先占领了方城县独树镇附近的七里坪、砚山铺一带，构筑工事，并与保安寨的骑兵团组成了阻击线，封锁了公路，从四面将红二十五军前梯队层层围住。红二十五军刚走进独树镇，枪声大作，敌人开火后，前头部队完全暴露在敌人的火力之下。部队陷入被动状态。更不利的是，由于寒流袭击，许多战士的手冻得拉不开枪拴，零星打响的火力，无法实行有效的反击，慌乱中只能后撤，敌人乘机猛烈冲击，并从两翼实施包围，情况十分险恶。“屋漏又遭连夜雨”。这时，参谋主任薛云阶贪生怕死，骑着一匹黑骡子仓惶奔逃，并大喊大叫“我们被包围了，过不去了。各自逃命吧！”一时，少数部队出现了混乱。前面的部队潮水般地退了下来。

1

在这千钧一发之际，军政治委员吴焕先冒着敌人密集的火力迅速赶到先头团，立即指

1 红二十五军长征时使用的手枪
2 伏牛山
3 红二十五军独树镇战斗纪念碑

2

挥部队就地进行抵抗。他一面指挥二二五团三连连长张海文，带领全连冲到前面去反击。一面大声疾呼："同志们，就地卧倒，坚决顶住敌人，决不能后撤！"他深知，红军所处的是一片几乎连一点可隐蔽的地方都没有的开阔地，再往后仍然是一片平川，没有退路。吴政委的到来，马上稳定了部队。战士们趴在泥泞的地上，摩拳擦掌，活动手指，互相帮着拉开了枪栓，推上了子弹。机枪射手们用手帕套住板机向后拉，机枪也叫了起来。

战斗正在激烈进行之际，副军长徐海东带领的后卫部队二二三团跑步赶到，立即投入战斗。吴政委看到援兵赶到，用力甩掉披在身上的大衣，迅速从通信员的身上抽出一把大刀，他握着大刀，站在公路上振臂高呼："同志们，现在是生死存亡的关键时刻，共产党员跟我来！"边喊边冒着枪林弹雨，带领二二五团反扑过去，与敌人展开了白刃战。刺刀、大刀、梭镖在雨丝中闪着寒光，四野里到处都响起了叮叮当当铁器的撞击声，血战持续了半天，红军将士终于以顽强的毅力，一往无前的精神，将敌人打退，敌我转入僵持状态。

天黑后，风雪大作。红军乘机后撤到五公里外杨楼一带休整。此时，红二十五军腹背受敌，如不能迅速离开，这支孤军就得被迫与数万敌军决战，后果可想而知。军首长对部队进行了紧急动员，准备连夜突出重围。全军指战员不顾极度的饥饿、劳累，由地下党的同志带路，穿过敌人空隙，沿着弯弯曲曲的田埂小路疾速行进。当晚，由叶县保安寨以北的沈庄附近，穿过许（昌）南（阳）公路。27日拂晓，进入伏牛山东麓。习惯于山地作战的指战员，见到大山，一片欢腾。

3

张星江

张星江(1907～1936)河南唐河人。1927年参加革命。同年秋加入中国共产主义青年团。1928年春转为中共党员。历任中共唐河县张心一村党支部书记，唐河县委委员。书记、鄂豫皖边特委委员，南阳中心县委书记，鄂豫边临时省委委员，鄂豫边工委书记。

1934年1月，作为鄂豫边区的代表列席在江西瑞金召开的中共六届五中全会，当选为中华苏维埃第二次全国代表大会主席团成员。同年4月至8月，先后主持召开鄂豫边工委扩大会议及由数县代表参加的太白顶会议，传达贯彻中央指示精神，制定了以农村工作为中心，在桐柏山区秘密准备开展游击战争等项工作方针。

1

11月间，鄂豫皖边区红二十五军途经桐柏山区向西转移，张星江亲自担任向导，送至豫陕边境卢氏县。后数次派人为红二十五军传递信件，一度沟通红二十五军和鄂豫皖边区红二十八军的联系。

1934年底，鄂豫边工委与党中央失去联系，张星江带领工委继续坚持斗争。1935年7月13日，在桐柏县白莲洼主持召开鄂豫边工委扩大会议，由于一保长告密，遭国民党桐柏县第五区民团袭击，与会人员大多被捕或牺牲。张星江脱险后，经与中共河南省委委员王国华协商，于8月间将豫南、鄂豫边两地党组织合并，成立中共鄂豫边区省委，并担任书记。全力投入游击战争的思想发动和组织准备工作。

1936年1月，鄂豫边红军游击队在信阳县吴家尖山北侧的东小石岭村成立，张星江兼任游击队指导员。为使游击队站稳脚跟，并不断发展壮大，他和省委、游击队领导人一起，

1 张星江
2 桐柏山远景

2

针对敌我力量悬殊的实际情况，带领游击队昼伏夜出，机动灵活地打击敌人，先后参与和指挥了大桥凹、何大庙、杜庄等战斗。3月27日，领导游击队和100多名党员、群众，成功地进行了桐柏县平氏孤峰山庙会夺枪斗争。28日率队转移至桐柏县牛庄宿营时，遭国民党军队和地主武装包围。在危急关头，他带数名游击队员顽强抗击，掩护游击队在姬岭寨附近安全突围。自己在战斗中壮烈牺牲。

长征中牺牲的部分河南籍营以上干部烈士名录

姓名	籍贯	出生年月	部职别	牺牲时间	牺牲地点
袁良慧	河南省济源县	1907	第五军团第三十四师参谋长	1934.11	湘江
易德高	河南省商城县		第二十五军某团政治委员	1934.12.10	陕西瘐家河
叶光宏	河南省商城县	1914	第二十五军第二二四团团长	1934.12.10	陕西洛南
毛德贵	河南省	1913	第九军团第二十七师第七十九团第三营政治教导员	1935.3	草地
耿协丰	河南省光山县		第三十一军第九十三师第二七七团党务委员会书记	1935.4	四川北川县千佛山
刘栋勋	河南省罗山县		第九军第二十五师第七十四团副团长	1935.4	四川江油
余娃子	河南省罗山县		第九军第二十五师第七十三团副团长	1935.4	四川南部县
袁永庆	河南省新县		第四方面军某团团长	1935.4	四川
胡光祖	河南省商城县	1906	第三十一军党务委员会书记	1935	四川大金川
杨刚	河南省	1912	军委机要科科长	1935.5	四川金沙江
黄绍宽	河南省商城县		第三十军第八十八师第二六三团营长	1935	四川火峰山
林培松	河南省新县	1909	第四方面军某团团长	1935	川西草地
叶道武	河南省新县		第四方面军某团团长	1935	川西草地
卢炎文	河南省光山县	1900	第四方面军某团副团长	1935	四川
郭启焰	河南省新县	1907	第四方面军第四军经济科科长	1935	四川
魏新涛	河南省	1910	第九军第二十五师第七十四团副团长	1935	四川
陈学柱	河南省商城县		第九军第二十五师第七十四团政治处主任	1935	四川
王振亚	河南省商城县		第三十三军独立师副师长	1935	四川
丁先华	河南省新县		第四方面军某师师长	1935.6	川西
刘传根	河南省商城县		豫陕游击师第二游击大队政治委员	1936. 6	陕西商南县春川街
何立池	河南省新县	1911	第九军第二十五师政治委员	1935	四川大金川
韩家仁	河南省光山县		第三十军第八十八师二六三团营长	1935	四川北川

姓名	籍贯	出生年月	部职别	牺牲时间	牺牲地点
漆承龙	河南省商城县		第三十三军第九十九师第二九五团团长	1935	四川理番
吴焕先	河南省新县	1905	第二十五军政治委员	1935.8.21	甘肃泾川
陈英琦	河南省开封市	1910	第五军团无线电队队长	1935.8	四川草地
罗明焕	河南省新县	1909	第四方面军第四军科长	1935	川西丹巴
吴维儒	河南省新县	1891	第二十五军经理处处长	1935	陕南
杜本润	河南省新县		第二十五军手枪团团长	1935	陕南
卢祖和	河南省新县		第二十五军某团营长	1935	陕西
罗文直	河南省新县		第二十五军某团副营长	1935	陕西
吴立斌	河南省商城县	1912	第三十一军政治部宣传科科长	1935.	10 四川芦山
吴启松	河南省商城县		第三十军第九十师第二六九团营长	1935.10	四川天全
胡山宗	河南省光山县		第九军第二十七师第八十团政治委员	1935.10	四川天全
高继贤	河南省光山县	1912	第四军第十二师第三十四团政治处主任	1935.10	四川丹巴
丁绵莲	河南省商城县		第三十一军第九十二师第二七四团副营长	1935	四川天全
周绍城	河南省商城县	1912	第三十一军第九十三师第二七九团团长	1935	四川芦山
胡永香	河南省新县		第三十军供给部科长	1935	四川雅安
韩文吉	河南省光山县		第三十一军第九十三师第二七九团政治委员	1935.12.	四川名山
黄耀宗	河南省商城县	1902	第三十军第八十八师第二六三团团长	1935.12.	四川芦山
杨春华	河南省		第五军团第十三师卫生部部长	1935	长征途中
沈家铎	河南省商城县		第三十一军第九十一师参谋长	1935	长征途中
陈绪润	河南省光山县	1911	第三十一军第九十二师第二七六团政治委员	1936.4	四川甘孜
韩家松	河南省光山县	1910	第三十一军第九十一师师长	1936	四川小金
林树松	河南省新县	1909	第四军某团团长	1936	川西
张子义	河南省商城县	1904	第四军第十二师第三十四团团长	1936	四川荥经
胡宗万	河南省新县	1906	原第九军团第二十七师第七十九团团长	1936.10	甘肃平凉
徐其坤	河南省商城县	1915	第三十军第八十九师第二六五团政治处主任	1936	甘南

桂花沃血、精神永存

中共广西壮族自治区委员会常委、宣传部部长　沈北海

长征是一幅绵延二万五千里的历史画卷，是一部波澜壮阔的英雄史诗。广西北部曾是这二万五千里的一个主战场，也曾是这波澜壮阔中最艰难的一段征程。红军转战桂北，血洒湘江，谱写了长征史上雄伟悲壮的一章。

1934年9月和11月，中国工农红军前后历时共28天，途经广西灌阳、全州、兴安、资源、龙胜、灵川等地。期间，红六军团辗转奋战，粉碎敌人的围追堵截；中央红军7万余将士，在湘江之滨与前堵后追、三面夹击的30万装备精良之敌进行较量，展开了长征史上第一场最激烈、最惨重的生死决战，以血肉之躯，铸就了不怕任何艰

难险阻，不惜付出一切牺牲的长征精神。红军所到之处，坚持党的民族政策，大力宣传和发动群众参加革命，星星之火，终成燎原之势。“朱毛过瑶山，官恨吾心欢；甲戌孟冬月，瑶胞把家还。”这首至今保留在龙胜观音岩上的石刻诗，充分表现了广西各族人民对工农红军的衷心爱戴和对革命事业的真诚拥护。

枪声已远，马蹄依稀，当年这片血染的沃土如今已是桂花飘香，广西各族人民正奋进在建设有中国特色社会主义的道路上；长征精神那面浸染着鲜血与战火的旗帜将永远高高飘扬在八桂上空，历经风雨，更加鲜艳，更加辉煌！

引言

广西，是红军长征经过的重要省份。1934年9月2日至10日，经过9天的时间，红六军团在广西境内长驱200多公里，历经灌阳、全州、资源（此县1935年1月建立，红军过广西时，此县境分属全州、兴安两县）三县，胜利通过广西，完全达到了预期的横渡湘江、进军城步的目的。11月25日至12月13日，中央红军长征进入广西，先后经过灌阳、全州、兴安、资源、龙胜5县，行程近300公里，历时19天，红军广大指战员以饱满的政治热情和英勇的献身精神，在湘江血战五昼夜，终于突破了国民党军设置的第四道封锁线，掩护中共中央顺利地渡过湘江。但部队却由出发时的8．6万余人锐减至3万余人，遭受严重的损失。接着，红军翻越了长征以来最险峻的越城岭（老山界），战胜了艰难险阻。同时，在广西境内积极宣传党和红军的政治主张，扩大了党和红军的政治影响；严格遵守三大纪律八项注意和少数民族的风俗习惯，处处关心群众的疾苦，赢得了广大人民的衷心爱戴和支援。

广西，具有光荣的革命传统。早在1929年12月11日，中共中央代表邓小平和张云逸、李明瑞、韦拔群、陈豪人、雷经天、俞作豫等分别组织和领导了百色起义和龙州起义，创建了红七、红八军和左右江革命根据地，成为威震南疆的壮举。后来，红八军与红七军合并，红七军主力转战到达中央苏区，与红三军团会合，编入中央红军，踏上了长征之路。红七军一部兵力留在左右江地区，在韦拔群等的领导下继续坚持斗争。到1936年，韦拔群等先后遭叛徒杀害，左右江革命根据地丧失，但党和红军播撒下的革命火种依然存在，努力策应和配合党和红军的斗争。1934年，中央红军在长征途中的湘江战役中，得到了人民群众的积极支援。他们为红军磨米煮饭，支援红军作战；在灌江河畔，群众为红军架浮桥；在每个县境，都有群众为红军带路；在红军途径广西的沿途，各族人民冒着生命危险掩护和护理红军伤病员，留下许多动人的故事；红军所到之处，许多青年要求参加红军，仅全州就有70多人加入了红军，踏上了长征之路。广西人民群众对红军的支援，是红军长征胜利通过广西的重要保证之一。

中央红军血战湘江

靖县
绥宁
新宁
东安
湘
16师、19
通道
城步
西延
零陵(永州
黄沙河
1路16、62、63师、19师一部
油榨坪
全县(全州)
华江
龙胜
潇
3路5、13、96、99师
文市
道县
兴安
灌阳
都庞岭
15军
7军
桂林
永明
江华
广
阳朔
西
贺县
昭平
水
红军集结地域
红军中间纵队(军委纵队、5军团)开进方向
红军左纵队(1、9军团)开进方向
红军右纵队(3、8军团)开进方向
红军阻击阵地
国民党政府军集结地域
国民党政府军开进方向
国民党政府军防御阵地
1:3000000
1

1 红一方面军长征经过广西示意图

2 薛岳《剿匪纪实》中的《匪由湘蹿黔线路图》

中央红军突破敌军第三道封锁线后，继续向西挺进。1934年11月24日，红一军团前锋第二师进抵广西永安关。翌日，中央红军主力渡过潇水，追近广西边境。蒋介石认为中央红军此时已是流徙千里，四面受制，即使是下山猛虎，也不难被擒。于是，他命令何键“追剿”军与粤军、桂军相配合，凭借湘江天险构筑第四道封锁线，从四面对中央红军进行围追堵截，以求聚歼中央红军于湘江以东地区。其部署是：以第一路“追剿”军日夜兼程，驰奔广西全州，沿湘江布防，与在广西灌阳、兴安以北的桂军取得联系；第二路“追剿”军沿湘桂公路对中央红军进行侧击，并防止中央红军北上与红二、红六军团会合；第三路“追剿”军占领道县，继续尾追中央红军；第四路“追剿”军与第三路“追剿”军相配合，由桂阳向宁远方向尾追红军；第五路“追剿”军协同粤、桂军，向水口、永明尾追红军；桂军5个师仍在灌阳、兴安以北至全州地域集结，堵截红军西进道路。

2

早在11月上旬末，桂军首领接到蒋介石要桂军在湘江堵击红军的电令之后，李宗仁、白崇禧即在南宁召开高级军事会议，商讨对策。当时，白崇禧对红军的动向判断了三种可能：一是深入广西腹地；二是直驱贵州，在那里建立根据地；三是进攻四川，占领“天府之国”。他认为，三种可能中，以第三个可能性最大。因为四川内部四分五裂，又远离国民党中央控制，且有红四方面军在川北，是中央红军立足最好的地方。第二个可能性次之，因贵州是山区，便于红军开展善长的游击战。而第一个可能性最小，因广西民团组织严密，红军不致在此久留。根据这些判断分析，桂军认为红军只是路过广西，并不会打算在广西立足。那么，是否在湘江堵击红军呢？他们分析了各方面情况，认为红军有10万人马，来势凶猛，桂军只有2个军，5个师，共2万余人，以2万人去堵10万人，弄不好就会被红军消灭，即使打好了，也会两败俱伤。而不论哪种情况出现，蒋介石的嫡系部队，就会以追击红军和救援桂军的名义，

广西全省民团组织系统图

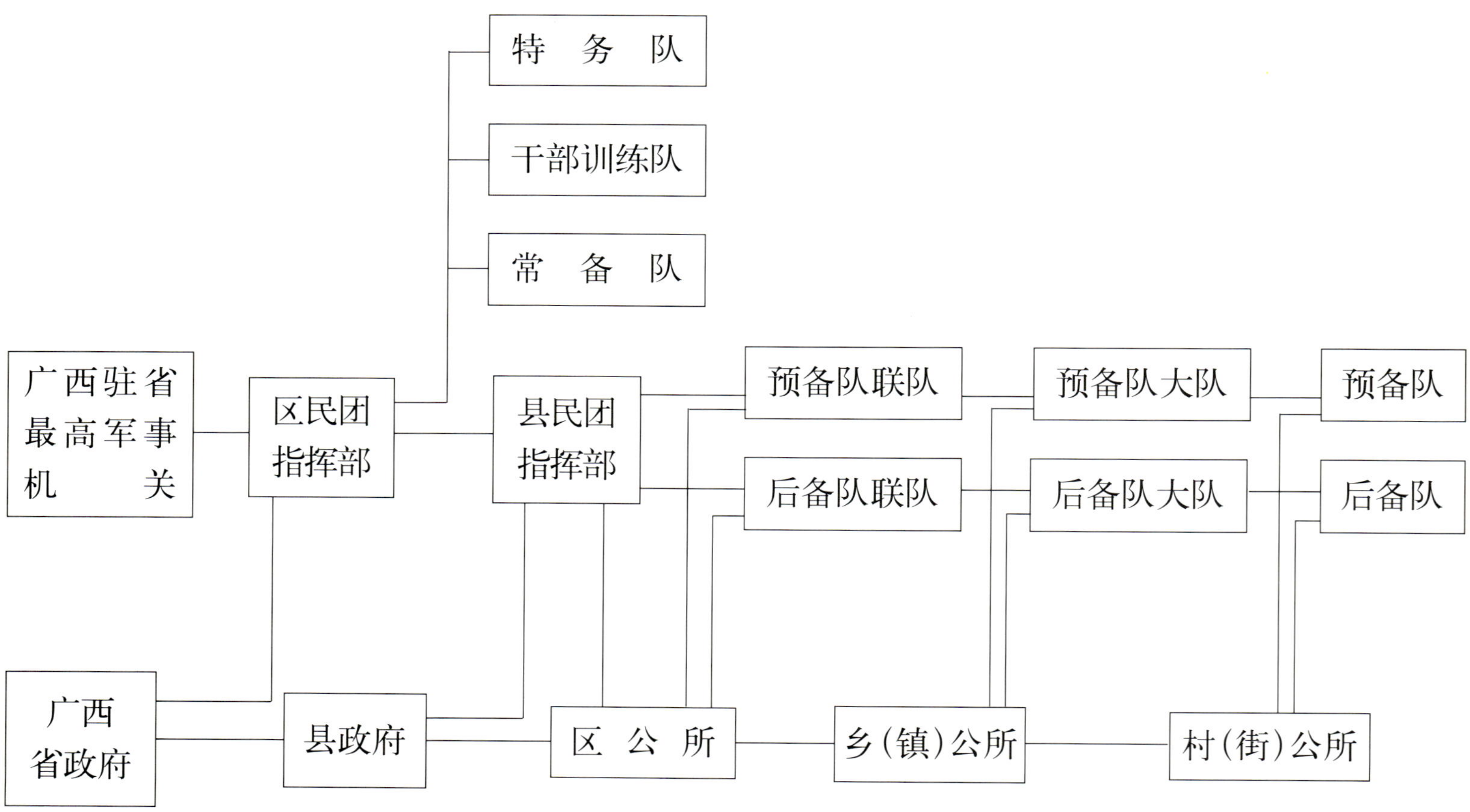

1 国民党地方武装广西全省民团组织系统图

2 李宗仁

3 白崇禧

4 入黔“剿共”粤军运输给养情形

2

3

乘虚而入广西，那么广西就会成为蒋介石的天下。因此，他们得出的结论是：既要反共，又要防蒋；只能追击，不能堵击。为了达到这个目的，他们认为最好的办法是在红军入境前，将部队布防于湘、桂边境一带，摆出决战的架势。一来可以应付蒋介石，二来可令红军知晓桂军早有准备，不可轻易进入广西。如果红军决意必过广西地境，那就将部队布防于南侧，让出桂北通道，使红军迅即通过，但绝不能把红军放入广西腹地。这就是桂军在以后的湘江战役采取的基本作战方针。

11月15日，桂军以白崇禧名义复电何健，表示愿“协力堵剿”。16日，国民党湘、桂两军在全州会商联合防堵的作战部署，商定利用湘、漓两水天险，严密设防。防区的划分是以黄沙河为界。桂军担任兴安、全州、灌阳至黄沙河（不含）之线防务；湘军担任衡阳、零陵、东安至黄沙河之线防卫。根据这一计划，李宗仁、白崇禧在桂林召开防剿军事会议，决定集中兵力于广西富川、恭城龙虎关、灌阳文市、全州黄沙河一带。以第十五军为左翼，布防于清水、高木、永安、雷

4

口四关，主力集结于兴安、全州、灌阳一带；以第七军为右翼，布防于贺县、富川、恭城一带，并护卫桂林，策应两翼。为弥补兵力不足，又大量调集民团，协助防守。

正当国民党桂军部署已毕时，11月中旬中央红军为调动敌人，寻机渡江，以红五军团一部兵力占临武，继向江华、永明方向开进，造成李宗仁、白崇禧误认为红军要夺取桂林。因此，本着事前的既定方针，认为让路时机已到。但他们深知，这样做无异于将红军引向湘西，必然遭到何键的坚决反对。遂于11月20日以李宗仁名义发电给蒋介石，称：“据迭报，匪主力由临武分经嘉乐、蓝山西窜，龙虎关、富川、贺县同时吃紧。仁部原在龙虎关以北防堵，故拟即将仁部主力移赴恭城附近，策应富、贺、兴、灌。但兴安、灌阳以北，仅能留一部，诚恐力量单薄，请转饬何总司令所部，向江华、贺县（此处似应为全州、兴安——编者注）推进，以期周密。”同时，又作好南撤的一切准备。11月22日，蒋介石复电同意。桂军立即将原在全州、兴安、灌阳布防的第十五军撤往恭城，仅在全州留有第七十二团的两营干训队，兴安留一个团，灌阳留一个团。至此，从全州至兴安60公里的湘江已无兵防守，湘江防线完全向红军敞开了。11月23日，湘军刘建绪得知桂军南撤后，立即报告何键。何键十分恼火，急令刘建绪部四个师南下全州，同时令各路追击部队加紧追击，以迟滞中央红军行动，便于刘建绪部

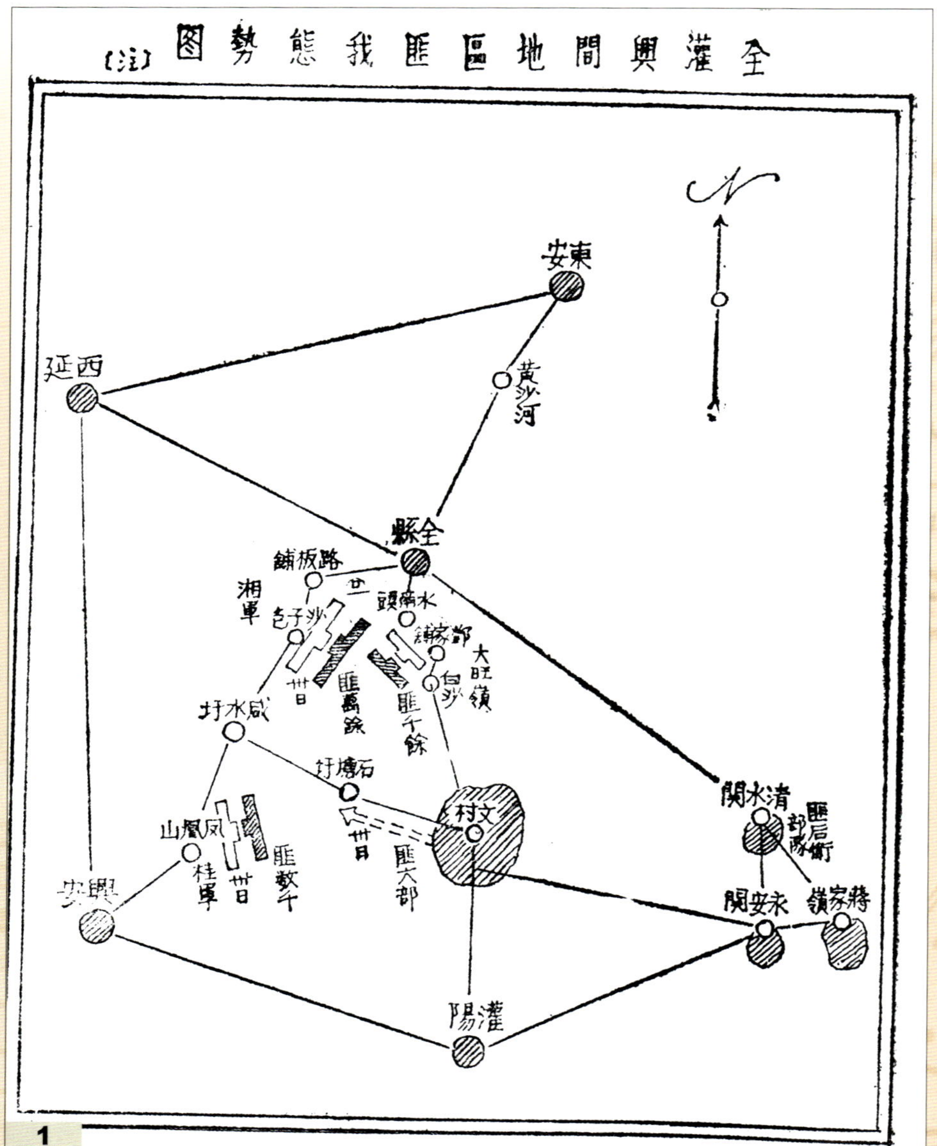

1 薛岳《剿匪纪实》中的《全灌兴间地区匪我态势图》

2 过湘江（漫画 黄镇 作）

赶到全州，填补桂军南撤后的湘江防线之空，以使聚歼红军于湘江以东的计划不致落空。

但中革军委对桂军南撤并未重视，也未能利用桂军撤防的有利时机，加紧进入广西，渡过湘江，而是继续采取大搬家方式，缓慢西进，耽误了极为宝贵的时间达3天之久。11月25日，中革军委决定中央红军突破敌人的第四道封锁线，渡过湘江。并规定中央红军分四路，向广西挺进。其部署是：以第一军团主力为第一纵队，沿道州、蒋家岭、文市向全州以南前进；第一军团1个师、军委第一纵队和第五军团（欠1个师）为第二纵队，经雷口关或永安关及文市以南前进，尔后则依侦察结果决定前进路线；第三军团、军委第二纵队及第五军团1个师为第三纵队，经小坪、邓家源向灌阳前进，相机占领该城，以后则向兴安前进；第八、第九军团为第四纵队，经永明（如不能占领永明，则从北绕之）、三峰山向灌阳、兴安前进。

同日，中共中央、红军总政治部发布《关于我野战军进行突破敌人第四道封锁线战役渡过湘江的政治命令》，指出："我野战军即将进行新的最复杂的战役，要在敌优势兵力及其部分的完成其阻我西渡的部署的条件下，来突破敌人之第四道封锁线并渡过湘江。"并要求中央红军"进攻部队应最坚决果断的粉碎前进路上之一切抵抗，并征服一切天然的敌人设置的障碍；掩护部队应不顾一切阻止及部分的扑灭尾追之敌。"

2

中央红军按照中革军委和中共中央、红军总政治部的命令，分四路兼程向广西境内挺进。

这时，何键的“追剿”军2个师正由东安向全州、咸水一线急进，第二路军一部进至零陵、黄沙河一线，第三路军由宁远进至潇水以东之道县地区，第四、第五路军则由宁远向东安集结。桂系部队见红军主力未经永明西取桂林，又见国民党中央军已进抵道县地区，为防止中央军尾追红军进入广西，由全州、兴安南撤的部队约4个师重新从恭城向灌阳及其西北前进，企图配合“追剿”军围歼红军于湘江以东地区，红军面对的形势十分严峻。

1

1 红军长征由湖南进入广西的重要关口之一：永安关（官建中　摄）

2 红军长征由湖南进入广西的重要关口之一：雷口关（官建中　摄）

3 红三军团外出证章

11 月 26 日，中央红军第一纵队进入灌阳文市地域，第二纵队进入灌阳文市以南之王家、玉溪地域，第三纵队在邓家源因山路不通而受阻，军委令其改变路线，即由雷口关进入广西，主力抵达灌阳水车地域；第四纵队之红八军团攻占永明，红九军团主力仍在江华之石桥及江渡。这样，中央红军主力实际上都是从永安关和雷口关进入广西的，并形成红一军团为右翼、红三军团为左翼，向湘江进逼的态势。但红八、红九军团仍远在江华和永明，如不能及时从三峰山进入广西，将更加被动。

2

11月27日，昼夜兼程向湘江急进的红一军团先头部队第二师抵达湘江之滨，并顺利过江，控制了界首到脚山铺之间所有渡河点，并在附近架设浮桥。左翼红三军团前锋第四师也逼近湘江，红五师占领了新圩和马渡桥，阻击从灌阳方向北上的桂军。红九军团由江华北上永明，随红八军团之后，向三峰山挺进，但受桂军阻击。鉴于湘江渡口已为红军所控，从永安关、雷口关到湘江暂无敌军，军委遂于当日决定红八、红九军团立即改道，以强行军从雷口关进入广西，随主力前进。这样，至27日晚，红军终于改变了四路分进的局面，并以前锋抢占了湘江渡口，造成了乘敌之隙，全军从永安关、雷口关直达湘江的态势。但是，红军仍是晚了一步，这两天中，国民党中央军周浑元部已于26日进占道县，红军第八、第九军团从江华、永明

3

北上雷口关，稍有不慎就有可能被敌切断；湘军此时也竭力求得封锁湘江渡口，其第一路军刘建绪部于27日进占全州。此时，从总的形势看，国民党军已形成四面夹击红军的态势。红军若不迅速摆脱这种处境，尽快渡过湘江，一场恶战将必不可免。

这时，在大军已无法顺利西渡湘江的形势下，红军应利用桂军与国民党中央军的矛盾，果断南下，直逼广西桂林，以调动敌人，寻求新的机动。但是，博古、李德等人仍然坚持北出湘西北，同红二、红六军团会合的原定计划，命令中央红军一味西进。

11月28日，红一军团主力经鞍山坝到达石塘圩；红三军团第四师先头第十团渡过湘江进至界首以南光华铺、枫山铺地区；红五军团扼守蒋家岭、永安关、雷口关地域，迟滞追击之敌，掩护后续部队通过；红八、红九军团

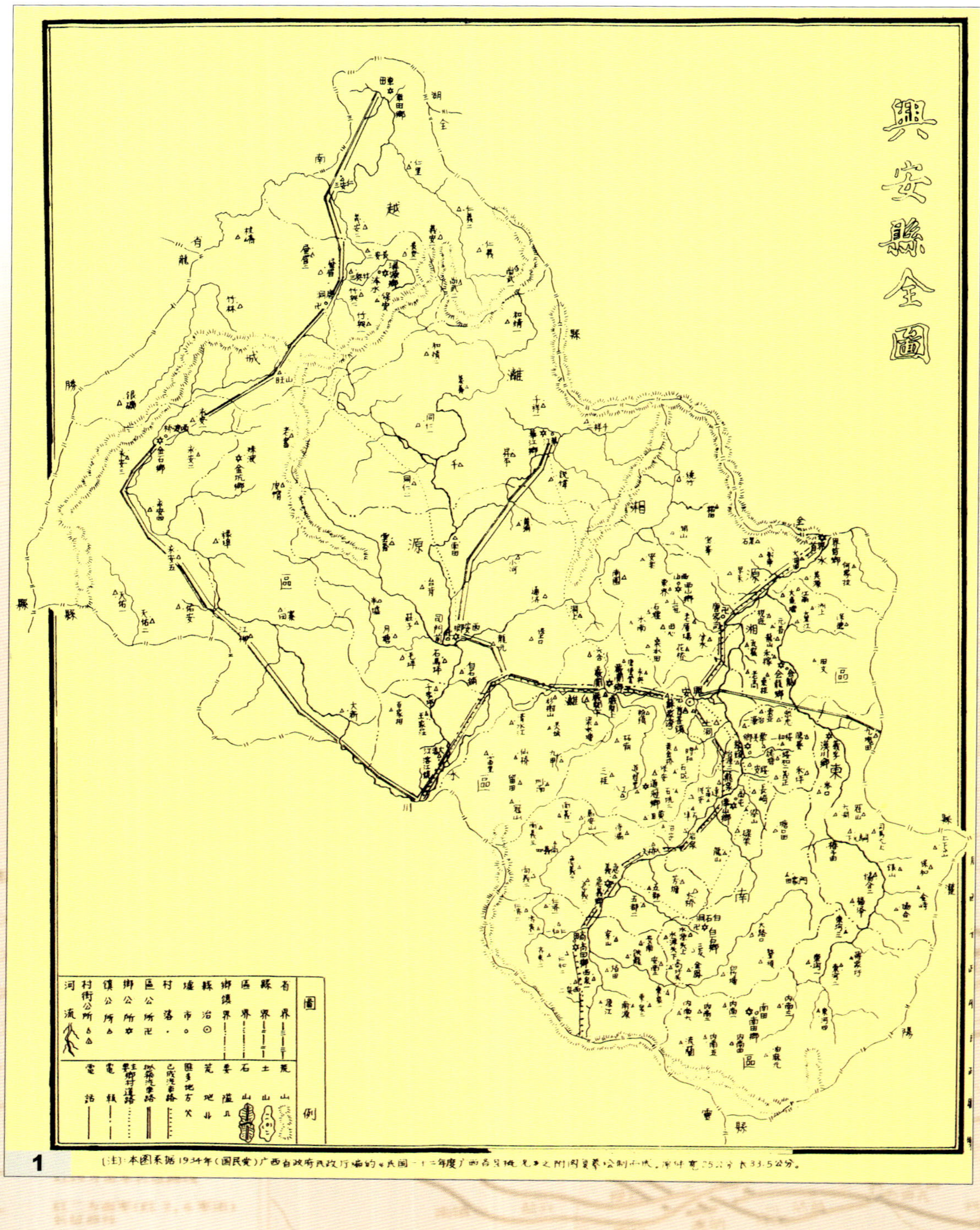

1

1　1934年广西兴安县地图

2　新圩阻击战战场
（官建中　摄）

奉命从永明折回，向文市水车前进；军委纵队已进到灌阳以北的文市、桂岩地区。

这时，敌情越来越紧张。蒋介石从湘军刘建绪的报告中，得知桂军玩了手段，致使湘江无兵防守的情况后，大为震怒。28日，他严斥桂军的行径，责令桂、湘两军按原定计划，对红军过江之先头部队进行夹击，对红军未过河部队进行堵击，以实现其歼灭红军于湘水以东、四关以西的目的。何键接到蒋介石的命令后，立即令刚刚进占全州的刘建绪部，以其第十六、第六十二师及第十九师补充总队各团迅即南下，妄图封锁从全州至咸水的沿江渡口，并要求桂军负责从咸水至灌阳（包括咸水以南经界首至兴安的湘江段）的防务。但桂军仍未按蒋介石和何键的旨意以主力前出兴安，沿江北上，封锁渡口，与刘建绪部衔接，而只是以一个师进援兴安，以防红军南下。同时，令已从恭城返回地处桂、湘边界之灌阳新圩的第十五军所部，向红军后续部队发起攻击。不难看出桂军执行的依然是“只能追击，不能堵击”的方针。即不冒红军回头打击的风险，又能向蒋介石交差，更重要的是可防止国民党中央军入桂。

这时，敌情虽然严重，但红军面前的态势仍存在有利的一面，即红一、红三军

2

1

团的前卫师已占领了30公里河段上的所有湘江渡口和徒涉点。军委纵队已进到灌阳以北文市、桂岩一带，距湘江渡河点只有80多公里。但不利的是红军部队拉得很长，前锋已过湘江，而后续的红八、红九军团在三峰山受阻后，尚在永明、道县之间，还未进入广西，致使红军前后相距达100多公里。当时，中革军委已判明桂军在兴安的意图，于28日15时命令全军："自28日起至12月1日止，全部渡过湘水。"但是，红军部队仍带着那么多"坛坛罐罐"，行动迟缓，每天只走二三十公里，致使已先期抵达湘江两岸的部队为了掩护全军渡江，与企图夺回渡河点的优势敌军展开激烈的战斗，付出了沉重的代价。

从28日开始，红三军团第五师之第十四、第十五团就在新圩抗击桂军两个师又一个团的猛烈进攻，面对优势的敌军，为掩护主力过江，他们毫无惧色，与敌逐个山头地反复争夺。两天后，他们奉命撤离阵地时，自师参谋长以下的团、营、连干部几乎伤亡殆尽，人员损失达1000人左右。28日当天，红三军团第四师第十团在光华铺地域也遭遇了桂军1个师又1个团的猛烈进攻。后来，团长及继任的团长先后在战斗中牺牲。

11月29日，在新圩光华铺阻击战仍激烈进行之时，红一军团第二师也在脚山

▌1 全州脚山铺阻击战战场（北侧）（官建中 摄）

▌2 全州脚山铺阻击战战场（南侧）（官建中 摄）

铺遭到了敌第一路“追剿”军3个师的进攻，红二师知道脚山铺是敌人进抵湘江的咽喉要地，他们必须予敌以顽强阻击。当日，其余几路国民党军之“追剿”军正分别向道县、文市等地红军后卫部队进攻。在湘江两岸，红军与各路敌军展开了殊死的决战。是日，红一军团主力由石塘圩、太平圩渡过了湘江，占领了界首绍水，第二师前进到朱塘铺，一部向全州迫近。红三军团第四师主力过江后，占领光华铺、界首之间地区。红五军团仍在蒋家岭一带扼阻追敌。红八、红九军团到达水车，野战军司令部、军委纵队之一部在官山。

11月30日凌晨，红一军团第一师在道县同追敌周浑元部激战三天三夜后，奉命赶到湘江西岸脚山铺两侧的山头上和第二师共同战斗，抗击敌第一路“追剿”军的进攻。从拂晓开始，敌人以两个师的兵力为前锋，向脚山铺红军阵地发起冲锋。红军打垮敌第一次冲锋后，敌人投入的兵力越来越多，进攻也越来越猛。红军战士虽然已三四天没睡觉，一天多没吃饭，但在强敌面前，仍以革命英雄主义气概，顽强同敌人拚杀，打退了敌人一次又一次的进攻。敌人见正面攻不下，便利用浓密的森林为掩护，转向红军侧翼和后方迂回。在敌人优势兵力和火力的冲击下，红一师米花山防线被突破，美女梳头岭阵地陷落。最后，只剩下一个怀中抱子岭阵地。入夜，敌人又利用夜幕迂回包抄过来，为

2

1

避免被敌包围，红一师退往西南方向的水头、夏壁田一带。敌军占领米花山、美女梳头岭后，又从三面向红二师第五团两个连防守的夹峰岭阵地发动进攻。战斗越来越激烈，情况越来越严重，红五团政治委员牺牲，红军据守的夹峰岭和其他几个小山头相继丢掉，有的小山头是在扼守的红军战士全部战死后，才落入敌手的。敌人的后续部队还在源源不断地开来，为避免被敌围歼，红二师依次退守到黄帝岭、珠兰铺、白沙铺，与占领夏壁田、水头的红一师构成新的防线，准备继续抗敌。当日，红三军团第四师在湘江西岸之光华铺及其以西抗击由兴安北上之桂军，掩护军团主力渡过湘江。

经过从28日到30日的左、右两翼的阻击战，红军以重大的代价保住了后续部队和军委纵队向湘江前进的通道。随后，红五军团主力由文市渡过灌江，进占王家湾。红八、红九军团由水车附近渡过灌江，到达青龙山、石塘圩地区。军委纵队渡过湘江后进到界首附近的王家，野战军司令部渡过湘江后进到界首西北的大田。

这时，红军的处境仍十分险恶。渡过湘江的部队正在同截击的敌军顽强拼搏，滞留湘江以东部队处境更险恶。30日夜，军委命令：红一军团在原地阻击全州之敌的进攻，无论如何要继续控制西进道路；红三军团集中2个师以上兵力，“有向南驱逐光华铺之敌的任务，并占领唐家市及西山地域，六师之部队应留河东岸，有占领

1 新圩阻击战时，红三军团第五师指挥部所在地：灌阳县杨柳井村（官建中　摄）

2 红军突破第四道封锁线的地点之一——广西界首渡口

石玉村的任务，并掩护我五、八军团及六师切断的部队通过湘水。”“在万不得已时，三军团必须固守界首及其西南和东南的地域。”“红五军团主力应向麻子渡前进，并有扼阻桂军及周敌追击的部队之任务。被切断的部队应自动的突围，向麻子渡前进。”

至 12 月 1 日晨，除军委纵队已渡过湘江外，红军全军 12 个师，在湘江以西的

2

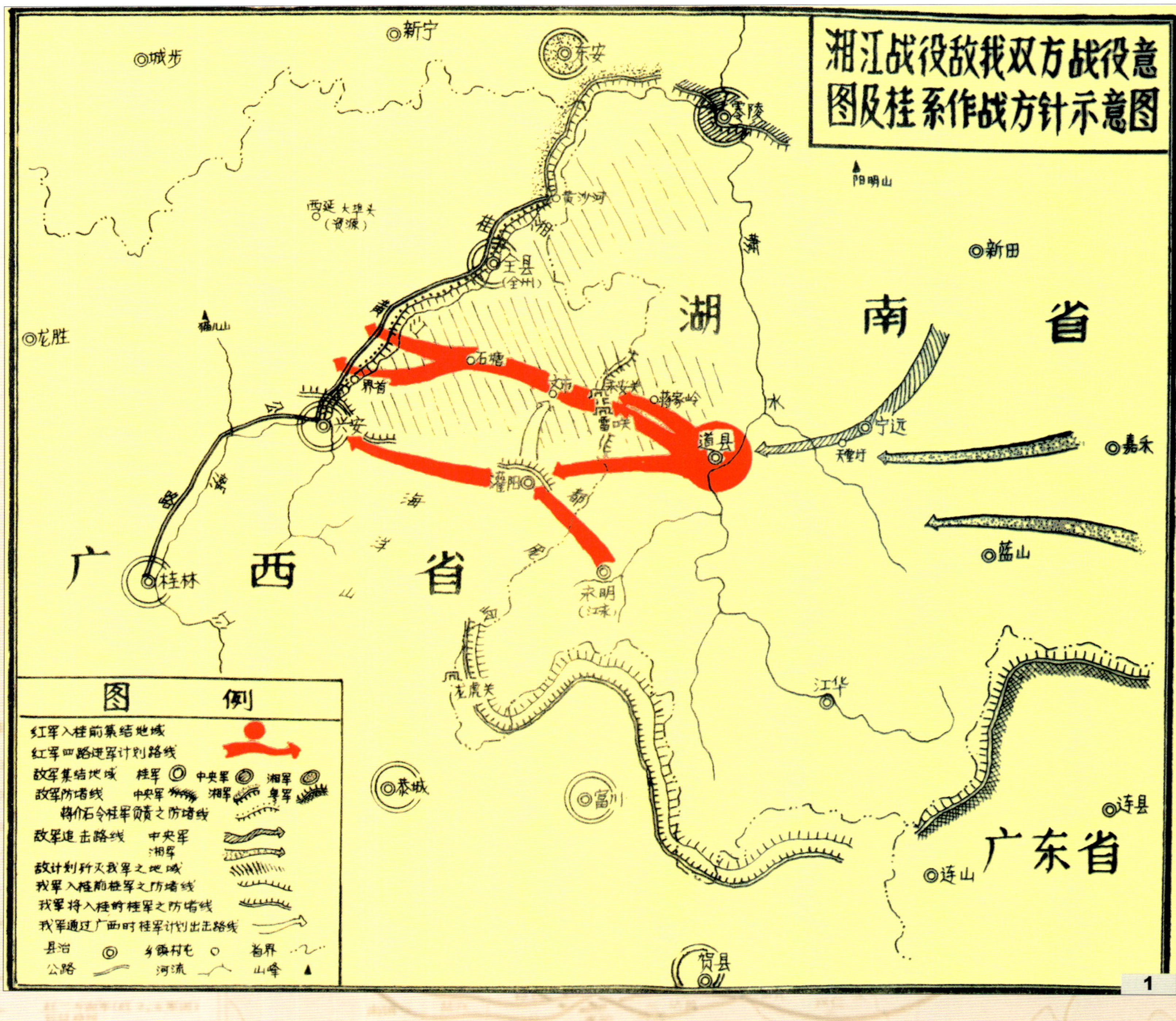
湘江战役敌我双方战役意图及桂系作战方针示意图
新宁
城步
东安
零陵
阳明山
黄沙河
西延 大埠头 (资源)
全县 (全州)
新田
湖
南
省
龙胜
猫儿山
石塘
界首
文市
永安关
蒋家岭
雷口关
兴安
宁远
天堂圩
嘉禾
道县
灌阳
蓝山
广
西
省
桂林
永明 (江永)
龙虎关
江华
恭城
富川
江华
连山
广东省
贺县
图例
红军入桂前集结地域
红军四路进军计划路线
敌军集结地域 桂军 中央军 湘军
敌军防堵线 中央军 湘军 粤军
蒋介石令桂军负责之防堵线
敌军追击路线 中央军 湘军
敌计划歼灭我军之地域
我军入桂前桂军之防堵线
我军将入桂时桂军之防堵线
我军通过广西时桂军计划出击路线
县治 乡镇村屯 省界
公路 河流 山峰

1

1 湘江战役敌我双方战役意图及桂系作战方针示意图

2 国民党空军第三队的道格拉斯O－2MC型飞机轰炸红军阵地

只有4个师，即红一军团第一师、第二师；红三军团的第四师、第五师。尚未过江的还有8个师，除红一军团的第十五师、红三军团第六师外，红五军团、红八军团、红九军团的全部计6个师都没有过江。此时，从全州南下的湘军3个师，力图封锁湘江渡口；从新圩北上的桂军两个师又1个团已在临近红军重要交通枢纽的古岭头一带展开；光华铺的桂军1个师又1个团以主力向石塘一带推进，企图配合新圩之敌，会攻红军后续部队。红军后卫第三十四师和第六师的第十八团面临被敌切断的危险。因此，如何保住湘江渡口，组织湘江以东各军星夜兼程过江，就成为当时的严重任务。

12月1日，是湘江战役最激烈的一天。凌晨1时半，中革军委向全军下达了紧急作战命令。命令红军主力消灭由兴安、全州向界首进攻之敌，钳制桂军及由东尾追而来的周浑元部，保证我军后续部队于2日早渡过湘江。命令规定红一军团“全部在原地域有消灭全州之敌由朱塘铺沿公路向西南前进部队的任务，无论如何要将由汽车路向西前进诸道路保持在我们手中。”命令规定红三军团“应集中两个师以上的兵力在汽车道及其以西地域，有向南驱逐光华铺之敌的任务，并须占领唐家市及西山地域。”命令规定红五军团“主力应向麻子渡前进，并有扼阻桂军及周敌追击部队之任务。被切断的部应自动的突围向麻子渡前进。”

2

紧急作战命令下达后的两小时，即

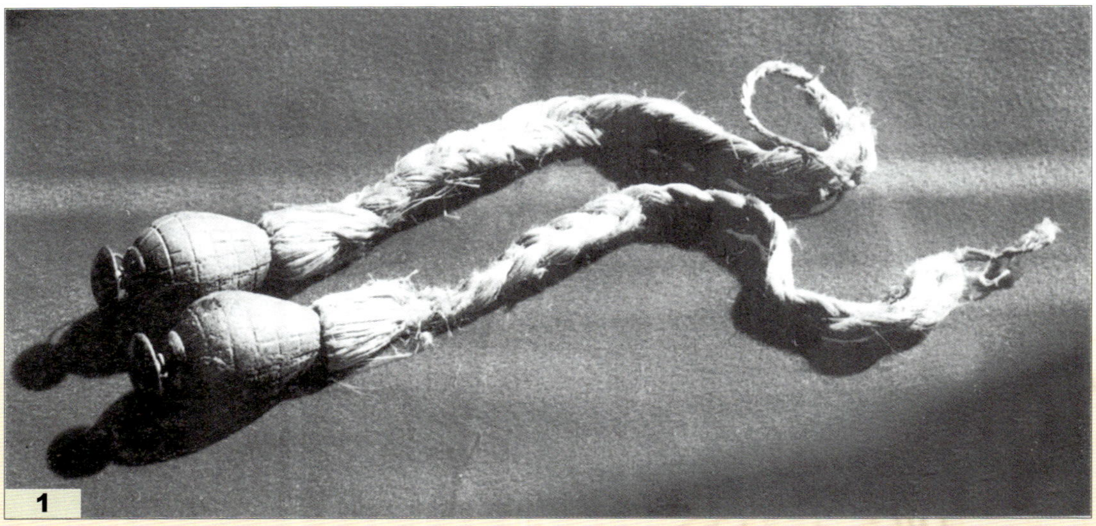
1

2

当日凌晨3时半，中共中央、中革军委、红军总政治部又下达了一定要保证执行上述命令的指令给红一、红三军团，指出："一日战斗，关系我野战军全部西进，胜利可开辟今后的发展前途，否则我野战军将被敌层层切断。"这一仗，"我们不为胜利者，即为战败者，胜负关系全局，人人要奋起作战的最高勇气，不顾一切牺牲"，"消灭敌人进攻的部队，开辟西进的道路，保证我野战军全部突过封锁线。"

接到命令的红军各部都在进行战斗动员和战斗准备，这是一个让人无法入眠之夜，红军已面临生死存亡之战。凌晨，北上的国民党桂军和"追剿"军在飞机的支援下，向中央红军各部队发起全线进攻，妄图夺回渡口，围歼红军于湘江两岸。战场上，硝烟弥漫，杀声震天。红军广大指战员，坚决响应中共中央、中革军委、红军总政治部的号召，发扬英勇顽强的战斗作风，不顾一切牺牲，同敌军展开激烈拼搏，用刺刀、手榴弹打垮敌军整连、整营一次又一次的冲击。在红一军团10多公里的阻击线上，战斗主要在脚山铺进行。开始，敌人猛攻红三团阵地，红三团连续打了几次反冲锋。敌转而猛攻红一、红二师的结合部，并突进二三公里处，迂回到红三团背后，包围了红三团两个营。激战中，红军1个营从右边冲出，幸而脱险，另1个营突错了方向，正逢敌群，被敌人分割成许多小股，后来大多数得以突围归队。敌人从红军结合部突入后，红二师也面临被包围的危险。直至中午，

1 红军长征时使用过的马尾手榴弹

2 红军过广西时留下的手榴弹

3 突破湘江封锁线地区略图

红一师和红二师才交替掩护，边打边撤，迟滞敌人。这时，不断传来红军后续部队接近湘江、或渡过湘江；接近湘桂公路，或跨过湘桂公路的情况。几乎每个消息，都要求红军坚持战斗，把敌人拖住。每一个红军指战员都深深懂得，此时此刻，每拖住敌人1分钟，都有极其重要的意义。红一军团的红一、红二师的战士边战边退，敌人拼命追击，加上天上飞机的轰炸，他们每走一步，几乎都要付出血的代价。但是，为了保障后续部队右翼的安全，他们忘我地战斗着。

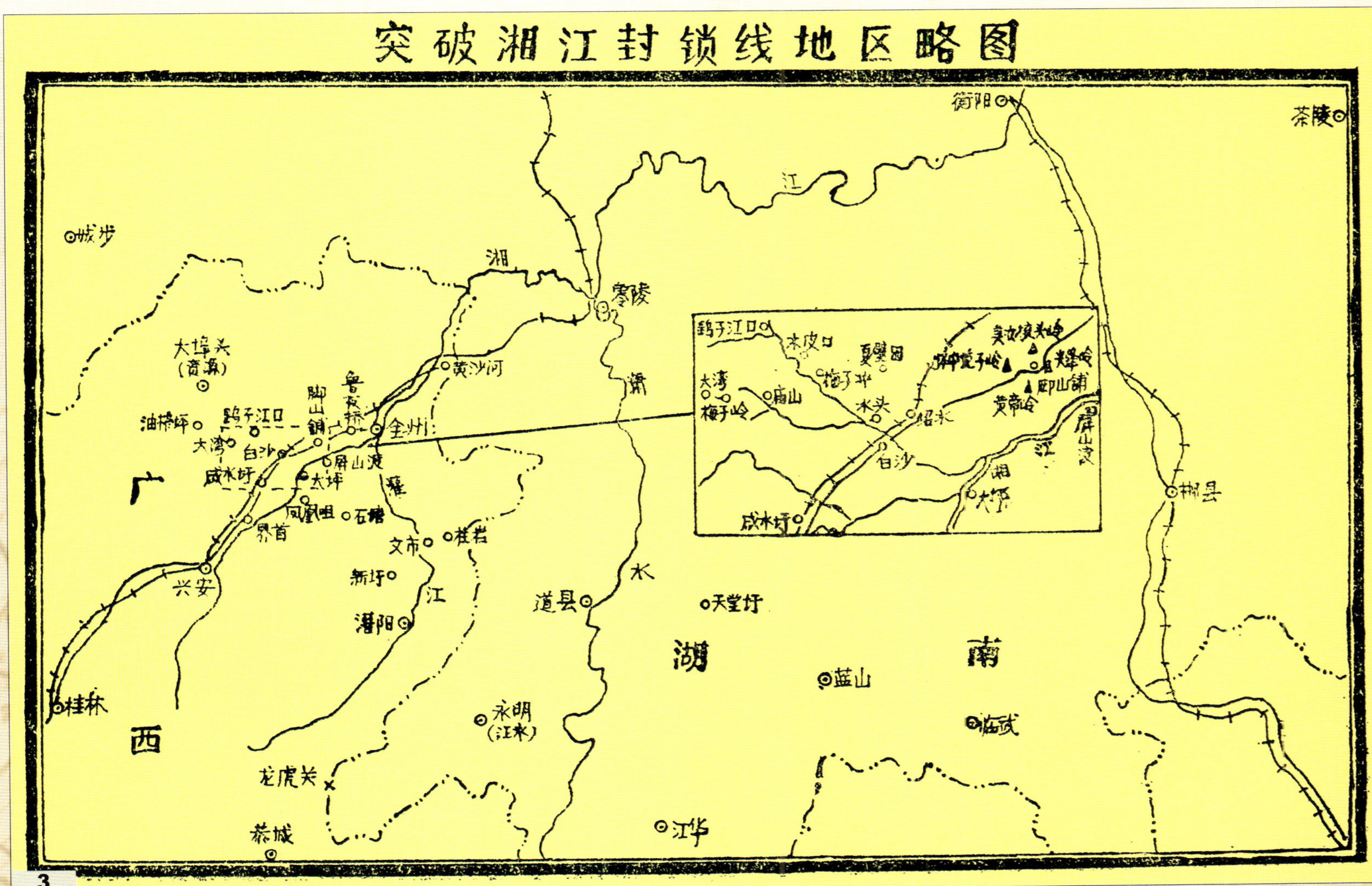

3

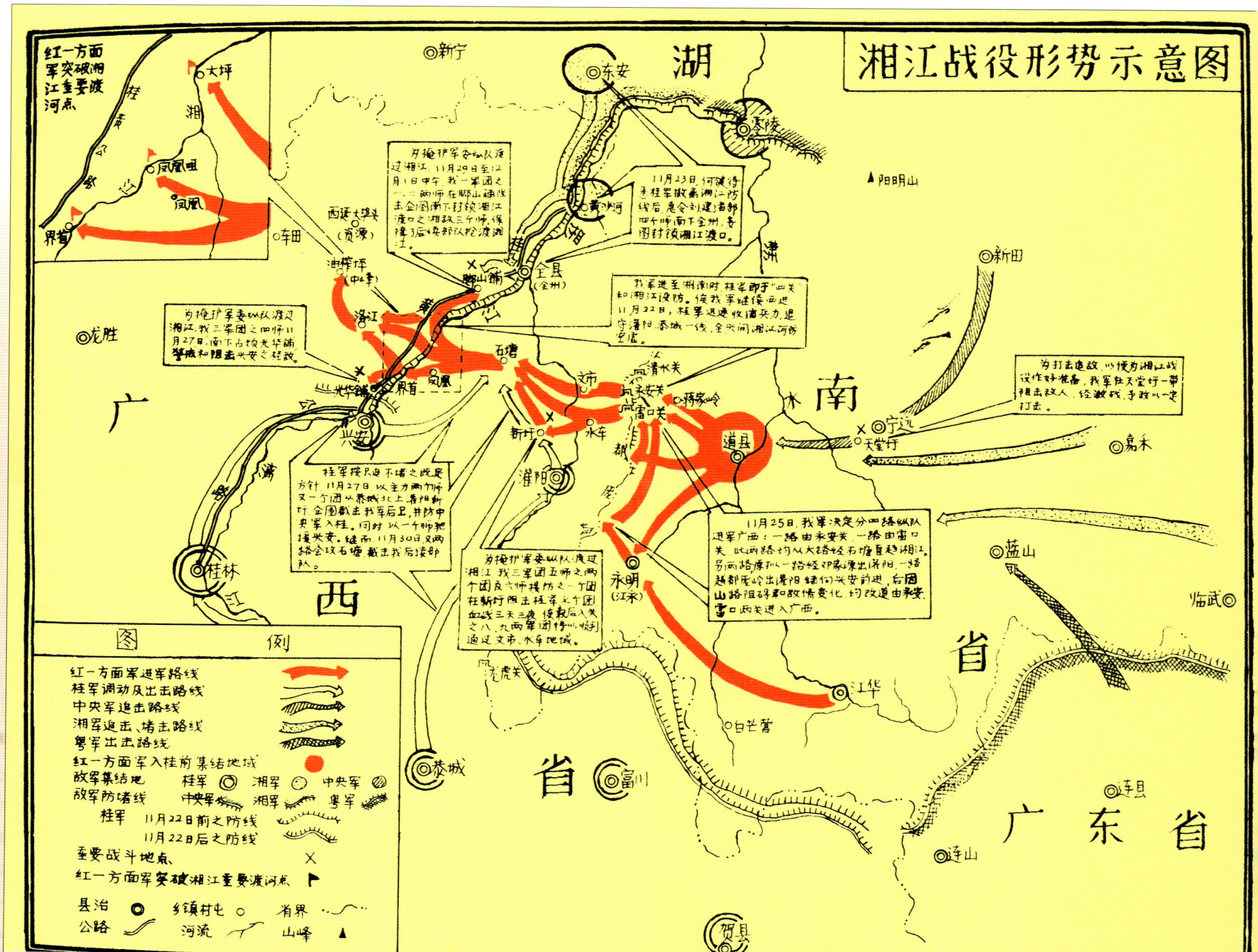
湘江战役形势示意图
红一方面军突破湘江重要渡河点
大坪
凤凰咀
凤凰
界首
车田
新宁
东安
零陵
阳明山
西延大埠头（资源）
油榨坪（中峰）
为掩护军委纵队渡过湘江，11月29日至12月1日中午，我一军团之一、二两师在脚山铺阻击企图南下封锁湘江渡口之湘敌三个师，保障了后续部队抢渡湘江。
11月23日，何键得悉桂军撤离湘江防线后，急令刘建绪部四个师南下全州，妄图封锁湘江渡口。
黄沙河
脚山铺
全县（全州）
洛江
为掩护军委纵队渡过湘江，我三军团之四师11月27日，南下占领光华铺，警戒和阻击兴安之桂敌。
我军进至湘南时，桂军即于"四关"和湘江设防。俟我军继续西进，11月22日，桂军迅速收缩兵力，退守灌阳、恭城一线，全兴间湘江河防空虚。
新田
为打击追敌，以便为湘江战役作好准备，我军在天堂圩一带阻击敌人，经激战，予敌以一定打击。
龙胜
石塘
光华铺
界首
凤凰
文市
清水关
永安关
雷口关
蒋家岭
道县
宁远
天堂圩
嘉禾
广
南
兴安
新圩
水车
灌阳
桂军按"只追不堵"之既定方针，11月27日，以主力两个师又一个团从恭城北上灌阳新圩，企图截击我军后卫，并防中央军入桂。同时，以一个师驰援兴安。继而，11月30日，又两路会攻石塘，截击我后续部队。
11月25日，我军决定分四路纵队进军广西：一路由永安关，一路由雷口关，此两路均从大路经石塘直趋湘江。另两路原拟一路经邓家源出灌阳，一路越都庞岭出灌阳，继向兴安前进，后因山路阻碍和敌情变化，均改道由永安、雷口两关进入广西。
桂林
西
为掩护军委纵队渡过湘江，我三军团五师之两个团及六师接防之一个团在新圩阻击桂军七个团，血战三天三夜，使我后卫之八、九两军团得以顺利通过文市、水车地域。
永明（江永）
蓝山
临武
省
龙虎关
江华
白芒营
恭城
省
富川
广东省
连县
连山
贺县
图例
红一方面军进军路线
桂军调动及出击路线
中央军追击路线
湘军追击、堵击路线
粤军出击路线
红一方面军入桂前集结地域
敌军集结地 桂军 湘军 中央军
敌军防堵线 中央军 湘军 粤军
桂军 11月22日前之防线
11月22日后之防线
重要战斗地点
红一方面军突破湘江重要渡河点
县治 乡镇村屯 省界
公路 河流 山峰
1

1 湘江战役形势示意图
2 湘江战役旧址

红三军团担负着左翼掩护，其第六师第十八团在新圩红树脚、第四师在光华铺地域和赶赴新圩的第十四、第十五团与桂军进行了激烈的战斗。桂军先用排炮向红军阵地猛轰，然后以夏威部的两个师轮番进攻，并以小部队迂回袭击。担任阻击任务的红军指战员虽都希望红军后续部队快一点渡江，尽可能减少伤亡。但是，钢铁般的红军战士在没有完成阻击任务以前，是决不会下火线的。他们在“只要还有一个人，就不能让敌人进到新圩”的誓言下，与数倍于己的敌人浴血苦战，虽付出重大牺牲，但终于阻止了敌人的进攻，保证了红军后续部队左翼的安全。

至当日17时，中共中央机关和红军大部渡过了湘江。至此，湘江战役结束。但红五军团第三十四师和红三军团第六师第十八团都没能渡过湘江，当他们完成掩护任务正要通过湘江时，却受到敌军重重包围，被隔断于湘江以东，与围攻之敌进行了英勇的战斗，予敌以重大杀伤，但终因寡不敌众，弹尽粮绝，大部壮烈牺牲，为中国人民的解放事业立下了不朽的功勋。红三十四师师长陈树湘负伤被俘后，大义凛然，拒绝饮食，并乘敌不备，用手从腹部伤口处绞断自己的肠子，壮烈牺牲。

2

湘江战役，是中央红军长征以来进行的一次最艰苦、最激烈的血战。国民党军投入中央军和湘、粤、桂三省地方军队共达26个师近30万人，敌我力量十分悬殊，加之“左”倾领导人的错误决策又造成了红军的全盘被动，但在这

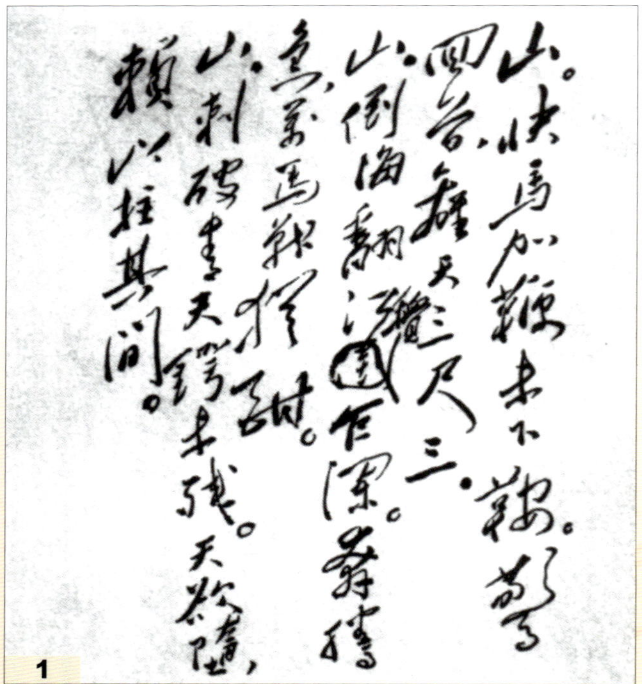

1

种险恶的情况下，红军广大指战员以高度的政治热情和英勇的献身精神，与优势之敌浴血奋战5昼夜，终于突破了敌军重兵设置的第四道封锁线，保护中共中央领导机关安全渡过湘江，粉碎了蒋介石围歼中央红军于湘江以东的企图。但是，由于博古、李德等人的错误指挥，红军也付出了极为惨重的代价，部队由出发时的8.6万余人锐减至3万多人。这是博古、李德等人实行逃跑主义所造成的严重恶果。

红军渡过湘江后，即向越城岭及其以西的西延地区（今资源县境）前进，准备在西延地区休整一、两天，以便集结兵力，继续前进，即从大埠头出湖南城步，再去和红二、红六军团会合。12月2日，军委纵队翻过越城岭的三千界，到达护卫岭；右翼红一军团进到越城岭北部、青坪界以东的尧家塘、清水江一带；左翼红三军团在越城岭以南的鲁塘、洛江至炜（华江）一带；红九军团在红一军团掩护之下，前进到油榨坪一带；后卫红五军团在军委纵队之后、越城岭以东的南宅、蕉川一带；红八军团过江的部队分散在红一、红五、红九军团所在地区。因为刚刚经过湘江战役，部队疲劳，序列不整，所以，为保证在西延地区的休整顺利进行，中革军委作了周密部署，令红一军团负责阻击全州方向的追敌并警戒梅溪口、新宁方向，红三军团扼阻兴安方向的桂军，红五军团阻击界首、咸水、白沙铺方向之敌。

此时，国民党军为阻止红军北出湘西与红二、红六军团会合，急忙调整部署：以原“追剿”军第一、第四、第五路军等部编为第一兵团，刘建绪任总指

2

1 毛泽东的《十六字令·山》，写于1934年至1935年长征途中

2 中央红军过蓝山县大汉口村时，逢两家失火，官兵灭火后救济每户30枚银元。图为灭火后的房子

3 老山界主峰猫儿山，红军从江西出发以来翻越的第一座高峰（盛久永 摄）

3

挥，下辖7个师；原“追剿”军第二、第三路军编为第二兵团，薛岳任总指挥，下辖8个师又1个支队。两个兵团分别由黄沙河、全州一带向新宁、城步、绥宁、靖县、会同、芷江地区开进。同时，令黔军王家烈部在锦屏、黎平一带堵击红军；桂军以一部兵力对红军实施尾追，企图围歼红军于北进湘西的途中。桂军也对其所属的两个军5个师重新进行编组：以第十五军副军长夏威为第一追击队指挥官，下辖第四十三、第四十四师；第七军军长廖磊为第二追击队指挥官，下辖第十九、第二十四师；第四十五师留守后方。桂军第一追击队在红军左后方追击，第二追击队进驻龙胜。从表面上看，桂军似在紧密配合行动，实则其目的是力逼红军尽快脱离桂

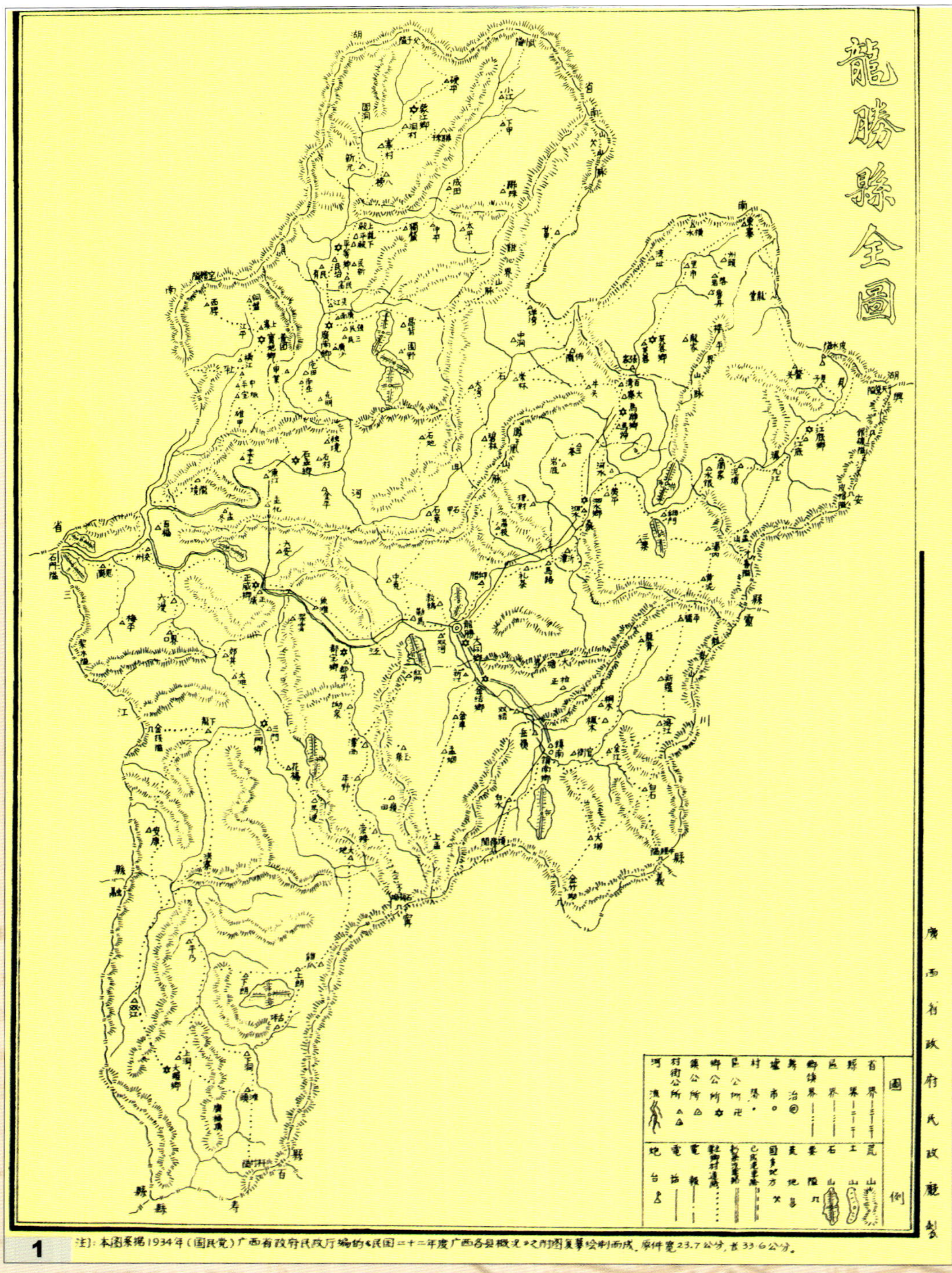

1 注：本图系据1934年（国民党）广西省政府民政厅编的《民国二十二年度广西各县概况》之附图复摹绘制而成。原件宽23.7公分，长33.6公分。

境，并防止红军在城步受阻后回师龙胜、三江，以威胁广西重镇柳州。

正在西延地域集结，准备休整的红军，很快获悉敌情新的变化。中共中央、中革军委仍决定西进，准备北出湘西与红二、六个团会合。12月3日，中革军委决定放弃从西延地域出湖南城步的打算，向西深入越城岭山区。命令红军决定脱离敌人，继续西进。当日，红一军团以第一师控制土地坳、大埠头地区，第十五师集结油榨坪地区；红三军团移到广塘、水埠塘、雷霹州地区；红九军团集结于油榨坪地域，并警戒青坪界方向；红五军团集结于清和岭、洛江、三千界地区；军委纵队一部移到佘家坪、石丘坪地区，一部仍留枫木。

12月4日，中革军委又决定中央红军进至通道以南及播阳所、长安堡地区。翌日，中央红军以一部兵力阻击追敌，主力分左右两路，沿湘桂边界继续西进。下午，中央领导机关所在的军委第一纵队开始翻越老山界。

1 1934年广西龙胜县全图

2 红军长征期间出版的《红星》报

1935.10 1935.11 1935.12 1936.01 1936.02 1936.03 1936.04 1936.05 1936.06 1936.07 1936.08 1936.09 1936.10

这是中央红军长征以来翻越的第一座高山。它是越城岭山脉的中段分支，为今广西资源和兴安两县的分界，山势呈西南向东北走向，南北长约21公里，东西宽约6公里，面积126平方公里。老山界北接雪峰山余脉，其主峰名猫儿山，海拔2140余米，是越城岭的最高峰。这里，群峰高耸，遍布悬崖峭壁，年平均气温只有9摄氏度，雨多风大雾浓，气候瞬息万变。红军走的路靠近主峰猫儿山，山路险陡，在很多悬崖绝壁之处，只有几根圆木搭成的栈道可以通过。长满青苔的栈道上没有护栏，人走在上面既晃又滑，不免头晕目眩。在险峻的雷公岩下，就有不少骡马失足摔死。除栈道、雷公岩外，还有许多险道，如百步陡、三跳等十余处。象百步陡，是在70多度的陡壁上，凿石为阶，石阶的另一面就是高达数十丈的悬崖，上山时，后人的嘴可以碰到前人的脚跟；下山时，后人的脚会踩着前人的头顶，由于它有108级，所以又名108步。这是红军从江西出发以来最难行的一段路程，由于山高路陡，大军拥塞，红军行动非常缓慢。但是，红军广大指战员不畏艰险，冒着敌机的威胁和民团的袭扰，勇敢前行。当晚，红军指战员只得就地栖息在山壁弯曲的小径上。经过广大指战员的奋力攀登，终于在第2天下午胜利越过

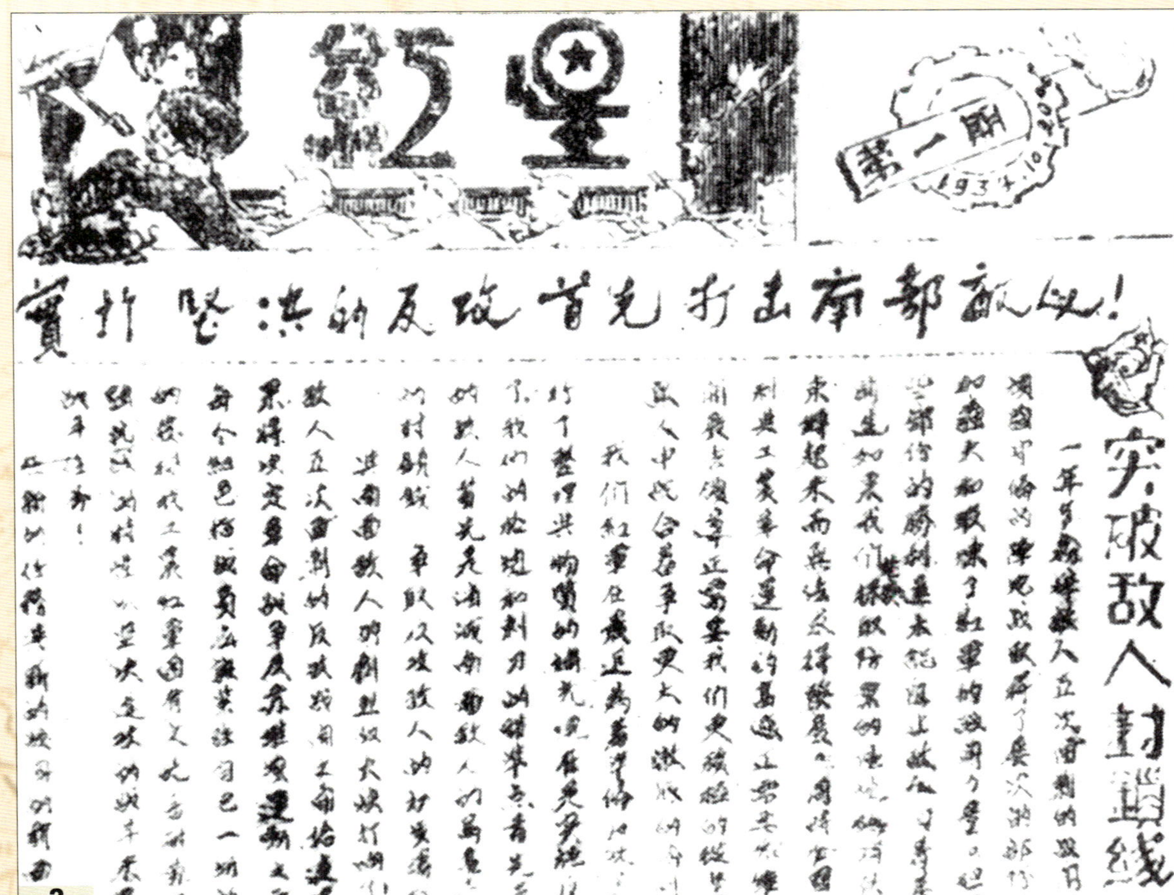
红星
第一期
實行堅決的反攻首先打击南部敵人！
突破敌人封锁线

2

老山界。当红军到达资源的塘洞和源头时，当地百姓知道了红军是从老山界上翻过来的，莫不为之惊叹。当日，军委纵队进到龙胜县境。

当军委第一纵队翻越老山界时，右翼的红一军团主力及红九军团由老山界以北的小地、五排、水打铺进至社水地区；左翼红三军团由千家寺以南绕过老山界进至中洞；军委第二纵队脱离红三军团，随军委第一纵队之后，向老山界进军；而红五、红八军团作为全军的后卫进至老山界之西的水埠塘、千家寺、雷霹州一带。12月5日，国民党桂军第一追击队的第四十三师从司门方向追来，在民团的引路下，经山间小道突然偷袭红五军团指挥机关所在地千家寺，红军仓促应战，边打边往老山界方向撤退。战斗中，红五军团第三十八、第三十九团被截断，后来他们分别突围，追上了主力。

1

红军继续西进之后，敌调整部署，国民党“追剿”军总司令何健命令刘健绪第一兵团7个师置于红军往湘西的前进方向城步、绥宁，薛岳第二兵团8个师又1个支队，经由洪江迅速出会同、靖县，企图配合黔军、桂军围歼红军于湘、桂、黔边区。

1 龙坪红军楼

2 桂军第七军十九师五十五团一年来工作概述中的河口战役战斗要图

桂军除命令夏威第一追击队的两个师在红军右后侧尾追外，又命廖磊第二追击队的两个师，以第十九师先于红军进驻龙胜，第二十四师进驻义宁。

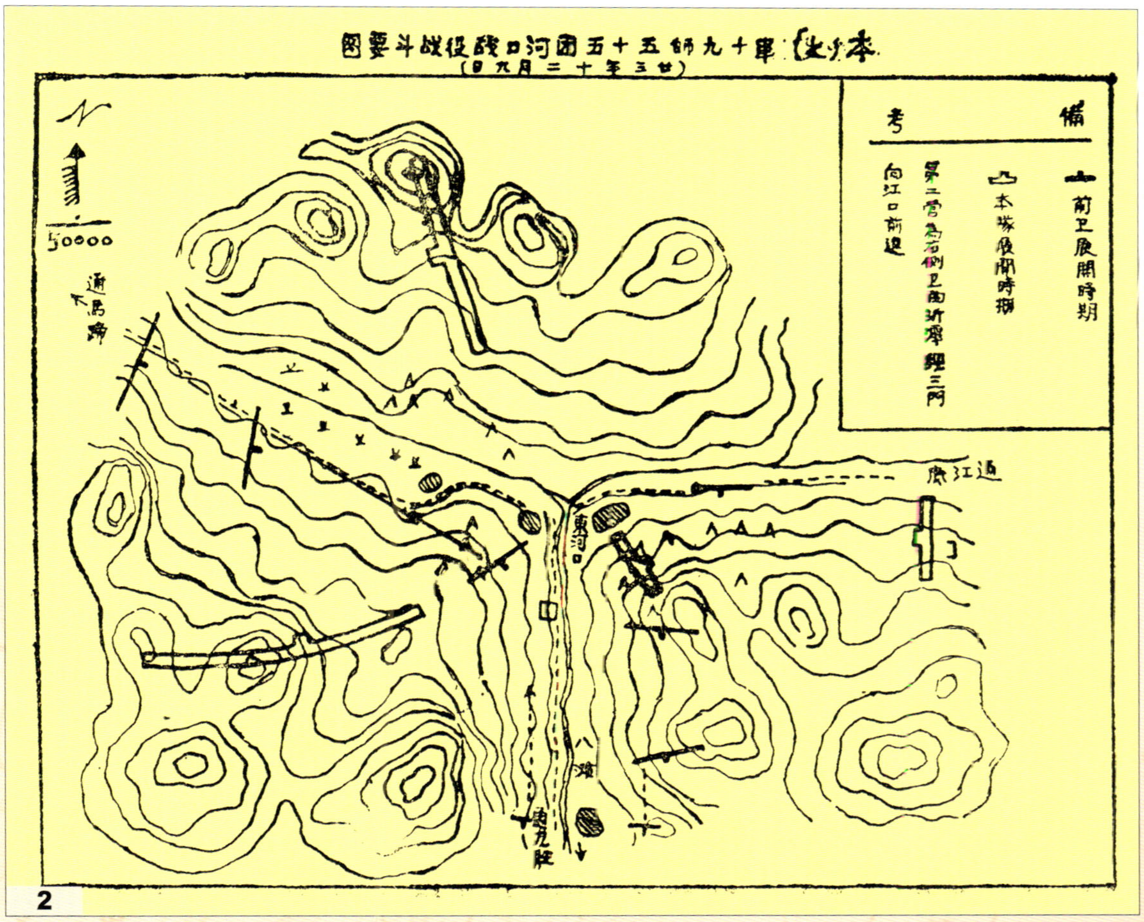

2

至12月8日，红军军委纵队已西进至东寨、坳头和黄强地域；右翼红一军团西进至鸡公界、甘蔗水地区和江头司、横水寨地区；左翼红三军团推进至马蹄、河口地区。这时，中革军委已获悉湘军主力正向新宁、武岗、绥宁、靖县，洪江运动中，判断湘军主力“拟追我入黔”，决定红军9日继续西进。这时，红三军团正推进至马蹄、河口地域。进驻龙胜县城的桂军第二追击队的第十九师沿浔江而上，企图截进红军。红三军团遂以一部在泗水至马蹄一带阻击敌人。双方在水牛塘、大鸟坳、八滩、万人界等地发生战斗，红三军团击退桂军，保证了军委纵队顺利通过马蹄以北之桂、湘边境。

12月8日以后，红军继续在越城岭山区西进。在越城岭的西延、龙胜地区，居住着苗族、瑶族和侗族，该地区经济、文化比较落后。红军来到这里时，由于民族隔阂和国民党特务的造谣，不少群众逃到山上，给红军增加了困难。12月10日，红军在龙坪、广南城、平溪和流源等地宿营时，潜伏的特务纵火烧毁房屋，并嫁祸于红军。红军广大指战员奋不顾身，扑灭了大火，并对受灾的群众进行救济和帮助。在救火中，红军抓获了几个纵火犯，经公开审判，揭露了国民党派遣特务的罪恶行径，使广大群众明白了事情的真象。当初害怕红军而逃进山里的群众纷纷返回村庄，许多青壮年还积极参加了红军。国民党弄巧成拙，搬起石头砸了自己的脚。

12 月 10 日，红军军委纵队到达桂、湘边界之龙坪和广南城，即将进入湘西南时，左翼红三军团，右翼红一、红九军团先头部队，已前出至湖南通道东南及以南和长安堡地域。此时，湘军第六十三师已到绥宁，第六十二师亦将赶到，有由绥宁以南及向通道截击红军的可能。桂军第二追击队的第二十四师已由义宁（今临桂县五通镇）进抵龙胜瓢里，并继续沿大路由南而北推进。为保障军委纵队安全进入湘西南，红军左翼红三军团以 1 个团急速赶到石村河口占领阵地，另以1个团进至独境布防。从10日至11日，红军与桂军在河口至独境一带展开战斗，红军以伤

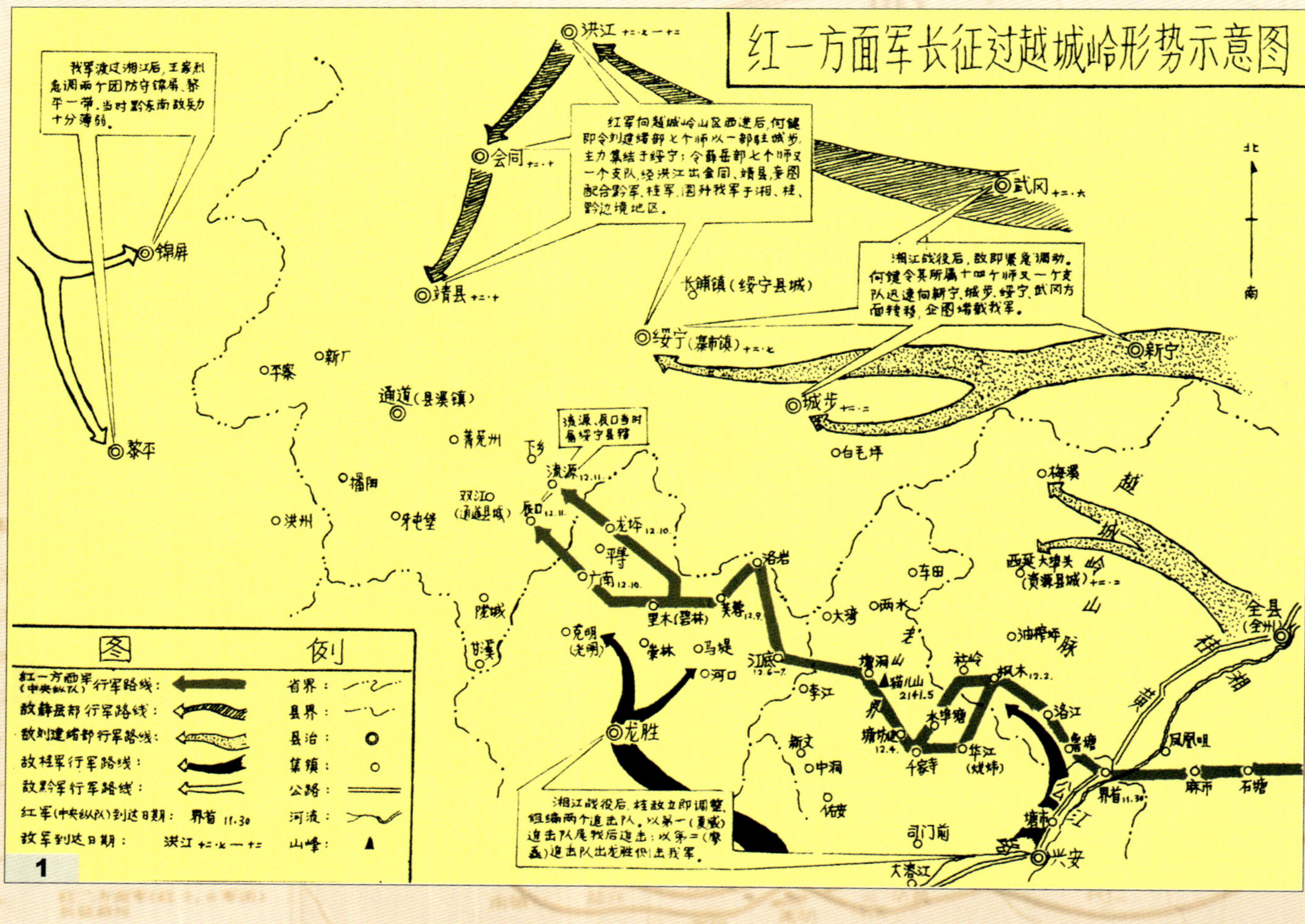

1 红一方面军长征过越城岭形势示意图

2 长征中红军政治部提出的“对苗瑶民的口号”

亡30余人的代价，击退桂敌，保卫了军委纵队和红军主力安全通过桂、湘边界的平等一带地区。10日23时，中革军委给中央红军各军团发出电令，决定翌日“继续西进”，对进军湘西南作了部署：命令右翼红一军团主力及红九军团进占通道及其东面和以南地域，先头侦察部队前进至岩鹰坡，向新厂、马路口方向侦察。命令还指出：如通道已有湘敌开到，且有强固工事，则红一军团主力及红九军团应进至通道以南及东南地区，并控制瓜坪以北及地阳坪的西进道路，以掩护野战军通过。电令还要求左翼红三军团进至长安堡、陇城地域，派出先遣部队前出至团头所、头所地域，侦察通播阳所及黎平的道路。根据军委的部署，中央红军主力均于11日先后离开广西边境，经广西壕（指由广西龙胜县平等出湖南的山槽）进入湘西南，但其后卫部队还在广西内。

对苗瑶民的口号

1. 实行民族平等，在经济上、政治上苗人与汉人有同样的权利！
2. 实行民族自决，苗民的一切事情由苗人自己解决！
3. 苗人的首领由苗人自己选举，不要国民党军阀委派！
4. 苗人下山来与汉族工农共同□□□□土地财产！
5. 帝国主义、军阀、财富者是汉（族）工农与苗族共同的敌人！
6. 苗族与汉族的工农起来共同扫平国民党军阀的统治！
7. 反对苗汉民族的对立，只有苗族与汉族的工农一体，同心打倒共同的敌人，苗族才能得到彻底的解放！
8. 苗人自己武装起来，反对国民党军阀的压迫屠杀！
9. 收缴国民党军队及民团的枪械，组织苗族自己的红军！
10. 共产党是主张民族平等、民族自决、解放弱小民族的！
11. 红军是推翻国民党军阀统治的唯一武装力量，欢迎苗族兄弟加入红军！
12. 反对李宗仁、白崇禧和何键对苗人（瑶人）的一切苛捐杂税和差役！
13. 苗民要得到解放，不但要扫平军阀、财富者的统治，同时要肃清苗族内军阀、财富者的奸细！

2

当日，红军先头部队红一军团第二师占领通道县城。12日，红一军团主力和红九军团集结通道及其附近地域；红三军团主力进到长安堡地域，红五、红八军团由流源、辰口、麻隆塘之线西移；野战司令部、军委纵队到达芙蓉镇。当日，红军后卫部队离开广西，进入湘西南。13日，中央红军最后一支收容部队离开广西，进入湘西南。至此，中央红军于11月25日至12月13日，在广西经历了19天的战略转移。

广西

chang zheng

红六军团西征过广西

当红六军团于1934年8月下旬准备在湖南零陵附近抢渡湘江时，桂军即判断：红军如不能在零陵一带过江，则有可能转入广西，由上游渡过湘江。桂军十分惧怕红六军团进入广西或在广西建立根据地，故积极配合湘军行动，意在借湘军的力量把红六军团阻止于广西境外。因而当红六军团在湖南境内从阳明山南下到达嘉禾地区并向西疾进时，桂军马上进行紧急调动：令其第十九师驻守兴安的第五十五前出到湖南道县的蒋家岭，调黄沙河的第五十六团前往道县，调全县的第五十七团前往江华，调柳州地区第二十四师部队北上增援。此外，还令桂林、平乐、柳州等地民团在湘桂边境加紧修筑工事、设置路障、哨卡，企图将红六军团堵在广西境外。但敌人的部署并没有干扰红六军团的决心。他们仍欲进入广西，从上游渡过湘江，尔后拟经西延北出湖南城步，渡过湘江，向新化、溆浦地区发展，与红三军取得联系。为此，红六军团从嘉乐地区西进后，避开拦截之敌，快速西进，从江华、道县两敌接合部的新车渡过湘江上游支流的潇水，绕过桂军第十九师主力在道县、寿佛圩的防守地域，经达村、高明桥、三口铺，于9月2日进抵蒋家岭。当日，红六军团遭桂军第五十五团一个营及民团的阻击，红六军团前卫第五十二团当即展开，向敌发起攻击，激战4个小时，将敌击溃，在向纵深发展时，驻守道县和寿佛圩的桂军第十九师主力前来增援，为避免腹背受敌，红六军团遂撤出战斗，向沙田方向移动，并于当晚，在当地群众的引路下，向北经湘、桂交界的清水关进入广西。当晚占领灌阳县文村（今文市）。

1

9月3日，红六军团控制了灌江浮桥，主力顺利渡过灌江.这时，红六军团首长判断：位于蒋家岭地区的敌第十九师主力，很可能对红军尾追不舍，如不予其严重打击，将对以后行动不利。因此，军团首长决

1 红六军团政治委员王震

2 红六军团西征过广西形势示意图

1935.10 1935.11 1935.12 1936.01 1936.02 1936.03 1936.04 1936.05 1936.06 1936.07 1936.08 1936.09 1936.10

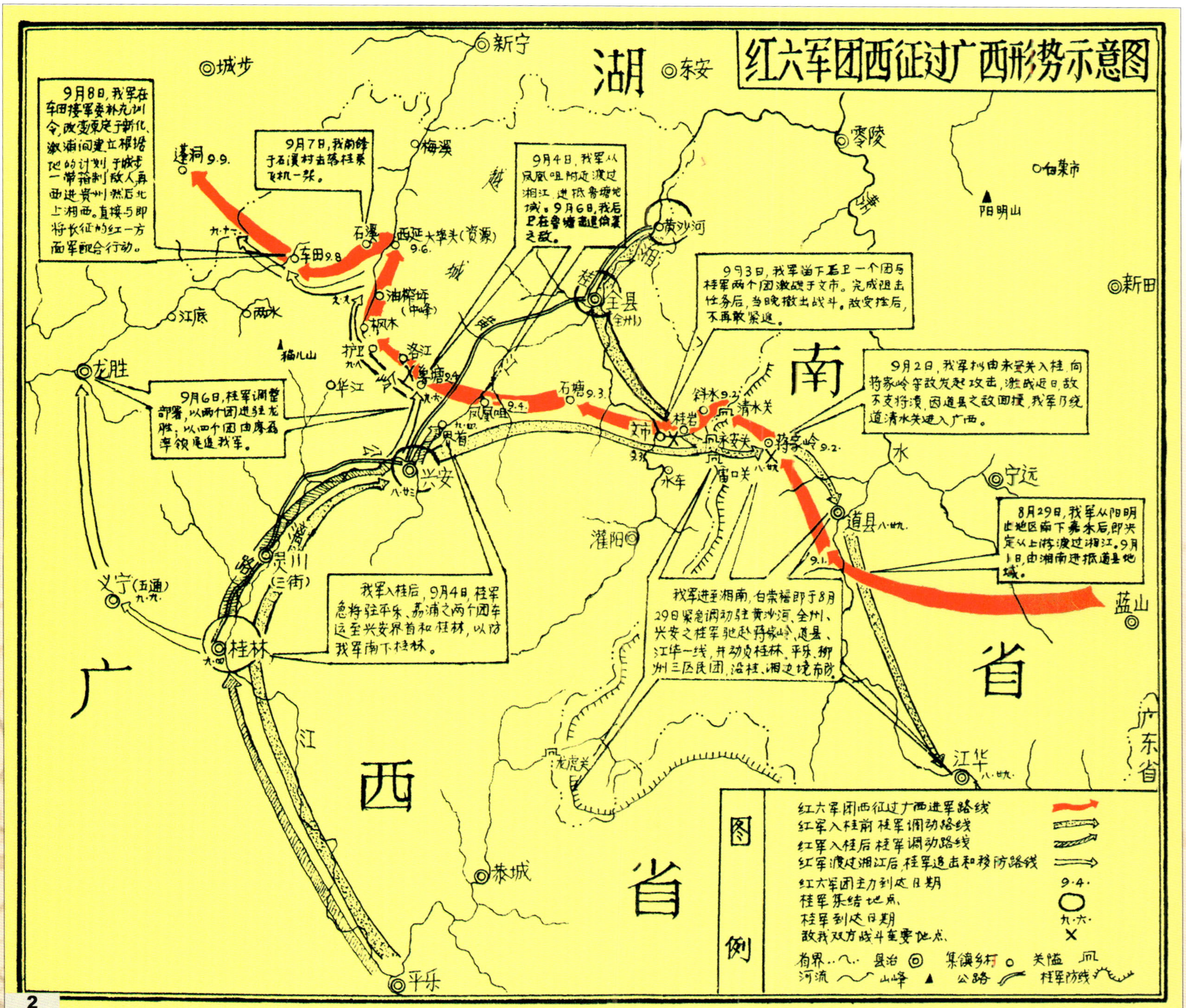

2

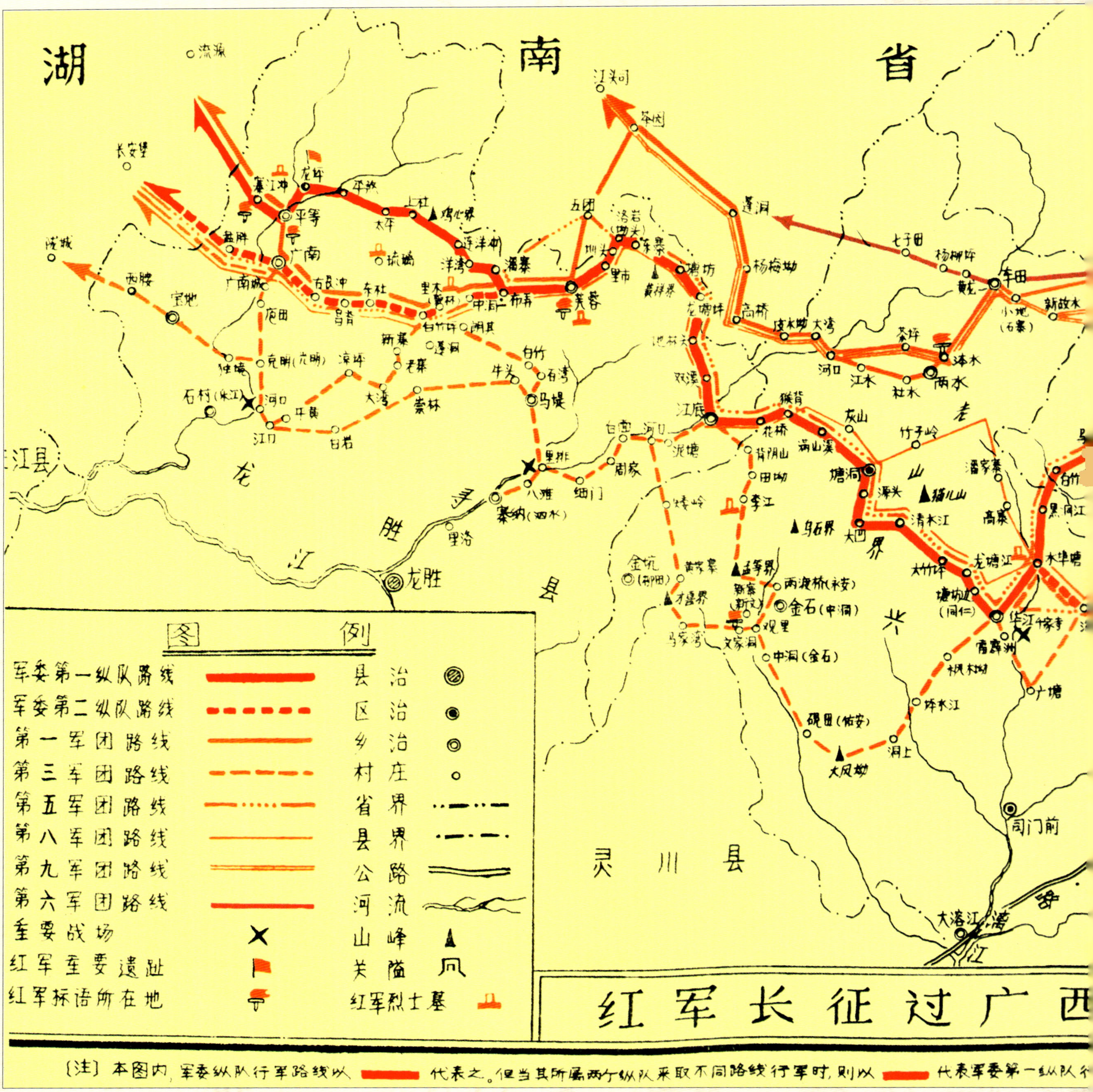

红军长征过广西路线图

定主力继续前进，以后卫第五十三团全部及第五十团1个营在文村地区占领有利地形，迎击该敌。果然，当日下午，桂敌第十九师两个团在师长周祖晃的率领下，连同湘敌第十六师一部气势汹汹地追来，于下午到达文市的灌江东岸，并在3架飞机的支援下，向红军发起猛烈攻击。红军沉着应战，打退了敌人的数次攻击，使其伤亡惨重。至黄昏时分，红军后卫部队已完成阻击任务，且桂军一个团亦由灌江上游渡河，企图侧击红军，于是红军阻击部队于当晚撤出战斗，追赶主力。敌遭此重创后，不敢再贸然行动，为红军尔后抢渡湘江创造了极为有利的条件。当晚，红六军团进抵广西全州之石塘地域，在余水田一带宿营。

当红六军团进抵文村时，湘敌刘建绪判断：红军在黄沙河上游渡河之可能为多，下流为少，红军若不出东安之白沙，大庙口趋新宁，便会出梅溪口趋城步。因此，

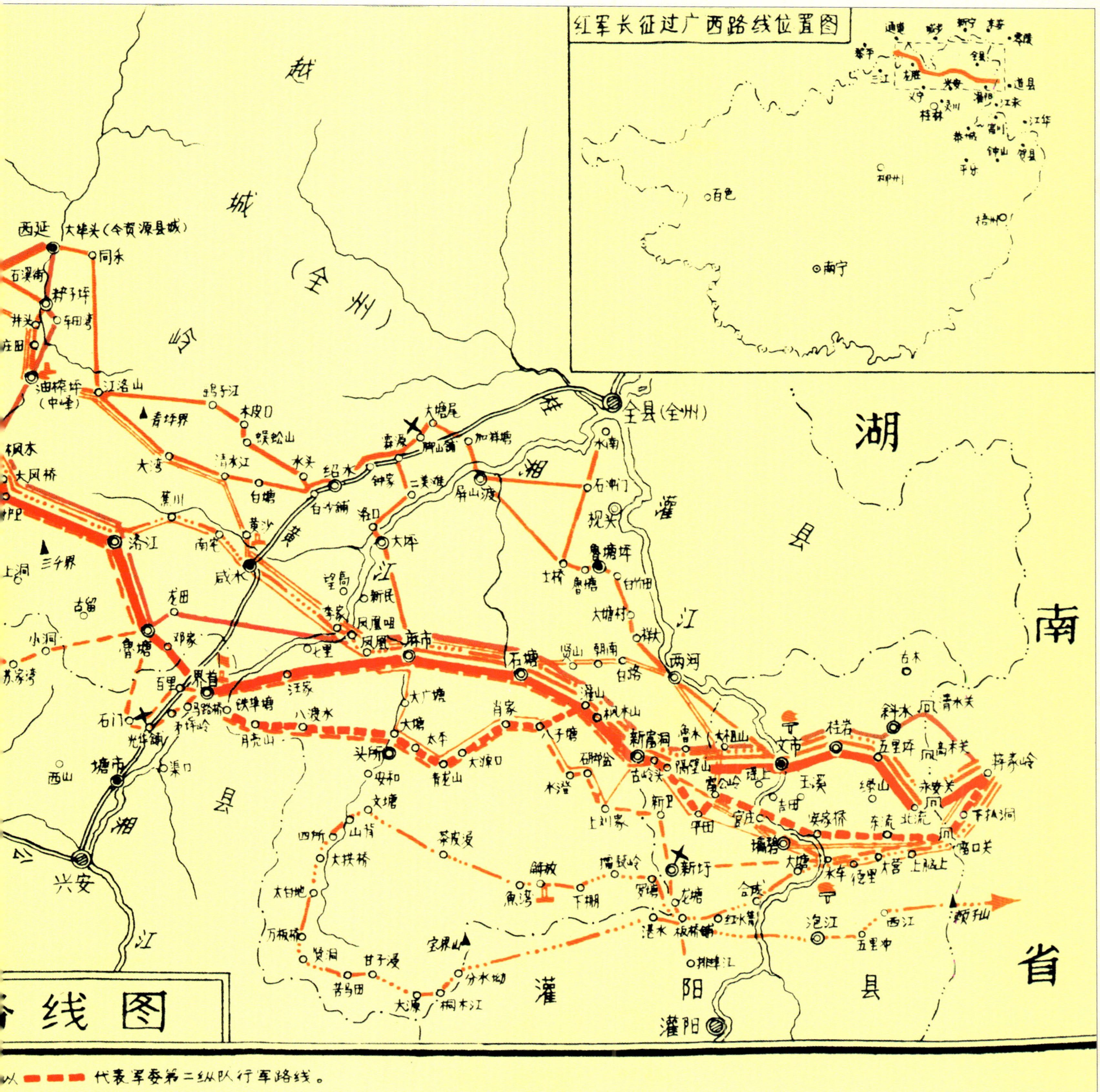

他选定黄沙河地区为预设战场，企图歼灭红六军团于这一地区。9月3日，中革军委获悉湘军的这个作战计划后，即以火急电通报给了红六军团。指出："在黄沙河附近或在全县地域渡河是不利的，因敌人占优势，地形不良，且临大河"，"六军团主力求于全县、灌阳及全县、兴安间渡河前进。应在全县以南之陈家卫、石塘、咸水口、山枣司，进至西延山地取得休息"。"你们再迟应于六日晨到达西延后，可停止休息，严密警戒，并继续侦察向横路岭、城步的路线"。

这时，红六军团距湘江仅20公里。从军委的电报和自身派出去的侦察了解到：从全州至兴安之间的湘江沿线，敌人防守力量极为薄弱，除全州驻有两个民团常备大队，兴安唐家司驻有一个民团常备大队外，60公里内的湘江已无兵防守；湘敌主力正向黄沙河地区调动；桂军第十九师主力遭阻击后，也不敢尾随紧追；敌第二十

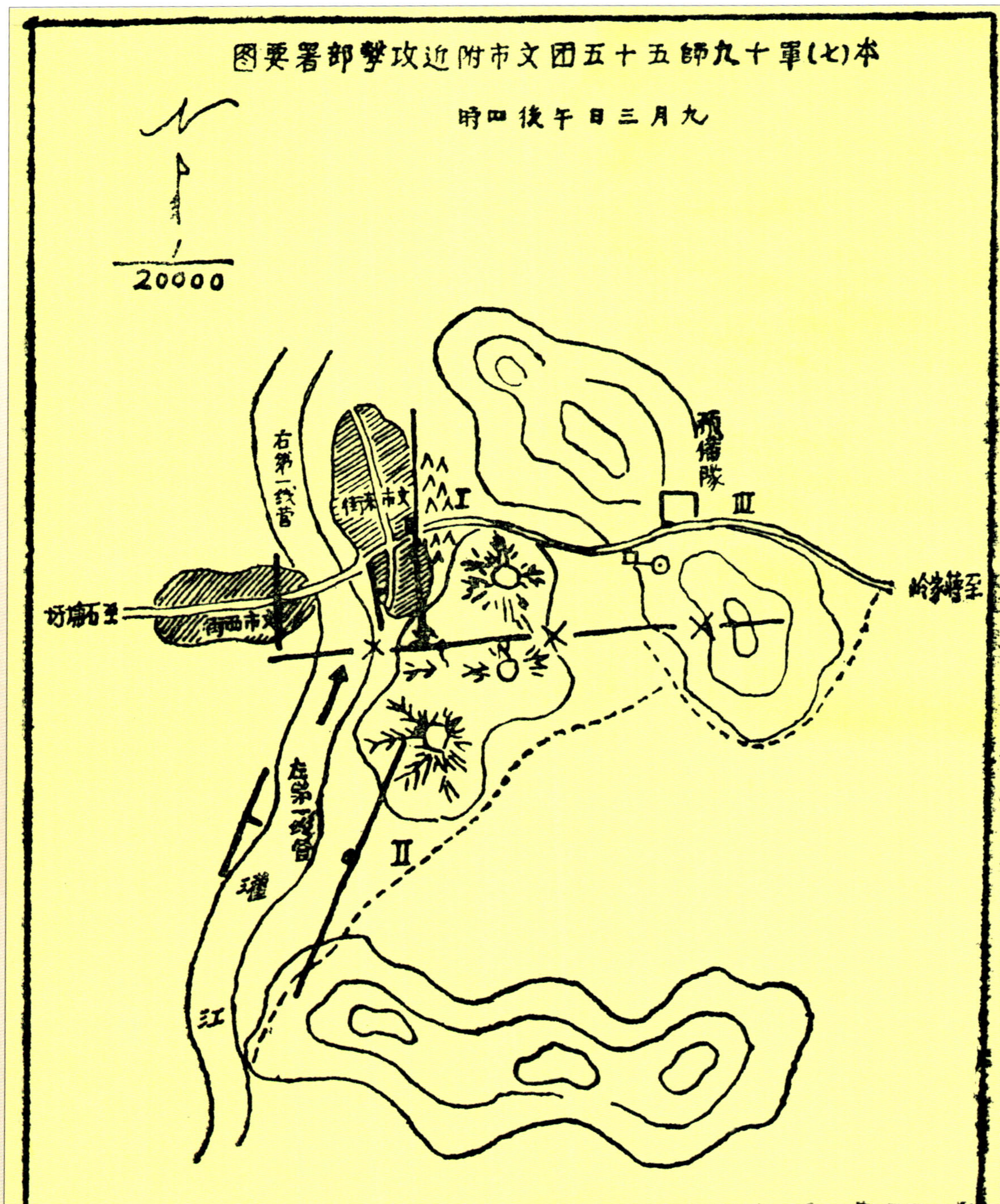

1

四师正由柳州向广西北部调动，但尚未到达。因此，桂军首领急调大量汽车，将驻于平乐的第七十团运往界首，驻于荔浦的独立团运往桂林，并以第七十一团的一个营驻防兴安。桂敌在湘江全县至兴安间防守的薄弱和补救措施尚未实现之际，正是红军抢渡湘江的大好时机。

于是，红六军团按照军委指定的路线，于9月4日从石塘地区出发，经麻市直达湘江之滨，在军团首长的正确组织指挥下，在凤凰嘴之董家堰，利用一条水深仅及腹部以下的卵石滚水坝，未发一枪一弹，全军安然渡过湘江。过江后，红六军团继续向西北方向挺进，并在靠近越城岭的鲁塘地区宿营。这时，桂军深恐红六军团南下兴安，威胁桂林，急将驻平乐和荔浦之两个团调至界首和桂林，以防阻红六军团南下。

1 桂军第七军十九师五十五团一年来工作概述中的文市附近攻击部署图

9月5日，红六军团接到中革军委电示："六军团为确实脱离尾追部队，取得休息，今日仍应向西北移至西延山地隐蔽集结，以便能在该地域实行伏击尾追之敌。"为执行军委命令，红六军团主力翻过越城岭之三千界，经路江、油榨坪，于9月6日进抵大埠头（今广西资源县城）地域。这时，红六军团后卫第五十一团一部在鲁塘地区打退了刚由阳朔乘汽车连夜赶来的桂军第二十四师第七十团的追击。尔后，红军后卫阻击部队绕道至路江，追上主力部队。但不幸的是，第五十一团团长张鸿基在盘龙岗指挥战斗时牺牲，长眠在广西的大地上。

红六军团主力进抵大埠头地区后，桂军深恐红军在西延、龙胜、三江一带建立根据地，乃由第七军军长廖磊在桂林制订新的"追击堵剿"计划，令第二十四师师长覃连芳率该师之第七十二团、第七十一团一营，以及独立团第二、第三营，由桂林进驻龙胜；令第七军参谋长郭凤岗由柳州率兵一部至三江，廖磊自率第十九师及第二十四师第七十团向西延尾追。

桂军为了掌握红军动向，连日派遣飞机对红军进行侦察，并散发反动传单。9月7日，红军前锋进抵大埠头以西之石溪村时，一敌机对红军作低空扫射，红军组织对空射击。红军第五十二团警卫排在齐射中打中了敌机，敌机被迫降于稻田中，飞行员二人下机逃命时，被红军击毙。红军宣传员及时将打下飞机的胜利消息编成了歌谣：

秋天太阳红似火，湖广山村树林多。
我军进入广西地，桂系军阀打哆嗦。
损兵折将追不上，晕头转向真难过。
敌机低飞吓唬人，红军不是好惹的。

1934.07 1934.08 1934.09 1934.10 1934.11 1934.12 1935.01 1935.02 1935.03 1935.04 1935.05 1935.06 1935.07 1935.0

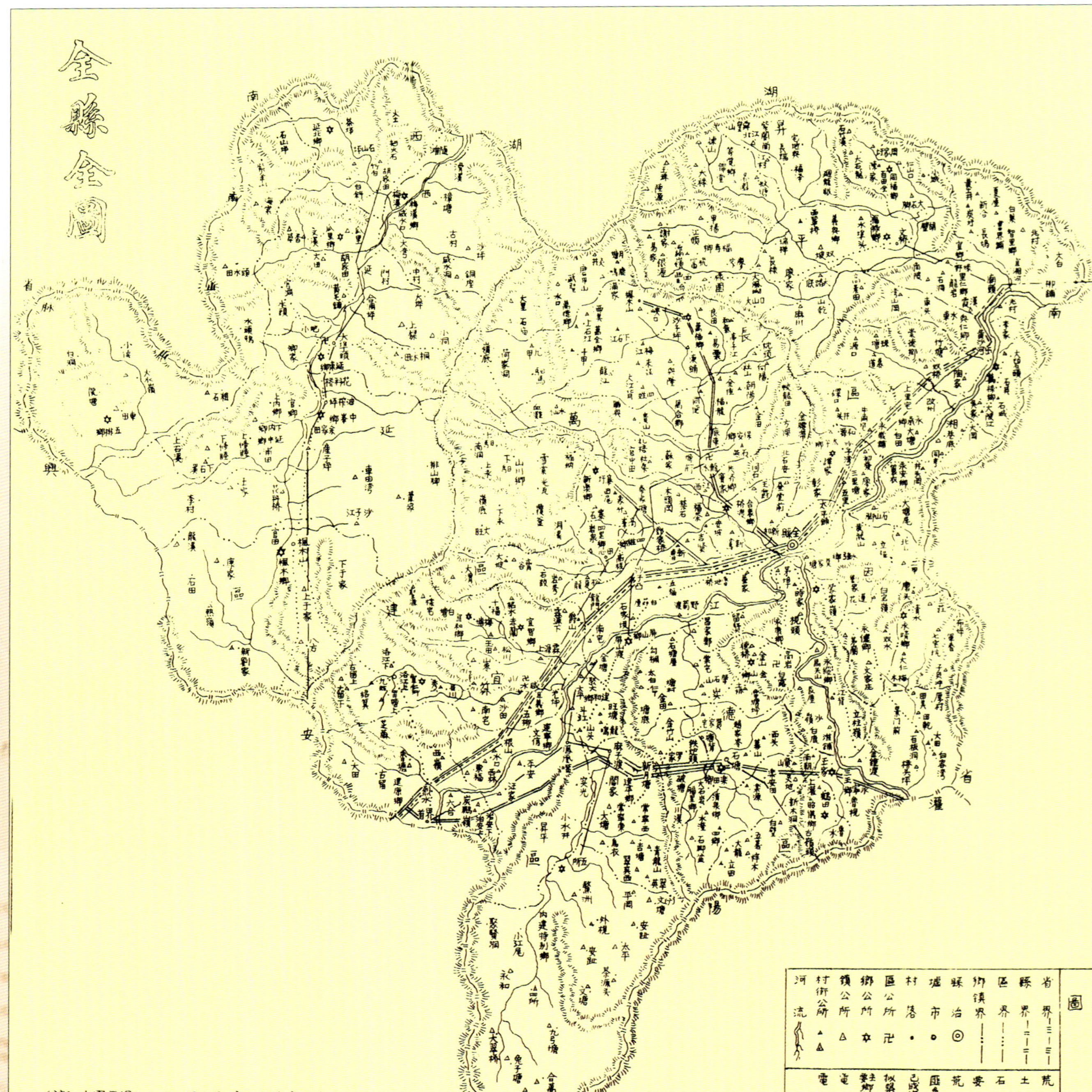

〔注〕：本图系据1934年（国民党）广西省政府民政厅编的《民国二十二年度广西各县概况》之附图复摹绘制而成。原件宽24.3公分，长32.7公分。

1

1 1934年广西省全县地图

2 1934年9月7日，红六军团在石溪村击落桂系飞机一架。这是飞机残骸和驾驶员使用的供氧设备

排长命令齐开火，敌机掉头撞山坡，
红军战士真英勇，打下飞机全军乐。
天上地下都不怕，麻痹大意要闯祸。

9月8日，红六军团在大埠头以西之湘桂边境车田接到中革军委的补充训令："目前敌人企图当我六军团在城步地域及城步北进时消灭我军"。"估计到上述条件，七月训令中关于在新化、溆浦之间山地建立根据地的指示，在目前是不利的"。"目前六军团行动最可靠的地域，即是在城步、绥宁、武冈山地。六军团应努力在这一地区内，最少要于9月20日前保持在这一地区内行动，力求消灭敌人一旅以下的单个部队，并发展苏维埃和游击运动。"尔后，应沿"湘、黔边前进，""即经绥宁、通道到贵州之锦屏、天柱、玉屏、铜仁，转向湘西之凤凰地区"。最后，在"凤凰、松桃、乾城、永绥地域建立巩固的根据地，其后方则背靠贵州，以吸引更多湘敌于湘西北方面。"十分明显，中革军委补充训令的主要意图，是要红六军团放慢向湘西进军的速度，暂时停留在城步、绥宁、武冈山地，积极行动，打击敌人，吸引与调动大量敌人，以策应即将举行战略转移

2

1934.07 1934.08 1934.09 1934.10 1934.11 1934.12 1935.01 1935.02 1935.03 1935.04 1935.05 1935.06 1935.07 1935.0

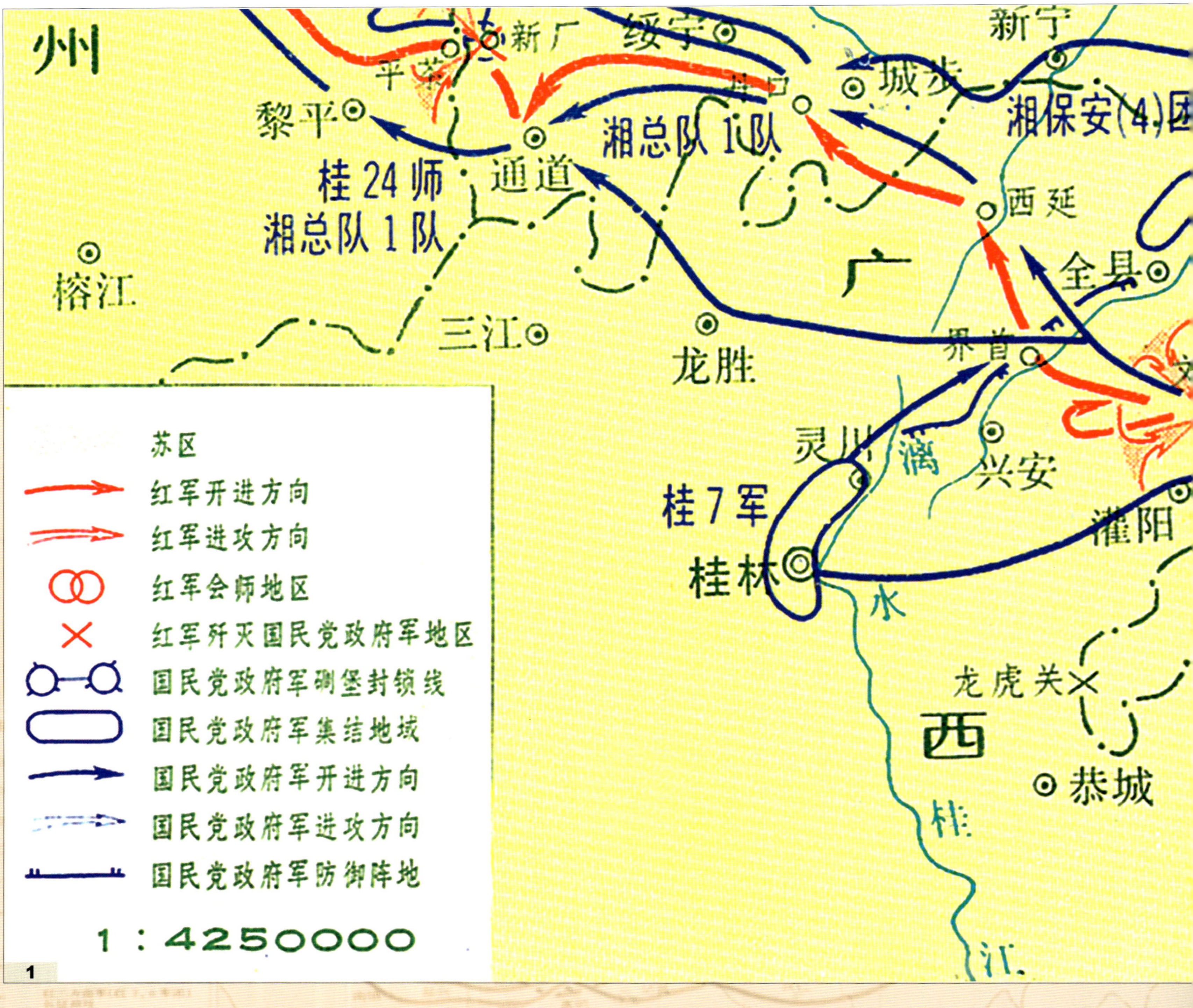

1 红六军团西征在广西作战示意图

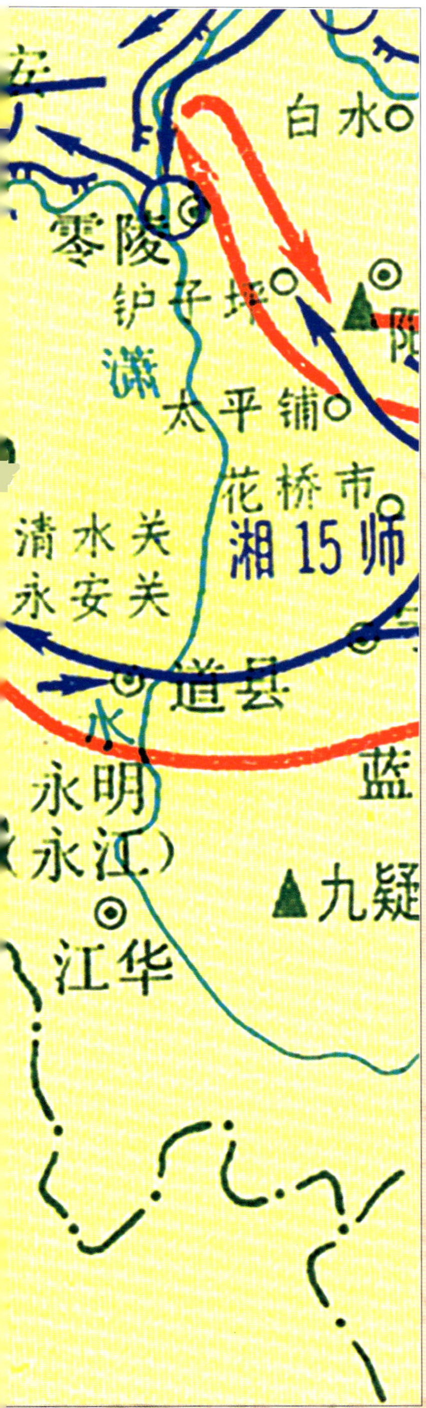

的中央红军的行动。

这时，湘军为了加强沿赣江及湘南地区的力量，防止中央红军向西突围，已将前敌总指挥刘建绪调回湘赣边区，敌第十五师、第十六师亦相继解除追堵任务调回湘赣边区。桂敌由第七军军长廖磊率领，除第十九师外，又将第二十四师调来执行追堵任务。这样，湘、桂两军用于追堵红六军团的兵力约计15个团。该敌正分路由武冈、新宁和西延、龙胜地区向城步方向急进，并出动飞机配合行动，企图歼灭红军于城步山区。

根据上述情况，红六军团决心迅速行动，乘敌尚未到达城步以前，首先进入城步以西地区，跳出敌人预定的合围圈，然后寻机歼敌，求得在城步、武冈、绥宁地区暂时立足。9月8日，红六军团一部由车田出发向西进入湖南，主力部队于9月9日进入湖南城步县的蓬洞，后卫部队于9月10日离开广西，随主力之后进至蓬洞。至此，红六军团全部胜利通过广西。

11日，桂军第七军军长廖磊汗流浃背地爬上桂、湘交界的大山（土名湖南大界）时，只见大界路边竖一木牌，上书："此是湘、桂交界之处，不劳桂军远送！"这是红军宣传员书写的木牌，廖磊和他的部下们无不垂头丧气，桂军的所谓"西延追击堵剿计划"顿成泡影。廖磊也不得不承认："匪众行军力量极强大，尤以爬山越岭为其特长。我军随后追剿，常有追赶不及之慨。"

红军打下飞机

朱家胜　红六军团老红军

我军由湖南西进广西，前有桂军堵，后有湘军追，上有飞机炸，堵追炸7天无结果，反而把敌人拖得疲劳不堪。我军士气高昂，一天走100余里，长驱直入，横扫桂北，威胁桂林，震撼南宁。桂系军阀眼见红军势如破竹，吓破了胆，埋怨地面部队无能，行动迟缓。战斗不力，干着急，像热锅上的蚂蚁，停不下也跑不掉。他们不甘束手待毙，成天发号施令，调兵遣将，也无济于事。地面部队已经证明靠不住，惟一希望空军救驾。飞机过去出动一二架，现在三四架；过去轮番往返之间还有点空隙，现在头批未走，二批已到；过去太阳出山飞来，现在天蒙蒙亮就在头上转圈。敌机所到之处，狂轰滥炸，连田间劳动的农民也不放过，人畜被炸死，禾苗炸毁，房屋炸平，人民的生命财产遭到严重损失。百姓怨声载道，红军指战员恨之入骨，要求惩罚广西军阀的呼声四起。可是有的同志信心不足，认为地面敌人好对付，张牙舞爪的飞机没有办法，只有伪装往深山沟土坑里躲。

9月初的一天，上午天气晴朗，风和日丽，我军向车田前进到达蔡家附近，金黄色的稻谷迎风摇荡快要收割，这里森林茂盛，百鸟争鸣，是典型的南方气候。敌机与往日一样，早早地跟在我们行军纵队的上空盘旋侦察扫射胡乱轰炸。这里的道路从森林中通过形成自然隐蔽地，我们没有躲避而在飞机底下行军。敌机猖狂得越飞越低，连驾驶员都看得一清二楚。掠过树梢机翼晃动，

1

1 “围剿”红军的国民党飞机

2 老红军童小鹏长征过广西时的日记之一

发出刺耳的怪声，加上扫射轰炸的巨响震耳欲聋，令人难忍，欺人太甚，大家骂声四起，五十二团警戒排的同志更加火冒三丈，摩拳擦掌喊打：“排长下命令打吧！”

“对！打它狗日的，赏它几发子弹，让它看看我们的厉害。”

“飞机是铁打的，没有炮步枪打不着，不要浪费子弹。”

“你不要泼冷水，我就不信，乌龟王八壳是硬的，它还有软档嘛！打中了要害它会掉下来。”

排长听了大家的意见，考虑了一阵说：“打飞机我同意，要想想怎样打法。”

“对！要打就要组织好，选择时机瞄准打，过去没有组织好各打各的，所以打不准。”

排长最后说：“打，给它个排枪。”立即看好地形，规定全排集中瞄准打。接着一架敌机从左往右飞，打了个排枪，没有打着飞走了，有些同志泄气了，连子弹也退出来了。排长见了同志们的泄气情绪鼓励说：“大家不要泄气，飞机来了还要打。”他是个聪敏排长，他总结经验说：“要改方法，刚才是横过的飞机难瞄准，现在要改变，飞机从正面来才打。”飞机不断在上空转圈，但没有能打的机会，正在着急时从正面飞来一架，越来越近，越飞越低，排长先告诉大家瞄准听口令，大家睁大眼睛盯住飞机瞄准。当飞机到步枪射击有效距离时，排长一声口令：“放!”一个排枪打中了，飞机冒着一条长长的火烟掉下来。正在行进的部队看到飞机掉下来，顿时沸腾起来，高呼胜利，飞也似的跑去看飞机。当我51团经过时前面去看的同志已经返回来了。我也跟去看了一阵。有个同志跑得上气不接下气说：“怎么搞的，飞机是铁的还着火？”返回的同志纠正说：“不是铁着火是烧的油。”走近飞机时有的人围上飞机转，有的用刺刀撬飞机上的铁皮说：“剥蒋介石皮，抽广西军阀的筋！”白灰色铁皮，螺丝钉，连机枪也拆下来了，还有老长的子弹，感到很新鲜，掂掂分量，敲打听听声音，谁也不愿丢掉。到了宿营地用铁皮做斗笠，做饭盒子，我要了一条铁皮安在草鞋鼻子上，草鞋穿破了鼻子还在，穿了几双草鞋还没有坏，有次夜行军忘记取下和破草鞋一起丢了。长期以来认为飞机是打不下的，这次打下了飞机，受到了巨大鼓舞。

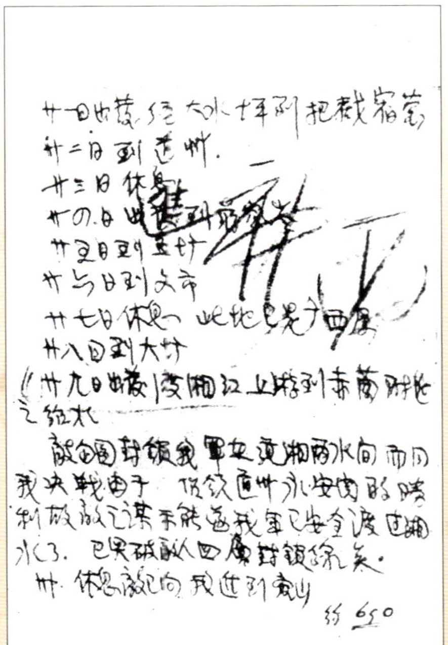
2

1

湘江之战

聂荣臻　红一军团政治委员

1934年11月30日，全军团展开阻击。一师是二、三团阻击，一团作预备队。二师是四、五团阻击，六团作预备队。敌人前锋为十六、十九师两个师的兵力。拂晓时的第一次冲锋，很快被我军打垮。在尖锋岭和美女梳头岭丢下了几十具尸体。敌人不甘心失败，又组织第二次冲锋。后来随着冲锋次数的增多，投入的兵力越来越多，在10多架飞机的掩护下，攻击也越来越猛。阵地上硝烟弥漫。我们利用有利地形杀伤敌人，阵地前敌人的尸体越积越多。战至下午，敌人以优越兵力，猛烈的炮火，突破了一师米花山防线，威胁我美女梳头岭等阵地。最后，一师只剩下一个怀中抱子岭。入夜，敌人又利用夜幕迂回进攻。我一师为了避免被包围，退往西南方向水头、夏壁田一带。

敌人占领米花山和美女梳头岭以后，对我二师前沿阵地尖锋岭威胁也很大。敌人从三面向我尖锋岭进攻，五团在上面只派有两个连，尖锋岭失守。五团政治委员易荡平负重伤。这时，敌人端着刺刀上来了。荡平同志要求他的警卫员打他一枪，警卫员泪如泉涌，手直打颤，岂能忍心对自己的首长和同志下手，荡平同志夺过警卫员的枪，实现了他决不当俘虏誓言。五团阵地失守，二师主力只得退守黄帝岭。敌人紧跟着向黄帝岭进攻，于是在黄帝岭展开了一场惊天地的拚杀战，黄帝岭终于守住了。入夜，在一师撤出之后，二师孤军突出，为了避免被敌包围，也主动撤退至珠兰铺、白沙，与一师占领的夏壁田、水头，构成第二道阻击线。第一天战斗，四团政治委员杨成武也负重伤。

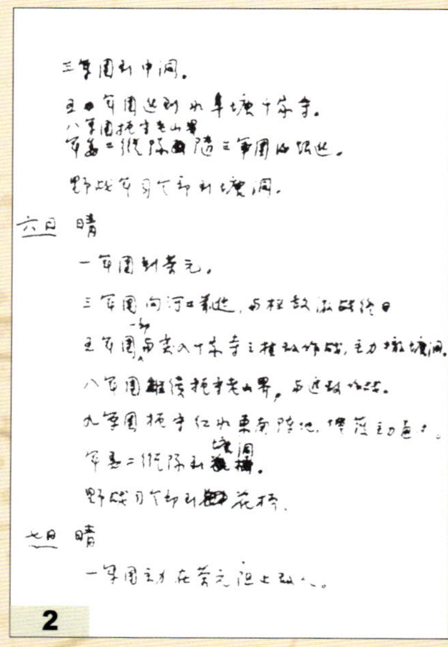

2

1 红军时期的聂荣臻

2 老红军陆定一长征过广西时的日记之一

3 李聚奎

4 1934年广西灌阳县地图

3

11月30日晚上，到12月1日清晨，无论是红色指挥员，政工人员，参谋人员以及各类战勤人员，和连队的党团积极分子，都是一个最紧张的通宵达旦的不眠之夜！为了党中央的安全，为了红军的生存，都是熬红了眼在为第二天做战斗准备。生死存亡在此一战啊！

12月1日，是战斗最激烈的一天。凌晨，敌人在敌机狂轰滥炸之下，更加嚣张地向我进犯。而总参谋部命令我们在本日12时前，要保证决不让敌人突破白沙河，使总部和全野战军能顺利地渡过湘江封锁线，敌众我寡，但在"一切为了苏维埃新中国"的口号下，我们的士气惊天地而泣鬼神。于是在20多里地的战场上，炮声隆隆，杀声震天。在茂密的松林间，展开了生死存亡的拚杀战。

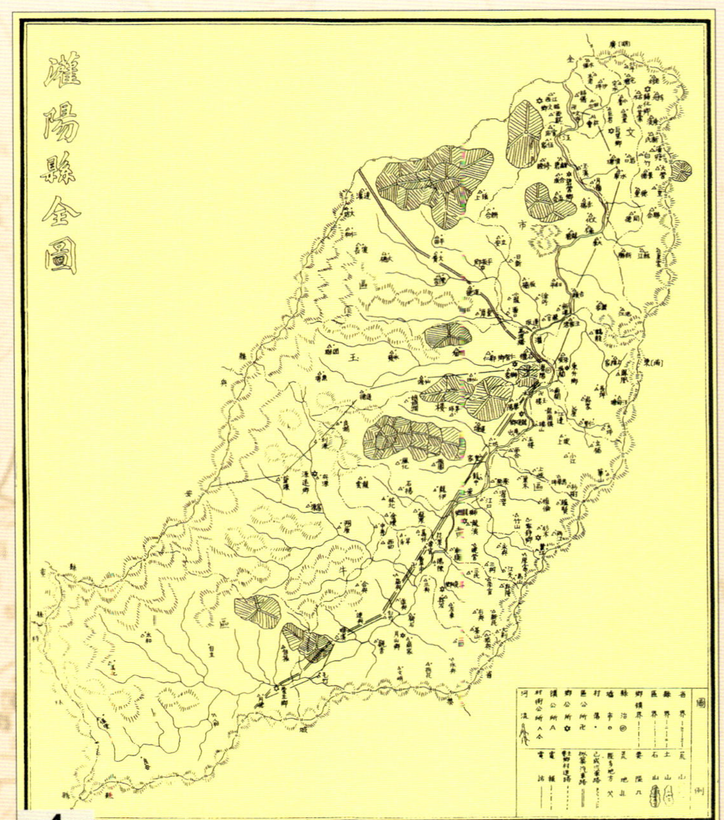

4

开始，敌人猛攻三团阵地，三团连续打了几次反冲锋。敌转而猛攻我一、二师的接合部，终于被敌突进四五里地，并迂回到三团背后，包围了三团两个营。一个营当天奋勇地突出了重围，和一、二团会合。一个营突错了方向，反而突入敌群，被分割成许多小股，在班、排长和党的支委小组长带领下，两天以后多数人归回了自己的部队。敌人从我接合部突破以后，二师也有被包围的危险。因为二师部署靠外，他们当机立断，命令守白沙的团队将敌人坚决顶住，这个团打得非常顽强，他们硬是凭着刺刀，将来势汹汹的敌人顶住了，其他两个团才撤出向西边大山靠拢。

接近正午时分，得知中央纵队已经渡过湘江并已越过桂黄公路，我们才放了心，令一师和二师交替掩护，边打边撤。一师经木皮口、

1934.07 1934.08 1934.09 1934.10 1934.11 1934.12 1935.01 1935.02 1935.03 1935.04 1935.05 1935.06 1935.07 1935.0

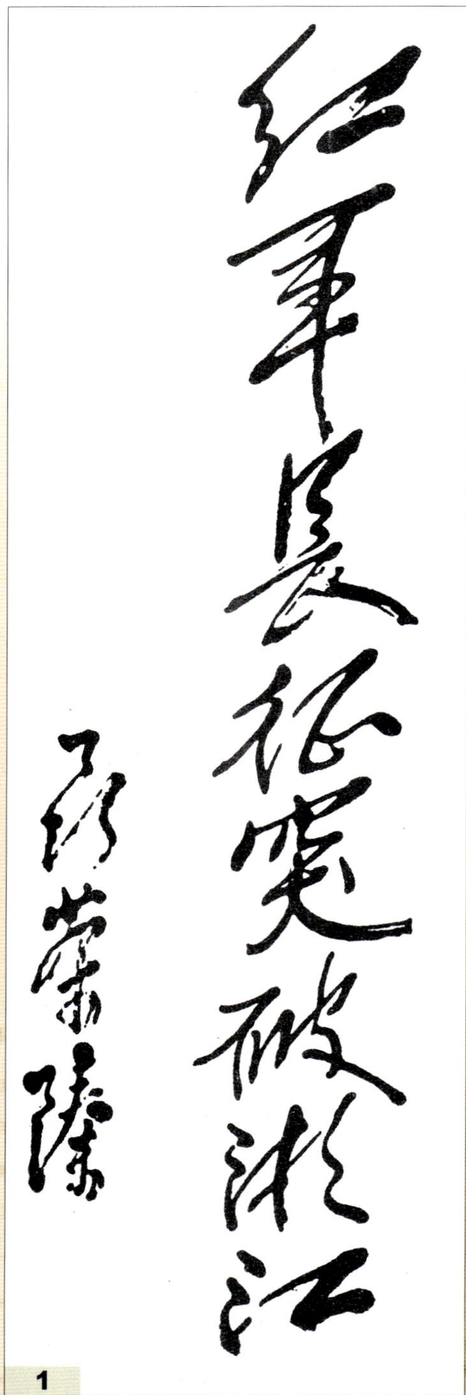

鹞子江口，二师经庙山、梅子岭、大湾，分别从两个山隘口退入通资源的大山区。

这一天，一军团军团部也遭受极大危险。敌人的迂回部队打到了我们军团部指挥所门口，这是多年没有的事。当时指挥所在一个山坡上，我们正在研究下一步行动计划，敌人已经端着刺刀上来了，我起初没有发觉，警卫员邱文熙同志很机警，他先看到了，回来告诉我。我说，恐怕是我们的部队上来了，你没有看错吧？他说没有看错。我到前面一看，果然是敌人。左权同志还在那里吃饭，我说，敌人上来了，赶紧走。于是我一面组织部队赶紧撤收电台，向一个山隘口转移，命一部分同志准备就地抗击敌人，一面命令警卫排长刘辉山同志赶紧去山坡下通知刘亚楼他那个政治部，让他们向预定方向紧急转移。刘辉山往下走的时候，敌人正向我们方向射击，一抬脚，一颗子弹奇怪地把他的脚板心打穿了。由于我们这次及时地采取了适当措施，摆脱了敌人，避免了损失。(进北京以后，刘辉山曾当过中央警卫团团长)。在我们撤退的时候，敌人的飞机活动很疯狂，撒下很多传单，说什么如果不投降就要葬身湘江，国民党政工人员编写的这些狂妄浅薄的宣传品，连他们自己的士兵都称之为卖狗皮膏药，更吓唬不倒英雄的红军，没有人去理它！可是敌人的飞机几乎是擦着树梢投弹、扫射，很多人被吸去了注意力，不注意往前走了。我说，快走!敌人的飞机下不来，要注意的是地面的敌人。快走!

在我们一军团与敌人血战的同时，三军团在兴安、灌阳一带，与广西敌人进行了激战。五军团则在文市附近与周浑元等追敌进行激战。他们也都打得顽强而艰苦，损失很大。

1 聂荣臻为红军长征突破湘江题词

2 李天佑

3 红军长征过广西时留下的宣传标语之一

“无论如何不能后退”

李天佑 红三军团第五师师长

刚刚布置好，侦察员带来了报告，敌人是广西军队第七军的两个师，由夏威率领，离这里已经不远了。以现有的两个团来对付敌人的两个师，兵力的悬殊是很明显的。而且，我们的部队经过一个多月的长途连续行军，部队减员很大，也很疲劳。

参谋长胡震同志把拳头往桌子上一砸：“让他们来吧，只要有一个人，就不让他们到新圩！”

他的信心也有力地感染了我。我们一道给军团首长起草了一份电报：保证完成任务！

2

一切准备就绪，敌人也赶到了。敌人的企图是十分明显的，他们正沿着大路急进，要想快些赶到新圩，来控制我们渡河进路的左翼。但是却被我们这只铁拳迎头挡住了。

战斗一开始，就十分激烈。敌人在猛烈的炮火、机枪掩护下，向我们的前沿阵地猛扑。我走出指挥所，站在一个山头上向前沿阵地观察。指挥所离前沿不过3里路，在望远镜里一切都清清楚楚．敌人的排炮向我们前沿猛击。一时，卧在临时工事里的战士们全被烟尘遮住，看不见了。敌人整营整连暴露地向前沿冲击，越走越近。但是我们的前沿还是沉寂着，仿佛部队被敌人的炮火杀伤完了。但是，当敌人前进到离我们只有几十公尺时，突然腾起了一阵烟雾，我们成排的手榴弹在敌群中爆炸了。战士们就像从土里钻出来似的，追着溃退下去的敌人的屁股射击。“红星”炮兵营的炮弹也在敌群中炸开来。敌人的冲击垮下去了。这个情景使我想到不久以前我们师所进行的高虎垴战斗。那时，我们的战士们也是这样杀

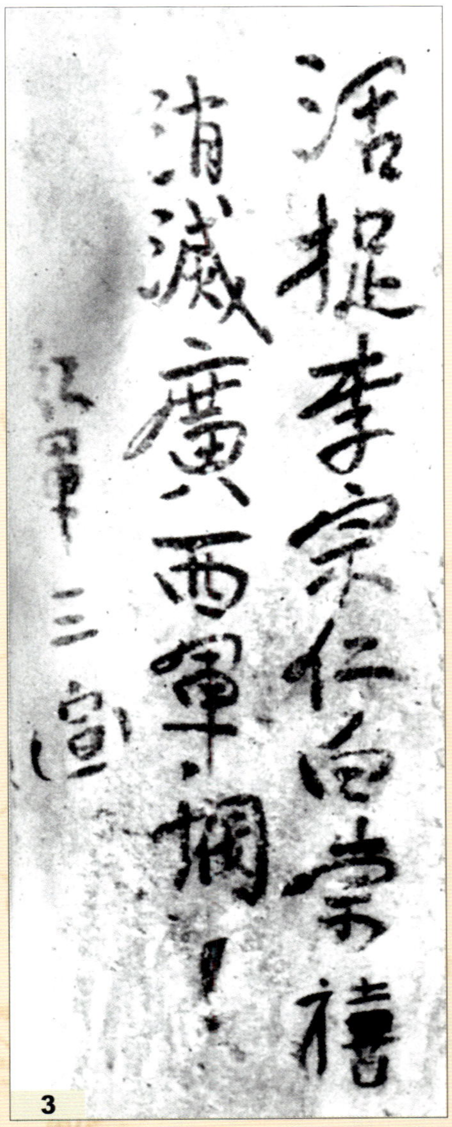

3

敌人的。从敌人溃退的情况来看，我们给敌人的杀伤是不小的。但是，因为我们没有工事，在敌人的炮火和机枪扫射下，我们也付出了相当的代价。

第一天在连续不断的战斗中过去了，从第二天拂晓起，战斗更加激烈，敌人加强了兵力、火力，轮番冲击，并以小部队迂回我们。

情况越来越紧张。前沿的几个小山头丢失了。我知道，这不是由于我们的战士不勇敢，有的山头是全部战士伤亡之后才被敌人占领的。

伤亡增多了，一列列的伤员从我们身旁抬到后面去。

十四团报告：团政治委员负了伤。

十五团参谋长何德全同志来电话：团长、政治委员负伤，三个营长两个牺牲，全团伤亡约500余人。

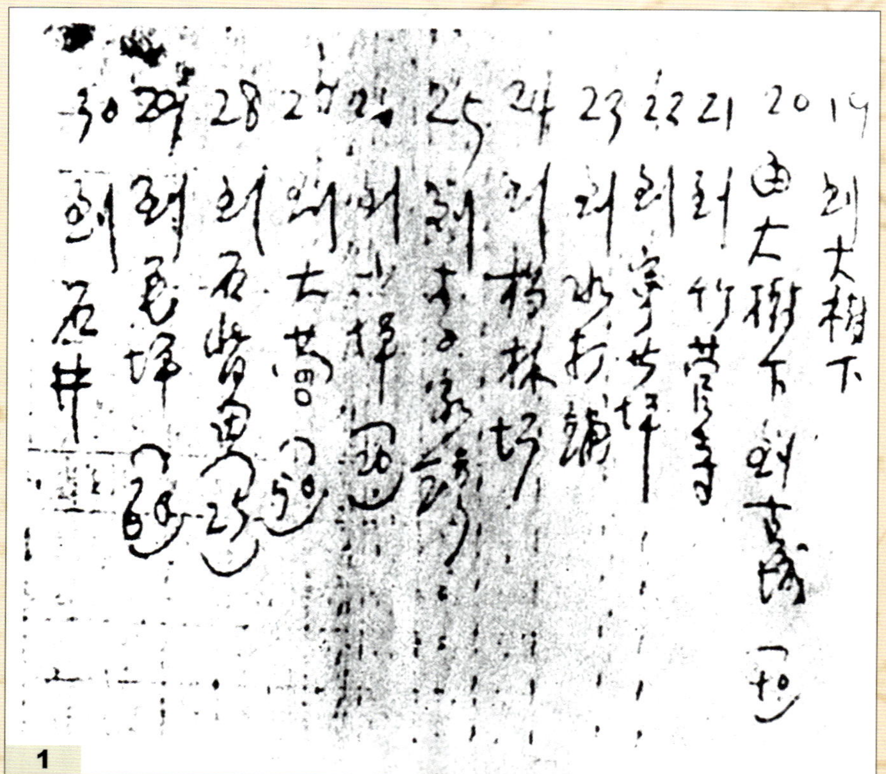

团、营指挥员有这样多的伤亡，部队的伤亡是可以想见的。而在当时各团人数并不充实的情况下，一个团伤亡五六百人，也说明我们付出的代价实在不小。但是，尽管如此，我们的部队还在顽强地坚持着。

我和钟政委简单地交换了一下意见，走到参谋长身边，告诉了他各团的情况："十五团团长白志文牺牲了，政治委员罗元发负伤了。"我说："你去负责，去组织他们顶住，在黄昏以前，一个阵地也不能失掉！"

他严肃地点点头，没有说什么。我知道，在这种情况下没有什么好说的。

我接着抓起电话找十四团的黄冕昌团长，我要他适当收缩一下兵力，把团的指挥所转移到我们师指挥所位置上来。

1 老红军张南生同志长征过广西时的日记

2 抢渡湘江路线图

敌人的机枪，炮火已经打到师指挥所旁边来了。黄团长冒着弹雨来到我这里，他刚来到，十五团就来了电话：他们报告，师参谋长胡震同志牺牲了。他是在刚才反击敌人的一次攻击中指挥战斗时牺牲的。

我手捏着电话机愣了好大一会，我几乎不能相信这是真的。才这么短的时间，他就牺牲了。胡震同志到这师里还不久，但我们相识却很久了，早在瑞金红校学习时，我们就在一起。他年青、勇敢，指挥上也有一套办法。但是，永远不能再见到他了。

我硬压住自己痛苦的心情，把这个不幸的消息告诉钟政委，也告诉了黄团长。接着，向他谈了谈中央纵队渡江的情况，并严肃地交代他："无论如何不能后退"。说到这里，我不由得想起战斗开始时，胡震同志用那响亮的湖南口音说过的话，我重复了它一句："只要有一个人，就不能让敌人到新圩！"

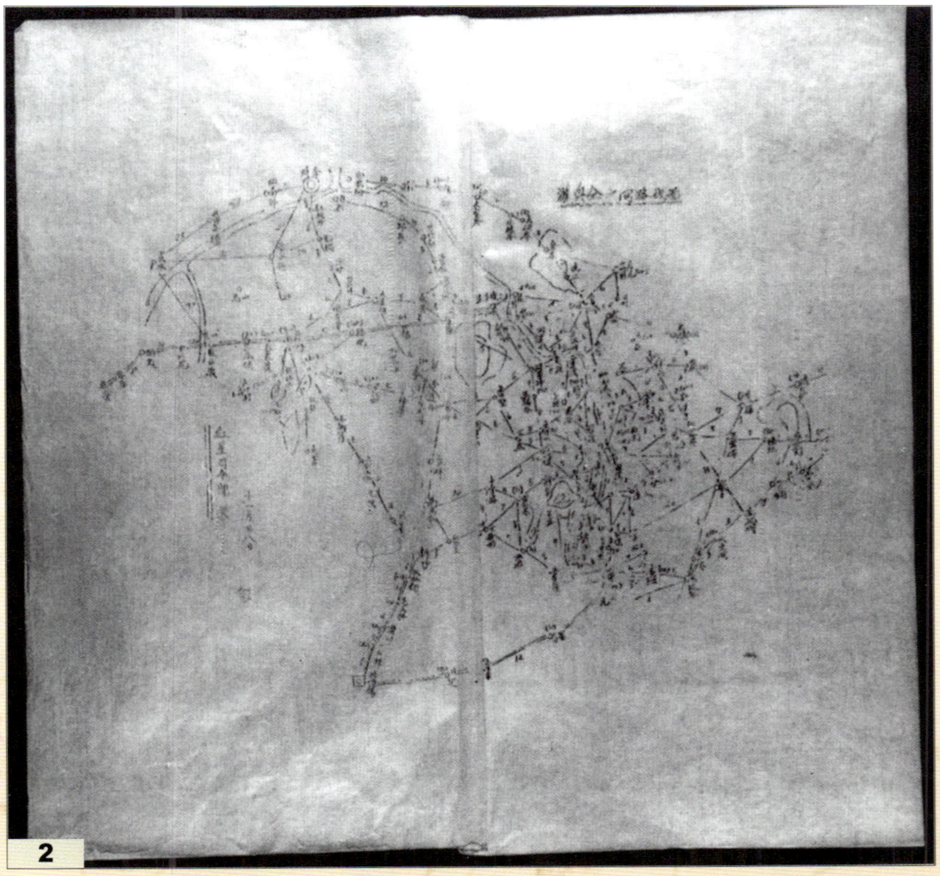

2

可是，当我刚刚到达新的师指挥所时，又接到了报告，黄冕昌同志也牺牲了。

这时已是下午，我们已整整抗击了两天，中央纵队还在过江。现在两个团的团长、政治委员都已牺牲或负伤了，营连指挥员也剩得不多了，负伤的战士们还不断地被抬下来。但是，我们是红军，是打不散、攻不垮的。我们的战士们在"保卫党中央"这个铁的意志下团结得更紧，伤亡的指挥员有人自动代理了，带伤坚持战斗的同志们越来越多……我们以拚死的战斗，坚持着第三天更险恶的局面，阵地仍然是我们的。敌人被搁在这几平方里的山头面前，不能前进！

青山绵绵情意长

朱振中　红一军团第一师第三团第八连班长

1934年12月，在突破国民党反动军队的第四道封锁线时，我受伤掉队，被好心的铁匠救起。铁匠从十五六里外的山里请来了一位打猎的老人。猎人仔细地检查了我的伤口后，就从褡裢里掏出一把草药，放到嘴里嚼了一会，吐出来给我敷在伤口上，然后用一块干净布包扎好。猎人交代铁匠说："这副药是管消肿止疼的，两三个小时内开始见效就有用，不行的话，明天下午再给他换一种药。"铁匠连声答道："要得，要得"说着掏出3块大洋交给了猎人，一边送他走，一边说着感谢的话，还说要请他再来看几次。铁匠刚转回来就问我："这药要得不要得？"我告诉他："这药要得，敷上后疼痛就轻多了。""吃斋呀！过两天再请他来。"铁匠为我治伤花了这么多钱，我十分过意不去，便说："不要再请了，不要再请了，我会好的，会好的。"

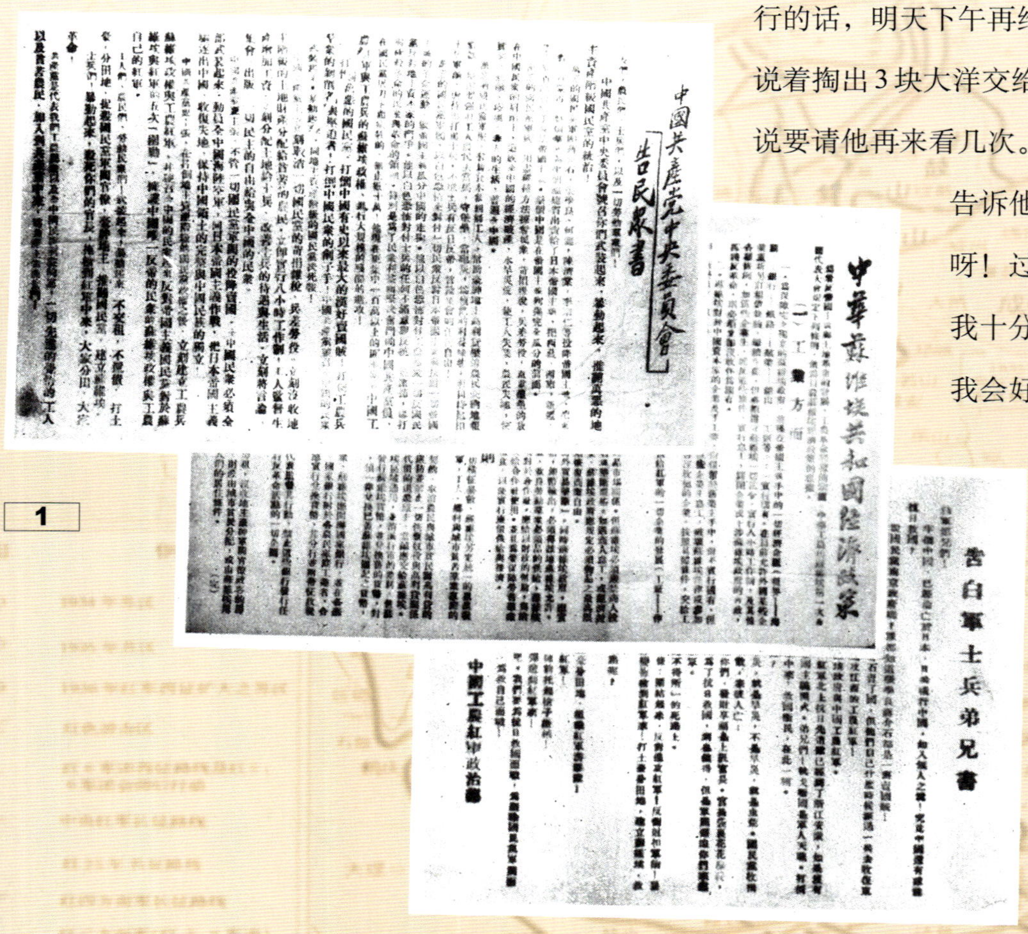
中國共產党中央委員會 告民衆書

中華蘇維埃共和國經濟政策

告白軍士兵弟兄書

中國工農紅軍政治部

铁匠一家人待我都很好，特别是奶奶，对我尤其疼爱。她含着眼泪说："伢子造孽，要吃斋哟。"为了给我治好伤，她真是把心都掏出来了。她听说南瓜瓤子可以消肿止疼，就把家里的瓜瓤全部掏出来，亲自给我敷上，过一会瓜瓤发热了，又换新的；家里的瓜瓤用完了，就出去向别家讨。乡亲们知道后，有不少人主动送来。听说茶叶可以治

1 红军长征过广西期间散发的宣传品

2 瑶族村寨

伤，奶奶天天用浓茶水给我洗伤口，用嘴把茶叶嚼烂给我敷伤。三娘总是专门做些好吃的给我补养身体。在铁匠一家人的精心护理下，两个多月之后，我的伤慢慢地好了，不久，便丢掉了拐棍，慢慢锻炼走路。为了给铁匠家减轻负担，我尽量帮助他们干些力所能及的活。开始是放牛、砍柴，后来就下地干些农活或进山挖些野菜和其他野菜。可是铁匠一家人都很关心我，说什么也不让我干重活。有一次，我上山砍柴，试着挑一担回家。三娘知道以后，赶紧跑去接我说："你这个老表，怎么挑这么多，累坏了怎么要得？"此后，她再也不让我挑柴了。春天到了，广西的春天比较热，我还穿着过冬的衣服。奶奶对铁匠说："你不知道这伢子没得衣服穿呀？"铁匠马上说："晓得了，我打算把几支鸟枪卖了，给他做身衣服。"我说："你们家也很困难，不用做了，我把这身衣服改成单的就行了。"事后铁匠还是卖了鸟枪给我做了新衣服。春耕大忙时节，正是青黄不接的时候，铁匠家断了粮，只好向地主家借。但利息很高，春借1担秋还3萝（一箩50斤）加20斤。借来的粮食主要是给我和临时请的一个短工吃，铁匠一家人基本上吃野菜及蕨根做的粑粑。他们听说这些东西吃了容易引起伤口化脓，就一点也不让我吃。我实在没有办法，就故意少吃，每餐吃一碗饭就不添了。奶奶和三娘看出了我的心事，就把我的碗抢去再满满地添一碗，我还是不吃。三娘就说："伢子，我们家就是饿死，也不能把你饿坏了，不能

2

让你这个红军小把戏再造孽啊！”听着这慈母般的话，我感动得热泪盈眶。

秋收后的一天，我把五个失散在龙溪村的红军战士邀到一起商量找部队的事情，确定了回江西的行动计划。第二天，我把回江西的打算告诉了铁匠。他一口答应，只要求我等两天再动身，说要给我筹点路费。他的心思我很清楚，原来说秋收后送我走，就是想卖点新谷，好给我一笔路费。我坚决不同意他这样做。我说：“三爷，我

1

1 瑶族聚居地——广西大瑶山

2 中华苏维埃共和国国家银行湘赣省分行拾枚券

3 中华苏维埃共和国国家银行伍角券

4 广西瑶族村主

2

3

们几个老表商量好了，没有路费，沿途讨饭，路上不住店，只要带上一斗米就行了。你们家的谷子一还债，顶多够吃到年底，明年春上还要缺粮。三爷，你千万别给我弄路费了。”但是，铁匠还是卖了一些谷，凑了四块大洋，让三娘给缝在一顶破斗笠的几个地方，说是防止路上被坏人打劫。

离别那天，铁匠一家准备了丰盛的酒菜给我送行。铁匠一筷接一筷地给我夹菜，奶奶、三娘的眼泪直往下滴，三个弟弟和妹子也哭了，都舍不得让我走。铁匠含着眼泪对我说：“伢子，一路上小心，到家后写个信来以免我们想念。胜利了，有机会来玩。”

我流着激动的泪花说：“奶奶、三爷、三娘，我永远忘不了你们。”

经过长途跋涉，我们终于回到了瑞金，以后又经过多番周折终于找到了在江西坚持斗争的红军游击队，回到了党的怀抱。我们部队在1938年初正式改编为新四军。从那以后，我随着部队南征北战，一直没有得到粟铁匠的消息，我心里经常想念他。

广西一解放，我就写信去寻找铁匠，终于联系上了。1956年，我请铁匠到了我家做客，彼此畅叙了解放前后的巨大变化和我们之间的鱼水深情。1962年，我特意去看望粟铁匠一家和龙溪村的父老兄弟姐妹，共叙这段同生死共患难的革命友谊。

4

严惩纵火犯

越过老山界的第四天，干部团走了100多里路，到了一个叫做“尖顶”的苗人庄子歇脚。到了尖顶，天已经黑了。他们打好铺，洗完脚，吃完饭，便准备睡觉了。

忽然，外面响起了噼噼啪啪的声音，接着是一片喊声：“失火了！赶快救火！”

干部团的指战员们拿着脸盆，纷纷扑下山坡。他们很快找到水源，但面对熊熊烈火，脸盆不顶用。大家又分头找来10多个木桶。几十桶水泼下去，仍不见火势有丝毫减弱，只见火团稍一收敛，立即又飞腾起来。在场的有救火经验的同志，连忙喊：“切断火路！切断火路!”大家这才醒悟过来，连忙拆墙挖沟断火路，使火团无法上窜下跳，然后集中水桶,向孤立的火源猛浇。经过1个多钟头的紧张战斗,才把大火扑灭下去。后来红军赔了群众100多光洋，把烧房事件平息下去。

离开尖顶的第四天，中央纵队在龙胜县的龙平镇安顿下来。到了半夜12点多钟，除值

1

1 广西龙胜地貌
2 苗寨

班同志外,大家已整理好床铺,准备休息。只有军委首长住的房子里,还灯火通明,他们正在聚精会神地工作哩。

“着火了,着火了,有人放火!”值班的同志大声呼喊。

军委周恩来副主席的警卫员跑出来一看,周副主席的房子已被火包围,烟火往房内直喷。警卫员顺手提着一条军毯,冲进房内,用军毯蒙在周副主席头上,把他拉出门外,脱离了危险。

2

中央纵队的同志们拿着脸盆和能盛水的物件,迅速赶到现场。好在干部团的同志有了救火经验,迅速拆掉一部分房子,隔断火路,集中力量浇灭正在蔓延的火焰。

红军进入苗民区后,连续发生了几起大火,有时红军住处同时起火。这火灾从何而来?有的人谣传“红军在放火”、“共产党杀人放火”。

周恩来指示国家保卫局立即查明火灾原因,抓住纵火的人,揭穿他们的阴谋。

龙平镇这场大火熄灭后,国家保卫局和干部团马上进行搜索,并抓住了3个穿着红军服装的可疑分子。国家保卫局局长邓发连夜进行审讯,查出他们是受过专门放火训练的国民党特务,是受广西军阀和龙胜县国民党县政府的派遣,纵火扰乱,专门破坏红军和当地群众的关系的。他们放火的时间选择在:一是红军宿营睡觉之后;二是早上部队刚要出发时;三是部队将到而设营人员已经到达之时。

第二天,国家保卫局召开了群众大会,揭穿了敌人纵火的阴谋,澄清了视听,严惩了纵火犯。

这以后,红军总卫生部又在龙胜县的广南寨火灾现场抓住了七八个身着红军服装的纵

1

火者。他们都操广西口音。经过审讯，他们也供出是县政府派他们来专烧民房的，一是让红军找不到东西吃，找不到地方住，扰乱红军部队得不到休息，甚至烧死；二是蛊惑群众，引起苗民对红军的仇恨，制造红军通过苗民区的障碍；三是制造所谓“共匪杀人放火”的事实。他们身上穿的红军服装，是县政府捉获红军掉队落伍的战士，杀害后剥下来的。

总卫生部部长贺诚听了纵火者的自供后，立即召开全镇居民大会，勒令这些纵火者自供敌人的阴谋和自己犯下的罪恶。几百名愤怒的群众，当场即痛打了这几个坏蛋一顿。

贺诚眼看这几个人快要被群众打得断气时，便出来劝止说：“别打了，这是广西军阀

2

1 瑶族同胞孟矮1935年春刻到石壁上的诗：朱毛过瑶山，官恨吾心欢；甲戌孟冬月，瑶胞把家还

2 红军长征在广西留下的宣传标语

3 红军长征在广西留下的宣传标语

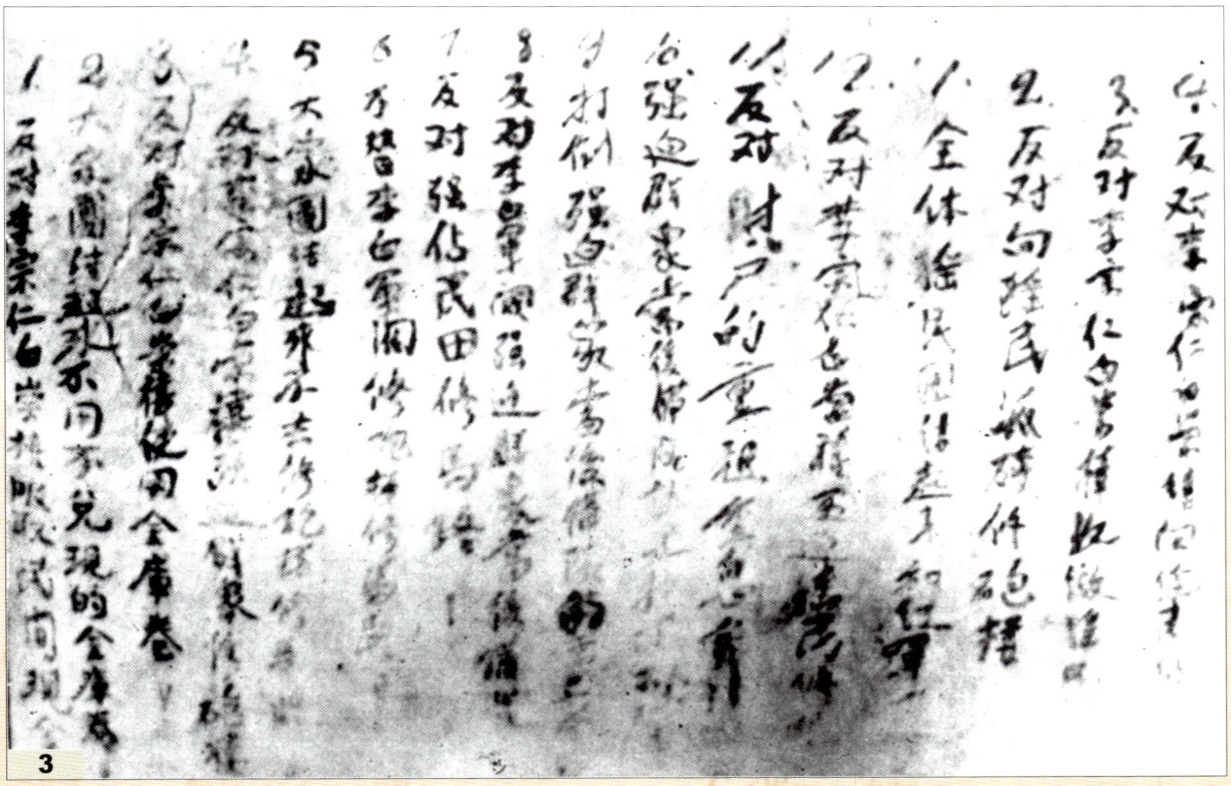

3

官僚的罪恶。他们放火是一箭双雕，一箭射红军，诬陷房子是红军烧的，使你们恨红军；另一箭是射向你们，弄得你们无家可归。红军是帮助你们的，帮你们救火，还要帮你们盖房。被烧了房子的人家，一会儿就到那边领钱去。”

群众欢呼起来。贺诚见群众发动起来，又指着那几个气息奄奄、直喊饶命的坏蛋向群众说：“大家看，这几个放火的家伙怎么处置呀？”

群众异口同声：“枪毙!枪毙!莫留着害人！”

贺诚答应群众的要求,红军战士把这几个瑟瑟发抖的家伙，拖到寨外枪毙了。

会后,群众兴高采烈，有的去领光洋，有的当场参加了红军。

广西军阀制造的“红军烧房”的阴谋彻底破产，红军顺利地通过苗族地区。

界首英魂

红军决定在全州和兴安之间渡过湘江，红一军团在右翼，红三军团在左翼苦战，冒着敌机轰炸和地面敌军的火力封锁，掩护全军脱离险境。11月29日，红三军团第四师主力过江后，占领了光华铺、界首之间地区，并在此地以西抗击由兴安北上的桂军，借此保住界首渡口以及后续部队和军委纵队安全过江。12月1日，是战斗最激烈的一天。凌晨，敌人在敌机狂轰滥炸之下，更加嚣张地向我进犯。红四师倾全力控制界首渡河地段，以一天时间阻击广西敌军的进攻，掩护红军后续部队通过。第二天，红四师两个团继续西进，红十团在湘江以西掩护军委纵队和红九军团、红五军团过江。红十团艰苦战斗了两天两夜，打退了敌人十多次冲锋，红十团团长沈述清在战斗中英勇牺牲，红四师参谋长杜中美接任团长指挥战斗，也壮烈牺牲。红十团胜利完成了掩护任务，但却付出了伤亡400多人的代价。

1

1 湘江战役烈士纪念碑

长征中牺牲在广西的部分营以上干部烈士名录

姓 名	籍 贯	出生时间	部 职 别	牺牲时间	牺牲地点
余练东	湖南省平江县	1903	第三军团某团团长	1934.12	广西
周子安	湖南省宝庆县	1908	第五军团第三十四师第一零二团团长	1934.12	广西灌阳
彭祖光	湖南省茶陵县		第六军团第十八师政治部秘书	1934.9	广西灌阳
刘成楷			第六军团第十七师第五十团团长	1934.9.3	广西灌阳
贺庭旦	湖南省茶陵县		第六军团第十七师宣传队队长	1934	广西桂林
黄冕昌	广西省凤山县	1901	第三军团第五师第十四团团长	1934.11	广西界首
沈述清	湖南省益阳县		第三军团第四师第十团团长	1934.11	广西界首
杜中美	陕西省兴平县	1899	第三军团第四师参谋长	1934.11	广西界首
毛国雄	江西省修水县		第三军团第五师第十四团政治委员	1934 年底	广西龙胜
张鸿基			第六军团第十七师第五十一团团长	1934.9.5	广西全州
袁良慧	河南省济源县	1907	第五军团第三十四师参谋长	1934.11	湘江
胡震	湖南省宁乡县	1901	第三军团第五师参谋长	1934.11	湘江
易荡平	湖南省浏阳县		第一军团第二师第五团政治委员	1934.11	湘江
彭文光			第一军团第二师管理科科长	1934.11	湘江
程翠林	湖北省阳新县	1907	第五军团第三十师政治委员	1934.12.2	湘江
蔡中	湖南省攸县		第五军团第三十四师政治部主任	1934.12.2	湘江

黔水纵横谱华章

中共贵州省委常委、宣传部长 李　军

长征是中国共产党领导的人民军队谱写的壮丽英雄史诗，不仅创造了战争史上的奇迹，而且给党和人民留下了伟大的长征精神，成为中国共产党及其领导的人民军队百折不挠的象征，成为中华民族自强不息的象征，是保证我们革命和建设事业从胜利走向胜利的强大精神力量。

贵州是红军长征历经的重要省份，遵义会议是党的历史上生死攸关的转折点，四渡赤水在中国革命战争史上有着非常重要的地位，工农红军6次转战贵州，足迹遍及60多个县；红二、六军团曾经在贵州建立根据地。70年来，贵州和全国一样，在历史性的巨变中焕然一新。特别是改革开放以来，贵州省委、省政府带领全省各族人民，

在长征精神和遵义会议精神的指引下，认真贯彻落实党的路线、方针、政策，经济社会发展取得了巨大成就，城乡面貌发生了翻天覆地的变化。

当前，贵州正处于实现经济社会发展历史性跨越的关键时期，发展的任务十分艰巨繁重，需要我们不断地发扬长征精神和遵义会议精神，发扬艰苦奋斗的优良传统。我们要以革命先辈为榜样，时刻牢记全心全意为人民服务的根本宗旨，做到廉政勤政，吃苦在前，享乐在后，开拓创新，加快全省经济社会发展步伐。要在全省人民特别是青少年中加重理想信念和思想道德教育，把长征精神和遵义会议精神一代一代地传下去，激发全省各族人民热爱家乡、建设家乡的热情，为实现历史性跨越做出更大贡献。

引言

贵州虽然是一个内陆省，但红军曾先后五次进入贵州，足迹遍及全省60多个县、市。党和红军曾在贵州创建了黔东苏区，建立了遵义县革命委员会，实现了红军长征以来的第一次胜利会师，召开了具有伟大历史意义的遵义会议，进行过著名的四渡赤水之战等一系列重大活动。

早在1930年春，红七军转战黔桂边，并一举攻占贵州军阀盘踞的榕江县城。1934年6月，红三军转战到达黔东，并在德江县枫香溪召开中共湘鄂西分局会议，在贵州境内建立了第一个革命根据地——黔东苏区。同年9月20日，突围西征的红六军团进入贵州，在印江县木黄和松桃县石良与红三军胜利会师。

1934年12月14日，中央红军长征由湖南进入贵州，15日占领黎平县和老锦屏。18日，中共中央政治局在黎平召开会议，接受了毛泽东的正确主张，作出《关于战略方针之决定》，放弃了与红二、红六军团会师的原定计划，改向黔北进军，从根本上实行了战略转兵。1935年1月1日，中共中央在瓮安猴场召开政治局会议，排除了李德对党和红军的决策权和领导指挥权，为遵义会议的召开奠定了重要基础。同年1月15日至17日，中共中央在遵义召开政治局扩大会议，纠正了以王明为代表的“左”倾冒险主义军事错误，确立了毛泽东在党中央和红军中的领导地位，在最危急的时刻，挽救了党，挽救了红军，挽救了中国革命。会后，中央红军在以毛泽东为代表的新的党中央正确领导下，在川、黔、滇三省境内艰苦转战，进行了长征以来最精彩、最惊心动魄的四渡赤水之战，摆脱了优势国民党军的围追堵截，取得长征以来具有决定意义的伟大胜利。

1936年1月8日，红二、红六军团长征进入贵州省境内。9日，占领黔东江口地区，部队转入休整。留在湘鄂川黔苏区执行掩护任务的红十八师，突破国民党军的重围，于1月9日到达江口，归红六军团建制。1月21日，红二、红六军团向西挺进，2月2日，占领黔西。6日，攻占大定县城。9日，占领毕节县城。接着，建立了中华苏维埃共和国川滇黔省革命委员会，下辖8个区、95个乡村。并组织了抗日武装，进行了乌蒙山回旋战，摆脱了优势国民党军的围追堵截。1936年3月6日，红二军团进至云南省彝良县奎香镇的寸田坝和坪地一带，立即在云南深入发动群众，扩大了共产党和红军在乌蒙山区的影响。

红军在贵州的活动，不仅留下大量革命文物和遗址、遗迹，而且壮大了党和红军在贵州各族人民群众中的政治影响，在贵州省关于红军的故事，至今仍被传为佳话。

中央红军转战贵州

1934 年 *12* 月 *14* 日，中央红军由湖南突破黔军防线，进入贵州境内。

15 日，中央红军攻占黎平县和老锦屏。红一军团前出至柳霁地域，准备渡过清水江，沿湘黔边界北上，与红二、六军团会合。

12 月 18 日，中共中央政治局在黎平召开会议，接受了毛泽东的正确主张，作

1

1 黎平会议旧址

2 红军攻占黎平后，送给当地向导的防风灯

出《关于战略方针之决定》，从根本上改变了中央红军的前进方向，避免了红军可能覆灭的危险，并为后来纠正以王明为代表的“左”倾冒险主义在军事上的错误创造了条件。

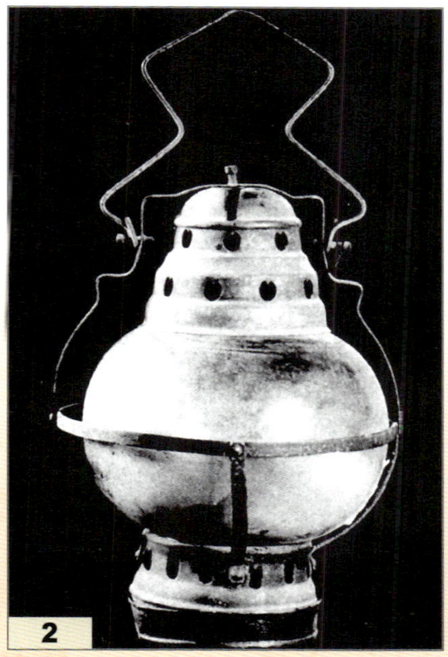

19日，朱德、周恩来根据黎平会议的决定，发出《关于军委执行中央政治局决议之通电》，命令中央红军分左、中、右路军，向以遵义为中心的黔北前进。并要求红二、红六军团和红四方面军积极活动，牵制湘军和川军，策应中央红军西进。

在此期间，中革军委撤销了红八军团建制，人员编入红五、红九军团。军委第一、第二纵队合并为军委纵队，由刘伯承任司令员、陈云任政委、叶剑英任副司令员、钟伟任参谋长，并任命刘伯承为中革军委总参谋长。

20日，右纵队红一军团由柳霁、南家堡出发，经剑河西进，于25日攻占镇远，26日攻占施秉；红九军团由老锦屏出发，随红一军团跟进。左纵队红三军团由黎平西北地区出发，经南加、南哨，于24日进占台拱以南地区。军委纵队由黎平出发，24日进至剑河。

中央红军入黔，出敌意料。蒋介石原定在湘西同红军主力决战的计划落空后，被迫改变部署：令“追剿”军第一兵团主力由湘西向施秉方向尾追，第二兵团主力由芷江、洪江向凯里、镇

1

远尾追，黔军王家烈部集中6个团的兵力于施秉、黄平地区布防，阻止中央红军西进贵阳。

中央红军为了争取先机，决心消灭黔军一部，迅速抢渡乌江。12月28日，右纵队红一军团第一师第一团占领余庆，第二师进占老黄平（今旧州）。左纵队红三军团占领黄平。29日，红一军团分两路进逼乌江，并在30日占领江边的猴场（今草塘）。红军野战军司令部开始部署强渡乌江的战斗。

这时，博古和李德却对黎平会议的决定仍持不同意见，再次主张不过乌江，回头东进，同红二、红六军团会合。为此，中共中央政治局于1935年1月1日在猴场召开会议，对博古、李德提出批评，通过了《关于野战军渡江后新的行动方针的决定》，强调："首先以遵义为中心的黔北地区，然后向川南发展，是目前最中心的任务。"

猴场会议后，中央红军准备强渡乌江。乌江是贵州省最大的河流，江面宽200多米，水深流急，两岸悬崖绝壁，难以攀登，素有"乌江天险"之称。乌江对岸有黔军教导师一部，从回龙场到茶山关对岸有敌军3个团，国民党中央军薛岳兵团已进入贵州，正向乌江开进，中央红军必须尽快突破乌江天险。

按照中革军委的命令，红一军团第一师第一团于1935年1月1日由龙溪到达回龙场渡口，对岸守敌发起进攻。团长杨得志、政委黎林组织火力压制敌人，由水性好的红军战士组成突击队，乘竹筏偷渡。突击队在强大火力的支援下，乘竹筏一个接一个的渡过乌江，消灭和驱逐对岸的守敌，占领滩头阵地。并掩护后续部队渡江。至4日，红一军团主

2

1 刘伯承

2 王集成

3 《红星》报报道的红军强渡乌江的英雄事迹

力及红九军团由此渡江完毕。

与此同时，红一军团第二师师长陈光率领红四团为前卫，于1月1日逼近江界河渡口。团长耿飚和政委杨成武指挥部队佯攻渡口大道，主攻渡口上游的小道。强渡由红三连连长毛振华率7名水性好的战士泅渡，没有成功。晚上，又组织18名勇士乘竹筏偷渡，只有以毛振华为首的5名勇士划到对岸。第二天，军委副参谋长张云逸到达红四团，指挥强渡。在炮火掩护下，红军指战员乘竹筏冲向对岸。昨天晚上渡到对岸潜伏起来的毛振华等5人接应主力，很快将敌人打退。军委工兵连乘机架起浮桥，军委纵队和红五军团由此相继过江。

1月5日，红三军团由马场及其以西地区进至茶山关渡口，先头部队第十团开始渡江。此处的敌军得知回龙场、江界河渡口已失守，不战而逃。6日，红三军团全部渡过乌江，并向遵义及老君关前进。至此，乌江天险被突破，国民党军围歼红军于乌江南岸

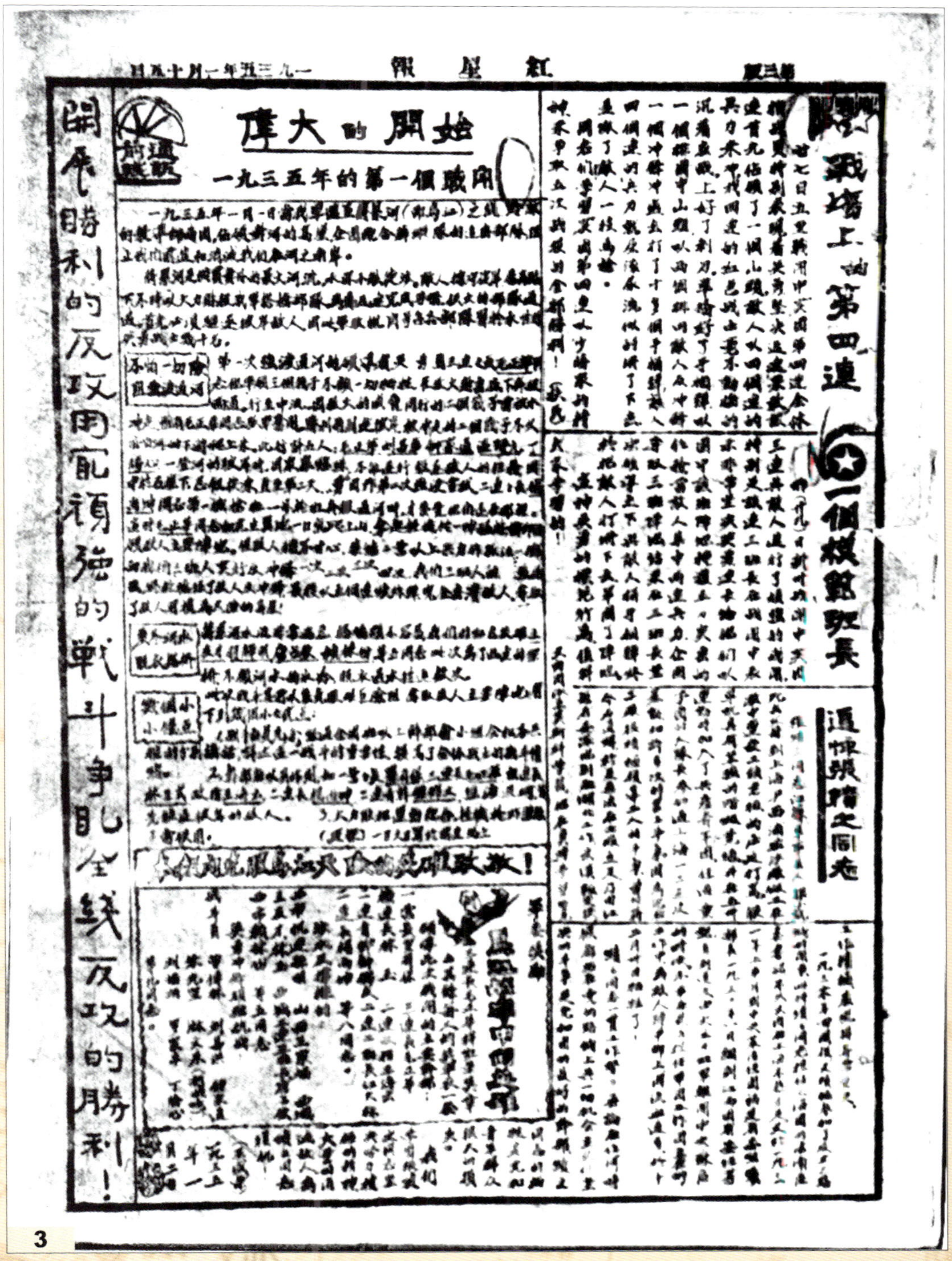
红星

伟大的开始

一九三五年的第一个战斗

战场上的第四连

一个模范班长

3

的企图化为泡影。

1月6日，军委参谋长刘伯承率领红一军团第六团，冒雨攻占了距遵义15公里的外围据点深溪水，全歼守敌1个营。红六团从俘虏口中得知遵义城有敌军3个团，对红军主力的神速行动尚未察觉。为减少部队伤亡，刘伯承采纳了红六团团长朱水秋、政委王集成的意见决定让部队化装成敌人溃军，智取遵义城。7日凌晨，红六团先头部队诈开遵义城门，接应主力进城。敌军不知虚实，乱作一团，最终弃城而逃。9日，中共中央、中革军委进驻遵义，任命刘伯承为遵义警备司令。随后，红二师推进到娄山关、桐梓地区，监视四川军阀的动向。红三军团驻遵义以南的刀靶水，控制遵义通往贵阳的公路，扼守乌江北岸。

中央红军进占遵义后，面临的形势仍然极其严峻。国民党军队从四面八方涌来：在东南有湘军刘建绪的4个师，西面有滇军参谋长孙渡的4个旅，北面有四川军阀刘湘的2个旅，南面有中央军薛岳的两个纵队8个师，再往南还有桂系军

1

2

1 红军在遵义地区的枫香坝画在木板上的宣传画

2 红军总参谋部在遵义时的作战室

3 《强渡乌江》（油画 魏传义 作）

4 《走向胜利》（油画 彭彬 作）

阀的2个师。国民党军共有40万大军，把黔东北团团围住，形成一个包围圈。

遵义会议后，中共中央根据上述敌情，即于1月19日，率领中央红军撤出遵义，兵分三路北上，拟渡过长江，会合红四方面军，创建川西北根据地。20日，中革军委下达了《关于渡江的作战计划》，指出："我野战军目前基本方针，由黔北地域经过川南渡江后转入新的地域，协同四方面军由四川西北方面实行总的反攻。"

3

1月22日，中央红军向赤水方向急进。右纵队红一军团突破黔军侯之担部约3个团的拦阻，于24日攻占土城，前锋占领赤水城东南的旺隆场、复兴场；中央纵队红五、红九军团攻占三元汤、习水，击退川军2个团；左纵队红三军团攻占土城东南的回龙场、临江场、周家场。在红军前进途中，川军2个旅先于红军进入赤水城，并对旺隆场、复兴场的红一军团进行反扑；川军总预备队2个旅尾追红军，其先头部队已到土城以东地区；川军模范师第三旅随后跟进，并开始反攻习水。

4

1

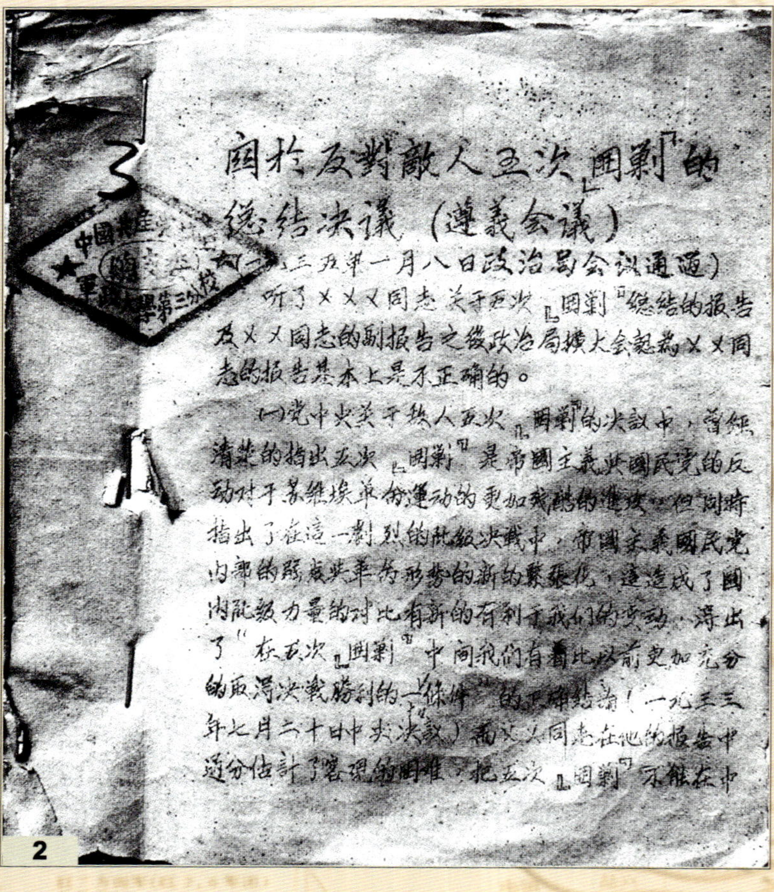

關於反對敵人五次"圍剿"的總結決議（遵義会議）

（一九三五年一月八日政治局会议通過）

听了×××同志关于五次"圍剿"總結的报告及××同志的副报告之後政治局擴大会認為××同志的报告基本上是不正确的。

（一）党中央关于粉碎五次"圍剿"的决议中，曾經清楚的指出五次"圍剿"是帝國主義與國民党的反动对于蘇維埃革命運动的更加残酷的進攻，但同時指出了在這一劇烈的階級决戰中，帝國主義國民党内部的蘇維埃革命形勢的新的緊張化，這造成了國内階級力量的对比有新的有利于我们的变动，得出了"在五次'圍剿'中間我们有着比以前更加充分的取得决戰勝利的一條件"的正确结論！（一九三三年七月二十日中央决议）而××同志在他的报告中过分估計了客观的困难，把五次"圍剿"不能在中

2

中革军委为击破川军的追击堵截，于1月27日抓住薛岳兵团主力远在乌江南岸，黔军侯之担遭红军击败的有利时机，以红一、红九军团各一部阻击由赤水、习水南进的川敌，集中主力围歼尾追红军的4个团，以保障红军下一步北渡长江。

1月28日是，红三、红五军团及干部团，在彭德怀、杨尚昆指挥下，从南北两面向进占枫村坝、青杠坡的川军模范师、独立第四旅各3个团发起进攻。经过激战，虽击溃川军一部，但其主力仍在顽抗。为加速战斗进程，红一军团第二师投入战斗，双方展开了激烈的拼博。战至黄昏，红军虽给敌军重大杀伤，但仍未能全歼，双方形成对峙状态。这时，敌后续部队独立第三旅迅速增援上来，川军教导第二旅由古蔺向土城方向迂回截堵，赤水的川军第五师2个

1 遵义城

2 关于反对敌人五次"围剿"的总结决议（抗日战争时期的油印本）

3 中国工农红军总政治部布告

4 红军在遵义时对俘虏讲政策的宣传画（黄镇 作）

旅和第一师的1个团从西北向红军侧后攻击。中革军委鉴于敌情变化和红军兵力不够集中的情况，果断决定撤出战斗，西渡赤水，向古蔺南部地区前进。

1月29日凌晨，中央红军除以少数部队阻击敌军外，主力分3路纵队西渡赤水河（即一渡赤水）。具体部署是：红一、红九军团和军委纵队第二、第三梯队和干部团一部为右纵队，统一归林彪指挥，由猿猴场渡河，转向古蔺前进；军委纵队第一梯队、干部团及第五师为中央纵队，由土城下游浮桥过河，取道角子头、三角塘向头场坝前进；红五军团、红三军团直属

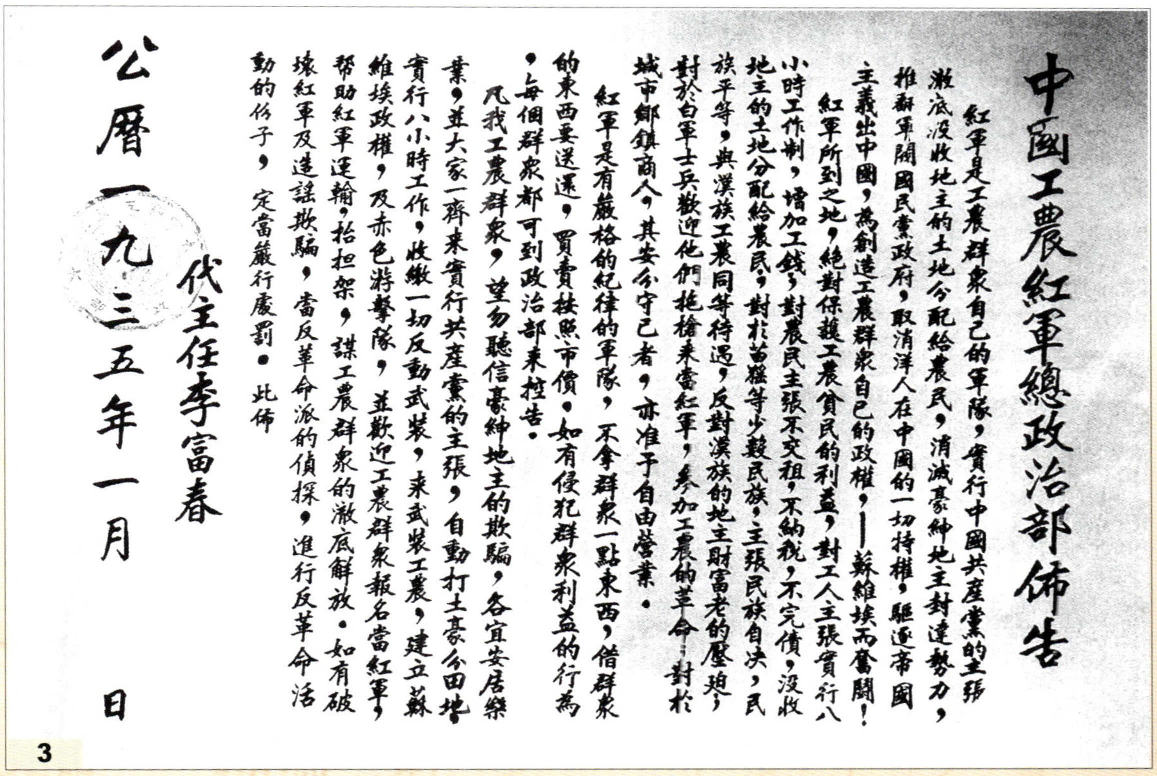

中國工農紅軍總政治部佈告

紅軍是工農群衆自己的軍隊，實行中國共產黨的主張澈底沒收地主的土地分配給農民，消滅豪紳地主封建勢力，推翻軍閥國民黨政府，取消洋人在中國的一切特權，驅逐帝國主義出中國，為創造工農群衆自己的政權，——蘇維埃而奮鬪！

紅軍所到之地，絕對保護工農貧民的利益，對工人主張實行八小時工作制，增加工錢，對農民主張不交租，不納稅，不完債，沒收地主的土地分配給農民，對於苗猺等少數民族，主張民族自決，民族平等，與漢族工農同等待遇，反對漢族的地主財富老的壓迫，對於白軍士兵歡迎他們拖槍來當紅軍，參加工農的革命，對於城市鄉鎮商人，其安分守己者，亦准予自由營業。

紅軍是有嚴格的紀律的軍隊，不拿群衆一點東西，借群衆的東西要送還，買賣按照市價。如有侵犯群衆利益的行為，每個群衆都可到政治部來控告。

凡我工農群衆，望勿聽信豪紳地主的欺騙，各宜安居樂業，並大家一齊來實行共產黨的主張，自動打土豪分田地，實行八小時工作，收繳一切反動武裝，來武裝工農，建立蘇維埃政權，及赤色游擊隊，並歡迎工農群衆報名當紅軍，幫助紅軍運輸，抬担架，謀工農群衆的澈底解放。如有破壞紅軍及造謠欺騙，當反革命的偵探，進行反革命活動的份子，定當嚴行處罰。此佈

代主任 李富春

公曆一九三五年一月 日

3

4

1934.07 1934.08 1934.09 1934.10 1934.11 1934.12 1935.01 1935.02 1935.03 1935.04 1935.05 1935.06 1935.07 1935.08

1

队及第四师为左纵队，统归彭德怀指挥，由土城上游浮桥过河，取道向太平渡前进。为轻装前进，中革军委决定把一部分大炮沉入赤水河。中央红军渡过赤水河后，右纵队改向叙永、古蔺间的两河镇方向前进，左纵队向扎西(今威信)前进。

中央红军西出川南，蒋介石担心其北渡长江，急令川军倾其全力加强沿岸防务，并在宜宾到江津段以军舰及装甲船日夜巡弋江面。同时，以何键为第一路军总司令，控制乌江一线，防止中央红军东进；以龙云为第二路军总司令，“追剿”中央红军。

在各路敌军逼近川南的情况下，中央红军原定在泸州、宜宾间北渡长江的计划

2

1 《四渡赤水》(油画　吴厚信　作)

2 一渡赤水河(浮雕)

3 娄山关

难以实现。2月7日，中共中央决定暂缓执行渡江计划，改取“以川、滇、黔边境为发展地区，以战斗的胜利来开展局面”。2月11日，中央红军由扎西地区东进。18至21日，由太平渡、二郎滩等渡口东渡赤水河（即二渡赤水），进入贵州省境内。

接着，以红一、红五、红九军团及军委纵队为左纵队，红三军团为右纵队，向

3

敌人兵力比较空虚的桐梓地区急进；同时，以红五军团第一团向温水开进，以吸引和迷惑敌人。24日，红一军团第一团占领桐梓城。25日，红三军团第十三团从北向南对娄山关发动猛攻。经激战，于当日晚攻占娄山关。敌军为了夺回失去的阵地，调集6个团的兵力，组织多次反扑，均被红军击退。红一、红三军团以一部兵力从正面箝制敌军，集中主力分别从两翼向敌军后方的黑神庙、板桥迂回，歼敌一部，余敌夺路南逃。

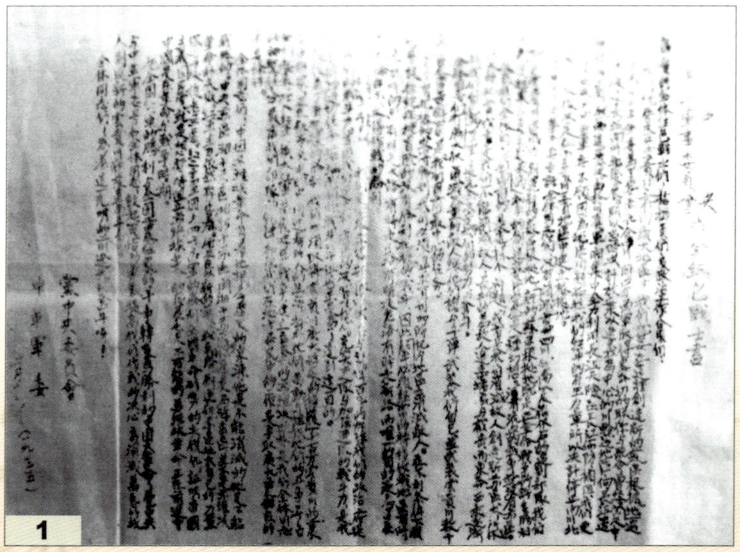

1

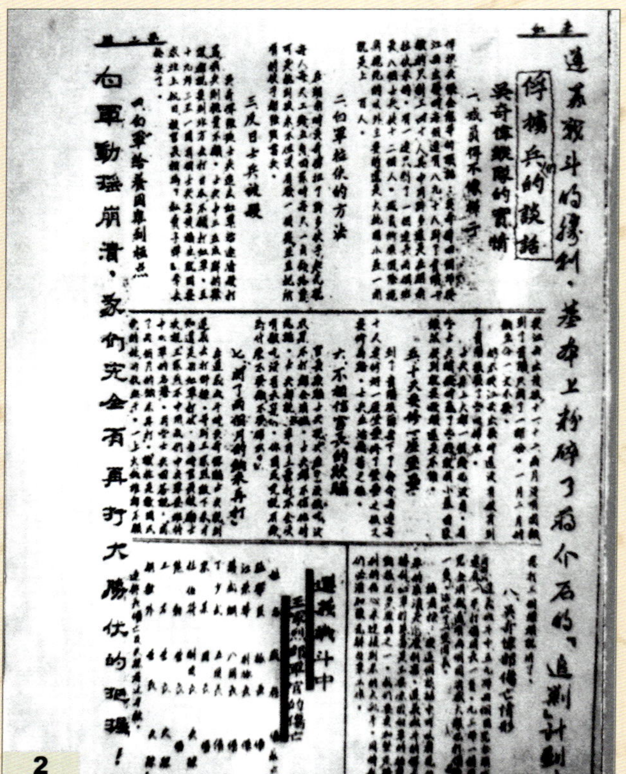

遵義戰斗的勝利、基本上粉碎了蔣介石的、追剿計劃！

俘擄兵的談話

白軍動搖崩潰、我們完全有再打大勝仗的把握！

2

娄山关战斗后，红一、红三军团乘胜向遵义方向追击。26日，红三军团在董公寺、高坪、大桥等地击溃黔军第六、第九、第十五军的拦阻。第二天，在遵义城西北的石子铺（今十字铺）等地，又将黔军第一、第五、第八团击溃，进到遵义城下。黔军残部退入遵义城内，固守待援。是日黄昏，红一、红三军团不顾疲劳，奋力攻城，经过1个小时的激战，占领遵义城。王家烈率黔军第一、第六团弃城南逃。在遵义城战斗中，红三军团参谋长邓萍不幸牺牲。这是中央红军长征途中牺牲的最高将领。

这时，国民党中央军吴奇伟部第93师已进入忠庄铺，其先头部队前出遵义城南2.5公里的洛江桥；第五十九师已进至新站，正向忠庄

1 1935年2月16日，中共中央、中革军委在二渡赤水途中发布的《告全体红色战士书》。

2 1935年3月4日，《红星》报关于遵义战役胜利的报道和国民党军王家烈部的伤亡统计

3 红军三渡赤水河渡口之一——茅台

铺开进。中央红军乘吴奇伟部孤军冒进、黔军畏缩不前、尾追的川军被阻隔在桐梓以北地区的有利时机，向敌第九十三师、第五十九师发动进攻，并直扑忠庄铺吴奇伟指挥部。吴奇伟不支，即率部向懒板凳方向逃窜。红一军团派第二师奋力猛追，以一部兵力取捷径占领懒板凳，主力插至乌江岸边，再歼残敌一部。至此，遵义战役胜利结束。

中央红军在5天之内，取桐梓、占娄山关、再夺遵义城，共歼灭和击溃敌军2

3

个师又8个团，毙伤敌人2400余人，俘敌3000余人，缴获大批军用物资。这是在毛泽东指挥下，发挥红军运动战优长，所取得的长征以来最大一次胜利。

遵义战役后，蒋介石飞抵重庆，亲自指挥国民党军11个师又3个旅的兵力对红军进行新的围攻。为了打破国民党军的围攻，中央红军于3月4日决定成立前敌司令部，朱德任司令员，毛泽东任政委。5日，以红九军团在桐梓、遵义之间地区吸引川军并向东箝制；红一、红三、红五军团及干部团集中鸭溪及其附近地域，寻机歼灭位于仁怀、鲁班场一线的周浑元部。由于周浑元部畏歼不前而未果。接着，中央红军在西安寨、泮水地区活动，准备歼灭王家烈部。因王家烈已经成为惊弓之鸟而未达到目的。这时，蒋介石误以为红军在徘徊不前，是大方针未定的表现，命令

1 《娄山关》(油画　金山石　作)

2 红军总司令部关于遵义战役的战绩统计

3 毛泽东、朱德在鸭溪地区下达的三渡赤水的作战命令

各路人马不顾一切地寻找红军决战。中央红军见敌军都被吸引过来，达到了调动敌军以求西进的目的，便于16日在茅台及其附近地区西渡赤水河（即三渡赤水），向古蔺、叙永方向前进。

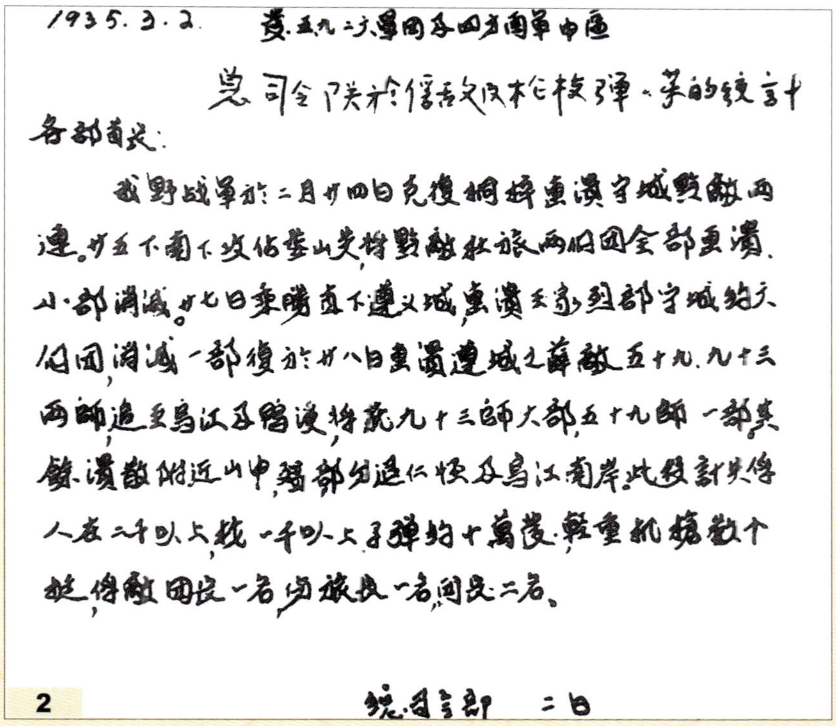

1935.3.2　发五九二大军团各四方面军中央

总司令部关于俘敌及枪枝弹药等的统计

各部首长：

我野战军于二月廿四日克复桐梓，击溃守城黔敌两连。廿五下午攻占娄山关，将黔敌杜旅两个团全部击溃，小部消灭。廿七日乘胜直下遵义城，击溃王家烈部守城约六个团，消灭一部，复于廿八日击溃遵城之薛敌五十九、九十三两师，追至乌江及鸭溪，将薛九十三师大部，五十九师一部，其余溃散附近山中，黔部分退仁怀及乌江南岸。此役计共俘人数二千以上，枪一千以上，子弹约十万发，轻重机枪数十挺，俘敌团长一名，旅长一名，团附二名。

总司令部　二日

2

3月20日，中央红军为迷惑敌人，以红一军团的1个团伪装成主力部队，由铁厂、两河口地区大张旗鼓地向长江岸边前进。中央红军主力于21日由二郎滩、太平渡等地东渡赤水河（即四渡赤水）。接着，经临江场、楠木坝、花苗田等地挥师南下。

蒋介石见中央红军东渡赤水河，恐遵义有失，急令上官云相部在遵义固防，周浑元部星夜兼程驰援遵义。3月24日，蒋介石飞抵贵阳督战。根据上述情况，中央红军越过遵义、仁怀，向南进发。27日，以红九军团暂留马鬃岭地区，伪装主力，向长干山、枫香坝佯攻，吸引敌军北上，主力部队乘机向南急进。28日，红军主力由鸭溪、白腊坎之间突破敌军封锁线，南渡乌江，跳出了敌军的包围圈。

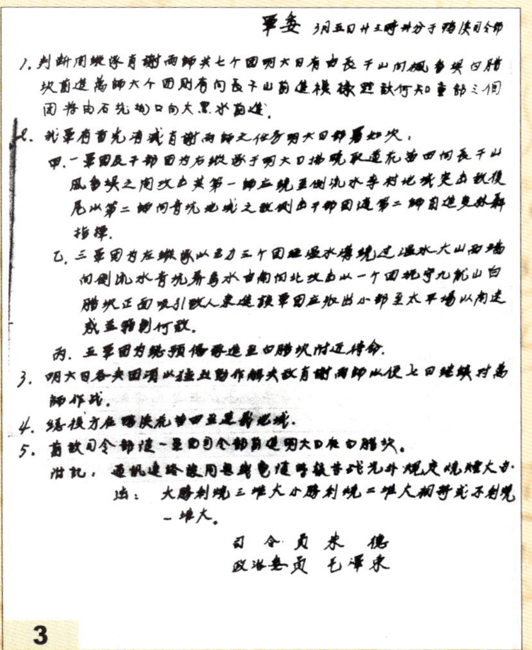

军委　3月五日廿三时卅分于鸭溪司令部

1. 判断周纵队肖谢两师共七个团明六日有由长干山、枫香坝向白腊坎前进，万师六个团则有向长干山前进模样，黔敌何知重部三个团将由石坑场口向大黑水前进。

2. 我军有首先消灭肖谢两师之任务，明六日部署如次：

甲、一军团及干部团为右纵队，于明六日拂晓取道花苗田向长干山、枫香坝之间攻击，其第一师应绕至侧后水寨村地域，突击敌后尾，以第二师向青坑地域之敌侧击，干部团随第二师前进，受林聂指挥。

乙、三军团为左纵队，以主力三个团经温水塘绕过温水大山，向白腊坎侧后青坑、寿马水由南向北攻击，以一个团扼守九龙山、白腊坎正面吸引敌人，来迎头军团应派出小部至太平场以南进截并钳制何敌。

丙、五军团为总预备队进至白腊坎附近待命。

3. 明六日各兵团须以极坚决动作解决敌肖谢两师，以便七日继续对万师作战。

4. 纵横方在鸭溪花苗田至遵义地域。

5. 前敌司令部随一军团司令部前进，明六日在白腊坎。

附记：通讯连络除用无线电随时报告战况外，规定燃烧火号：大胜利烧三堆火，小胜利烧二堆火，相持或不利烧一堆火。

司令员　朱德

政治委员　毛泽东

3

中央红军四渡赤水之战，是毛泽东军事思想的灵活运用，是长征途中的神来之笔。

4月2日，中央红军以一部兵力佯攻息烽，主力进占扎佐、狗场地区，前锋逼近

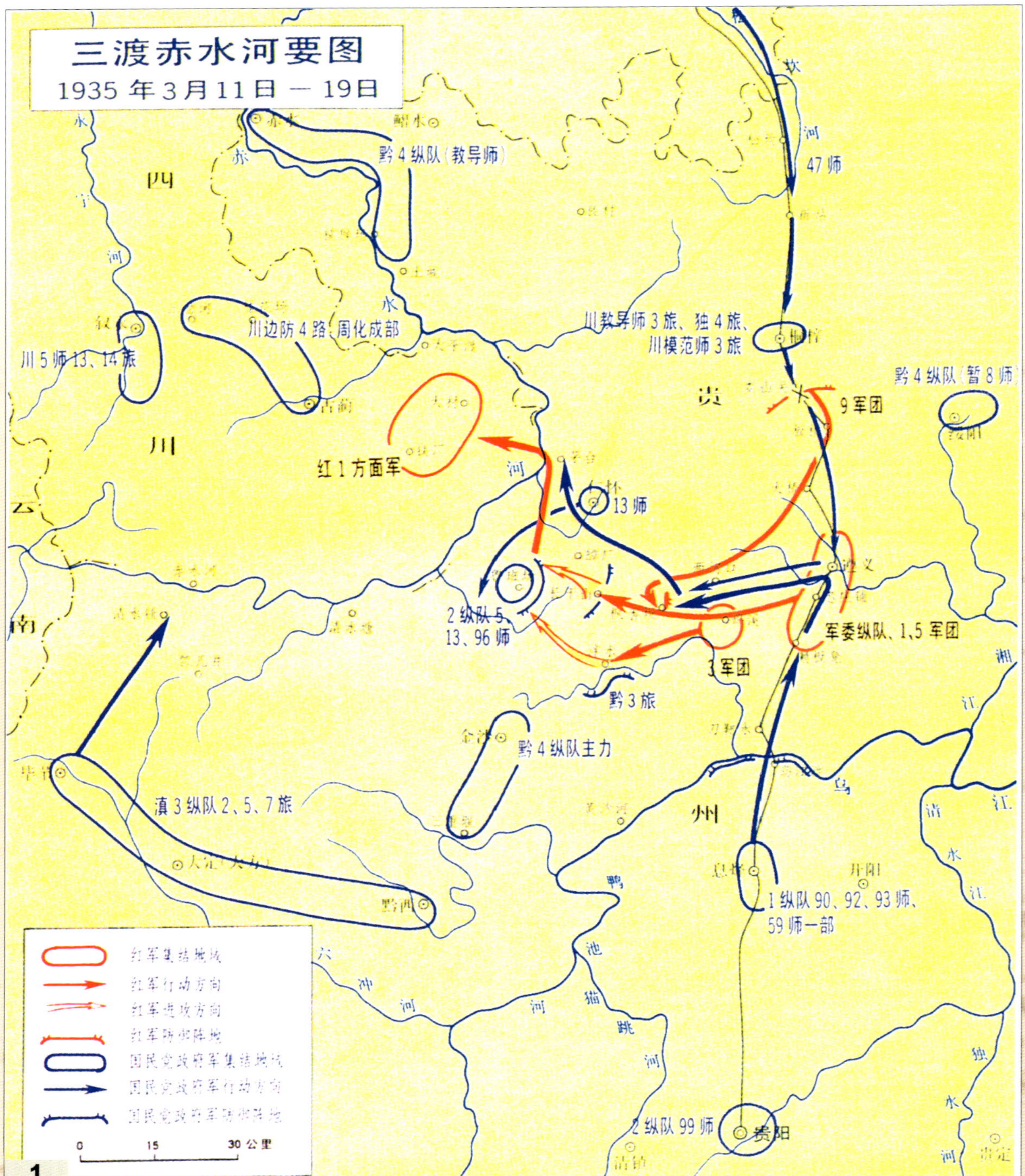
三渡赤水河要图
1935年3月11日—19日
黔4纵队(教导师)
47师
川边防4路、周化成部
川5师13、14旅
川教导师3旅、独4旅、
川模范师3旅
黔4纵队(暂8师)
9军团
红1方面军
13师
2纵队5、
13、96师
军委纵队、1、5军团
3军团
黔3旅
黔4纵队主力
滇3纵队2、5、7旅
1纵队90、92、93师、
59师一部
2纵队99师
红军集结地域
红军行动方向
红军进攻方向
红军防御阵地
国民党政府军集结地域
国民党政府军行动方向
国民党政府军防御阵地
0 15 30公里
1

1 三渡赤水要图

2 红军四渡赤水纪念塔

贵阳。这时，贵阳附近的国民党军只有郭思演的第九十九师4个团，兵力单薄。正在贵阳督战的蒋介石惊惶失措，急令其第二路各纵队火速增援贵阳。

当各路敌军奔向贵阳时，中央红军为进一步造成敌军错觉，于4月5日进至开阳县东南部的清水江西岸。随后，派出小部兵力和工兵，分别在水尾、中渡、小河口等清水江上架桥，佯作东渡模样。蒋介石认为红军可能东进与红二、红六军团会合，急调湘军3个师向石阡、余庆堵截，令桂军一部向清水江以东集中，令到达贵阳以北地区的吴奇伟部、孙渡部和国民党军第五十三师，分三路向东追击。

2

中央红军示形于东，意在西进。当各路敌军增援贵阳，特别是滇军孙渡部被调往贵阳以东后，云南境内敌军空虚。4月7日，中革军委抓住这一有利战机，决定中央红军向云南进军。

4月8日，中央红军分为左右两路纵队，由贵阳、龙里之间突破敌人防

1934.07 1934.08 1934.09 1934.10 1934.11 1934.12 1935.01 1935.02 1935.03 1935.04 1935.05 1935.06 1935.07 1935.0

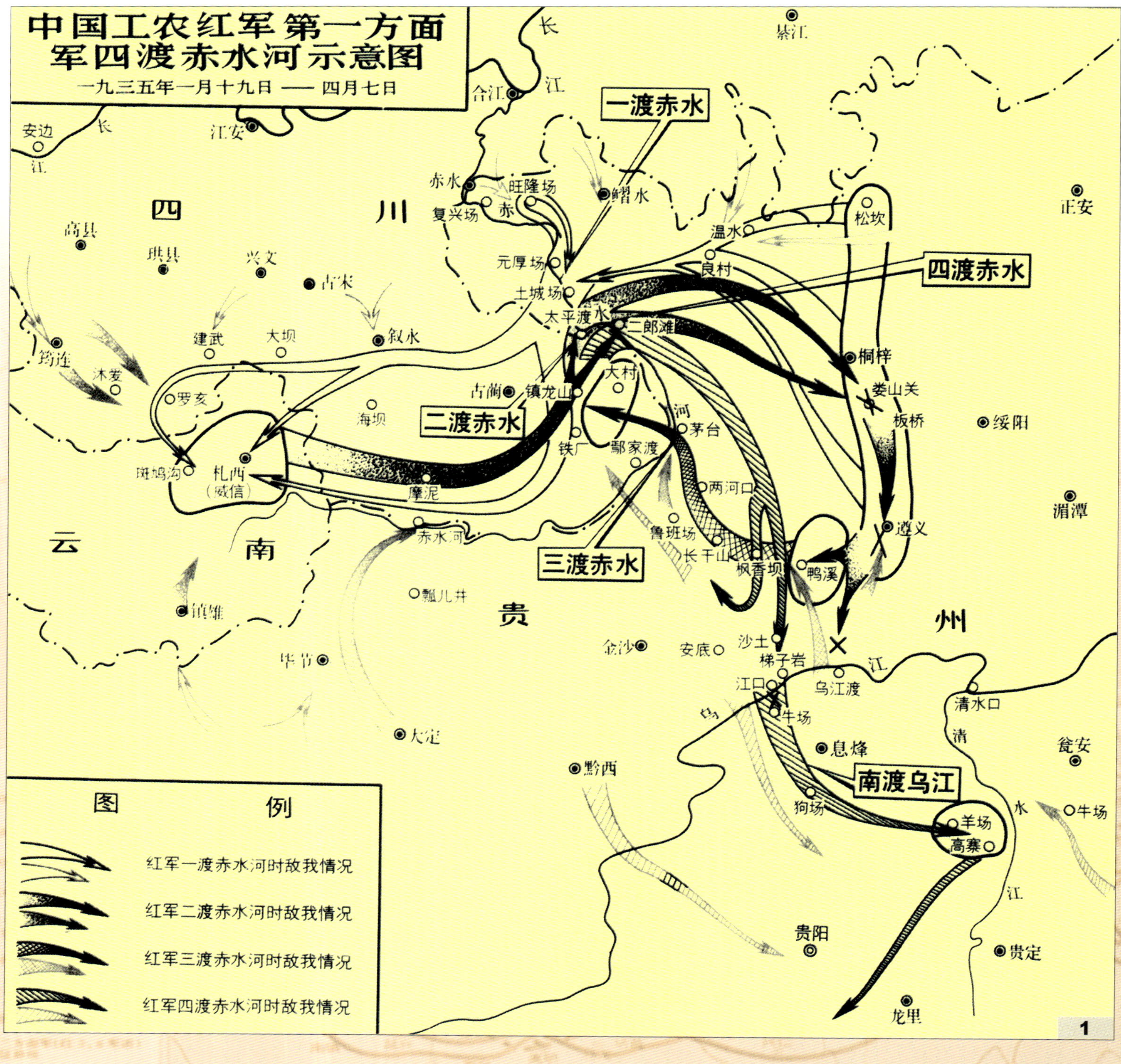

1 红一方面军四渡赤水示意图
2 北盘山

线，越过湘黔公路，以每天60公里的速度，经青岩、广顺、鸡场、定番（今惠水）、长寨（今长顺县城）、紫云等地，向西急进。

4月18日，中央红军主力乘胜在白层、者坪地区渡过北盘江。随后，占领贞丰、安龙、兴仁、兴义等城镇。留在乌江以北的红九军团，根据中革军委命令，以积极行动牵制敌军。曾于4月4日在打鼓场以东的老木孔击溃黔军拍辉章5个团的进攻，随后经茅坝、瓢儿井和大定以南，进至黔西的水城地区，同中央红军主力形成南北呼应之势。

中央红军占领兴仁、兴义后，分3路西进：第三军团为右纵队向平彝（今富源）、沾益前进；第一军团为左纵队向曲靖前进；第五军团和军委纵队为中央纵队，向益肠营方向前进。4月22日，中央红军第三军团先头部队进入云南境内。

2

红二、红六军团转战贵州

1934年9月20日，突围西征的红六军团由湖南进入贵州，在黎平县以北的谭溪镇击败国民党黔军周芳仁部第七团，挺进清水江流域。这里是少数民族聚居区，苗族、侗族长期遭受国民党反动派的欺压，民族隔阂很深。红六军团沿途张贴布告，散发传单，积极宣传党的民族政策。每到一地，红军战士处处尊重苗族、侗族同胞的风俗习惯；部队坚持在野外露营，不进入民房；迫不得已时用了群众的东西，都要付给双倍的钱；用了逃避在外的群众的东西，在原处留下钱和感谢信；红军医生主动上门为群众看病，不收任何报酬；对于生活极端困难的人家，给予慰问和救济。当地少数民族群众，从切身感受中认识到红军与国民党军队不同，很快改变了对红

1

1 贵州省印江县木黄

2 乌江渡口

军的态度。群众主动接待过路的红军队伍，有的给红军传递信息，有的为红军带路，还有的群众冒着生命危险收留红军掉队人员和伤病员。

9月23日，红六军团在清江（今剑河）县南嘉堡里格地区准备北渡清水江时，苗族和侗族群众帮助红军战士收集船只，绑结竹筏，架设浮桥。24日，红六军团顺利渡过清水江，进入大广地区，前卫部队前进到八挂河一带。

2

25日，红六军团按照原定计划继续北进。但当部队进至凯寨、孟优地区时，遭到国民党湘军独立第三十二旅和第五十五旅的堵击。由于敌军先期到达，占据了有利地形，红军一时陷入了被动状态。同时，国民党桂军第十九师从天柱县的盘杠赶来，黔军王天锡的部队从西面杀来。在这种情况下，红六军团命令红第十八师第五十二团和第五十四团从大广以西进入战斗，掩护军团主力转移。当天的战斗异常激烈，红六军团主力虽然安全突围，但红十八师的2个团陷入敌军的重重包围之中。红五十二团在红五十四团的掩护下杀出重围，红五十四团损失严重，团长赵雄英勇牺牲，团政委负重伤，全团减员很大。战后，红五十四团被撤销建制，余下的人员编入红四十九、红五十一、红五十二、红五十三团。

红六军团在大广摆脱敌军后，经高丘、良上、报京、施洞口，于9月30日进至黄平县的瓮谷垅。这时，湘、桂、黔三省敌军分两路跟来：一路是廖磊率领的桂军

1

第十九师、湘军李觉部第五十五旅，一路是覃联芳率领的桂军第二十四师和湘军补充第一总队。红六军团选择战斗力薄弱的黔军为突击对象，于10月1日在滥桥至东坡地段抢渡大沙河，一举突破黔军的阵地，并乘胜攻占旧州。

红六军团在旧州缴获了数万银元和一部无线电收发报机，收集到一张一平方米的法文贵州地图。军团长肖克如获至宝，他请一位随红军长征的外国传教士勃沙特，将地图上的法文地名译成中文。就是这张地图，在后来红六军团转战黔东与红三军会师的过程中起了重要作用。

2

红六军团从旧州向乌江前进，计划在孙家渡渡过乌江，甩掉追堵之敌。可是，中革军委不同意他们西渡乌江。10月14日，红六军团进至乌江边的猴场（今草场），接到中革军委命令："桂敌现向南开动，红三军部队已占印江。六军团应速向江口前进，无论如何你们不得再向西移。"

在中革军委的再三催促下，红六军团不得不放弃西渡乌江的计划，于5日由猴场掉头向东北前进，准备经石阡进入江口地区。然而，在当时敌军没有任何部队向南开

1 红军战士在贵州草场乡打坏了群众的盘子，这是赔偿给群众的盘子。

2 贵州石阡天主教堂

3 1934年10月，红六军团与红三军在贵州印江木黄会师时写的标语。

4 石阡城内的湖南会馆

3

动。恰恰相反，一张由桂、湘、黔三省军阀织成的大网，正在红六军团行动的前方张开。敌军的部署是：黔军侯之担的5个团严守乌江，湘、桂两军主力封锁石（阡）镇（远）大道，桂军第二十四师、湘军补充第一总队及黔军4个团沿施秉、余庆展开。敌军总兵力达到20多个团。并且，敌军星夜调动湘军第五十五旅、独立第三十二旅和谢明强团推进到石阡地区。而红六军团对敌军的这一行动却毫无察觉。

10月7日，红六军团按照第十七师、军团机关、第十八师的顺序东进，准备到石阡县的甘溪休息，然后利用夜间越过石镇大道。当日10时，红六军团前卫部队到达甘溪，捉到敌军的两个侦察员，方知桂军第十九师已接近甘溪。红五十一团前卫营在营长周球保的率领下，抢先占领甘溪镇，将部队在街头展开，做好迎击敌人的准备。桂军第十九师抢占甘溪东北的白虎山和群宝山一线高地，居高临下向红五十一团发起攻击。在红五十一团作战不利的情况下，红四十九团赶来，投入战斗。红

4

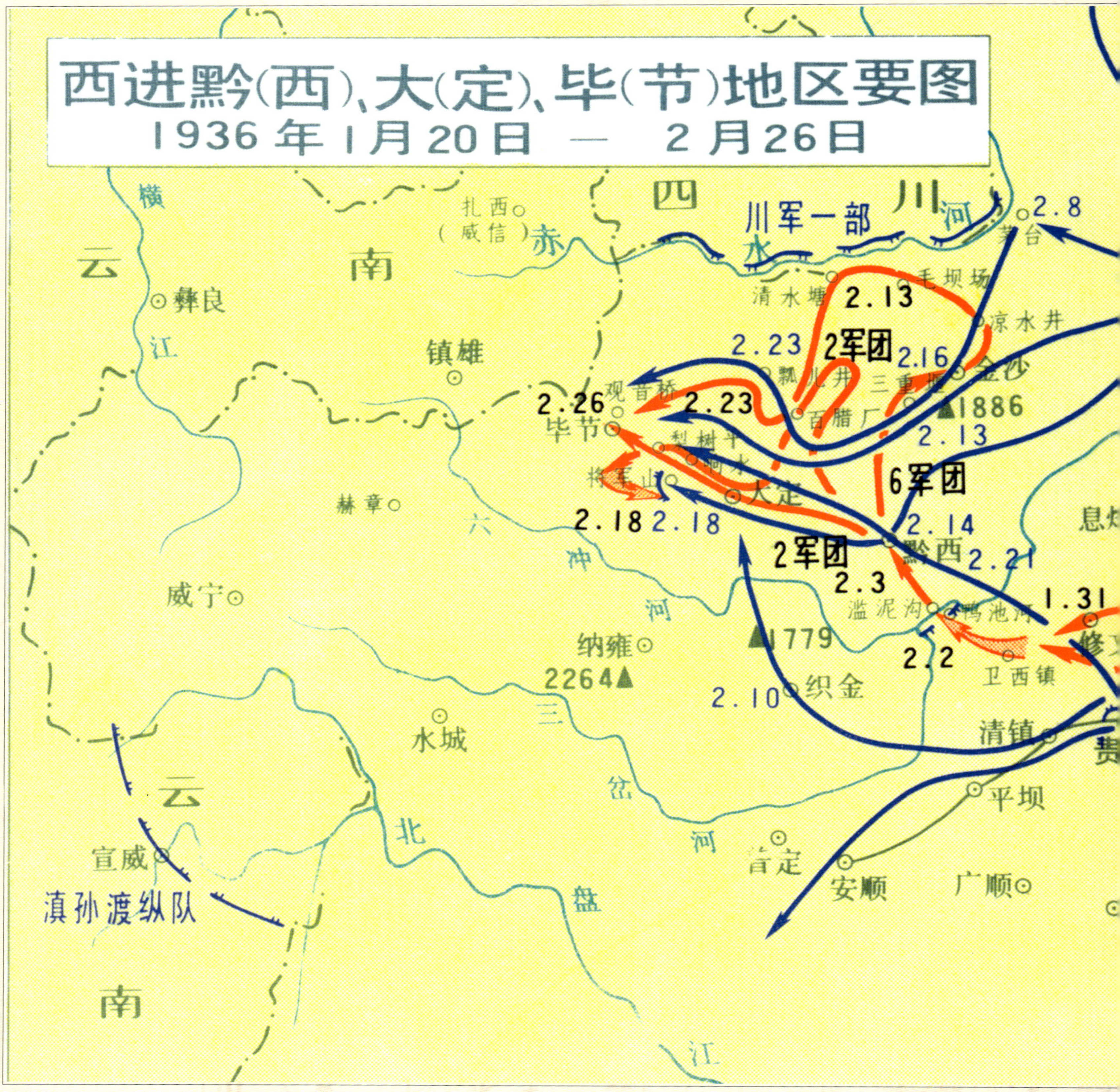

西进黔（西）、大（定）、毕（节）地区要图

五十四团则抢占了羊东坳及其附近高地，支援红五十一团和红四十九团。交战之际，敌军主力从四面赶来，把红军包围。并有一部兵力从河沟隐蔽地向甘溪西街迫近，向红军翼侧发起攻击。很快，这股敌人突入红军的阵地，在青龙嘴高地展开激烈的阵地争夺战。在战斗不利的情况下，军团参谋长李达率领在青龙嘴高地附近的红五十一团大部冲出敌军包围，由甘溪东南的杜脑山高地向石阡以南转移。防守甘溪的红五十一团三营和红四十九团坚守阵地，打退了敌军的多次进攻，给主力部队突围争取了时间。

红六军团发现敌军逼近时，派出红军学校占领龙骨屯和老车土等高地。随后，命令红五十团投入战斗，掩护军团主力转移。军团主力部队在任弼时、肖克、王震

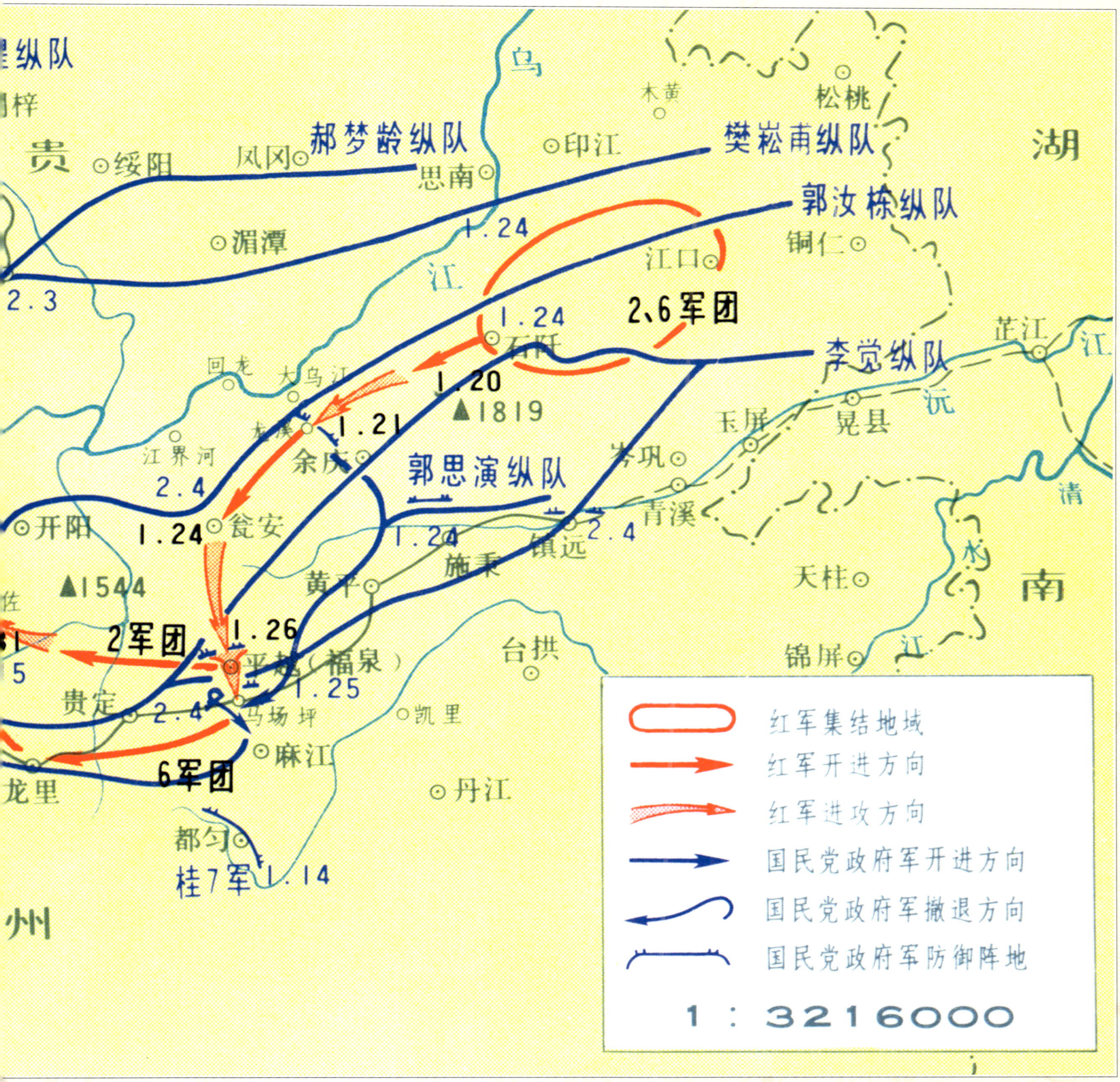

率领下，在大土村以南进入深山密林，摆脱敌军。军团政委王震身先士卒，披荆斩棘，开辟通路，于当天晚上到达一个名叫大地方的村庄。红五十团完成掩护任务后，利用夜暗撤出战斗，但退路被敌军切断，与主力失去了联系。

10月8日，红六军团主力进至红庙，打退了桂军第十九师的追击，向南转移。在石（阡）镇（远）大道间遇敌堵击，无法穿过敌军封锁线，遂离开大道，利用绳索翻越悬崖峭壁的滴水岩。11日，到达紫荆关一带，发现施秉一线有敌重兵把守，难以向南突围，遂绕道北行，经马溪、走马坪到河间渡，准备西渡乌江。

可是，当红六军团赶到江边时，发现黔军万式炯团在乌江西岸把守。渡江不成，只好折向东进，经瓮溪司，于15日到达朱家坝，准备经板桥渡过石阡河，前往印江会合红三军。前卫红五十二团到达板桥渡，遭到湘军堵击。军团决定向白沙、甘溪方向转移。当进到龙塘、关口一带时，被湘军第五十五旅、独立第三十二旅和黔军一部堵截。红十八师直属队及后卫第五十二团进至十二山柏杨附近时，被敌军切断，与军团主力失去联络。红六军团一面调红四十九团接应，一面派人传令红十八师师长龙云率第五十二团坚决打退敌人，尽快冲出包围。红五十二团英勇奋战几个昼夜，终因众寡悬殊，最后弹尽粮绝而失败。红五十二团团长田海清遭敌杀害，师长龙云受伤被俘，后被湖南军阀何键杀害。

1

10月17日，红六军团由石阡以西的国荣出发，午前重抵甘溪。当天中午，经杜脑山、卧水镇到达干河坝。这时，石（阡）镇（远）大道间的平贯一带只有敌谢明强团的一个营，马厂坪没有敌军。红六军团抓住这个机会，以警卫营抢先占领马厂坪，控制了向东去的大峡谷口。军团主力利用夜暗在当地老猎人的指引下，鱼贯东行，从一条没有道路的大陕谷中向东突围。

甘溪战斗中，首先突围的红十七师第五十一团，在军团参谋长李达的率领下，在大地方附近越过石（阡）镇（远）大道，经地印、客楼、闵孝，于11日到达江口县的茶寨。接着，又从德旺以北绕过梵净山，15日在沿河县的水田坝（又称铅厂坝）与贺龙率领的红三军会合。

李达向贺龙汇报了红六军团的艰难处境后，他们

1 毕节城内的福音堂

2 贵州省大定县拥护红军委员会欢迎红二、六军团的布告

1935.10 1935.11 1935.12 1936.01 1936.02 1936.03 1936.04 1936.05 1936.06 1936.07 1936.08 1936.09 1936.10

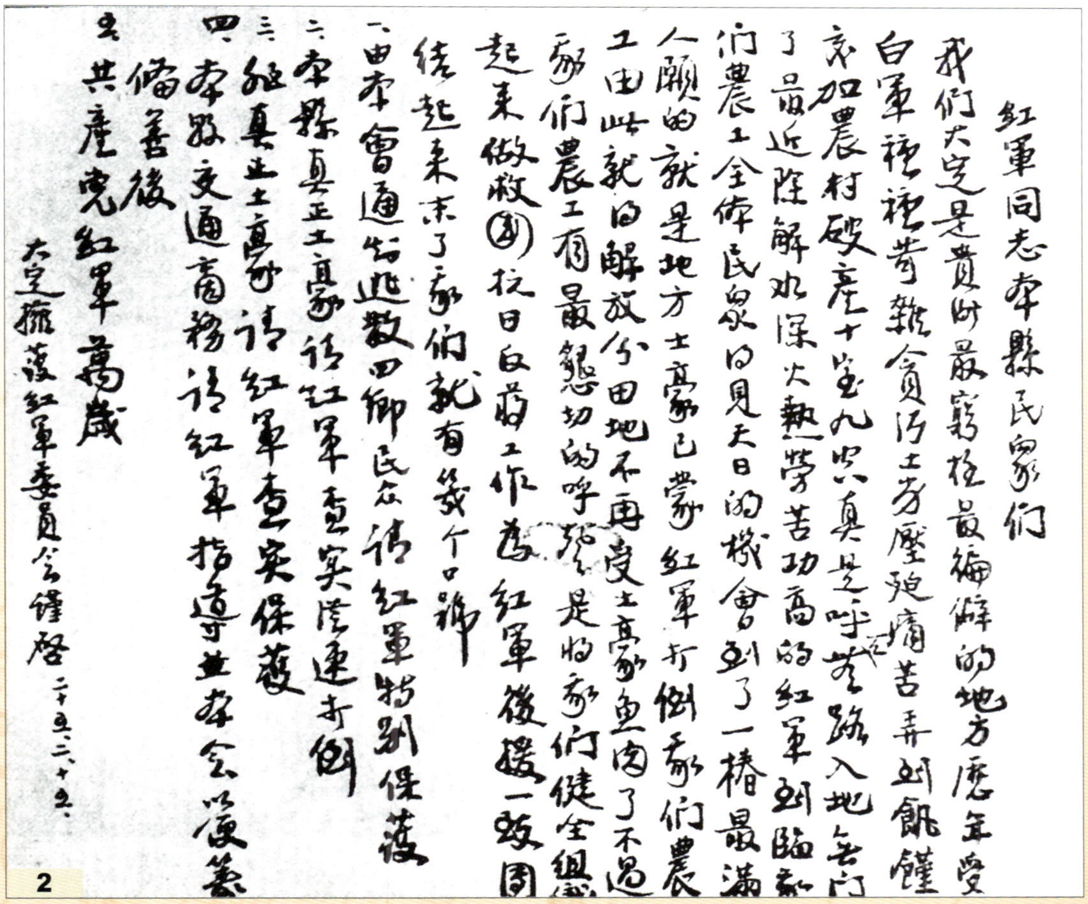

红军同志本县民众们
我们大定是贵州最穷极最偏僻的地方历年受白军种种苛杂贪污土劣压迫痛苦弄到饥馑交加农村破产十室九空真是呼天无路入地无门了最近红军解放水深火热劳苦功高的红军到临我们农工全体民众得见天日的机会到了一桩最满人愿的就是地方土豪已蒙红军打倒我们农工由此就得解放分田地不再受土豪鱼肉了不过我们农工有最恳切的呼声是将我们[illegible]全组织起来做救国抗日反蒋工作为红军后援一致团结起来末了我们就有几个口号
一、由本会通告逃散四乡民众请红军特别保护
二、本县真正土豪请红军查实从速打倒
三、非真正土豪请红军查实保护
四、本县交通商务请红军指导并本会以便筹备善后
五、共产党红军万岁
大定拥护红军委员会谨启 二十五、二、十五、

2

马上率先头部队突破湘军陈渠珍部的拦阻，向南迎接红六军团主力。

甘溪战斗中与军团主力失去联络的红五十团，由于退路被敌军切断，无法去大地方寻找主力部队，遂他们在由团长郭鹏和政委彭栋才率领，在一名熟悉道路的向导带领下，直奔印江，在平贯与河口之间通过石（阡）镇（远）大道，经东坪地、大坝场、德旺，于23日进至梵净山山脚木根坡时，通过号音联络与前来接应的贺龙和李达会合所部。

这时，红六军团主力越过石（阡）镇（远）大道后，从敌人间隙中兼程前进，于9月20日经尧寨、冷家榜通过石（阡）江（口）大道，再经茶寨、德旺、缠溪、慕龙，于23日到达印江县木黄镇。24日，贺龙、关向应率红三军团主力及李达部队从芙蓉坝、锅厂到达木黄，两军胜利会师。

会师后，任弼时给党中央拍去电报，请示下步的行动。中央给红三军和红六军团发出会师的贺电，同时命令红六军团作短暂休整，准备迎接中央红军西进。

10月26日，红三军和红六军团在（黔东地区的南腰界村）举行了隆重的庆祝会师大会。贺龙、任弼时、关向应、萧克、王震、夏曦等主要领导出席。任弼时宣读了党中央发来的贺电，接着就当前形势作了报告。任弼时对贺龙十分敬佩，在大会上指着贺龙向红六军团的指战

员介绍。“看哪，他就是两把菜刀闹革命，南昌起义的总指挥，我们红三军的军长贺龙同志！”

贺龙也发表了热情洋溢且充满风趣的讲话。他说：“我让弼时同志夸得有点子昏昏沉沉喽。两把菜刀闹革命，一把在别人手里，我手里只拿着一把，是单刀，不是双刀。”他还说：“会师，会师，会见老师。你们来自井冈山，那是毛主席、朱总司令创造的苏区，一直是我贺龙和红三军学习的榜样。我代表红三军全体同志热烈欢迎你们。你们千里跋涉来到这里，本该休息两天，睡个好觉，可是蒋介石不让我们休息。我们一会师，树大招风，我料想蒋介石也睡不着喽。这里是新开辟的根据地，不很巩固。可靠的根据地在哪里呢？在我们的脚板上。靠我们行军、打仗，夺取胜利，开辟更大的根据地，消灭更多的敌人。到了那一天，我贺龙请客，大家轮流睡上一天一夜。”

会后，红三军根据中革军委的电令，恢复红二军团番号。贺龙任军团长，任弼时任政治委员，关向应任副政治委员。当时，中革军委命令两个军团分开行动，红六军团单独进入湘黔边境的松桃、乾城、凤凰一带。这时的中共中央和红一方面军主力已经于10月10日撤离中央苏

1 1936年2月，在长征途中的王震（前左1）与苗族群众合影。

2 毕节城内的百花山礼拜堂

2

区，开始了长征。如何有力地配合中央红军的行动，便成了两个军团首先要考虑的问题。

贺龙不同意在此时分兵行动，他说：“乾城、凤凰是陈渠珍的老窝子，他盘踞在那里几十年。这个人，颇有头脑，也会用兵，只是野心有限，就想当个湘西土皇帝。他很怕蒋介石、何键吞掉他。我们不去主动打他，他不会拼出血本和我们打的。我们若到他的老窝里插上一刀，他当然要拼老命喽。依我看，到那些地方活动很困难。六军团只有3000多人，是打不赢的。如果两个军团去湘西北的桑植、大庸、永顺、石门、慈利一带，情况就不一样了。那里不是陈渠珍的老地盘，他不如我熟，群众也支持我们党和红军。我们出兵湘西北，把这批敌军背起来，也好让一方面军肩头上轻一些子嘛。”

就这样，两个军团决定执行贺龙提出来的作战行动计划，一起到湘西北去。

在给中革军委的电报中，对当时两个军团下一步行动计划是这样叙述的：“在敌我及地方实际情形条件下，我们建议二、六军团暂时集中行动，以便消灭敌人一二

1934.07 1934.08 1934.09 1934.10 1934.11 1934.12 1935.01 1935.02 1935.03 1935.04 1935.05 1935.06 1935.07 1935.08

1

个支队，开展新的更有利于两军团将来分开行动的局面。目前分开，敌必取各个击破之策。以一个军团的力量对敌一个支队无必胜把握；集中是可打败任何一个支队的。且两军团在军事政治上十分迫切要求互相帮助。”10月28日，红二、红六军团同时出动，发起了湘西攻势，掩护了中央红军的战略转移，并开辟了湘鄂川黔苏区。至1935年8月，红二、红六军团先后粉碎国民党军的两次大规模的“围剿”。为保

1 红二、红六军团部分干部在贵州大定县城合影

2 野马川会议旧址

存军力，于1935年11月19日由湖南桑植出发，经湘中于1936年1月8日，在田心坪歼灭黔军一个营，长征进入贵州省境内。

9日，红二军团占领石阡地区，红六军团占领黔东江口地区，部队转入休整。留在湘鄂川黔苏区执行掩护任务的红十八师，杀出国民党军的重围，于1月9日赶到江口，归红六军团建制。

按照原来的设想，红二、红六军团转移到贵州省石阡、黄平、镇远地区创建新的根据地。但当红军到达这一地区后，发现国民党军樊崧甫纵队、郭汝栋纵队、陶广纵队、郝梦龄纵队以及广西军阀共15个师围追上来。另外，以石阡、江口为中心的黔东地区居民稀少，经济落后，粮食困难，不利于大部队久留。

当时，中央红军已到达陕北。朱德、张国焘以红军总部的名义与贺龙之间保持着电报联系。贺龙到石阡后收到朱德、张国焘发来的电报："在未给敌严重打击时，不宜久停一处……同意西打驻黔蒋军，但须取进攻姿态。"于是，湘鄂川黔军委分会于1月19日在石阡召开会议，决定放弃在石（阡）、镇（远）、黄（平）创立新苏区的计划，决定率领红二、红六军团继续西进，争取在贵州西部创立根据地。

2

红二、红六军团在石阡一带休整了7天，补充了800多

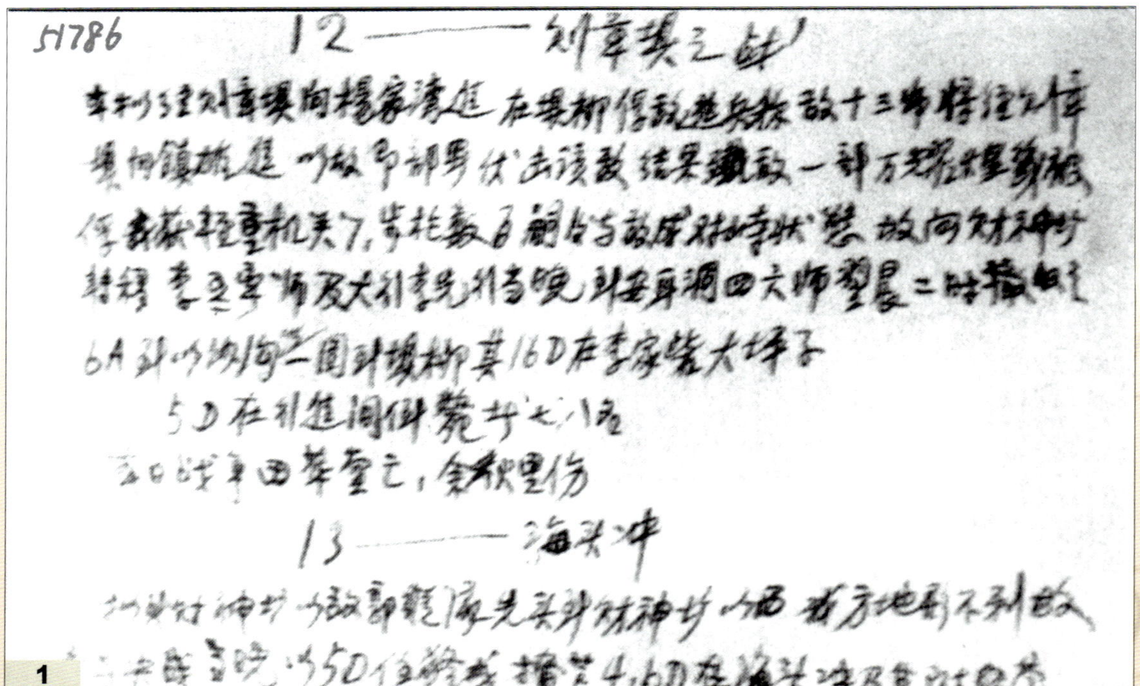

1

名新战士。1月21日，红二、红六军团向西挺进，在龙溪附近突破敌军第二十三师设置的封锁线后，向南挺进，连克瓮安、平越，在马场坪击败敌第九十九师，西进攻取洗马河和龙里，威逼贵阳。此时，国民党军主力大都在红二、红六军团的东面和北面，贵阳及其东南地区兵力较弱。所以，当红二、红六军团逼近贵阳时，国民党军急忙向那里收缩。这样一来，其在贵阳以西的乌江防线相对减弱，给红二、红六军团西渡乌江造成了有利条件。

可是，在遵义方面的国民党军3个师，开始前来截击。红二、红六军团为了把这部分敌军滞留在乌江北岸，突然来了个大转弯，从北面绕过贵阳，向西北急进，奔袭扎佐、修文，造成在息烽北渡乌江的态势。国民党军担心红二、红六军团与中央红军那样攻取遵义，急忙加强遵义地区的防守兵力。红二、红六军团见敌军在遵义地区按兵不动，便解除了右翼的顾虑，改变方向，星夜向西急进，直取贵阳以西的乌江渡口鸭池河。

鸭池河是黔西北诸县通往贵阳的主要渡口。1936年2月1日，红二、红六军团抓住敌人向贵阳收缩、贵阳以西乌江防务空虚的有利时机，以红六师为先导，迅速奔袭镇西卫，抢占鸭池河渡口。同时，从各师抽调120多名侦察员，组成先锋队，连夜急进，于2月2日凌晨到达茶店，歼灭小股敌军。这里距鸭池河渡口仅10多里，

1 关向应日记中有关乌蒙山回旋战之得章坝战斗的记载

2 贵州省江口县太平乡

侦察队得手后迅速向鸭池河老街渡口奔去。天明，红二、红六军团主力相继赶到，以猛烈的火力压制对岸敌军，并迅速夺取船只，开始渡江。当天下午，红二、红六军团全部渡过乌江。傍晚，国民党军第二十三师和第九十九师才赶到乌江东岸，而此时红军已经占领了黔西。

黔西曾是中央红军长征路过的地方。广大群众对红军有良好的影响。红二、红六军团来到这里后，群众主动给部队带路，通报敌情，踊跃参加红军。在这里，贺龙收到朱德、张国焘的电报，对红二、红六军团下一步行动提出两点建议：一是在黔、滇、川边区与敌周旋，争取建立根据地，与红四方面军配合作战；二是北上进入四川，与红四方面军会合。军分会认为，黔西、大定、毕节等地经济条件尚可，利于建立根据地。在全国革命形势激烈开展的情况下，红二、红六军团应该继续留在长江以南活动。因此，红二、红六军团占领黔西后，即实行战略展开：由红18师在黔西方向担任钳制任务，红四、红六、红十七师集中起来，往东迎击国民党军万耀煌纵队，红五师和红十六师西取大定和毕节。

2月5日，红五师从黔西出发，进军大定。当天，在行进中击溃黔军保安旅1个营，夺取了重要通道西溪河桥，抵大定县的甘荫棠。6日，攻占大定县城。9日，红十六师抵达毕节县，全歼保安团，占领县城。

2

在贵州省地下党的配合下，红二、红六军团开始创建

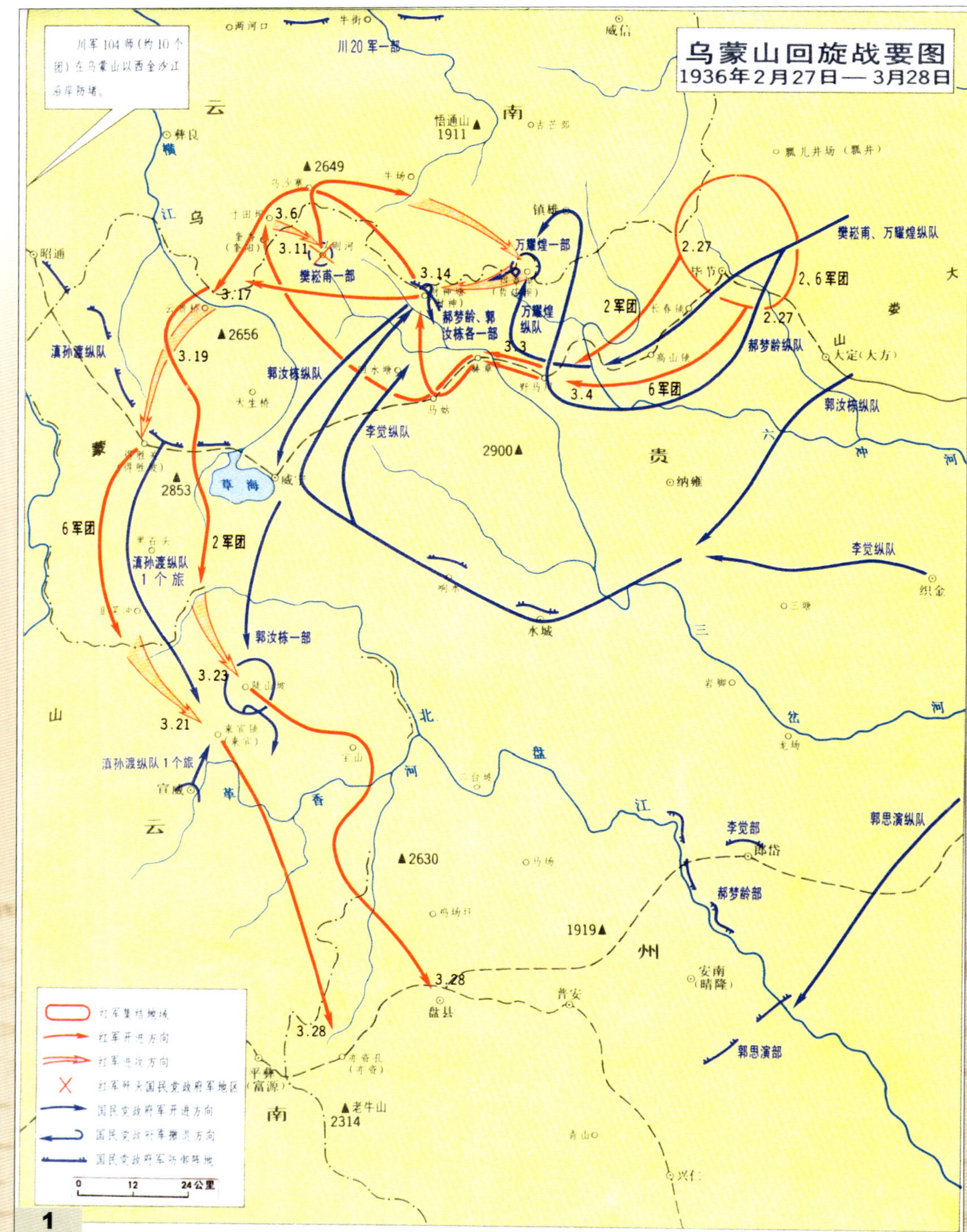

新根据地工作。2月8日，于黔西成立了中共川滇黔省委，建立了中华苏维埃人民共和国川滇黔省革命委员会，贺龙为主席，陈希云为代主席，朱长清为副主席。红二、红六军团组织工作队，深入城乡建立县、区、乡各级政权组织。

在建立根据地过程中，贺龙、任弼时等领导人积极开展统一战线工作。贵州省著名进步人士周素园是清末秀才，早年参加辛亥革命，曾任贵州军政府行政总理。在他的家里，只看到书籍，看不到财物。贺龙、任弼时多次与他交谈，请他担任贵州抗日救国军司令员。周素园给云南军阀龙云、孙渡写信，让他们与红军之间保持和平相处。后来，周素园随红二、红六军团长征到了陕北，成为中国共产党的忠实朋友。

红二、红六军团在黔西、大定、毕节建立根据地，引起了蒋介石的恐慌。他把正在四川对红四方面军作战的国民党中央军调到贵州，并

1 乌蒙山回旋战要图

2 贵州省大定县的将军山

从南京飞抵贵阳亲自指挥万耀煌、樊崧甫、郝梦龄、李觉、郭汝栋等5个纵队，对红二、红六军团进行“围剿”。

18日，万耀煌、郝梦龄两个纵队向大定进攻。红六军团英勇奋战，但未能阻止敌军，大定县城失守。红六军团军团长萧克率红十七师撤到六龙场，次日转到将军山。

将军山位于大定县城的西面，数十个山峰从南向北一字排开。清毕公路从这里穿过，是大定通往毕节的门户。2月19日，红十七师进到将军山七家田一带。这时，万耀煌的由6个连队组成的敢死队紧跟而来。萧克命令红五十五团和红五十一团从公路东侧攻击来敌，前卫红四十九团从公路西侧插进战斗，对追敌形成包围态势。红二军团第四师一部和红五师一部也加入战斗。仅1个半小时就把万耀煌的敢死队全部消灭。

萧克料到敌人必定前来报复，便命令红军部队在将军山设伏。2月25日，万耀煌纵队开始向将军山进攻。红军居高临下，歼敌一部，敌军退后。第二天，万耀煌

2

得章坝战斗示意图

1936年3月12日—13日

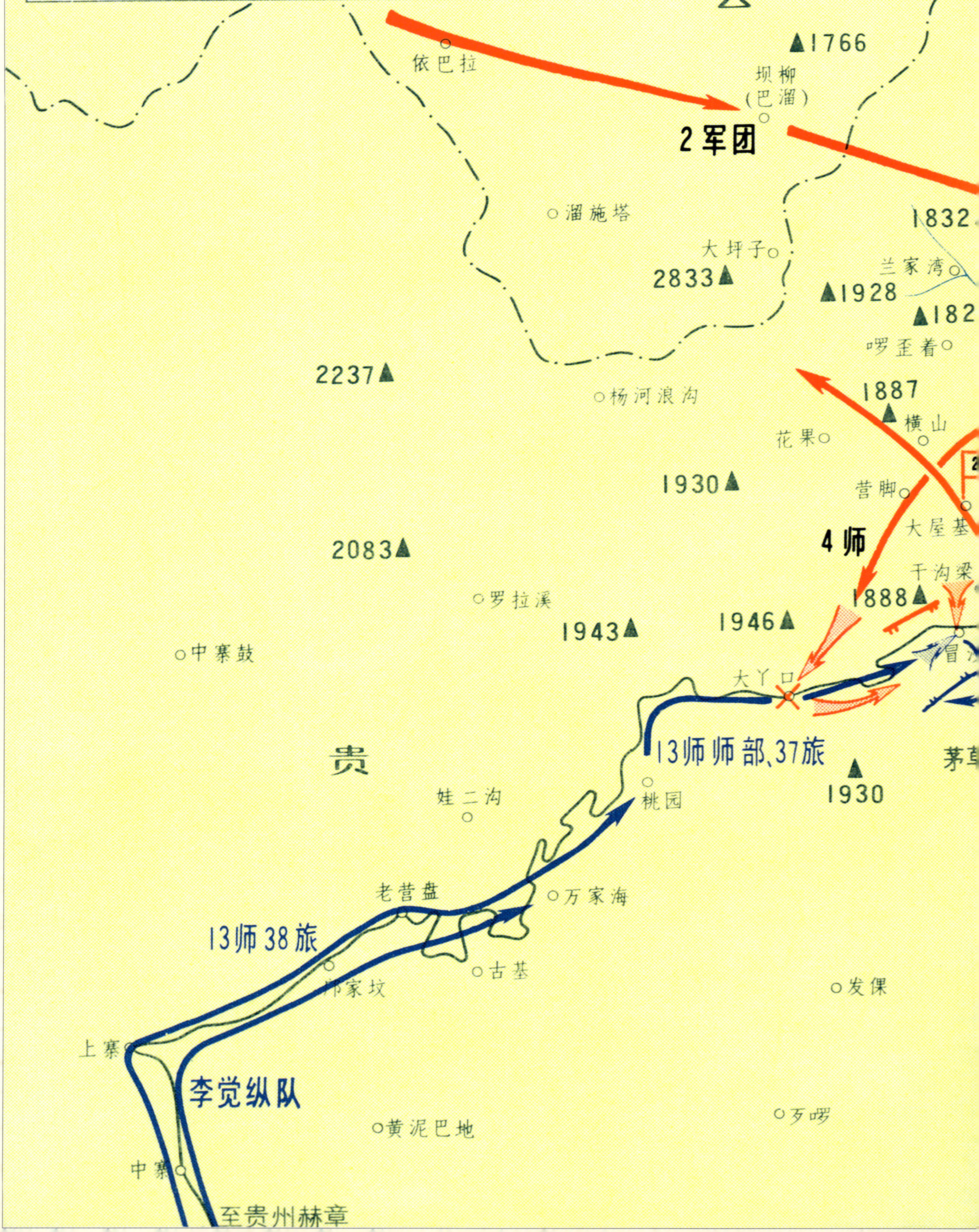

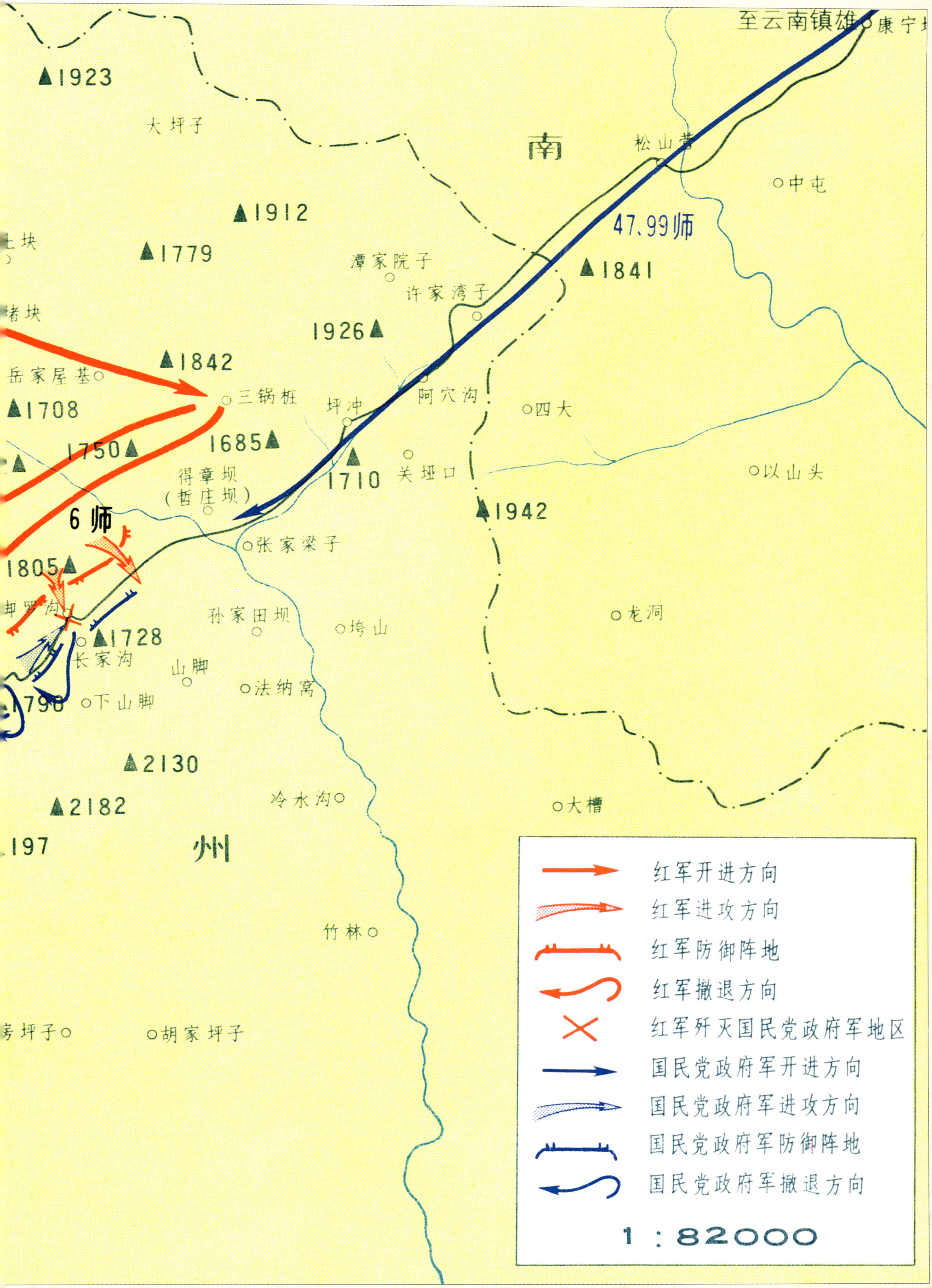

至云南镇雄
康宁
南
松山营
中屯
47.99师
1841
1923
大坪子
1912
1779
潭家院子
许家湾子
1926
1842
岳家屋基
三锅桩
坪冲
阿穴沟
四大
1708
1750
1685
1710
关垭口
以山头
得章坝
（哲庄坝）
6师
1942
张家梁子
1805
孙家田坝
垮山
龙洞
1728
长家沟
山脚
法纳窝
下山脚
2130
冷水沟
大槽
2182
州
竹林
胡家坪子
红军开进方向
红军进攻方向
红军防御阵地
红军撤退方向
红军歼灭国民党政府军地区
国民党政府军开进方向
国民党政府军进攻方向
国民党政府军防御阵地
国民党政府军撤退方向
1：82000

指挥3个师又向将军山扑来，红军利用有利地形，给来敌重大杀伤。战至黄昏，红军撤出战斗，向毕节县境内转移。

2月27日，中共川滇黔省委和军委分会共同研究，认为毕节周围约有敌军120个团，红军难以立足。于是，决定放弃在这一地区建立根据地的计划。当天，红二、红六军团退出毕节县城，进入乌蒙山区。

1

由于敌军有10个师又1个旅的兵力在后面和左侧后，红二、红六军团不能直接从毕节去安顺。遂沿毕节、威宁大道向西前进。蒋介石的意图是：多调集兵力，把红二、红六军团压迫并消灭在金沙江以南、毕威大道以北地区。但国民党军阀派系繁杂，各有各的打算。云南军阀龙云既怕红军西入云南，也怕蒋介石像对付贵州军阀王家烈那样施“假道灭虢”的故伎，所以取保守态度，把孙渡纵队全部放在昭通、威宁地区防堵。四川军阀刘湘怕红二、红六军团渡过长江，与红四方面军会合，也取消极态度，只是在川南沿江地区防堵。只有处在贵州境内的国民党中央军万耀煌、樊崧甫、李觉、郝梦龄等纵队跟在红二、红六军团后面。

3月2日，红二、红六军团进到野马川。在七星关渡河时，红六军团政治部主任夏曦不幸溺水牺牲。红二、红六军团于4日到达妈姑、回

1 贵州省野马川地区的七星关（夏曦牺牲地）

2 1936年3月盘县会议旧址

水塘地区，被敌军堵截，只好改变路线东行，然后再向西北方向前进。

2

这时，南下道路上布满了国民党军，红二、红六军团只好再次改道西进。长时间连续行军作战，部队非常疲劳，机动能力受到影响。军分会决定：一方面在部队中开展政治动员，提高士气；另一方面减轻一些驮担和重装备，提高机动能力。同时，鉴于敌军已被红军拖得疲惫不堪，懵头转向，战斗力下降等情况。红二、红六军团采取敌进我进的策略，从郭汝栋和樊崧甫两个纵队之间向西北方向突进，跳出敌人的包围。之后，兼程南下，在威宁和昭通之间穿过国民党滇军孙渡纵队的防线，于3月6日进入云南境内的彝良县奎香、寸香地区。8日，红二、红六军团发现敌军只有一个侦察连和一个步兵连紧跟而来，便杀回马枪，在以则河、法冲地区设伏，将敌人全部消灭。之后，直插云南镇雄。

3月18日，红二、红六军团再次由云南进入贵州威宁县境。20日，红二、红六军团离开贵州，进入云南宣威倘塘地。

黎平会议

黎平会议中央红军长征以来，中共中央召开的一次重要的政治局会议，为尔后的遵义会议召开奠定了重要基础。

通道会议后，中央红军按照中央革命军事委员会的命令，改向贵州前进。12月15日，红一军团第一师攻占贵州黎平。当时，周恩来认为改变红军的进军方向，事关重大，而且又是一个十分迫切需要解决的重大问题。他鉴于通道会议未能采纳毛泽东的正确意见，从根本上改变原定的进军计划，因此，在通道会议后，他即离开军委纵队，随红一军团第一师先头部队于15日进驻黎平，为即将召开的中共中央政

1

1 黎平镇
2 黎平会议决议

治局会议做准备。

12 月 18 日，中共中央在黎平县城二郎坡胡荣顺店铺内召开政治局会议，即黎平会议。出席会议的有毛泽东、周恩来、张闻天、王稼祥、朱德、博古等。李德因患疟疾发高烧没有参加会议。会议由周恩来主持，集中讨论中央红军进军的战略方向问题。博古并代表李德在会上发言，仍然坚持其中央红军沿着红六军团前进的路线人黔而进入湘西北，同红二、红六军团会合的原定计划。毛泽东坚决主张中央红军放弃同红二、红六军团会合的原定计划，力主改向黔北进军，在以遵义为中心的川黔边地区创建新的根据地。他具体地分析了敌我情况的变化，强调指出：根据敌我情况的变化，中央红军应向遵义地区挺进，如有可能，还可以入川，会合红四方面军，在川陕之交协同作战。王稼祥、张闻天、朱德等在会上发了言，对第五次反"围剿"以来的军事路线错误进行了尖锐批评，一致赞成毛泽东的正确主张，坚决主张放弃同红二、红六军团会合的原定计划，改向黔北进军。会议经过激烈的争论后，与会多数同志积极支持毛泽东的正确主张，通过了《中央政治局关于战略方针的决定》。决定指出：

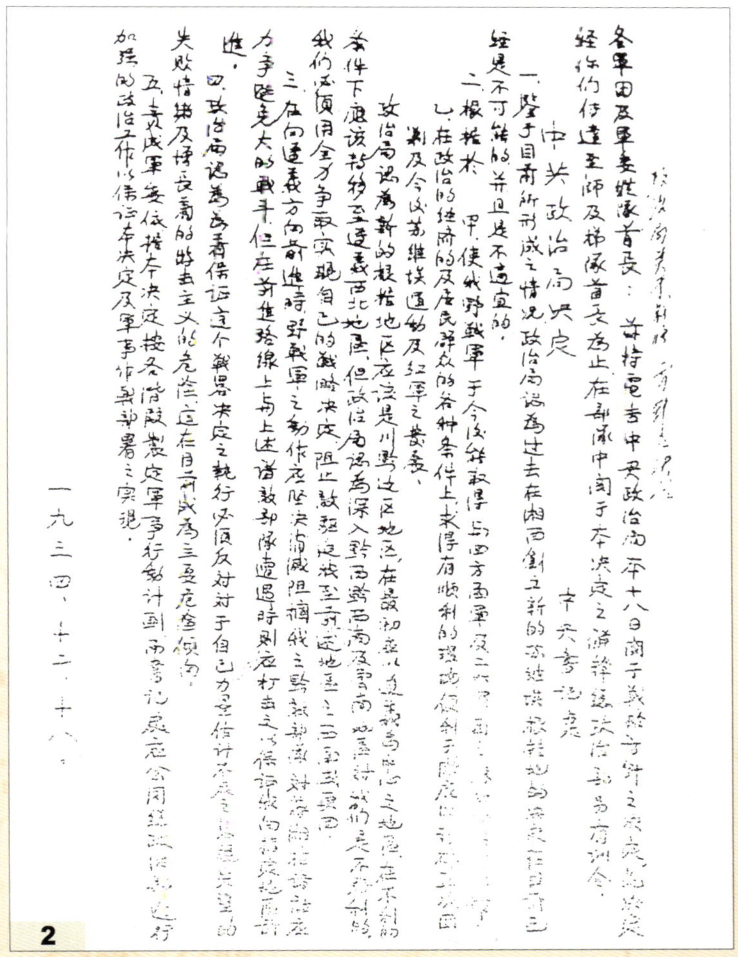
[illegible]
各军团及军委纵队首长：兹将电告中央政治局本十八日关于战略方针之决定，[illegible]
经你们传达至师及梯队首长为止，在部队中关于本决定之讨论[illegible]另有训令。
中央政治局决定
中央书记处
一、鉴于目前所形成之情况，政治局认为过去在湘西创立新的苏维埃根据地的决定在目前已经是不可能的并且是不适宜的。
二、根据于：甲、使我野战军于今后能取得与四方面军及二、六军团之[illegible]。乙、在政治的经济的及居民群众的各种条件上，求得有顺利的环境，便利于[illegible]及今后苏维埃运动及红军之发展。
政治局认为新的根据地区应该是川黔边区地区，在最初应以遵义为中心之地区，在不利的条件下应该转移至遵义西北地区，但政治局认为深入黔西黔西南及云南地区对于我们是不利的。我们必须用全力争取实现自己的战略决定，阻止敌驱逐我至黔滇地区之西南或西面。
三、在向遵义方向前进时，野战军之动作应坚决消灭阻拦我之黔敌部队，对[illegible]敌应力争避免大的战斗，但在前进路线上与上述诸敌部队遭遇时则应打击之，以保证我向指定地区前进。
四、政治局认为为着保证这个战略决定之执行，必须反对对于自己力量估计不足[illegible]失败情绪及增长着的游击主义的危险，这在目前成为主要危险倾向。
五、责成军委依据本决定按各阶段制定军事行动计划，而书记处应会同总政治部进行加强的政治工作，以保证本决定及军事作战部署之实现。
一九三四、十二、十八。

2

一、鉴于目前所形成之情况，政治局认为过去在湘西创立新的苏维埃根据地的决定在目前已经是不可能的，并且是不适宜的。

二、根据于：甲、使我野战军于今后能取得与四方面军及二、六军团之密切的协同动作。乙、在政治的、经济的及居民群众的各种条件上，求得有顺利的环境，便利于彻底的粉碎五次"围剿"及今后苏维埃运动及红军之发展。政治局认为新的根据地区应该是川黔边地区，在最初应以遵义为中心之地区，在不利的条件下应该

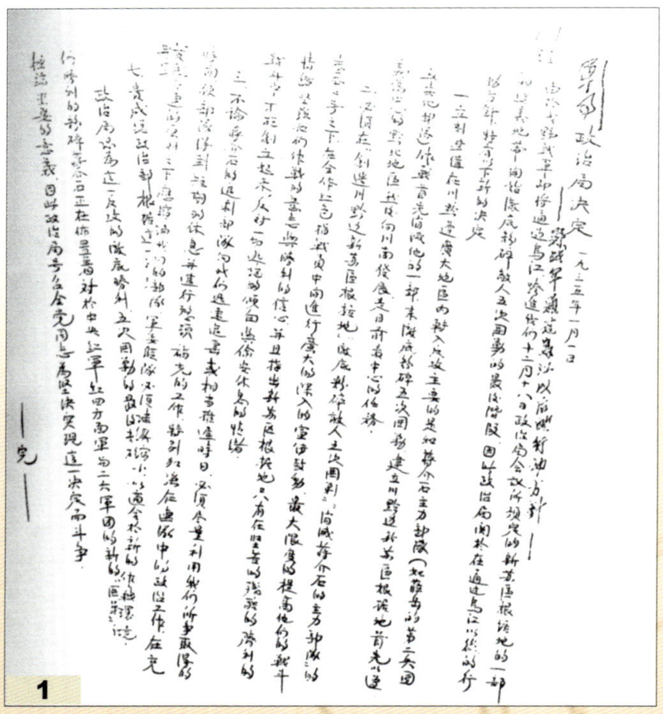

1

转移至遵义西北地区。但政治局认为深入黔西、黔西南及云南地区对我们是不利的。我们必须用全力实现自己的战略决定，阻止敌驱迫我至前述地区之西南或更西。

三、在向遵义方向前进时，野战军之动作应坚决消灭阻拦我之黔敌部队。对蒋湘桂诸敌应力争避免大的战斗，但在前进路线上与上述诸敌部队遭遇时则应打击之，以保证我向指定地区前进。

四、政治局认为，为着保证这个战略决定之执行，必须反对对于自己力量估计不足之悲观失望情绪及增长着的游击主义的危险，这在目前成为主要危险倾向。

五、责成军委依据决定按各阶段制定军事行动计划，而书记处应会同总政治部进行加强的政治工作，以保证本决定及军事作战部署之实现。

会议还决定红军到达适当时机召开政治局扩大会议，进一步总结第五次反“围剿”战争以来的经验和教训问题。

由此可见，中共中央和中央革命军事委员会接受毛泽东的正确意见，放弃中央红军北出湘西北同红二、红六军团会合的原定计划，改向敌人兵力薄弱的黔北进军的决定，不是由湘南通道会议作出的，而是由黔东的黎平会议作出的，即是说，中央红军的战略转兵重大决策是由黎平会议作出的，而不是由通道会议作出的；中央红军从根本上实行战略转兵是由黎平会议开始的，而不是由通道会议开始的。理由有三：第一，从1934年12月12日至12月16日，中共中央在中央红军的进军方向上并未作出根本的改变；第二，不能简单地看待中央红军原由通道北上改为西进黎平就是实现了战略转兵；第三，战略转兵的决定是由通道会议作出，由黎平会议以“决定”形式把它确定下来的。

1 1935年1月1日，中央政治局《关于渡江后新的行动方针的决定》

2 遵义会议会址

遵义会议

1935年1月15至17日，中共中央政治局在遵义召开扩大会议。

出席会议的政治局委员有：毛泽东、朱德、周恩来、张闻天、博古、陈云；政治局候补委员有：王稼祥、刘少奇、邓发、何克全；红军总部及各军团负责人有：刘伯承、李富春、林彪、聂荣臻、彭德怀、杨尚昆、李卓然，中共中央秘书长邓小平、共产国际驻中国军事顾问李德及俄语翻译伍修权也参加了会议。

会场正中央的墙上贴着马克思的画像，博古坐在会议桌的中间，周恩来坐在他的左边。其他人员都很随意地坐在桌子周围。李德没有像往常开会那样坐在中间，他坐在靠近窗口的一个凳子上。会议是晚上进行的。工作人员在桌子上放了许多当地产的土杂糖，那是打土豪分来的胜利品，算是给大家作夜宵。

会议的目的是："（一）决定和审查黎平会议所决定的暂时以黔北为中心，建立苏区根据地的问题。（二）检阅在反对五次'围剿'中与西征中军事指挥上的经验与教训。"会议首先根据刘伯承、聂荣臻的建议，分析了黔北地区是否适合建立根据地问题。经过讨论，大家认为这里人烟稀少，少数民族多，党的工作基础差，不便于建立革命根据地，决定放弃黎平会议确定的以黔北为中心创建根据地的计划，中央红军北渡长江，

2

同红四方面军会合，在川西或川西北创建根据地。

接着，会议总结第五次反“围剿”以来的经验教训。博古首先作了关于第五次反“围剿”战争的总结报告。他仅用一张白纸列出一个提纲，依照提纲上的线索滔滔不绝地讲了两个小时。在报告中，博古承认第五次反“围剿”没有打好。在分析失败原因时，他说：“失败原因是多方面的。第一，主要原因是敌人过于强大。敌人直接用于围攻中央苏区的兵力达50万，另外帝国主义给了蒋介石大笔贷款，蒋介石利用这些钱买了大批先进兵器；第二方面，中央苏区的物质条件太差，红军供给不足；第三方面，白区的反帝反蒋运动没有显著发展，没有大规模地瓦解敌军。”

博古讲完，周恩来作副报告。他在报告中对李德的错误提出批评，并主动地承担部分责任。

1

随后，张闻天代表毛泽东、王稼祥作联合发言，尖锐地批评了党内的“左”倾军事路线。

接着，毛泽东做了长篇发言。他一针见血地指出第五次反“围剿”失败和大转移以来严重损失的原因是军事上的单纯防御路线。具体表现在进攻时的冒险主义，防御时的保守主义，突围时的逃跑主义。毛泽东还以前几次反“围剿”在敌强我弱的不利条件下夺取胜利的事实，批驳博古在报告中为错误军事路线所作的辩护词。

1　毛泽东在遵义的办公室

2　遵义会议的会议室

2

经过3天激烈的讨论，会议做出以下决定：毛泽东当选为中央常委；指定张闻天起草决议，委托常委审查后，发到支部中讨论；常委中再进行适当分工；取消“三人团”，仍由最高军事首长朱德、周恩来为军事指挥者，而周恩来是党委托对于军事上下最后决定的负责者。

遵义会议是中国共产党历史上第一次独立自主地运用马克思主义的基本原理，解决中国革命和革命战争的重大问题的重要会议。这是中国共产党在政治上成熟的标志。这次会议结束了以王明为代表的“左”倾冒险主义在中央长达四年的统治，实际上确立了毛泽东在红军和中共中央的领导地位。会后不久，常委再次分工，以张闻天为党的总负责人，由毛泽东、周恩来、王稼祥组成军事领导小组。这样，就在实际上形成了以毛泽东为核心的新的中共中央正确领导。这是中国革命在几乎陷入绝境的危急时刻作出的关键性抉择，挽救了党，挽救了红军。

遵义会议是中国共产党历史上的一次伟大转折。它不仅反映在党的一系列决定和决议之中，而且也贯穿于会后的红军一系列重大部署之中。

首先，反映在红军的战略方针上。1935年1月20日，中央革命军事员会下达了

1934.07 1934.08 1934.09 1934.10 1934.11 1934.12 1935.01 1935.02 1935.03 1935.04 1935.05 1935.06 1935.07 1935.08

1

《关于渡江的作战计划》，明确指出：“我野战军目前基本方针，由黔北地域经过川南渡江后转入新的地域，协同四方面军，由四川西北方面实行总的反攻”，创建新的根据地。这体现了遵义会议确定的北上方针，也体现了毛泽东军事思想。此后，毛泽东并没有拘泥于既定的方针，而是根据瞬息万变的战场形势，采取高度机动灵活的战略战术，指挥中央红军进行了著名的“四渡赤水”之战，南渡乌江，巧渡金沙江，摆脱了40万敌军的围追堵截，夺取了战略转移的主动权。随后，中央红军在毛泽东等的正确指挥下，采取既定的北上战略方针继续北上，通过彝民区，强渡大渡河，飞夺泸定桥，翻越夹金山，同红四方面军胜利会师。接着继续北上，克服了张国焘的右倾分裂主义，穿过茫茫水草地，突破敌军的围追堵截，战胜了无数艰难

2

3

1 毛泽东

2 朱德、周恩来、王稼祥、秦邦宪（从左至右）

3 张闻天、刘少奇、邓发、何克全（从左至右）

4 邓小平

5 陈云

6 刘伯承、李富春、林彪、聂荣臻、彭德怀、杨尚昆（从左至右）

险阻，胜利地完成了举世闻名的二万五千里长征，开创了中国革命和革命战争的新局面。实践证明，以遵义会议为起点，全党全军开始了以毛泽东军事战略战术思想为指导的新的历史时期。

4

5

其次，反映在中共中央组织机构的调整上。为了贯彻执行以毛泽东为代表的党的正确路线、方针、政策，遵义会议决定取消以博古、李德为主组成的“三人团”，“仍由最高军事首长朱(德)周(恩来)为军事指挥者，而恩来同志是党内委托的对于指挥军事上下最后决心的负责者。”会后，在常委分工中，“以泽东同志为恩来同志的军事指挥上的帮助者”。但是，这种分工，难以适应瞬息万变的战争形势变化，因此，中共中央政治局于1935年3月4日，为了加强作战的统一指挥，决定“特设前敌司令部，委托朱德同志为前敌司令员，毛泽东同志为前敌政治委员”；3月11日，又采纳了毛泽东的正确建议，成立了毛泽东、周恩来、王稼祥组成的新的“三人军事指挥小组”，全权指挥军事。从此，以毛泽东为代表的正确主张更加得以顺利贯彻落实，以毛泽东为核心的新的中共中央集体领导体制进一步完善。由此可见，从

6

遵义会议开始，中共中央不仅从政治路线上、军事路线上，而且从组织路线上，都发生了根本性的转变。促成这一根本转变的关键人物，当然是毛泽东。

再次，反映在中共中央及时地改变党在敌占区的斗争策略和斗争形式上。中央

1

红军主力长征后，留在中央苏区的红军和地方武装，在以项英为书记和司令兼政治委员的中共苏区中央分局、中央军区领导和指挥下，继续坚持斗争，以保卫苏区、掩护中央红军主力的战略转移和配合主力红军的战略反攻。他们的组织形式和斗争方式，仍然是大兵团式的组织方式，同敌人进行阵地战，与敌人拼消耗，结果，中央苏区被敌人全部占领，红军和地方武装遭受严重损失，党和苏维埃政府遭到严重破坏。1935年2月5日，在张闻天接替博古的职务后，即根据毛泽东灵活机动的战略战术思想，于当日和13日先后致电中共苏区中央分局书记项英等，要求他们立即改变组织形式与斗争方式，使之适应于游击战争的环境。在组织形式上，规定以短小精悍、分散行动为原则；在斗争方式上，实行占领山地、灵活机动、伏击袭击、出奇制胜的游击战争原则，这一指示，为继续坚持南方各苏区斗争的红军和游击队起了关键作用。

因此说，遵义会议不仅在组织上结束了以王明为代表的“左”倾冒险主义在中共中央长达四年之久的统治，在军事上纠正了他们的错误，而且在政治上也有计划、有步骤地清算其错误影响，使党的路线重新回到了马克思列宁主义的正确轨道。遵义会议是中国共产党历史上具有重大转折的重要会议。

1 《遵义会议》（油画　彭彬　作）

2 三人军事指挥小组成员：毛泽东、周恩来、王稼祥

1935.10　1935.11　1935.12　1936.01　1936.02　1936.03　1936.04　1936.05　1936.06　1936.07　1936.08　1936.09　1936.10

三人军事指挥小组

中共中央决定以毛泽东、周恩来、王稼祥组成“三人军事指挥小组”，这是一项重大战略决策。“三人军事指挥小组”，“在当时是全党全军最重要的领导机构”，它可以处理一切党政军重大问题。因此，深刻认识“三人军事指挥小组”组成的历史背景、成立的时间和地点，对于深刻认识遵义会议实现伟大历史转折所经历的过程，正确认识遵义会议确立毛泽东在红军和党中央的领导地位，总结历史经验，加强党的建设，都具有重要的历史意义。

遵义会议，由于当时的历史条件所限制，只能集中全力解决最具有决定意义的军事问题，并在组织上作一些局部的调整，不可能从根本上彻底解决所有问题。正如毛泽东所指出的：“一九三五年的遵义会议，则主要地是反对战争中的机会主义，把战争问题放在第一位，这是战争环境的反映。”由于在会议上，“博古同志没有完全彻底的承认自己的错误，凯丰同志不同意毛、张、王的意见，A(指李德——作者注)同志完全坚决的不同意对于他的批评”，因此，会议只决定：“毛泽东同志选为常委”，“取消三人团，仍由最高军事首长朱周为军事指挥者，而恩来同志是党内委托

2

1

的对于指挥军事上下最后决心的负责者”，等等。遵义会议后，中共中央和中央革命军事委员会率领中央红军于1935年2月5日进到一个叫“鸡鸣三省”的水田寨后，根据形势发展的需要，即召开政治局常委会议，决定“常委中再进行适当的分工”，由张闻天接替博古负总责，“以泽东同志为恩来同志的军事指挥上的帮助者”。这不仅表明毛泽东在中共中央领导核心层中有领导和决策权，而且表明他对红军也有直接的领导和指挥权。

毛泽东被选为中共中央政治局常委，进入了中共中央政治局的领导核心，这在当时大多数中央政治局委员尚未认识到以王明为代表的“左”倾冒险主义政治路线错误的情况下，应该承认是难能可贵的，是一个具有伟大历史意义的转折。在“常委中再进行适当的分工”中，又决定“以泽东同志为恩来同志的军事指挥上的帮助者”，突出了毛泽东在全党全军的领导地位和作用。是对毛泽东的高超军事指挥才能和杰出的领导艺术的充分认可。

1935年3月4日，为了便于指挥作战，中央革命军事委员会根据中共中央的决定，“特设前敌司令部，委托朱德同志为前敌司令员，毛泽东同志为前敌政治委员。”3月5日，毛泽东与朱德联合署名在前线鸭溪向各军团发布了作战命令。这是毛泽东从1932年10月宁都会议后被取消在红军中的一切职务之后，第一次以明确的红

1 《1935 年的遵义会议》（国画 刘向平 作）

2 毛泽东与朱德

军领导职务所签署的作战命令。它表明毛泽东已经拥有对红军公开的直接领导和指挥权力。但是，红军前敌司令部是隶属于中央革命军事委员会的，不是红军的最高领导机构。特别是中共中央鉴于博古、李德搞独断专行，给党和红军造成的严重危害的沉痛教训，并没有赋予前敌司令部对于军事指挥问题的临机处置权力，而是无论大事小事都要经过中共中央会议讨论和决定，并采取了一种简单的表决方式，依据多数人的意见决定红军的行动。这往往贻误战机并影响决策的正确性。于是，毛泽东曾向周恩来建议“不能像过去那样指挥，还是成立一个几个人的小组”，据此，周恩来决定“由主席、稼祥和我，组成三人小组指挥作战。”

根据上述情况，我们可以清楚地看出“三人军事指挥小组”的成立，是毛泽东从战场瞬息万变的实际出发，为避免在紧急的军事行动中因召开中共中央政治局会议而贻误战机所采取的重大举措，是确保党在遵义会议后确定的路线、方针和政策的贯彻落实，彻底清除以王明为代表的“左”倾冒险主义军事错误影响，从根本上实现党的战略方针转变的组织保证。

“三人军事指挥小组”是中共中央委托的全权指挥军事的最高权力机构，是全权指挥军事的极具权威的统帅部。这也表明毛泽东在新的中共中央领导核心地位的进一步巩固。

2

教条主义使革命受到严重损失

朱德　中革军委主席、红军总司令

一、二、三次反“围剿”，是中国很好的革命战争经验。主要一点是在于依靠群众。三次反“围剿”，我们都是为了群众，又很好地依靠了群众。当时我们有5万人，3万支枪，粉碎了几十万敌人的三次“围剿”。蒋介石、外国人，都不知道我们究竟有多少人，连党中央也不相信我们只有那么多人。

这一胜利以后，党中央就冲昏了头脑。根据苏区胜利与“九一八”事变的新情况，作出了《由于工农红军冲破第三次‘围剿’及革命危机逐渐成熟而产生的党的紧急任务》的决议，提出要“争取革命在一省或数省首先胜利的前途”,取消游击战争的方针，要打大城市。1932年1月10日，中央命令红军打赣州，结果打不开，这又是不应打大城市的一个证明。在这以前，毛主席主张向东北发展，分散以争取群众，一直把网撒到浙江去，打到蒋介石的老家。如若实行，我看红军发展可能上10万人，同时也会更扩大苏区。但可惜这一主张当时被否定了。不久，军事上由教条主义出来负责，方向从此又搞错了。红军三大任务，改作只剩下了一个打仗，不做群众工作，不筹款，因此就脱离了群众、又保障不了供给。以后红一军团虽也打了很多好仗，但今

1

1 红军干部在这所天主教堂里，听取了遵义会议精神的传达

2 1935年2月19日，《红星》报登载的军委纵队党的干部会议拥护遵义会议决议的决议案。

天看来，很多都是空打的。第四次反“围剿”时，因为有前3次反“围剿”经验，所以打还打了一些胜仗，但教条主义已经把红军削弱，把游击队吃掉。在军队组成上，只盲目地强调“成份”，对于工农干部，不问其能力、经验如何，把他们提到师、军级的领导岗位上，而全不知我们在农村绝没有许多工人参加红军的实际事实。教条主义的特点，就是不从实际出发，不从中国情况出发，而是从苏联情况出发，从主观愿望出发。不晓得要把我们这样一支军队，完完全全变成一支和苏联红军一模一样的军队，是绝对不可能的。

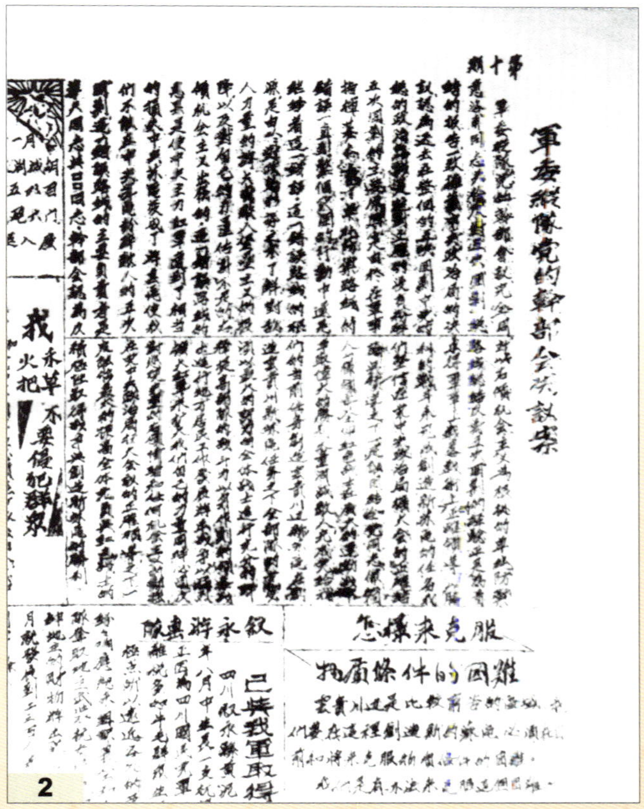
军委纵队党的干部会议决议案

2

第五次反“围剿”，就更坏了，完全是洋教条，把过去苏区反“围剿”的经验抛得干干净净。硬搬世界大战的一套，打堡垒战，搞短促突击，不了解自己家务有多大，硬干硬拼。军事上的教条主义，伴随着其他方面的教条主义，使革命受到严重损失。直到遵义会议，在毛主席的领导下，才结束了错误路线的领导。长征后，红一、三军团一共只剩下了7000人。这都是教条主义拒绝毛主席的正确思想，把方向搞错了的结果。

遵义会议的酝酿和准备

伍修权　共产国际军事顾问李德的翻译

在进遵义以前，王稼祥同志最早提出了召开中央政治局扩大会议(即遵义议会)的倡议。他首先找张闻天同志，谈了毛泽东同志的主张和自己的看法。他认为，应该撤换博古和李德，改由毛泽东同志来领导。张闻天同志也在虑考这些问题，当即支持了他的意见。接着，

王稼祥同志又利用各种机会，找了其他一些负责同志，一一交换了意见，并取得了这些同志的支持。聂荣臻同志因脚伤坐担架，在行军途中听取并赞同了王稼祥同志的意见。周恩来和朱德等同志，历来就尊重毛泽东同志，在临时中央打击排斥毛泽东同志时，他们也未改变对他的态度，这次也毫不犹豫支持了王稼祥同志的意见。正是在此大势所趋、人心所向的形势下，再加上毛泽东、王稼祥同志做了大量的工作，召开遵义会议的条件已经成熟。这时王稼祥、张闻天同志就通知博古同志，要他准备在会议上作关于第五次反“围剿”的总结报告，通知周恩来同志准备一个关于军事问题的副报告。至此，遵义会议的准备工作基本就绪。

强渡乌江

杨得志　红一军团第一师第一团团长

1

天黑得像锅底，连近在眼前的东西也看不清。竹排离开浅滩，起先还能听到竹片在水面上发出的“劈劈啪啪”声，随后这声音越来越小，渐渐地连这响声也听不清楚了，只有呼号的寒风从耳边掠过。虽然伸手不见五指，同志们却依然瞪着大眼，默默地注视着西岸。

大约过了半个小时，前面仍然没有一点动静。我感到肩上像压着千斤重担似的，内心十分焦急。时间呀，时间不等人。如果这只竹排再出了问题，天亮了，一切都暴露在敌人的眼下，那……

“乓！”一声枪响，把我从沉思中惊醒。抬头望去，只见火光是从对岸山顶上飞出来的。很明显，这是敌人放的冷枪，而不是我盼望的联络信号。我摇着头，深深地吸了一口气。

……

“乓！乓”又是两枪！

“老杨，两枪，是山下响的！”黎林同志立刻惊叫起来，他是很少这样激动的。

1 杨得志

2 耿飚

3 毛泽东为娄山关战斗胜利所作《忆秦娥·娄山关》

“啊！是我们的！”我简直无法控制内心的喜悦。“是的，是我们的。开船！”我兴奋地一面继续望着对岸的山头，一面向孙营长下达命令。早已整装待发的另一只竹排，弦上飞箭似地出动了。几乎同时，我们的机枪、步枪、“三七”小炮一齐开火。竹排在密集的炮火掩护下破浪启程了！

不多久，只见对面山顶上红光闪闪，红光中夹杂着“通通”的音响，听声音我知道那是手榴弹在敌堡中爆炸了。也就是说，我们的勇士已经登上了敌人的山顶。接着，我们又听到步枪、机枪吼叫起来，爆炸声，喊杀声混成一片。

“老黎，成功了！”我兴奋地拍着政委的肩膀。

2

夺取天险娄山关

耿飚　红一军团第二师第四团团长

知道敌人要跑，我们马上命令部队发起总攻击。于是10多把军号向着娄山关一齐吹起雄壮而威严的冲锋号，所有的轻重机枪，随着号声也一起向山上敌人开火了，无数的红色勇士们，像生龙活虎一样向山顶冲去。

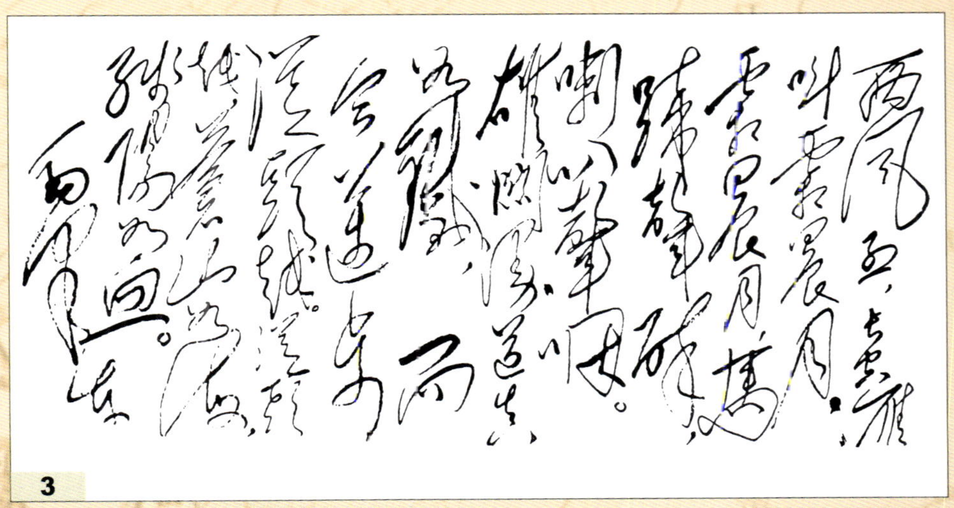

3

敌人在做垂死挣扎，一堆一堆地躲在掩体后面，坚守着狭窄的关口，并以机关枪、手榴弹、石头，向我们射击和投掷。我主力部队不断向敌人进行猛烈攻击，敌人也顽强抵抗。只听得枪炮声、喊杀声连成一片，震撼山谷，子弹在身边、头上啸叫着飞个不停。激战1个钟头以后，忽然，接连不断

1

的手榴弹爆炸声，从山顶上传来，只见战士们挺着手中的刺刀，在枪林弹雨中向敌人猛冲过去，以白刃格斗，进占了娄山关口。我们上到关口，只见公路两旁敌人横尸满地，血迹斑斑，伤兵哀声嚎叫。再行几步，见有茅屋数间，石碑矗立，上面刻着“娄山关”3个大字，俯视白云数朵，昂首红日当空，确有“举头红日近，回首白云低”之感。

敌人在我翼侧部队还没有来得及截断他们的后路之前，就开始狼狈地逃跑了。我们在沿公路向桐梓跑步追击途中，到处都看到敌人抛弃的东西：有步枪、子弹、烟枪、军服、撕下来的臂章、棉被、雨伞、包袱、背篓甚至文件。除武器弹药之外，谁也不捡一点。

一气追了约20里，当我们到达桐梓城边时，接到季营长的报告说：“一营已经占领桐梓城。潘梓年已出桐梓西北向牛拦关方面警戒，是役俘敌数百名。”进城市布置警戒后，让部队休息待命，并向师部报告胜利的战果。

智取遵义

王集成　红一军团第六团政治委员

1935年1月3日，红四团在江界突破乌江防线，控制了渡口。上级给我们六团的任务：立即跨过江去，迅速前进直取遵义城。

我们疾步向遵义挺进。午后，侦察员报告：在距遵义30里的地方，发现敌人的外围据

1 贵州桐梓山水

2 向贵州进军与一占遵义要图

点，驻有一个多营的兵力。刘伯承司令员指示我们：要全歼敌人，不准有一个漏网。否则，走漏了风声，就会影响打遵义。我们立刻将部队像一把钳子似的分成两路，以迅雷不及掩耳之势，钳住了这个庄子。

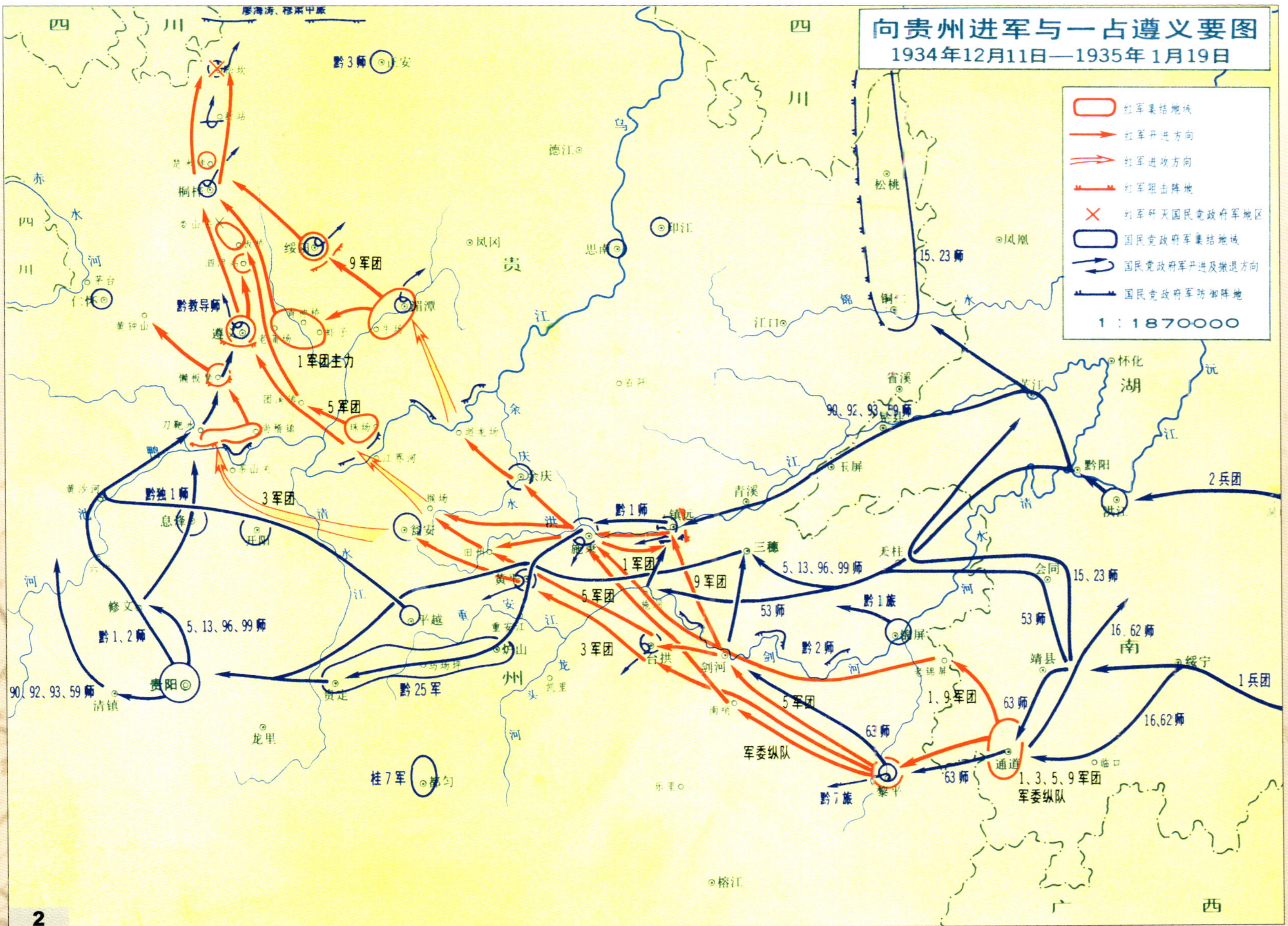

2

1

3点多钟，开始攻击。这时天下起大雨，战士们一个个被淋得好像洗了个澡。但这对于我们已是家常便饭了。遭罪的倒是敌人，他们迷信乌江天险的障碍，又认为大雨天更为太平，因此当他们听到枪声仓惶迎战时，早已成了瓮中之鳖了。

没多久，我们就打进了村子。敌营长企图逃跑，带着一股敌兵在村内东冲西撞，也没逃出我们的包围圈。我们完全实现了刘司令员的指示，所有的敌人除了死的，凡是有气的都当了俘虏。遗憾的是，敌营长的性子太急，死得早了些，要不我们还能多了解一些有关遵义城的情况。

遵义的触角，被我们搞掉了，反过来又变成了我们的触角。为了详细地了解遵义的情况，我们从俘虏中找了一个连长、一个排长和十几个出身较贫寒的士兵，进行谈话。

遵义城敌人的底细被我们摸着了。我跟朱团长研究，决定化装成敌人，利用俘虏去诈城，打个便宜仗。我们把这个打算报告了刘司令员，他说："很好，这就是智慧。"并嘱咐说："装敌人一定要装得像，千万不能叫敌人看出馅来。"

这出戏的主角由1营营长曾宝堂同志来演。他带着3连和侦察排及全团的二三十个司号员，个个都是一色的敌军打扮。另外，那十几个经过教育的俘虏，也派给了他们。其他部队都跟在后面，准备在诈城不成的情况下，实行强攻。

1 遵义南郊回山乡革命委员会旧址

2 红军在遵义从农民家买了一头猪，因主人不在家，留下了苏维埃币15元和一张条子。

夜9点钟左右，我们冒着大雨出发了。天黑得什么也看不见，路滑得像泼上了油。队列里不时地响起"噗通""啪唧"的声音，差不多每个人都摔过几跤。摔一跤后，就成了个泥人。有的草鞋被烂泥拔掉，要想拣起来，可那鞋就像用胶粘在地上似的，怎么也拔不出来。扔了吧，真舍不得；拣吧，就在耽搁老半天，影响大队人马行进的速度。于是很多人干脆赤着脚，踏着碎石、烂泥、荆棘，继续前进。

急行了两个多小时后，大雨停了，只是不时从天上落下几颗雨点点。透过夜幕，看见一点灯光，吊在半空。俘虏们悄声地告诉我们："到了，这是遵义城上岗楼的灯光。"于是，我们就装成败退下来的样子，慌慌张张地往城根跑去。

"干什么的？"城楼上发出一句凶狠的问话。枪栓也拉得呱呱呱地直响。

"自己人！"俘虏用贵州话从容地回答。

"哪一部分的？"城楼上问。

这时，被俘虏的连长就按着我们事先给他安排的内容，悲悲切切回话了："我们是外围营的，今天叫共匪包围了，庄子丢了，我是1连连长，领着一部分弟兄好歹逃了出来。现在共匪还在追我们，请快快开开城门，救救我们。"

"你们营长叫什么名字？"敌人还想考问一下。

那连长毫不迟疑地答上了。城楼上沉闷了一会，看样是在研究情况。为了不让敌人进行缜密地思考，我们又组织了一次攻势，许多人乱糟糟地喊："快开开门哪！""麻烦麻烦哪！""共匪马上就追来啦……"

"吵吵什么！"一个口气很冲的家伙朝我们大喝一声，听口气，估计是个当官的。

我们只好服从，都不吭声。突然从城楼上射下来几道手电光，在我们身上照来照去，仿佛要照点可疑的东西出来。殊不知，手电光

2

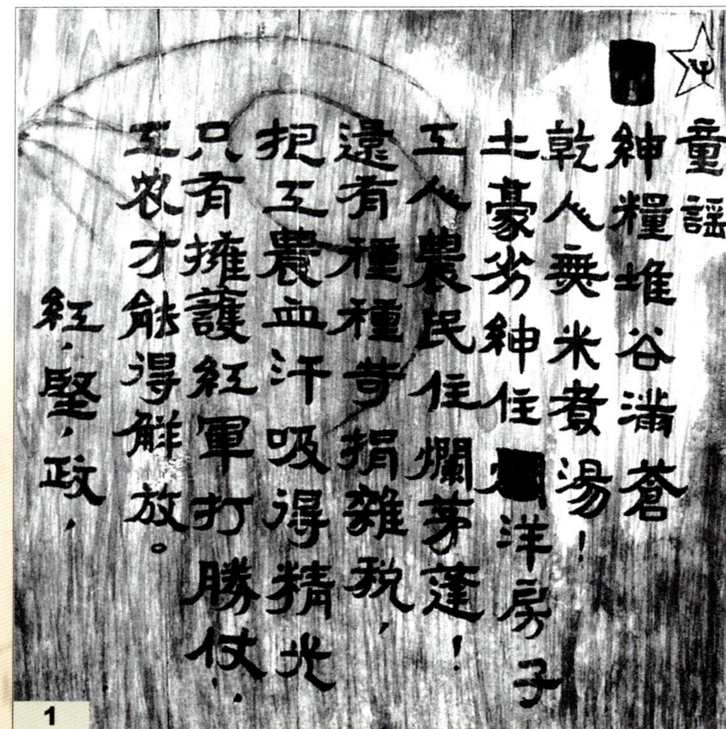
童謡
紳糧堆谷滿倉
乾人無米煮湯！
土豪劣紳住[illegible]洋房子
工人農民住爛茅蓬！
還有種種苛捐雜税，
把工農血汗吸得精光
只有擁護紅軍打勝仗：
工農才能得解放。
紅.堅.政

1

只能照清我们的外表，却照不到我们的心啊。当他们确实认清我们这些戴大盖帽子的是自己人的时候，才说：“等着，这就给你们开门！”我们一听，都憋住笑，悄悄地上好刺刀，推上子弹，等着敌人开门来迎接“自己人”。

“哗啦”一声，城内卸下了门闩。随之，“吱吱”的两声，又高又厚的城门打开了。敌人恐慌地问我们侦察排的同志：“怎么，共匪已经过乌江啦？来得好快呀！”

“是啊，现在已经进了遵义城！”侦察排的几个虎将把枪口指着那两个敌人的太阳穴，严厉地说：“告诉你们，我们就是中国工农红军！”

那两个敌兵吓得“啊”了一声，就像面条一样瘫在地上了。

于是，我们大队人马便一子涌进城去。割了电线，收拾了城楼上的敌人，二三十个司号员一齐吹起了冲锋号。这时，后续部队像风一样向街里冲进去。霎时，遵义城热闹起来了，激昂的呼喊声混合着敌人的哭叫。大多数敌人还没有来得及穿衣服就当了俘虏，只有少数敌人狼狈不堪地从北门逃窜了。

1 红军编写的革命歌谣

2 鸭池河战斗遗址

智取鸭池河

左齐　红二军团战士

从1月7日进入黔东，9日我六军团占领江口县城，二军团占领石阡县城。打土豪，搞群众工作，部队整整休息了5天。

敌人估计我军要步中央红军后尘，北渡乌江。他们提前赶到贵州以后，不和我们纠缠，拼命地抢到我们前面，把绝大部分兵力密密麻麻地摆满了乌江两岸，日日夜夜赶做工事，企图将我军歼灭在乌江南岸。这时，敌人的报纸也一齐叫唤开了，什么贺龙孤军势必就歼

啦，贺龙走投无路啦，江南赤患消灭有日啦，确是乐观极了，猖狂极了。

我们倘若冒冒失失地走上前去，那后果确实不堪想象；可是，我们的头脑可没有敌人想的那么天真，明摆在眼前的火坑，为什么要去跳呢？此处无路可走，他处自有路。处处无路可走，开向贵阳府。他想我们北渡，我们偏不北渡。他不防我们南下，我们偏要南下。折向西南，日夜兼程，取瓮安，下牛场，直捣龙里，威逼贵阳。这一来，形势可就大变了。敌人由乐观一变而为慌乱，我们由被动一变而为主动。要知道，这时的贵阳乃是一座空城，我军倘有兴趣，闯进去逛逛，不是不可能的。对于敌人来说，贵阳是贵州的政治经济中心，又是大官司僚们养身立命之所，此城万万不可有失。可是，从湘北到湘中，从湘中到贵州，

1

1 石阡会议旧址
2 鸭戏黔西水

2

追来追去，就是为了凭借乌江天险来消灭我们，一旦放过，十分可惜。江防不可不守，贵阳也要保卫。一身岂能二任焉？一时间，调兵遣将，手忙脚乱，紧张万分。但是我们没去打贵阳，却从从容容地经扎左，过修文，进抵乌江上游的鸭池河边，毫不费劲地渡到了乌江的北岸。

鸭池河这里的地形很险。北岸烂泥沟一带，山势高陡，俯瞰对岸，却一马平川，只须摆上一点兵力，要阻住追击的百万大军，不成问题。因此，我们过河之后，在2月9日轻取黔西、大定、毕节等重要城镇，并在大定附近的将军岭给向我追来的郝梦麟师当头一棒，歼灭敌人两个整团，取得了将近20天的休整时间，开展了黔、大、毕地区的工作，在黔西北地区点燃了革命的熊熊烈火。

朱总司令上火线

1935年1月28日晨，土城战斗打响。毛泽东和张闻天、周恩来、朱德等发现尾追的川军一部又咬了上来。他们为了打退川军的进攻，消灭或重创其一部，即果断决定红一军团迅速回师土城，命令干部团立即加入战斗，会同红三、红五军团首先打退川军的进攻，稳住阵地，解除“后顾之忧”。

1

在这紧要的关头，朱德总司令决心亲临火线指挥。广大指战员听说朱老总要披甲亲征，无不欢欣鼓舞。但是，毛泽东犹豫再三，他连抽了3支香烟，始终没有点头。为什么呢？主要考虑朱德的安全。朱德万一有个三长两短，他没法向全党全军交代啊！

这时，朱德看出了毛泽东的心思，急了。他把帽子一脱，恳切地说：“得罗，老伙计，不要光考虑我个人的安全，只要红军胜利，只要遵义会议开出新天地，区区一个朱德又何惜？敌人的枪是打不中朱德的！”说得毛泽东终于点了头。

1月28日上午，久雨初晴。毛泽东和张闻天、周恩来等领导人决定为朱德亲临第一线指挥作战而举行欢送仪式。

仪式十分简单，但在当时的环境下，已属不易。他命令军委纵队全体指战员在吃过早饭后，就在土城街集合。他同张闻天、周恩来、王稼祥、博古和徐特立、林伯渠等中央领导人已经站在那里等待军委纵队指战员们，准备列队欢送朱总司令上前线。

中央领导和军委纵队共200多人，手中拿着一面用小竹竿做旗竿的三角彩旗，在街道两旁刚站好队，朱总司令身着灰棉布军衣，头戴红军帽，腰束牛皮腰带，别着一支小橹子，

1　红军时期的朱德

2　红军一渡赤水河的渡口之一——土城

身上背着一顶斗笠，雄赳赳，气昂昂地走进欢送的队伍之中。上上下下干净利索。毛泽东立即从欢送队伍的排头走向排尾，迎着朱总司令走过来，一边走一边举着旗子带领全体欢送人员高呼："欢送朱总司令上前线！""消灭川军北上抗日！""打倒蒋介石！""打胜仗创造新苏区！"等口号。这洪亮的口号，各色的彩旗，为欢送朱总司令上前线而增添了雄壮、热烈的气氛。

朱德总司令快步走近毛泽东，毛泽东也赶忙走几步，两只大手紧紧地握在一起。朱总司令很激动地说："不必兴师动众。不必兴师动众。礼重了。礼重了。"毛泽东当即语重心长地说："理应如此。理应如此。桃花潭水深千尺，不及你我手足情嘛。祝总司令多抓俘虏、多打胜仗。"他们一边说话，一边手拉手地走到了夹道欢送队伍的尽头。张闻天、周恩来、王稼祥、博古等人也满脸笑容地迎上前去，同朱总司令亲热地握手、打招呼。朱总司令一边握手还礼，一边兴高采烈地说："有劳各位。谢谢大家的好意。"朱老总那坚毅的脸上，露出了庄重而欢快的笑意，给人以胜利和希望。

2

毛泽东看到朱总司令的神情，心情无比欢乐。在他那清瘦的脸上呈现出淡淡的红色。他和张闻天、周恩来等中央领导人同朱老总又小声地谈了什么，忽然之间他们之间爆发出了一阵爽朗的笑声。朱总司令退后两步，向毛泽东等中央领导人行了一个庄重的军礼。

毛泽东和朱总司令两只手再次紧紧地握着，并且有力地摇了几摇。此刻，两位同生死、共患难、肝胆相照，共同把中国革命航船不断从胜利推向新的胜利的战友，多少深情的嘱咐、多少无限的期望，都贯注在这无声胜有声的握手之中。

“请多加保重。”毛泽东对朱总司令再三嘱咐。

“请放心。你也要注意保重！”朱总司令说完，把手抽回来，转身朝前方走去。然后，又收住了脚步，转过头，向欢送的队伍扬了扬手。

朱总司令上火线后，亲自率领红一、红三、红五军团及干部团向敌军发起了英勇的反击，打退了敌军的进攻，减杀了敌人的嚣张气焰，稳住了红军的阵地，为红军西渡赤水河赢得了极为宝贵的时间。

后来，毛泽东在军情万分紧急的情况下，仍然不顾自身的安危，亲自迎接朱总司令回来，并亲手向朱老总敬上一碗茶，表达了对朱老总的深情厚意。毛泽东和朱德总司令之间的深厚革命情谊，至今令人景仰。

“关键一票”

1

长征途中，王稼祥一直在担架上行军。他是1934年4月在一次敌机空袭中，被弹片击中了下腹受重伤的，后一直住在瑞金中心红色医院里。由于当时苏区医疗条件很差，他右下腹中的残留弹片一直未能取出来，伤口也一直在化脓，伤势极为严重。

当时，王稼祥是中央政治局候补委员、中央革命军事委员会副主席、红军总政治部主任。原先，他拥护过王明的“左”倾机会主义路线，后来通过参加和指挥反“围剿”作战，对毛泽东的军事思想和指挥才能有了认识，便逐渐地摆脱了“左”倾教条主义的桎梏，开始反对博古、李德的错误主张。

中央红军突破敌人四道封锁线后，损失惨重。尤其是在渡湘江时，中央红军损失过半。

1 王稼祥
2 《总结粉碎五次“围剿”战争中经验教训决议大纲》

王稼祥目睹这一情况，心里十分难过，曾多次找到博古、李德，批评他们这样干下去不行。1934年12月，在湖南省通道县召开的政治局会议上，王稼祥反对博古和李德坚持往湘西与红二、六军团会师的计划，同意毛泽东改变进军方向，向敌人统治力量薄弱的贵州前进的正确主张。通过长征初期这段风风雨雨，王稼祥深深感受到党中央在领导问题上的严重错误，并向毛泽东坦率地表示了自己对形势的忧虑，认为应当在必要的时候召开一次政治局会议，纠正王明“左”倾机会主义的影响，改变党的领导人，以挽救已处于危机之中的中国革命。

在后来的行军中，王稼祥积极倡导召开中央政治局扩大会议。同时，他和毛泽东一起分头找有关领导人交换意见，得到了张闻天、周恩来、朱德等人的支持。著名的遵义会议正是在这种大势所趋、人心所向的形势下适时召开的。

在遵义会议上，首先由博古作关于反对敌人五次“围剿”的总结报告。他在报告中过分地强调客观困难，而不承认主要是由于他和李德在军事上指挥犯了错误。接着，由周恩来就军事问题作副报告，张闻天作了反对“左”倾军事错误的报告。会上，毛泽东作了长篇发言，指出博古、李德等在军事指挥上的错误，主张首先要解决当前存在的军事指挥上的这一迫在眉睫的问题。毛泽东发言后，王稼祥表示坚决支持毛泽东的意见，严厉地批评了博古、李德在军事上错误领导，拥护毛泽东出来指挥红军。周恩来、朱德、刘少奇、张闻天、陈云、刘伯承、李富春、彭德怀、聂荣臻等人也纷纷发言，不同意博

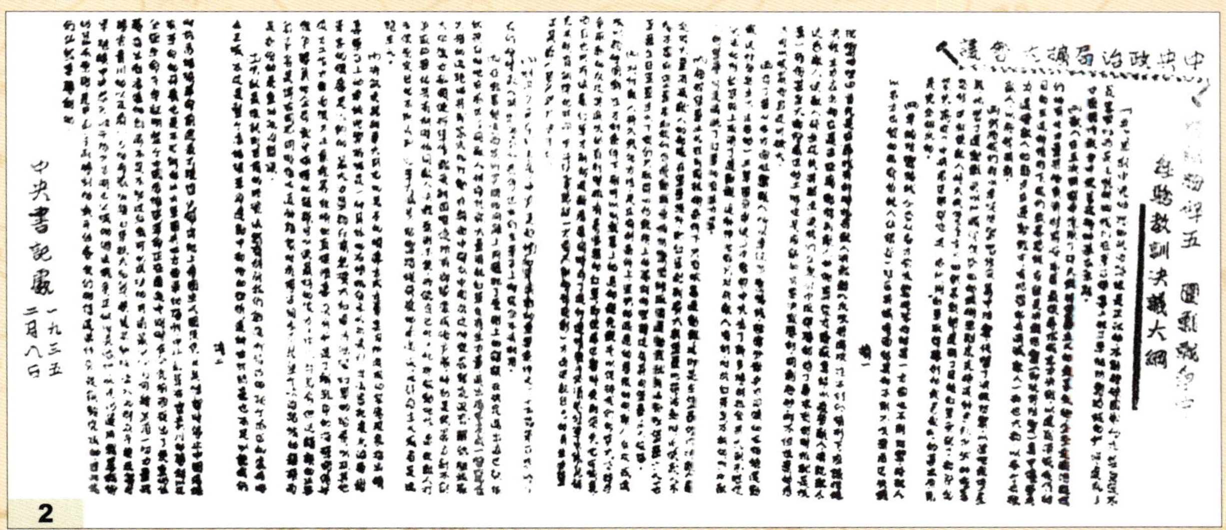
中央政治局扩大会议
总结粉碎五次围剿战争中经验教训决议大纲
中央书记处 一九三五 二月八日

2

古所作的总结报告，支持毛泽东的主张。毛泽东、王稼祥、张闻天的系统发言，成为后来遵义会议决议《中央关于反对敌五次“围剿”的总结决议》的思想基础。

在实现中国革命转折的遵义会议上，王稼祥发挥了重要作用。后来，毛泽东曾多次说到王稼祥对遵义会议的贡献。他说：“中国共产党历史上有两个重要关键的会议，一次是三五年一月的遵义会议，一次是三八年的六中全会。遵义会议是一个关键，对中国革命的影响非常之大。但是大家要知道，如果没有洛甫、王稼祥两个同志从第三次‘左’倾路线分化出来，就不能开好遵义会议。”毛泽东在另外一次讲话中特别提到了王稼祥“是有功的人，他是教条主义中第一个站出来支持我的。遵义会议上他投了关键的一票。”

周恩来、聂荣臻、陈毅、伍修权等都多次肯定王稼祥在遵义会议上的重要作用。陈毅虽然没有参加遵义会议，但对王稼祥对遵义会议的贡献十分清楚，他曾生动地比喻说：“楚汉之争时，韩信是一个要人。韩信归汉，汉则胜；韩信归楚，楚则胜；是个举足轻重的人物。”这番话说明了王稼祥在中国革命的关键时刻投毛泽东“关键一票”的历史作用。

1

“天底下最好的军队”

1934年12月中旬，中央红军长征到达贵州黎平县，红军进行了短期休整。当地群众对红军不了解，纷纷匿避，因而使红军的给养发生了严重困难。在中黄乡小里川寨，寨里居民杨昌华因受国民党反动宣传的蒙蔽，听说红军来了不等吃饭就跑了。红军战士想向老乡买点吃的，但找不到人。他们看到杨昌华家铁锅内有煮好的稀饭，因为实在饿得慌，就把稀饭吃了。临走时，他们留下了钱。天黑后，杨昌华回到家里，发现锅里有200铜钱，铜钱下面还压首一张写着小诗的纸条：

锅里稀饭我吃啦，

1 铜钱
2 贵阳青岩古镇

开你铜钱二百文，

放在铁锅内，

到屋请收下。

杨昌华看后很感动，他思想上不仅对红军的畏惧心理顿时消失了，而且开始信赖红军了。类似这祥的例子是很多的。红军路过黎平柳寨，吃了杨崇德家的菜，就将菜钱放在菜兜上。在柳利寨，红军收割了潘年八地里的大白菜，就将4吊多钱放在他家菜园角的粪坑里(怕钱放在露天丢失)。次年，潘年八在菜园舀粪时，终于发现了这笔菜钱。这样，红军遵纪爱民的模范行动广为流传，彻底揭穿了国民党反动派散布红军“烧杀抢掠”的谣言，广大群众把红军看成是“自己人”，称赞红军是“天底下最好的军队”。

威逼贵阳

遵照中共中央、中革军委和红军总政治部的命令，中央红军以红一军团1个团伪装主力，由铁厂、两河口地区大张旗鼓地向古蔺前进，引诱国民党军西进，掩护红军主力东渡赤水河；主力由镇龙山以东地区突然折向东北，于21日晚至22日，以隐蔽、神速的动作，分别经二郎滩、九溪口、太平渡东渡赤水河（即四渡赤水）。接着，经临江场、楠木坝、花苗田（今花茂）等地，从国民党军重兵集团右翼分路挥师南下，寻求新的机动。

2

中央红军突然东渡赤水河，使蒋介石惊慌失措。他认为，红军又要进攻遵义，急忙调兵遣将，以图在遵义地区将中央红军“一网打尽”。3月24日，蒋介石又由重庆飞抵贵阳督战。

根据敌情，中革军委决定：中央红军迅速突破国民党军的合围，越过遵义、仁怀大道，向南发展。27日，中央红军以红九军团暂留马鬃岭地区，伪装主力，向长干山、枫香坝佯攻，以吸引国民党军北上，主力乘虚继续向南急进。28日，红军主力由鸭溪、白腊坎之间突破国民党军的封锁线，冒着狂风暴雨，进入乌江北岸的沙土、安底地区，并于31日在江口、大塘、梯子岩等处南渡乌江，歼灭守军和援军各1个营，进至贵阳以北的息烽地区，跳出了国民党军的合击圈，把国民党军重兵甩在乌江以北地区，蒋介石苦心设计的“包围圈”彻底宣告破产。

中央红军主力南渡乌江后，毛泽东为了造成蒋介石的错觉，进一步调动国民党军，即采取示形于东而击于西的策略，佯攻贵阳，以便调动滇军救驾，尔后乘虚进军云南，威逼昆明，直袭金沙江。

按照毛泽东的指示，中央红军主力于4月2日，以一部兵力佯攻息烽，主力进占扎佐、狗场地区，随后又经息峰、扎佐佯攻贵阳，并一度打到离贵阳城20公里的飞机场。当时，在贵阳及其附近地区的国民党军主力只有郭思演部的第九十九师4个团，兵单力薄。因此，在贵阳督战的蒋介石吓得像热锅上的蚂蚁，手忙脚乱。他既怕红军乘虚攻占贵阳，又怕红军东进湖南同红二、红六军团会合。于是，急令云南军阀龙云，要滇军昼夜兼程，火速驰援贵阳。同时，令守城部队赶修城防工事和死守飞机场，并备好轿子、马匹和向导，随时准备逃跑。

当各路国民党军纷纷向贵阳“救驾”之际，毛泽东为了进一步造成蒋介石的错觉和判断失误，于4月5日命令中央红军主力进到开阳东南部的清水江西岸集结，并以一部兵力

1 贵州田园
2 四渡赤水河与南渡乌江要图

进到清水江边，在水尾、中渡、小河口等地的清水江上架设浮桥，虚张声势，摆出一副全军即将东渡的姿态。

蒋介石果然认为，中央红军将要东进湘西会合红二、红六军团。于是，他又急令湘军3个师向石阡、余庆堵截；桂军一部向清水江以东集中，阻止红军东进南出；令到达贵阳及其以北地区的吴奇伟纵队、孙渡纵队和第五十三师，分三路向东追击。实际上，中央红军的上述举动，既不是要占领贵阳，也不是准备开往湖南，而目的旨在调动国民党军，为红军进军云南创造条件。为此，毛泽东不失时机地命令中央红军再次佯攻贵阳、龙里，乘机从贵阳、龙里间南进，尔后西进云南。

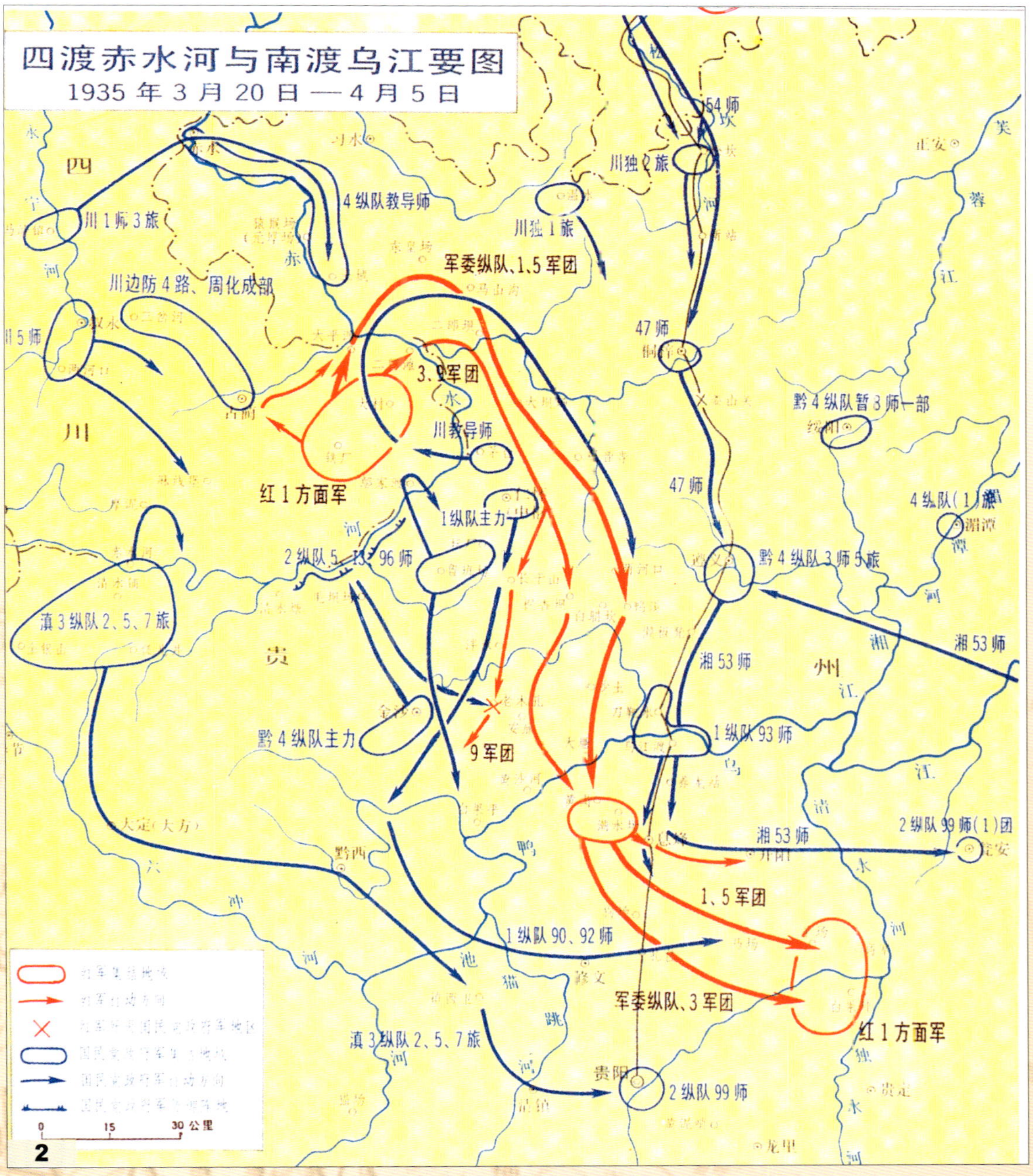

争取周素园

红二、六军团长征过黔西、大定、毕节等地时广泛开展了统一战线工作，产生了深刻的影响，收到很好的效果。当时，毕节城里有一位著名的民主人士周素园先生，早年曾参加过辛亥革命，在贵阳主编过《黔报》，后担任过贵州军政府行政总理，黔军总司令部秘书长等职。因不满于军阀混战，于1925年后退出军界、政界，赋闲在家，闭门读书，研读了达尔文的《物种起源》和马克思的《资本论》等书。“九一八”事变后，周素园对日本帝国主义的侵略行径十分痛恨，深感报国无门，内心苦闷，曾在家书中写道：“眼看祖国危亡迫在目前，真是一百二十个的惭愧。”当红军快到毕节时，国民党专员莫雄劝他赶快出逃躲避。周素园却说：“我没有多少家当，不必跑。”问他怕不怕红军，答曰：“我又没有鱼肉乡民，不怕。”红二、六军团进入毕节后，在他家里发现了被圈圈点点过的马克思的书籍，便报告了王震、夏曦。王震、夏曦立即前去登门走访，问他为何会看马克思的书，周素园答到：“我研究马克思主义十年了。我觉得马克思说得对，我相信马克思主义。”王震、夏曦说：“你研究马克思主义好。现在我们党的政策是抗日反蒋，你赞不赞成？”周素园说：“赞成，完全赞成。”

1

在贺龙以川滇黔省革命委员会主席的名义诚心邀请下，周素园出任了“贵州抗日救国军”司令员，并在自家宅门口挂出了招牌。一时间，黔西地区的反蒋抗日武装纷纷前来归附，抗日救国军得到很大发展。1936年2月24日，贵州抗日救国军在毕节城正式宣告成立。

任弼时到毕节后，专门宴请了周素园。周素园应红军之请，给与其相识的国民党云南地方实力派首领龙云、孙渡等人写信，劝他们不要与红军为敌。信中详细说明了中国共产党和红军的政治主张，同时告诫说：“蒋介石派中央嫡系万耀煌、樊嵩甫等进入云南、贵州

1 周素园

2 周素园旧居

来打红军，也叫你打红军，红军是不好打的；退一步说，即使你把红军打掉了，也是两败俱伤；万、樊挟天子以令诸侯，人多势大，那时的云南，还是你的？假道灭虢，史有明鉴。”红六军团领导同时也致信孙渡晓之有理，建议两军签订停战协定。周素云的信和王家烈的前车之鉴，使龙云、孙渡心有所虑，因而在威宁、昭通地区按兵不动。这使红军能够集中对付东面来敌和得以相对稳定的休整。

当红二、六军团准备撤出毕节时，年届56岁的周素园坚持要与红军同行。贺龙为他的坚决态度所感动，称赞说：“好啊！有骨气，我佩服，我就赞成这样的人，就是拿18个人不去打仗专门照顾他，我也要抬着他长征。我们就同患难，生死与共喽！”部队进入云南后，作战频繁，红二、六军团领导考虑到周素园年高体弱，恐怕不适应紧张频繁的行军作战，准备给他一笔款项，送他去香港做统战工作并治病。邓止弋将这一意图转告了周素园。可周素园坚决不走，说：“我在中国的黑暗社会里摸索了近六十年，到处碰壁，现在参加了红军，才找到了光明。请告几位首长，我周某就是死也要死在红军里！”就这样，这位年近花甲的老先生硬是随红军长征到达陕北。抗日战争爆发后，周素园担任了八路军的高级参议。新中国成立后，他担任了贵州省人民政府副主席，贵州省副省长。毛泽东曾称他为“我们的一个十分亲切而又可敬的朋友与革命的同志。”

2

乌蒙山回旋战

1936年2月27日，红二、六军团离开毕节，又踏上了转战的征途。此时，红二、六军团面临的处境十分严峻。任弼时后来曾说，这一段“为我军长征中处境困难时期”。困难包括两方面：一是敌情严重，二是地形天候条件复杂。乌蒙山地区，是云贵高原的最高部分，层峦叠嶂，沟壑纵横，气势磅礴。红二、六军团就要在这纵横交错的深山大谷中与敌周旋，寻机与敌作战，冲出重围。

3月7日，红二、六军团向西北移动，敌误以为红军要北渡金沙江，急忙转向西北追堵。3月8日，红四师、红十七师在贺龙的率领下，突然折头回来，倒退50余里，悄悄进入以则河一带，并在10多处地方设伏。清晨6时许，敌樊嵩甫纵队先头部队全部进入伏击圈。红军分左、中、右三路向敌发起猛攻。敌仓促抵抗，其中一股敌人趁红军包围圈尚未合拢时慌慌向赫章、可乐逃窜。当时浓雾弥漫，几步开外看不见人影，逃窜之敌正巧碰上赶来增援的敌后续部队，双方都误以为对方是红军，自相厮杀了一阵子，才知道打的是自己人。以则河战斗，从拂晓开始持续到下午6时结束，激战12个小时，打死、打伤和俘虏敌军约600余人，缴获了大量武器弹药。

1

以则河之战告捷后，红军即转入

1 乌蒙山
2 红军用过的指北针

2

深山，循山中小径向东南绕行，拟从镇雄以南脱出敌人包围。当红军行至镇雄西南面时，敌郝梦龄纵队已先期到达，万耀煌纵队3个师也匆匆赶到。3月11日，红军获悉万耀煌将亲率十三师从赫章途径哲庄坝开往镇雄，即派红四师、红五师、红六师折回哲庄坝一带设防伏击。3月12日，万耀煌的十三师进入红军伏击圈时，红军即将敌截断，分割包围，使其首尾不能相顾。经过一天的战斗，歼敌1000多人，缴获轻重机枪30余挺，长短枪500余支，敌纵队司令兼十三师长万耀煌惊魂落魄，几乎被红军活捉。红五师十八团政委余秋里在战斗中英勇负伤。哲庄坝之战是红军在乌蒙山回旋战中的第二次较大战斗，它为红军最后胜利冲出敌人的包围奠定了基础。

哲庄坝战斗后，红二、六军团仍被敌围困在镇雄、赫章等纵横30里以内的窄小区域。这一带人烟稀少、气候恶劣，山路狭窄，不但部队给养十分困难，且不利于高速行军。这是红二、红六军团自长征以来处境最为险恶的阶段。在这生死存亡的关头，红军果断采取敌进我进的作战方针，从敌樊嵩甫纵队和郭汝栋纵队之间的结合部，向西北方向突进，终于在3月15日、16日跳出了敌人的重围。3月17日，红二、六军团又分别兼程南进，穿越滇军孙渡纵队防线，直奔滇东，待敌匆匆赴向滇东时，又突然折回贵州。3月23日，红六军团在宣威打退其军两个旅的进攻，红二军团亦击溃了郭汝栋的先头部队。至此，经过20多天在乌蒙山的千里转战，历尽千辛万苦，红二、六军团基本摆脱了敌人的围追堵截，由被动变为主动，按计划于3月28日转入贵州盘县亦资孔地区。

后来，红军三大主力会师、毛泽东见到红二、红四方面军领导时，曾风趣地说：“二、六军团在乌蒙山打转转，不要说敌人，连我们都被你们转昏了头。硬是转出来了嘛！出贵州、过乌江，我们一方面军付出了大代价，二、六军团讨了个巧，就没有吃亏。”这是对乌蒙山回旋战胜利的高度肯定。

鸡鸣三省的政治局会议

过了赤水河，红军向扎西地区前进。一天，张闻天对周恩来说："周副主席，现在博古还挂着党内总负责人的头衔，大家感到不好办。有事情又不能请示他处理。基层指战员都知道了，这个问题不能再悬着了。现在让毛泽东担任党的总书记，已是水到渠成的事。"

周恩来说："是啊，这个事不能老拖下去了，我们要和大家通通气，开个会正式定下来。"

2月5日，中央红军到达川、黔、滇三省交界的一个小山村。红军战士向当地群众打听村名，人们都回答不出来。周恩来说："这个小村庄的位置特殊，鸡叫一声三个省都能听到，就叫它鸡鸣三省吧。"

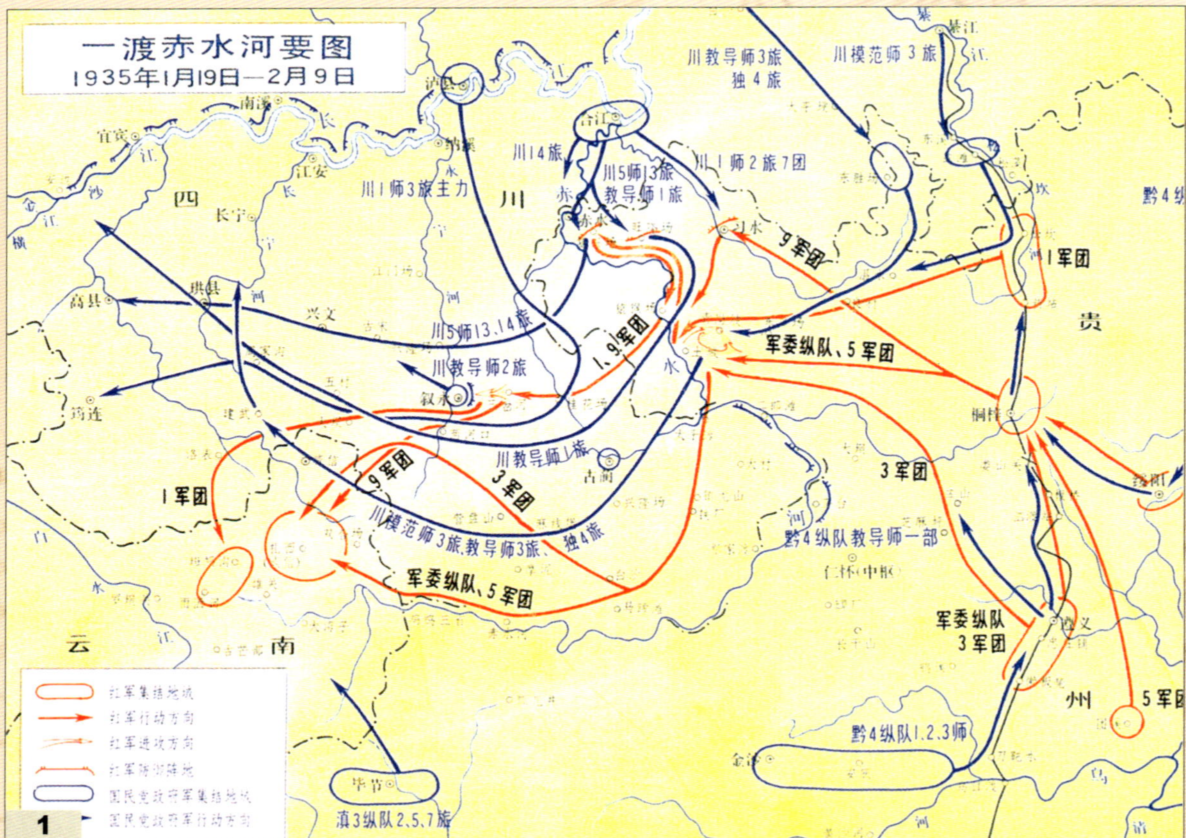

当天晚上，红军总部在鸡鸣三省村里宿营。政治局在村中开会，专门研究关于变更党的负责人问题。会上，大家一致提议由毛泽东担任党的总书记。毛泽东说："大家冷静一下，听我讲。现在军情紧急，我的主要工作是和恩来同志一起考虑打仗。党务工作本身有大量工作要做，让我当总书记，一来我的理论水平不高，二来又影响军务。所以，我提议让张闻天同志出来，他在苏联留过学，马列主义学得比我多。至于名称，还是

1 红军一渡赤水河要图

2 随红二、红六军团长征的瑞士传教士勃沙特于 1936 年发表的《长征目击记》。

叫党的总负责人好。这样和共产国际的提法一致。”

与会人员感到毛泽东讲得很有道理，就通过了他的提议。会后，博古把中央的印鉴和文件交给了张闻天。从此，党中央机关便按照一种全新的模式开展工作。

长征中的外国传教士

1935 年 9 月 24 日，红六军团渡过清水河，突破湘、贵、黔三省敌军的包围，进入贵州省黄平县。红军战士在深入山村做群众工作时，发现几位外国传教士。

在当时历史条件下，红军战士对外国传教士的印象不好，认为他们是帝国主义分子，危害中国革命。在很长一段时间里，红军把外国传教士当成中国的地主阶级看待，没收财产，限制自由。同时还必须看到的是，由于国民党的军事“围剿”和“追剿”，红军官兵的伤病员日益增多，医疗器械和药品奇缺，而外国传教士有条件提供一些经费和药品。正是由于这些原因，红军战士把几位外国传教士抓了起来，把他们带到红六军团保卫部。

被红军战士抓到的外国传教士有：薄复礼和他的妻子露茜，还有他们的女仆、厨师和几个挑夫。红六军团行军到了黄平县旧州时，又遇到传教士海曼和他的妻子、两个孩子，还有格雷斯·安布伦，同样扣压起来。这样一来，随红军长征的外国传教

2

1

士有5个人，加上他们的孩子共7名外国人。后来查明，薄复礼是瑞士人，海曼是新西兰人，而格雷斯·安布伦则是一名加拿大姑娘。

在红军队伍中，外国传教士和战士们一起行军。不过，外国传教士受到特别的优待。开始，薄复礼的妻子仍坐在南方式的躺椅上，由他们原先雇来的挑夫们抬着。到了宿营地，红军战士大都住在乡村农家的闲房里，头枕包袱，就地而卧；有时甚至在街头露宿。外国传教士则住在像样的房子里，睡在南方式的大床上。从吃饭来看，红军给外国传教士的待遇更高。红军战士只是吃一些十分粗糙的米饭，有时有一点菜。外国传教士则有精米做成的饭，有两三个炒得很香的菜。如果遇到天冷，没有战斗发生，外国传教士住的屋子里还会燃起炭火。

在红六军团艰苦转战的过程中，与敌军交战是常事。但是，对于传教士们来说，尽管他们经常看到炮火硝烟和英勇阵亡的红军战士，但他们本身却总是安然无恙。负责看护传教士的红军战士，总是尽全力照顾他们。当传教士的鞋子跑掉了，战士会把自己的鞋子脱下来让传教士穿上；连日行军过分疲劳，红军战士会给传教士配一头骡子骑；当遇到

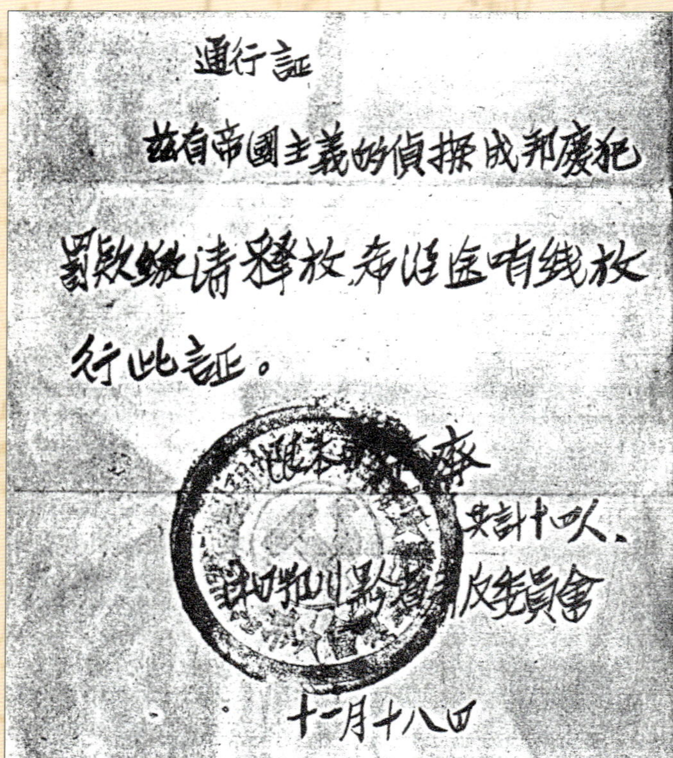
通行証

茲有帝國主義奸偵探成邦慶把罰款繳清釋放希沿途哨线放行此証。

共計十四人。

委員會

十一月十八日

Photo. North China Daily News.

2

1 被红六军团俘虏的薄复礼夫妇

2 红军释放传教士后开据的证明信

3 红六军团在贵州缴获的法文版贵州地图

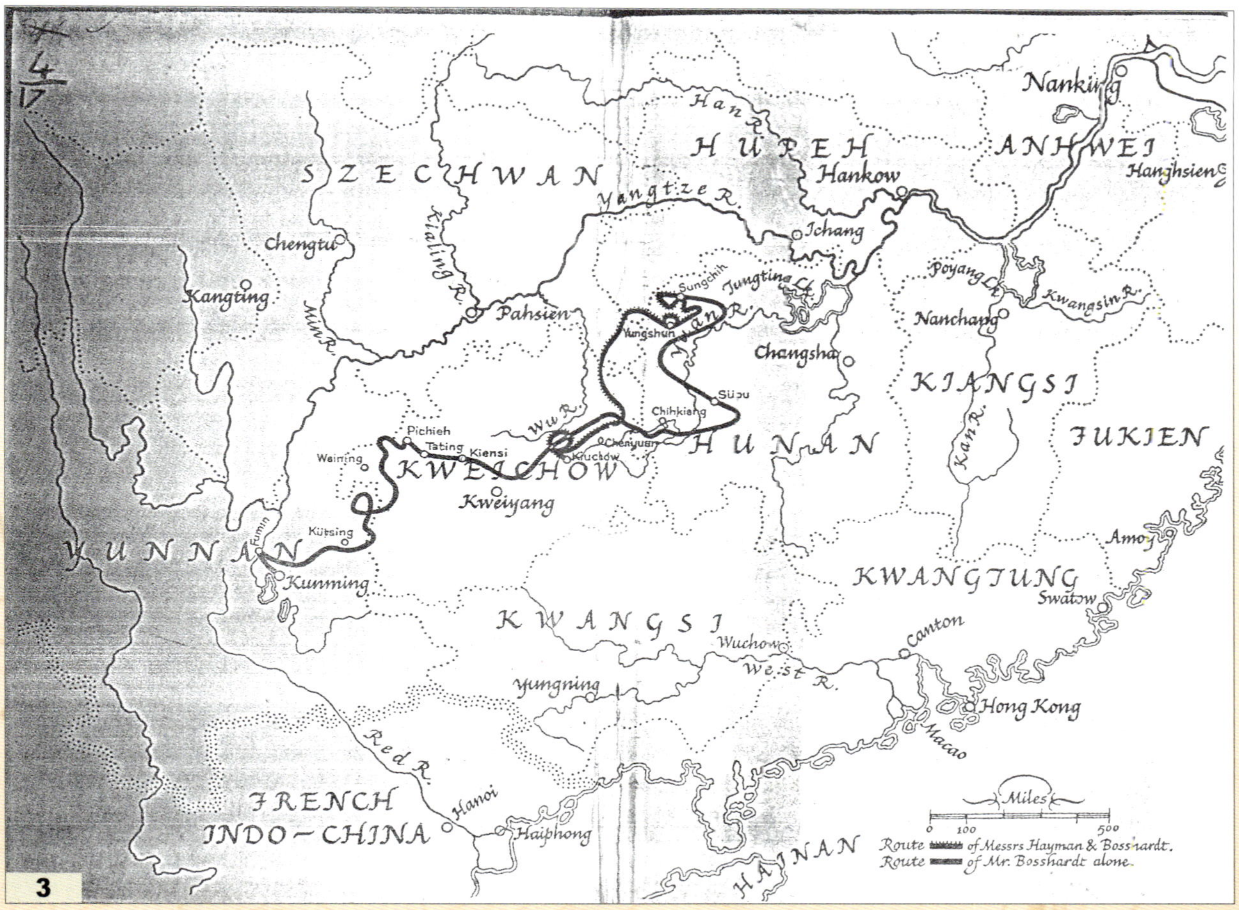

3

下雨天，传教士的衣服全被淋湿了，一到宿营地由红军战士为他们烘烤衣服；在药品奇缺的情况下，传教士有了病，优先得到药品治疗；当红军打了胜仗，攻占某座县城得到英文杂志、书籍时，红军战士会主动给传教士们找来看；在战利品中，有时也会遇到各种罐头、黄油、水果、面粉、食品，红军总是留给传教士们吃；冬天到了，传教士们得到只有财主们才能穿上的那种长袍；在战斗最激烈的时候，红军战士用生命保护着他们。

那些传教士们，知道自己在红军中的特殊待遇，常有感激之情生发。可是，贵州地区，天无三日晴，地无三尺平。加上大雨滂沱，黑夜茫茫，崎岖的山路无穷无尽，常使传教士们感到吃不消。他们曾寻机逃跑，但很快又被红军捉住了。

由于外国在中国的教会一拖再拖红军所要的经费和药品，薄复礼和海曼跟随红六军团从黔东到达湘西北。

邓萍——血洒遵义城

中央红军第二次攻占遵义城是红军长征途中所遇到的最激烈的战斗之一，红三军团参谋长邓萍就牺牲在这次战斗中。

攻占娄山关是遵义战役的重要组成部分。娄山关，在遵义城北的大娄山中，是川黔的惟一交通要道。1935年2月27日，娄山关战斗打响，高耸入云的古老雄关，被炮火硝烟所笼罩，喊杀声和军号声响彻云天。邓萍和彭德怀一起，冒着敌人的炮火，出没在前沿阵地上。红一军团和红三军团并肩作战，迅猛冲杀，一举拿下雄关。邓萍站在高处对部队说："同志们，快追击敌人。追到遵义城，活捉王家烈！"

1

在彭德怀和邓萍的率领下，红军战士势如破竹，直逼遵义城下。担任作战总指挥的彭德怀向部队下达命令：务必在当晚夺下遵义城。

当时，遵义分为新城和老城。新城在东，没有城墙；老城在西，有内外两套城墙。彭德怀命令红一军团攻打新城，红三军团攻打老城。红三军团参谋长邓担任进攻老城的总指挥。

为了尽快地攻占老城，夺得全胜，邓萍身先士卒，总是处在攻城战斗的最前面。傍晚，邓萍和红十一团政治委员张爱萍隐藏在草丛中，一起观察地形和敌人的守城部署。他一边

1 原红三军团第十一团政委张爱萍为邓萍烈士题写的墓志铭

2 邓萍烈士的遗物——皮带扣、鞋底、扣子等物

3 遵义凤凰山上的“红军坟”

观察，一边对张爱萍说：“你们先牵制住守城的敌人，使敌人处在惊恐和慌乱之中。待军团主力到达后，发起总攻，一定要在天明之前拿下遵义。”最后他又叮嘱张爱萍：“情况紧急，明天增援遵义的敌军就会赶到。赶来的敌军是薛岳部，那是国民党军中的一支劲旅……”

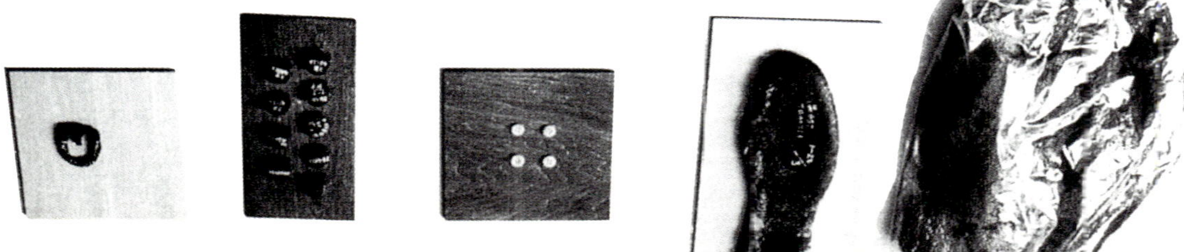

2

邓萍的话还没有说完，一颗子弹击中了他的头部，当场壮烈牺牲。

邓萍出生在四川省富顺县，大革命时期加入中国共产党。1927年蒋介石和汪精卫相继背叛革命，邓萍和黄公略被党组织派到驻湖南的国民党第八军独立第五师第一团做兵运工作。第一团的团长是彭德怀。邓萍开始在一营营部当书记官，由于他聪明机智，不久被调到团部担任书记官、副官。1928年4月，他和黄公略介绍彭德怀加入中国共产党。7月22日，发动平江起义。平江起义的宣言，就是邓萍起草的。起义部队改编为中国工农红军第五军第十三师，彭德怀任军长兼师长，滕代远任党代表，邓萍任参谋长。同时，成立中国共产党红军第五军委员会，邓萍任书记。

红五军在彭、滕、邓率领下，上井冈山与毛泽东、朱德会师。1930年6月，根据全国红军代表会议精神，红五军扩编为红三军团，彭德怀任军团总指挥，滕代远为政治委员，邓萍为参谋长。

同年7月，红三军团攻克长沙城，缴获颇多。不久新建红五军，邓萍兼任军长。8月，邓萍率领红五军到达中央根据地，在毛泽东、朱德领导下参加了中央苏区的第一、第二次反“围剿”斗争。1932年，红五军归建于红三

3

1

军团，入闽作战，屡建战功。1934年1月22日，邓萍出席中华苏维埃第二次全国代表大会，当选为中央候补执行委员。自踏上长征路的那天起，邓萍一直协助彭德怀指挥红三军团走在前面。渡湘江、过苗岭、占遵义、四渡赤水、再占娄山关、重攻遵义城，邓萍立下了卓越战功，没有想到竟牺牲在敌人的流弹之下。

新中国成立后，党和遵义人民政府将邓萍的遗骸迁葬在碧水环绕的凤凰山上。彭德怀亲笔修订了邓萍的简历，张爱萍撰写了邓萍墓志铭，以志永念。

1 遵义老城中学操场旧址，毛泽东曾在此向群众做宣传讲话。

2 红六军团政治部主任夏曦

牺牲在贵州的红六军团政治部主任夏曦

夏曦，字蔓伯，化名劳侠。1901年8月27日出生于湖南益阳桃江镇（今属桃江）。1920年加入中国社会主义青年团，翌年10月转入中国共产党。1924年任中共湖南区委委员。1926年初被选为中国国民党中央候补执行委员，后在国民党湖南省党部中担任中共党团书记，领导开展工农运动、国共合作的统一战线工作和支援北伐战争。1927年5月被选为中共第五届中央委员，后任中共湖南省委书记。

大革命失败后，参加了南昌起义。不久被派赴苏联，入莫斯科东方劳动者共产主义大学学习，曾在莫斯科参加中共第六次全国代表大会。1930年回国后，任中共江苏省委常委兼宣传部部长。在中共六届四中全会上被增补为中央委员。1931年春被派到湘鄂西苏区，任中共湘鄂西中央分局书记、湘鄂西革命军事委员会主席、中国工农红军第三军政治委员。与贺龙等领导了湘鄂西苏区的反“围剿”和建立工农政权、扩大红军等工作。曾推行“左”倾冒险主义，犯了肃反扩大化的错误。1934年6月参加领导创建黔东苏区。1935年后任红六军团政治部主任，中共湘鄂川黔省委委员，湘鄂川黔军事委员会委员和湘鄂川黔省革命委员会副主席，参加创建湘鄂川黔苏区的斗争。同年11月参加长征。

夏曦担任六军团政治部主任等职后，主持红六军团的宣传文教和统一战线工作，所负责的其他各项工作，都很有成效。

2

1936年初，根据党中央指示，红二、红六军团转移到默(西)大(定)毕(节)地区创建革命根据地。夏曦协助军团领导王震等同志在毕节团结了不少开明人士，在毕节争取了辛亥革命时期担任贵州军政府行政总理的周素园参加红军北上抗日，并请周素园出来担任贵州抗日救国军司令员，后随红军长征一直到了延安。

1936年2月27日，由于形势变化，红军撤离毕节，“贵州抗日救国军”第二支队随

1

红军撤离，被正式编入红军，夏曦同志为动员贵州彝族人民的反蒋抗日武装、后被改编为贵州人民抗日救国军第一支队席大明部随同红军长征，于七星关(毕节县与赫章县交界处)涉水过河时，极度疲惫的夏曦不幸被一股激流卷入了漩涡而牺牲，时年35岁。

钱壮飞：滚滚乌江祭忠魂

在中国革命斗争史上，钱壮飞曾与李克农、胡底被誉为中国共产党秘密情报战线上的“三杰”。

周恩来曾对三位同志给予高度评价：在大革命失败后，在严重的白色恐怖下，他们坚持勇敢地同敌人进行了斗争，对保卫党中央领导机关的安全做出了卓越的贡献。

人们还依稀记得那段令人惊心动魄的历史：1931年4月，中共六届四中全会后的中央政治局候补委员顾顺章在武汉被捕叛变，供出上海中共中央领导机关和中央负责人的所在地。4月25日战斗在敌人内部的钱壮飞迅速破译了从武汉发来的6封“特级绝密”电报，第一封电文即是：黎明(顾顺章的化名)被捕，并已自首。如能迅速解至南京，三日内可以将中共中央机关全部肃清。

2

钱壮飞迅速将这一突发情况迅速通过李克农转告中共中央。接着，周恩来在陈云等的积极协助下，同叛徒、特务展开了一场争分夺秒、惊心动魄的斗争。经过夜以继日的连续战斗，到4月28日凌晨，敌人开始在上海进行全市大搜捕，中共中央领导机关和所有领导人已全部安全转移。

钱壮飞机智勇敢地保卫中共中央领导机关和负责人安全转移的壮举，引起了国民党反动派的震惊和憎恨，他们不惜采取一切手段企图缉捕钱壮飞。在这种情况下，钱壮飞按照中共中央的指示，同李克农、胡底等被迫离开上海，进入江西中央苏区。

1 遵义红军烈士纪念碑
2 钱壮飞
3 吴正卿
4 吴正卿烈士牺牲地——贵州省黔西县打鼓新场

进入中央苏区后，历任红一方面军保卫局局长、中央革命军事委员会第二局副局长、局长等职。1934年10月，钱壮飞随中央红军进行战略转移。1935年3月31日，中央红军由贵州金沙县的沙土、后山一带南渡乌江，进抵息烽的流长一带。这时，4架敌机向红军进行狂轰乱炸，红军伤亡100余人，身患疾病的钱壮飞亦与大部队失散。他在追赶部队中，又遭到反动地主武装的堵截袭击，被残酷杀害。

3

吴正卿

吴正卿(1912～1936)直隶省清苑县(今属河北省保定市)人。早年参加国民党军。1931年12月由宁都起义参加中国工农红军。1932年加入中国共产党。从1933年6月起，历任第六军团第十七师第四十九团团长、第十七师师长等职，参加了湘赣、湘鄂川黔苏区反“围剿”和长征。1936年2月10日在贵州黔西县打鼓新场(今金沙县城)战斗中牺牲。

4

长征中牺牲的部分贵州籍营以上干部烈士名录

姓名	籍贯	出生年月	部职别	牺牲时间	牺牲地点
周吉可	贵州省		第四方面军政治部秘书长	1935	川西
陶树清	贵州省都匀县		川滇黔边区抗日先遣队副司令员	1936.10	贵州毕节

长征中牺牲在贵州的部分营以上干部烈士名录

姓名	籍贯	出生年月	部职别	牺牲时间	牺牲地点
张文化	湖南省浏阳县		第六军团第十八师第52团政治委员	1934秋	贵州
甘盛财	江西省永新县	1898	第六军团第十七师某团政治委员	1934秋	贵州
何福生	湖南省茶陵县		第六军团第十七师营长	1934	贵州
龙黄喜	湖南省茶陵县		第六军团第十七师营长	1934	贵州
陈秋生	湖南省茶陵县		第六军团随营学校政治指导员	1934	贵州
方光	湖南省平江县		第三军团无线电台政治委员	1934年底	贵州
段国云	湖南省茶陵县		第六军团第十七师第四十九团第三营副营长	1934	贵州
李崇	广西省		第六军团第十七师第五十团团长	1934.12	贵州
吴国清	湖南省湘乡县		第三军团某团参谋长	1935	贵州
尹界基	江西省永新县	1905	第三军团政治部青年部部长	1935	贵州
余心清	江西省		第九军团没收委员会主任	1935	贵州
易德培	江西省吉安县		军委抄报员	1935	贵州
王光荣	江西省		军委译电员	1935	贵州
张雄	湖南省浏阳县		第六军团第十八师第五十二团团长	1935.12	贵州
胡敏安	湖南省平江县	1898	第三军团科长	1935.2	贵州
王有发			第九军团地方工作部部长	1935.4	贵州

姓 名	籍 贯	出生年月	部 职 别	牺牲时间	牺牲地点
陶树清	贵州省都匀县		川滇黔边区抗日先遣队副司令员	1936.1	贵州毕节
夏曦	湖南省益阳县	1901	第六军团政治部主任	1936.2.29	贵州毕节
欧阳鑫			第一军团第二师某团团长	1935.1	贵州赤水
赵云龙	江西省吉安县		第一军团第二师第五团政治委员	1935.1	贵州赤水
吴正卿	河北省保定市	1912	第六军团第十七师师长	1936.2.10	贵州打鼓新场
陈云连	湖南省茶陵县	1910	第八军团某团政治委员	1935春	贵州大定
刘友江	江西省兴国县		第九军团第九团特派员	1935.3	贵州大方县猫场
胡任金	江西省		第九军团第八团营长	1935.3	贵州大方县猫场
尹自勇	江西省		第九军团政治部青年科科长	1935.3	贵州大方县猫场
林瑞	湖南省茶陵县		第六军团第十八师第五十三团第三营营长	1934	贵州黄坪
张绩之	江苏省阜宁县		第一军团工作团主任	1934.12.30	贵州剑河
杨鳌	湖南省		第八军团第六十九团营长	1935.1	贵州娄山关
贺崇禄			第二军团第六师第十八团参谋长	1936.2.9	贵州黔西
赵雄	湖南省浏阳县	1909	第六军团第十八师第五十四团团长	1934.9	贵州清江
余维新	福建省长汀县		军委机要工作者	1935	贵州土城
陈胜富	江西省	1915	第一军团第一师第二团政治委员	1935.1	贵州土城
林芳英	江西省	1900	军委干部团第三营营长	1935.1	贵州土城
王松清	湖南省岳阳县		第三军团第六师第十七团团长	1935.1	贵州乌江
钱壮飞	浙江省吴兴县	1896	红军总司令部第二局副局长	1935.4	贵州息烽(今湖州市)
田海清	四川省		第六军团第十八师第五十二团团长	1934秋	贵州岩坝
朱世伯	湖南省桑植县	1912	第六军团第十六师第四十七团参谋长	1936.1.7	贵州玉屏
郭文清	福建省漳浦县	1897	第一军团某团副团长	1935.1	贵州遵义
刘振亚	山东省临清县	1911	第五军团司令部侦察科科长	1935.1	贵州遵义
黎良仕	广西省天保县	1910	第三军团第五师第十三团副团长	1935.2	贵州遵义
钟伟剑	湖南省醴陵县	1903	第三军团第四师参谋长	1935.2	贵州遵义
邓萍	四川省富顺县	1908	第三军团参谋长	1935.2	贵州遵义

图书在版编目(CIP)数据

长征颂 /《长征颂》编委会编.—郑州： 大象出版社.2006.8

ISBN 7-5347-4381-8/K.188

I.长… II. 长… III.二万五千里长征(1934~1936)－画册 IV.K264.4-64

中国版本图书馆 CIP 数据核字(2006)第 093682 号

长 征 颂

编 辑 单 位

《长征颂》编辑委员会

出 版

中央文献出版社

大象出版社

责任编辑

耿相新 张文和

制 作

北京都之宝文化发展有限公司

印 装

北京百花彩印有限公司

787 × 1092mm 1/8 开本 112 印张

2006 年 9 月第一版第一次印刷

印数：3000 套（上下册）

书号：ISBN 7-5347-4381-8/K.188

定价：2160.00 元

后　记

历时两年，在中国工农红军长征胜利 70 周年之际，本书终于付诸出版，我们深感欣慰。

要编辑这样一本大型的、图文志书性质的画册，其难度是可想而知的。首先是编撰人员付出了极大的努力，编写文字、搜集图片。在此过程中，他们参考了大量的党史、长征史的最新研究成果，并使用了大量的图文资料，包括摄影作品、美术作品、档案资料照片等。“亲历与回忆”部分，在适当节选的同时，也另拟了标题。对于这些知名和不知名的作者、摄影者，我们在此表示诚挚的敬意和谢意。

还要特别感谢那些参与审稿和定稿工作的领导、专家们。没有他们的热情指导与帮助，本书的最后形成是不可想像的。红军长征所经各省领导同志们的热情指导与帮助，更使本书在内容丰富多采的同时，具有了鲜明的地方特色，具有了令人关注的科学性、权威性。

更要感谢中央文献出版社和河南出版集团、大象出版社的领导与同志们，感谢北京都之宝文化发展有限公司，正是在他们的鼎力支持下，本书才得以顺利出版，奉献给广大读者。

诸多感谢，万难一一。不当之处，敬请批评指正。

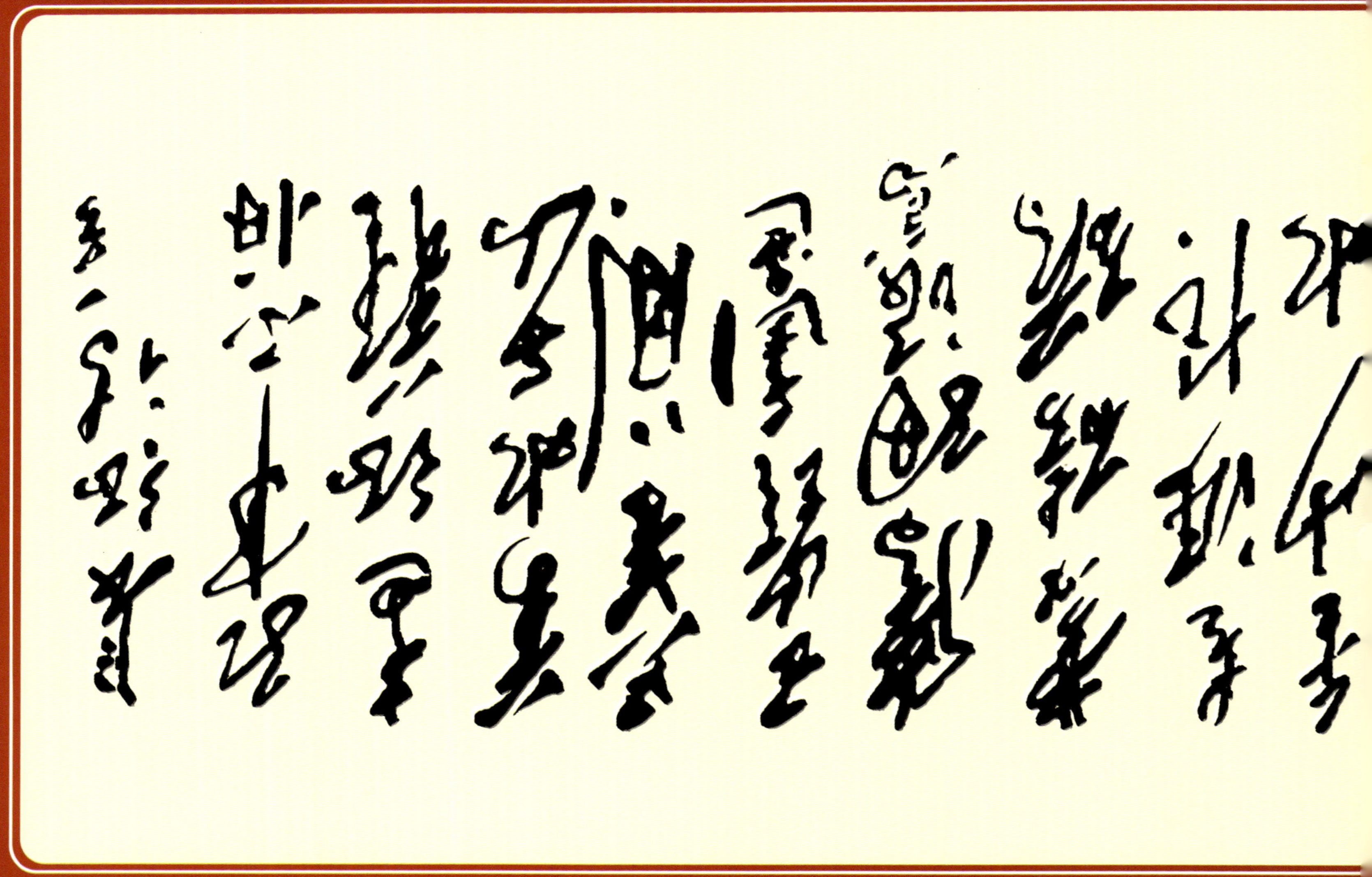

光辉的历史 永远的精神

中共云南省委常委、宣传部长 晏友琮

红军长征过云南，是长征的重要组成部分。毛泽东同志在著名诗篇《七律·长征》中写道："五岭逶迤腾细浪，乌蒙磅礴走泥丸。金沙水拍云崖暖，大渡桥横铁索寒。"用气势磅礴的乌蒙山和汹涌澎湃的金沙江来形容红军撼天动地的英勇精神，颂扬红军长征经过云岭高原所表现出来的伟岸气魄。

1935年2月4日，中央红军避实就虚，进入云南威信，中共中央政治局召开了扎西会议，对遵义会议提出的问题，作出了一系列关系党和红军生存与发展的重要决定和决策。随后部队进行整编，5月上旬全部渡过金沙江。1936年，红二、六军团经过乌蒙山区的千里回旋，威逼昆明、横扫滇西，在石鼓顺利渡过金沙江，经中甸休整、翻越雪山入川，成功摆脱了敌人的围追堵截。红军经过云南省8个州市的34个县，在长征史上写下了光辉的一页。

中央在扎西会议上决定创建中国工农红军川南游击纵队，后改编为川滇黔边区游击纵队。云南游击支队在纵队领导下，坚持斗争达12年之久，绝大多数同志壮烈牺

牲。云南是少数民族聚居区，红军长征经过云南，尊重少数民族风俗习惯，落实党的民族政策，在云岭大地播下了革命火种，和云南各族人民结下了深厚的军民鱼水情，留下了许多军爱民、民拥军的动人故事。

红军长征虽然已经过去了70多年，但伟大的长征精神代代相传，一直激励着红土高原上的各族儿女，在建设边疆、巩固边防的伟大事业中团结奋进，英勇拼搏，确保了经济发展、民族团结、边疆稳定。

今天，云南各族人民继承和发扬长征精神，把长征精神作为加快发展的强大精神动力。在邓小平理论、“三个代表”重要思想和科学发展观的指导下，抓住机遇，深化改革，加快绿色经济强省、民族文化大省和中国连接东南亚南亚大通道建设步伐，扎实推进社会主义新农村建设，全面构建平安和谐云南，为与全国同步实现全面建设小康社会的宏伟目标而努力奋斗！

引言

云南是红军长征经过的重要省区之一。中央红军和红二、红六军团长征先后进入云南，途经8个地、州，31个县境。红军长征的伟大壮举在云南各族人民中留下了深刻的影响。

1935年2月4日，中央红军先头部队经四川叙永石厢子、水潦进入云南威信县水田寨。5日晚，中共中央政治局根据毛泽东的提议，先后在水田寨、大河滩、扎西镇召开会议，决定由张闻天（洛甫）接替秦邦宪（博古）负总的责任，实现了党的最高领导人的顺利交替，从组织上保证了以毛泽东为代表的新的中共中央路线、方针的贯彻落实；讨论了项英对中央革命根据地斗争问题的请示，部署了南方游击战争的问题；决定暂时放弃北渡长江的计划，改为“在云贵川地区”机动作战，创建新的根据地；讨论通过了由张闻天起草的《中共中央关于反对敌人五次“围剿”的总结决议》，系统地总结和肯定了以毛泽东为代表的正确的军事路线和战略方针、战术基本原则，批判了“左”倾机会主义路线；决定对中央红军进行整编和组建中央川南特委和川南红军游击队等重大问题。

4月22日，中央红军长征再次进入云南，在云南境内活动24天，途经威信、镇雄、巧家、富源、曲靖、沾益、寻甸、马龙、嵩明、宣威、会泽、东川、富民、禄

劝、武定、元谋等16个县和昆明市现辖区的西山、官渡两个区，攻克了威信、宣威、会泽、寻甸、马龙、嵩明、富民、禄劝、武定、元谋等10座县城，巧妙地从皎平渡、树桔渡渡过金沙江，摆脱了数十万国民党军的围追堵截，取得了战略转移的决定性胜利。

1936年3月6日，红二、红六军团长征进入云南，到5月12日由中甸进入西康，先后在云南境内活动40多天，回旋乌蒙山，挺进滇中，横扫滇西，抢渡金沙江，翻越大雪山，途经彝良、镇雄、富源、宣威、沾益、曲靖、寻甸、马龙、嵩明、禄劝、富民、禄丰、盐兴、罗次、广通、楚雄、牟定、南华、大姚、姚安、祥云、宾川、鹤庆、丽江、中甸和昆明现辖区的的官渡区、西山区等28个县区，攻占了寻甸、富民、盐兴、楚雄、南华、牟定、姚安、祥云、盐丰、宾川、鹤庆、丽江、中甸等13座县城，摆脱了10余万敌军的围追堵截，取得了战略转移的决定性胜利。

留在川滇黔的红军游击纵队也活动在高县、珙县、筠连、叙永、兴文、古宋、长宁、江安、威信、镇雄、彝良、盐津、毕节、威宁、黔西、大定、赫章、赤水等20多个县的广大地区，坚持敌后斗争长达12年之久。

中央红军经云南北上

1935年2月2日蒋介石将“追剿”中央红军的部队编为第一、第二路军，何键为第一路军“追缴”军总司令，负责“围剿”红二、红六军团；任命云南省主席龙云为“追剿”第二路军总司令，“围剿”中央红军。第二路军下辖国民党中央军吴奇伟纵队、周浑元纵队、滇军孙渡纵队和黔军王家烈部等四路纵队。龙云受命第二天，致电蒋介石，感谢其知遇之恩。他一面派兵积极配合蒋介石“追剿”红军，一面又急忙调兵遣将，加紧在川滇边境布防，企图阻止红军入滇。并电告滇军将领，勿失良机，奋力“围剿”红军。各路敌军的进逼，使红军北渡金沙江受阻，在毛泽东的建议下，中革军委于2月3日电示各军团：“为迅速脱离当前之敌并集中全力行动，特改定分水岭、水潦、水田寨、扎西为总的行动目标”，要求部队迅速向川滇边境敌人防务空虚的云南威信县扎西镇集结，以寻求新的战略机动。4日，红军先

1

1 威信县水田寨花房子

2 1935～1936《云南日报》对红军入滇的有关报道

3 中国工农红军政治部印发的中共“十大政纲”

1935.10 1935.11 1935.12 1936.01 1936.02 1936.03 1936.04 1936.05 1936.06 1936.07 1936.08 1936.09 1936.10

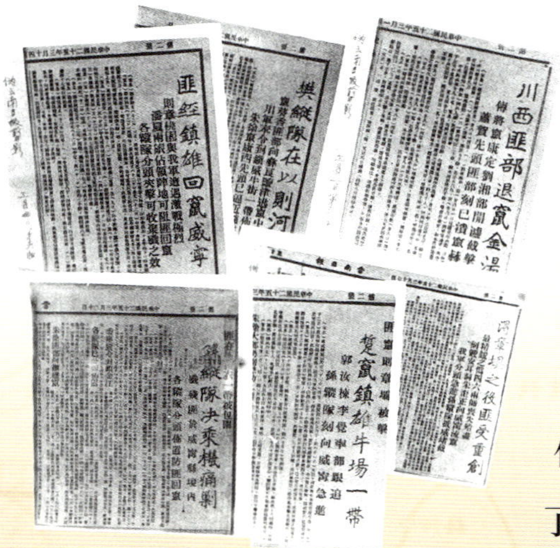

2

头部队经四川叙永石厢子、水潦进入云南威信县水田寨。5日，军委纵队到达四川、贵州、云南三省交界处的威信县水田寨，总部驻花房子一带。这是一个“鸡鸣三省”之地。当晚，中央政治局召开会议，常委进行分工，根据毛泽东的提议，决定由张闻天（洛甫）代替秦邦宪（博古）在党内负总的责任，实现了党的最高领导人的顺利交替，从而使遵义会议决议得到进一步贯彻落实，从组织上巩固了遵义会议成果。会议还讨论了项英对中央苏区斗争问题的请示，部署了南方游击战争的问题。

7日，中央纵队进到大河滩。中央在这里又召开了政治局会议，讨论和决定红军下一步的行动方针。当晚，中革军委向各军团发出《关于红军向川滇黔边境发展的指示》电，指出：“野战军目前作战任务是：一、迅速并立即脱离四川追敌向滇境镇雄集中；二、进行与滇敌作战的一切准备，并争取在该集中地域的休息和缩编。”接着，中央政治局又讨论通过了张闻天受中央委托起草的《遵义会议决议》（即《中共中央关于反对敌人五次“围剿”的总结决议》）。决议第一次系统地总结并肯定了以毛泽东为代表的正确的军事路线和毛泽东等指挥红军取得多次反“围剿”胜利的战略方针和战术原则，批判了“左”倾机会主义军事错误。会议决定由毛泽东、张闻天、陈云3人负责向中央机关和各军团进行传达《遵义会议决议》精神。会后，陈云拟定了“传达提纲”。

中國共產黨十大政綱

一、推翻帝國主義的統治；
二、沒收帝國主義資本的企業和銀行；
三、統一中國，承認民族自決權；
四、推翻軍閥國民黨的政府；
五、建立工農兵代表會議（蘇維埃）政府；
六、實行八小時工作制，增加工資，失業救濟和社會保險等；
七、沒收一切地主階級的土地，耕地歸農；
八、改善士兵生活，分配士兵土地和工作；
九、取消一切政府軍閥地方的捐稅，實行統一累進稅；
十、聯合世界無產階級和蘇聯。

中國工農紅軍政治部翻印

3

9日，中共中央在威信县扎西镇召开政治局扩大会议，参加会议的有政治局委员、候补委员，中革军委、中央机关和各军团主要负责人。会议讨论确定了新的方针，决定回师东进，重占遵义和以大规模的运动战调动敌人。会议继续总结五次反“围剿”的经验教训；会议决定对中央红军进行整编，抽调部分干部和一批战士留下来组建中共川南特委和建立红军游击队。10日，中革军委发布《关于各军团缩编的命令》，决定在扎西休整期间，各部按军委命令进行整编，全军缩编为17个大团（含干部团），撤销师部，精简机关，师长改任团长，团长任营长，营长任连长，干部下放充实连队。会议根据敌军追踪已到镇雄大湾的形势，决定五军团主力和九军团一部佯攻滇军，伪装进取镇雄，诱敌守镇雄，以便主力回师东进。

10日，红军总部在扎西江西会馆召开军委纵队营以上党员干部会议，由张闻天传达遵义会议和扎西会议精神和目前形势与任务。他还指出：“五次‘围剿’尚未粉碎，现在我们要来打胜仗，消灭川黔滇军阀”。随后，毛泽东、张闻天、周恩来、陈云又分别到红军中进行传达，并将《遵义会议决议》大纲电告中央苏区和红二、红六军团及红四方面军，令其认真传达贯彻。在扎西期间，张闻天专门给做地方工作同志宣讲遵义会议决议的精神，指出：现在我们地方工作的政策也要改变，在打土豪时，不要扫地出门，只没收部队需要的东西，如粮

1

1 威信罗布坳

2 富源黄泥河旧址

3 寻甸柯渡红军纪念馆，当年毛泽东曾在此住过。

食、钱财等，部队不需要的东西一律不要动，也不要破坏，再不要打烂米缸、菜缸、水缸三缸了，要把过去地方工作方面“左”的错误做法纠正过来。

2

与此同时，各部队还在驻地扎西镇、大河滩、长官司、罗布坳、三口塘、斑鸠沟等地惩罚了罪大恶极的土豪劣绅，把打土豪得来的财物分给穷苦百姓；在城乡召开群众大会，向群众宣传党的纲领和政策，揭露国民党军阀黑暗腐朽的统治，宣传红军是工农子弟兵，是为穷人谋幸福、翻身求解放的队伍，号召青年踊跃参加红军，并动员群众起来闹革命，争取自己翻身解放。红军沿途经过的地方，张贴了不少宣传布告，如《中国工农红军总政治部布告》、《中国共产党十大政纲》，张贴和书写“云南工农群众团结起来、打土豪分田地”、“只有苏维埃工农革命才能救中国”、“红军是工农自己的军队”，“打倒云南军阀”、“取消一切苛捐杂税”、“实行不交租、不还债”等大标语。

3

云南是个多民族的边疆省份，国民党军队和政权中官员多数是少数民族。红军以各民族解放为口号，提倡民族平等，反对大汉族主义，取得了汉回苗彝各民族的同情和支持。在田坝乡，红军首长向苗族副族长、田坝小学教师熊治荣讲解党的民族政策，动员他团结组织苗族群众，争取民族解放，临别时还送给他许多宣传资料。红军还积极开展统战工作，向一些进步的开明人士宣传党的政策。在石板坳，红九军团长罗炳辉向思想比较

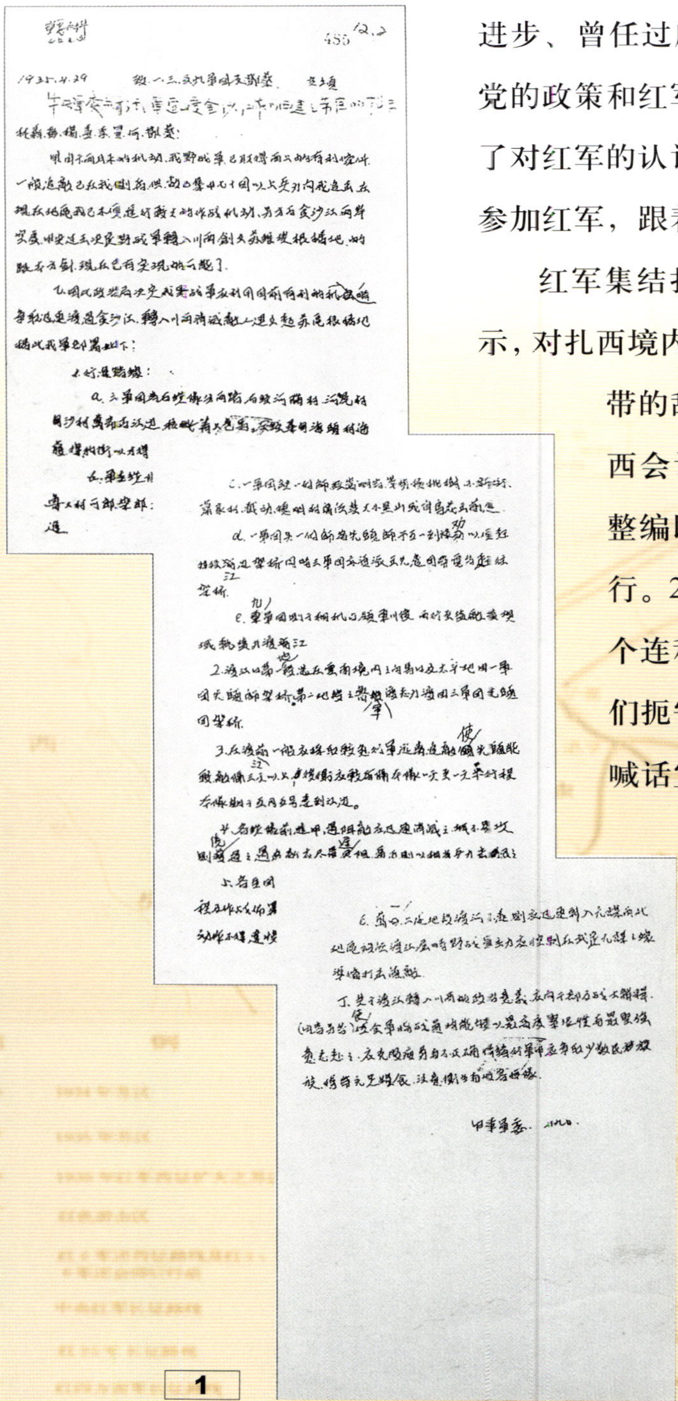

1

进步、曾任过威信县长的叶天荣介绍党的政策和红军的宗旨，使叶天荣加深了对红军的认识，当即表示愿率领民团参加红军，跟着红军闹革命。

2

红军集结扎西期间，根据军委的指示，对扎西境内和进入镇雄大湾、坡头一带的敌军予以打击，保证了扎西会议的召开和红军的集结整编以及回师东进的顺利进行。2月4日，镇雄独立营2个连和1个民团中队企图阻止红军前进，他们扼守于水田寨上两座碉楼和大院内，红军立即组织还击，随后经喊话宣传，敌人不敢再打，红军大队得以顺利通过。6日，川军教导师两个团尾追红三军团到天堂坝，红五师予以阻击，川军狼狈退回两河口，不敢再追。同日，红军先头部队到达扎西，威信县常备队数十人躲入狮子营内，进行抵抗。经喊话无效后，红军就向土围子开了三炮，炸裂石门一角，敌人不敢再还击，当晚守敌用绳索将人从墙上吊下逃跑了一部分。红军就此占领了扎西。红军到镇雄前，国民党镇雄县政府奉令在川滇黔交界要隘处新修、改建碉堡30座，并鼓励土豪劣绅广建私人碉堡，破坏道路，封锁渡口，实行坚壁清野，同时派遣侦探到四川叙永、贵州毕节等地探察红军动向，企图阻止红军入境。8日，红一军团一师经扎西进入镇雄的小洛脚、雨河等地，在皮匠湾击溃一民团中队的阻击。同时，

1 中革军委关于野战军速渡金沙江转入川西建立苏区的指示

2 红军总政治部关于加强抢渡金沙江的政治工作的指示

3 红军长征过曲靖时留下的大刀

4 寻甸县丹桂村红军总部旧址

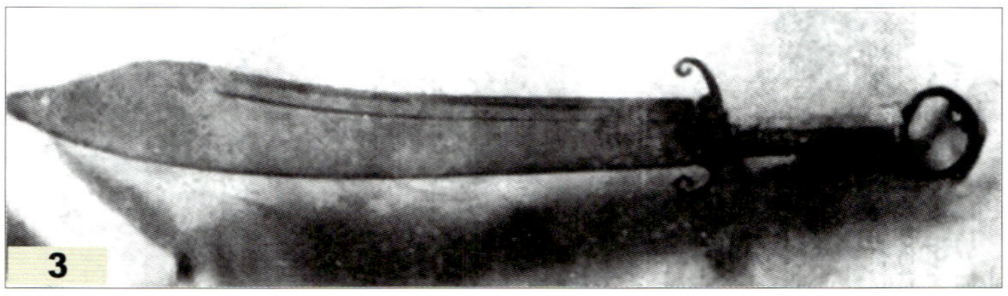
3

红五军团也进入镇雄县境。下午，红五军团先头部队与滇军安恩溥旅一部在新场乡的半边山、榭烟林一带遭遇，双方激战到天黑。军委得知滇军主力已到镇雄大湾、县城一带，为了避免同滇军纠缠，贻误东进，放弃了到镇雄集中休息、缩编后东转黔西的计划，决定红军“集结扎西、石坎子一线，准备作战”。分别命令红一、红三军团进驻扎西及其附近，红九军团以两团驻大河滩，另一团开驻院子，向大湾子方向游击侦察，迟滞敌进，红五军团“渡回赤水河，经水田寨开到石坎子附近，如时间许可应开至大河滩附近，在行动中应加强后卫警戒，并引敌向我尾追，以便实行反突击，捕捉敌俘虏，务必弄清敌人番号及其兵力电告军委”。为了甩开敌人，争取主动，摆脱敌军。11日，红五军团、红九军团1个团奉令由威信石坎子进入镇雄，占领沿途要隘，并在大湾子老场坳口佯攻滇军鲁道源旅一部。鲁道源听到枪声，急令部队增援，企图切断红军先头部队的退路，但战斗进行1小时左右，红军在密林和烟雾的掩护下，撤到水牛山一带，滇军扑了个空。水牛山山势险峻，可攻可守，天色将晚，红军又占领了有利地形，滇军不敢追逼，双方对峙。红军一面大张声势，一面出其不意，迅速东移，由原路返回石坎子，向水田寨前进。红军向镇雄佯动，迷惑了滇军，他们认为红军真的要进取镇雄，鲁道源旅吓得返回镇雄，与孙渡纵队部和龚顺璧旅

4

1

共守镇雄。安恩溥旅奉令尾追红军，但怯于红军威力，亦不敢贸然进逼，总与红军相距10天以上的路程。这对红军向东转移，争取渡河先机，顺利完成二渡赤水河的战略计划起到不可忽视的作用。12日，当敌人正在向威信扎西、镇雄调兵遣将的时候，红军分三路从扎西地域经古蔺的营盘山等地向东转移，跳出敌人的包围圈。16日，中央红军已全部入川，龙云还电称红军仍在镇雄、威信各村寨中。

3月下旬，进行了四渡赤水之战的中央红军威逼贵阳，面对城外风声紧，城内防守空虚的情况，使在贵阳督战的蒋介石十分恐慌，一面调兵遣将修筑工事，加强防卫，一面急令位于大定一带的滇军孙渡纵队日夜兼程驰援贵阳保驾，并准备随时乘飞机逃走。龙云既想御红军于滇境之外，又想讨好蒋介石，急忙派滇军救援贵阳，电饬入黔滇军“防剿事宜……一切进退一律听钧座直接指挥”(《龙云奉令饬属自江日起听蒋介石指挥电》。当各路敌军纷纷向贵阳以东开进时，红军则

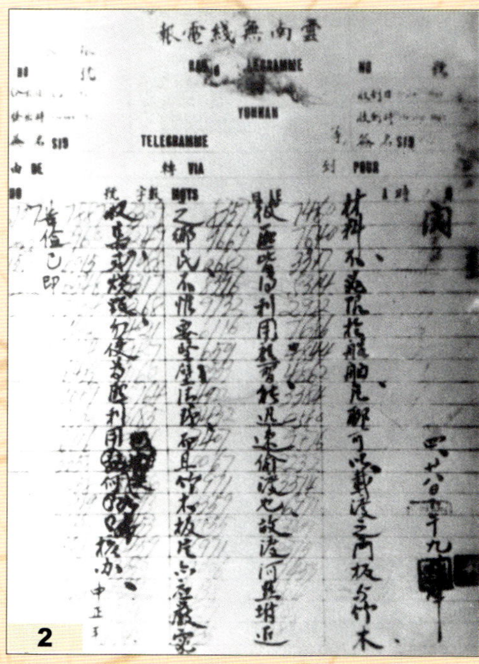

2

1 元谋龙街渡口

2 蒋介石令云南军阀收缴、烧毁一切渡江器材及船舶，防止红军渡江的命令

3 当年帮助红军巧渡金沙江的三位老船工和老红军战士相聚的情景

4 皎平渡口

兵分3路，以每天60公里的速度，出其不意地向敌人兵力空虚的云南疾进。

4月22日，红三军团先头部队进入云南平彝（今富源县）黄泥河。滇军孙渡纵队和国民党中央军在蒋介石的督促下，急忙追赶。红五军团一部在干部团的配合下，在贵州盘县寡妇桥和新寨之间伏击了追敌周浑元纵队。与此同时，红一军团二师在黄泥河一带也打击了滇军安恩溥旅。24日上午，红一军团前卫一师二团到达云南富源羊肠营，与滇军李菘独立团遭遇，歼敌百余人，李部弃城星夜向沾益方向溃逃。红一军团前卫一师跟踪追击，在红三军团一部的配合下，于第二天清晨在沾益、富源交界的糯岗、羊肠营、蛱子口一带将李菘团包围，经过6个多小时激战，全歼敌1个营。两天战斗，李菘团伤亡过半，为避免遭到全歼，李菘率残部逃入曲靖城内。国民党数十万军队层层设防、处处围堵，仍未能阻止红军入滇。龙云为了阻止红军西进，急电请蒋介石派飞机入滇，对红军进行跟踪轰炸。

3

蒋介石对龙云把持云南、向中央闹独立早有忌恨，但苦于无法插手云南。借龙云电请援军之机，蒋介石督令国民党

4

中央军速进云南，企图借地方势力消灭红军。同时，利用与红军作战削弱地方势力，并借“追剿”红军之名让其嫡系部队开进云南，从而控制云南。龙云一面积极部署追剿事宜，严饬滇军务必“不辞劳瘁，发奋向前，争先恐后，早奏奇功”，企图拦截红军于滇东；一面对蒋介石嫡系部队入滇存有戒心，以种种借口迟滞中央军的行动。蒋、龙之间的明争暗斗，造成敌各“追剿”部队之间行动不协调，客观上为红军渡金沙江提供了有利条件。为了打击敌人有生力量，4月25日，中共中央向红一、红三、红五军团发出了《关于消灭沾益曲靖白水之敌的指示》。电令指出：“最近时期将是我野战军同敌人决战争取胜利的转变战局的紧要关头。首先要在沾益曲靖白水地区消灭滇敌安旅。以我们全部的精力与体力去消灭万恶的敌人，一切牺牲为了目前决战的胜利，是我野战军全体指战员的惟一的铁的意志。”26日，红一军团对曲靖县城进行包围，红三军团的一部对沾益实行包围，对沾益的分县白水实施攻击，并顺利地占领了白水城。为掩护军团部和大部队在白水宿营，红十一团奉命由白水向富源方向推进了五六公里的地方警戒，与已被击溃之敌相对峙。27日，红军一部进入寻甸，红一军团2师对马龙县城实施包围。马龙县城只有60人常备队和400多名临时

1

1 金沙江

2 1935年5月，红军过禄劝皎平渡时为红军划船的船工。
左起：张朝满、李正芳、陈月清

3 红军渡金沙江时使用的三方亮行军灯

1935.10 1935.11 1935.12 1936.01 1936.02 1936.03 1936.04 1936.05 1936.06 1936.07 1936.08 1936.09 1936.10

2

拼凑起来的乡丁游勇，当红军开始攻击时，守城的常备队和临时抽来的壮丁全部溃逃，红军迅速攻占东门，击毙团总，进占县城，威逼昆明。

由于红军进军神速，敌滇军主力仍在黔境，省城昆明防务空虚，龙云急电贵阳，向蒋介石求援，急调在滇黔边境防堵红军的滇军安恩溥、刘正富、龚顺璧3个旅从宜良乘火车赶赴昆明加强防守，留下滇军鲁道源旅配合中央军在后面追赶红军，以敷衍蒋介石。28日晨，从富源赶来增援白水的敌人约2个师，以5倍的兵力向位于白水城附近的红十一团发动攻击。红十一团采用运动防御的战术与敌人周旋，红军布置了约3里宽的防御正面，迫使敌人不得不将队伍大量展开，当敌人兵力刚展开向红军进攻时，红军又不战不抗，自动撤退。敌人不敢大胆前进，每占领一地前，都要经过大炮轰，机枪扫射，尖兵搜索，再一班、一排、一连、一营地集结。敌人就这样展开、搜索、集结，又展开、搜索、集结，消耗了大量的体力与时间，红军则以逸待劳，又无伤亡，而主力则早已安全撤离白水转移远去。就这样，红军以1个团拖住了敌人2个师。曲靖是滇中重镇，城池坚固，由于红军没有重武器，仅围

3

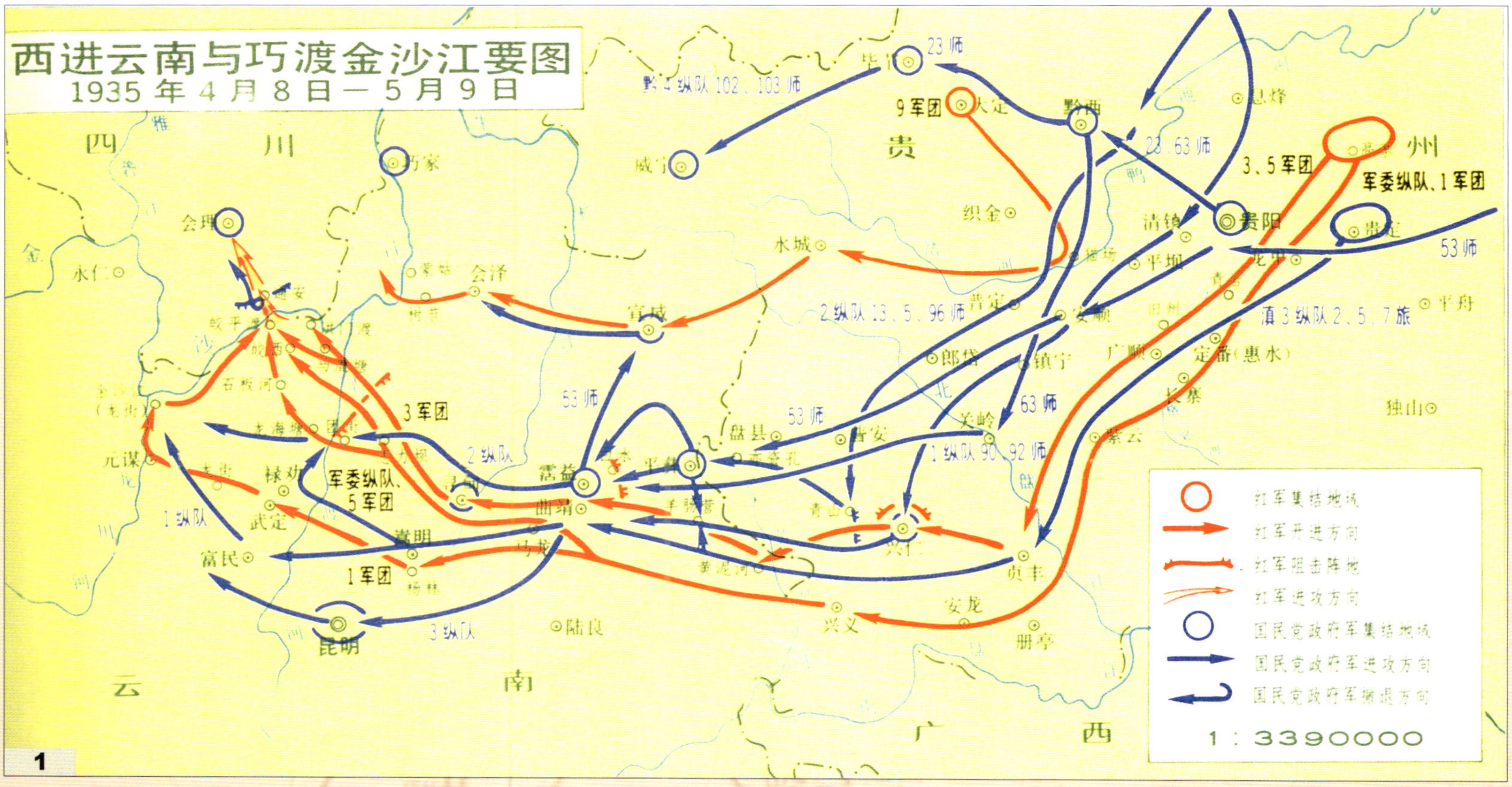

1

城两天，而敌人也不敢出来和红军交战。大部队过后，红军便撤围西进。29 日，红一、红三军团分别攻克嵩明、寻甸两座县城及杨林兵站后，处决了敌寻甸县长李荆石，并作出了进攻昆明的姿态。昆明及全省震动，龙云一面电催尚在曲靖以东的滇军孙渡纵队取捷径直赴昆明，一面调集云南各地民团加强昆明的防守。这样就进一步削弱了滇北地区和金沙江南岸的防御力量，基本排除了通向金沙江的障碍，为红军抢渡金沙江、北上川西造成了有利条件。

28 日，中央政治局和军委主要领导人在寻甸鲁口哨召开会议，分析形势，认为，遵义会议后，由于红军大胆穿插，机动作战，已把蒋介石的尾追部队甩到侧后，现在已取得了西进北渡金沙江的最有利时机。昆明东北地区是块较大平原（盆地），

1 中央红军西进云南与巧渡金沙江要图

2 普渡河渡口

3 红军在元谋、禄劝书写的标语

不利于与敌人进行作战，要避开省城昆明为好；原来决定进入四川西部与四方面军会合，创建革命根据地的根本方针，已经有实现的可能了。会议决定红军应趁沿江防务空虚，尾追敌人距红军尚有三四天的行程，迅速抢渡金沙江。会后，中革军委于29日在寻甸鲁口哨发出《关于我军速渡金沙江在川西建立苏区的指示》，指出，“由于两月来的机动，我野战军已取得西向的有利条件，一般追敌已在我侧后，但敌已集中七十团以上兵力向我追击，在现在地区我已不便进行较大的作战机动；另方面金沙江两岸空虚，中央过去决定野战军转入川西创立苏维埃根据地的根本方针，现在已有实现的可能了。” 并指出：“我野战军应利用目前有利时机，争取迅速渡过金沙江，转入川西，消灭敌人，建立起苏区根据地”。为了迷惑敌人，红军在昆明附近虚晃一枪后，便分兵三路直插金沙江：红一军团为左路攻占元谋龙街渡，红三军团为右路急进禄劝洪门渡（新村渡），军委纵队为中路抢占皎平渡，并命令军委干部团

2

3

1

五一节夺取金沙江。中革军委副主席周恩来对陈赓团长、宋任穷政委说，要不惜一切代价夺取皎平渡，掩护后续部队渡江。出发前，张闻天在周恩来和刘伯承的陪同下，亲临前卫连动员：“渡江先遣队担负着党中央赋予的光荣任务，前卫连是先遣支队的先锋。党中央希望你们要发扬吃大苦，耐大劳，英勇顽强，不怕牺牲的精神，克服一切困难，夺取皎平渡口，实现中央领导渡过金沙江庆‘五一’的决心！”周恩来也说：“时间紧迫，任务艰巨，在途中要尽量避免和敌人纠缠，一定要下最大决心，夺取皎平渡口，党中央等待着你们的好消息！”

29日晚，干部团二营组成渡江先遣支队，由军委参谋长刘伯承直接指挥，化装成国民党中央军，从敌人眼皮下穿过，直取金沙江皎平渡口。先遣支队途经禄劝杉乐树村时，抓到一个区公所文书，获得龙云命令沿江各县封江毁船，阻止红军渡江的十万火急鸡毛信。红军让这个人带路到渡口。5月1日晚，连长肖应棠带领前卫连，到达皎平渡口。这时，按照蒋介石的指示，巧家至元谋江边一切渡河船只已集中到江北岸沉匿，两岸大小渡口被封锁，金沙江两岸往来已被断绝，只有皎平渡对岸的敌人不断派人过来探听红军的消息。红军前卫连到达渡口的时候，过来的敌人因毒瘾发作，正躲在金土司家吸食鸦片，当侦察班来到江边时，因视线不清，在船上等待的船夫以为是敌人探子回来了，便问道“回来了吗？”战士们随机应变地回答了一声，接着几个箭步跳上船，夺得了两只木船。肖连长通过船夫了解到江对岸的小镇左面有一税卡厘金局，驻有一支三四十人的保安队，右边驻有一个正规军加

1 红军渡金沙江时的皎平渡口

2 红军用过的军号和望远镜

3 红军赴皎平渡途中经过的路邑村

1935.10 1935.11 1935.12 1936.01 1936.02 1936.03 1936.04 1936.05 1936.06 1936.07 1936.08 1936.09 1936.10

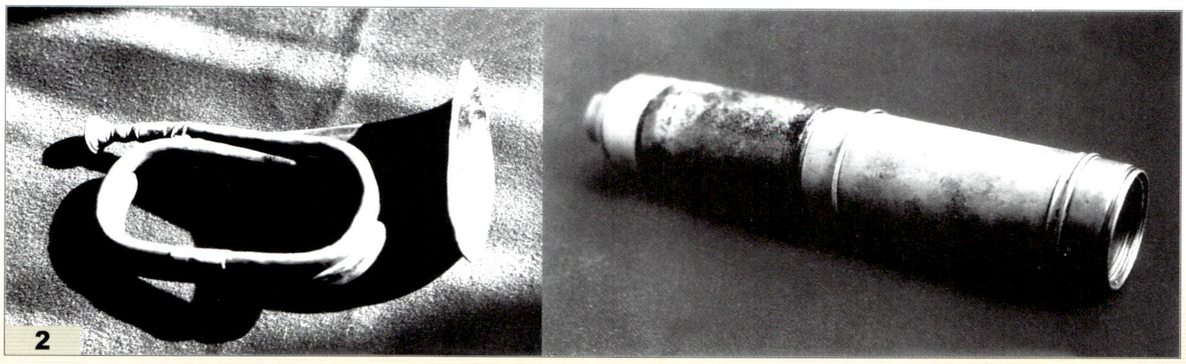

强连，敌人虽然加强了防守，却以为红军不会来得这么快，所以防守不很严密。红军由三排在南岸掩护，一、二排分乘两条船渡江。在船工张朝寿等人的帮助下，红军2个排渡过金沙江，顺着石梯往上走，走到最顶一层，听到一个云南口音的哨兵问："你们怎么搞的，现在才回来？"两个战士没搭腔，以迅雷不及掩耳之势冲上去，用枪口顶在敌哨兵的胸膛，俘虏了这个哨兵。通过简单的审问，俘虏所说的情况和船夫说的一样，肖连长立即命令一排打正规军，二排打保安队。一排到达敌人连部时，敌军士兵正分别围着烟灯吸食鸦片，红军战士踢开几间屋子的门，大声喊：缴枪不杀！将守敌全部俘虏，只有在另外一间房里吸食鸦片的连长见势不妙，胡乱打了两枪后，乘黑夜逃跑了。二排沿江边的小路而上，来到厘金局时，敌人正在打麻将，红军请船工张朝寿以要赶猪到云南去卖，先来纳税为由叫开了门，红军战士乘机冲进厘金局，将里面50余人全部缴了械。红军出其不意地消灭了江北岸守敌1个连，夺取了敌人税卡厘金局，顺利占领了渡口。第二天拂晓，红军先遣营陆续渡过金沙江。在船工帮助下，红军在江北岸和上游的鲁车

3

渡又找到了敌人还未来得及烧毁的4条船，为红军从皎平渡渡江提供了保证。刘伯承把这一情况电告了朱德总司令。为了顺利渡过金沙江，红军在江北岸成立了渡江司令部，刘伯承亲自制定了红军《渡河守则》。江北岸边有几个岩洞，洞旦不太平坦，但却相通。朱总、周副主席和刘伯承参谋长过江后，住在岸边的第四个洞里，指挥渡江。毛泽东过江后住在第一个岩洞，他在两个文件箱上铺块油布当桌子，用背包作凳子，就开始办公了。干部团渡江后，陈赓、宋任穷按照军委命令，立即率部向北开进，夺取会理到皎平渡之间的重镇通安，阻击川敌，保证大部队顺利渡江。干部团在向通安开进途中，与川敌刘元瑭部1个团遭遇，将其击败，刘部逃回会理，干部团夺占通安，保证了红军大部队在皎平渡顺利渡江。

1

2

为保证干部团抢占皎平渡口和中央纵队顺利渡江，红一军团奉令于29日攻占了嵩明县城及杨林镇，缴获了杨林兵站的粮食和大批军用物资，并在嵩明和杨林六街显著的地方和道口，写了许多“打倒云南土皇帝龙云！”“打到昆明去，活捉军阀龙云”的标语。红军还派小股部队到昆明城郊大板

1 毛泽东指挥红军巧渡金沙江时住过的穿洞

2 金沙江畔洞中天

3 《渡过金沙江》
（国画　金浪　作）

1935.10　1935.11　1935.12　1936.01　1936.02　1936.03　1936.04　1936.05　1936.06　1936.07　1936.08　1936.09　1936.10

桥佯动，大造声势。龙云以为红军真的要攻打昆明，令城内守敌昼夜不停地加紧构筑工事，加强防务，急忙拼凑了戒严司令部、城防司令部，同时又把附近十多个县的民团、宪兵、警察调到昆明加强防守。29日，正好是寻甸县城的赶集日，红三军团侦察员化装成老百姓，混入赶集人群，一起进入城内作内应。中午，红军攻城部队对县城实行三面包围后，对城内守敌开展宣传攻势，其县长想据城死守，围城红军便开始攻城，把敌人打得抬不起头来。城内的红军侦察员听到攻城的枪声，立即消灭了把守城门的卫兵，打开东门，攻城部队乘势冲入城内，接着西门、北门也相继被红军攻占。敌县长虽逃入一个农户的牛厩里，被房东一个十二岁的小女孩发现，她带领红军将其抓获。

龙云在加强昆明防守的同时，急电禄劝、武定、元谋等县组织力量，加强防堵，

3

要他们“调团守城”“破坏渡船”“与城共存亡”，并派省政府上校参军孟智仁到这3个县布置阻截事宜。省政府民政厅也派专人到禄劝、武定递送守城的命令。禄劝县长召集反动官员、常备中小队长、土豪劣绅等举行会议，成立“防共委员会”，由县长和团总分任正副主任，决定集中常备队和“乡长训练班”及抓来的壮丁进行守城训练，并修筑工事。在武定，反动县长布置在城外北街修了掩体，派180人的常备队防守，派保安团丁到与禄劝交界的地方防守，派出政务警及常备队一部守卫县政府，布置了东城的防守等。30日，左路红一军团完成了威逼昆明的任务后，绕过昆明向西北方向前进，经阿子营、款庄渡过普渡河，进入禄劝县境。5月1日，禄劝县城是赶集日。下午5时左右，红一军团二师四团来到禄劝县城附近，敌县长急忙下令关城防守，而在城内赶集的农民强烈要求出城，当城内乱作一团时，城外红军已包围了县城，并向禄劝县城发起了攻击。敌县长率领近200人的民团武装进行抵抗，不到半小时，红军突击排由南面越城墙进城，砍开铁锁，红军战士一拥而入，接着东门、北门也相继被红军攻破，大军源源入城。红军沿大街1小巷搜索前进，顽抗者被红军击毙，民团壮丁吓得仓皇逃窜，有的成了俘虏，指挥抵抗的县长及团总被红军击毙。当天下午，红军一支部队向武定县城进发，被派往半路阻击红军的团丁还未出村，就突然遇到红军，一个个惊慌失措地举手缴了枪。红军来到

1

1 威信大河滩
2 富源县宴忠明保存的红军公文包

2

县城附近的北街口时，守卫这里的常备队吓得早已逃窜。红军一部从南门打进了城内，经过十多分钟的战斗，攻克武定县城，击毙负隅顽抗的敌县长。红军一天连克禄劝、武定两座县城，与之相邻的元谋县长杨钧之闻讯吓得面如土色。他自知几百团丁守城，尤如螳臂当车，无济于事，他一面将禄、武失守的经过飞报省城，一面收拾细软，连夜弃城潜逃。

5月3日，红一军团占领元谋县城后，立即派部队直奔离县城60里的金沙江龙街渡口。在渡口，一面寻找渡江船只，一面到附近村子里向群众购买木板绳索，准备架设浮桥；派出一部分人去砍伐竹子，扎竹筏，准备渡江。因寻不到渡河船只，江面较宽，常遭敌机袭击，多次架桥均未成功，红军无法在这里渡江。与此同时，右路红三军团亦抢占了禄劝境内的洪门渡，在渡口仅找到1只小船，因水流太急，来回摆渡十分困难，几天时间仅渡过1个团（十三团）。红三军团在渡口附近架设浮桥，虽经多次努力，都被急流冲垮，再重新架桥有困难。为了争取时间，5日，中革军委电令红一、三军团迅速赶到皎平渡口过江。

5月3日，为掩护大部队渡江，红五军团奉命在禄劝县城和皎平渡之间的石板河一线构筑防御工事，阻击衔尾追赶红军的国民党中央军吴奇伟纵队。军团长董振堂察看地形后高兴地对大家说：虽然敌人可能把主力调来攻打我们，但是没有什么了不起，我们采取节节抗击的打法，这座山就会帮我们的大忙。他指示军团干部，既要完成任务，又要爱护战士，尽量减少伤亡。红军把兵力分散配置，分别占领山前高地和纵深各制高点，每处配置一二十人，沿山挖筑单人掩体和集中掩体，交通壕互相沟通，既便于守，又便于攻。同时，派人到附近彝族村寨宣传党的民族政策和红军宗旨。红军进入阵地后第3天，吴奇伟部万耀煌第十三师才赶到石板河，当敌军发现有红军阻击时，仗着优势装备，先用猛烈的炮火轰击红军阵地，接着在炮火掩护下，分3路向红军阵地发起冲击，当敌人快到阵地前沿时，红军阵中猛然飞

出一排排手榴弹和密集的机枪子弹，把敌人打得晕头转向，死伤遍野，退了回去。几天过去了，敌人虽多次发动大规模地进攻，阵地始终在红军手里。

红三军团一部先由皎平渡过江后，周恩来要张爱萍率十一团二营和团侦察排沿着金沙江北岸西进，迅速到达元谋以北、江驿以南的龙街渡口，阻击沿昆明通川康大道向北追击的敌人。同时，要他们沿路注意联络南岸的红一军团的部队，并转达军委令他们改变从龙街渡江的计划，火速赶到皎平渡渡江的命令。因为军委自红一

1

1 《强渡金沙江》
（油画　张漾合　庄子曼　作）

2 1935年5月，红军过东川树桔渡口时为红军划船的船工饶树清（左）、张朝兴

军团由元谋、龙街之线折回后，已和他们失掉了无线电联络。这支部队连夜顺着金沙江北岸出发，溯江而上，途中以司号员吹号联络，用集体喊话方式，把军委给红一军团火速赶到皎平渡的命令传了过去；在鲁车渡附近江中找到一只小船，把红一军团的一批伤病员接过江。接着，这支红军部队攻克姜驿城，活捉了县长和100多个团丁。在龙街渡口修筑工事，准备迎击敌人。第三天才有一部敌人到了龙街，少数敌人到江边观望，在红军的射击下，即逃之夭夭。第四天，红军全部胜利渡过金沙江，并在会理地区休整后继续北进了，这支部队才奉命连夜急速赶到会理，归还建制。

9日，在禄劝石板河担任阻击任务的红五军团完成掩护主力过江的任务后，也从皎平渡渡过金沙江。至此，3万多红军凭着6只木船，九天九夜，未失一马一卒，全部顺利渡过金沙江天险。渡江后，为了防止敌军的追击，红军毁掉了渡船，对属于土豪劣绅家的船，就算没收；如果是老百姓的，就照价赔偿。等滇军刘正富旅追赶至江边时，红军早已渡毕毁船，直逼川康重镇会理。

2

这时，担负牵敌任务、独立作战的红九军团，在乌江北岸完成牵制敌人的任务后，于4月25日从贵州盘县进入云南富源，奉命沿叙昆公路北进，伪装主力继续单独行动，相机袭占宣威，以掩护主力向曲靖、马龙、寻甸方向前进。26日，军团长罗炳辉率红九军团抵达宣威板桥。活动在当地的党员徐文烈等主动积极向红军提供情况，为红军进占县城作向导。国民党宣威

1

2

县长陈其栋见大军压境，慑于红军的声威，星夜弃城潜逃。28日拂晓，红九军团未遇抵抗便进入宣威县城，打土豪十余家，将县政府、兵站仓库物资以及没收土豪劣绅的粮食、火腿、布匹、衣物、家具等分给穷苦群众。打开监狱，释放无辜百姓。召开群众大会，宣传党的主张。在红军的宣传发动下，在党员徐文烈等的带领下，两三天里有近300人参加了红军。29日，罗炳辉率红九军团离开宣威，渡过牛栏江，经者海向会泽挺进。并于5月2日上午包围了会泽县城，施以强大的军事压力和政治攻势，令敌开城投降。守敌诈许下午5时开城门，企图拖延时间，等待援兵。至下午5时守敌仍未开城，红军即发起攻击，很快攻破城门，敌不战而溃。红军入城后，带领穷苦百姓打土豪，把官仓的积谷和劣绅刘善初的粮食、布匹、食盐分给群众。军团政治部主任黄火青接见并慰问了云南地下党员蒋开榜、刘文明两烈士的家属。第二天，在黄火青主持下，红军在县城召开群众大会，公审国民党会泽县县长杨茂章和反共委员会主任、地霸土豪劣绅刘善初，当场判处杨、刘2人死刑。红军向群众宣传红军的宗旨和政策。红军的政治主张得到人民群众的支持和拥护。在一天时间里，报名参加红军的有一千三四百人。红九军团成立了单独的新兵营，由军团作战科长刘雄武担任营长，负责对新兵的训练。在地下党员和当地群众的帮助下，红军在会泽筹款10万银元，缴获骡马数10匹，补充了不少衣服和其他军用物资。根据军委迅速抢渡金沙江的电令，3日下午，军团参谋长郭天民率红7团先头出发，直奔距离会泽县城百余里的金沙江树桔渡口。4日中午到达渡口南岸，

1 川康重镇会理

2 会泽县城

3 会泽县金沙江树桔渡口

4 何长工为东川树桔渡口纪念碑题词

5 黄火青为东川树桔渡口纪念碑题词

1935.10 1935.11 1935.12 1936.01 1936.02 1936.03 1936.04 1936.05 1936.06 1936.07 1936.08 1936.09 1936.10

3

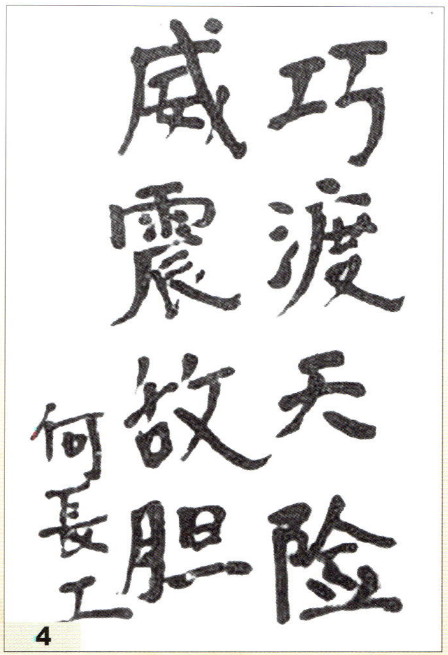

4

在当地船工的帮助下，侦察连从江中捞到一条沉船，经修补后开始渡江，是夜，侦察连及七团一营全部渡过金沙江，占领了北岸高地。第二天清晨，一营在侦察连的配合下，袭占盐场，税警队100余人被缴械，夺得沉没在江北岸的盐船50多条，红九军团利用这批盐船将全部人马顺利渡过金沙江。渡江后，奉朱德总司令电令，红九军团继续在金沙江北岸活动，并进至四川会东县东北新街一带，构筑工事，牵制敌人，掩护党中央在会理召开政治局扩大会议。

中央红军长征先后两次进云南，在云南境内活动24天，经过威信、镇雄、巧家、富源、曲靖、沾益、寻甸、马龙、嵩明、宣威、会泽、东川、富民、禄劝、武定、元谋等16个县和昆明市现辖区的西山、官渡两个区，攻克了威信、宣威、会泽、寻甸、马龙、嵩明、富民、禄劝、武定、元谋等10座县城，巧妙地从皎平渡、树桔渡渡过金沙江，摆脱了数十万国民党军的围追堵截，取得了战略转移的主动权。

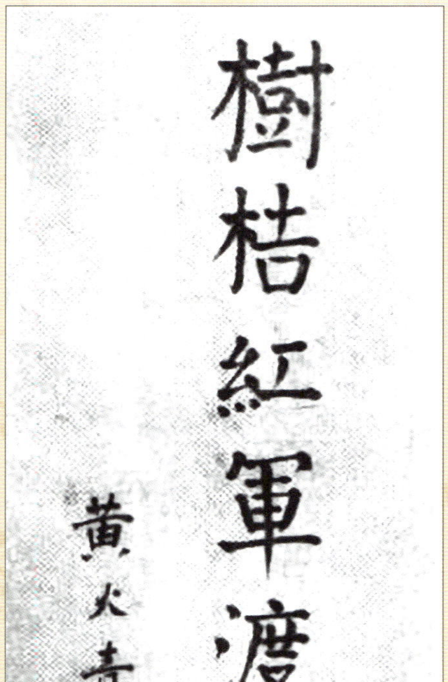

5

红二、红六军团转战云南

1936 年 *3* 月 *6* 日，红二、红六军团长征由贵州进入云南彝良县的奎香、寸田。敌樊崧甫纵队以为红军要从彝良、盐津北渡金沙江，拼命衔尾追赶。红二、红六军团首长决定抓住有利时机，打击樊崧甫部的嚣张气焰，以保证红军安全转移，即令红二军团四师和红六军团十六、十七师返回25公里，在以则河、法冲一线设伏。8日凌晨，进入红军伏击圈的樊崧甫纵队第二十八师先头部队侦察连和一个步兵加强连全部被歼。红军主力趁此急转西南，直插镇雄。

红军开进途中，敌郝梦龄纵队四十七师、五十四师及万耀煌纵队十三师已抢先占据了镇雄。当得知敌军将于12日经哲庄坝至镇雄截击红军后，红二军团指挥部即令第四、六两师在三锅桩、大丫口一线设伏，将正在行进中的敌人拦腰截断，使敌遭到重创。《云南民国日报》报道，这次战斗红军“火力之猛，为追剿以来各次之冠”，“辎重弹药，为匪夺去者，约在300余挑”。在这次战斗中，红十八团政委余秋里身受重伤，左臂后来截肢。16日，红六军团在军团长萧克、政委王震的率领下，第二次进入彝良奎香，18日撤离，进入贵州威宁县境。20日，红二、六军团再次由黔境进入云南宣威倘塘一带地区。红二、六军团转战乌蒙山，回旋750余公里，历时1个月，克服了重重困难，冲破了层层围堵，历尽艰辛，终于甩掉了衔尾追赶的敌人。

1

红二、六军团在长时间行军作战、极端疲劳、缺乏供给的情况下，为了赢得短期的休整，决定夺取地处两省边界、敌人防守

1 今日宣威

2 红二、红六军团乌蒙山回旋战要图

薄弱的宣威县城，在云贵边境创建革命根据地。3月23日，当红军进至宣威以北的来宾铺时，踞守在城内的滇军刘正富旅以及集结在滇黔边一线的李菘独立团，和吉光、罗廷标保安团和个旧独立营共约6个团的兵力，抢先占领了来宾铺南面的虎头山。虎头山因山形酷似虎头而得名，位于来宾铺与宣威县城之间，与紫灰山相连，恰似一道天然屏障，控制着来宾铺至宣威的通道。滇军刘正富旅依托虎头山有利地势和精良的法国装备，构筑防御工事，以逸待劳。在与敌人小分队接触中，军团领导得知敌情发生了变化，滇军的王牌旅已到宣威城了；并认为既然刘正富旅找上门，红军应集中主力是能吃掉这些敌人的。而敌刘正富认为到来宾铺的红军只是掩护部队，不是主力，因而上午9时，刘正富令其嫡系一团向红十七师驻地高家村发起进攻，同时又派保安一团和个旧独立营沿来宾铺大道推进，袭

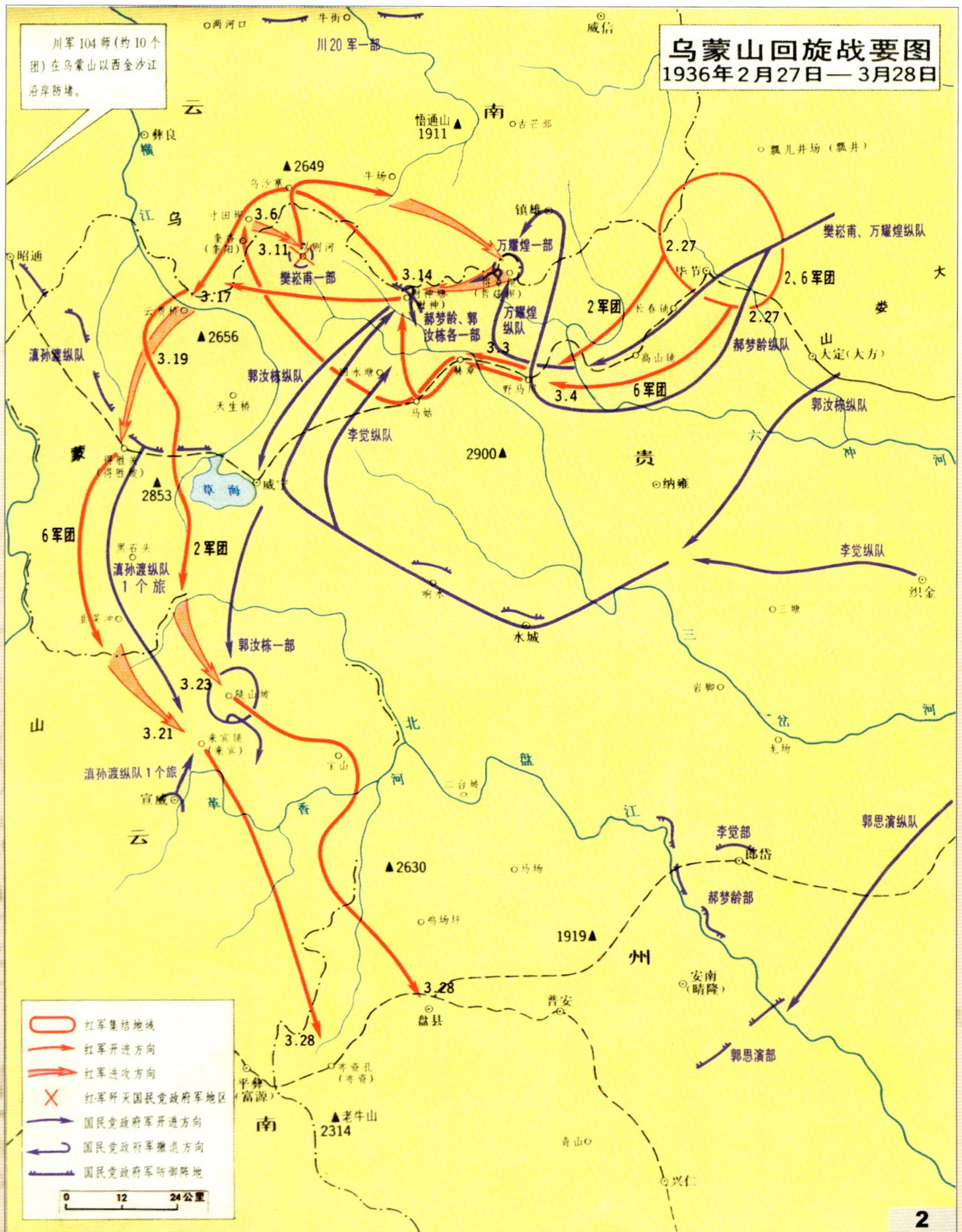

2

1

抗红军主阵地。红十七师四十九团不顾连日行军劳累，发扬连续作战的战斗作风，在高家村一线筑好了工事，严阵以待。当敌人发起远距离进攻时，红军按兵不动，狂妄的敌人以为红军害怕了，更加有恃无恐，一窝锋似地向高家村扑来，当敌军进至阵地前沿时，红军以迅雷不及掩耳之势，突然发起猛烈反击，红五十二团也从侧翼进攻。敌遭迎头痛击，纷纷向后溃退，当即被红军俘虏100余名，余敌逃回虎头山。敌保安团和个旧独立营进至东山脚的朱街子沟时，遭到红四师十团的反击，溃退至宣威县城内。红二、六军团领导当即决定趁势向敌主阵地发起攻击，扩大战果。上午10时许，红六军团向虎头山发起攻击，红二军团四师和五师十三团向紫灰山发起攻击。刘正富旅拼死抵抗，战斗异常激烈。红军一部从敌薄弱环节迂回包抄了敌主阵地，直捣敌旅指挥部，使敌措手不及，刘正富为保全性命，仓皇逃向宣威城，红军从正面和侧面向敌军主阵地步步进逼，红五师的2个团也赶来增援，整个战斗形势对红军极为有利。午后，驻守在威宁的滇军孙渡纵队鲁道源第五旅和龚顺璧第七旅赶到宣威，从虎头山左右两侧增援刘正富旅，纵队司令孙渡也赶到虎头山督战。敌兵力突增，使虎头山战场形势发生了意外变化，虽然红军集中主力向敌主阵地发起了强大的攻势，始终未能攻破敌主阵地。红军不畏强敌，英勇奋战，给敌人以很大杀伤。贺龙等领导观察了整个战场的形势，认为敌军已增加到3个旅，又占据有利地形，要全歼敌人已不可能，为了保存实

2

1 红二、红六军团经过云南武定县时留下的手榴弹。

2 云贵两省边界的云贵桥，红二、红六军团曾在此战斗过

3 红二、红六军团在云南虎头山与国民党军激战后，当地群众冒着生命危险将阵亡烈士掩埋，筑坟纪念。

4 宣威虎头山红军烈士纪念陵园

力，军团领导决定趁夜主动撤出战斗。晚9时，红军突然发起猛攻，迫敌退入战壕。随后，红军趁着月色，向安全地带转移。虎头山战斗重创了刘正富旅，打击了郭汝栋纵队，毙伤敌400余人，俘敌400余人，缴获枪支300余支，红军也付出了很大的代价，红四师十二团团长钟子廷、十一团政委黄文榜、红十师五十团政委段兴寿和十六师组织科长唐辉、十七师组织科长罗辉等400多名红军指战员牺牲。虎头山战斗是红军在云南境内进行的最大一次战斗，也是红军有计划、有准备的作战，双方投入兵力达数万之众。云南日报曾发表《宣威XX血战详记》，文中写着：计自午前9时起至午后2时正，激战5小时，枪声之密，胜过除夕爆竹，血肉满地，尸横枕藉，加以天候阴雾，愁云惨淡……战场景象，令人悚栗！这段文字，真实地描述了当时国民党军队同红军交战的情景。面对数倍于我的敌人，红军英勇顽强，予敌以重大杀伤。当地群众踊跃支前，主动为红军指战员送水送饭，运送伤员。红军撤出战斗后，分两路向东转移，进入贵州盘县，计划在盘江地区建立根据地。

3

3月30日，红军总部电示红二、红六军团北渡金沙江，到甘孜与红四方面军会合，“一同北进”。红二、红六军团遂决定放弃在盘江建立根据地的计划，于4月1日再次进入云南富源，寻机北渡金沙江。

4

这时，遭受过红军沉重打击的孙渡纵队不敢轻举妄动，由宣威到富源只有两天的路，他却走了3天。红二、红六军团兵分两路进入云南后，绕过富源县城，顺利冲过孙渡纵队的防线，直插滇中，准备按计划经普渡河铁索桥至元谋龙街北渡金沙江。龙云十分恐慌。他在请求蒋介石派兵入滇“追剿”红军的同时，急令滇中各县加强城防，沿途拦阻入滇红军。4月6日，红二军团前卫六师从沾益土城出发，奔袭寻甸县城，击毙敌县长汤更新，歼敌200余人。当日，中共云南地下党员马仲明与红军取得联系，并向红二、红六军团保卫局汇报了中央红军过云南后群众的反映和云南地下党的情况，以及云南的政治、军事、经济等情况。7日，红军继续西进，直奔普渡河。普渡河两岸是高山，河宽二三十米，水流湍急，涉渡较困难，只有通过河上铁索桥才能过河。负责抢占普渡河铁索桥的红二军团四师，急行军向铁索桥开进。红六军团十七师则奉命向富民县东北款庄进发，准备经过款庄、小松园，从普渡河的支流木板河过河。途中，龙云不断派飞机对红军进行轮番轰炸，同时派滇军刘正富第一旅和张冲第九旅迅速赶到普渡河西岸，占据桥西的制高点，修筑工事，拆毁桥上的木板，控制铁索桥；令中央军樊崧甫、李觉部在红军后面追击。他错误地认为前有普渡河险境

中華蘇維埃共和國川滇黔省革命委員會 佈告

1

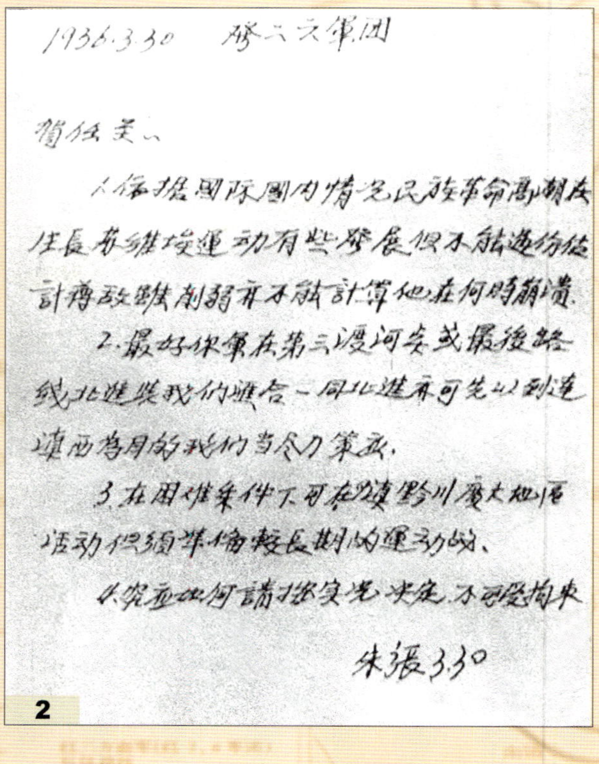

1936.3.30 贺二六军团

贺任关：

1.依据国际国内情况民族革命高潮在生长并继续运动有些发展但不能过分估计蒋敌兵力弱亦不能计算他在何时崩溃

2.最好你们在第三渡河点或最后路线北进与我们汇合一同北进亦可先以到达陕西为目的我们当尽力策应

3.在困难条件下可在滇黔川广大地区活动但须准备较长期的运动战

4.究应如何请按实况决定不必拘束

朱张3.30

2

1 红二、六军团长征过云南富源时张贴的布告

2 红军总司令朱德和总政委张国焘，于1936年3月30日指示红二、红六军团北上与红四方面军会师的电报。

3 普渡河铁索桥

1935.10 1935.11 1935.12 1936.01 1936.02 1936.03 1936.04 1936.05 1936.06 1936.07 1936.08 1936.09 1936.10

和堵兵，后有强兵追击，红军在虎头山伤亡严重，红军前往普渡河的行动是围歼红军的“天赐良机”，企图将红二、六军团围歼于普渡河以东、功山以南地区。8日，红四师经过激战，仍不能顺利通过铁索桥。为了避免伤亡，红军以火力吸引敌军，2个团到普渡河下游约3公里的小河塘渡口徒涉过了河，并占领了白马山高地，准备对龟缩于普渡河西岸鹦鹉山之敌发起总攻。此时，红六军团十七师在小松园突然与滇军遭遇，双方激战4个小时后，敌人又陆续投入安恩溥旅和鲁道源旅，并由昆明派飞机前来助战，敌中央军李觉、郭汝栋纵队也从功山方面压来，红军有被敌人分割在普渡河两岸的危险。为了减少伤亡，赢得时间，红军撤离战斗。

8至9日，是红二、六军团在滇中地区与敌人斗争最紧张、最激烈的两天，也是与敌人斗胆略、比智慧的两天。9日，贺龙在与军团其他领导人研究下一步行动时提出，抢在敌人前，佯攻昆明，甩掉滇军主力。大家一致同意贺龙的这个大胆而巧妙的主意，决定撤回已经渡过普渡河的四师，放弃西渡普渡河北上到元谋渡金沙江的计划，改向滇西丽江等地渡江，并致电红军总部，请派部队迎接。

3

红二、六军团从普渡河撤回后，即由柯渡、可郎地区向南转进，打算向滇西方向转移，跳出滇军的包围圈，从丽江、鹤庆一带渡金沙江。但滇军第七旅一直衔尾追赶。为了掩护部队安全西进，贺龙总指挥命令红二军团六师原路返回，在六甲阻击追敌。9日上午9时许，红六师十八团在六甲石腊与滇军龚顺璧旅前卫营遭遇。敌人没有料到红军会调头返回，毫无戒备，红十八团前卫营先敌开火，接着红六

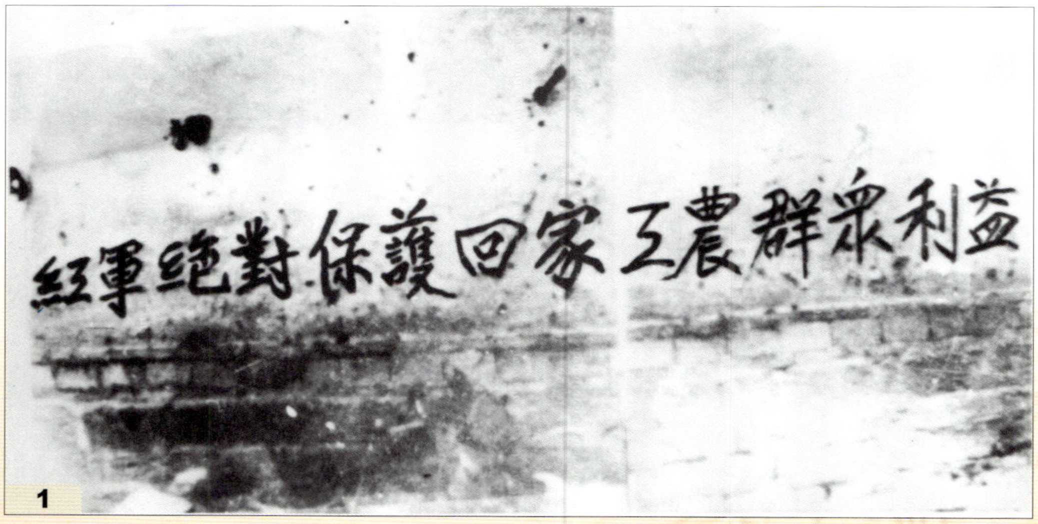

1

师主力赶来，迅速抢占了可郎河两侧制高点，掌握了战斗的主动权。敌人遭到红军突然袭击，开始组织反扑，企图强夺制高点，有时竟冲到阵地前沿，敌我双方展开了激烈的肉搏战。敌军的飞机也前来助战。但红军战士沉着应战，连续多次击溃了敌人的反扑。正当红军战士又乏又饿的时候，附近村子的老百姓听说红军打国民党，主动做好热菜热饭，冒着生命危险送上前线。下午4时，战斗正在胶着时，贺龙派红五师赶来增援，在敌侧后发起攻击，红六师迅速组织反攻。红军前后夹击，重创滇军第五团，歼敌近千人，余敌仓皇逃命。六甲战斗是红二、六军团长征中最为激烈的一次阻击战，打击了滇军的嚣张气焰，吓得龙云从此再不敢对红军紧跟追赶，红军从此得以较为顺利地大踏步挺进滇西。

10日，红二、六军团掉头南下，穿过敌人东西两部结合部之间空隙，直扑昆明，并派小部队进至离昆明城10多公里的厂口和沙朗附近活动。4月11日，红二军团攻占了至距昆明40公里的富民城，摆出了要打昆明的姿态。红军的这一突然行动，震动了昆明！龙云怕红军端了他的老巢，急向蒋介石求援，急令“追剿”红军的滇军回昆明保驾，同时把军官学校的学生都拉出来守城，急令城防司令宣布全城戒严，封闭城门。正当敌人急如星火地向昆明赶来，红军在昆明附近虚晃一枪后，甩掉了衔尾追赶的敌人，兵分两路，突然向滇西急进。

龙云经过在虎头山、普渡河、六甲与红军的较量后，知道红军的厉害，他怕滇军与红军在省内抵死相拼，损兵折将，会让蒋介石“坐收渔翁之利”，于是他利用

1 红军写在柯渡回辉村的标语

2 寻甸县普渡河桥

蒋介石的“凡入滇各军均归龙总司令统一指挥”所赋予的权力，对“追剿”红军的各路追兵精心进行了部署。但是，打前锋的滇军不敢与红军硬拼，加上龙云有保存实力的暗示，他们更不敢与红军拼实力。另一方面，龙云也不愿红军平安顺利通过云南，他要“追剿”的部队伺机攻击红军，严令各县构筑碉堡，各自为战，坚守城池，阻拦红军。尽管如此，红军一路闯关夺城，所向披靡。

萧克、王震率右路红六军团由富民出发，14日直取盐兴元永井，歼灭保井营、缉私队等地方反动武装300余人，并将没收土豪、地霸得来的银元、粮食、盐巴、衣物分给穷苦百姓。15日，红六军团占领盐兴县城（黑井）。

4月15日凌晨，贺龙、任弼时率红二军团为左路，向楚雄方向开进。前卫四师直奔楚雄县城，五、六两师在保满街与尾追的敌滇军鲁道源旅交火，激战数小时，将敌击退。上午，红军包围了楚雄县城。楚雄是通往滇西的交通要道，红二、六军团入滇后，楚雄军政头目成立了以县长马飒、团总徐朝梁和县教育局长朱作仁为首的城防司令部，加紧训练常备队和团丁，连日抢修工事。红军围城后，马飒、徐朝梁、朱作仁亲自上城督战，分兵把守城门，企图以拼凑起来的民团2000余人，凭借坚固的城墙、炮楼固守城池，阻止红军西进。打入县常备中队任队长的中共地下党员陈世昌，带领常备队主动撤离了西门外的雁塔山高地。下午2时，红军在三面同时发起攻城，采用声东击西战术，有意加强西门的攻势，造成敌人以为红军主攻西门的错觉，将敌兵力

2

普渡河与六甲战斗示意图
1936年4月6日—12日
红军集结地域
红军开进方向
红2军团进攻方向
红6军团进攻方向
红军防御阵地
红军撤退方向
红军歼灭国民党政府军地区
国民党政府军开进方向
国民党政府军进攻方向
国民党政府军防御阵地
国民党政府军撤退方向
0 6 12公里
2军团
6军团
孙渡纵队
郭汝栋纵队
滇9旅一部
1旅、3旅一部
5旅
2旅
7旅
4师
5师
6师
17师
昆明
嵩明
寻甸
富民
普渡河
玉榜山
老干山
大黑山
文笔山
1

1 红二、红六军团普渡河与六甲战斗示意图

2 红军经过彝良、奎香时留下的宣传标语

引到西面，红军却攻占了东门，接着又攻下西门，冲进城内，县长马飒被击毙，团总徐朝梁见势不妙，带着几名团丁向城外逃走时被红军抓获。红二军团攻占楚雄后，继续挥师西进，16日来到距楚雄20多公里的南华（镇南）。南华县城紧靠滇西大道，是红军的必经之路，敌人在这里有120余人的常备队及1000余人的民团壮丁守城。红军决定先采取政治攻势，争取敌人打开城门，红军能和平通过。土匪出身的常备队长不仅不开城门，反而提枪督战，县长也命令兵丁向红军开枪。红军随即向南华发起攻击，仅1小时就攻占了县城。

在此期间，右路红六军团也相继攻占了牟定、姚安、盐丰（今属大姚县）3座县城。17日，贺龙等电告朱德、张国焘：:“我们决采鹤庆、丽江、中甸路线前进”。红军3天内连占5座县城，接着又向祥云开进。18日夜，红二军团兵临祥云县城。为避免伤亡，红军先期派出一支侦察分队，化装成各种艺人潜入城内作内应。19日凌晨，部队发起攻击，城内的侦察员解决了守城的警察，城外部队用大木柱将南门撞开一个大窟窿，把城门打开后，仅用半小时就攻破了被称作“固若金汤”的祥云县城，生擒县长杨钟寿、团总李玉楼。在这里，有上千名青年参加了红军。与此同时，红二军团四师于19日包围了宾川县城。次日拂晓，红军在占据绝对军事优势的情况下，派谈判代表到城下喊话，要县长出来谈判。不料守城敌兵开枪打死红军谈判代表，军团首长遂下令四师攻城。战斗进行了两小时，红军的进攻仍然没有进展。红军仔细分析了敌情及城防情况后，在东门和南门发动佯攻，吸引敌人兵力，红军乘机占领北门外碉楼和城西制高点，以密集的火力掩护突击队登城，并挑选优秀射手专打在城楼上露面的敌兵，使守敌不敢靠近城垛，乘虚夺下西门。敌城防总指挥张绍康、副总指挥熊国珍悄悄

2

1

逃走，县长杨鲁庵见败局已定，亦化装潜逃。这一仗，毙伤敌200余人。红四师夺取宾川县城后继续西进，于23日中午兵临鹤庆县城，县常备队见红军到来，四处逃散，红军不费一枪一弹进了县城，缴获了敌人的全部枪支弹药和大量装备物资。当地各族群众听了红军的宣传和看到红军打土豪分财物的情景，认识到红军是穷人的队伍，都用自己最好的食品热情地慰劳红军，并在路边用演奏洞经古乐的方式欢迎红军。

红二、六军团挺进滇西，使蒋介石把红军消灭在滇黔边境和滇中的计划破产，但他不甘心失败，又想把红军消灭在金沙江以南的狭小地带。22日，蒋介石飞抵昆明，亲自坐镇指挥，布置“围剿”红军的行动。之后，蒋介石又飞抵成都，策划逼红军于江边决战的阴谋，同时准备红军如渡江，继续追逼红军于金沙江与大渡河之间围歼红军的计划等。红二、六军团按既定方针，在宾川、鹤庆集结时，一面摆出要从永胜渡江的架势，迷惑敌人，一面积极部署从丽江石鼓渡江的准备工作，随后兼程向丽江石鼓地区开进。24日，当红四师突然出现在丽江时，蒋介石慌了手脚，国民党县长王凤端等官员也闻风弃城逃走。因红军军纪严明、秋毫无犯，尊重少数民族风俗习惯，为穷人打天下的仁义之师的美名早已在丽江人民群众中广为流传，丽江人民则推举出几百名代表，按照纳西族的风俗习惯，在城南东元桥“接官亭”路边摆香案迎接红军入城。人们手持彩旗，打着“欢迎义军”的横幅，向红军表示敬意。这是红军长征以来第一次在新区见到这样军民鱼水交融的场面。红军打开官

1 红军在鹤庆、宾川等地写下的标语

2 金沙江石鼓渡口

仓，把积谷分给穷苦百姓。群众积极支援红军，为红军带路当向导，帮助红军赶制军衣、米袋，会竹木工的工匠主动报名到江边为红军扎竹筏，广大青年也踊跃报名参加红军。

25日，红二、六军团在金沙江边的石鼓镇会合时，区、乡政府官员早已逃遁无遗，刚修起来的5座碉堡空无一人。红军控制了渡口，准备渡江。汹涌的金沙江自西北而来，因山崖阻挡，在石鼓急转100多度的弯，折向东北奔腾而去，在石鼓形成“V”形的万里长江第一湾。石鼓镇位于长江第一湾边。镇前山嘴外的小古亭中，面对金沙江摆着一块又圆又厚的青石做成的鼓形碑，名为石鼓，小镇因此名为石鼓镇。石鼓自古以来就是滇藏各民族经济文化交流的走廊，石鼓附近的石门关险隘，地势险要，易守难攻，石鼓一带是军事上理想的抢渡地段。蒋介石和龙云得知红军将从这里渡江的消息后，如梦初醒，但已来不及调整兵力部署了，一面派飞机到石鼓地区沿金沙江上空疯狂轰炸，妄图迟滞红军的行动，一面急令地面部队加紧追击，同时命令中甸民团前往堵截。

2

由于蒋介石多次电令毁坏、沉匿所有渡江船筏，石鼓渡口的船只大多被隐藏，红军只在石鼓海洛塘渡江点找得一只尚未来得及隐藏的小船。前有滔滔江水隔阻，后有敌人重兵追赶，情况十分紧急，红军渡江遇到了极大困难。红军一面利用惟一的渡船每次用一个多小时摆渡红军，一面组织力量控制了渡口，并分派部队继续抢占上游渡口，同时组织工兵营和民工，动员20多名木匠和铁匠扎木筏。为能及时顺利渡过金沙江，总指挥部根据党中央建立抗日民族统一战线的精神，对开明士绅和少数民族上层人物尽力做争取工作。总指挥贺龙即以他的名义给沿江各渡口士绅写信，动员他们协助打捞

沉船、动员船工帮助红军渡江。金沙江边鲁桥乡开明士绅、副乡长王缵贤看了贺龙的信后，为红军礼貌待人所感动，立即叫人把隐藏在江对岸的木船和几名船工一起找来，帮助红军渡江。过了江的部队与未过江的部队各抽出一支小部队沿金沙江溯江而上，互相联系，昼夜寻船找渡船。27日，红军先后在格子渡口、士可渡口、羊犁石渡口、巨甸余化达渡口和苏甫湾马场找到5只船。

从25日开始到28日下午，红二、六军团18000余人利用7只小船和几十只木筏，从石鼓的木瓜寨、木取独、格子、士可和巨甸的余达化等5个渡口渡江，经过四天三夜艰苦奋斗，胜利地渡过了天险金沙江。红军总部朱德闻讯后，于30日发来贺电说："金江既渡，会合有期，捷报传来，全军欢跃。谨向横扫湘黔滇，万里转战的二、六军团致以热烈的祝贺和革命的敬礼。"当天追敌赶到江边时，红军已过了江，只有望江兴叹。蒋介石妄图围歼红军于金沙江边的计划彻底破产了，红二、六军团取得了长征战略转移中的主动地位。石鼓渡江结束后，红六军团军团长萧克赋《过金沙江》诗一首，形象地概括了二、六军团长征过云南的光辉历程："盘江三月燧烽飏，铁马西驰调敌忙。炮火横飞普渡水，红旗直指金沙江。后闻金鼓诚为虑，前得轻舟喜欲狂。遥望玉龙舒鳞甲，会师康藏向北方。"

1

红二、六军团渡过金沙江后，在中甸的士旺、福格、吾竹一带进行了短期休整，向部队介绍了中甸藏民地区的情况，对红军指战员进行党的民族政策和宗教政策教育，要求全体干部战士尊重少数民族的风俗习惯，严格执行三大纪律八项注意，用实际行动体现红军为人民谋利益的宗旨，以取得藏族中上层人物的同情和支持，从而顺利通过藏民区，早日与四方面军会合，共同北上抗日。同时，根

1 远眺石鼓渡口

2 1936年4月，萧克作于金沙江北岸至巨甸路上，书于1986年的《北渡金沙江》。

3 石鼓渡口

1935.10 1935.11 1935.12 1936.01 1936.02 1936.03 1936.04 1936.05 1936.06 1936.07 1936.08 1936.09 1936.10

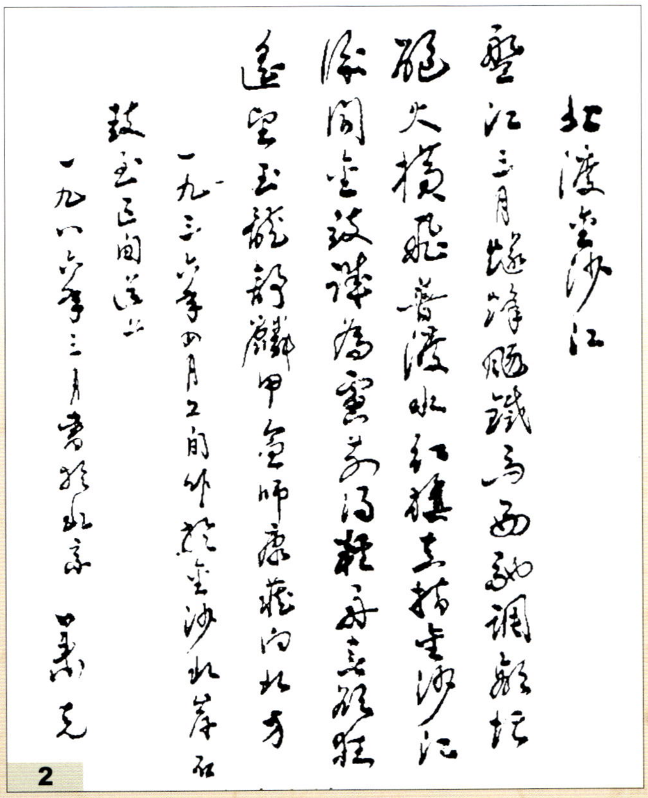
2

据红军总部的指示，要求部队为翻越大雪山、进入藏区做准备。4月30日，红二军团四师进入中甸县城，随后，大部队相继到达并齐集在中甸县城及其近郊。5月初红军离开中甸。5月12日，红二、六军团18000余人马全部离开云南省境，进入康南地区。

红二、六军团自1936年3月首次进入云南，到5月从中甸离开滇境，先后在云南活动40多天，回旋乌蒙，挺进滇中，横扫滇西，抢渡金沙江，翻越大雪山，经过彝良、镇雄、富源、宣威、沾益、曲靖、寻甸、马龙、嵩明、禄劝、富民、禄丰、盐兴、罗次、广通、楚雄、牟定、南华、大姚、姚安、祥云、宾川、鹤庆、丽江、中甸和昆明现辖区的的官渡区、西山区等28个县区，攻占了寻甸、富民、盐兴、楚雄、南华、牟定、姚安、祥云、盐丰、宾川、鹤庆、丽江、中甸等13座县城，终于摆脱了10余万敌人的围追堵截，取得了战略转移的决定性胜利。

3

留滇红军及游击队坚持斗争

1935年2月，中央红军在扎西集结期间，中共中央决定成立中共川南特委和组建红军川南游击纵队，配合中央红军在川黔滇地区活动。10日，中革军委在扎西召集从各单位抽调出来的100多名干部开会，军委副主席周恩来到会作了动员。他说：为了牵制敌人，分散敌人兵力，策应中央红军主力的行动，经毛泽东提议，中央领导讨论并决定，成立中共川滇黔边区特委，直属中央，领导川滇黔边区的武装斗争。他指出：我们目前有许多困难，蒋介石要消灭我们，我们一定要冲出去，但我们机关庞大，包袱很重，不适合机动作战。因此，中央决定，机关要精简，部队要轻装，伤病员要安置，所以抽调你们在这里成立一支游击队。任务是：一要发动群众，扩大武装，打击、牵制敌人，配合中央红军作战；二要没收军阀官僚地主豪绅的财产，取消捐税，安置和保护好伤病员；三要加强地方党组织的建设，消灭国民党地方政权，开辟与建立川滇黔边区革命根据地。大家要树立长期作战的思想，高兴地在这里战斗，坚持斗争，直到革命胜利。他还说：你们是红军播下的革命火种，在艰苦的环境里，要经得起斗争的考验，你们要在川滇黔边生根开花，发展壮大，你们在敌后的斗争，牵制了敌人，就是对中央的支持，对红军的支援，你们牵制的敌人越多，对中央支持越大。中央抽调100余名师干部和1个干部连、1个基干连（国家政治保卫局第五连）、1个警卫通讯排、1个运输排、1个卫生班以及几个枪械修理工人，与叙永特区游击队汇合，组建中国工农红军川南游击纵队，同时还动员了行动困难的伤病人员留下来养伤，编入纵队。纵队成立时有400余人，六七百条

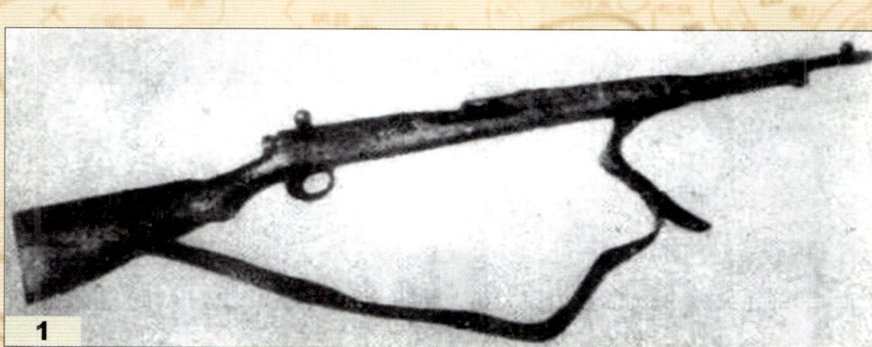

1

1 富源县石匠唐石生保存的“红军枪”。

2 徐策

3 余泽鸿

枪，4挺重机枪、1部电台。

12日，留下来的红军在威信石坎子河坝头和红军主力分手。14日，徐策、余泽鸿等率领部队向叙永树坪进发，与王逸涛领导的叙永特区游击队汇合。随即在五龙山召开大会，徐策传达了中央组建红军川南游击纵队的决定和纵队的性质任务，宣布了纵队领导机构和组成人员名单。纵队设司令部、政治部、供给处以及群众工作团、没收委员会、宣传队等，下设5个大队。由徐策兼任纵队政委，王逸涛（后叛变）任纵队司令员，刘干臣（红军新编师师长）任纵队参谋长，曾春鉴（红三军团六师参谋长）任纵队副参谋长，余泽鸿任纵队政治部主任，戴元怀任组织部长，杨德胜（红军总部第四局供给处干部）任供给处长，钟昌焘（原中央苏区兴国县县长）任群众工作主任，龙厚生（原国家保卫局派驻通讯学校特派员）任特派员，司令部指导员李桂洪（女，卫生担架连指导员）、司令部秘书甘棠（女，中央妇女部秘书）。并决定在川南地区组建川南游击支队，在贵州黔北地区组建黔北游击支队，在滇东北地区组建云南游击支队，在川滇黔边地区开展武装斗争。1935年7月初，川南游击纵队与黔北游击支队会师。为适应形势发展的需要，两支游击队统一指挥，统一行动，决定将中共川南特委改称“中共川滇黔边区特委”，部队番号改名为“中国工农红军川滇黔边区游击纵队”，由特委书记徐策任司令员兼政委。

红军游击纵队在川滇边地区为穷人翻身解放而进行的斗争，在威信县各族群众中产生了很大影响。威信县罗布坳郭家坟村贫苦农民青年殷禄才，决心组织武装同国民党反动派进行斗争。他先是邀约几个穷朋友，拦截了追堵红军后掉队的川军士兵，夺得两把刺刀、两袋子弹，以后又在国民党威信县政府自卫大队处搞到5支长

枪、1支短枪，由此组织起一支农民武装。1935年秋，殷禄才主动找到在川滇黔边活动的红军游击队，要求红军给予指导帮助。边区特委和纵队对他进行了启发教育，鼓励他回去继续开展武装斗争，和纵队保持联系。殷禄才领导的队伍不断发展壮大，引起了反动派的注意。1936年4月，罗布区和敦乡自卫大队长、地霸张占云派其侄儿张发富率30多人枪伪装投奔殷禄才，企图伺机谋杀殷禄才。殷禄才识破其计谋，先发制人，击毙张发富，解除其武装，缴获长短枪30余支。6月，殷禄才又带领队伍在四川珙县顺景山凉风坳伏击王场乡乡长杨伯仿的保商队，缴获了10多条枪。这支农民武装很快发展到近百人。

这时，红军川滇黔游击纵队也不断发展壮大，活动范围扩大到川滇黔边的高县、珙县、筠连、叙永、兴文、古宋、长宁、江安、威信、镇雄、彝良、盐津、毕节、威宁、黔西、大定、赫章、赤水等20多个县的广大地区。游击队抓住有利时机，机动灵活地打击国民党地方反动势力，引起了敌人的恐慌，蒋介石下令“三省会剿”，调集了十几个团的兵力，对边区游击纵队进行大规模围剿。特委和纵队主要领导人徐策、余泽鸿、刘干臣等相继在战斗中牺牲。1936年7月，刘复初任纵队司令员，龙厚生任政委，曾春鉴任参谋长，李青云任特派员，川滇黔边区游击纵队由川南转移到云南彝良、威信、镇雄一带的边远山区活动。殷禄才又一次找到游击纵队领导，再次要求参加红军游击队。经过1个月的随军学习锻炼，特委和纵队领导认为殷禄才出身贫苦，革命意志坚定，经过党组织的培养教育和战斗锻炼，政治觉悟和军事素质有很大提高，决定同意殷禄才武装加入游击队，并经纵队司令员刘复初介绍、特委批准，吸收殷禄才加入中国共产党。

9月，殷禄才接受了特委和纵队领导交给的任务和颁发的番号，带着纵队发给的16条枪回到郭家坟，宣布正式成立川滇黔边区游击纵队云南游击支队，按照特委和纵队的指示，创建以郭家坟为中心的游击根据地。为加强党对这支队伍的领导，

1935.10 1935.11 1935.12 1936.01 1936.02 1936.03 1936.04 1936.05 1936.06 1936.07 1936.08 1936.09 1936.10

1 云南风光

1

特委和纵队抽调红军干部陈华久（原名施仲富，江西寻邬人，原红军政治保卫局五连二排排长）和另外5名红军战士到云南支队工作，同时任命殷禄才为支队长，陈华久为支队政委。云南游击支队成立后，继承红军传统，严格执行纪律，保护人民利益，使游击队深深扎根于群众之中，处处得到群众的支持和帮助。遵照特委与纵队的指示，他们采取“隐蔽相机出击，狠狠打击敌人”的方针，坚持开展游击战，打击国民党区乡政权，剿灭拦路抢劫的土匪，铲除地霸武装，保护人民群众的生命财产安全。

1937年1月，川滇黔游击纵队在云贵川三省反动派重兵“围剿”下，主要领导人相继牺牲或被捕，纵队就此失散。在失去上级领导、斗争又异常艰苦的条件下，云南支队按照特委和纵队原来的部署，继续在川滇边的兴文、珙县、威信、镇雄等地活动，同时加强了部队的政治思想工作。支队政委陈华久充分发挥富有政治工作经验的特长，给干部战士讲形势，讲困难只是暂时的，讲群众工作，讲纪律。支队长殷禄才号召干部战士越是困难越要患难与共，生死相依，战斗不息。经过思想工作和政治动员，干部战士的精神面貌焕然一新。为适应武装斗争的需要，云南支

1

1 竹林
2 赤水丹霞

队对部队进行了整编，将支队缩编为1个大队4个小队。1938年春，云南支队根据党的联合抗日救国主张，将支队改名为“川滇黔边区抗日后援军云南游击支队”，组织民众支援抗日，开展抗日民族统一战线工作，活动地区发展到四川的古宋、叙永、筠连。在国共合作抗日的形势下，云南支队在反动派的招抚谈判中坚持独立自主的原则，不受国民党政府的任何节制，并在川滇边境广泛开展游击战，有力地打击了地方反动势力，产生了很大的影响。1947年2月，在国民党的重兵围剿下，这支游击队终至失败，指导员陈华久在战斗中光荣牺牲，支队长殷禄才坚持战斗到最后时刻，为了不当俘虏，将剩下的最后一颗子弹顶进枪膛，怒视敌人，饮弹自尽，壮烈牺牲。至此，坚持敌后斗争长达12年之久的中国工农红军川滇黔边区游击纵队云南支队，以其与敌血战到底的精神结束了它光荣的历史。

2

云南

云南各族人民对红军的支援

红军长征沿途宣传党的路线和红军的宗旨，播下了革命的种子，同时严格执行党的民族政策，遵守三大纪律八项注意，保护群众利益，为群众做好事。因而，云南各族人民把红军看作是自己的军队，给予了红军很多支援和帮助，军民结下了深厚的鱼水情。

红军长征过云南期间，沿途各族青年踊跃报名参加红军，为壮大红军队伍补充了新鲜血液。仅1935年中央红军在扎西就扩红3000多人，在会泽扩红1300多人；1936年红二、六军团在元永井时有500多人报名参加红军，在祥云扩红七八百人。楚雄、南华、牟定、宾川等地也有许多人自愿报名参加红军。两路红军过云南，云南数千名优秀儿女参加红军，增强了红军的战斗力。

中央红军和红二、六军团过云南途中，各地群众主动为红军带路、舂米、打草鞋、送木柴、报告敌情，帮助红军治疗、掩护和转移伤病员。在中央红军抢时间、抄近路夺取皎平渡的紧急关头，几位彝族老人手持火把、砍刀，在荆棘丛生的大山中为红军开路当向导，为红军先头部队抢占皎平渡口赢得了宝贵时间。为保证红军主力在皎平渡安全渡江，红五军团奉命在禄劝石板河阻击追敌。当地彝族同胞主动给红军带路，彝族妇女帮助红军舂米、

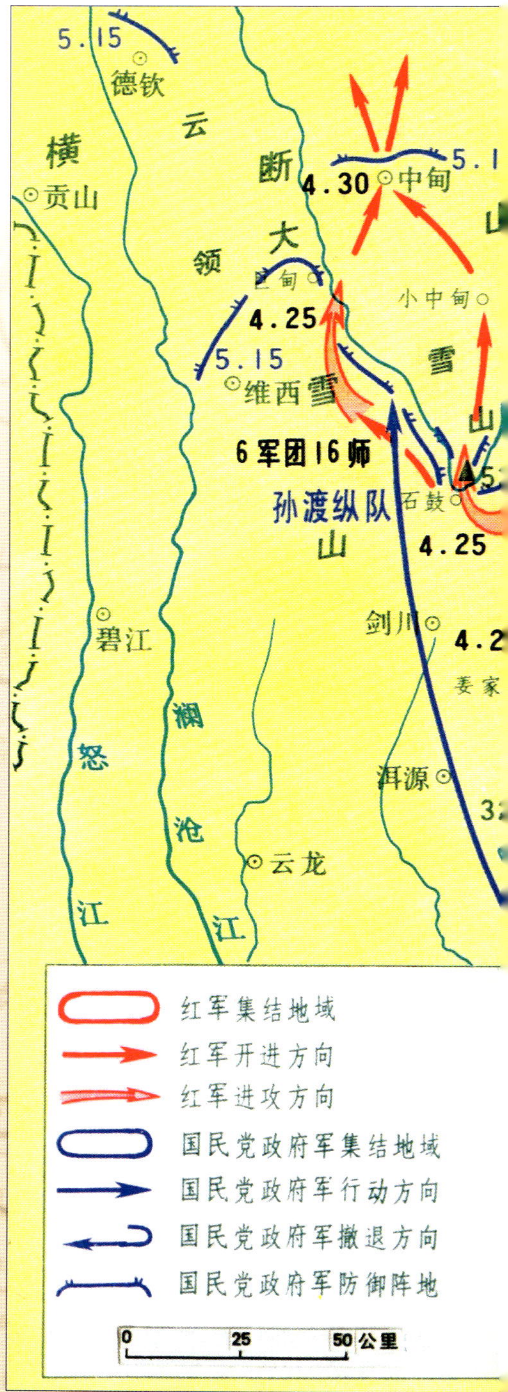

1 红二、六军团北渡金沙江要图

1935.10 1935.11 1935.12 1936.01 1936.02 1936.03 1936.04 1936.05 1936.06 1936.07 1936.08 1936.09 1936.10

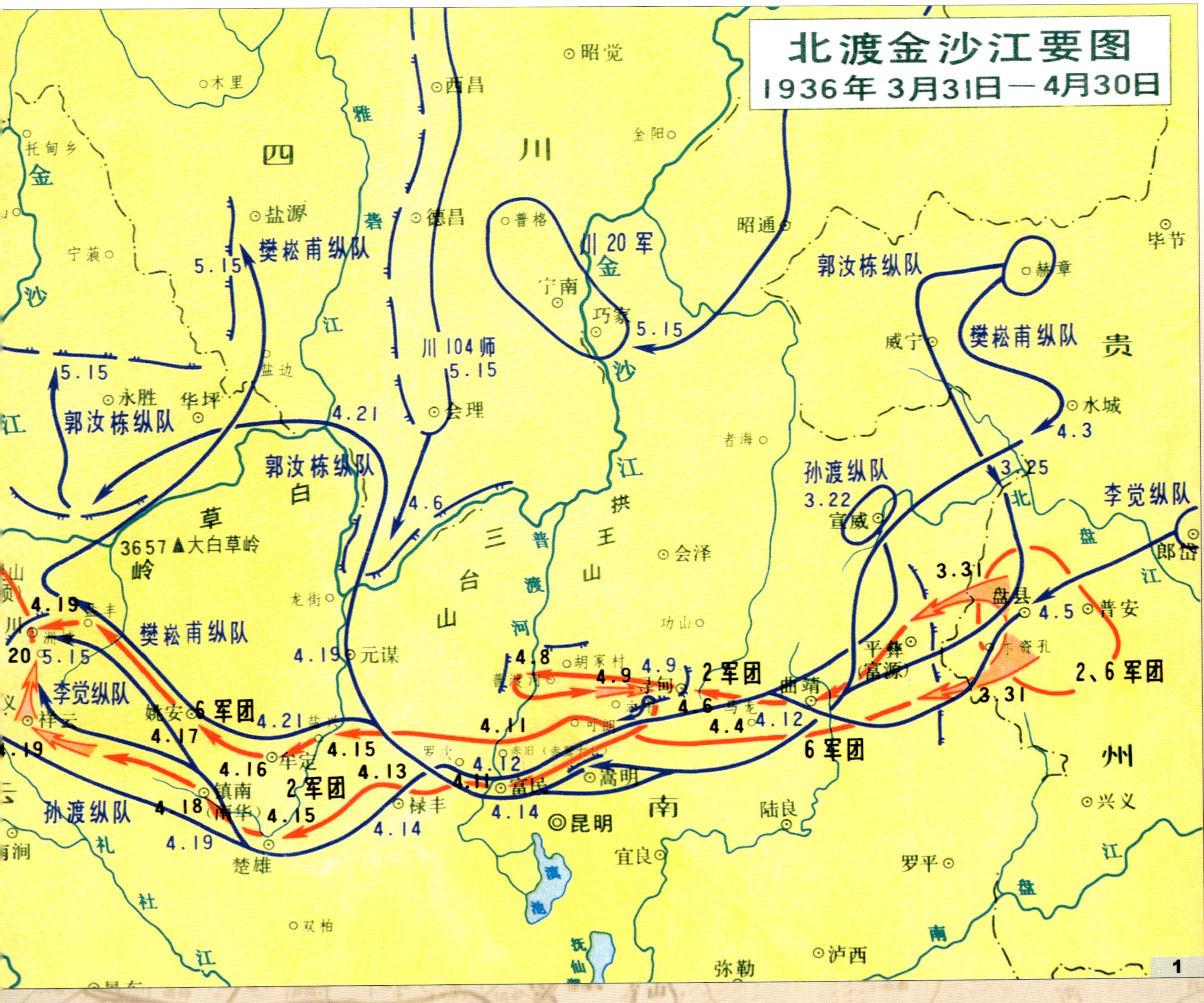

1

磨面、烧水做饭、照看伤员，彝族老人上山挖草药给红军治病疗伤，不少青年自告奋勇协助红军筑工事、挖掩体。

红军长征每经过一个地方后，尾追的敌人到达时，都要勾结地方反动势力、土豪劣绅进行大清查、大搜捕、大洗劫。受到红军革命思想熏陶和影响的云南各族人民，对国民党的清乡进行了各种形式的斗争。禄劝县木克乡的农民，将红军画在地主家墙壁上的宣传壁画巧妙地保存下来。镇雄、宣威、富民、姚安、丽江等地的一些乡村贫苦农民，为了保护红军伤病员，机智勇敢地和敌人周旋，有的甚至献出生命。

红军长征，对云南革命产生了深远的影响。中共楚雄地下党组织领导武装暴动，建立“楚双峨易”游击大队，开展武装斗争；武定山区的彝汉贫苦农民举行了近千人的反土司武装斗争；中甸县上江、金江、虎跳江地区的农民群众揭竿而起，发动了纳西、白、傈僳族人民1000多人参加的起义；宣威爆发了陶永昌等领导的农民暴动。

红军长征过云南期间，对云南地方实力派和滇军将领开展了统战工作。

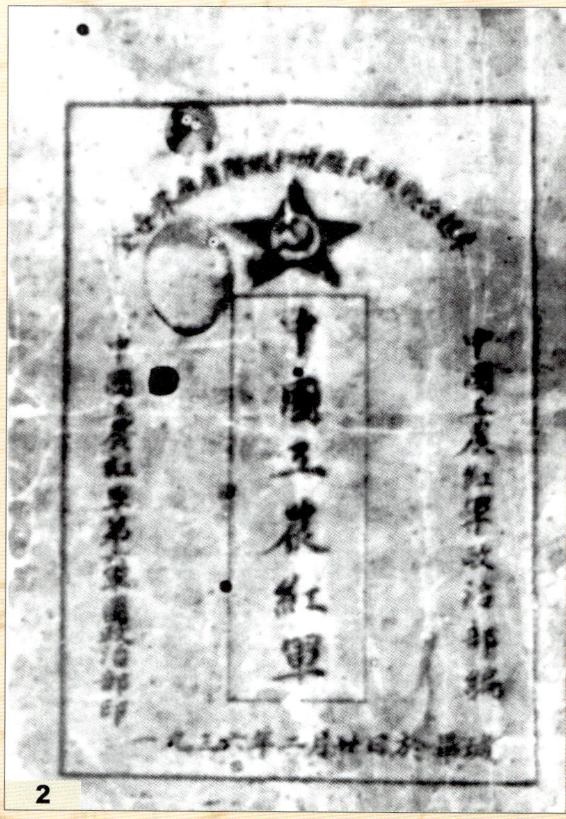
中国工农红军

2

1 1936年5月，在丽江石鼓帮助红二、六军团过金沙江的船工周全（左）、谢环悔

2 红六军团长征过云南时留下的读物

3 1936年5月，红二、六军团过中甸时，贺龙曾经住过的经堂

红二、六军团领导人萧克、王震、李达及随红军长征的贵州抗日救国军司令周素园、邓止戈等都曾给云南地方实力派龙云和孙渡以及其他滇军将领写信，晓以抗日救国大义。过境红军还认真宣传党的民族政策，争取民族上层。一些具有爱国进步思想的滇军将领如张冲等，从此确定了与共产党合作以至走上了投身革命的光明道路。这些工作，对后来云南各界人士参加抗日民族统一战线产生了积极影响。

红军使云南各族人民进一步认识到中国共产党和他所领导的红军代表着劳苦大众的利益，从而拥护党的主张，自觉投身人民解放运动。红军每到一个地方，都有许多青年踊跃报名参加红军。云南一些与党组织失去联系的党员主动寻找红军，汇报云南的情况，反映了他们对恢复重建党组织的渴望，增强了和国民党反动派进行斗争的信心。红军长征对云南地方党组织的恢复重建和以后党组织的发展，产生了重要的影响。

3

红军对党的民族政策的实践和探索，为云南党组织进一步开展民族工作打下了基础。红军长征所经过的滇北、滇中、滇西和滇西北地区，大多是少数民族聚居区。红军一进入云南，就以朱德总司令名义发布《中国工农红军布告》，明确提出“中国工农红军，解放弱小民族，一切夷汉平民，都是兄弟骨肉”，“凡我夷人群众，切莫怀疑畏缩，赶快团结起来，共把军阀驱逐。设立夷人政府，夷族管理夷族，真正

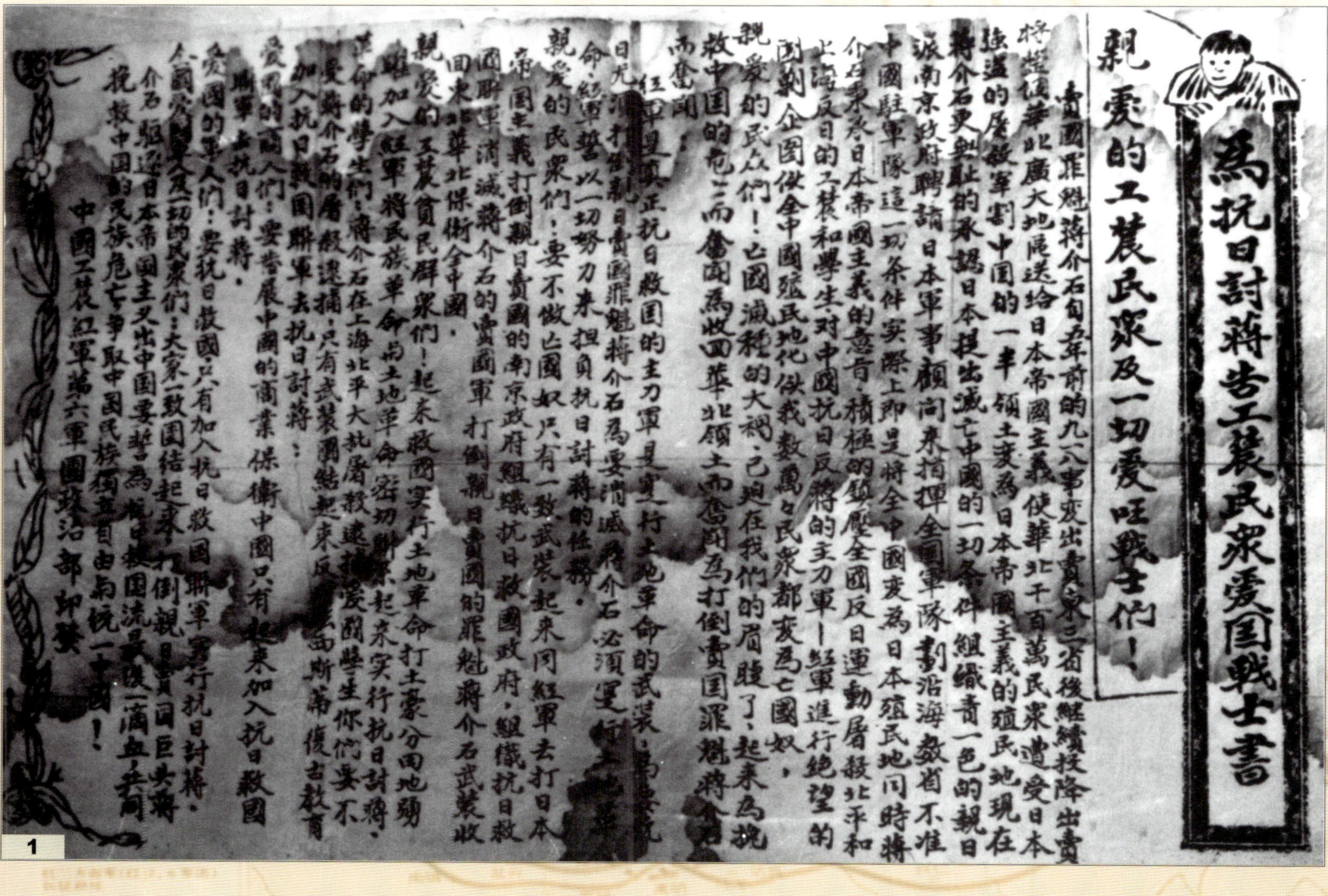
為抗日討蔣告工農民衆愛国戰士書

親愛的工農民衆及一切愛国戰士們！

……

中國工農紅軍第六軍團政治部印發

1

1 红二、红六军团长征过云南留下的布告

2 红六军团政治部对苗族的标语口号

1935.10 1935.11 1935.12 1936.01 1936.02 1936.03 1936.04 1936.05 1936.06 1936.07 1936.08 1936.09 1936.10

平等自由，再不受人欺辱”；沿途书写“彝民们团结起来，不交租、不还债”、“一切彝族平等，都是骨肉兄弟”、“红军保护土司头人生命财产”、“苏维埃和红军绝对保护苗族、僮族的解放与自由”、“各民族联合起来，各民族团结起来”等标语，广泛宣传党的民族政策，宣传民族团结、民族平等。这些宣传代表了他们的根本利益，说出了广大少数民族群众的心里话，使各族人民感到了党的政策的温暖，从而自觉地团结在中国共产党的周围，为争取民族解放而斗争。红军不仅进行广泛宣传，而且处处严格遵守和执行民族政策。在寻甸，朱德总司令命令部队不得将猪肉带进清真寺和回民家。红二、六军团进入中甸藏区，明文规定红军一律不准进入寺庙大殿，尊重藏民的风俗习惯，深受群众拥护。红军正确贯彻党的民族政策的模范行动，得到了广大少数民族群众和民族上层的拥护和支持，为后来云南党组织开展民族地区的工作起到了很好的示范作用。

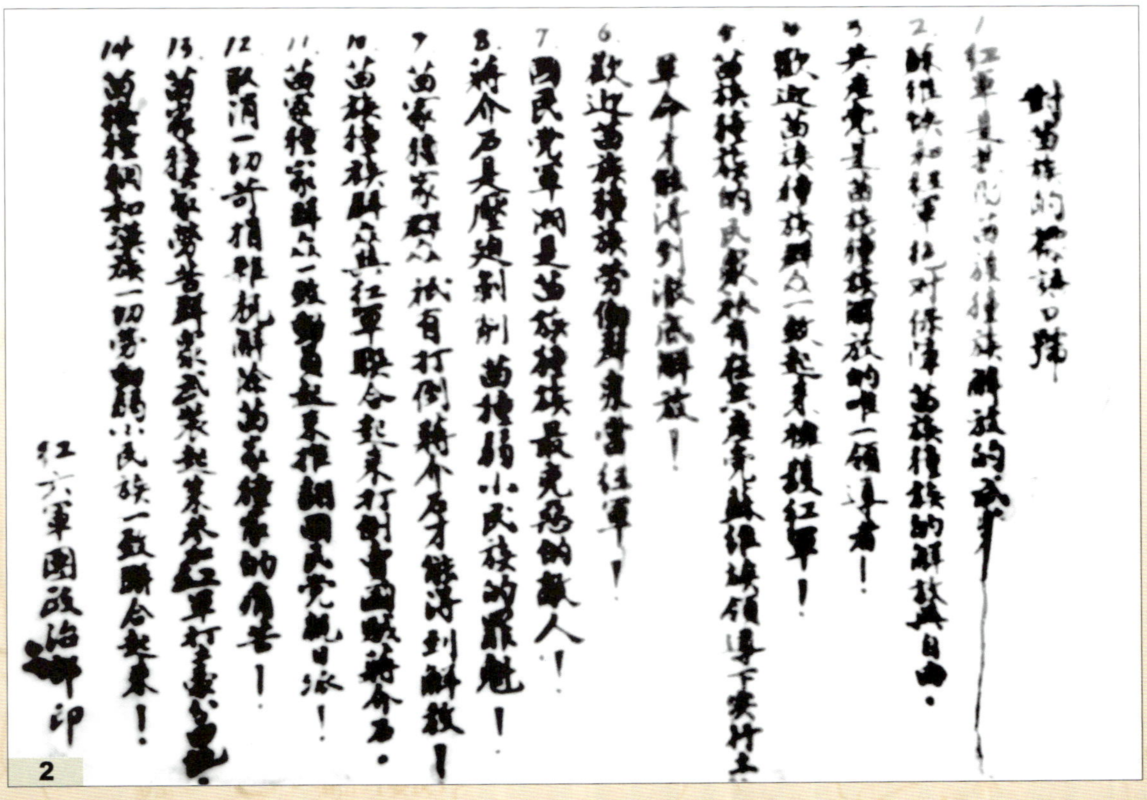
对苗族的标语口号
1 红军是[illegible]苗族种族解放的武装！
2 [illegible]和红军绝对保障苗族种族的解放与自由。
3 共产党是苗族种族解放的唯一领导者！
4 欢迎苗族种族群众一致起来拥护红军！
5 苗族种族的民众只有在共产党苏维埃领导下实行土[illegible]革命才能得到彻底解放！
6 欢迎苗族种族穷苦群众当红军！
7 国民党军阀是苗族种族最凶恶的敌人！
8 蒋介石是压迫剥削苗种弱小民族的罪魁！
9 苗家种家群众只有打倒蒋介石才能得到解放！
10 苗族种族群众与红军联合起来打倒卖国贼蒋介石。
11 苗家种家群众一致起来推翻国民党统治！
12 取消一切苛捐杂税解除苗家种家的痛苦！
13 苗家种家穷苦群众武装起来参加红军打土豪分田地！
14 苗种[illegible]和汉族一切受压迫弱小民族一致联合起来！
红六军团政治部印

2

扎西会议

中央红军在云南威信集结休整期间，中央政治局于5日至9日在威信水田寨、大河滩、扎西镇等地连续召开的会议，统称为“扎西会议”。

在扎西会议上，中央政治局常委进行分工，由张闻天代替博古在党内负总的责任，结束了以王明为代表的“左”倾冒险主义在中共中央的统治，使遵义会议要解决而又未来得及解决的组织路线问题得到了圆满的解决。遵义会议后，博古受到与会多数同志批评后，情绪低落，对错误缺乏足够的认识，对复杂多变的形势缺乏应变能力，加上他又缺乏军事指挥的能力，“再继续领导是困难的，再领导没有人服

1

1 扎西会议会址

2 1935年2月，中央红军过扎西时印发的《总结粉碎五次围剿战争经验教训决议大纲》

了”。大敌当前，如果没有一个统一的、有权威的领导，群龙无首，将会给党和红军带来巨大的损失。经毛泽东提议和做工作，政治局决定张闻天代替博古负中央总的责任，决定以毛泽东为周恩来在军事指挥上的帮助者，博古任红军总政治部代理主任。这是在当时条件下党的集体意志做出的选择，张闻天的任职，保证了毛泽东的军事指挥，在实际上确立了毛泽东在全党全军的领导地位。

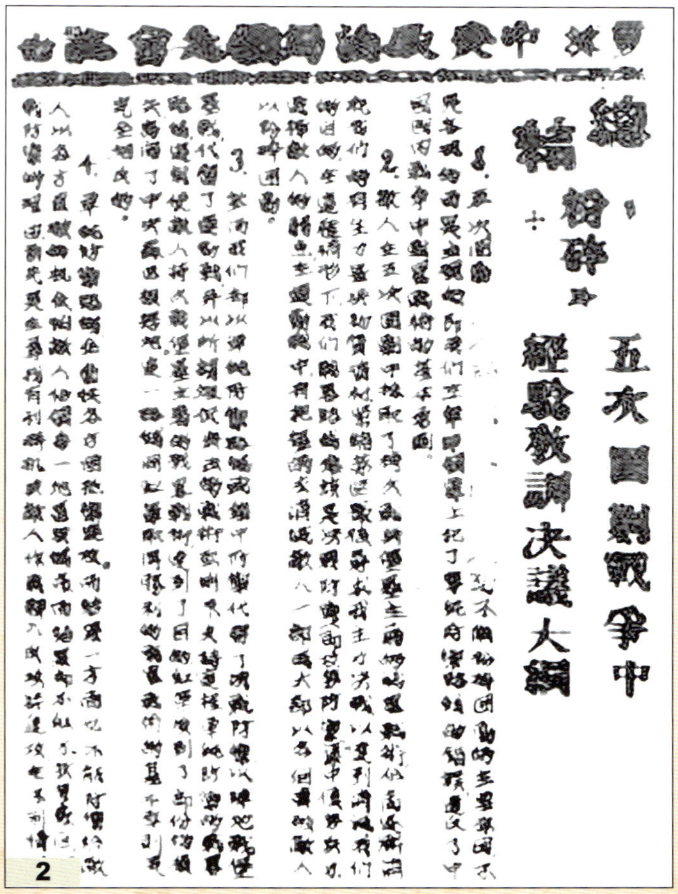
总结粉碎五次围剿战争中经验教训决议大纲

扎西会议是红军长征以来，研究部署全国革命斗争的首次会议。长征以来，由于博古的错误领导，实行退却中的逃跑主义，东奔西走，自顾不暇，放弃了对全国各苏区、红军部队和根据地的领导，一直“无指示、无回电、也不对全国部署总方针”。遵义会议虽然解决了军事路线问题，由于军情紧迫，未来得及解决这个问题，对中央苏区和各革命根据地的领导仍缺乏具体的指导。以致2月4、5日，项英两次致电中央和军委，对中央长征以来对苏区及全国的斗争形势不闻不问的作法提出批评。遵义会议后，毛泽东及张闻天等对中央苏区的工作交换了意见，扎西会议期间，中共中央决定重新对中央苏区和湘鄂川黔革命根据地实施领导，对急需解决的军事路线、组织领导、白区工作等重大问题作了研究和部署，恢复了对全国革命斗争的领导。在5日召开的政治局委员和军委负责人会议上，研究了中央苏区今后的战略总方针。会议形成三条意见，向在中央苏区坚持斗争的中央分局发出指示，要求他们应毫不动摇地坚持开展游击战争；要改变组织方式与斗争方式，使之与游击战争的环境相适合，目前许多庞大的后方机关部队组织及许多老的斗争方式是不适合的；成立以项英为主席、有陈毅、贺昌等人参加的革命军事委员会中区分会，讨论一切重要军事问题，分局则讨论战略战术的基本方针等。后来几天内，中央又连续

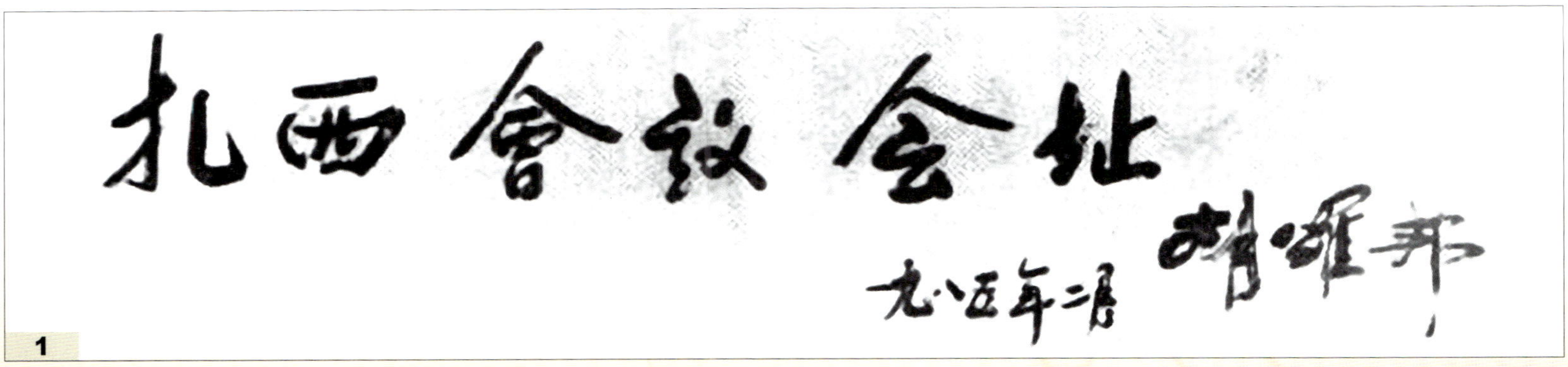

1

几次对中央苏区发出指示，通报了遵义会议的情况，对中央分局的工作作了具体全面的部署。11日，中央及军委开会研究了红二、红六军团的战略问题和组织问题，指出："目前湘鄂敌人向你们进行的'围剿'……情形是严重的。但在你们正确与灵活的领导下，是能够打破的"，"你们应利用湘鄂敌人指挥上的不统一与何键部队的疲惫，于敌人离开堡垒前进时，集结红军主力，选择敌人弱点，不失时机，在运动战中各个击破之。总的方针是决战防御而不是单纯防御，是运动战而不是阵地战。辅助的力量是游击队与群众武装的活动"。"你们主要活动地区是湘西及鄂西，次是川黔一部，当必要时主力红军可以突破敌人的围攻线，向川黔广大地区活动，甚至渡过乌江。但须在斗争中确实不利时，方才采取此种步骤。""为建立军事上的集体领导，应组织革命军事委员会的分会，以贺（龙）、任（弼时）、关（向应）、夏（曦）、萧（克）、王（震）为委员，贺为主席，讨论战略战术的原则问题及红军行动的方针"。之后，中央还向湘赣苏区、湘鄂赣苏区、闽浙赣苏区发出了许多电报和关于战略方针问题的指示。彻底改变了中央自长征以来对苏区不闻不问的局面。

扎西会议确定了中央红军新的行动方针。中央红军一渡赤水后，敌人的主力和注意力都调到川南一线，川滇追敌对红军已形成夹击之势。中革军委根据敌情变化，及时改变了原定红军在宜宾上游北渡金沙江的计划。7日，军委明确指出，原定渡

1 胡耀邦为扎西会议会址题字

河计划已不可能实现，现党中央及军委决定红军应以川滇黔边境为发展地区，以战斗的胜利来开展局面并争取由黔西向东的有利发展。9日，中央政治局会议研究了各路敌军正向扎西推进，中央红军面临着被消灭在川、滇边境狭窄地区的严峻形势，对国民党中央军和地方军阀之间的矛盾作了精辟分析，研究了红军的进军方向和作战目标，认为红军来到三省交界的山顶上，国民党军不敢上山，虽然敌人包围红军，但红军的北上，已经造成敌人的过失，敌军主力都集中于川滇黔边境，会议根据毛泽东的提议，决定回师东进，由云南重返川南，二渡赤水，进入敌军兵力较为空虚的黔北。新的行动方针的确定和实施，使红军在川滇之敌合围之际，从敌军空隙间穿插出去，扭转了红军的被动局面。

在扎西讨论通过了《中共中央关于反对敌人五次“围剿”的总结决议》(即《遵义会议决议》)。《决议》用大量篇幅，通过反“围剿”战争中正确的与错误的两种战略战术的对比，极有说服力地论述了“左”倾领导者“对军事领导上战略战术基本上是错误的”，“不能在军事上运用正确的战略战术”，这是中央苏区不能粉碎第五次“围剿”的主要原因。《决议》第一次系统地总结和肯定了以毛泽东为代表的正确的军事路线，批判了以博古、李德为代表的教条主义的军事路线。指出毛泽东等指挥红军多次反“围剿”胜利的战略战术原则是正确的，博古、李德“在军事上的单纯防御路线，是我们不能粉碎敌人第五次‘围剿’的主要原因”。博古、李德在战略转变与实行突围问题上也“犯了原则上的错误”，未实行主动的战略退却，“而是一种惊惶失措的逃跑的以及搬家式的行动”，给红军造成了严重的损失。

扎西会议研究部署了红军的精简整编问题。中革军委在扎西发出《军委关于各军团缩编的命令》。通过缩编，将原10个师30个团缩编为17个团。中央纵队也进行了大量精简，不少干部下到连队，充实连队和师以下的领导，加强基层，提高红军战斗力，改变了过去“上重下轻”的组织形式。同时，还彻底精简了不少笨重的

1

辎重器材，使红军的编制适应了红军机动灵活的运动战的作战要求，从根本上解决了那种“惊慌失措的逃跑的以及搬家式的行动”，极大地提高了红军的战斗力。

扎西会议作出了成立中共川南特委和组建中国工农红军川南游击纵队的决定。

1　扎西雪山

2　红军在扎西留下的宣传标语

1935.10　1935.11　1935.12　1936.01　1936.02　1936.03　1936.04　1936.05　1936.06　1936.07　1936.08　1936.09　1936.10

中共川南特委，负责领导游击队及长江以南、金沙江以东广大区域的工作。中央决定由徐策（红三军团六师政委）、余泽鸿（干部团上干队政委）、戴元怀（红 8 军团民运部长）、夏才曦（曾任中共南京市委书记）等人组成川南特委。徐策任书记，余泽鸿任宣传部长。中革军委从红军中抽调 100 多名干部及部分战士，与叙永特区游击队汇合，组建中国工农红军川南游击纵队，在川滇黔三省开展游击战争，建立革命根据地，牵制敌人，配合中央红军转战。

扎西会议作出的一系列重大决策和部署，表明遵义会议开始的新的中央领导，不仅在军事上使中国革命开始由被动转为主动，而且对党的各项工作加强了指导，完成了以遵义会议为标志的中国革命的伟大历史性转折，从此中国革命进入一个新的历史时期。红军从此由被动变为主动，按党中央确立的新的方针和毛泽东机动灵活的战略战术原则，终于跳出了敌人的围追堵截。留在中央苏区坚持斗争的红军依照中央的指示，改变了组织形式和斗争方式，迅速突围，分散坚持游击战争，为中国革命锻炼和保存了一大批骨干力量。

由于张闻天对毛泽东的信任和支持，他的任职，对确保毛泽东对红军的领导和指挥权，对确立毛泽东在全党全军的领导地位起到了重要的作用，为取得长征的胜利和夺取全国的最后胜利打下了坚实的基础。

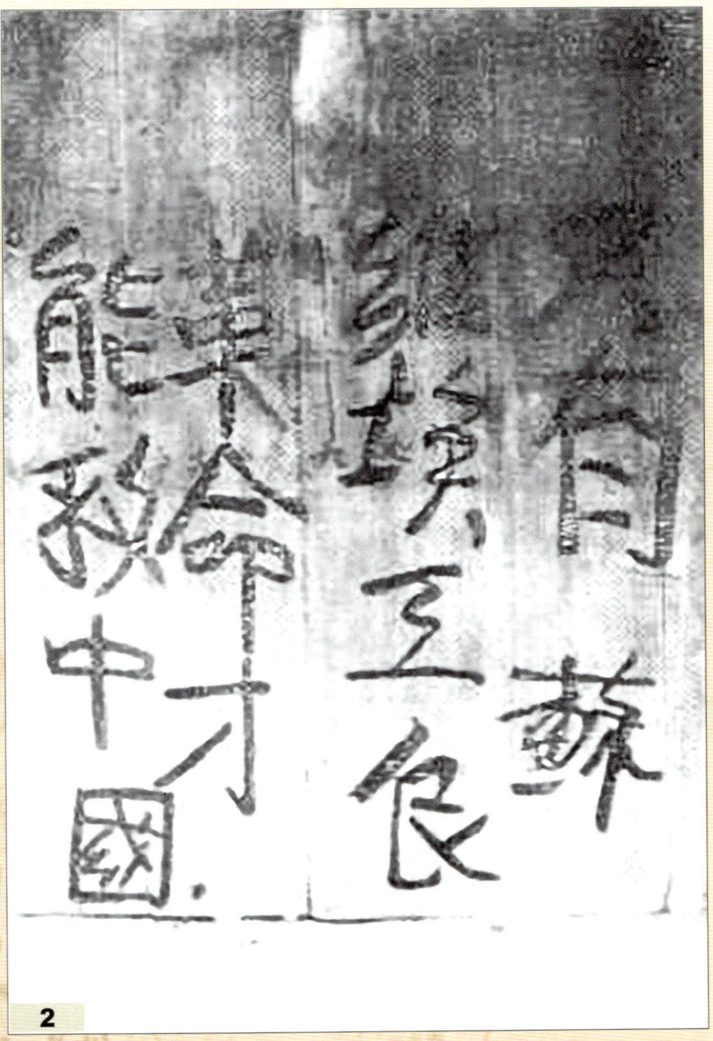

2

红九军团威震滇东北

红九军团是一支能征善战的队伍。在中央苏区时，周恩来就称它为“战略骑兵”，有着独立作战的光荣历史。红九军团随中央红军长征，长期担负着掩护主力的光荣任务，为粉碎敌人的围追堵截做出了重大贡献。

1935年4月25日，红九军团摆脱了国民党中央军和黔军的追堵，由贵州盘县进入云南富源县。当天，军委命令红九军团“沿叙昆公路北进，继续单独行动，相机袭占宣威，分散我军目标”，红九军团继续单独活动，伪装主力向滇东北挺进。26日，红九军团从富源龙口场、沾益乐利村一带出发，向宣威前进。一路上，红九军团佯设番号，伪装中央红军主力。红九军团由羊场小道踏上新修的叙昆公路后，一路纵队变成8路纵队，声势浩大；沿途还寻找机会打击敌人的区乡公所和民团、税卡，以扩大声威。经过沾益时，先头部队伪装成国民党中央军，活捉了炎方区的区长杨春满，为民除了一害。当天下午，红军抵达

1

1 云南富源县远景

2 红九军团部分干部在延安合影。后排左5为军团长罗炳辉，前排左3为军团政委何长工

1935.10 1935.11 1935.12 1936.01 1936.02 1936.03 1936.04 1936.05 1936.06 1936.07 1936.08 1936.09 1936.10

宣威板桥。

宣威地处云贵两省交界，为贵州入滇必经要路，战略地位十分重要。宣威又是云南建立地下党组织较早的县之一，经党组织长期做工作，群众基础较好，特别是板桥一带，仍有党的基层组织，群众受党的宣传影响很深。加上红军纪律严明，沿途打土豪、分财粮给群众的事迹在群众中广为传颂。红军进入板桥时，受到当地群众的热烈欢迎。许多老人和板桥小学的部分师生，手拿小红旗，喊着“欢迎红军”的口号，把红军迎入板桥镇。宣威火腿驰名中外，美味可口，但是板桥的贫苦百姓却吃不上自己生产的火腿。红军进入板桥镇后，在百姓的欢呼声中，打开了最大的火腿仓库，把土豪劣绅家的火腿分给群众，并扛

着火腿到穷苦百姓家去访问。穷苦百姓们感动得流下了眼泪，纷纷拉着红军控诉土豪劣绅的罪恶。活动在当地的地下党员、教师徐文烈等积极向红军提供情况，配合红军宣传发动群众。军团长罗炳辉向徐文烈详细询问了城内情况，以及从哪个地方攻城好。徐文烈建议从西南角进攻，因为宣威城是内外两层，西南角外层城墙倒塌了一些，从这个地方进攻，红军的队伍居高临下，容易攻破城。军团首长在详细分析情况后，决定采纳徐文烈的建议，并由作战科长刘雄武（云南宣威板桥人）率八团攻占宣威县城。

受党组织的宣传和红军声威的影响，当红军才到距县城30公里的地方时，城里就传出了要杀县长，打开城门迎红军的消息，有的还冲出城门迎红军，城内地下党也在群众中宣传："共产党来了，穷人翻身当家作主人的时候到了"，"红军到穷人笑"，"打倒国民党军阀"等道理和主张。城里的地主老财、土豪劣绅忙着藏匿值钱的东西，有的准备出城潜逃。国民党宣威县长陈其栋率县常备队、缉捕队1000余人，荷枪昼夜防守县城。入夜，刘雄武率部赶到县城南面的黄家山嘴一线部署攻城，红军在高地修筑工事，面对县城架起大炮和重机枪；当红军兵逼城下时，徐文烈、徐文礼兄弟到城下喊话："你们这几个守城的不是对手，你们快投降吧！投降，我们优待，不然，我们就攻城了！"保安团早已溜走，守城的民团惊慌失措，吓得一团慌乱，国民党宣威县长陈其栋慑于红军声威，当夜率部弃城逃跑。红军乘势利用云梯，自交通门、小南门进入城内，打开城门，27日拂晓，红军顺利入城。红军砸开监狱释放了300多无辜群众，打土豪十余家，镇压了黄二稿等几个罪大恶极的地霸，将县政府、兵站仓库的物资以及没收土豪劣绅的粮食、火腿、布匹、衣物、家具等分给穷苦百姓；宣传发动群众，开展扩红工作。并在县城写下"红军抗日反蒋！""打倒军阀！""打倒贪官污吏，铲除土豪劣绅！"等标

1

1 罗炳辉与长征中的小红军合影

2 红一、二、四方面军会师后，徐海东（左）与红二方面军第六军团军团长陈伯钧（右）、第三十二军军长罗炳辉合影

语。28日，红军在县政府门前操场上召开群众大会，宣传党的主张。宣传队在城中演唱扩红文艺节目。在徐文烈的带领下，短短两三天内，宣威近300名青年参加了红军。

2

29日，按中革军委的指示，红九军团离开宣威城向川西披沙前进，准备过金沙江。当红军先头部队来到会泽牛栏江时，会泽县者海区区长已带20余名民团，把江边大小船只坠入江底，这里的百姓受反动派造谣恐吓，大部分躲了起来，后见红军纪律严明，买卖公平，逃出去的人很快都回来了。一位老人向红军报告了沉船的地点，帮助红军打捞船只，有几位群众主动为红军撑船渡江。因船小人多，一些识水性的红军就涉水过江。天黑以前，红九军团全部过了江进入者海。者海镇（今者海老街）是一个较大的集镇，红军占领者海后，大部分在镇外休息，部分部队整装列队进镇。早在1933年初时，会泽就有27人战胜艰难险阻，到江西参加红军，编入红九军团。这次回云南，他们成了开路先锋。

会泽是滇东北重镇。红军进军云南的消息传到会泽时，中共会泽地下党组织在群众中展开了秘密的宣传鼓动工作，使人民群众对党和红军有所了解，自觉抵制反动派对红军的污蔑，积极支援红军。红军攻克宣威的消息传来，敌县长杨茂章和县反共委员会主任刘善初多次召集官吏和豪绅开会，商量对策。一面急电龙云请求“派兵增援”，一面指使爪牙散布反共谣言，诬蔑红军，强抽壮丁加强城防，吹嘘东川城（会泽县城）“固若金汤”，企图负隅顽抗。红九军团包围县城后，中共会泽地下党组织立即派人与军团指挥部取得联系，汇报了城内敌人的情况及各阶层的动向。军团部根据这些情报，命令机枪连和迫击炮排向城内警察局轰击，压制敌人火力。由侦察连掩护宣传队迫近城墙喊话宣传。在红军的军事

包围和政治攻势的强大压力下，城内敌人开始分化，县团防主任张秀生与军团长罗炳辉是旧相识，红军攻城前曾去信讲明红军政策，因而他力主献城；而反动县长杨茂章和地霸刘善初等官僚、豪绅则极力阻挠拖延。到了中午，守敌迫不得已派出11名“谈判代表”，手执白旗从城墙上吊下来到军团部。敌人谈判代表开始时假意表示献粮献款，但要求不要攻城，红军首长予以严词驳斥，要求他们必须无条件开城投降，并指出：除个别罪大恶极者外，红军保障其他人的安全。谈判代表又提出，愿意开城投降，但请求宽限一两天，妄图以谈判拖延时间。根据这个情况，军团首长限定敌人在下午5时开城投降，同时要部队做好攻城准备。到了下午5时，敌人仍不开城门，在东关的红军部队就搭起云梯，从东北角登城，占领县政府、团防局、电报局、汽车站。受红军影响的群众把南门、北门打开了，但西门守敌仍拖延开城，红军7团即发起攻击，很快攻破城门，俘获民团兵丁近千人。收缴了一批枪械、弹药。红军进城后，经群众告发，在团防主任家的天花板上捉住了假装染匠的敌县长、反共老手、大地主杨茂章，土豪恶霸刘善初也被群众抓获归案。杨、刘二人罪大恶极，不仅欺压百姓，还破坏地下党的革命活动，抓捕杀害了会泽地下党早期领导人蒋开榜和刘文明。5月3日，罗炳辉、何长工、黄火青在县政府门口召开万人大会，公审恶贯满盈的杨茂章、刘善初。根据群众要求，红军处决了这两个反动分子。就在这一天，红军打开监狱，放出无辜受害群众，打开谷仓和土豪恶霸的当铺，把千石积谷和大量财物分发给贫苦群众。黄火青在住地热情接见了蒋开榜和刘文明烈士的家属，代表组织对他们表示亲切的慰问和勉励。

1

2

1 参加红军的彝族战士

2 参加红军的藏族战士

3 曲靖

因红九军团长罗炳辉是云南彝良人，群众中纷纷传说罗军长带着红军部队驱逐龙云来了，红军是穷人的军队，是为穷人谋利益的等等，各族群众纷纷要求参加红军，在会泽县城掀起了“扩红”的热潮。成百上千的人围着东门、西门、十字街头作宣传的红军战士，要求参加红军。黄火青回忆说：群众参军踊跃！真是应接不暇，成批成批的报名。王定国，当时不足16岁，她跑了几个报名点，红军都说她年纪小，没收她。她就虚报18岁，红军看了不信，她就说：穷苦人身体单薄，不长个子。红军战士只好笑着给她报了名。矿山的工人和山区的农民得知消息后，也赶来参加红军。刚从监狱放出来的李开堂等人坚决要求参加红军，红军收下了这些苦大仇深的年轻人。为地主放马的李本善牵着地主的马赶来参军。红军在东川扩红一千四五百人，这是红九军团“扩红”史上空前的一次。

会泽的群众也赶着为红军缝军装等。黄火青回忆当时的情景说：军民亲如一家，老区不过如此，我们占领的两三天里，东川欢腾若狂，街道上人山人海，水泄不通，城外的所有道路，熙熙攘攘，络绎不绝，几次想到市内观光，都挤不进去。我军在东川的几天时间里，广大群众那般敢于斗争的精神，给我们留下的印象是深刻的、难忘的。

红九军团在会泽3天，筹款近10万元（银元）缴获大批枪支、弹药、骡马等军用物资。4日，红九军团告别会泽古城，于5日清晨涉过小江，赶到树桔渡口，顺利地渡过了金沙江。

3

石鼓渡江

黄新廷　红二军团十二团团长

1

石鼓是一个小山镇，座落在玉龙雪山西麓的山坡上，依山顺势层叠着一些土木结构的建筑群，众多的草屋之中，间或有几幢瓦房、木楼突起。听说镇内有明代嘉靖年间建立的一个记功碑，厚而圆呈鼓形故而得名，只是渡江任务火急未敢偷暇观赏。镇子的脚下两百多米便是有名的长江第一湾，向下俯视，金沙江的雄姿尽收眼底，镇子左右两侧是绵延数百米的玉龙雪山与云岭山脉，山高涧深，石鼓就成了北进藏区、南出滇西的惟一通道，我勒住满身湿漉漉的战马，仰首远眺，大江两岸高峰相望，江面宽阔，旋滑频迭，水流湍急，向西望去大江在两山之间穿行，江岸忽而坦阔，忽而窄陡，如卡住几处关隘，纵有重兵也难轻易通过；向北观看大江陡转，南岸高山屹立，岸边有五六米的峭壁向前延伸，逐渐形成峡谷，部队无法行动。堵住石鼓山口从石鼓以上渡江是少兵强敌的理想渡江之处。

面对大江，我对总指挥部首长的崇敬心情油然而生，为完成渡江北上的任务，贺龙、任弼时首长胸怀大略，审时度势，洞察地理民情，率领我们这支奔波万里在10几万敌军的围困堵截之中的1.7万名红军，决定性地走了佯动昆明、强攻宾川、集结鹤庆三着好棋，把10几万追兵甩在百里之外，疲命于筑碉挖壕守桥之中。当我们前锋部队饮马金沙江畔时。敌人正忙着在梓里桥边陈兵布袋，做着一举吃掉红军主力的黄粱美梦。我松开缰绳驰马江边，听取了侦察分队的敌情报告和找船情况：敌民团头领汪家鼎已在我部到达之前将渡船全部撤到北岸，民团散布在江北一带山上，仅在石鼓渡口的海洛塘一处找到一只没来得及撤走的木船。根据获得的情报及总指挥部赋予前卫团的任务，我一方面将情况报告师首长，一方面决定先利用这只小船在水势比较平缓的就近渡口先行渡江，占领东岸滩头，寻找船只，勘察渡口，为大部队过江创造条件。待部队在江南岸柳林、麻子沟一带隐蔽集结待命渡江时，天已近黄昏，红日西沉，在夕阳余晖铺衬下，哈巴雪山更显得庄严雄伟，高耸入

1 黄新廷
2 鹤庆云鹤楼

1935.10 1935.11 1935.12 1936.01 1936.02 1936.03 1936.04 1936.05 1936.06 1936.07 1936.08 1936.09 1936.10

云。不一会儿。整个江面就被雪山的巨大身影所覆盖。时间在提醒我，要加快渡江速度，我注视着眼前这1条只能容下一二十人的小木船沉思：如从江面宽约500米的石鼓摆渡，往返一次需1小时，势必延缓过江时间。我随即与身边刚来的5名船工交谈，根据他们提供的情况和侦察部队现地侦察报告，我决定由船工掌舵组织部队拉纤，将木船拖到上游木瓜寨渡口过江。战士们经过岸边大休息，又看见了渡船，情绪高昂，大多在洪湖、长江边长大的小伙子争相拉纤，不知那位战士唱起了川江号子，引起众人响应，号子声震撼了峡谷，余声回荡在山峰江水之间，久久不能逝去，5华里的路程很快就到了。我目测木瓜寨渡口江面宽约200多米，往返一次需半小时，且对面松林密布，便于部队隐蔽，是个理想的渡江之处。部署了渡江掩护部队后，我与政委朱辉照、参谋长高利国同志简短的交换了意见，决定由我先过江，组织部队占领滩头阵地，控制各制高点，在江东岸沿江侦察，政委、参谋长在西岸掩护组织部队过江。当即，我和通讯员乘上了第一船，由部队早选派好的1个加强班随我一同登船。3位船工掌舵摇橹，我在船头观察对岸四处动静，思索着过江后的行动。船工们紧张严肃的表情上看得出经过战士的宣传也感到了手中舵橹的分量不比往常，他们熟练地驾着这不寻常的一叶小舟，忽而奋劲疾驶，忽而轻力击水，很快地穿过激流到过彼岸，当我一脚踩到铺满卵石的江东岸时，马上想起关向应副政委“过江就是活路”的话语，现在变成了一条北上的坦途，心里感到一阵激奋。当第一支部队渡过江时，晚霞早已消失，天空由蓝变灰，夜色随着第一颗星星的出

2

现很快笼罩了大地。我在东岸几个要点派出了警戒，并派部队迅速沿江北上继续侦察。由于敌情威胁不大，为加快渡江速度，命令部队点起松明火把，在两岸登陆点堆起篝火。不少热心的当地群众也打着火把来到江边帮助部队渡江，有些胆子大的孩童也好奇地来到江边观看这他们从来没见过的惊人的壮举。按照预定计划，我带领已过江的先头营，举着火把踩着高低不平的坎坷江岸，沿江北上。大江滔滔南下，火龙熊熊北移，形成了一幅激动人心的画面。途中我们在松坪子得到了另一条木船，5名船工经过动员愿助我军渡江。这样，我们又分出一部分队伍在距木瓜寨仅6华里的木取独渡口过江。控制在手的滩头，两条木船的运力，众多船工的支援，加之南方籍战士牵马泅渡成功的喜讯，都大大加快了渡江的速度。这天降的神兵吓昏了未醒的民团，我团仅经1夜奋战，就于25日全部渡江完毕。无一伤亡。

26日四师全部渡过金沙江，我团仍作为军团前卫沿江北上，不顾彻夜渡江的疲劳又经过1天急行军，行程75华里，到达吾竹地区。红六师在江西岸也沿江北上，与我们隔岸并

1

1 玉龙雪山
2 丽江全景

2

进，这样，石鼓以上百余里滩头四处渡口均在我控制之下。军团部和五师部队在丽江进一步发动群众，动员数十名木匠铁工扎木排，制简易渡江工具。贺龙同志还亲自给开明士绅写信，晓以救国大义，动员献出藏匿船只支援红军北上抗日。并于26日到达石鼓。在木瓜寨、木取独、士可、格子四渡口征得木船6只，木筏若干同时渡江。26日军团部、五、六师一部也顺利过江，经九河、白汉场到达石鼓宿营。27日又扩大了巨甸余化达渡口，集中7条木船、28名船工在石鼓以上120华里地段全线渡江，通宵达旦，夜以继日，上重下轻，梯次展开，形成渡江高潮。这天两军团主力大部均已过江。总指挥部决定梯次收缩，最后留下上游余化达一个渡口由后卫部队通过。

独幕剧：《一只破草鞋》

在通往会理的路上，红军总政治部的黄镇同志从中央纵队掉队到了后面，与最后过江的红五军团同行。红五军团政治部宣传干事黄士彦、破坏部干事张青云与潘望峰，都与黄镇熟识，几人走到一起，大家边走边谈论着巧渡金沙江的胜利，有人说："敌人尾追我们，什么也捞不到，仅能捡几双破草鞋。"这话引起了黄镇的创作灵感，他说："来，咱们编一出戏，叫《破草鞋》吧！"

1935年6月，红军进入大雪山区，先头部队翻过了第一座大山夹金山，与四方面军会师了。这时黄镇已赶上中央纵队，过了雪山到达懋功，只有红五军团还在夹金山边。一天红军总部来电报，要红五军团猛进剧社的几个主要演员先到懋功去，以便参加会师晚会的演出。于是，张青云、黄士彦、潘望峰，还有宣传队长孔繁斌和另一个干部小刘，由一个连陪同着，翻越了海拔4000多米夹金山，第二天到达懋功，见到黄镇，大家抓紧时间排演《一只破草鞋》。

庆祝一、四方面军会师那天，晚会的会场设在一个天主教堂里。干部和战士把教堂坐得满满的。晚会上，由猛进剧社第一次演出黄镇编导的独幕话剧《一只破草鞋》是主剧。这个剧长达一个多小时，由孔繁斌饰蒋介石，小刘饰宋美龄，张青云饰薛岳，黄士彦饰吴奇伟，潘望峰饰敌参谋长。幕启时，宋美龄正在弹钢琴，嘴里还哼着曲子。蒋介石上场后走近宋美龄讲了川滇黔围剿红军的情况。之后，找来参谋长共同商议战事。蒋介石大骂贵州军

1

1 红军自制的草鞋

2 红二、红六军团在长征途中写的宣传标语

阀王家烈无能，要调嫡系部队，于是要参谋长叫来薛岳、吴奇伟，命令他们率部追赶红军。薛岳、吴奇伟接受命令下场。少时，听到远方枪炮声时大时小，时起时落。几次电话铃响，薛、吴向蒋介石报告军情：追剿红军进展顺利。蒋介石听了大喜，命参谋长下达命令，要

2

薛、吴在云、贵一带，限期全歼红军。片刻后，电话铃又响了，还是薛岳打来的电话，说红军采用迂回运动战术，闯过娄山关，四渡赤水河，已巧妙地渡过金沙江。蒋介石听了后又气又急，大发雷霆。这时，薛岳、吴奇伟二人各提几只破草鞋垂头丧气地回来了："报告委员长，红军诡计多端，时出时没，我们什么也没捞到，只捡了几双破草鞋！"这下蒋介石气急败坏，顿足捶胸，口里骂娘，大骂薛、吴没用。宋美龄唉声叹气，说不出话来。参谋长两手摸着屁股，来回直转，嘴里喊着："完了！完了！"全剧结束。

这个剧目十分富有戏剧性，给予蒋介石"剿共"以辛辣的讽刺和嘲笑。这个独幕剧的演出，极大地鼓舞了指战员们的士气，备受红军指战员的欢迎。后来，人们把这部剧誉为"历史名剧"，并在红五军团的机关报上登载。这个剧作成为红军戏剧的保留节目。中华人民共和国建立后，曾在北京舞台上演出过。以后，许多长征题材的剧目都采用了这个剧中的情节。

乘夜直捣广德关

在镇雄西南的万山之中，有道重要的关隘，名为广德关。关的北面河谷深陷，长达十余里；西面是乱石林立的深沟，南面是险峻的桶山和包谷山。这里是镇雄西南之要塞，是昭通通向镇雄的重要孔道，地势险要，易守难攻。在中央红军过云南时，镇雄县长就根据龙云的旨意，要当地的乡绅和反动民团在附近的分水岭上修战壕，在沟门口、黄泥坡等地修筑碉楼工事，训练民团，企图配合国民党中央军堵击红军。红二、六军团进入赫章地区时，镇雄县加强了防守，以分水岭和广德关为一、二防线，并在附近各要点也派兵驻防。敌人布好阵后，站在山上看着怪石林立的石笋沟，洋洋自得地说：红军就是有翅膀也难飞过来！自以为如果红军硬要来，那就是他们为蒋介石报效的好机会了。1936年3月9日，在前有天险和堵敌，后有追敌，天上有飞机侦炸的情况下，红二军团四师先头部队出敌不意地直入镇雄花山，一举击溃分水岭第一道防线之敌，趁势进入放马坝，并摸清了广德关敌人的布防情况。红军决定当晚借夜色掩护，直捣广德关。天黑以后，红军沿着石笋沟向广德关进发。石笋沟怪石林立，敌人认为这里是红军不会走的死路，因而戒备不严。敌人以为红军3天内到不了广德关，因而10日清晨，平常吸食鸦片、聚赌成性的敌人，一个个还睡在床上，哨兵也抱着枪在打瞌睡。红军先头部队突然出现在哨兵面前时，他还迷迷糊糊地问：你们见到红军没有？此时红军战士用枪对准了他的胸膛，厉声说：我们就是红军。敌哨兵看到红军就在面前，顿时吓得瘫软了，一枪未发就当了俘虏。紧接着，红军战士们从四面八方向广德关冲杀而来。一听到枪声，民团觉得红军像天兵一样来得突然，又不知有多少人，就像裹草帘子一样不顾命地逃跑。对被逼迫来守关的壮丁，红军也不去追赶，有意让他们逃走。保安队长安绍清、乡长傅维孔没穿衣服就往

1

1 一星拱斗
2 镇雄瀑布

外跑了；敌总指挥官安问石从梦中惊醒，听见“红军来了”的叫声，滚下床后，身穿一件汗衫就没命地逃跑。勤务兵赶快把他的衣裳、被盖慌忙塞进背篓，背起就跑，从包谷山翻过桶山，一直跑到鲁坤，见红军没有追上来才歇下来。这时，他听到背篓里有猫叫的声音，忙打开看，原来是安问石家里的一只猫睡在被子上，也被他抱进背篓里了。至今，在牛场一带还流传着“猫守困”的故事。

2

红军夺取广德关后，乘胜疾进。11日，红军先头部队十二团进入镇雄县的巴溜时，从俘虏的敌逃兵中获知万耀煌的十三师将于12日经哲庄坝进驻镇雄县城。于是贺龙、任弼时当即决定在哲庄坝伏击万耀煌部，伺机机吃掉敌十三师，以突破敌人包围，打通南进道路。随即令红四师、红六师向南赶到三锅庄、大丫口设伏。哲庄坝位于镇雄和赫章两县交界处，距镇雄县城只有25公里。12日凌晨，红四师、六师由当地群众作向导，抄近路越过巴溜，于清晨到达指定位置设好埋伏。当敌十三师一部翻过大丫口时，红四、六两师指战员突然发起攻击，各种武器同时向敌军开火，正在行进中的敌人被红军拦腰截断，首尾不能相顾，万耀煌一时指挥失灵，队伍失去控制，像退潮似的溃退；特别是天又下着雨，路很滑，敌兵穿着胶鞋，一跑一跤，满身是泥，有的脱去胶鞋打着赤脚跑，狼狈不堪。敌军骑在马上的被打下马，顺路跑的被打下坡，满山都是敌人丢弃的背包、箱子。慌乱中，敌一个旅退守桃园，一个旅退守哲庄坝。万耀煌也险些当了俘虏。因敌四十九师和九十九师赶回增援，敌十三师才侥幸逃脱了被全歼的命运。这一战，红军俘敌200余人，毙伤敌营、连长以下官兵120余人，缴获轻重机枪7挺，长短枪数百支，弹药300余挑。红十八团政治委员余秋里在战斗中负伤。

1

徐　策

徐策(1902～1935)字在明，曾用名徐纯德、徐宁甲、余涨霞。湖北省大冶县大箕铺(今属阳新县)人。1925年开始从事革命活动，1926年加入中国共产党，在家乡建立中共组织、开展农民运动。1928年后，任中共大冶县委委员、县委书记，中共湘鄂赣特委委员，中共鄂东南特委组织部部长。1929年春领导农民起义，同年率游击队参加红军。后任红五军第五纵队第三支队、红八军第三纵队政治委员，红三军团第三师第八团政治委员、军团政治部组织部部长，第三、第六师政治委员。率部参加了长沙战役和中央苏区历次反“围剿”斗争。1934年10月参加长征。1935年2月留在川南领导游击战争，任中共川南特委书记兼游击纵队政治委员，中共川滇黔边特委书记兼游击纵队政治委员，率部积极活动，配合了中央红军主力长征。同年7月13日在云南扎西(今威信)长官司战斗中牺牲。

1 云南中甸
2 扎西今貌

1935.10 1935.11 1935.12 1936.01 1936.02 1936.03 1936.04 1936.05 1936.06 1936.07 1936.08 1936.09 1936.10

曹德清

曹德清(1909～1935)曾用名曹德卿。湖南省益阳县人。早年参加国民革命军。参加北伐战争。1928年7月参加平江起义。同年加入中国共产党。参加了湘鄂赣边区的游击战争。1930年后，任红五军连长、营长、第一师第三团团长，红三军团第六师师长。参加了长沙战役、中央苏区历次反“围剿”斗争。1934年10月参加长征。1935年2月7日在云南扎西(今威信)鱼井病故。

魏　赤

魏赤(1906～1935)福建省龙岩县人。北伐战争后期加入中国共产党。曾入黄埔军官学校学习。毕业后回福建从事党的地下工作。1928年任中共龙岩县委委员，参与领导龙岩农民起义。1929年随游击队编入红军，后任红四军司令部参谋、团长。1933年后，任江西军区第四军分区指挥、司令员，建黎泰军分区司令员，江西军区第一军分区司令员，江西军区参谋长。参加了中央苏区历次反“围剿”斗争和长征。1935年4月在云南作战中牺牲。

2

长征中牺牲在云南的部分营以上干部烈士名录

姓 名	籍 贯	出生时间	部 职 别	牺牲时间	牺牲地点
魏赤	福建省龙岩县	1906	原江西军区参谋长	1935春	云南
胡廷铨	江西省泰和县		原红十军代政委	1935	云南
李伯通	河北省	1906	军委干部团干部	1935.4	云南
徐道虎	湖南省桑植县	1906	第二军团某团团长	1936春	云南
张达立	江西省永新县	1914	第六军团第十八师供给部部长	1936	云南
萧启荣	四川省万县		第二军团第四师第十一团团长	1936.4	云南
萧生亮	湖南省茶陵县	1907	第六军团第十七师第五十一团总支书记	1936春	云南
萧令彬	江西省永新县	1908	第二军团第四师政治部主任	1936.4.8	云南普渡河
张志高	江西省		川南游击纵队大队政治指导员	1935.2	云南威信
董玉清			川南游击纵队一大队大队长	1935.4	云南威信

姓名	籍贯	出生时间	部职别	牺牲时间	牺牲地
邓登高			川南游击纵队大队长	1935.7	云南威信
张凤光	湖南省耒阳县		川滇黔边区游击纵队副政委	1935.7.13	云南威信
余德胜	湖南省		川滇黔边游击纵队二大队大队长	1936.1	云南威信
徐策	湖北省阳新县		川滇黔游击纵队政治委员	1935.7	云南宣威
唐辉	江西省安福县	1912	第六军团第十六师组织科科长	1936.3	云南宣威
罗辉	江西省上犹县	1912	第六军团第十七师组织科科长	1936.4	云南宣威
胡志坚	湖南省平江县		第六军团第十七师第五十一团总支书记	1936.4	云南宣威
黄文榜	湖北省石首县	1912	第二军团第四师第十一团政治委员	1936.3.23	云南宣威
段兴寿	湖南省茶陵县	1913	第六军团第十七师第五十团政治委员	1936.3.23	云南宣威
马秋德			第六军团第十八师第五十三团第二营营长	1936.3.23	云南宣威
钟子廷	湖南省桑植县	1913	第二军团第四师第十二团团长	1936.3.23	云南宣威
高利国	湖北省汉川县	1914	第二军团第五师第十二团参谋长	1936.4.27	云南中甸
汤福林	湖南省桑植县	1908	第二军团第四师参谋长	1936.5.7	云南中甸

湖北的明天一定会更美好！

中共湖北省委常委、宣传部长　张昌尔

湖北位于长江中游，地处中原腹地，东靠安徽，西接陕西，南邻湖南，北依河南，因地处洞庭湖以北而得名，简称“鄂”。

这是一块肥沃的土地。湖北气候湿润，雨量充沛，物产丰富，长江、汉水贯穿全境，大小湖泊星罗棋布，江汉平原广袤富饶，素有千湖之省、鱼米之乡的美誉，是全国重要的优质农副产品生产基地和老工业基地。

这是一块红色的土地。湖北是中国共产党历史上最早创建共产党早期组织的6个省份之一；也是中国工农红军的重要诞生地。八七会议以后，湖北地区党组织相继发动秋收起义，先后开辟了鄂豫皖、湘鄂西、湘鄂赣、鄂豫边、鄂豫陕、湘鄂川黔等6块革命根据地。在这里组建的红四方面军、红二军团、红三军团一部等红军队伍，占全国主力红军二分之一左右，成为中国工农红军的主力中坚。在参加长征的中国工农红军中，就有红四方面军、红二方面军一部、红二十五军三支队伍来自湖北及周边地区。可以说，在整个新民主主义革命时期，湖北是中国共产党的重要发祥地、中国革命的重要策源地、武装夺取政权的重要根据地之一。

这是一块文化底蕴深厚的土地。千百年来，湖北先后产生了神农文化、荆楚文化、

三国文化、武当文化、辛亥文化、三峡文化和红色革命文化，这些文化不断交融、丰富和完善，形成了湖北独具特色的人文优势。特别是在中国共产党的领导下，70多万湖北儿女先后投身革命，前仆后继，浴血奋斗，创造了彪炳千秋的辉煌业绩，也留下了泽被万代的光荣传统。这种光荣传统和崇高精神薪火相传，成为湖北人文精神的重要特质。

这是一块崛起的土地。岁月流逝，精神长存。新中国成立以来，湖北人民继承先辈遗志，发扬优良传统，锐意进行社会主义革命、建设和改革，革命老区旧貌换新颜。今天的湖北，经济发展，社会进步，人民幸福，各项事业蒸蒸日上，正在发生翻天覆地的巨变。

今天是红军长征胜利70周年，我们将以此为契机，在全省上下大力弘扬长征精神，用红军长征胜利的生动历史和英雄壮举，在广大干部群众中深入开展长征精神、革命传统、革命理想和信念的宣传教育，唱响共产党好、人民军队好、中国特色社会主义好的主旋律，激励和动员全省人民继承和发扬红军优良传统，为实现国民经济和社会发展第十一个五年规划和全面建设小康社会的宏伟目标，将湖北建设成为中部地区崛起的重要战略支点而奋斗。

湖北的明天一定会更美好！

引言

湖北

湖北是红二十五军和红六军团第十八师长征转战的重要省区之一。红二十五军和第十八师长征的伟大壮举在鄂西北、鄂西南人民中留下了深刻影响。

湖北具有光荣的革命传统。早在大革命失败后，湖北的党组织按照党的“八七”会议确定的土地革命和武装起义总方针，举行了黄麻起义，进行了英勇斗争，创建了工农红军第十一军第三十一师，开辟了鄂东革命根据地，后来成为红四方面军和鄂豫皖革命根据地的重要组成部分。

1932年6月，正当鄂豫皖革命根据地胜利发展之时，蒋介石发动了第四次大规模“围剿”，由于张国焘盲目轻敌，实行冒险进攻，遂使红四方面军第四次反“围剿”失败，被迫于10月撤离鄂豫皖革命根据地，西进到川陕地区。留在根据地的红军和地方武装重组红二十五军，继续坚持斗争。

与此同时，贺龙按照党的“八七”会议精神，在湘鄂边、鄂西、鄂中、鄂北、鄂西北举行起义和开展武装斗争，创建了红四、红六军和红四十九、红二十六、

红二十五师，开辟了以洪湖为中心的湘鄂西革命根据地，组成了工农红军第二军团，后来成为红二方面军的重要组成部分。根据地军民高举武装反抗国民党反动派的旗帜，进行了英勇斗争，取得了辉煌成就，也遭受了严重挫折。1931年，红二军团改编为红三军。

1932年10月，湘鄂西根据地第四次反"围剿"失败，红三军经千里转战，于1934年6月到达黔东，创建了黔东革命根据地，同年10月与红六军团胜利会师，恢复了红二军团番号，创建了湘鄂川黔革命根据地。1935年11月19日，红二、红六军团撤离湘鄂川黔根据地，开始长征。留在根据地的红十八师积极开展斗争，拥护主力转移。当完成掩护任务后，红十八师经鄂西南，艰苦转战到黔东地区，回归红六军团建制。

红二十五军和红二、红六军团先后长征后，留在鄂豫皖革命根据地的红军和地方武装重组红二十八军，继续坚持斗争。

红二十五军转战鄂西北

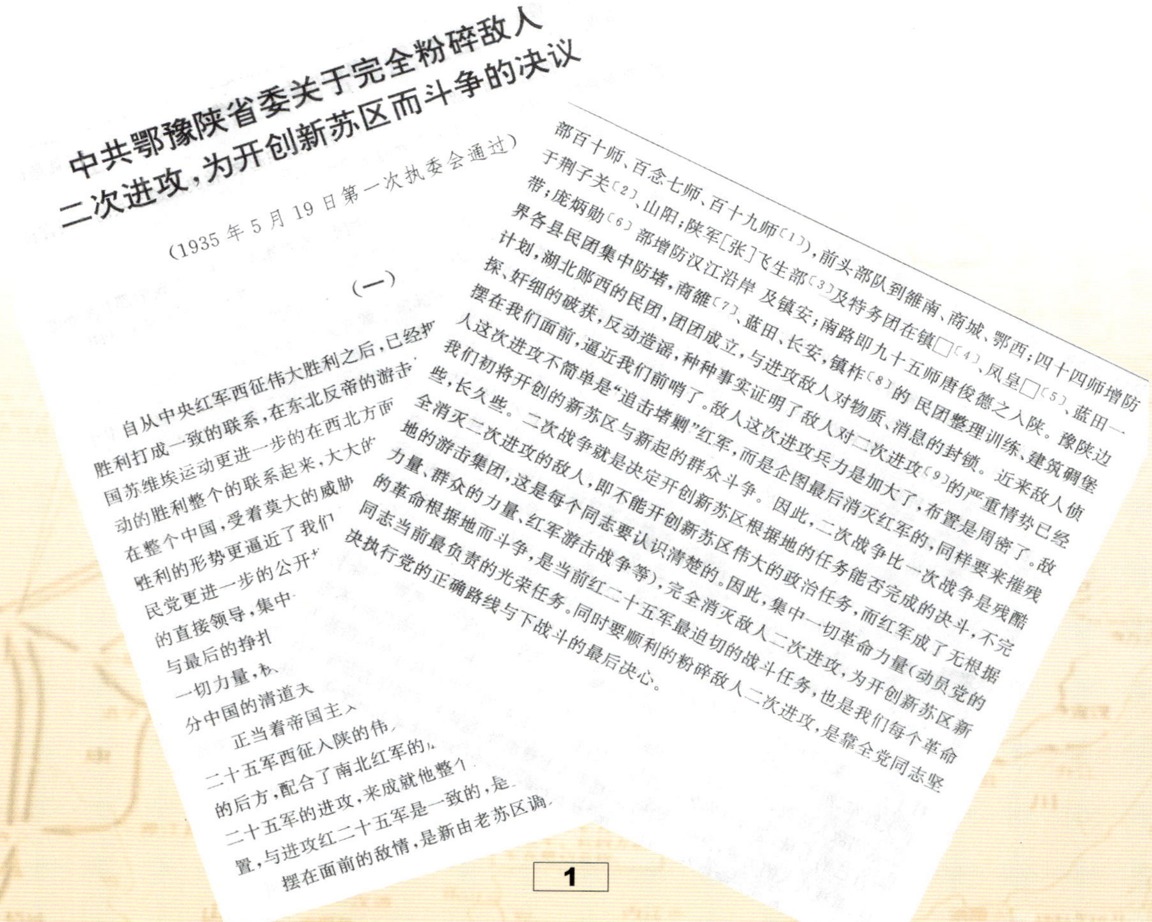

中共鄂豫陕省委关于完全粉碎敌人二次进攻，为开创新苏区而斗争的决议

（1935年5月19日第一次执委会通过）

（一）

自从中央红军西征伟大胜利之后，已经把……胜利打成一致的联系，在东北反帝的游击……国苏维埃运动更进一步的在西北方面……动的胜利整个的联系起来，大大的……在整个中国，受着莫大的威胁……胜利的形势更逼近了我们……民党更进一步的公开……的直接领导，集中……与最后的挣扎……一切力量，……分中国的清道夫……

正当着帝国主义……二十五军西征入陕的伟……的后方，配合了南北红军的……二十五军的进攻，来成就他整个……置，与进攻红二十五军是一致的，是……摆在面前的敌情，是新由老苏区调……

部百十师、百念七师、百十九师〔1〕，前头部队到雒南、商城、鄂西；四十四师增防于荆子关〔2〕、山阳；陕军[张]飞生部〔3〕及特务团在镇□〔4〕、凤皇□〔5〕、蓝田一带；庞炳勋〔6〕部增防汉江沿岸及镇安；南路即九十五师唐俊德之入陕。豫陕边界各县民团集中防堵，商雒〔7〕、蓝田、长安、镇柞〔8〕的民团整理训练，建筑碉堡计划，湖北郧西的民团，团团成立，与进攻敌人对物质、消息的封锁。近来敌人侦探、奸细的破获，反动造谣，种种事实证明了敌人对二次进攻〔9〕的严重情势已经摆在我们面前，逼近我们前哨了。敌人这次进攻兵力是加大了，布置是周密了。敌人这次进攻不简单是"追击堵剿"红军，而是企图最后消灭红军的，同样要来摧残我们初将开创的新苏区与新起的群众斗争。因此，二次战争比一次战争是残酷些，长久些。二次战争就是决定开创新苏区根据地的任务能否完成的决斗，不完全消灭二次进攻的敌人，即不能开创新苏区根据地的伟大的政治任务，而红军成了无根据地的游击集团，这是每个同志要认识清楚的。因此，集中一切革命力量（动员党的力量、群众的力量、红军游击战争等），完全消灭敌人二次进攻，为开创新苏区新的革命根据地而斗争，是当前红二十五军最迫切的战斗任务，也是我们每个革命同志当前最负责的光荣任务。同时要顺利的粉碎敌人二次进攻，是需全党同志坚决执行党的正确路线与下战斗的最后决心。

1

红二十五军于1934年11月16日从河南罗山何家冲出发，开始长征后，为迷惑敌人，派少数部队佯攻湖北枣阳，主力突然于11月22日从枣阳以北的韩庄掉头东进，进入河南。12月进入陕南后，开始创建鄂豫陕根据地。他们采取大回旋的军事行动，多次南下湖北郧西。

*1935*年*2*月*19*日，中共鄂豫陕省委在湖北郧西二天门召开了第20次常委会。为了统一思想，坚定反“围剿”斗争和创建新根据地的决心，会议批评了对创

1 关于完全粉碎敌人二次进攻，为开创新苏区而斗争的决议。

2 中共鄂豫陕省委为完全打破敌人进攻，争取春荒斗争的彻底胜利，创造新苏区的决议案。

1935.10　1935.11　1935.12　1936.01　1936.02　1936.03　1936.04　1936.05　1936.06　1936.07　1936.08　1936.09　1936.10

建新根据地的畏难情绪，仍然坚持庾家河会议决定的方针，并作出了《中共鄂豫陕省委为完全打破敌人进攻，争取春荒斗争的彻底胜利，创造新苏区的决议案》。

会上，就红二十五军能否在鄂豫陕边区单独创建根据地的问题，进行了激烈的争论。因领导干部伤亡较大，敌人围攻开始和春荒到来，有人主张入川会合红四方面军。吴焕先坚决反对。他认为在鄂豫陕创造新的根据地，"对配合川陕和陕北两个苏区与红军行动，仍是能够实现的，是有意义的，在发展前途上可以打通两个苏区，与联系两地红军。特别是在现实敌人进攻川陕苏区，我们对敌人的牵制，对红军的配合，更为重要迫切"。他认为这个地区的战略地位相当重要，曾打过一个生动而又形象的比喻，把商洛山比作一个"香炉脚"，完全可以与川陕和陕北两个苏

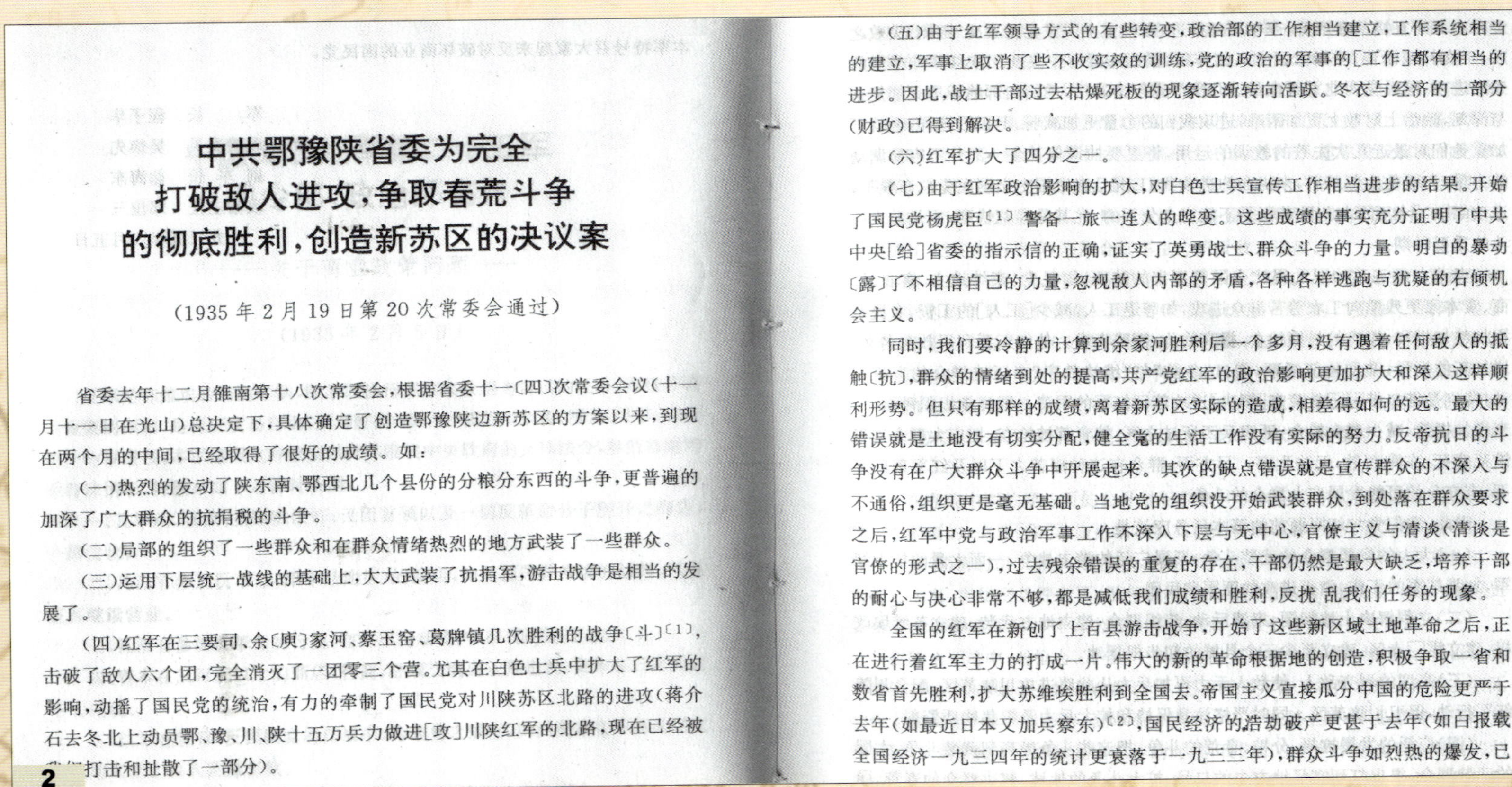

中共鄂豫陕省委为完全打破敌人进攻，争取春荒斗争的彻底胜利，创造新苏区的决议案

（1935 年 2 月 19 日第 20 次常委会通过）

省委去年十二月雒南第十八次常委会，根据省委十一〔四〕次常委会议（十一月十一日在光山）总决定下，具体确定了创造鄂豫陕边新苏区的方案以来，到现在两个月的中间，已经取得了很好的成绩。如：

（一）热烈的发动了陕东南、鄂西北几个县份的分粮分东西的斗争，更普遍的加深了广大群众的抗捐税的斗争。

（二）局部的组织了一些群众和在群众情绪热烈的地方武装了一些群众。

（三）运用下层统一战线的基础上，大大武装了抗捐军，游击战争是相当的发展了。

（四）红军在三要司、余〔庾〕家河、蔡玉窑、葛牌镇几次胜利的战争〔斗〕[1]，击破了敌人六个团，完全消灭了一团零三个营。尤其在白色士兵中扩大了红军的影响，动摇了国民党的统治，有力的牵制了国民党对川陕苏区北路的进攻（蒋介石去冬北上动员鄂、豫、川、陕十五万兵力做进〔攻〕川陕红军的北路，现在已经被我们打击和扯散了一部分）。

（五）由于红军领导方式的有些转变，政治部的工作相当建立，工作系统相当的建立，军事上取消了些不收实效的训练，党的政治的军事的〔工作〕都有相当的进步。因此，战士干部过去枯燥死板的现象逐渐转向活跃。冬衣与经济的一部分（财政）已得到解决。

（六）红军扩大了四分之一。

（七）由于红军政治影响的扩大，对白色士兵宣传工作相当进步的结果，开始了国民党杨虎臣[1]警备一旅一连人的哗变。这些成绩的事实充分证明了中共中央〔给〕省委的指示信的正确，证实了英勇战士、群众斗争的力量。明白的暴动〔露〕了不相信自己的力量，忽视敌人内部的矛盾，各种各样逃跑与犹疑的右倾机会主义。

同时，我们要冷静的计算到余家河胜利后一个多月，没有遇着任何敌人的抵触〔抗〕，群众的情绪到处的提高，共产党红军的政治影响更加扩大和深入这样顺利形势。但只有那样的成绩，离着新苏区实际的造成，相差得如何的远。最大的错误就是土地没有切实分配，健全党的生活工作没有实际的努力。反帝抗日的斗争没有在广大群众斗争中开展起来。其次的缺点错误就是宣传群众的不深入与不通俗，组织更是毫无基础。当地党的组织没开始武装群众，到处落在群众要求之后，红军中党与政治军事工作不深入下层与无中心，官僚主义与清谈（清谈是官僚的形式之一），过去残余错误的重复的存在，干部仍然是最大缺乏，培养干部的耐心与决心非常不够，都是减低我们成绩和胜利，反扰乱我们任务的现象。

全国的红军在新创了上百县游击战争，开始了这些新区域土地革命之后，正在进行着红军主力的打成一片。伟大的新的革命根据地的创造，积极争取一省和数省首先胜利，扩大苏维埃胜利到全国去。帝国主义直接瓜分中国的危险更严于去年（如最近日本又加兵察东）[2]，国民经济的浩劫破产更甚于去年（如日报载全国经济一九三四年的统计更衰落于一九三三年），群众斗争如烈热的爆发，已

2

区互为犄角，撑起一座革命的“香炉”。

会后，建立了鄂陕特委和鄂陕游击司令部，统一领导鄂陕地区的郧西、旬阳、镇安、山阳四县边界地区和东南的镇安、山阳、商县、柞水、蓝田五县边界地区，发动群众，扩大武装，加紧根据地建设。

5月下旬，省委再次在郧西地区召开会议，研究反“围剿”作战方针和计划。军长程子华因伤势较重没有参加会议，但他会前将毛泽东运用诱敌深入、先拖后打的

1

1 1935年8月，红二十五军部分领导人合影。前左起：吴焕先、郭述申、徐海东、戴季英、赵凌波

2 湖北郧西莫家山吴家大院旧址。中共鄂豫陕省委在此召开执委会，坚定创造新苏区决心。

2

作战方针，取得反“围剿”斗争胜利的经验及战例，向吴焕先等作了介绍。会上，徐海东提出了“先疲后打”的建议。省委讨论认为，陕南的自然条件是山大沟深人口少，后方补给困难，敌军势必采取速战速决的作战方针。于是决定：各游击师就地坚持，发动群众坚壁清野，广泛开展游击战争；主力则趁敌人刚到，首先北上，争取歼其一部，然后再采取“诱敌深入，先拖后打”的方针，寻机歼敌一二个师(旅)，以运动战和游击战相结合，打破敌人的“围剿”。随后，红二十五军西进北上，留在根据地的红军和地方武装组成第七十四师，继续坚持斗争。

红六军团第十八师转战鄂西南

1

红二、六军团主力长征后，留在湘鄂川黔根据地内红十八师钳制敌人，掩护主力转移。1935年底，红十八师完成掩护任务后，为保存有生力量，决定相机甩开敌人，与主力会合。

12月21日，红十八师血战龙山马阻岭，突破敌人湘西防线，直插鄂西南。此后，红十八师游击于鄂西边界之龙家坪、新寨、舒家坪一带，故作疑兵之计，使敌误以为十八师要进军川黔边区之酉阳，赶紧增兵设防。然后，红十八师在沙子坡、新寨一带忽左忽右，游击了一两天，等候失散人员归队。此时，部队还剩下千余人。敌人一时摸不清我行动意图，便盲目地沿鄂西方向布兵把守，层层设防。红十八师乘敌不备，挥师南下，强渡酉水，轻取敌三个碉堡，进入湖北来凤的龙家坪，顺河

2

1 余立金
2 鄂西南崇山峻岭
3 长征期间红军携带的行军锅

岸南行了十来华里，甩掉追敌一部。22日，红十八师抵达来凤百户司西北之头隆坳，趁敌立足未稳，将追敌击溃。

12月23日下午太阳快落山的时候，红十八师同周燮卿旅某团在来凤县的卯洞遭遇。留给红十八师的只有水路一条，情况相当危急。渡河无船，涉水过河水太深，惟一出路只有抢占右侧的山头，打开一个缺口。据侦察，那里的守敌并不多。参谋长兼五十三团团长刘风率部执行这一任务。他和团政委余立金带着两个营向山上冲去。刘风挥着驳壳枪，带着突击队，在最前面一阵猛冲猛打，下冲的敌人又慌慌张张地退上山去，继而渐渐支持不住了，刘风跳上一块突兀的大石头，挥舞着手臂，大喊：“就要冲上去了，快冲啊!”敌人的一颗子弹打中了他，右腿被打断，他倒在血泊里。余立金高呼：“坚决消灭山上的敌人，为刘团长报仇!”顿时，战士们一个个像发怒的狮子，高呼着：“冲啊!杀啊!”一口气冲上了山头，迅速地占领了山头上敌人的三个阵地。通道终于打开了，山头上两个营用火力接应后续部队迅速翻过山梁，摆脱了敌人。

部队途经来凤县鼎罐寨时，有敌人一股袭扰，被红十八师击溃。12月25日下午，部队抵湖北来凤和咸丰两县交界的向家寨，便把刘风安置在一个叫盛德付的农民家里，并留下一些银元，派警卫和卫生员各一人照护他。谁知盛德付是个贪财的坏家伙，见刘风身边有一笔钱，还有一床毛毯和一件大衣，顿生谋财害命之心，在红十八师离开后不几天，便勾结几个歹徒，谋害了刘风和他的警卫员小田，只有卫生员侥幸逃走。

3

红十八师行走于人烟寥落的荒山野岭，匆匆向忠堡开去。当夜赶到咸丰县忠堡附近宿营。为了便于指挥，部队

进行了一次整编，撤销了五十二团建制，其余部同省委警卫连合并，改成师部警卫营。五十二团团长樊孝竹接任五十三团团长。

整编后，部队继续北上，经螺丝塘、新街、旧司、腊壁司，于25日傍晚抵达桑树坪，徐源泉急调鄂保安团在少风寨设下伏击圈。来凤土匪头目田步云趁机率部紧随师之后，形成前后夹击之势。十八师师长张正坤当机立断，抢占山头有利地形，阻击追敌的进攻。鄂保安团士兵在追击炮、重机枪掩护下轮番冲击，激战数小时，丢下了20多具尸体，红十八师仅伤亡2人。

夜幕降临后，敌增援部队由来凤城源源而来，久战对红十八师极为不利。擅长游击战的张正坤派战士捡来几大堆柴禾，烧起熊熊大火，作出与敌夜战的架势，却悄无声息地退出了战斗。

26日，红十八师到达咸丰东北的卡门，突遭敌四十一师伏击。在毫无准备的情况下，60多名战士壮烈牺牲，主力部队奋力死战，才摆脱敌人纠缠，经上洞坪、龙坪抵宣恩晓关。自离开宣恩晓关后，红十八师进入从未到过的陌生地带。因人地生疏，军用地图又丢失了，每天的行军路线，要靠军团部用电台指挥。当夜，他们误入杨柳沟宿营。杨柳沟在晓关西北约两华里处，是侗族聚居的小村落，四面皆山，中为小型盆地，正面仅有小道通入。地形对红军极为不利。

1

次日拂晓，敌四十一师从正面发起冲锋，红十八师樊孝竹团长率五十三团一营阻击当面敌人，张正坤师长带师主力向东北方向突围。樊团长率

1 长征期间红军使用的茶缸和饭盒

2 鄂西南丛林密布

1935.10 1935.11 1935.12 1936.01 1936.02 1936.03 1936.04 1936.05 1936.06 1936.07 1936.08 1936.09 1936.10

2

先登上杨柳沟左侧的苕窖堡，凭籍有利地形，居高临下，把敌大队人马吸引过来。激战10余小时，樊孝竹被流弹击中，壮烈牺牲，部队在马秋德营长指挥下，奋起突围。他们钻刺笼、攀悬崖，终于由岩狮坪突围向西北方向撤退，经恩施县的大集场，于27日在咸丰麻柳溪赶上师部，并在此宿营。五十三团副团长兼参谋长苏鳌接任团长。

28日，红十八师抵小村。当地地主团防队望风而逃。这里曾是红军的游击根据地，群众对红军有深厚的感情，他们箪食壶浆，慰劳子弟兵。29日，红十八师离小村经李子溪、忠塘到卷洞门宿营。在忠塘，与敌团防武装稍有接触。于30日经大水坪、燕子阡，抵小水坪宿营。31日在大路坝等地辗转一天。

12月31日，红十八师抵达鄂西最后一站——咸丰大水坪，当夜宿营于此，计划次日从罾沟强渡唐崖河，直插入川东，与主力会师。唐崖河处于崇山峻岭间，水深流急，河面宽达60余米，离罾沟不远处的朝阳寺设有渡口，数日前被敌人控制，修碉筑堡、扣押过往船只，意在阻断红十八师西进川黔之路。

*1936*年*1*月*1*日，天降大雪，红十八师向南行进，由大水坪经小水坪到达罾沟。同往常一样，张正坤带着先头部队打前卫。略知军事常识的人都清楚，行军走前走后，虽然谁也不比谁少走路，可是在紧急情况下就不同了。前卫部队要侦察

了解敌情，探明行军路线，找宿营地，等等，思想上的弦随时随地是绷得紧紧的，准备同敌人打仗。部队翻上一座山梁子，往下一看，唐崖河宛若一条玉带在山脚下蜿蜒南去。上午八九点钟，红军下到朝阳寺以西的罾沟渡口。虽已是枯水季节，河面也有五六十米宽。

红十八师分三批渡河：师警卫营打前锋、师部及电台通讯队居中，五十三团断后。敌人已先有察觉，老奸巨猾的周燮卿抢先派出何友松团一部在此加强守卡，故意将师警卫营放过。战士们冒着严寒，趟过齐腰深的河流，上岸后，衣服裤子都冻得硬邦邦的了。当张正坤率师直及电台通讯队渡河时，敌突然开火，守在岸边山头上的敌人碉堡里的机枪也响了。此时师警卫营已突围而去，五十三团被阻在河边。师直人员被压在河中。但他们迎着枪林弹雨毫不退缩，五十三团也组织起强大的火力掩护。

1

张正坤冷静地指挥刚涉到河心的师直机关迅速登岸。前进困难，后退不成，只有背水一战。红军接连组织了几次冲锋，都被敌人以强大的火力压下来了。政治部有几名女战士牺牲了。终于，他们抵达对岸，张正坤率领师部和警卫营终于从侧翼打开了一个缺口，冲破了敌人防线，退出了战斗，急行四五里来到一个叫长岭岗的地方。张正坤带着警卫员龚尚福、周志高等几名战士及电台队先上山，警卫营和师部其他单位尚在半山腰。刚登上山头，突然发现在距他们只有30来米的地方有敌人的碉堡。紧接着，从碉堡里钻出来大约一个排的敌兵，由于距离太近，双方还没来得及开枪，已混战在一起。短兵相接，张正坤带警卫员冲入敌阵。

敌排长见张正坤身高体大，穿着蓝布大衣，手提快慢机，

1 红军长征中使用的竹饭盒和水壶

2 红军干部用过的皮包

料他是个高级指挥员，就冒喊一声："抓师长!"于是，敌兵们撇下其余战士不管，一窝蜂地拥向张正坤。一个敌兵扑上前扭住张正坤的胳膊，想占头功。张正坤眼疾手快，挥起铁拳，把那个敌兵打翻在地。警卫员龚尚福、周志高急中生智，抱住师长就势从梁上往下滑去。那天正巧下着夹雪雨，300来米长的红沙泥山坡又陡又滑，他们一口气滑到坡底。

2

电台队的战士护着电台，也仿照师长的样子滑下山去。一刹那间，十八师师部人员已全部从敌人眼皮下溜走。敌人正打算追击的时候，警卫营和迂回过来的三营分两路冲上山梁，迅速夺占了碉堡，消灭了敌人这个排，俘敌20多人，缴枪30余支。接着他们追上了张正坤一行。走不久，又与苏鳌、余立金率领的两个营会合了。

原来，五十三团的一、二两营被隔在河对岸，爱莫能助。敌人居高临下，河面完全在他们的射程之内。倘若强行渡河，势必自投罗网。面对这种情况，苏鳌和余立金只好率部沿河的下游方向迂回，设法增援。他们往下游猛跑了一段路，在四川黔江县的县坝渡过了唐崖河，然后火速折转接应师部，没想到师长已带着部队胜利冲出了重围。他们正好也来到这里，与师部会合了。全师上下越发高兴。敌人歼灭十八师的美梦又一次破灭了。可敌人还洋洋自得地吹嘘他们的这次"胜利"呢!1936年1月15日，敌总指挥的《通报》说："由招头寨窜去之共匪十八师残部一日抵朝阳寺以西，被周旅何团猛击，毙敌师长张正坤以下一百余。"

红18师终于在惊险的转战中突围出了鄂西，寻主力而去。之后，红十八师经四川的东部地区，于1936年1月11日到达贵州的江口，同主力胜利会师。

1934.07 1934.08 1934.09 1934.10 1934.11 1934.12 1935.01 1935.02 1935.03 1935.04 1935.05 1935.06 1935.07

湖北

留鄂红二十八军坚持游击战争

鄂豫皖游击区是由鄂豫皖苏区演变而成，位于湖北、河南、安徽三省交界的大别山区，包括了三省边境的数十县。

土地革命战争时期，中国工农红军主力长征后，留在湖北、河南、安徽三省边界地区的红军和游击队，同国民党军进行了三年游击作战。

*1934*年*11*月，中国工农红军第二十五军撤离鄂豫皖苏区向鄂豫陕边界转移，进行长征后，留下坚持斗争的有中共皖西北道委会和鄂东北道委会领导的红军第八十二师、第二一八团、鄂东北独立团和游击队，共2000余人。12月，在国民军豫鄂皖“剿总”所属第十一、第二十五路军和东北军第五十七、第六十七军共五十六个团，约17万人的“清剿”下，部队遭受一些损失。红八十二师师长周世觉在战斗中牺牲，仅存的几个小块苏区先后被国民党军占领。1935年2月，红二一八团与鄂东北独立团在皖西太湖县凉亭坳(今岳西县境)会合，合编重建中国工农红军第二十八军，由中共鄂豫皖省委常委、皖西北道委书记高敬亭任政治委员(未设军长)，辖红八十二师(辖第二二四团和特务营)和手枪团，共1000余人。

1

1 鄂豫皖边红军游击队坚持斗争的中心区域——金岗台山

2 高敬亭

1935.10 1935.11 1935.12 1936.01 1936.02 1936.03 1936.04 1936.05 1936.06 1936.07 1936.08 1936.09 1936.10

2

红二十八军重建后，依托大别山区，在皖西的太湖、宿松、霍山、潜山、舒城等地开展游击战争，皖西特委率新建的红二四六团在皖西开辟新的游击根据地，鄂东北道委率重建的独立团就地开展斗争。至4月，红二十八军主力先后在金寨县梓树坪、岳西县界岭、桃岭等战斗中，共歼国民党4营。在此期间，红八十二师师长罗成云和政治部主任熊大海牺牲。

随后，国民党军重新划分防区，调整部署，对皖西进行重点“清剿”。红二十八军乘国民党军兵力部署尚未就绪之际，留红二四六团在皖西坚持斗争，主力离开皖西，准备西进豫南桐柏山区，再北上陕南，与红二十五军会合。5月上旬，红二十八军自太湖出发，沿霍山、六安、固始、商城边界，经光山、罗山、礼山(今大悟)县境，于22日越平汉铁路(今北京——汉口)，因前进道路上有国民党军重兵堵截，遂经鄂东北又折返皖西，继续坚持游击战争。其间历时2月余，行程700余公里，接连取得罗山县杨店、随县桃花山、光山县王园、麻城县段水山等战斗的胜利。随后，红二四六团和游击队，利用国民党军“追剿”红二十八军主力，皖西兵力薄弱之机，发动和组织群众，发展党政军“三位一体”的便衣队，通过军事和政治、公开和秘密、合法与非法斗争，控制敌基层政权，创建了皖西游击根据地。

7月，红二十八军主力返回皖西后，总结战斗经验，提出“敌情不明不打，地

1

形不利不打，伤亡过大不打，缴枪不多不打”的作战指导原则和“拖垮二十五路，相机打 11 路和东北军，向保安团要补给”的斗争策略，并在游击队和人民群众配合下，采取集中与分散相结合的方法，游击于皖西及其周边地区。至 12 月，又取得黄巢尖、花凉亭、中畈湾等战斗的胜利。

1936年初，国民党军采用“围剿”、“驻剿”、“追剿”相结合的手段对皖西红二十八军进行“清剿”。红二十八军则实行“化整为零”的战法，以营连为单位，一部留山区，大部转到敌后平原作战。其中，手枪团、特务营转战鄂豫边区；红二四四团第一营在平汉铁路的孝感至信阳段两侧往返游击；第三营以红二四五团番号辗转于鄂东、皖西地区。鄂东北和皖西的红军、游击队和边区 20 多个县的便衣队也四出活动，广泛出击，牵制国民党军。至 1937 年上半年，先后取得打抒口、老山寨、琢立山、王通、洪武坳、望兵寨等战斗的胜利，迫使国民党军撤守主要城镇和交通要道。在此期间，红八十二师政治委员方永乐在麻城护儿山战斗中牺牲；特务营、鄂东北独立团和成立不久的红二四四团新二营，遭国民党军围攻受挫，多数便衣队亦有不同程度的损失。

2

鄂豫皖边红二十八军和游击队在三年游击作战中，共歼国民

1 鄂豫皖边游击队盛盐用的铁筒
2 鄂豫皖边游击队盛粮用的米缸
3 黄安县七里坪

3

党军18个营另15个连和大量保安团队。全国抗日战争爆发后，根据中共中央指示，红二十八军同国民党地方当局进行谈判，于1937年7月下旬达成停止内战、共同抗日的协议。随后，鄂豫皖边红二十八军和游击队共1800余人，在黄安(今红安)县七里坪集中，改编为新四军第四支队第七、第九团和手枪团，奔赴抗日前线。

红二十五军苦战鄂豫皖边区

程子华　红二十五军军长

刘华清　红二十五军组织科长

1934年5月初，红二十五军奉命夺取敌重兵扼守、工事坚固的七里坪，苦战43天未克，部队伤亡惨重，军事冒险主义“夺取中心城镇”的计划，使红二十五军减员数千人，部队缩编为2个师、6个团；鄂东北、皖西北两根据地，各自剩下百余里方圆的地域。7月，敌

1

人动用14个师又4个独立旅的兵力，发动第5次“围剿”。为了进行这次“围剿”，敌人增筑碉堡，扩建公路网，加强潢(川)麻(城)公路封锁线的警戒、巡逻，进一步割断两根据地之间的联系，制造无人区。“围剿”的

2

初期作战中，省委根据中央3月15日的指示精神，命令根据地军民“在苏区内大大建筑工事”，“抵抗敌人的一切进攻”。这个以消极防御方针为指导的“中心区保卫战”，后果十分严重。两个根据地中心区大部分相继丢失，红二十五军大幅度减员，部队再次缩小。10月初，红二十五军由皖西北向鄂东北转移，在通过潢麻公路封锁线的时候，部队被敌军截断。红七十四师和红七十五师的后勤部队共1000余人，折回皖西北，不久被编入红二十八军；红二十五军军部、直属队及红七十四、七十五师共两千多人通过公路后，和鄂东北游击总

1 程子华
2 刘华清
3 罗山

1935.10 1935.11 1935.12 1936.01 1936.02 1936.03 1936.04 1936.05 1936.06 1936.07 1936.08 1936.09 1936.10

3

司令部所属部队汇合在一起，转战于鄂东北地区的荒山野岭之中。11月中下旬，在黄、光、罗等县边界分散活动的部队，作战连连失利，剩下的人数不足一千，缩编为1个师(辖两个团)。这时鄂东北地区的县以下党政组织，全部遭到破坏，全区只剩下二百几十名党员、4名县委和8名区委。军民的生活物资严重短缺，数以百计的群众被饿死，人口锐减，一再削弱、减员的红二十五军得不到兵员补充，弹药击缺、有时靠大刀、梭镰、石块跟敌人拼搏。指战员行军作战，要随身携带镰刀，每到一地宿营，就割草搭茅棚，以避风雨。经过1个多月的艰苦奋战，到11月底鄂东北地区恢复了两块各约三四十里方圆的根据地。皖西北的情况略有差别，但总的形势大体相同。

英勇地坚持在鄂东北地区

李长如　鄂豫皖省巡视员

1934年11月17日，王福明同志在罗山四区的金竹林主持召开会议，根据中共鄂豫皖省委指示，重新组建中共鄂东北道委，由王福明同志任道委书记，并调整了罗陂孝特委等党组织的领导。会议还决定组织地方武装和便衣队，积极活动，打击敌人，并迅速安置红二十五军留下的伤病员。这次会议，揭开了鄂东北地区坚持三年游击战争的序幕。

1

金竹林会议以后，鄂东北道委领导地方武装在鄂东北地区，特别是在罗山至汉口公路沿线袭击敌人。炸毁公路桥梁，消灭和牵制了部分敌人。道委还组织人员迅速安置了红二十五军留下的近300名伤病员。这些伤病员痊愈后，成为鄂东北地区地方武装和便衣队的骨干力量。

红二十五军离开鄂豫皖边区后，敌人立即疯狂进攻我鄂东北苏区，占领了鄂东北地区主要的集镇和交通要道，并对苏区进行了极为残酷的“清剿”。敌军兽蹄所过之处，房屋全被烧毁，妇女惨遭蹂躏，田园荒芜，尸横遍野。鄂东北地区的党政机关和地方部队，被敌人压迫在一些无人山区，只能以岩洞、草棚御寒，以田菜、树皮充饥，斗争环境非常艰苦，形势十分险恶，但仍以坚定的革命信念和顽强的斗争意志，英勇地坚持在鄂东北地区。

游击队战斗在鄂豫边区

周骏鸣　鄂豫边区游击队长

农民抗日自卫会和自卫队普遍建立之后，边区形势好得很，游击队在群众中最吃得开。不少村庄备好大米，买好肥猪，请红军游击队到他们村上住一天。别看住这么一天，老百姓可就觉得保险了，因为游击队可以镇住土豪劣绅和土匪，杀杀他们的威风，事实的确也是这样。有一次，一股土匪在我们的游击区歇脚，有两个匪徒口干舌燥，钻到老百姓的园

1 天台山

2 鄂豫边界丹江口

子里拔甜杆吃，他们的头头得知后，立即丢下大烟枪，跑到地里狠狠地教训两个匪徒道："你们简直吃了豹子胆，知道这是什么地方吗？这是'老共'的地区，别他妈的不守规矩!"还有一次，一股上千人的土匪从我们刚刚建立起自卫队的地区经过，自卫队鸣锣集合，打着红旗，排成大队，很有气势地向他们吆喝："喂！这是'老共'的地区，不准从这儿过!"土匪只好绕道而行。由于游击区内普遍建立了农民抗日自卫会和自卫队，土豪劣绅从此威风扫地，再也不敢派款、派粮、拉壮丁，土匪头子也不敢再明目张胆地拉人绑票和强奸妇女。人民群众终于告别了天黑上山过夜、天明下山生产的苦日子，开始安居乐业地建设家园。

除此以外，农民抗日自卫会和自卫队还兼管村民琐事，维持社会秩序和社会公德，把"大家庭"的样样事情都管理得有条有理。村子里出现品行不端的人，如发生小偷小摸、调戏妇女等不光彩的事，有人敢说，有人敢管，情节严重的还要受到惩处。这样一来，谁个还敢以身试法，再做坏事？鄂豫边区是当时的一个新游击区，没有建立公开的苏维埃政权，但农民抗日自卫会、自卫队起到了这个作用，使不少村庄真正实现了夜不闭户，路不拾遗。

2

红二十五军在鄂东北开展广泛的游击战争

新的斗争方针带来新的气象，鄂东北的红军开展了广泛的游击战争，逐渐摆脱了被动挨打的局面。根据省委指示，历经险境而保存下来的鄂东北红二十五军部队合编为第七十五师第二二四团。这支部队在军长吴焕先的领导下，在天台山、老君山、高山岗、仰天窝、卡房一带开展游击战争。红军经常活动的区域经过敌人的"三光"政策，已经变成了无人区。指战员们的生活异常艰辛，时至深冬，衣着依然单薄，给养严重缺乏，有时连野菜、树叶都找不到，只得剥树皮、挖树根充饥。但他们依然保持了乐观的态度。一首歌谣描绘了当时的情景：山沟野坳是我房，野菜山果是我粮，三天不吃饭，照样打胜仗。

在如此恶劣的环境条件下，红二十五军不但生存了下来，而且在天台山和西高山地区恢复了两小块游击区域。12月，红军再度出击，接连攻占罗山的定远店、周党畈和光山的彭家大湾、南向店等地，消灭国民党正规军和民团各一部，缴获一批武器和物资。随后红二十五军在吴焕先的领导下，进入国民党军兵力比较薄弱的罗山与孝感交界等地区进行游击活动。红军灵活机动，时聚时散，飘忽不定，远近结合，相继攻占了铁铺、三里城、大新店、双桥镇等地，打开了浒湾、杨家店、周党畈等民团据点，歼灭民团一部，并在砖桥、三里城、五常岭等地，歼灭国民党军一部。

1

红二十五军在鄂东北

1 黄麻起义和鄂豫皖苏区革命烈士陵园

2 麻城龟山

1935.10 1935.11 1935.12 1936.01 1936.02 1936.03 1936.04 1936.05 1936.06 1936.07 1936.08 1936.09 1936.10

积极活动的同时，麻城独立团和光山独立团等地方武装和由罗山独立团改编的西路军积极开展游击活动，消灭反动地方武装及少数袭扰的敌人，发动群众和敌人斗争。在省委的重视和领导下，新的武装斗争形式便衣队也发展起来。鄂东北道委举办便衣队训练班，道委书记郑位三为便衣队规定了“游击战争、昼伏夜动、两面政策、统一战线”的斗争方针和策略。便衣队迅速发展成为党政军一体的武装工作队，成为鄂东北地区群众斗争的重要力量。群众力量又逐渐聚集在党的周围。

2

三角山会议制定开展游击战争战略方针

1936年1月5日，红二十八军各部队在湖北省蕲春县三角山会合，五路游击师恢复第三营番号。部队在3个多月的分散活动中，感到比以往集中行动要机动得多。为及时总结这一经验，高敬亭在三角山主持召开干部会议，分析了当前斗争形势，充分肯定了部队以分散活动对付敌“追剿”这一成功经验，制定了开展游击战争的战略方针：第一，部队继续分散活动；第二，部队到平原地区去广泛地开展游击战争。同时还制定了具体的斗争策略和游击战术，强调战术上要以伏击为主，以长途奔袭、化装智取为辅，力争出敌不意，歼灭敌人，作风要英勇顽强，进攻要勇猛突然，敢于短兵相接同敌肉搏，防御则机智顽强，以保存有生力量为主，适时反击；转移则迅速隐蔽，使敌人追不上，堵不住。红二十八军根

1

据三角山会议制定的游击战争方针、战术和斗争策略，逐步改变了长时间难以摆脱敌跟踪的被动局面。此后，红二十八军分散游击，从山区到平原，从根据地到白区，纵横驰骋，游击战术的运用从不自觉到自觉，从而把鄂豫皖边区的游击战争推进到一个新的高度。

会后，方永乐率红二四四团、特务营和手枪团两个分队到黄梅、蕲春、浠水、黄冈、宿松、太湖一带活动，先后击溃黄梅县保安队200余人，并威逼黄梅县城；全歼孔垄镇保安武装商会；消灭湖北省保安七团一部，尔后南下。

高敬亭率手枪团一个分队到鄂东北。2月，在茅草尖召集道委、特委、县委、独立团负责人开会，传达了三角山会议精神，并研究布置了该地区的军事斗争，决定将鄂东北地区的主要武装分三路活动，以分散和牵制敌人，配合红二十八军作战；第三路游击师在光山、商城、麻城、黄安一带活动；独立团赴平汉铁路以西活动；第一、第九路游击师在罗陂孝根据地和大悟山一带活动。这次会议，使鄂东北各级党组织和地方武装配合红军主力游击，有了明确的目标，也使红二十八军与鄂东北、皖西地方武装力量在战略行动上协调一致。

哪怕白匪再“围剿”，红军越战越坚强

国民党在“围剿”主力红军的同时，对各地便衣队也进行了前所未有的全面“清剿”。便衣队建立的群众基础大部分被摧毁，控制的地区也基本丧失，大多数便衣队处在缺衣少食，风餐露宿的恶劣环境中。他们虽然住岩洞，嚼草根，“树叶当被待天明”，但始终充满

1 三角山
2 “竹林深处是我家”
3 水天相接处，敌我交战场

1935.10 1935.11 1935.12 1936.01 1936.02 1936.03 1936.04 1936.05 1936.06 1936.07 1936.08 1936.09 1936.10

了革命乐观主义精神。他们满怀豪情地说：“高山岩洞是我房，青树绿叶是我床，野菜葛根是我粮，共产党是我亲爹娘，哪怕白匪再‘围剿’，红军越战越坚强。”便衣队紧紧依靠人民群众，抱定革命必胜的信念，各自为战，以各种方式与敌周旋。

2

一是对付移民并村。国民党为了彻底割断便衣队与人民群众的联系，加强了移民并村的措施，招几个村的老百姓强迫移住在一起，并在“移民点”四周修碉扎寨，设岗盘查，不准群众与便衣队员接触。便衣队难进“移民点”，便隐蔽在深山中，伺机破敌。人民群众想方设法保护便衣队，他们预先和便衣队员约好地点，穿上新鞋去，脱下后留给便衣队员取用，自己赤脚回家，敌人规定老百姓下地干活只准带一餐饭，群众自己就饿着肚子干活，把饭留给便衣队员吃。

二是对付“霸路”、“跟路”。国民党在便衣队经常活动的道路上设伏(“霸路”)，便衣队就避开道路，攀山崖，穿树林；敌人尾随“跟路”，便衣队为了不留脚印，常由走在最后的一人拖着树枝扫脚印，或沿着河沟涉水前进。有时国民党军队故意在路上铺烂泥，便衣队员就倒穿着鞋子走，让敌人向相反的方向“跟路”。便衣队运用多种巧妙的办法与敌周旋于深山密林之中。

三是对付倒林烧山。国民党军纵火烧山，妄图烧死便衣队员或赶出来搜捕。在火海中，便衣队员转移山头，躲进山洞，钻入墓穴，藏在水塘里，运用种种办法保存自己，有的群众为掩护便衣队员，不惜牺牲自己的生命，农民曾少山，在敌人控山时，全家掩护便衣队藏在山洞里，孩子受惊大哭时，他怕暴露目标，含泪捂住孩子的嘴，致使孩子窒息而死。像这样可歌可泣的动人事迹，举不胜举。

3

十九岁的师政委方永乐

方永乐1916年出生于安徽六安石板冲。1930年参加中国工农红军。1931年加入中国共产主义青年团。1932年任少共六安县委书记。1933年转为中共党员。先后任皖西北北道委书记。

1934年11月，中共鄂豫皖省委率红二十五军西征后，他奉命留在鄂豫皖边区坚持游击战争。同年12月，受中共鄂东北道委派遣率鄂东北独立团前往皖西地区寻找省委常委兼皖西北道委书记高敬亭，传达省委西征前留给高的指示。1935年2月，方与高两部会合后，根据省委指示精神，在安徽省太湖县凉亭坳重建红二十八军，下辖红八十二师和手枪团。方永乐任红八十二师政治委员，时年仅19岁，被红军指战员亲切地称为小师政委。此后，他率领红八十二师转战鄂豫皖边游击区，先后在界岭、王园、水山、花凉亭等地区重创敌军。1935年底到1936年春，红八十二师分散开展游击活动，方永乐率领一部灵活机动地在皖西、鄂东北地区，反击国民党军的大规模"清剿"。1936年5月14日，红二十八军主力在湖北省麻城县雾露塘坳口受到国民党军第一〇三师三团三营阻击，方永乐率手枪团掩护主力转移，在战斗中英勇牺牲。

1

长征中牺牲的部分湖北籍营以上干部烈士名录

姓 名	籍 贯	出生年月	部 职 别	牺牲时间	牺牲地点
洪超	湖北省黄梅县	1909.7	第三军团第四师师长	1934.10.22	江西于都
刘盛炳	湖北省枣阳县		军委通信团电台台长	1934.11	湘南
程翠林	湖北省阳新县	1907	第五军团第三十四师政治委员	1934.12.2	湘江
方庆元	湖北省黄安县		第二十五军第二二三团第二营营长	1935.1.24	陕南佛云山
戴元品	湖北省叙永县		田中区区委书记	1935.3	四川叙永
程再当	湖北省麻城县	1913	第四军第十师第三十四团政治处主任	1935 春	川西
黄中炳	湖北省黄安县	1903	第三十三军独立团政治委员	1935.4	四川汶川
沈传赞	湖北省广济县		第三十一军第九十三师第二七九团团长	1935.4	四川剑阁
熊绪光	湖北省黄安县		第三十一军第九十三师党务委员会书记	1935.4	四川岷江
周汝金	湖北省麻城县	1903	第九军第二十五师第七十三团第三营政治教导员	1935	四川卓克基
张雨滴	湖北省黄安县	1886	第四方面军总经理部政治委员	1935	四川马尔康
徐宝珊	湖北省汉川县	1908	中共鄂豫陕省委书记	1935.5.9	陕西商县
韩文良	湖北省黄安县	1910	第四方面军某团参谋长	1935	川西
张世焱	湖北省黄安县	1912	第四方面军某团团长	1935	川西

姓 名	籍 贯	出生年月	部 职 别	牺牲时间	牺牲地点
胡少先	湖北省孝感县		第九军经理部部长	1935	川西
曾永兴	湖北省黄陂县		第三十一军第九十三师参谋	1935	草地
甘全国	湖北省		第三军团某部营长	1935	四川
傅元必	湖北省麻城县		1909 第四军第十一师第三十三团副团长	1935	四川
高鹏	湖北省麻城县	1910	第四军第十二师第三十五团副团长	1935	四川
黄树仁	湖北省孝感县		第三十一军第九十一师第七十一团副团长	1935.6	四川小金
黄永胜	湖北省黄安县		第三十一军第九十一师第二七七团团长	1935.6	四川小金
杨思明	湖北省		第四方面军总经理部会计科科长	1935.6	四川茂县
徐策	湖北省阳新县		川滇黔游击纵队政治委员	1935.7	云南宣威
王德安	湖北省黄安县	1912	第三十三军第九十九师政治委员	1935. 7	四川松潘
杨叶谋	湖北省		第三十军第九十师第二七零团营长	1935	四川万源
李立雄	湖北省		第三十一军第九十三师某团团长	1935	四川北川
邓文玉	湖北省		第八军团第六十八团团长	1935.8	四川草地
王友钧	湖北省广济县	1911	第四方面军第十师师长	1935.8	四川包座
王大华	湖北省黄安县		第三十军第八十八师第二六三团营长	1935.8	四川包座
黄英九	湖北省黄安县		第三十军第八十八师第二六三团政治委员	1935.8	四川包座
郑行齐	湖北省黄安县	1895	第三十一军供给部部长	1935.8	草地
黄应龙	湖北省黄梅县		第五军团卫生部政治委员	1935.8	四川草地
王建刚	湖北省黄安县	1902	第四方面军医院院长	1935	四川垫江
方炳仁	湖北省英山县		第二十五军第二二五团团长	1935.9.4	甘肃合水
黄珍	湖北省阳新县		陕甘支队二纵队十大队大队长	1935.10	陕北吴起镇
李伯选	湖北省	1910	第三十三军政治部主任	1935.11	四川芦山
刘汉卿	湖北省长阳县	1912	第二军团第五师第十三团团长	1935.11.27	湖南溆浦
陈宏	湖北省		川滇黔边区游击纵队参谋长	1935.11	四川宜宾
王宜亭	湖北省黄安县		第四军第十师第三十四团副团长	1935	四川天全
廖家佑	湖北省		第三十一军第九十二师第二七四团政治委员	1935	四川芦山
张世谦	湖北省黄安县		第三十一军第九十三师政治部主任	1935.12	四川崇化
黄炳元	湖北省		第二军团第五师第十五团团长	1935.12	湖南鸡公坡
刘杞	湖北省		第四方面军独立师政治委员	1935 冬	四川大金川
刘贤	湖北省阳新县		第三军团兵站政治委员	1935	长征途中

姓 名	籍 贯	出生年月	部 职 别	牺牲时间	牺牲地点
秦祖如	湖北省黄安县		第四军某团团长	1935	长征途中
朱少伯	湖北省石首县	1912	第二军团某团团长	1936.1	湖南芷江便水
常海柏	湖北省石首县	1910	第二军团第六师第十六团政治委员	1936.春	湖南晃县龙溪口
陈友寿	湖北省麻城县		第三十一军第九十三师师长	1936.1	四川名山
黄文榜	湖北省石首县	1912	第二军团第四师第十一团政治委员	1936.3.23	云南宣威
易有	湖北省		第三十军第九十师第二七零团政治委员	1936.4	四川鼓楼寨
高利国	湖北省汉川县	1914	第二军团第五师第十二团参谋长	1936.4.27	云南中甸
戴德昌(邓楷)	湖北省		川南游击支队政治委员	1936 夏	四川长宁
余天云	湖北省黄安县		第三十一军军长	1936	四川丹巴
毛廷芳	湖北省襄阳县		军委机要科科长	1936	西康炉霍
陈桂清	湖北省黄安县	1910	第三十一军第九十一师经理处处长	1936.7	草地
吴敬行	湖北省黄安县	1911	第四方面军某团团长	1936	川西
詹道光	湖北省黄陂县		第三十军第八十八师第二六二团营长	1936	西康
易文洮	湖北省麻城县		第三十一军第九十一师第二七七团团长	1936.8	草地
姜德尧	湖北省麻城县		第三十一军第九十一师第二七七团团长	1936.8	草地
董瑞林	湖北省天门县		第二军团第六师第十八团政治委员	1936.8	西康草地
刘直坤	湖北省石首县		第二军团第五师第十五团团长	1936.8	四川草地
周盛宏	湖北省天门县		第二军团第六师第十八团政治委员	1936.9	甘肃成县
董家安	湖北省黄安县	1908	第三十军特务团政治委员	1936.10.22	甘肃华家岭
玉南亭	湖北省黄安县		第四军第十师第二十八团某营政治教导员	1936	甘肃甜水堡
钟行忠	湖北省黄安县		第三十军第八十八师第二六三团政治委员	1936	甘肃
查炎林	湖北省广济县		第九军第二十五师第七十五团经济处主任	1936	甘肃
王有仁	湖北省黄安县		第四军第十师第二十八团营长		

长征中牺牲在湖北的部分营以上干部烈士名录

姓 名	籍 贯	出生年月	部 职 别	牺牲时间	牺牲地点
刘凤	江西省莲花县	1910	第六军团第十八师参谋长	1935.12	湖北来凤
樊孝竹	江西省永新县	1907	第六军团第十八师第五十三团团长	1935.12	湖北宣恩

长征史诗的光辉篇章

中共四川省委常委、宣传部长 王少雄

长征是不朽的史诗，红军长征过四川是长征史诗的光辉篇章。历时两年的二万五千里长征，一年零八个月在四川，行程一万五千里，途径全川60%的县。红军在四川进行了数百次战役和战斗，谱写了惊天地、泣鬼神的英雄业绩。金江水暖、大渡桥寒，巍巍雪山、茫茫草地，这些都早已定格为中国革命史的经典画面。在长征沿途各省中，红军在四川走过的路程最长，停留的时间最久，经历最曲折。数以十万计的巴蜀子弟慷慨从军，数以万计的四川儿女血洒征程，全川各族人民为红军长征胜利作出了巨大贡献。

70年来，红军长征过四川树立起的精神丰碑，鼓舞着四川各族人民在中国革命和社会主义现代化建设的道路上不畏艰险，奋发图强，战胜了一个又一个艰难险阻，夺取了一个又一个胜利，使四川的面貌发生了翻天覆地的变化。在全面建设小康社会的新的征途上，省委确立了建设西部经济强省、西部文化强省和法治四川、和谐四川、开放四川、生态四川的奋斗目标。长征精神将继续激励我们万众一心，艰苦奋斗，开拓进取，扎实工作，为创造四川更加美好的明天而努力奋斗。

引言

四川是红军长征经过的重要省份之一。中央红军、红四方面军和红二方面军长征先后都经过四川，红军长征的足迹几乎踏遍了川南、川西、川北各地，长征的伟大壮举在四川各族人民中留下了深刻影响。

1932年底，红四方面军翻越大巴山，进入川北，占领了通江、南江、巴中，创建了川陕根据地。经过反“三路围攻”、反“六路围攻”，川陕根据地得到巩固，红四方面军也得到发展壮大。1935年3月28日，红四方面军发起嘉陵江战役，巩固扩大了川陕根据地。但是，张国焘却被敌人尚未到来的进攻和川陕苏区某些暂时的困难所吓倒，看不到嘉陵江战役胜利对坚持川陕苏区斗争的战略意义，在未同前线指挥作战的红四方面军领导人商量，也未向中共中央请示报告的情况下，擅自决定放弃川陕苏区，实行战略转移。

在此前后，中央红军长征进入四川。首先，在川黔滇边地区进行了著名的四渡赤水之战，跳出国民党军的围追堵截圈子；接着，南渡乌江，威逼贵阳，进军云南，

北渡金沙江，再次进入四川。会理会议后，中央红军在中共中央和中革军委的正确领导下，顺利通过彝民区，强渡大渡河，飞夺泸定桥，翻越夹金山，同红四方面军胜利会师懋功（今小金）。中共中央根据地当时日益兴起的抗日救国形势和川西地区的实际困难，召开两河口会议，决定两军北上，创建川陕甘根据地，推动全国抗日救国运动的发展。但是，张国焘反对这一正确的战略方针，主张南下。中共中央为了贯彻落实党的北上川陕甘战略方针，同张国焘的错误进行了坚决的斗争，并一面劝告，要求张国焘率部北上，但张国焘不听中央劝告，坚持南下，还致电陈昌浩“南下，彻底开展党内斗争。”党中央被迫率领红一方面军主力和军委纵队先行北上，于1935年9月11日进入甘南的迭部县境。张国焘率红四方面军及随红四方面军行动的红一方面军第五、第三十二军南下后，于10月5日在四川理番县卓木碉另立“中央”，公开走上分裂党、分裂红军的道路。1936年7月，红二、红六军团长征到达西康甘孜（今属四川），同红四方面军胜利会师，共同北上，于8月上旬进入甘南。

四 川

中央红军转战川南

chang zheng

中央红军四渡赤水河

赤水河是长江上游支流。是一条透迤于川南、黔西北幽谷深涧之间的千里长河，古称虺河、赤虺河，源出云南省镇雄县，斜贯贵州赤水县城，流经四川省合江县入长江。总长约420公里，大部河段成为川南和贵州西部的天然分界河。而地处赤水河西岸，山高林密、沟壑纵横的四川古蔺县，成为从贵州西北部进入四川的门户。

1935年1月29日，中央红军根据中革军委命令除以少数部队阻击敌人外，主力分三路纵队一渡赤水河，由贵州向四川的古蔺、叙永地区前进。这时，川军以8个旅分路追堵红军，以4个旅沿长江两岸布防阻止红军渡江；国民党中央军薛岳兵团和黔军也从贵州分路向川南追击；滇军3个旅正向毕节、镇雄急进，企图截击红军。2月2日，红军右纵队（由红一、红九军团和军委纵队第二、第三梯队、干部团上干队组成）先头第2师进攻叙永城不克，后卫红一师在三岔河遭敌截击。3日至6日，红一军团先后在叙永、毛坝、大坝等地遭川军截击；左纵队（由红五军团、红三军团直属队及第四师组成）红三军团在天堂坝同川军两个团发生战斗。

中央红军西出川南后，蒋介石指令川军倾全力阻止红军入川，并加强长江沿岸的防务。在各路敌军以优势兵力向红军进逼的情况下，

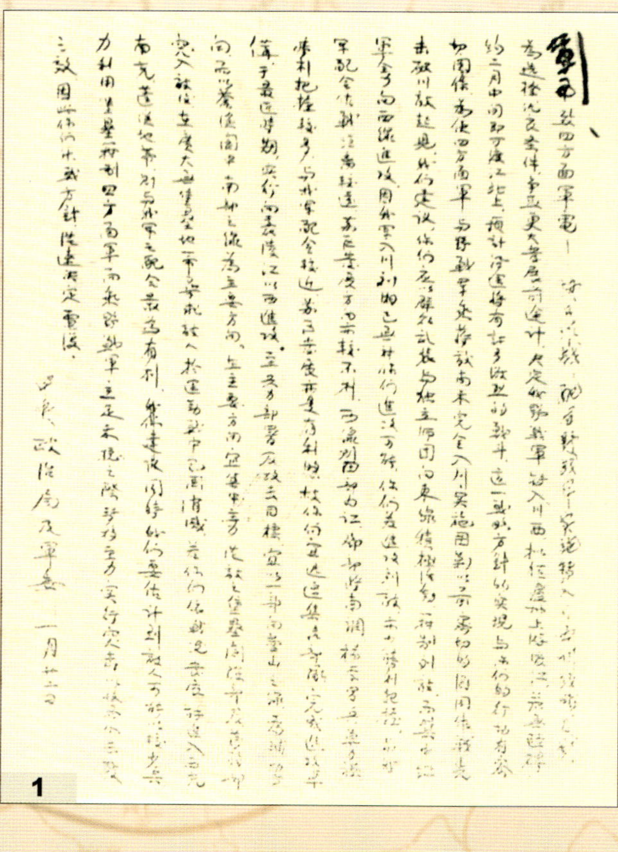

1

1 中共中央政治局、中革军委为中央红军北渡长江转入川西指示红四方面军配合行动电。

2 红军二渡赤水河要图

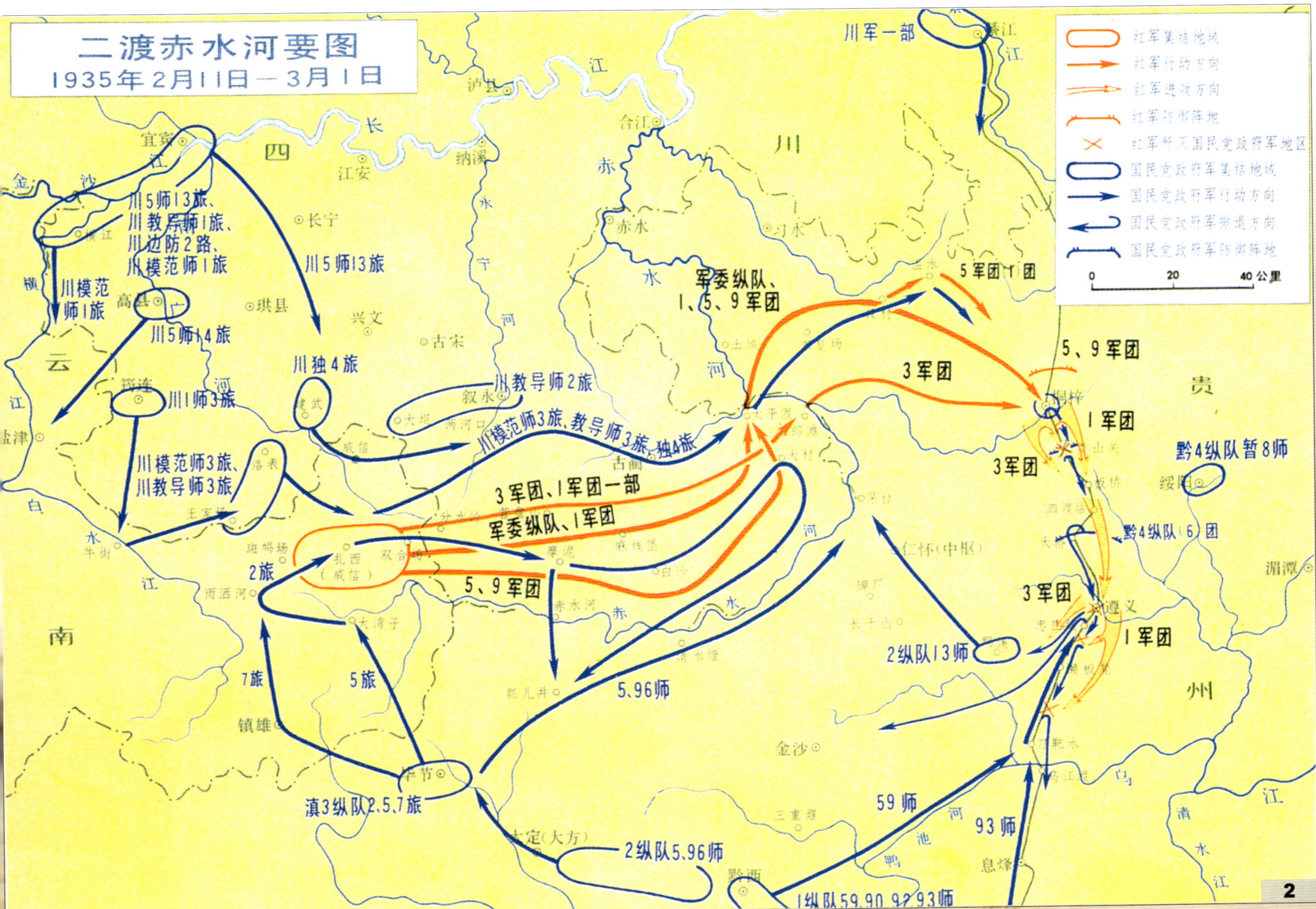

1

中央红军从川南的宜宾上游北渡金沙江已没有可能。2月7日，中共中央当机立断，决定暂缓执行北渡长江的计划，改取在川滇黔边机动作战的方针。于是中革军委命令各军团迅速脱离川敌，向扎西（今威信）地区集中。2月9日，中央红军在扎西地区集结完毕。

为适应战斗的需要，充实各连队的战斗力，中央红军各军团先后进行了精简和整编，全军除干部团外，共编为16个团。红一军团缩编为2个师6个团，红三军团缩编为4个团，红五、红九军团各编为3个团。整编中，许多师团干部服从组织决定，改任团、营长或更低的职务。

2月10日，中革军委决定避开敌军的合击，挥戈东进，再渡赤水，向敌人兵力薄弱的黔北地区发动进攻。11日，中央红军分3路纵队，由扎西地区开始东进。按计划以红三军团、红一军团一部为左纵队，经扎西、双河场向摩泥前进；军委纵队、红一军团主力为中央纵队，经大河滩，石坎子向石厢

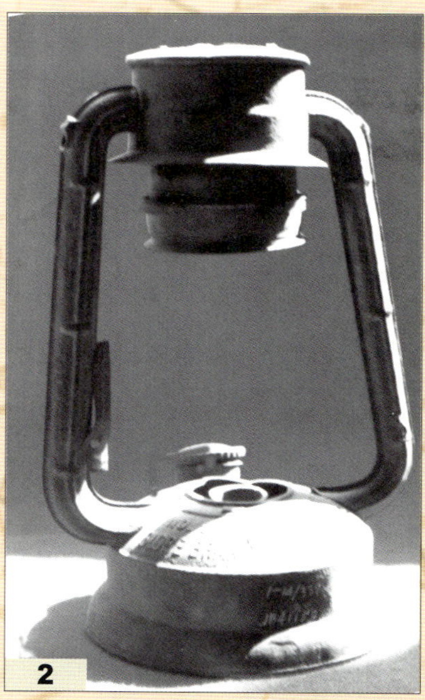

2

1 白沙红军总司令部驻地旧址
2 红军渡赤水河时用过的马灯
3 太平渡，二渡赤水渡口之一

1935.10 1935.11 1935.12 1936.01 1936.02 1936.03 1936.04 1936.05 1936.06 1936.07 1936.08 1936.09 1936.10

子及其以东地域前进；红五、红九军团为右纵队，担任佯攻和迷惑滇军，以掩护红军主力向东南转移，然后向水田寨、水潦前进。

15日，中革军委命令中央红军迅速东渡赤水河，以消灭黔敌王家烈部为主要作

3

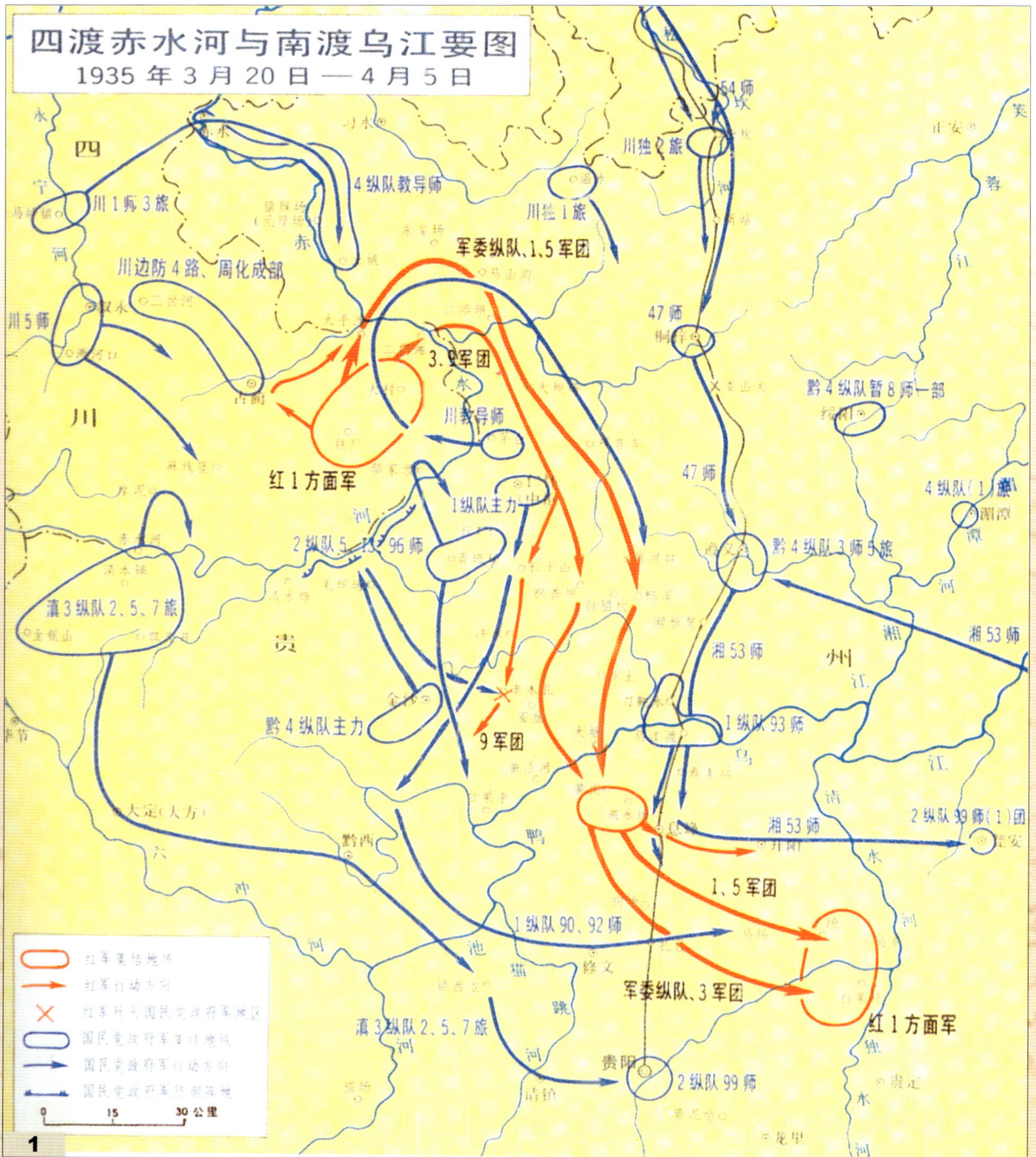

1

战目标。16 日，中共中央、中革军委发表《告全体红色指战员书》指出：“为了有把握地求得胜利，我们必须寻求有利的时机与地区去消灭敌人，在不利的条件下，我们应该拒绝那种冒险的没有胜利把握的战斗。因此，红军必须经常的转移作战地区，有时向东，有时向西，有时走大路，有时走小路，有时走老路，有时走新路，而唯一的目的是为了在有利条件下求得作战的胜利”。这是红军在敌强我弱条件下，进行机动作战的基本原则。18 日至 21 日，中央红军由太平渡、二郎滩二渡赤水河，回师黔北。

为了避免被动，调

1 四渡赤水河与南渡乌江要图
2 红军渡赤水河时用过的竹绳
3 二郎滩，四渡赤水渡口之一

1935.10 1935.11 1935.12 1936.01 1936.02 1936.03 1936.04 1936.05 1936.06 1936.07 1936.08 1936.09 1936.10

动，打击敌人，摆脱敌人的重兵围堵，寻求新的机动，中央红军于3月16日，在贵州茅台西渡赤水河，即三渡赤水，再次入川。兵分两路向四川南部的古蔺、叙永方向前进。佯装北渡长江，意在吸引敌重兵于川南，然后再回师东渡赤水，折返贵州，彻底甩开敌人。果然，蒋介石急忙调整部署，企图围歼红军于古蔺地区。

2

当各路敌军纷纷赶向川南之际，中革军委当机立断，决定“秘密、迅速、坚决、出敌不备折而向东”。朱德总司令发布了《四渡赤水河的行动部署》。于是红军以1个团伪装主力，大张旗鼓地向古蔺前进，掩护红军主力东渡赤水。由于组织工作严密细致，3月21日晚至22日，中央红军以隐蔽、神速的行动，由大村、两河口地区北上，在二郎滩、太平渡等地四渡赤水，再次进入黔北。

四渡赤水，是中央红军实行灵活机动战略战术的光辉典范。中央红军在广阔的战场上进行机动作战，调动和打击敌人，纵横驰骋于川、黔、滇广大地区，迂回穿插于敌人重兵之间，跳出了数十万敌军围追堵截的圈子，为实现渡江北上创造了条件。

3

中央红军围攻会理

1935年5月上旬，中央红军渡过金沙江进入四川，继续向北发展。进至会理县城附近后，中革军委决定以红三军团和干部团围攻会理。其目的是牵制敌人，迫使其将会理周围兵力向城内收缩，从而造成红军主力休整和顺利北上的有利条件。同时，减弱北面敌人的防御力量，以便红军主力顺利地向大渡河急进。

1

会理位于金沙江北岸，地处四川省西南部，为川滇交通要邑。国民党军专派川康边防军第1旅共计近3000人在此防守。其1个团布署在会理东路至宁南，1个团布署在会理西路的姜驿、黎溪一带，旅部及1个团（欠1个营）驻守会理。环城还建有20多个碉堡。其目的就是阻止红军北进。

红军决定以第三军团和干部团围攻会理。5月8日红三军团到达会理城郊，夺取了城东的东山寺和城西南的西来寺等制高点，包围了会理城。9日，干部团也抵达城郊。此时，国民党军第一旅增援部队已进至会理城西高地。于是，红三军团以

1 《二渡赤水河》（浮雕）

2 《四渡赤水河》（浮雕）

一部围城，而主力向增援之敌发起进攻，击溃其一部，援敌大部窜入城里。这时，会理城内守敌增至2个多团，由西昌增援会理之敌1个旅正在南下途中。为迅速拿下会理，10日晚，红军强攻会理。第三军团以第十团围城，第十一团攻东城门，第十二团攻西城门。战至11日晚攻城未果。12日，红三军团采用坑道爆破方法，对会理发动总攻，仍未果。

14日，红三军团再次总攻会理不克。同日，中革军委为执行中共中央确定的到川西或川西北创建根据地的战略方针，且红军主力在会理地区已达成了休整目的，因此决定放弃对会理的围攻，向西昌前进。

在红军围攻会理期间，中央政治局于5月12日，在会理县城附近的铁厂举行扩大会议。参加会议的有：毛泽东、张闻天、周恩来、朱德、陈云、博古、王稼祥、邓发、凯丰（何克全）、林彪、聂荣臻、彭德怀、杨尚昆以及共产国际军事顾问李德等。会议的主要任务是总结遵义会议以来的经验，确定红军过金沙江后的行动任

务，统一认识。张闻天在会上作了有关形势的报告，并作了自我批评。毛泽东总结了红军四渡赤水、抢渡金沙江以来的胜利经验，阐明了运动战的正确战略思想。会议讨论了军事行动问题，决定中央红军继续北上，并批评了林彪等怀疑毛泽东的领导、不同意机动作战的主张，统一了战略思想，增强了团结。关于中央红军今后的任务，中革军委在《关于我军渡江后的行动部署》中指出："我军渡过金沙江，取得战略上胜利后进入川西的有利条件"，"决定在会理及其附近停留5天(15号止)争取在长期行军后的必要休息与补充，以便继续夺取西昌而北上，实现在川西与红四方面军会合创建新苏区的目的。"

1

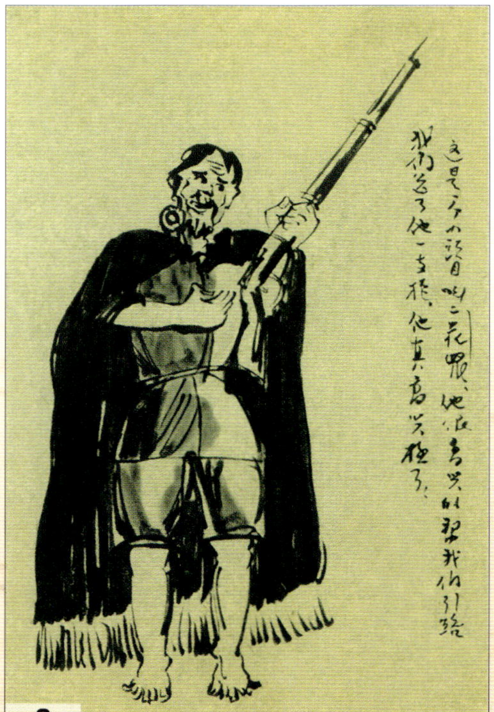

2

3

中央红军强渡大渡河

会理会议后，中央红军沿会理向德昌、西昌北进，以求达到渡过大渡河向红四方面军靠拢的目的，进而创建川西或川西北根据地。

从会理到大渡河有两条通道：一是经过西昌，翻小相岭，走成都的大路；二是经西昌至泸沽后，走冕宁，过彝民区，直下大渡河边的安顺场。后者是一条青藏高原东侧崇山峻岭中的崎岖山路。但敌已在第一条道路的富林大树堡布置了重兵堵截，因此，红军为避开与强敌决战，只能选择第二条道路。

*1935*年*5*月*15*日，红军主力放弃对会理的围攻后，沿会理

1 彝族同胞送给红九军团军团长罗炳辉的玛瑙烟壶

2 四川彝族向导（漫画　黄镇　作）

3 川滇边背盐人之家（漫画　黄镇　作）

4 会理会议会址

1935.10 1935.11 1935.12 1936.01 1936.02 1936.03 1936.04 1936.05 1936.06 1936.07 1936.08 1936.09 1936.10

至西昌大道继续北上，单独行动的红九军团执行保障其翼侧安全的任务。17日，红一军团在德昌以南击溃国民党川康边防军1个旅兵力的拦阻，歼其一部，占领德昌。继尔，主力部队绕过强敌固守的西昌城进抵礼州。红九军团于21日到达该地，与主力胜利会合。

这时，在红军继续前进的道路上，出现了两个障碍，一是冕宁以北大凉山的彝民区，这里的彝族群众，由于长期受封建王朝和国民党政府及地方军阀的压迫与歧视，经济文化落后，生活极其贫困，对汉人抱有很深的民族成见。要穿越这一地区必须了解这里的人们，团结他们，尊重他们的民族习惯，打消他们的顾虑，解除他们心中的成见，取得他们的信任、支持和帮助；二是大渡河这道天险。大渡河是岷江的最大支流，发源于巴颜喀拉山脉南麓，沿大雪山脉东麓奔腾而下，水深流急，两岸群山险峻，成为大部队通过的极大障碍。太平天国时期的著名将领翼王石达开曾率领数万大军进抵大渡河北渡未成，而陷入清军重围导致全军覆没，酿成了历史悲剧。蒋介石便试图利用彝族群众对红军的不了解和大渡河天险，企图以薛岳、刘湘等部重兵南攻北堵，围歼红军主力于大渡河以南、雅砻江以东地区，让石达开失败的历史在红军身上重演，使红军成为“石达开第

突破大渡河封锁线战斗要图

1935 年 5 月 15 日—6 月 2 日

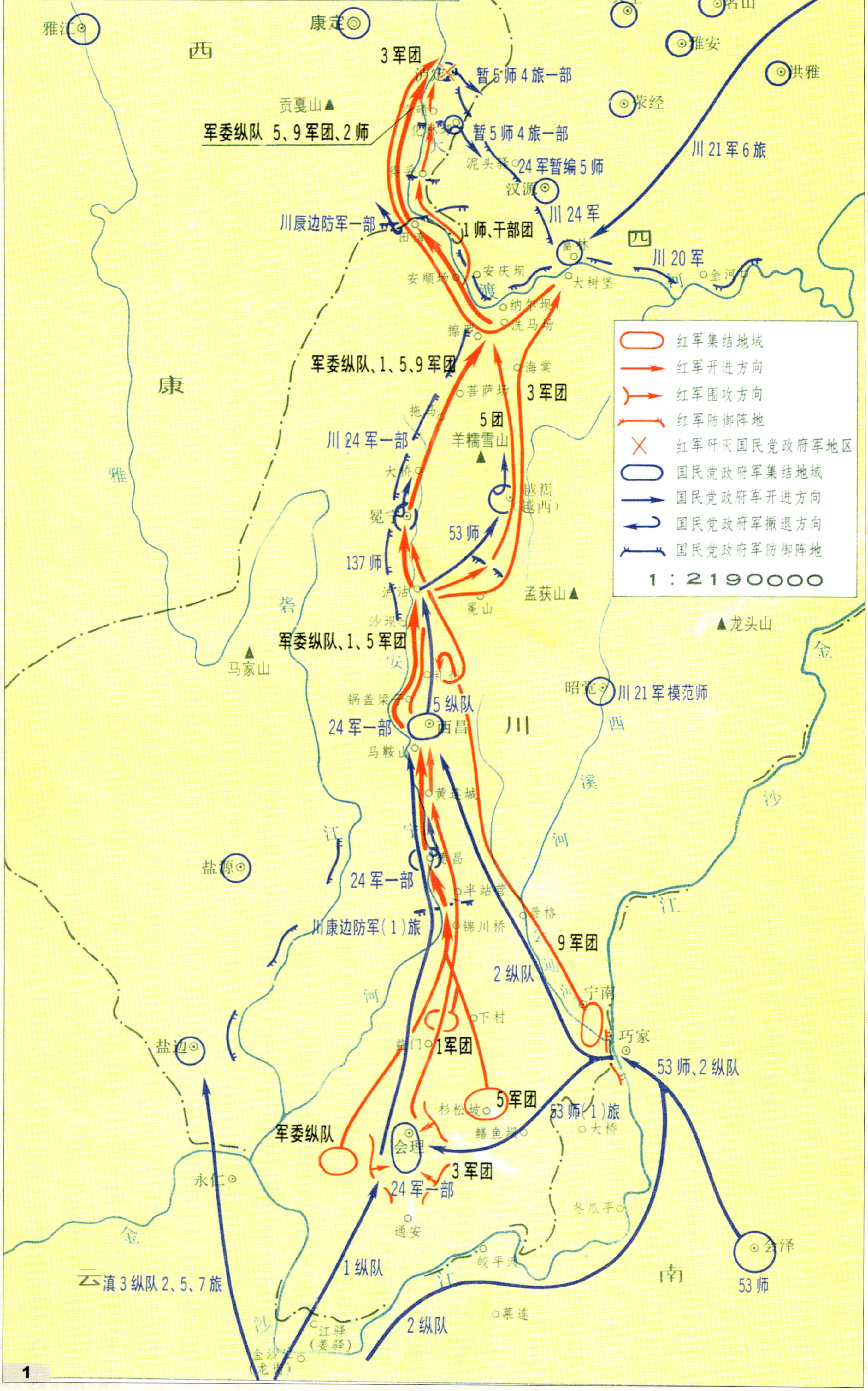

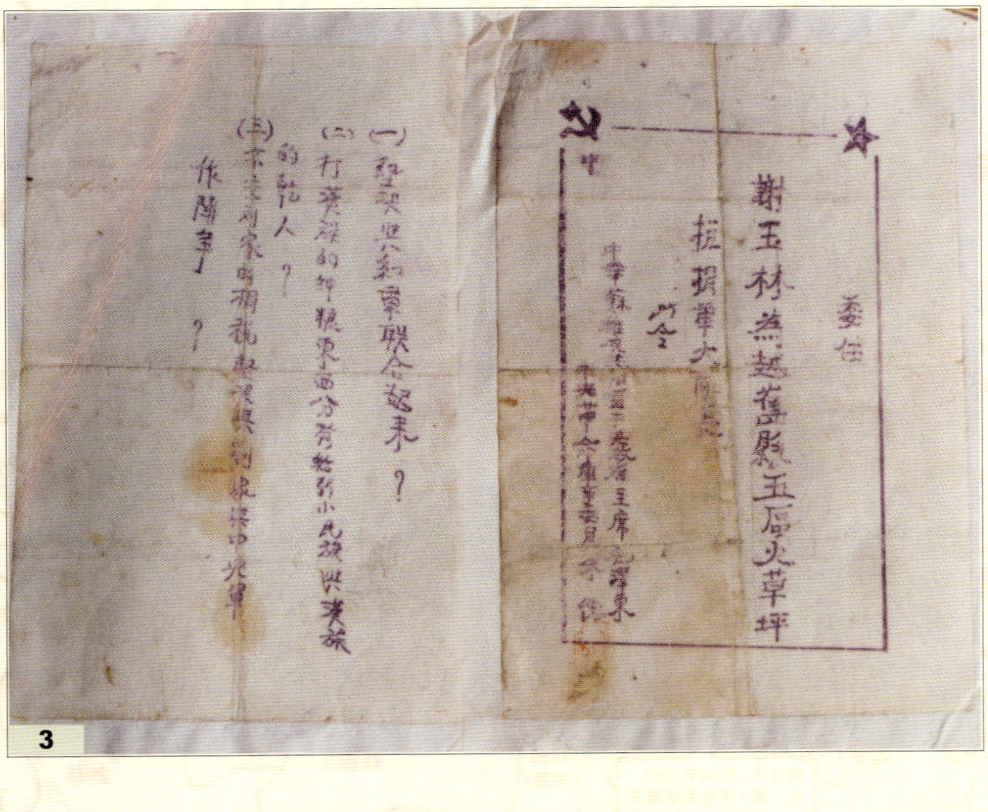

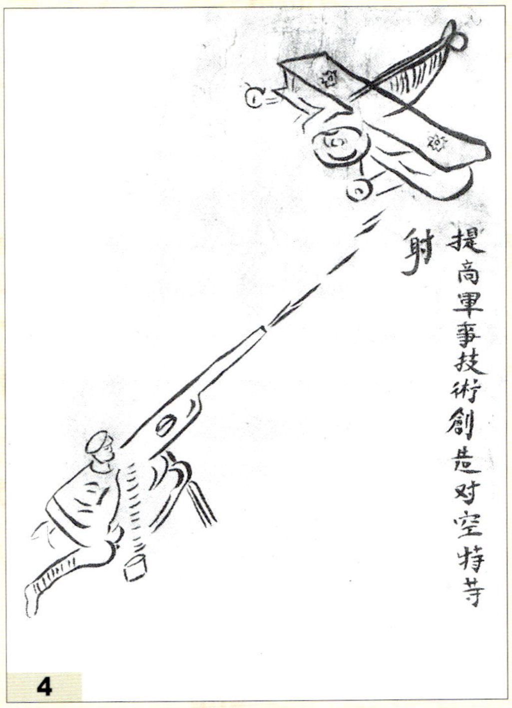

1 突破大渡河封锁线战斗要图

2 刊登在《红星》报上的社论:《迅速渡过大渡河，创造川西北新苏区》。

3 毛泽东、朱德在越嶲县发给少数民族地区人民武装的委任状。

4 红军在四川会理南阁画的宣传画

1

2

二”。为此，蒋介石展开了所谓大渡河会战的部署。他命令薛岳率“追剿”军主力迅速北渡金沙江，向西昌兼程追击，并以“追剿”军第三纵队向盐边、盐源地区推进，沿雅砻江西岸布防，阻止红军西进；以川军第二十四军主力由泸定至富林沿大渡河左岸修筑碉堡，阻止红军北上；以第二十军主力及第二十一军一部向雅安、汉源地区推进，加强大渡河以北的防御力量。

中革军委于5月20日下达训令，明确指出：“目前应以迅速北进争取渡江先机，首先进到清溪、泸定桥、洪雅地区，与川敌进行作战机动，争取赤化，为战略上基本方针。”要求各军团必须以极迅速、坚决、勇猛、果断的行动，消灭阻我前进的川军各部队；以最大的努力争取彝民群众，并组织彝民游击队；以急行军到达大渡

1	参加红军的彝族青年
2	朱德向红军指战员讲话
3	红军宣传标语
4	红军彝族游击队（漫画　黄镇　作）

1935.10　1935.11　1935.12　1936.01　1936.02　1936.03　1936.04　1936.05　1936.06　1936.07　1936.08　1936.09　1936.10

河边，迅速渡河，并准备渡河后与川军进行连续战斗，以开展川西局势。

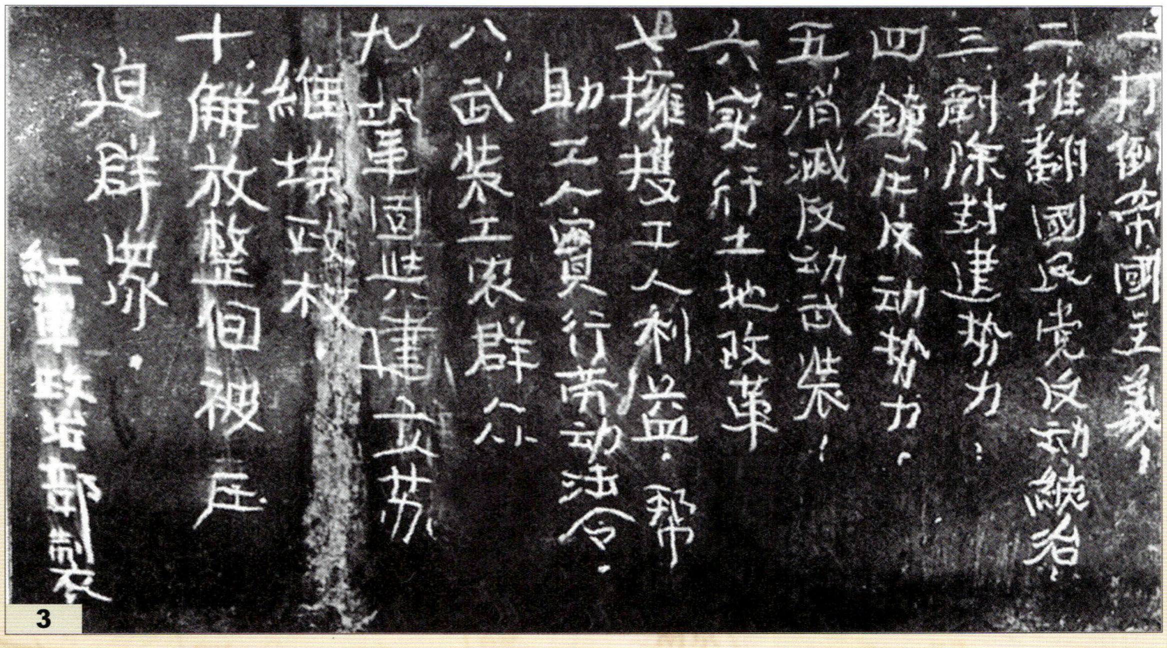

3

中央红军为了实现中革军委的基本方针，继续北上。迅速攻占泸沽、越嶲（今越西），并立即前出至大渡河南岸之大树堡，22日占领冕宁，进入四川冕宁县大凉山彝族聚居区。为了向广大彝族群众宣传中国共产党的民族政策和红军的纪律，取得彝族群众的了解和支持，首先组成了由刘伯承任司令员，聂荣臻任政治委员的中央红军先遣队，担负战略侦察、宣传党的政策和开路任务。红军总司令朱德发布了《中国工农红军布告》，指出："中国工农红军，解放弱小民族；一切彝汉平民，都是兄弟骨肉。可恨四川军阀，压迫彝人太毒；苛捐杂税重重，又复妄加杀戮。红军万里长征，所向势如破竹；今已来到川西，尊重彝人风俗。军纪十分严明，不动一丝一粟；粮食公平购买，价钱交付十足。凡我彝人群众，切莫怀疑畏缩；赶快团结起来，共把军阀驱逐。设立彝人政府，彝族管理彝族；真正平等自由，再不受人欺辱。"同时，要求部队官兵严格执行党的民族政策，尊重彝族风俗习惯，严格遵守纪律，做到秋毫无犯，以模范的行动扩大党和红军的政治影响。

4

1934.07 1934.08 1934.09 1934.10 1934.11 1934.12 1935.01 1935.02 1935.03 1935.04 1935.05 1935.06 1935.07 1935

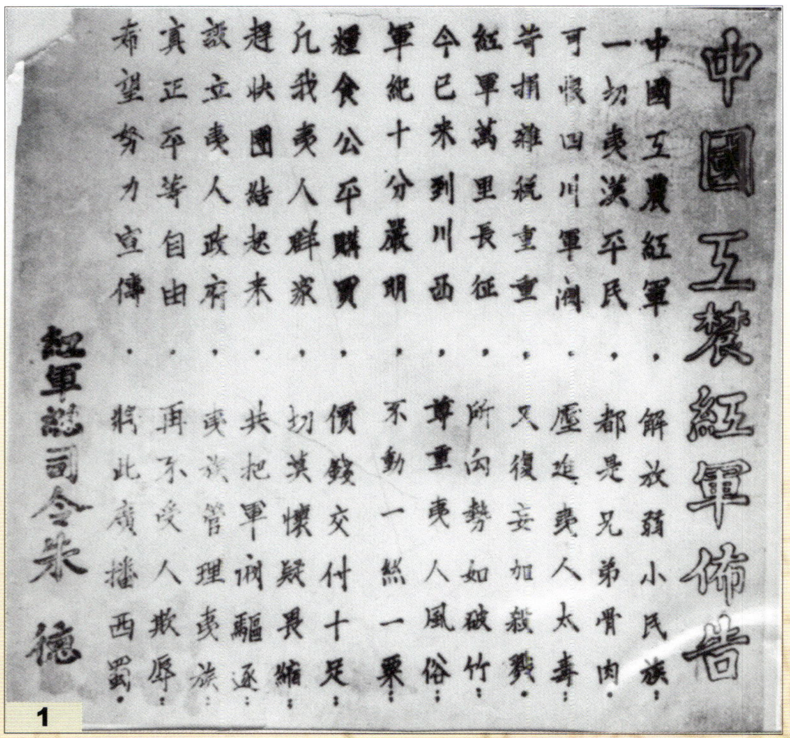

中國工農紅軍佈告

中國工農紅軍，解放弱小民族；
一切彝漢平民，都是兄弟骨肉。
可恨四川軍閥，壓迫彝人太毒；
苛捐雜稅重重，又復妄加殺戮。
紅軍萬里長征，所向勢如破竹；
今已來到川西，尊重彝人風俗。
軍紀十分嚴明，不動一絲一粟；
糧食公平買賣，價錢交付十足。
凡我彝人群眾，切莫懷疑畏縮；
趕快團結起來，共把軍閥驅逐。
設立彝人政府，彝族管理彝族；
真正平等自由，再不受人欺辱。
希望努力宣傳，將此廣播西蜀。

紅軍總司令朱德

1

中央红军先遣队进入彝族区后，遭到彝民的拦阻和袭扰。他们手持土枪、弓弩，聚众示威；挥舞大刀、长矛、棍棒，拦阻道路；有的竟然扒掉红军身上的衣服，抢走装备。于是，红军在向群众宣传党的政策和红军的主张的同时，派出代表同彝族首领谈判。红军了解到从冕宁到大渡河各个彝族家支及其头人的情况，根据各个家庭不同的政治态度，采取不同的政策。并按照彝族的习俗，红军总参谋长兼中央红军先遣队司令员刘伯承，同与我友好的彝族沽基家族首领小叶丹歃血盟誓，结为兄弟，并帮助他们建立了中国红军彝民沽基支队；说服老伍家族保持中立；对受国民党利用同红军对立的罗洪家族则向其耐心说明党的民族政策和红军的宗旨。同时释放出被国民党扣押在县衙里的彝族群众数百人。这些工作收到了显著的成效。在上层工作的同时，广大的红军指战员纪律严明，秋毫无犯，深深地赢得了彝族民众的拥护和爱戴。这一系列工作的结果，使红军顺利地通过了彝族区，并有一批彝族青年加入到红军的革命队伍中。

中央红军通过彝族区后，立即向大渡河急进。接受强渡大渡河任务的红一军团先头部队第一师第一团，于5月24日晚冒着大雨出发，经80多公里的雨中急行

2

1 红军颁布的关于民族政策的布告

2 安顺场（漫画 黄镇 作）

3 朱德关于强渡大渡河的命令

军，赶到大渡河南岸的安顺场。敌人为了防止红军渡河，在此部署两个连的兵力防守渡口，并且只有1只船供他们过往使用。红军赶到安顺场，立即发起进攻，一举歼灭敌两个连，缴获了唯一的渡船，控制了渡口。

5月25日，红一团开始强渡大渡河。此时，川军第五旅第七团1个营已抢先占领了这一地区，并构筑工事，凭险防守。面对此情，红军由红一团第二连的17名勇士组成渡河突击队。他们是：队长，第二连连长熊尚林；队员：第二排排长罗会明、第三班班长刘长发、副班长张表克、战士张桂成、萧汗尧、王华亭、廖洪山、赖秋发、曾先吉，第四班班长郭世苍、副班长张成球、战士萧桂兰、朱祥云、谢良明、丁流明、陈万清。他们每人携带1把大刀、1支冲锋枪、1支短枪、5至6枚手榴弹。在团机枪连和军团炮兵营的火力掩护下，渡河突击队

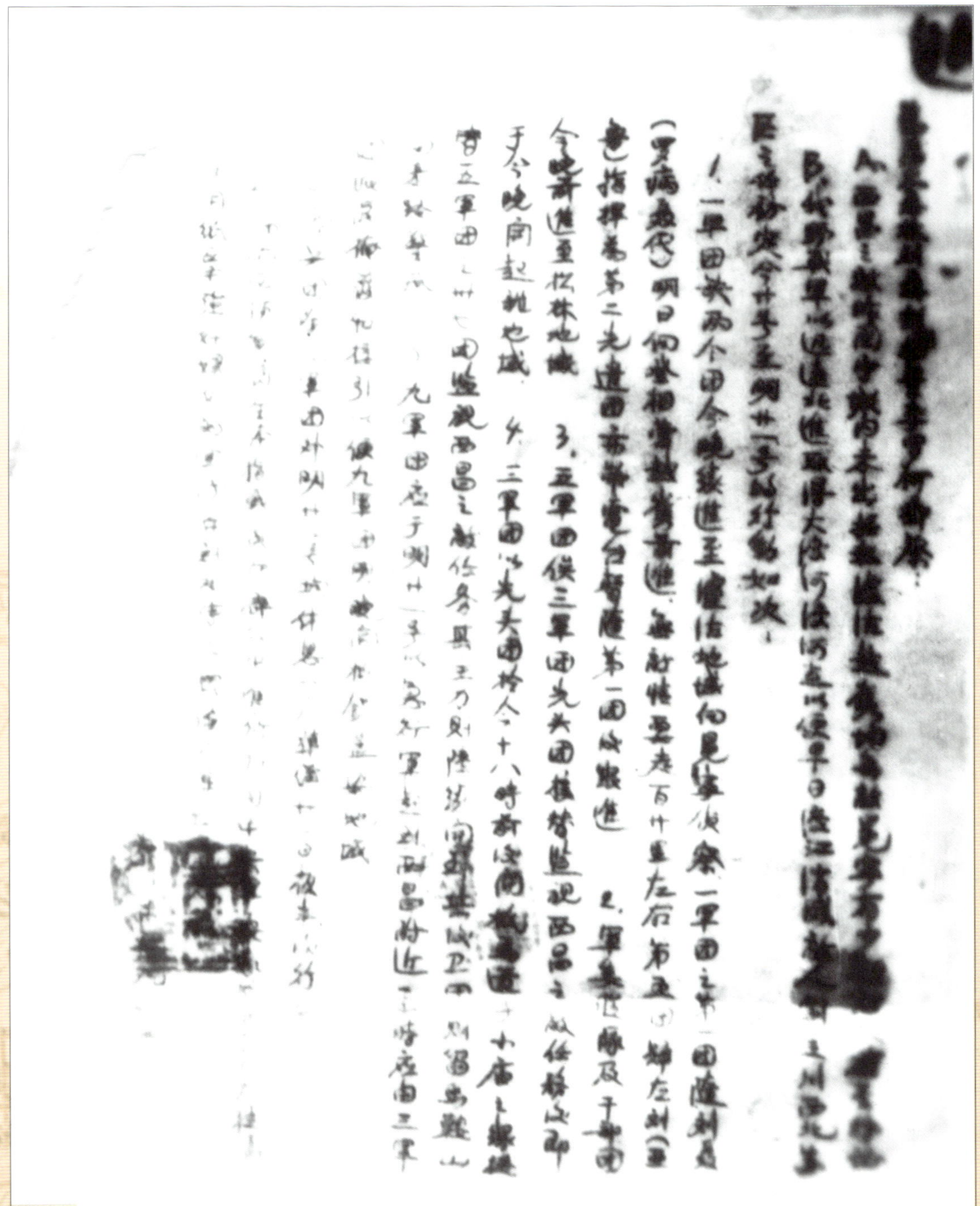

3

1

冒着敌人密集的火力，飞舟强渡大渡河。勇士们以小船战胜了大浪，冲过重重火力封锁，登上对岸。经过激战，击溃守敌的封锁、阻渡，控制了对岸渡口，巩固了滩头阵地。从而在敌人视为红军插翅也难以飞越的天险大渡河防线上，打开了一条中央红军北上的道路，在中国革命战争史上写下了光辉的一页。

中央红军在安顺场强渡成功后，进入西康。西康，位于四川与西藏之间的青藏高原和横断山脉结合部，气候恶劣，人烟稀少，出产不丰。是中国工农红军长征途经最西端的省。1955年，西康省撤消，所辖地域一部划归四川省，一部划归西藏。在西康红军创造了飞夺泸定桥的奇迹。

安顺场，水深流急，不便架桥，并且找到的4艘渡船只有1只是好的。因此，数万大军无法在短时间内全部渡过大渡河。而此时敌情紧急，薛岳部已尾追过德昌，正昼夜向大渡河赶进。于是中革军委决定兵分两路夹河而进，火速抢占西北方向的泸定桥。红一师由安顺场过河后沿大渡河左岸北上；主力由安顺场沿大渡河右岸北上。1935年5月27日，沿右岸北上的红军主力先头部队红一军第二师第四团一路横扫敌军，踏着泥泞崎岖的小路，经过160公里的急行军，于29日晨袭占泸定桥西桥头。

泸定桥位于西康省泸定县，是我国著名的铁索桥之一，始建于1705年，

1 安顺场战役红军指挥部

2 红军强渡大渡河时用的刺刀、马刀。

3 红军抢渡大渡河时使用的马尾手榴弹

4 红军强渡大渡河时用的步枪

扼川康要道，横跨于奔腾咆哮的大渡河之上。桥长100多米、宽2.8米，由13条铁索组成。桥身铁索9根，平行系于两岸，上铺木板，以作桥面，左右各拉两根，以作扶手。人行走在桥上，摇摇晃晃，十分险要。东桥头同依山傍水的泸定城相接。泸定城内守敌为川军第二十四军第四旅第三十八团主力。旅部在泸定城南的冷碛地区，另有2个旅此时正赶向泸定城增援。在红军到达的前一天，敌人已将铁索桥上的木板拆除，只剩下13根铁索飞悬在激流翻滚的大渡河上。红军将要攀扶着这些铁索链，冲破敌人的火网，强夺泸定桥，任务十分艰险。

29日下午4时，红军以左纵队第四团第二连连长廖大珠为队长，组成22名勇士的突击队，冒着敌人猛烈的炮火，身体紧贴铁索向对岸冲去。岸上，全团的司号员同时吹响冲锋号，轻重机枪一齐向对岸开火。第三连指战员在连长王友才的率领下，每人扛着一块木板，跟随在突击队后边，一面铺桥，一面前进。当红军接近对岸桥头时，敌人在桥东头和城门前燃起了熊熊烈火，企图阻止红军前进。红军勇士们奋不顾身冲进火阵，烟团呛得他们喘不上气，烈火烤疼了脸，烧焦了衣服，他们全然不顾，猛虎般地冲锋，终于穿越大火胜利地抢占了桥头堡，攻进泸定城。后续部队紧跟入城，与守敌展开激烈的巷战。经激战，红军击溃守敌，占领了泸定城，控制了泸定桥。这时，沿大渡河左岸北上的第一师和干部团，也日夜赶进，在击破敌人一个团兵力的拦阻后，胜利地到达泸定城。接着，中央红军主力由泸定桥胜利通过大渡河。蒋介石要中央红军成为“石达开第二”的计划，终于成了泡影。

2

3

中央红军经泸定桥全部顺利地渡过大渡河后，按照中革军委的命令，出西康，兵分三路进入四川，向天全、芦山前进。

4

1

1 安顺场

2 安顺场渡口

2

中革军委通报表彰的飞夺泸定桥战斗英模
一九三五年五月二十九日
廖大珠　王海云　李友林　李金山　刘梓华

1

*1935*年*6*月*6*日，中央红军主力部队到达天全城关青衣江对岸的沙坝村。红九军团从泸定翻越二郎山，沿着天全河北岸直接插至天全城，7日晚出其不意地在守敌西背侧出现，与先期到达南岸的红军主力对天全形成夹击态势。此时，天全守敌是刚从洪雅调过来的杨森部的一个先头营。他们见红军势不可挡，自己的力量薄弱，后续部队尚不能到达，恐惧心理十分严重，害怕被红军全歼，因此弃城而逃，红军顺利占领天全。红军主力于8日晨过河入城后，没有停留，即日夜兼程向芦山、宝兴疾进。

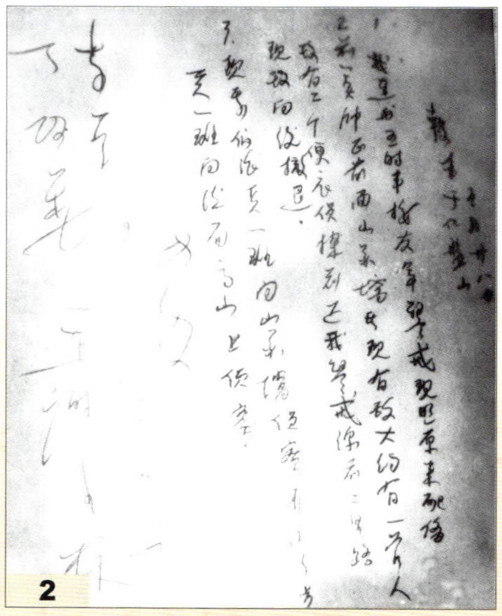

2

这时，薛岳部第一、第二纵队正由西昌北进，第53师已经到达冕宁，原来驻守天全的杨森部第二十军的一个旅已经调往荥经，邓锡侯部第28军奉命调往芦山，但在途中尚未到达。6月8日，中革军委为了迅速实现同红四方面军会合，开展新的局面，决定乘敌杨森部取守势，薛岳部、邓锡侯部到达尚需时日的有利

3

1 中革军委通报表彰的飞夺泸定桥战斗英模

2 红军某部一连在抢占泸定桥前的侦察报告

3 普格红军树，红九军团曾在此树下宣传党的政策。

4 泸定桥（漫画　黄镇　作）

5 《战士》报报道的红军强渡大渡河的英雄事迹。

1935.10　1935.11　1935.12　1936.01　1936.02　1936.03　1936.04　1936.05　1936.06　1936.07　1936.08　1936.09　1936.10

时机，克服困难，快速前进，突破芦山、宝兴敌军防线，夺取懋功，控制小金川流域。于是中央红军在十八道水（今仁义乡）兵分两路，直取芦山、宝兴。此时芦山守敌王泽浚旅，以第十八团的2个营守备城东南河岸，防堵天全方向的红军过河；团部及1个营防守县城；第十六、十七团在城东北芦山岗高地构筑第二线阵地，8日夜，化装成群众混进芦山县城的红军向守城之敌发起突然袭击。顿时，芦山县城内杀声四起，守城之敌惊惶失措，弃城而逃。

中央红军乘胜前进，开向宝兴。由于红军行动神速，致使敌人在宝兴未及设防。红军顺利通过宝兴县城，后直奔雪山。

中央红军由宝兴继续北上必经崔店子。这里地势险恶，东河之水奔腾咆哮，陡峭的山崖高耸入云，树藤荆棘丛生，仰首只见一线天，无路可走。先人曾在此建过便桥、栈道，但都已毁掉。于是，红军先头部队指战员爬上悬岩绝壁，攀着荆棘蔓藤而上，脚下是滔滔的河水，头上是直伸云端的峭壁奇峰，红军硬是在石崖上开辟了一条三里长的险径，因前方已无藤蔓可攀，只好设法过河。战士们用绑腿扭成的布绳作成一条“索

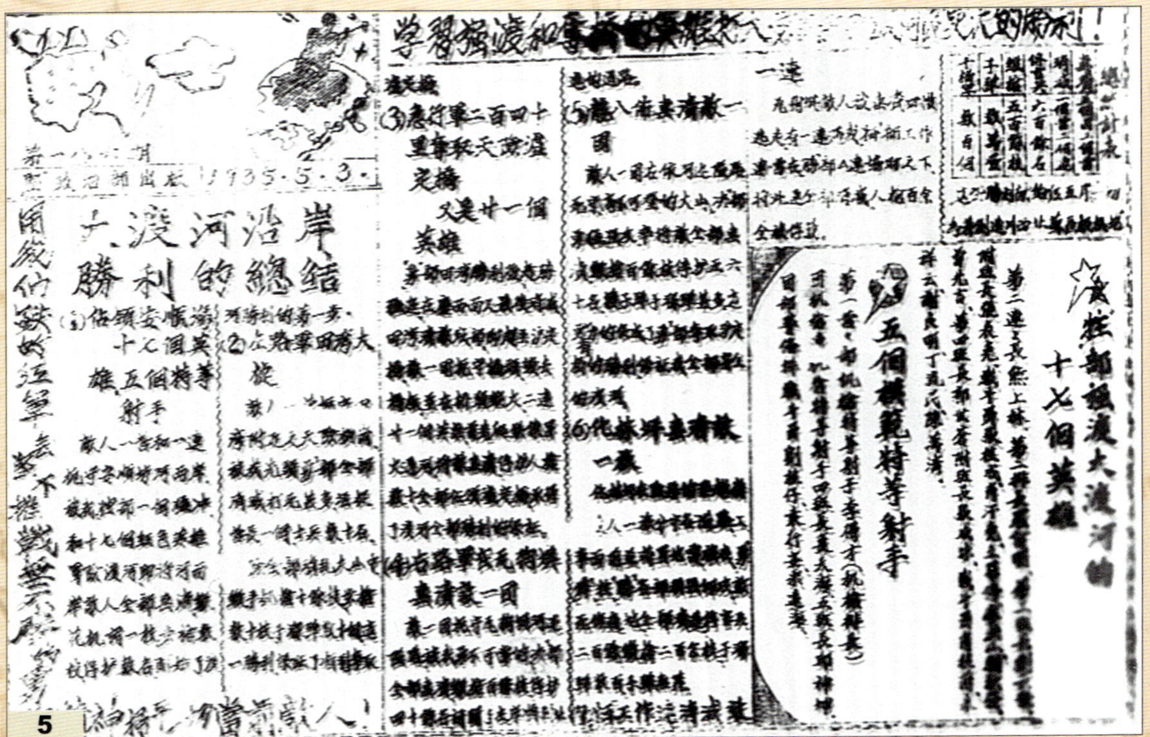

1935.5.3.

大渡河沿岸勝利的總結

五個模範特等射手

十七個英雄

1

道”，先遣队攀此“索道”，一个一个地过了河。尔后，红军在当地乡亲们的帮助下，搭桥、修栈道。红军在此地历时7天7夜，胜利通过崔店子。此段路程之险，正如伍云甫在《随军日记》中写的那样：“在风龙寨（蜂桶寨）附近大休息，因木桥不易通过，至崔店子附近宿营。”“因前面石崖隘路，甚难通过。”

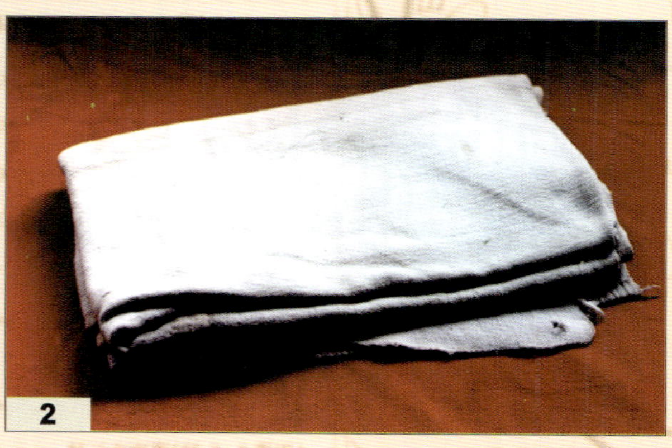
2

中央红军胜利通过了崔店子，进入宝兴藏民聚居的硗碛地区。硗碛位于宝兴县的北部，夹金山的南面，地处偏僻，气候寒冷，生活贫困，大部分是藏民。但这里的人民对红军有着火一样的热情。他们在街上挂起三道欢迎红军的横额（当地叫“天花”），用大红布围起大方桌，桌上放着盛有10样果品的大盘（称为“十样锦”）和长颈水壶。家家户户的门口都摆放着开水，像迎接贵客一样，欢迎红军的到来。红军严格遵守纪律：一、不进老百姓的住房；二、保护寺院；三、不随便吃群众的东西；四、

1 四川省天全县灵关殿镇。陈云于1935年6月奉命从这里到上海恢复党的秘密工作。

2 中央红军与红四方面军会师时，中央红军赠给红四方面军总医院谢朝明的线毯。

3 两军会师时，红四方面军一战士送给中央红军电话总队曾玉祥的银元。

4 《红星》报就红一、四方面军会师的报道。

1935.10 1935.11 1935.12 1936.01 1936.02 1936.03 1936.04 1936.05 1936.06 1936.07 1936.08 1936.09 1936.10

不拿藏民一点财物。同时，不准任何人进入喇嘛寺的经堂。红军到扎角坝时，没有一个人进入老乡的房门，夜间沿路边露营，即便涉险上山拾柴草烧篝火，也不拿老乡家的柴火。红军的行动深深地感动了藏民们，于是，听信谣言跑上山的乡亲们都陆续回到家中，热情地给红军送柴、送菜，送上热爱红军的亲情。

正当中央红军向红四方面军靠拢之时，1935年5月下旬，红四方面军总指挥部在茂县召开了各军领导干部会议，研究布置迎接中共中央和中央红军的各项准备工作。总部决定由第三十军政治委员李先念和第九军军长何畏等率领第三十军第八十八师第二六五、第二六八团和第九军第二十五、第二十七师各一部，由岷江地区兼程西进，开往小金川地区迎接中共中央。第四、第三十一军各一部在松潘以南的镇江关、松平沟地区，抵御北面的敌胡宗南部；另一部在北川、片口一线抵御东面的川军，以保障会师的胜利实现。5月底，部队分两路出发：一路是第九军第二十七师一部，从汶川向西南的卧龙方向前进，阻击由巴郎山方面西进的敌人；一路是第九军第二十五师、第三十军第八十八师，从汶川西经理番再南向懋功。李先念和少数部队从茂县赶到理番，随第八十八师一起行动。6月初，前锋部队第二十五师先攻占了两河口，随后又歼灭邓锡侯部两个营及地方反动武装近千人，攻占了懋功，并乘机向达维进发，准备南出夹金山，到宝兴、芦山、天全一带去迎接党中央和中央红军。

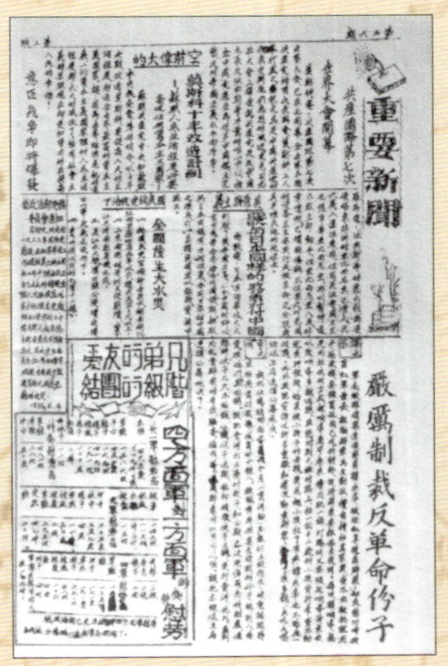

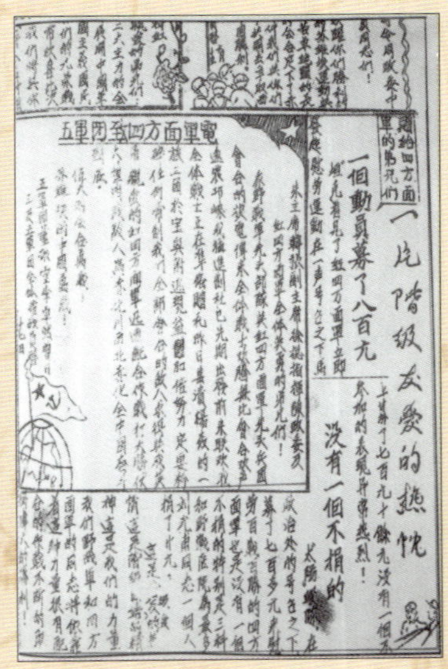

*1935*年*6*月*12*日，中

央红军向长征途经的第一座大雪山——夹金山进军。夹金山位于宝兴县以北，海拔4500多米，高入云霄，空气稀薄，终年积雪，没有道路，没有人烟。天气变幻无常，忽而冰雹骤降，忽而狂风大作。恶劣的自然条件挡住了红军北上的去路。中央红军的战士大多数是南方人，这样的大雪山以及高严寒的气候，都是他们有生以来第一次遇见的。红军从云南进入四川，正值暑热的夏季。本来着衣就十分单薄，加之远征的损耗，更加难以抵御雪山刺骨的寒冷。因此上山前，在藏民的帮助下，用柏树皮、干竹子扎起了一把把“火照”，砍来竹竿、树条做成一根根路杖，将干辣椒作为御寒品分发给战士，为顺利翻过雪山作着力所能及的准备。过雪山时，红军先头分队边开路边行进，稍有不慎，就会掉进深不见底的冰谷雪窟之中。山上经常大雪纷飞，冷气遮蔽着整个天空。遭受寒冷之苦的红军战士希望加快脚步上山，以增加

1

1 《红军过雪山》（油画　艾中信　作）

2 夹金山近景

3 《红星》报刊载的庆祝红一、四方面军胜利会师的文章。

1935.10　1935.11　1935.12　1936.01　1936.02　1936.03　1936.04　1936.05　1936.06　1936.07　1936.08　1936.09　1936.10

热量御寒。而稀薄的空气使他们呼吸异常困难，无法加快行进的速度，只能一步一步慢慢地行走。那些体力弱的红军更是冷得牙齿拍拍地打响。个个脸色都是铁青的。然而，红军广大指战员以革命理想高于天的顽强意志，抗击着夹金山的大雪和奇冷，他们顶严寒，冒风雪，手拉着手，相互搀扶，相互鼓励着，一步一步地走向山顶，饿了就啃点干粮，渴了就抓一把冰雪，累了也不敢休息，因为一坐下来可能就再也起不来了。英雄的中央红军广大指战员就这样怀着必胜的信念，发扬不怕苦不怕死、无坚不摧的革命精神，以坚忍不拔的革命毅力，同心同德，团结互助，克服了重重困难，战胜了风雪严寒、高山缺氧的恶劣自然条件，终于翻越了长征路上的第一座大雪山——夹金山。

2

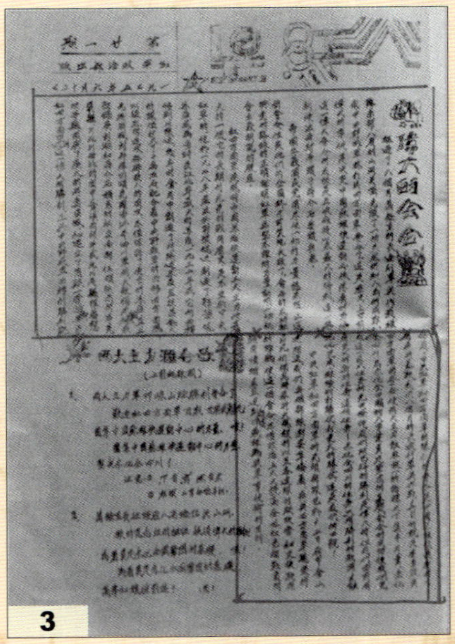
3

红四方面军开始长征

嘉陵江战役

1935年2月中旬，红四方面军由陕南回师川北。为了向四川、甘肃边界发展，并配合中央红军的行动，红四方面军决定发起嘉陵江战役。嘉陵江是四川盆地中的一大支流，两岸多是悬崖峭壁，水深流急，地势险要，易守难攻。嘉陵江沿岸及以西地区筑有坚固工事，配以重兵防守，妄图凭借天险堵截红军向西发展。此时嘉陵江沿岸及其以西地区由敌田颂尧和邓锡侯两部防守，由邓锡侯统一指挥。在北起广元的朝天驿南至南部新政坝的嘉陵江以西约600里的地区，共部署52个团的兵力。其后方直至涪江沿岸地区十分空虚，仅在邓锡侯第二十八军军部所在地绵阳及其以北之江油地区，有主力一部驻守。

1

1 嘉陵江战役旧址之一——南塔子山渡口。

2 张国焘

3 剑阁县剑门关

红四方面军根据敌人防御正面宽大和后方空虚的弱点，决定集中主力，选择敌人防御薄弱环节，实施多路而有重点的突破。具体渡江作战部署是：红三十军从苍溪城南的塔子山实施重点突破，歼灭当面之敌后，向剑阁方向进攻并协同红三十一军消灭剑门关之敌；红三十一军由苍溪以北的鸳溪口渡江，尔后消灭剑门关之敌，并迅速向广元、昭化方向发展，打击邓锡侯部和阻击位于甘南的胡宗南部南下，保障右翼安全；红九军由阆中以北的涧溪口渡江，尔后一部协助红三十军向北进攻，另一部负责消灭南部之敌，保障左翼安全；红四军为第二梯队，于第一梯队渡江成功后，在苍溪渡江，以一部向南协同红九军作战，主力向梓潼方向发展。为保证顺利渡江，从渡船、桥梁等多方面做了充分的准备。

3月28日晚，嘉陵江战役开始。红四方面军第一梯队各部队以偷渡和强攻相结合，分别实施渡江作战。红三十军第八十八师二六三团2个营及总部教导营，于塔子山附近秘密渡江，几十只渡船消消地在嘉陵江中神速地向大江对岸急驰，迫近岸边时，被敌发觉。我岸上炮火迅速展开，掩护突击队登岸。突击队先头连的几只船，距离江岸还有20多米时，红军战士们就奋不顾身地跳到江中，涉水冲上江岸。突击队的另外两个连也迅速登岸，迂回至敌翼侧，两面夹击，使敌混乱溃退，从而巩固了滩头阵地。我岸上炮火连续摧毁敌沿江而筑的六七个

嘉陵江战役要图
1935年3月28日—4月21日
红军集结地域
红军开进方向
红军第一阶段进攻方向
红军第二阶段进攻方向
红军阻击阵地
红军包围国民党政府军地区
红军歼灭国民党政府军地区
国民党政府军集结地域
国民党政府军第一阶段增援方向
国民党政府军第二阶段增援方向
国民党政府军撤退方向
国民党政府军防御阵地
0 15 30公里
川29军余部
川28军军部
川28军 10 团
川28军(3)旅
川28军 1 旅
4军一部
9、30军(欠89师)
89师
88师
1师
预备队
川28军(3)团
川29军(7)团
川29军(25)团
30、9军一部
31军
4军
9军
30军
9、4军各一部
川28军(18)团
甘
肃
陕
西
四
川
剑阁
江油
绵阳
梓潼
北川
广元
昭化
南部
阆中
三台
盐亭
射洪
西充
南充
蓬安
仪陇
塔子山
苍溪
文县
4050
3231
大草堂

红军第四方面军长征初期序列

（1935年4月——6月）

- 西北革命军事委员会
  - 主　席　张国焘
  - 副主席　陈昌浩　徐向前
- 第4方面军
  - 总指挥　徐向前
  - 政治委员　陈昌浩
  - 副总指挥　王树声
  - 参谋长　倪志亮
  - 政治部主任　陈昌浩（兼）
  - 政治部副主任　曾传六　傅　钟（后）
  - 第4军
    - 军长　许世友
    - 政治委员　王建安
    - 副军长　刘世模
    - 政治部副主任　洪学智
    - 第10师（第28团、第30团、第34团、第36团）
      - 师长　余永寿　王友均（后）
      - 政治委员　叶道志
    - 第11师（第31团、第32团、第33团）
      - 师长　周仕元　陈再道（后）
      - 政治委员　陈锡联
  - 第9军
    - 军长　孙玉清
    - 政治委员　陈海松
    - 政治部主任　王新亭
    - 第25师（第73团、第74团、第75团）
      - 师长　韩东山
      - 政治委员　陈海松（兼）
    - 第27师（第79团、第80团、第81团）
      - 师长
      - 政治委员　李德明
  - 第30军
    - 军长　程世才（代）
    - 政治委员　李先念
    - 副军长　程世才
    - 政治部主任　李天焕
    - 第88师（第263团、第265团、第268团）
      - 师长　熊厚发
      - 政治委员　郑维山
    - 第89师（第262团、第264团、第266团）
      - 师长　邵烈坤
      - 政治委员　张文德
    - 第90师（第267团、第269团、第270团）
      - 师长　汪乃贵
      - 政治委员　何重之
  - 第31军
    - 军长　余天云
    - 政治委员　詹才芳
    - 政治部主任　张成台
    - 第91师（第272团、第273团、第275团）
      - 师长　余家寿
      - 政治委员　易良品
    - 第93师（第271团、第274团、第279团）
      - 师长　陈友寿
      - 政治委员　叶成焕
  - 第33军
    - 军长　王维舟
    - 政治委员　张广才
    - 副军长　罗南辉
    - 政治部主任　李伯选
    - 第98师（第294团、第295团）
      - 师长　蒋群麟
      - 政治委员
    - 第99师（第296团、第297团）
      - 师长　王　波
      - 政治委员　王德安
  - 红军大学校长　倪志亮（兼）
    - 副校长　李　特
  - 炮兵团
  - 特务团
  - 妇女独立第1团
  - 妇女独立第2团

碉堡，突击队乘势占领敌前沿重要据点，全歼守敌1个营。29日拂晓，后续部队2个团渡江投入战斗，向南北两翼反扑之敌发起进攻，经激战打退敌数次反击，敌狼狈逃窜。红军乘胜占领了飞虎山、高城山、万年山等制高点，击退敌江防总预备队前来增援的1个旅，胜利渡过嘉陵江，主力向剑阁方向发展。与此同时，红三十一军九十一师在鸳溪口强渡成功，击溃敌1个旅，攻占

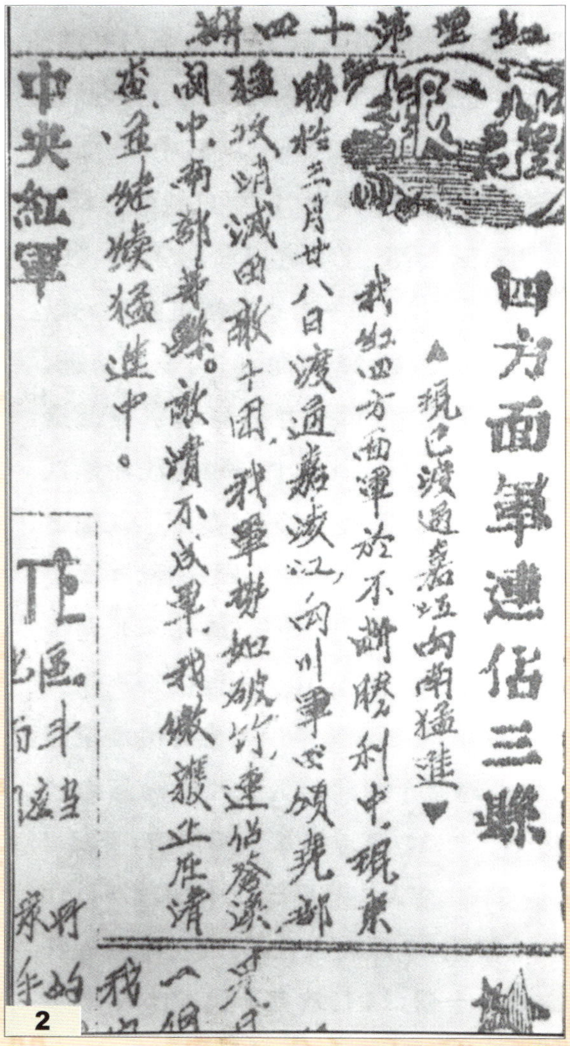

2

四方面軍連佔三縣

▲現已渡過嘉陵江向南猛進▲

我紅四方面軍於不斷勝利中，現集結於三月廿八日渡過嘉陵江，向川軍鄧錫侯部猛攻，消滅田敵十團，我軍勢如破竹，連佔蒼溪、閬中、南部等縣。敵潰不成軍，我繼續猛進中。

1

敌险要阵地火烧寺；红九军也于阆中以北渡过嘉陵江。第一梯队占领沿江要点后，迅速向敌纵深及两翼发展。第四梯队红四军也很快从苍溪渡过嘉陵江投入战斗。左翼红九军一部在红四军一部配合下，攻占

1 剑门关保存的中国共产党“十大政纲”石刻标语

2 1935年4月10日《红星》报第14期刊载的嘉陵江战役胜利捷报。

3 通江红四方面军总指挥部旧址纪念馆

4 通江红军石刻标语

南部县城，歼敌3个团。右翼第三十一军迅速向剑门关推进。中路红三十军及红九军一部攻占剑阁后，第八十九师控制该城，以第八十八师向东北方向疾进，协同红三十一军进攻剑门关。

大剑山是巴蜀四大名山之一，山势北高南低，七十二峰东西横亘数百里，倚天如剑。而剑门关则位于大剑山主峰，是横跨剑阁、昭化之间的剑门山隘口，扼川陕大道。地形十分险峻。杜甫曾吟诗赞叹其地势险要：“惟天有设险，剑门天下壮。”隘口两侧是数十丈高的悬崖

3

4

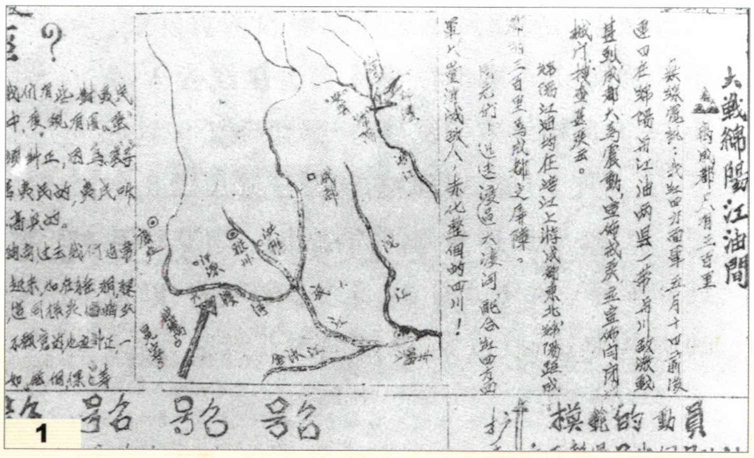
1

绝壁，依天而立，犹如剑峰。由北至南惟有一条通道穿越主峰，确有“一夫当关，万夫莫开”之势，由此可见其军事战略地位的重要，因而自古以来为兵家必争之地。4月2日，红三十军第八十八师和第三十一军对剑门关守敌形成东南西三面包围之势，出其不意，从隘口两侧同时发起全线进攻。虽然敌人据险死守，拚命反扑。但是红军英勇顽强的拚搏，终于全歼守敌3个团，把鲜艳的红旗插上了大剑山主峰，胜利攻克了敌人称为红军“插翅难飞”的剑门关。接着，乘胜攻克昭化，歼敌1个团。至4月3日，红四方面军先后攻占了阆中、剑阁、南部、昭化和战略要地剑门关，共歼敌7个团。至此，嘉陵江战役第1阶段胜利结束。

2

为了歼灭梓潼、江油之川军，取得嘉陵江战役的最后胜利，红四方面军即令红三十一军主力向三磊坝、羊模坝推进，包围广元；红三十军第八十九师向青川、平武前进，分割广元、江油敌军，并迟滞胡宗南部南下；红九军、红四军、红三十军主力分路向江油、梓潼地区进攻。

此时敌人第二十九军江防部队被击溃的已逃向射洪、盐亭、三台地区集结；第二十八军主力退缩广元及其以北地区，一部在梓潼、江油、中坝、绵阳地

1 《红星报》第17期刊载的红四方面军大战绵阳、江油的报道。

2 四川省安县观音梁子，土门战役旧址之一。

3 红军剑门关大战遗址

4 阆中古城，红军在此建立苏维埃政权

1935.10 1935.11 1935.12 1936.01 1936.02 1936.03 1936.04 1936.05 1936.06 1936.07 1936.08 1936.09 1936.10

区；胡宗南部集中在碧口、松潘一线。

10日，红九军渡过涪江，包围驻守江油的敌军1个旅，前锋直逼中坝。接着红四军攻占梓潼，歼敌一部。敌第二十八军军长邓锡侯慌忙率领10多个团增援江油，以解江油之围，确保成都安全。红四方面军即以1个师继续围困江油，集中约4个师打击援敌。打援部队在江油以南地区经两天激战，将援敌全部击溃，歼其4个团，俘敌3000余人，继尔攻占中坝（今江油县府所在地）、彰明（今属江油县）。同时，向西北挺进的红三十军军攻占青川、平武，红四军一部于21日攻克北川城。至此，嘉陵江战役胜利结束。

嘉陵江战役历时24天，红军共歼灭川军及胡宗南部12个多团，1万余人，攻克阆中、南部、剑阁、昭化、梓潼、平武、彰明、北川等8座县城，控制了东起嘉陵

3

4

1

江、西至北川、南起梓潼、北到川甘边界的广大地区。

红四方面军西进

红四方面军强渡嘉陵江的重大胜利，打乱了敌人的“川陕会剿”计划，控制了嘉陵江以西纵横二三百里的广大新区，部队发展到8万多人，造成了极为有利的形势。但是张国焘决定放弃川陕根据地。

*1935*年*4*月，红四方面军根据江油高级干部会议精神，准备由涪江地区西入岷江流域。北川河谷是红四方面军西进的惟一通道。土门位于北川河谷中段，是东达北川、西进茂县的要隘。为打破敌人围守北川河谷的计划，红四方面指挥部决定西进，发起土门战役。此时，川军第二十八军军长邓锡侯已构筑了土门封锁线，并以8个步兵团辅以近万地方武装封锁土门隘路。4月底，红四方面军第三十军第八十八师于漩坪击溃敌1个旅，攻占伏泉山，歼敌一部。5月1日，红三十军第八十九师，在向南佯攻威川时，占领了墩上。2日，红九军、红三十军主力从蔡家嘴、乱石窖抢渡湔江，击溃敌1个旅。3日，攻占大垭口。

2

国民党军为了恢复对北川河谷的控制，邓锡侯调集3个旅9个团向北川河西岸攻击；5个旅14个团向北川、墩上之线攻击。而红军在攻占泉山、千佛山、桃坪等地后，开始发起对土门的攻击。

5月14日拂晓，红四方面军第九、第三十军和第三十一军一部，分左、

▌1 茂汶土门区三元桥
▌2 四川茂县红军烈士纪念塔
▌3 土门战役示意图

中、右三路向土门发起进攻。经激战，红军占领土门。15日占领茂县。18日，红军在大垭口重创反扑之敌。22日，蒋介石令所属部队停止向北川、土门攻击，改取守势，筑碉固守。此后，红军坚守伏泉山、千佛山、土门一线，在完成掩护红一方面军北上和牵制敌人任务后，于6月中旬，由东至西逐次撤出阵地。

土门战役，从4月底至5月22日。战役中，红军共歼敌1万余人。但是，红四方面军从该战役发起不久，再次陷入无根据地为依托的困境，实际上于5月初开始了长征。

3

红军集结地域
红军前进方向
红军进攻方向
红军撤退方向
红军防御阵地
红军包围国民党政府军地区
国民党政府军集结地域
国民党政府军前进方向
国民党政府军进攻方向
国民党政府军撤退方向
国民党政府军防御阵地
0 15 30公里
甘
肃
四
胡宗南部
胡宗南部(6)团
松潘
4军28团
30军262团
31军271团
9军73、75团
王生秀(土司)部
民团一部
31军一部
30、31军各一部
4、9、30军各一部
4、9、30军主力
9军一部
4方面军
川28军(7)团
4军
31军
川41军(3)旅
川41军
川28军(4)旅
川21军(3)旅
川28、29军各一部
川28军
川21军
川28军一部
31军272团
川边防军6师5旅
北川(治城)
江油(武都)
茂县(茂汶)
理番(薛城)
汶川
观音梁子
千佛山
大泉山
九顶山
雪宝顶
大草堂
文县
平武
青川(青溪)
彰明
中坝
安县
绵阳
绵竹
罗江
德阳
中江
三台
灌县
魏城
白草场(白羊场)
岷
涪
江
3728
2769
4050
4166
5555
2784
3231
3504
5068
4321
4738
3045
1900
2345
4448
4769
2394
2359
1053
3664
4982
2342
4812
4632
2441
4141
5222
1

1 西进岷江地区要图

2 巴西概貌

3 巴西会议旧址

4 汶川县雁门关，1935 年红四方面在此激战。

中央红军与红四方面军会师北上

正当中央红军翻越夹金山时，红四方面军一部已攻占懋功，并前出至懋功东南的达维镇。6月12日，中央红军先头部队红一军团第二师四团在北进达维的途中，同红四方面军第九军第二十五师先头部队胜利会师。中央红军第一军团第二师师长陈光即刻致电中央革命军事委员会："我四团于本十二日十二时，在夹金山、大卫（大卫即达维）之间与四方面军八十团取得联络。"李先念也通过电报向红四方面军总指挥部作了报告。同日，张国焘关于中央红军与红四方面军会师后的战略行动问题致电朱德、周恩来、毛泽东："我们先头团已于8号占领懋功，大部正向懋功进。先头部队向大维进，对灌筑工事警戒，掩护你们汇合。"徐向前在理番写了一份给毛泽东、周恩来、朱德诸同志的报告，详细报告了敌情、民情和红四方面军各部队

1

1 雪山——打鼓山

2 红四方面军长征途中写的宣传标语

3 懋功会师桥

4 中共中央、中革军委关于红一、红四方面军会合后的战略方针致红四方面军领导人电。

1935.10 1935.11 1935.12 1936.01 1936.02 1936.03 1936.04 1936.05 1936.06 1936.07 1936.08 1936.09 1936.10

的位置，告知李先念等率领部队带着电台已经到达懋功，如何行动请中央指示。建议两军会合后，一方面军先休息补充，让红四方面军在前面御敌。报告还说，红四方面军及川西北千百万工农群众，正准备以十二万分的热忱欢迎百战百胜的西征军。并派专人传送此报告，还附送了两份地图，供中央领导具体地了解四川地区的情况，以便研究确定会合后的战略方针。

2

3

6月13日，中国工农红军总政治部给中央红军各军团政治委员、政治部主任等发出《关于一、四方面军汇合后加强政治工作的指示》，明确指出："我们先头部队已与四方面军的先头部队取得联络"，"在部队中发动与四方面军联欢与慰问的盛大运动，号召每个战士准备娱乐，准备礼物，去会亲爱的弟兄。二师应即进行与四方面军先头(部队)的联欢"。尔后，李先念等在懋功迎接了中共中央和中央红军。毛泽东、周恩来、朱德、张闻天等和中央红军的几位领导人，在天主教堂的东厢房里，亲切会见了李先念。

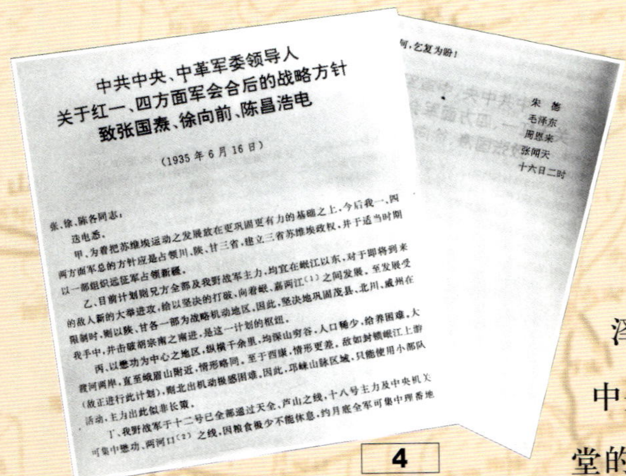

中共中央、中革军委领导人
关于红一、四方面军会合后的战略方针
致张国焘、徐向前、陈昌浩电
（1935年6月16日）

张、徐、陈各同志：

迭电悉。

甲、为着把苏维埃运动之发展放在更巩固更有力的基础之上，今后我一、四两方面军总的方针应是占领川、陕、甘三省，建立三省苏维埃政权，并于适当时期以一部组织远征军占领新疆。

乙、目前计划则兄方全部及我野战军主力，均宜在岷江以东，对于即将到来的敌人新的大举进攻，给以坚决的打破，向着岷、嘉两江(1)之间发展。至发展受限制时，则以陕、甘各一部为战略机动地区，因此，坚决地巩固茂县、北川、威州在我手中，并击破胡宗南之南进，是这一计划的枢纽。

丙、以懋功为中心之地区，纵横千余里，均深山穷谷，人口稀少，给养困难，大渡河两岸，直至峨眉山附近，情形略同，至于西康，情形更差，敌如封锁岷江上游（敌正进行此计划），则北出机动极感困难，因此，邛崃山脉区域，只能使用小部队活动，主力出此似非长策。

丁、我野战军于十二号已全部通过天全、芦山之线，十八号主力及中央机关可集中懋功、两河口(2)之线，因粮食极少不能休息，约月底全军可集中理番地

……何，乞复为盼！

朱德
毛泽东
周恩来
张闻天
十六日二时

4

红一、四方面军会师要图

1935年6月2日—18日

1 红一、四方面军会师要图

2 红一、四方面军召开会师大会的天主教堂

3 红一、红四方面军在长征中与敌激战的地方——四川省懋功县勐固铁索桥。

4 川北黑水县

2

3

4

毛泽东充分肯定了红四方面军的战绩，给予红四方面军很高的评价，并代表党中央和中央红军全体同志，对红四方面军全体指战员表示亲切地关怀和慰问。中共中央、中革军委致电红四方面军领导人及全体指战员，指出："我们久已耳闻你们的光荣战绩，每次得到你们的来电，就非常欣喜。此次会合，使我们将与你们手携着手，打胜仗，消灭蒋介石、刘湘、胡宗南、邓锡侯等军阀，赤化川西北。我们八个月的长途行军，是为苏维埃而奋斗。我们誓与你们一起，为苏维埃奋斗到底。"当中共中央、中革军委和中央红军主力到达懋功（今小金）地区时，受到代表红四方面军的第三十军政治委员李先念带领第八十八师部队的热烈欢迎。会师部队举行了胜利会师庆祝大会。周恩来主持庆祝大会。毛泽东亲切讲话，他号召红一、四方面军全体同志，在党中央的领导下，互相学习，亲密团结，完成党所给予的一切任务。朱德也作了重要讲话。整个晚会洋溢着团结、友谊的热烈气氛。为此，《红星》报发表了《伟大的会合》的社论。社论指出：中央红军和红四方面军的会合"是历史上空前伟大的事件，是决定中国苏维埃运动今后发展的事件"，"是五次战役以来最大的胜利"。

红军两大主力依靠团结合作、共同奋斗的精神，粉碎了国民党反动派各个消灭红军的狂妄企图，打击了国民党军队的嚣张气焰，鼓舞了全党全军的胜利信心，壮大了红军的力量，为尔后发展革命战争，开展新的斗争局面，创造了有利条件。为加强部队建设，互相学习，交流建军和作战经验，根据党中央指示，中央红军抽调一批干部加强红四方面军，红四方面军抽调部分部队加强中央红军。同时，还互相参观访问，互相学习，充分体现了兄弟般的团结革命的友谊。

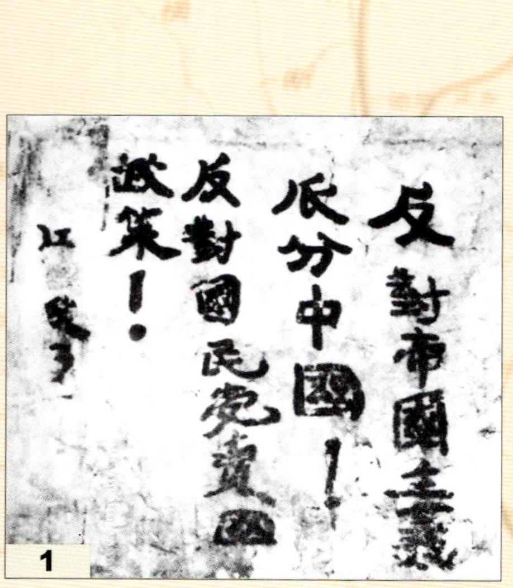

1

两河口会议后，中共中央、中革军委率中央红军主力经大板村、黄草坪、木城，奔向卓克基。而到达卓克基必越第二座大雪山——海拔4500多米的梦笔山。由于翻越夹金山积累了一定的经验，这次上山，除照旧准备辣椒水之外，还备一些毡子

1 红军长征过四川写的标语

2 雪山——梦笔山

将身体包裹起来，以便战胜寒冷，顺利翻越雪山。红军进入今马尔康县境后，再经头道坪，到达卓克基。沿途遇到了反动分子胁迫一部分藏民不断以冷枪射击，阻止红军前进。红军一边宣传党和红军对藏民的政策，一边抗击袭扰，继续前进。7月初，红军到达长征途中的第三座大雪山——海拔4800米的长板山（即亚克夏山亦称马塘梁子）下。针对此山下午刮大风，风后非雨雪既冰雹的特点，部队拂晓即出发，但体弱的同志仍然要到次日才抵达宿营地，沿途只能露营，经受风、雨、雪、冰雹的侵袭。过了长板山后，一直到马河坝才有居民、住房。继尔红军经黑水、芦花等

2

1

地北上。沿途只能顺河两侧曲折的羊肠小道行进，路狭处只能容一个人通过，路两侧是危崖绝壁，人时常靠双手帮助攀越前行，而骡马跌死众多。行军途中，常见河水奔流，波涛震耳，湍流之处，波浪高至数尺，给红军徒涉造成很多困难，红军战胜了无数险情后，又翻越了打鼓山，苍德山（亦称拖罗岗）等大雪山。

7月下旬，中共中央到达松潘的毛儿盖。由于张国焘不积极执行中央的决定，至使红四方面军大部队滞留在马塘、卓克基及其附近地区。张国焘表面上同意攻打松潘，实际上却惧怕与胡宗南部作战，借口给养困难，反对北上，主张南下，仍坚持其向川康边退却的错误主张，并提出“统一指挥”和“组织问题”未解决，故意延宕。他认为经过长征，中央红军严重减员，不如四方面军有战斗力。自恃枪多势众，号称有8万大军，按照谁有军队，谁最强，谁就应当领导的军阀逻辑，公然向党争权，还策动一部分人向中央提出改组中革军委和红军总司令部。中共中央为了团结张国焘，争取红四方面军与中央红军共同北上，一方面坚决拒绝张国焘等人的无理要求，一方面对张国焘进行耐心地说服教育和批评帮助。从团结的目的出发，中共中央于7月18日在芦花（今黑水城）召开政治局常委扩大会议，任命张国焘为红军总政治委员。在7月21日召开的中央政治局会议上，

2

1 黑水芦花会议遗址

2 连环画《地球的红飘带》之一“坚持北上”（沈尧伊 作）。

3 红军走过的水草地

3

对张国焘的错误进行了批评。在中央的一再催促下，张国焘于8月初才到达毛儿盖。由于张国焘的拖延，造成了《松潘战役计划》丧失先机，迫使红军只能经水草地北上的恶果。

8月3日，红军总部制定了《夏洮战役计划》，红军分左右两路北上。以中央红军第五、第三十二军及军委纵队的小部分和红四方面军第九、第三十一、第三十三军共20个团编为左路军，由朱德、张国焘、刘伯承率领，经水草地至阿坝北上。以

中央红军第一军和红四方面军第四、第三十军共12个团，加上军委纵队大部及红军大学等部组成右路军，由徐向前、陈昌浩、叶剑英率领，经草地到班佑北上。毛泽东、张闻天、周恩来等中央领导人随右路军行动。红四方面军第四军第十、第十一师和第三十五团等共7个团，为箝制部队，以掩护左右两路军。中央红军第五军和第二六九、第二十九团等共6个团，为总预备队，随时策应各部。

8月4至6日，中央政治局在毛儿盖附近的沙窝召开会议，重申了两河口会议确定的北上战略方针，强调当前的主要任务是创建川陕甘根据地。但张国焘拒不执行北上方针，并对坚决拥护北上方针的朱德、刘伯承加以排斥。20日，中央政治局在毛儿盖召开扩大会议，要求左路军迅速向右路军靠拢，以便共同北上。批评了张国焘企图使红军主力西渡黄河，深入青海、甘西、新疆偏僻地区的错误。

从毛儿盖到班佑，途中要经过茫茫的水草地。水草地，在四川西北部，位于青藏高原同四川盆地的连接段，因为是松潘所辖，故有松潘草地之称。纵横600里，面积约1.52万平方公里。嘎曲（即噶曲）和黑河（墨曲）由南向北穿越草地，水流沿着迂回摆荡的河道滞缓地注入黄河，潴水而成的牛轭湖星罗棋布，形成大片大片的沼泽。草地中的水含有毒汁，不能饮用。水草盘根错节，草下河沟交错，积水泛滥。这里气候极其恶劣，雨雪风雹来去无常。每年的5月至9月是水草地的雨季，本来泥泞带水的草原更显得沧海横流。在这片荒原上，不仅人

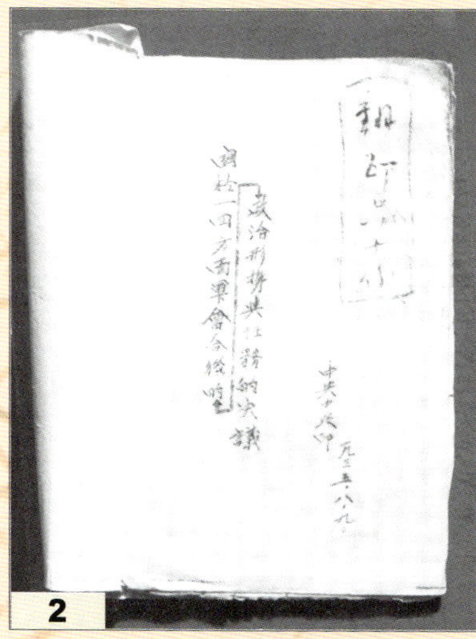

1 马尔康卓克基官寨
2 毛儿盖会议决议
3 红军在毛儿盖修筑的防御关卡——毛儿盖关

迹罕见，连鸟兽也不见踪影，人称“死亡地带”。此时过草地，不仅自然环境恶劣，敌情也十分严重。胡宗南在松潘地区的漳腊、龙虎关、包座一带集结了4个师，东面的川军占领了岷江东岸，一部占领了岷江西岸的杂谷脑，追击红军的刘文辉部已赶至懋功，并向抚边前进；薛岳、周浑元部则集结于雅州。面对这些困难，红军右路军广大指战员以一往无前的精神，勇敢地踏上了艰难的草地行军路。

茫茫的草地无路可走，由于草地的特质，踏在草上软绵绵的，仿佛踏上了“浪桥”，每一步都要小心翼翼，只有寻找草根密集的地方才可轻轻地踏上去，一不留神，就将陷入泥中。草皮底下便是泥浆，深不见底，人马陷入，会越陷越深，无法自救，他人相救也非常艰难。到了晚上红军特意寻找稍高一点的地方，大家挤在一起，背靠着背，以共同抗拒寒冷。特别是在雷雨来临的夜晚，举头，黑云压顶；低头，是大面积的水洼，无法坐下，只能站在风雨中。没有雨衣、雨布，只能让雨水任意抽打在头上，身上，期盼着夜过雨停，以便开始新一天的征程。

进入水草地深处，干粮吃完了，红军战士以野菜、草根来充饥。走在后边的部队，连野菜也难找了，就把皮带、马鞍等煮烂作为食物。尽管过水草地艰难重重，但右路军的广大指战员，充满了革命必胜的信心和勇气，以顽强奋斗的精神和高度的阶级友爱，历时数日，于8月底，终于征服了“鸟儿也飞不过去”的水草地。到达四川省的班佑、巴西、阿西地区。

3

此后，中央政治局在巴西召开会议，制定了北出甘南的行动计划。而北出甘南，包座是必经之路。此时，胡宗南正企图在上下包座至阿西茸一线堵击红军。右路军为开辟前进道路，决定夺取上包座。

上包座位于松潘县北部，地处原始森林覆盖的群山之间，包座河水深流急，两岸石崖陡峭，地形险要。它地扼松（潘）、甘（南）故道要冲，是胡宗南部的重要补给线。其南大戒寺、其北求吉寺（救济寺），分别驻守胡宗南部的部队。在此情况下，红军右路军决定以第三十军第八十九师第二六四团攻击大戒寺之敌；以第八十八师两个团和第八十九师两个团位于上包座西北地区，相机打援；以第四军第十师攻击求吉寺之敌；以第四军主力控制各要道。红一方面军第1军主力则集结于巴西和班佑待机。

1

2

8月29日，右路军第三十军第八十九师第二六四团向大戒寺守敌发起攻击，激战一夜，歼敌2个连，残敌退据大戒寺后山待援。31日，敌2个团沿包座河西岸背水为阵，1个团部署于包座河东岸，敌第四十九师师部进到大戒寺以南，下午，红军开始攻击。将包座河西之敌分割为3块，仅1个小时，即歼灭该敌。随即攻击南面之敌，断敌退路。同时第二六四团由正面攻击河东岸北犯之敌。激战至晚，敌第四十九师大部被歼，困守大戒寺后山之敌200余人，全部缴械。上包

1 草地行军（漫画　黄镇　作）
2 草地宿营（漫画　黄镇　作）
3 红军过草地时穿过的防雨蓑衣
4 毛泽东在毛儿盖住过的房屋

1935.10　1935.11　1935.12　1936.01　1936.02　1936.03　1936.04　1936.05　1936.06　1936.07　1936.08　1936.09　1936.10

座遂被占领。与此同时，红四军向求吉寺之敌发起猛攻，歼其1个营。

包座战斗中，红军共毙伤敌4000余人，俘敌800余人。这个战斗的胜利，打开了红军向甘南进军的门户，为实现党中央北上战略方针做出了重大贡献。

3

然而，当右路军经过千辛万苦之后，等待与左路军会师的时候，张国焘却令右路军南下。为此，中央致电张国焘，指明了南下前途的极端不利。希望左路军立即北上。但张国焘无视中央的劝告，坚持“乘势南下”错误主张。命令倪志亮、周纯全立即部署南下。同时，又背着中共中央密电陈昌浩率右路军“南下彻底开展党内斗争”，企图分裂和危害党中央。担任前敌总指挥部参谋长的叶剑英看到电报，十分震惊。他从党和红军的前途命运出发，从中国革命的大局出发，立即报告了毛泽东，在紧要关头为中国革命做出重大贡献，为党立了大功。经过毛泽东、张闻天、周恩来、博古等人紧急磋商，为贯彻北上方针，避免红军内部可能发生的冲突，决定率右路军中的红一、红三军和军委纵队迅速脱离险境，先行北上，并发出《中央为执行北上方针告同志书》。红四方面军有的干部不明真相，主张用武力阻拦，徐向前坚决制止这种行动，维护了红军的团结。

9月11日，红一方面军主力到达甘肃省迭部县俄界（今高吉）。

4

1

2

1 《草地宿营》（油画　董希文　作）

2 《过草地》（油画　高泉　作）

3 松潘牟尼沟

4 四川松潘红军长征纪念碑

3

4

四川

红四方面军南下

红军取得包座战斗胜利后，出现了红军北上甘南的有利形势。然而，张国焘却拒绝执行中央指令和中央政治局会议决定，率兵南下。

1

9月15日和17日，张国焘以“中国工农红军总政治部”的名义，颁发了《大举南进政治保障计划》和南下命令。红四方面军及红一方面军第五、第三十二军，分别从阿坝和包座地区南下，重过草地。此时，战士们经过长途跋涉已十分疲惫，且衣单鞋破，再过水草地，粮食更加缺乏，困难也更多。许多红军指战员，又被草地极度恶劣的自然条件，夺去宝贵的生命。红军走出草地，返回毛儿盖后稍事休息，继续向卓克基、松岗一带前进。

9月下旬，南下的红军主力部队已集结于马塘、松冈、党坝一带。10月5日，张国焘在四川省理番县卓木碉（今马尔康县足木脚）主持召开高级干部会议。公然另立党的“中央”、“中央政府”、“中革军委”、“团中央”，宣布毛泽东、周恩来、博古、洛甫应撤销工作，开除中央委员及党籍，并下令通缉。鉴于张国焘分裂党和红军

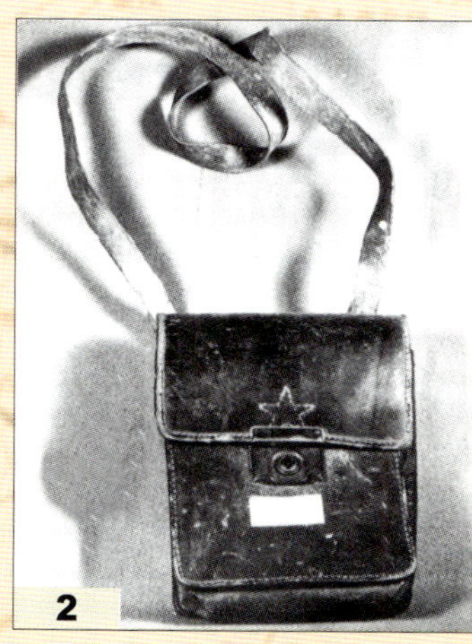

2

1 松潘毛儿盖包座战役遗址

2 过草地时，红军常以野菜、皮革充饥。这个红三十一军一位干部的皮包，是经党小组讨论后才保存下来的。

3 巴西村

的严重性，中共中央政治局于1936年1月22日作出《中央关于张国焘同志成立第二"中央"的决定》，责令张国焘立即取消他所成立的"中央"、"中央政府"、"中央军委"和"团中央"，停止一切反党活动。

张国焘另立"中央"后，于1935年10月7日，以"中革军委主席"的名义，发布了《绥（靖）崇（化）丹（巴）懋（功）战役计划》，将南下红军分为左右两个纵队，南下作战。其右纵队强占绥靖、丹巴；左纵队夺取崇化、懋功；以部分兵力驻守马塘、梦笔山地区，屏障红军总司令部驻地卓木碉。同时，以部分主力部队驻守阿坝，组成阿坝警备区掩护后方。8日，左右纵队按计划开始行动。右纵队红九军第二十五师在绥靖以北观音河向西强渡受阻，既改以左纵队红四军从党坝地区强渡大金川，渡河成功后沿右岸疾进，克绥靖，16日克西康省的丹巴县城。左纵队红三十军于11日渡过党坝河，后占崇化。红九军第二十七师于15日夜对两河口之敌杨森部第7旅发起攻击，将其全部击溃。后克抚边，占达维、日隆关、巴郎关、火烧坪、邓生等地。20日，红三十军一部攻克懋功。历时10多天的绥崇丹懋战役至此结束。此役，红军共击溃敌6个旅，毙俘敌

3

绥(靖)崇(化)丹(巴)懋(功)战役要图
1935 年 10 月 8 日— 22 日
右纵队 9 军 25 师、
31 军 93 师、5 军
25 师 74 团
川 24 军(2)连
卓斯甲土兵 1000 余人
左纵队 4、30、32 军
9 军 27 师(欠 79 团)
左侧支队主力
左侧支队 9 军 27 师 79 团、33 军
左侧支队(1)团
左侧支队(2)营
梦笔山
4 军
川 24 军(2)营
30 军
跑马山
9 军 27 师 80、81 团
川 24 军(2)团
川 24 军(1)团
川 20 军 7 旅
川 24 军(1)团
川 20 军 3 旅
(欠 1 个团)
川 20 军 4 旅(1)团
6250▲四姑娘山
89 师
川 20 军 4 旅
川 45 军特科 1 团
川 20 军 2 旅、
3 旅(1)团
27 师
川 45 军
(2)团
川 24 军 1 旅残部
川 45 军主力
川 20 军 1、5、6 旅
西
康
四
川
大
金
川
小
金
夹
山
大
渡
河
▲4400
▲4750
▲4700
▲4490
▲5180
▲5175
5024
▲4710
▲5216
5086▲
▲5338
5364
▲4541
▲5072
▲3187
红军集结地域
红军行动方向
红军进攻及撤退方向
红军歼灭国民党政府军地区
国民党政府军集结地域
国民党政府军防御阵地
国民党政府军撤退方向
1 : 1120000

1 绥崇丹懋战役要图

2 1935年9月9日，中共中央反对张国焘南下方针，主张北上的电文。

3 红四方面军长征途经四川宝兴县时用木盆装了半升米给房东。房东一直保存着这个木盆。

4 中共中央关于左路军南下极端不利，应改道北进致朱德、张国焘、刘伯承电。

1935.10 1935.11 1935.12 1936.01 1936.02 1936.03 1936.04 1936.05 1936.06 1936.07 1936.08 1936.09 1936.10

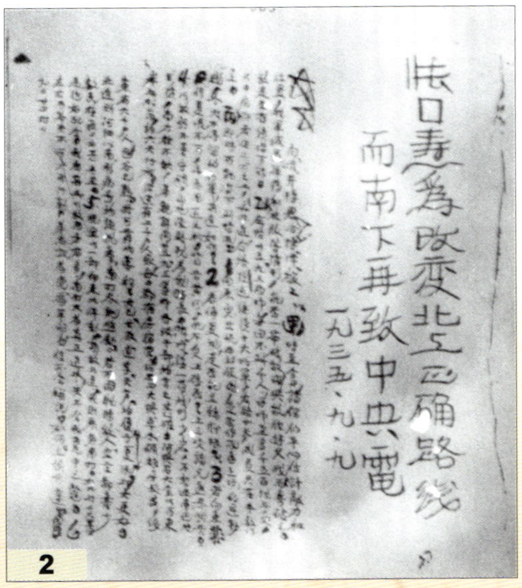

2

3000余人，占领懋功、丹巴两城及懋功所属之绥靖、崇化、抚边三屯和达维、日隆关等要镇。

3

绥崇丹懋战役之后，张国焘意图开辟川康根据地，又组织了天（全）、芦（山）、名（山）、雅（安）、邛（崃）、大（邑）战役。

红军南下后，敌人重新调整了部署：以刘文辉第二十四军防守金汤及泸定至汉源、雅安一线；以杨森第二十军防守宝兴至大硗碛一线；以邓锡侯第二十八军防守宝兴以东大川场至水磨沟一线；以刘湘之模范师9个团集中天全；另从绵竹等地抽调18个团向西增援。

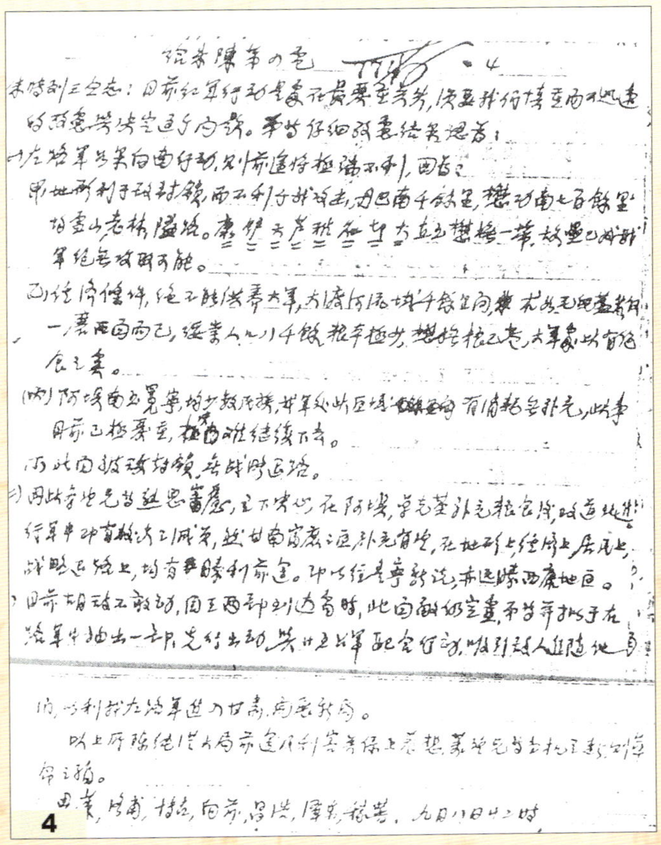
4

10月22日，张国焘发布《天(全)芦(山)名(山)雅(安)邛(崃)大(邑)战役计划》。其目的是：以主力迅速向天(全)、芦(山)、名(山)出动，彻底消灭杨(森)、刘(文辉)，并迎击主要敌人刘湘、邓锡侯部，取得天全、芦山、名山、雅州、邛州、大邑广大的根据地。计划中部署以左、中、右3个纵队，向夹金山以南的天全、芦山、雅安、大邑、邛崃等地区进攻。另以第五军为右支队，巩固丹巴地区，积极向康定佯动；以第三十三军为左支队，留驻马塘、两河口，相机威胁理番，占领威州。

10月24日，红军迅速穿越了终年积雪的夹金山，向宝兴、天全、芦山之敌发起进攻。11月1日，中纵队攻占宝兴后进占灵关镇，直逼芦山城下。左、右两纵队从两翼日夜兼程疾进。7日，左纵队

攻占大川场，抵进邛崃县境。右纵队攻克金汤镇后于10日占领天全县城。随即向东迂回，协同中纵队包围芦山。12日，芦山守敌弃城而逃。尔后，中纵队及右纵队第四军集中15个团的兵力联合行动，攻占朱家场、太和场。16日攻占百丈，相继占领黑竹关、治安场、王店子。

11月19日拂晓，敌人在飞机、大炮的掩护下，十几个旅由北、东、南三个方向，对红军突出于百丈地区十余里长的弧形阵地实施反扑。红军广大指战员与敌连续激战7昼夜，毙伤敌1.5万余人。由于较长时间固守阵地而缺乏补给，红军于11月下旬撤出百丈一带阵地，天芦名雅邛大战役遂被迫结束。

百丈战斗后，红四方面军处境十分艰难。在军事上，东、

1 天芦名雅邛大战役示意图

2 1935年10月，张国焘在卓木碉另立“中央”。这是他另立的“中央”致彭德怀等人的电文。

3 1935年10月20日发布的《天（全）芦（山）名（山）雅（安）邛（崃）大（邑）战役计划》。

4 1936年1月，中共中央政治局令张国焘立刻取消第二“中央”的决定。

1935.10 1935.11 1935.12 1936.01 1936.02 1936.03 1936.04 1936.05 1936.06 1936.07 1936.08 1936.09 1936.10

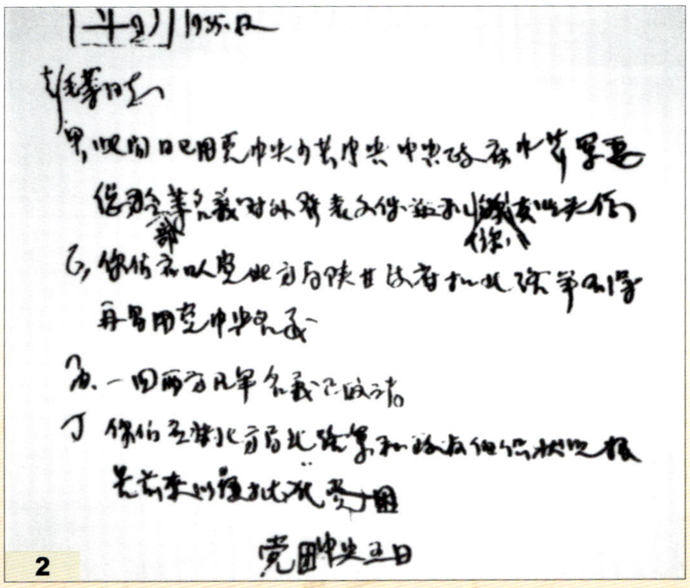

南受敌。东面四川军阀主力集中于名山、邛崃地区；南面，薛岳的6个师向雅安、天全地区集结；西南，第五十三师李韫珩部位于康定、泸定地区。在开辟地方工作上，虽做了大量的工作，但由于懋功、丹巴、宝兴、天全、芦山地区大多为藏族聚居区和汉藏杂居区，情况复杂，加之历史上的大汉族主义统治，民族间的隔阂甚深等多种因素，不能在此地形成革命根据地。在生活上，本地区人口稀少，生产落后，数万大军在此补给不能保障，最好的时候就是每日吃到两稀一干；御寒服解决不了，广大指战员都深受苦难。这一事实已充分说明，张国焘南下方针是行不通的。

1936年1月下旬，张国焘在任家坝召集会议，与会者一致拥护中央十二月会议要点。中央的决议和中央对红四方面军的关怀，在部队中引起了热烈反响。中央正确路线的胜利也鼓

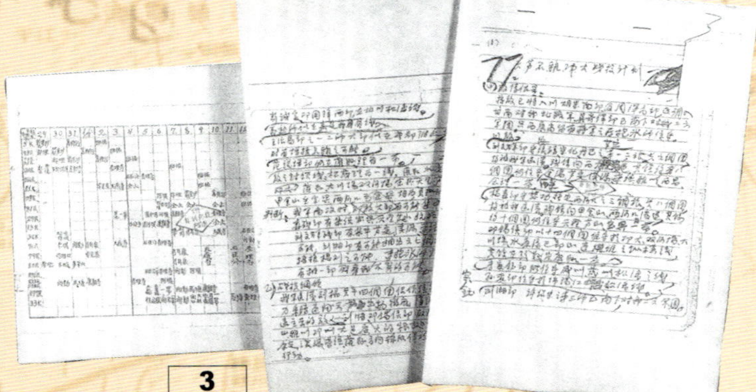

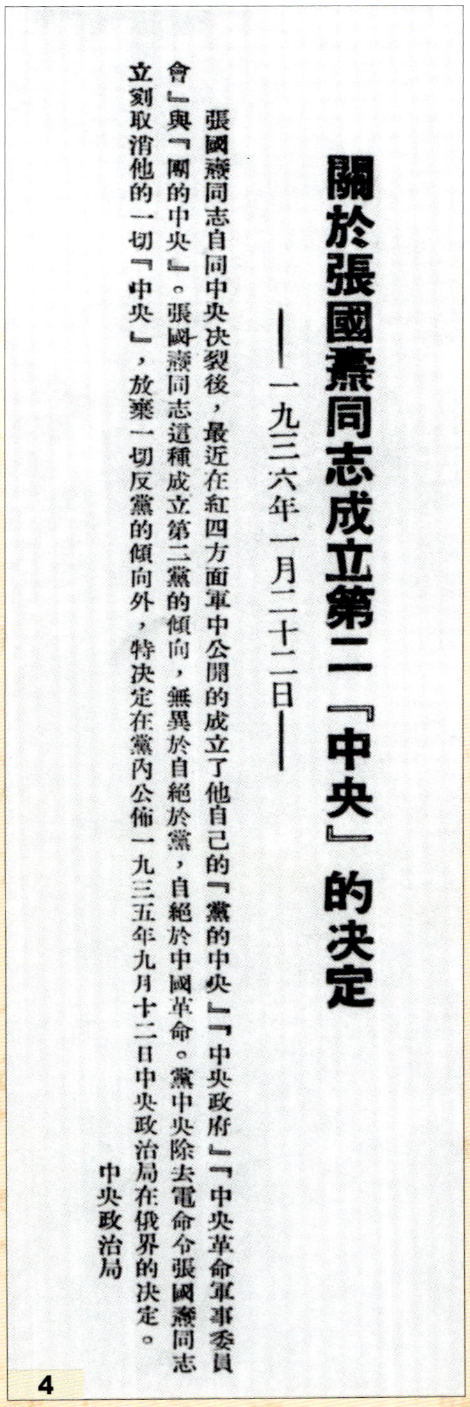

關於張國燾同志成立第二「中央」的決定

——一九三六年一月二十二日——

張國燾同志自同中央決裂後，最近在紅四方面軍中公開的成立了他自己的「黨的中央」「中央政府」「中央革命軍事委員會」與「團的中央」。張國燾同志這種成立第二黨的傾向，無異於自絕於黨，自絕於中國革命。黨中央除去電命令張國燾同志立刻取消他的一切「中央」，放棄一切反黨的傾向外，特決定在黨內公佈一九三五年九月十二日中央政治局在俄界的決定。

中央政治局

1

舞着红四方面军的广大指战员，南下失利的事实，也教育了红四方面军广大指战员。因此，红四方面军广大指战员要求维护党的团结，要求北上抗日与中央会合的情绪，日益高涨。于是张国焘被迫1月27日致电党中央，表示“在原则上完全同意”中央1935年12月25日瓦窑堡会议决议。

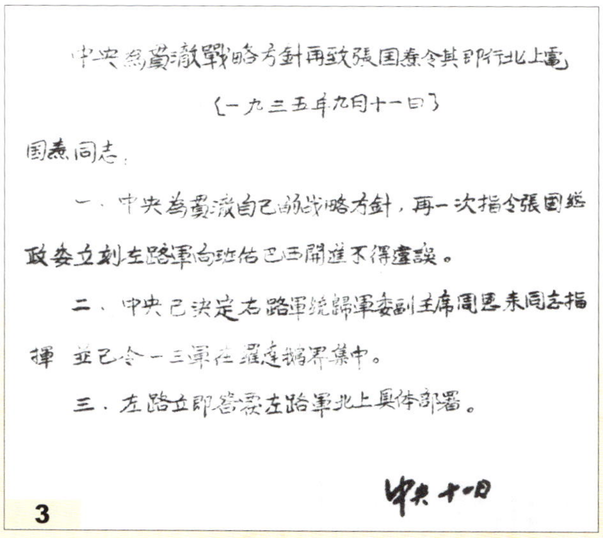
中央为贯彻战略方针再致张国焘令其即行北上电

（一九三五年九月十一日）

国焘同志：

一、中央为贯彻自己的战略方针，再一次指令张国焘政委立刻左路军向班佑巴西开进，不得迟误。

二、中央已决定左路军统归军委副主席周恩来同志指挥，并已令一三军在罗达拉界集中。

三、左路立即答覆左路军北上具体部署。

中央 十一日

3

2

2月，红四方面军在前有强敌，后无根据地，部队得不到补充的困境中，为了保存实力，休整、补充部队，以利今后的发展，决定陆续撤离天全、芦山、宝兴地区，经达维、懋功离开四川，向西北转移，进入西康。至此，张国焘南下方针遂告完全失败。

张国焘南下方针失败后，在国民党当局增调重兵向天全、芦山地区大举进攻的情况下，部队不断西撤。至1936年2月，红四方面军陆续撤离天全、芦山、宝兴地区，西进入康。

2月上旬，红四方面军发布了《康（定）、道（孚）、炉（霍）战役计划》。计划明确规定：方面军以一部兵力位于大硗碛、邓生、达维、抚边地区，钳制东南之敌；而以主力迅速西进，经懋功、金汤、丹巴取得道孚、炉霍、康定地区。

西康分为康东、康南和康北。康东、康南的特点是深川密布、雪岭横列；康北则是一片茫茫高原。所以在这种自然条件下，国民党的

1 叶剑英保存的红四方面军公文箱

2 红四方面军三次经过的四川省天全隘口

3 党中央命令张国焘北上的电文

4 康(定)道(孚)炉(霍)战役态势图

1935.10 1935.11 1935.12 1936.01 1936.02 1936.03 1936.04 1936.05 1936.06 1936.07 1936.08 1936.09 1936.10

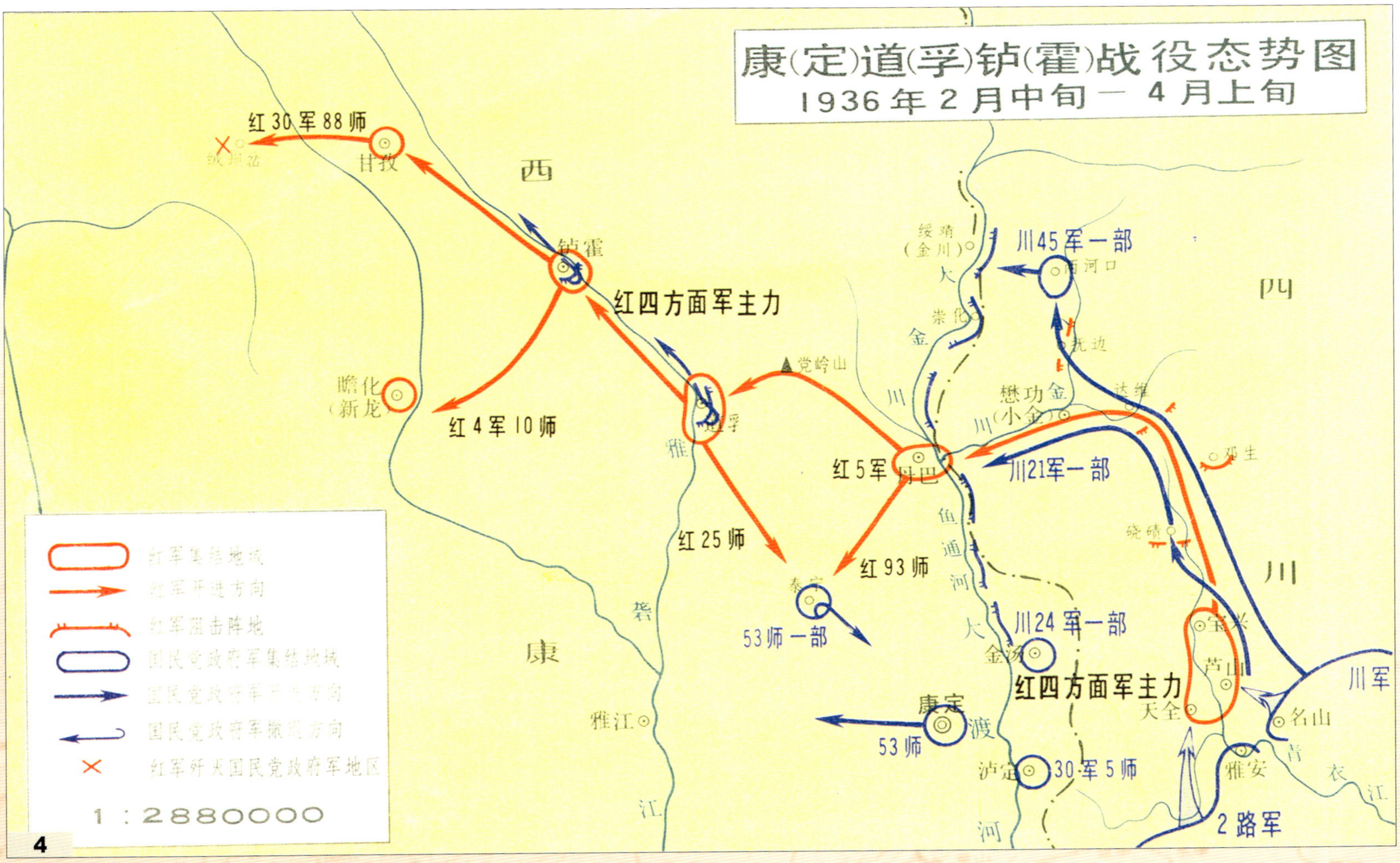

4

兵力设防就极为薄弱。

2月下旬，红四方面军陆续撤离天全、芦山、宝兴地区，向康北进发。途中，第二次翻越夹金山。这次翻雪山与第一次翻越夹金山不同的是，此时正值冬季，风雪更大，气候更加寒冷，给行军带来的困难更大。当地的老百姓形容寒冬的夹金山为："正二三，雪封山，鸟儿飞不过，神仙也不攀"。但英勇的红军不畏艰难，顶风雪，战严寒，翻越了"鸟儿飞不过，神仙也不攀"的夹金山，进入西康的丹巴。

1

从丹巴进军道孚，红军击溃了地方反动武装的阻击，却又面临新的阻隔折多山。这座大山横亘于丹巴与道孚之间。海拔4500多米，位于大雪山脉中段的青藏高原上，终年积雪。进入冬季，山上气温常在零下30－40度，更是朔风凛冽，一派冰雪世界。当地的藏民因为其高大、险峻、气候恶劣、人迹罕至而称它为“神山”。为了避开风暴的袭击，必须在每天中午12点以前通过它的顶峰——党岭山。所以，红军指战员们不得不在头天下午开始行动。这样，红军便在漆黑的夜里，在陡峭的山路上刨开冰雪，辟路前进。上山时汗流浃背，浸透军服；到山顶一经严寒侵袭，全身衣服顿成冰筒，寒冷难当。当红军一步一跌的艰难攀爬光滑如镜的冰道时，还得忍受着空气稀薄带来的重重困难。红军指战员们有的晕倒了，有的冻裂了双脚，但他们发扬了高度的团结友爱精神，互相关爱，以钢铁般的意志，战胜了

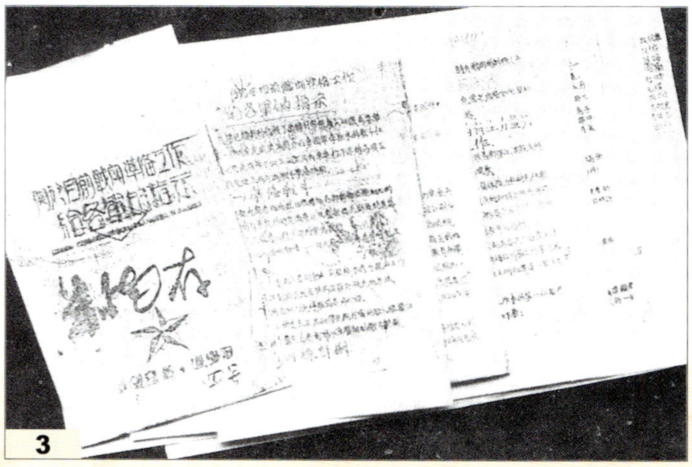

3

2

1 20世纪30年代西康劳动妇女

2 甘孜城

3 1936年4月初，红四方面军制定的《关于目前战斗准备工作计划》

4 红四方面军在西康活动示意图

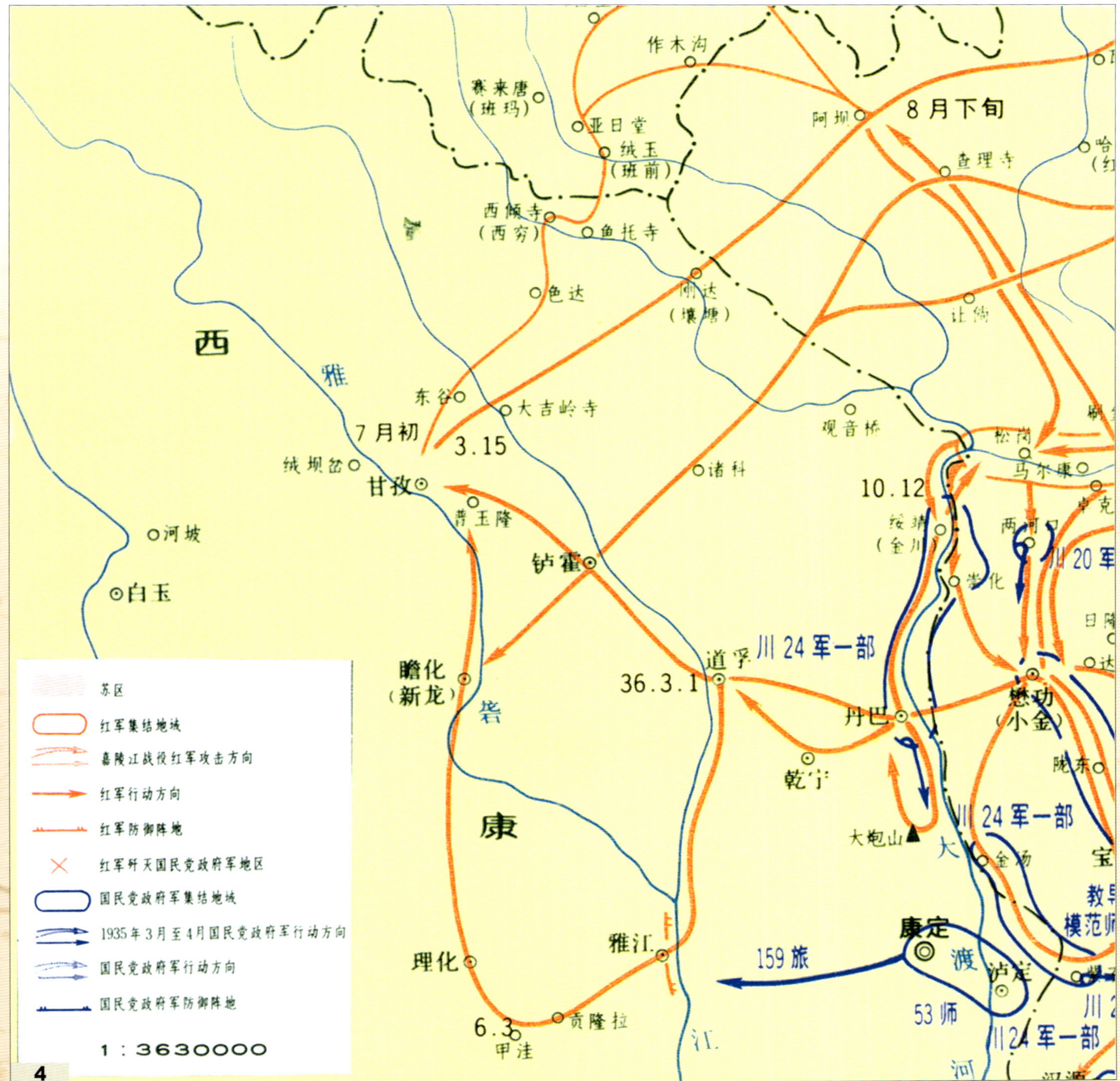

1

前进道路上的障碍。可是仍然有一些战友被狂风刮下了山崖，有的掉进了“雪坑”，而在雪山上献出了自己宝贵的生命。红军以血的代价，最终翻越了这座红军长征途中最大的一座雪山。

3月，红四方面军第三十军攻占道孚、炉霍、甘孜。红四军经炉霍向西南疾进，攻占瞻化（今新龙），击溃反动武装的阻击，俘获国民党西康宣慰使诺那喇嘛以下百余人。红三十一军、红九军第二十五师，分别由丹巴、道孚南下，钳击泰宁（今乾宁），守敌李韫珩第53师一部弃城南逃康定。红三十二军及红九军第二十七师，在懋功以南地区完成掩护主力转移任务后，随即进驻道孚、炉霍。至4月上旬，红军控制了东起懋功，西至甘孜，南达瞻化、泰宁，北连草地的广大地区。

2

红四方面军南下、西进的战略行动，致使红军往返雪山草地，连续作战，加之疾病肆虐，部队减员十分严重。到甘孜后，南下时的8万多人，减少到4万余人。并且部队滞留在甘孜、炉霍等藏民居住地区，补给极为困难。在此情况下，

3

1 邛崃红军长征纪念馆

2 百丈关战役纪念碑

3 老林之夜（漫画　黄镇　作）

4 包座战斗要图

中共中央不断电告红四方面军，要其继续北上。红四方面军中的广大指战员也迫切要求北上抗日与中央会合。张国焘被迫于1936年6月6日宣布取消他另立的“中央”。

6月25日，红四方面军决定分左、中、右三个纵队向松潘、包座前进。26日，李先念率第八十九师和骑兵师组成的先遣军，经西倾寺先出阿坝，为后续部队筹集粮食、牛、羊。27日，左纵队第五军一部攻占崇化。6月3日，第三十二军在理化以南之甲洼与红六军团先头部队第十六师会合；30日，第三十军第八十八师在甘孜以西之绒坝岔与红二军团会合。7月2日，红四方面军与红二、红六军团在甘孜胜利会师。甘孜会师，充分显示了两支主力红军兄弟般的亲密团结，为红军顺利北上抗日奠定了基础。尔后，红军陆续离开康北，踏上了北上的征途。

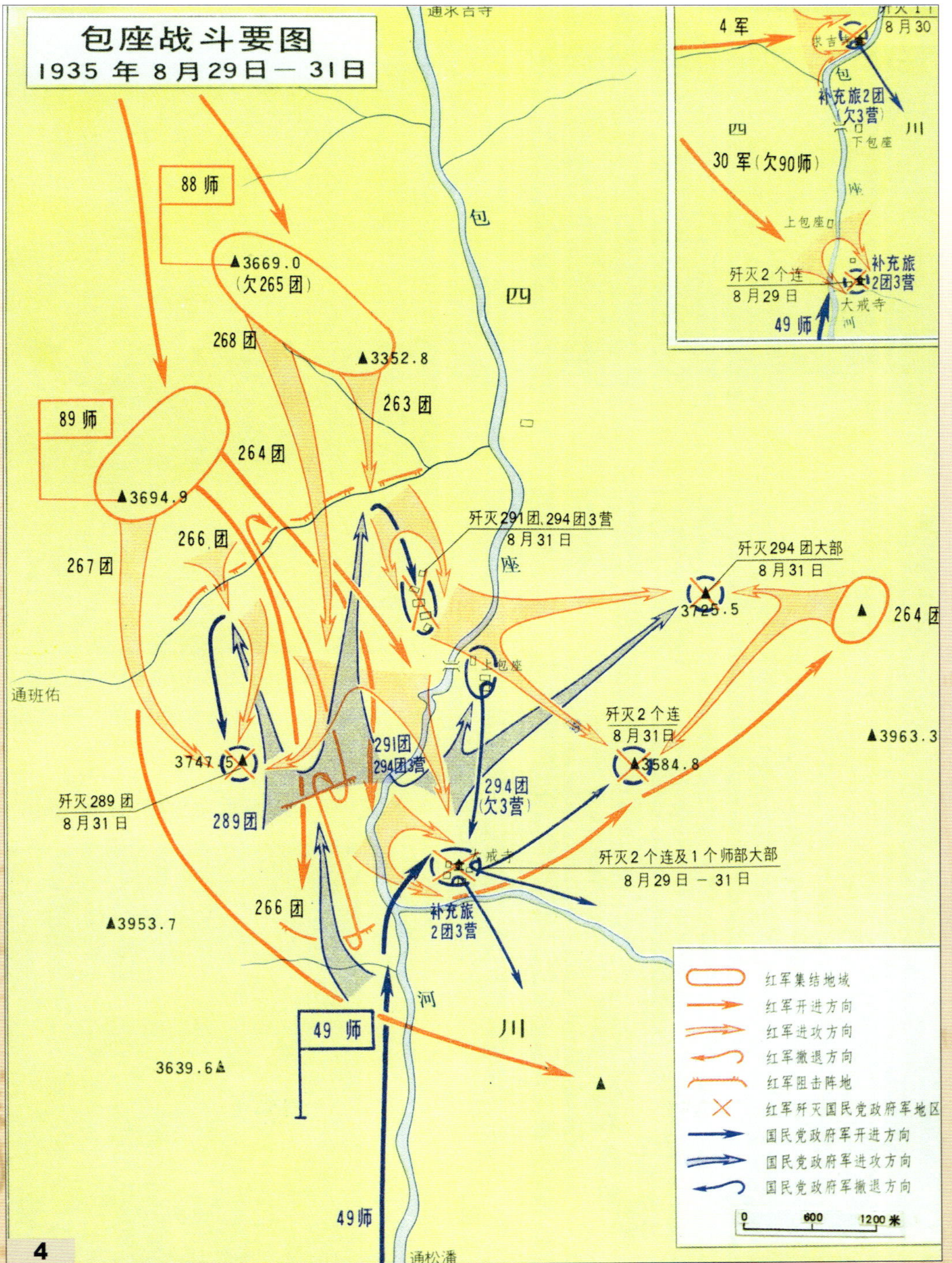

4

红二、红四方面军会师北上

红二、红六军团过金沙江后，在云南中甸进行了休整。于1936年5月5日，从中甸分两路北上进入西康。至12日，红二、红六军团全部离开云南境内，进入康南地区。红二军团为左纵队经德荣、巴塘、白玉，红六军团为右纵队经定乡（今乡城）、稻城、理化、瞻化向甘孜前进。

红二军团于7日进抵德荣境内的扎拉亚卡山下。该山是红军由中甸北上的必经之路，山东面悬崖陡立，令人望而生畏；西南面是万丈深渊，湍急的江水从峡谷中翻涌而下，一条羊肠小道盘山而上。当红军艰难地攀至山口时，遭到藏民反动武装的预先埋伏。红二军团先头部队立即展开反击，迅速控制、占领了扎拉亚卡山口，为后续部队打开了一道险关，使红军主力顺利进占西康省德荣县城。尔后，红军继续向巴安前进，本来这里就人烟稀少，加上沿途群众由于听信了反动宣传而逃避，使红军更难见到人的踪影，老百姓逃避时把粮食都坚壁起来，因此红军难以补给，严重缺粮，断炊。在此情况下，红军途中又翻越了德荣、巴安交界的雪山，进抵仁波寺。该寺是当地一座规模较大的寺庙，位于兹乌与中咱之间，扼住了北上的惟一通道。寺内有500多喇嘛，还有护寺武装，他们凭借坚固的防御设施，用火力封锁了路口，力图阻止红军北上。红二军团采取围而不打，争取他们让路、助粮的方针。通过耐心、艰苦的宣传、谈判，红军终于在这里买到粮食、牲畜和少量藏药，

1

2

1 在藏族的村寨里（漫画　黄镇 作）
2 牦牛（漫画　黄镇　作）
3 20世纪30年代西康妇女
4 红二、红六军团与红四方面军在甘孜会师（美术作品）

1935.10 1935.11 1935.12 1936.01 1936.02 1936.03 1936.04 1936.05 1936.06 1936.07 1936.08 1936.09 1936.10

从而顺利通过此寺，继续北上，进抵中咱、茎乌一带。

6月6日，红二军团主力翻过藏巴拉大雪山后，经巴安北进白玉。白玉是藏族德格土司的辖地。由于红四方面军在此创造了良好的群众基础，加之红二军团纪律严明，不入民宅，不进寺庙，露宿街头，态度和蔼可亲，深受喇嘛和群众的赞扬。红军在此得到了补给，进行了休整。6月30日，红四师和红二军团直属机关到达甘孜附近的绒巴岔，受到红四方面军第三十军第八十八师二六三团的热烈欢迎。

3

红六军团于5月9日从中甸出发，向定乡、稻城开进。第二天开始翻越雅纳雪山丫口。接着又翻越大雪山丫口。这两座雪山，位于云南中甸和西康的定乡之间，海拔4000多米，山势陡峭，道路崎岖。虽是五月，仍为大雪天气。英勇的红军战士不畏艰险，艰苦跋涉，翻过雪

4

1934.07 1934.08 1934.09 1934.10 1934.11 1934.12 1935.01 1935.02 1935.03 1935.04 1935.05 1935.06 1935.07 1935.0

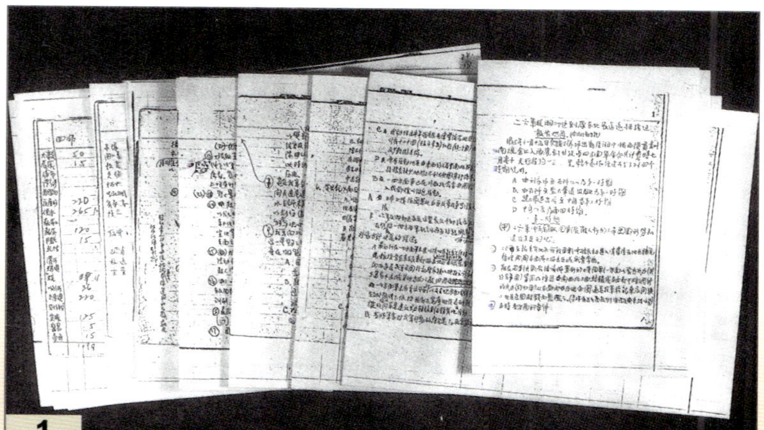

1

山，于14日抵达定乡县城。定乡是康南重镇。红六军团到此前，红四方面军即通过瞻化的喇嘛寺，写信给定乡、稻城的喇嘛寺和头人，一方面宣传红军，一方面告知红军兵力强大，不要与其为敌。中甸喇嘛寺内定乡籍喇嘛，也派人送信给定乡喇嘛寺，告知红军在中甸礼待喇嘛的情况和红军军威。定乡和稻城的喇嘛上层及头人，在红军民族政策、宗教政策的感召下，权衡利害得失，决定不与红军为敌。因此，红六军团在定乡没有受阻，出于礼节，军团领导还亲自到喇嘛寺内拜访，赠送礼物。红六军团在定乡得到了休整和补给，20日离开定乡，翻越无名山进抵稻城。6月3日，红六军团先头部队第十六师进抵理化南部的甲洼，与前来迎接的南下红第三十二军胜利会师。第二天，红六军团全部到达甲洼。尔后，两部红军共同北进理化，17日抵瞻化县城，与红四方面军第四军会合。此后红六军团单独沿雅砻江前进，22日到达甘孜附近的普玉隆，与红四方面军总指挥部会合。6月30日红六军团移驻甘海子。

7月1日，红二、红六军团齐集甘孜。实现了红二、红六军团与红四方面军胜利会师。中共中央发来了贺电。2日，举行了两大红军主力胜利会师的盛大联欢会。

1936年7月初，甘孜会师后的红二、四方面军近6万人，先后开始北上。红四方面军分左中右三个纵队，陆续开始向甘南前进。朱德、张国焘率领左纵队，辖第四军第十师、第十一师、第三十军第八十八师。左纵队于7月3日从甘孜等地出发，经东谷、色达日庆（今日清沟）、唐牙（今搪摇沟），到西倾寺（今西穷），而后进入四川。徐向前率领中央纵队，辖第九军、第四军第十二师、独立师、第三十一军第九十三师及红四方面军总部，于7月2日从炉霍地区出发，后出西康进入四川。红军大学在炉霍随红四方面军总部

2

1 任弼时写的《二、六军团从湘鄂边到康东北长途远征经过报告大纲》

2 磨青稞（漫画　黄镇　作）

3 中共中央关于红二、红四方面军会合后，希望他们迅速北上甘南的电文

4 反映红二、四方面军共同北上的油画《北上》（高泉　作）。

出发，经壤塘喇嘛寺、噶曲河北上。右纵队从四川出发，向毛儿盖、包座前进。

1936年7月5日，中革军委颁布了关于组织红二方面军及干部任职的命令。命令说："决以二军、六军、三十二军组织二方面军，并任命贺龙为总指挥兼二军军长，任弼时为政治委员兼二军政治委员，肖克为副总指挥，关向应为副政治委员，陈伯钧为六军军长，王震为政治委员。"红二军下辖第四、第六师。红六军下辖第十六、第十七师、第十八师，模范师。红三十二军军长罗炳辉，政治委员袁任远，政治部主任李干辉。红三十二军下辖第九十四、第九十六师。红二方面军组成两个梯队，在红四方面军左纵队之后跟进。以红六军组成第一梯队，于7月6日从甘孜出发，在色达日庆（今日清沟）与第三十二军会合后，翻唐牙（今搪摇沟），于7月12日到达壤塘、西倾寺（今西穷）、鱼头寺（今鱼托）一带。此后，红六军和红三十二军即向北进入青海班玛县。

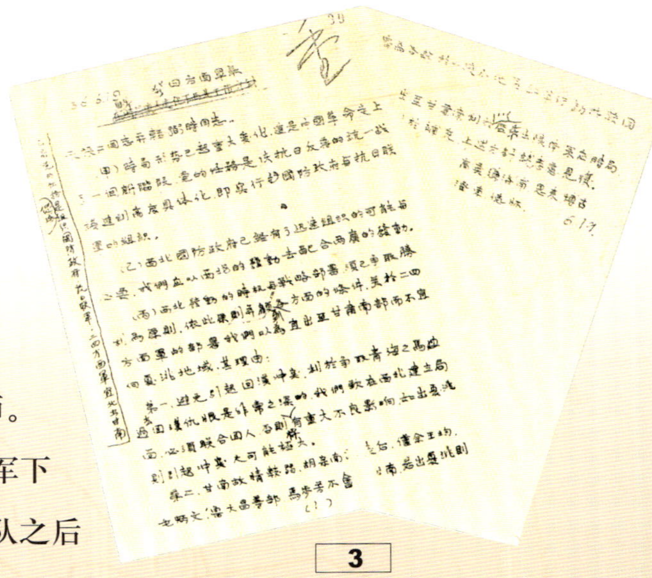
3

以红二军组成第二梯队，红二方面军总指挥随第二梯队行动。该梯队于7月11日从甘孜出发，经西倾寺等地，进入了茫茫数百里的水草地。一望无涯，满目苍凉。部队出发之前，红二方面军认真地进行了两个方面的准备：一是深入地进行思想动员，反复讲明过草地的具体困难和有利条件，号召大家发扬团结友爱精神，克服困难，坚持北上与党中央会合；二是积极筹集粮食、衣服、草鞋和帐逢等，尽力做好物质准备。对于红四方面军的广大指战员来说，这已经是第三次过草地了，他们

4

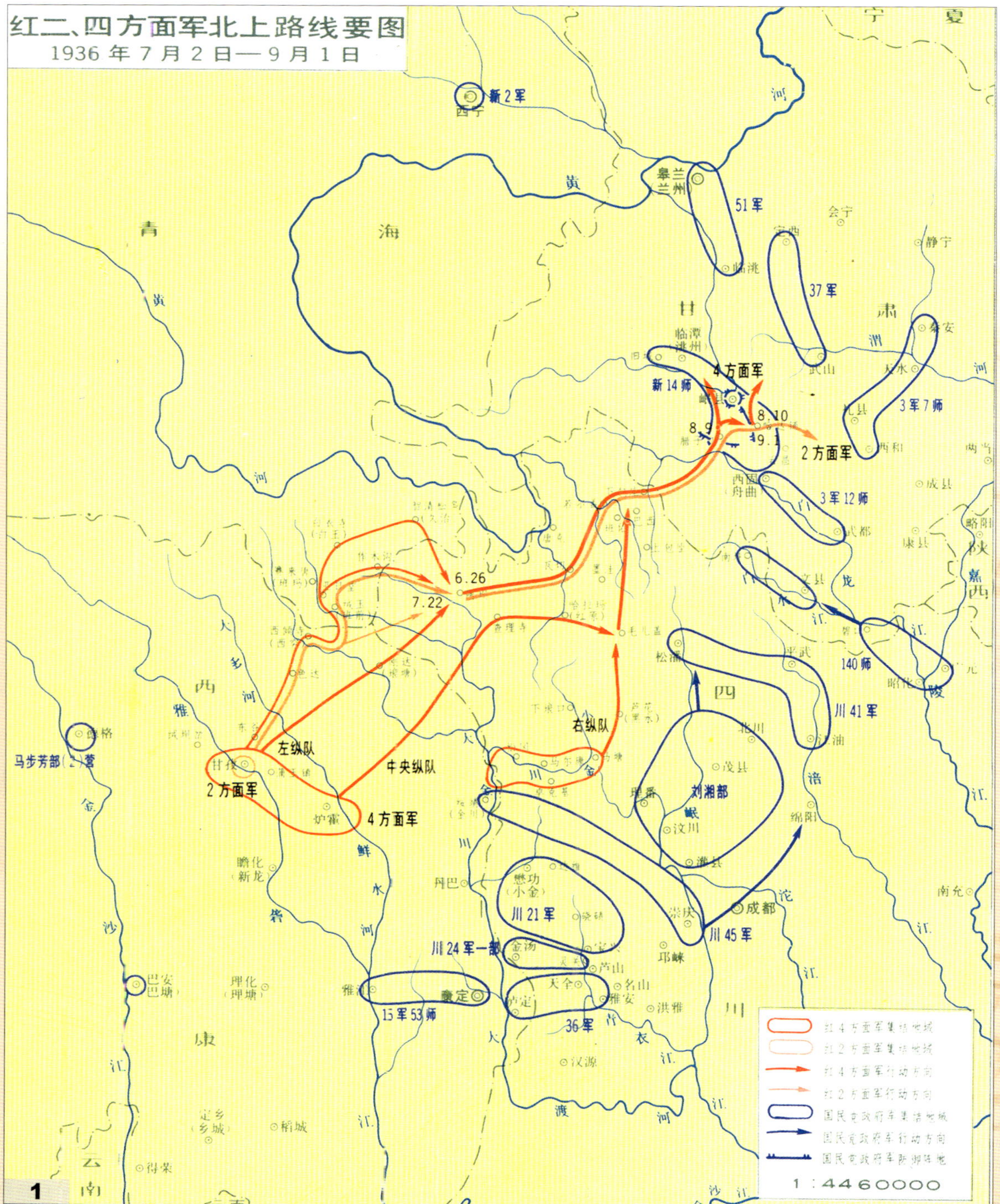

的准备比较充分。虽然红军努力做了大量工作，但筹集的粮食很有限。原计划10天后就能到达阿坝，由于沿途粮食补充不能实现，恶劣环境下，红军指战员的身体异常虚弱，以野菜、草根、皮带等来充饥。最困难时，野菜、树根已无处寻觅，坚强的红军则在牛粪、人便中寻找没有消化完的可食之物。饥饿、寒冷、疾病、疲劳……像凶残的敌人一样，不断地向红军战士袭来，致使许多红军战士长眠在水草地。英勇无畏的红军指战员同甘苦、共患难，胸怀远大的共产主义理想，发扬高度的阶级友爱和团结互助精神，饮冰寝雪，露宿风餐，终于战胜了一切艰难困苦，历经20多天走出了水草地。红六军、红三十二军从青海进入四川后，分别于7月22日、23日到达阿坝。26日，红

1 红二、四方面军北上路线要图

2 毛泽东等中央领导人祝贺红二、红四方面军胜利会师的电文

3 《回师北上》（油画 何孔德 张文源 作）

4 反映“共同北上”的雕塑

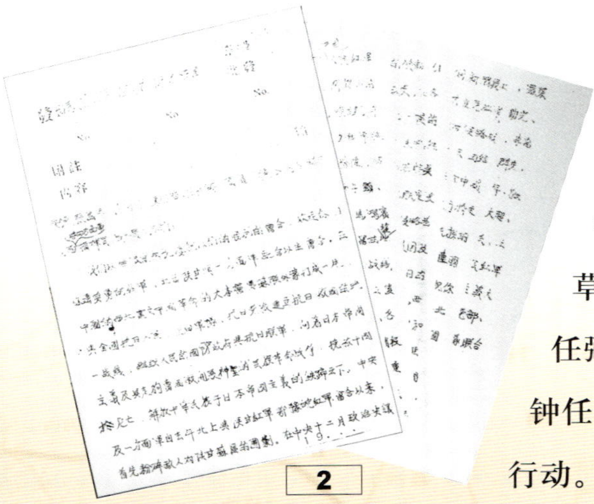

2

二方面军总指挥部及红二军于到达阿坝与红六军、红三十二军会合。

7月27日，中共中央为了保证处在极其困难条件下的部队能够顺利地通过草地，决定成立西北局，由张国焘任书记，任弼时任副书记。西北局只设组织部，由傅钟任部长，统一领导红二、四方面军的北上行动。7月28日，红二、四方面军先头部队已到达包座。

红四方面军第三次通过了茫茫数百里的草地，于8月1日到达包座地区，取得了第二次北上具有决定意义的胜利。8月6日至12日，为实现《岷(州)洮(州)西(固)战役计划》，各部队先后从包座地区出发，离开四川，挺进甘肃。

红二方面军在阿坝作短期筹粮后，经贾诺、箭步塘、噶曲河、色即塘，于8月8日到达包座地区，11日到达阿西、巴西。而后，经下包座进入甘肃省。

3

4

留川红军和地方武装坚持斗争

红四方面军长征后，川陕苏区遭到敌人的严重破坏。军阀和豪绅、地主等对苏区人民进行残暴的屠杀和掠夺。许多红军伤病员和掉队人员以及大批地方干部、红军家属和革命群众惨遭杀害。通江城内居民原有3900余人，经敌屠杀后仅剩1000余人。巴中县仅鱼溪区一地，全家被杀的即达210户，革命干部被杀328人。宣汉县红军家属全家被杀的有1492户，革命干部被杀370人。豪绅地主抢走了农民分得的田地、房屋，夺去耕牛、粮食、财物，还威逼农民补交红军来后两年多的租税。

但是，无论敌人怎样穷凶极恶，也摧毁不了苏区人民的革命意志。刘子才、赵明思率领留川坚持斗争的300余人，与一些地方干部、党团员和未能西渡嘉陵江的红军分队等，共1000余人，组成了红军独立师，在广元、宁羌、南郑、南江等地

1

1 大巴山
2 20世纪30年代西康妇女

2

区，紧密依靠广大群众，昼伏夜出，声东击西，积极展开了广泛的游击活动，不断打击敌人，继续鼓舞着川陕边人民的斗争。但是，由于敌人强大，加以张国焘的所谓“坚壁清野”等错误遗留下的恶劣影响，独立师当时的处境极为困难，部队不断削弱。1936年春，独立师在南郑铁炉坝遭胡宗南部1个团包围，虽经英勇战斗突出重围，但损失很大。继而转移至广元县三道河（今属宁强县），又发生了部分动摇分子叛变，并勾结敌人前来围攻的事件。此后，独立师转战于南郑、南江一带，又受了不少损失，全师仅剩60余人枪继续坚持斗争。

同年6月，独立师整编为2个队和1个独立连，并在南江大河坝石窟召开会议，总结了过去失利的教训，分析了形势，确定了未来行动方针，决定依托大巴山，在南江北部、南郑南部川陕交界地区重建根据地。此后，这支游击队在当地群众的大力支援下取得不少胜利，并在上述两县边界建立了以桃园寺为中心、纵横百余里的一块游击根据地，组织了百余人的群众武装。8月，敌陕西特遣司令部调两队团防120余人向游击区进攻。游击队牵着敌人在山上兜圈子，然后乘其极度疲惫之际在寨子山设伏，将该敌全歼。不久，胡宗南部又派1个团进攻，游击队在南郑县唐口子一带予以伏击，击伤敌团长。敌慌忙撤退，游击队缴获了大量军用物资。到年底，部队又发展到230余人枪。

抗日战争爆发后，国民党违背国共达成的抗日民族统一战线协定，仍然对这支游击队进行严密的围困封锁，并不断发动进攻。1940年1月，国民党军新编第九师和第一六四师第四九〇旅向游击队大举围攻。游击队在极端艰苦的处境下，与敌浴血奋战，坚强不屈。最后，终因弹尽粮绝，全体壮烈牺牲。

这支游击队在川陕边坚持了将近5年的艰苦卓绝的斗争，最后虽然失败了，但他们不屈不挠的革命精神，永远受到川陕边广大人民的敬仰。

两河口会议

中央红军与红四方面军会师后，摆在全党、全军面前的首要任务，是正确制定统一的红军发展的战略方针。

中共中央分析了两大主力胜利会师后敌我态势的巨大变化。从红军方面看：兵力更加集中，士气更加高昂，特别是红四方面军在岷江西岸所处的位置，更利于机动，可以随时向北出动。从敌方看：追剿红军的主力部队一部分在川西地区，一部分还没有全部集结。他们远离统治中心，交通不便，补给十分困难。另外，屡屡遭受重创的四川军阀，士气颓丧；川陕甘地区之敌派系庞杂，存在着许多矛盾。中共中央还对川西北与陕甘地区各方面的情况作了比较：川西北，少数民族比例较大；山高谷深，交通不便利；人口稀少，经济贫困，对红军的生存和发展不利。陕甘地

1

1 两河口
2 两河口会议旧址
3 中共中央印制的《关于一、四方面军会合后的政治形势与任务的决定》

1935.10 1935.11 1935.12 1936.01 1936.02 1936.03 1936.04 1936.05 1936.06 1936.07 1936.08 1936.09 1936.10

区，汉族人居多，地域宽广，交通便利，物产丰富，长期以来是帝国主义势力和国民党统治薄弱的地区，特别是邻近抗日斗争的前线——华北。因此，中共中央主张红军继续北上，建立川陕甘革命根据地，以便领导和推进全国抗日救国运动的发展。但张国焘却夸大向东、向北发展的困难，反对北上。1935年6月17日，张国焘致电中共中央，强调北川一带地形、给养均不利大部队行动，再者水深流急，敌已有准备，不容易通过。主张向新疆、青海、西康等地发展，从而避开国民党军队的强大军事压力。

2

为了统一思想，6月26日，中央政治局在懋功北部的两河口召开会议。出席会议的有张闻天、毛泽东、周恩来、朱德、博古、王稼祥、张国焘、刘少奇、邓发、凯丰，以及刘伯承、李富春、林彪、聂荣臻、彭德怀、林伯渠等。周恩来在会上代表中共中央和中革军委作了关于目前战略方针的报告，着重讲了战略方针、战略行动和战争指挥三个问题。

关于战略方针问题。周恩来在报告中指出：四方面军决定西去懋功到西康，一方面军决定到岷江东岸，两个方面军的战略方针是不同的。阐述了应该在什么地方建立苏区，建立苏区的条件和要求。经过分析得出的结论是：我们新的战略方针是集中主力向北进攻，在川陕甘建立根据地。

关于战略行动问题。周恩来在报告中指出：目前的战略行动，向南不可能；向东过岷江对我不利，因岷江东岸敌人部署有130个团；向西北是广大草原。现只有转向甘南，向岷山山脉以北发展，争取这一地域。经过分析提出红军战略转移的具体要求是：高度机动，统一意志，迅速北进，

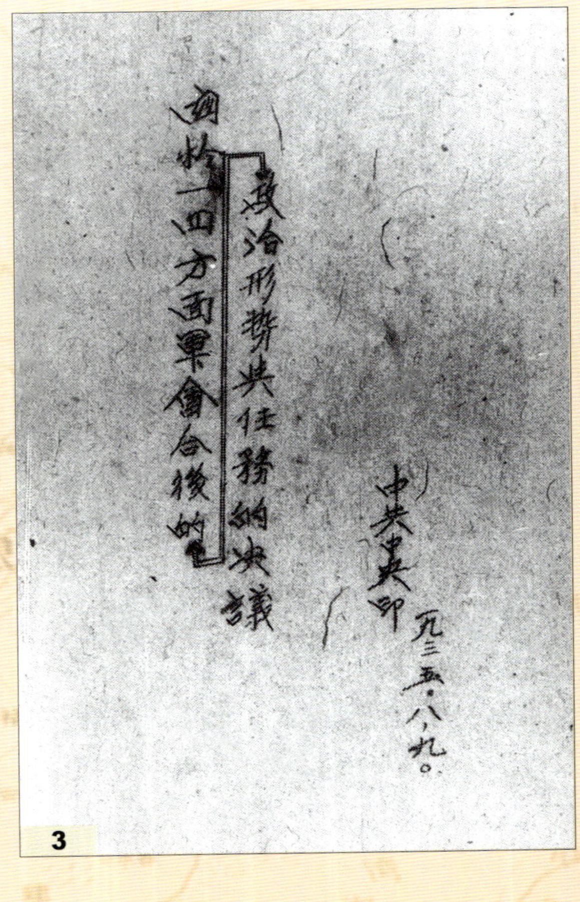
关于一四方面軍會合後的政治形勢與任務的決議
中共中央印 一九三五·八·九。

3

与敌胡宗南作战，向松潘以北转移。

关于战争指挥问题。周恩来在报告中指出战争指挥的最高原则是：第一，应集中统一，指挥权要集中军委；第二，为使作战更有力量，须组成左中右三个纵队；第三，实现战略计划要有政治的保证。

与会人员对周恩来的报告进行了充分的讨论，一致同意周恩来、毛泽东等多数人关于北上的意见。张国焘也表示同意，并对战略方针的有关问题作了补充和强调。

6月28日，中共中央政治局作出《关于一、四方面军会合后战略方针的决定》。指出：一、四方面军会合后的战略方针是集中主力向北进攻，在运动战中大量消灭敌人，首选取得甘肃南部，以创造川陕甘苏区根据地，使中国苏维埃运动放在更巩

1

1 两河口远景

2 两河口会议的决定

固更广大的基础上，以争取中国西北各省以至全中国的胜利。为了实现这一战略方针，在战役上必须首先集中主力消灭与打击胡宗南军，夺取松潘与控制松潘以北地区，使主力能够顺利地向甘南前进。大小金川流域在军事政治经济条件上均不利于红军的活动与发展。必须留下小部分力量，发展游击战争，使这一地区变为川陕甘苏区之一部。《决定》强调：为了实现这一战略方针，必须坚决反对避免战争、退却逃跑以及保守偷安、停止不动的倾向。这些右倾社会主义的动摇是目前创造新苏区的斗争中的主要危险。这一决定适时地确定了两个方面军共同北上，创建川陕甘根据地的战略方针。

6月29日，中央政治局常委会议决定增补张国焘为中革军委副主席，徐向前、陈昌浩为中革军委委员，解决了两军会师后的集中领导和统一指挥问题。同时，中革军委制定了《松潘战役计划》，准备消灭胡宗南部，打开北上甘南的通道。

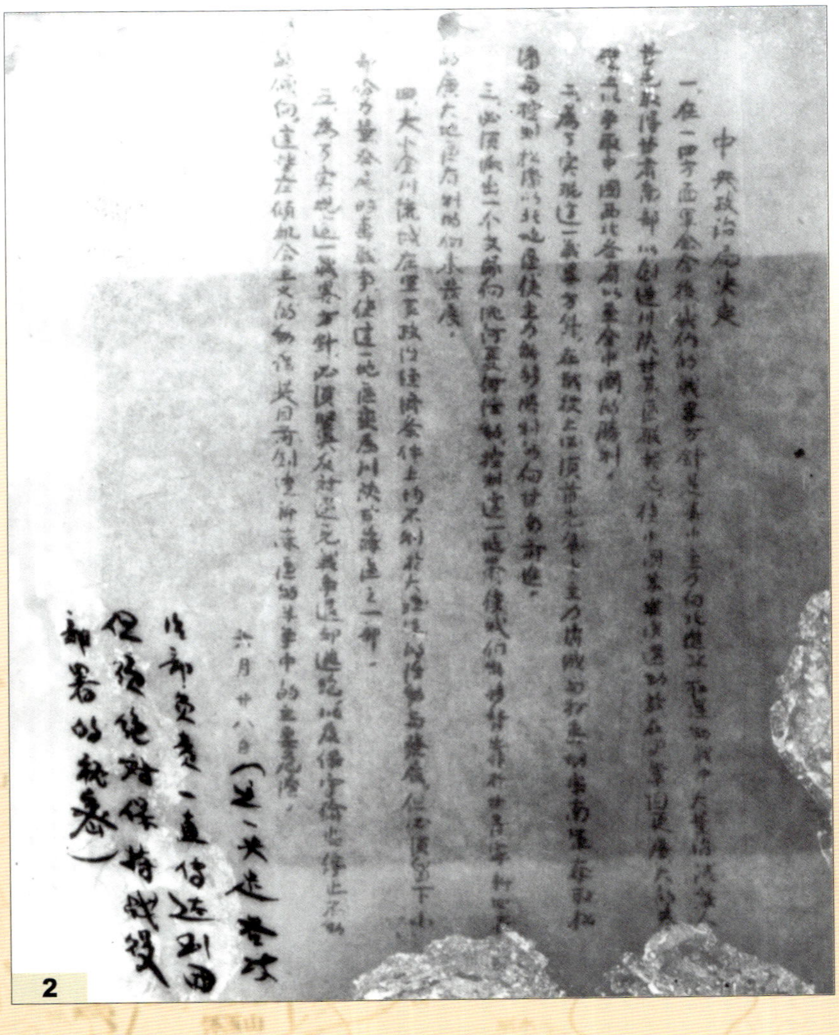
中央政治局决定

2

回忆会理会议

刘英　中央队秘书长

在当时，毛主席没有后来那样的绝对权威，大家对毛主席的战略思想也还没有完全领会，所以上上下下虽然服从命令听指挥，但不同意见也有，主要围绕着是走路还是打仗。有的说，老打圈圈不打仗，可不是办法；有的说，只走路不打仗，部队没有打垮倒要拖垮了，在这种情况下，林彪给三人小组写信，请彭德怀任前敌指挥。

到了会理，中央就召集会议。参加会议的没有多少人，就是毛泽东、洛甫（即张闻天）、王稼祥和第一、第三军团军团长和政委林彪、聂荣臻、彭德怀、杨尚昆。（还应该有周恩来、博古等——编者注）

1

1 会理一隅
2 刘英和张闻天

2

会理会议的情形我记得非常清楚。会议是在城外临时搭起的一个草棚子里开的，因为怕有飞机来轰炸扫射，所以采取这样的措施。军团来的负责人就住在这个草棚子里，就地打铺，地上铺了卧草。喝水、吃饭都由我带警卫员给送去。

会议是5月12日开的，只开了一天。会上集中批评林彪的信，同时也批评彭德怀，还说到林的信是彭鼓动起来的。毛主席情绪很激动。我记得会议下来，闻天叫我邀林、彭到瓦房子里来同他和毛主席住在一起，那里已经用门板搁好了铺。我想，闻天的意思是可以缓和气氛，便于谈心沟通思想。

我走进草棚子时，他们正谈得热闹。听到林彪说：“老彭，还是你行，前方还是你来指挥。”彭德怀说：“我不干。”见我来了，也就不再说下去了。

我说：“请两位司令员到那边去住”。

德怀对我拱拱手，说：“谢谢你，前方有了胜利品，一定慰劳你。”

我说：“快不要谢我，又不是我要你们去，是洛甫要我来请你们的。”

他们连说：“不用了，不用了，我们在这里挺自在的。”

我回去对张闻天说他们不愿搬过来，也就算了。

会理会议最后由张闻天作总结，肯定毛主席的军事指挥是正确的，批评了林彪和彭德怀，决定部队继续北进，到川西北创建新苏区。

十七勇士飞舟强渡

杨得志　红一团团长

1

2

经过1天1夜冒雨行军，部队在一个山坡上停下来。这里离安顺场只10多里路，大渡河哗哗的水声都可以听到。140多里路的急行军真够疲劳的，战士们停下来倒头就睡着了。这时已是夜间10点多钟。

天漆黑，雨下个不停，部队踏着泥泞的小路前进。大约走了10多里，便靠近安顺场了。我命令一营分成3路前进。

安顺场的守敌做梦也没有想到，红军来得这样快。他们认为我们还没有出海子边少数民族区呢，因此毫无戒备。两个连的敌人，不到30分钟就全被打垮。

一营花了好大的劲，才把渡船弄到手。这里只有这条船，它现在成了我们惟一的依靠。

占领了安顺场，我来到河边，只见两岸都是连绵的高山。河宽约300米，水深三四丈。湍急的河水，碰上礁石，卷起老高的白浪。1只船装不了多少人，必须组织1支坚强精悍的渡河奋勇队。于是我把挑选渡河人员的任务交给了孙继先同志。

战士们知道组织奋勇队的消息后，一下子围住了孙继先同志，争着抢着要参加，弄得孙继先同志怎么解释都

3

▌1 杨得志
▌2 孙继先
▌3 大渡河安顺场渡口
▌4 安顺场
▌5 报道红军抢渡大渡河的《战士》报

4

不行。

“怎么办？”一营长问我。我又是高兴又是焦急，高兴的是我们的战士个个勇敢，焦急的是这样下去会拖延时间。因此，我决定集中一个单位去。

孙继先同志决定从二连选派。二连集合在屋子外的场地上，静听着营长宣布被批准的名单：“连长熊尚林，二排长曾会明，三班长刘长发，副班长张表克，四班长郭世苍，副班长张成球，战士张桂成，萧汉尧……”16个名字叫完了，16个勇士跨出队伍，排成新的队列。一个个神情严肃，虎彪彪的，都是二连优秀的干部和战士。

突然，“哇”地一声，1个战士从队伍里冲了出来。他一边哭，一边嚷着：“我也去！我一定要去！”他奔向营长。我仔细一看，原来是二连的通信员。孙营长激动地看看我，我也被眼前的场面所感动。多好的战士啊！我向孙营长点了点头，表示同意让他参加。孙营长说了声：“去吧！”通信

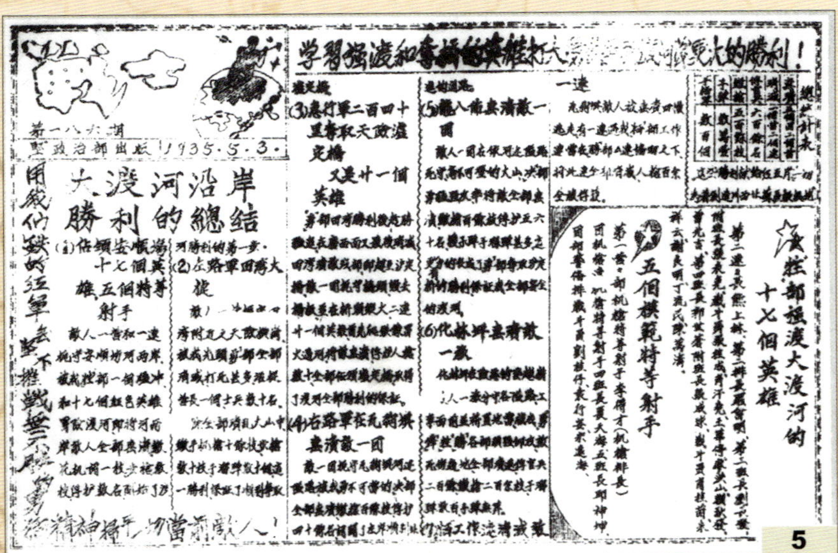
学习强渡和勇猛的英雄……
大渡河沿岸胜利的总结
十七個英雄
五個模範射手
强渡部强渡大渡河的十七個英雄

5

员破涕为笑，赶忙飞也似地跑到16个人排成的队列里。

1支英雄的渡河奋勇队组成了：17个勇士，每人1把大刀，1支冲锋枪，1支短枪，五六个手榴弹，还有作业工具。熊尚林同志为队长。

庄严的时刻来到了，熊尚林带领着16个同志跳上了渡船。

“同志们！千万红军的希望，就在你们身上。坚决地渡过去，消灭对岸的敌人！”

渡船在热烈的鼓动声中离开了南岸。

胆颤心惊的敌人，向我渡船开火了。

“打！”我向炮兵下达了命令。神炮手赵章成同志的炮口早已瞄准了对岸的工事，“通通”两下，敌人的碉堡飞向半空。我们的机枪、步枪也发挥了威力。炮弹一个个炸在敌人的碉堡上，枪弹像暴风雨一样卷向对岸。划船的老乡们一桨连一桨地拚命划着。

渡船随着汹涌的波浪颠簸前进，四周满是子弹打起的浪花。岸上所有人的注意力都集中在渡船上。

突然，猛地一发炮弹落在船边，掀起一个巨浪，打得小船剧烈地晃荡起来。

1 红军过安顺场时一位妇女为红军打了14双草鞋，红军送给她这个小铜瓢作为纪念。

2 红军强渡大渡河纪念碑

3 当年帮助红军抢渡大渡河的老船工讲述当年的情景

我一阵紧张，只见渡船随着巨浪起伏了几下，又平静下来了。

渡船飞速地向北岸前进。对面山上的敌人集中火力，企图封锁我渡船。十七勇士冲过一个巨浪，避过一阵阵弹雨，继续奋力前进。

一梭子弹突然扫到船上。从望远镜里看到，有个战士急忙捂住自己的手臂。

“他怎么样？”没待我想下去，又见渡船飞快地往下滑去。滑出几十米，一下撞在大礁石上。

“糟糕！”我自语着，注视着渡船。只见几个船工用手撑着岩石，渡船旁边喷起白浪。要是再往下滑，滑到礁石下游的漩涡中，船非翻不可。

“撑啊！”我禁不住大喊起来。岸上的人也一齐呼喊着，为勇士们鼓劲、加油。

就在这时，从船上跳下4个船工，他们站在滚滚的急流里，拼命地用背顶着船。船上另外4个船工也尽力用竹篙撑着。经过一阵搏斗，渡船终于又前进了。

渡船越来越靠近对岸了。渐渐地，只有五六米了，勇士们不顾敌人疯狂的射击，一齐站了起来，准备跳上岸去。

突然，小村里冲出一股敌人，涌向渡口。不用说，敌人梦想把我们消灭在岸边。

“给我轰！”我大声命令炮手们。

“通通！”又是两下巨响，赵章成同志射出的迫击炮弹，不偏不歪地在敌群中开了花。接着，李得才同志的那挺重机枪又叫开了，敌人东倒西歪，一个接着一个倒下去。

3

“打！狠狠打！”河岸上扬起一片吼叫声。敌人溃退了，慌乱地四散奔逃。

“打！打！延伸射击！”我再一次地命令着。

又是一阵阵射击。在我猛烈火力掩护下，渡船靠岸了。17个勇士飞一般跳上岸去，一排手榴弹，一阵冲锋枪，把冲下来的敌人打垮了。勇士们占领了渡口的工事。

敌人并没有就此罢休。他们又一次向我发起反扑，企图趁我立足未稳，把我赶下河去。我们的炮弹、子弹，又一齐飞向对岸的敌人。烟幕中，敌人纷纷倒下。17位勇士趁此机会，齐声怒吼，猛扑敌群。17把大刀在敌群中闪着寒光，忽起忽落，左劈右砍。号称“双枪将”的川军被杀得溃不成军，拚命往北边山后逃跑。我们胜利地控制了渡口。

2

过了会儿，渡船又回到了南岸。孙继先同志率领机枪射手上了船，向北岸驶去，继后我随之过河。这时，天色已晚，船工们加快速度，把红军一船又一船地运向对岸。我们乘胜追击，又在渡口下游缴了两只船。于是，后续部队源源不断地渡过了大渡河。

中国工农红军飞夺泸定桥纪念碑碑文

聂 荣 臻

一九三五年五月二十九日，中国工农红军第一方面军长征途中取得了飞夺泸定桥的重大胜利。

红军飞夺泸定桥，是毛泽东同志在安顺场根据当时的情况决定的。其部署是：由刘伯承、聂荣臻率领红一军团一师和陈赓、宋任穷领导的干部团，从安顺场强渡大渡河，沿东岸北上赶向泸定桥；中央军委直接指挥红一军团二师、一军团军团部和红五军团，沿西岸北上赶向泸定桥；两支部队相互支援，夹河而上，相机夺取泸定桥。

飞夺泸定桥的先头部队是沿大渡河西岸北上的二师四团（团长王开湘、政委杨成武、党总支书记罗华生）。他们受领任务后，立即紧急开进，一边走，一边消灭沿途的敌人，第二天一昼夜竟强行军二百四十里，按时赶到泸定桥，并组织了二十二人的突击队，冒着东岸敌人的火力封锁，在铁索桥上边铺门板边匍匐前进，奇绝惊险地夺取了泸定桥。

一师和干部团不断击溃和消灭河东沿岸的敌军，对四团夺取泸定桥起了策应作用。

强渡大渡河和飞夺泸定桥成功，打破了蒋介石妄图把红军变成第二个石达开的反革命迷梦，是红军长征中具有战略意义的重大胜利之一，这再次体现了我英雄红军无限忠于人民革命事业的大无畏精神。

红军的功勋永垂不朽！

红军精神万岁！

1

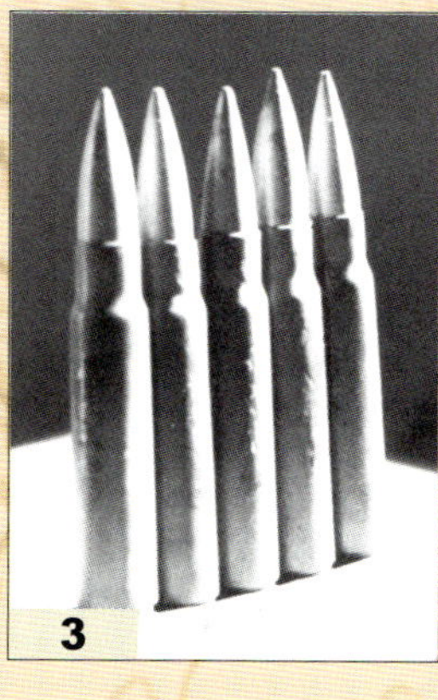

3

1 聂荣臻为红军飞夺泸定桥纪念碑题写的碑文
2 红军飞夺泸定桥纪念碑
3 红军飞夺泸定桥时缴获的"七九"式步枪子弹
4 红军在泸定县用过的油灯
5 杨成武

要桥不要枪

杨成武　红四团政治委员

5

为了迅速渡过大渡河，粉碎敌人前后夹击合围的阴谋，必须火速夺下泸定桥。我们左路军前卫红四团，就是在这紧急的情况下，接受了军委迅速夺取泸定桥的任务。红一师为右路军，渡过大渡河后沿东岸北进，策应我二师四团夺取泸定桥。

27日清晨，我团从安顺场出发，沿大渡河西岸，奔向泸定桥。全程329里，命令规定3天赶路。路，是蜿蜒曲折、忽起忽伏的单边羊肠小路，左边是高入云霄刀劈一样的峭壁，山腰上是终年不化的积雪，银光耀眼，寒气袭人；右边是深达数丈、波涛汹涌的大渡河，稍不小心就有掉下去的危险。但大家并没有把这危险放在心上，只有一个想法：加速前进，快些拿下泸定桥。

经过整夜的急行军，在第2天早晨6点多钟胜利地赶到了泸定桥，并占领了西岸及西桥头。这一天，除了打仗、架桥外整整赶了240里路，真是飞毛腿呀！

4

我们占领了桥西的几座建筑物和一座天主教堂。战士们忙着做战斗准备。王团长和我领着营、连干部去察看地形。

泸定桥真是个险要所在。就连我们这些逢山开路、遇水架桥、见关夺关的人，都不禁要倒吸一口凉气。往下看，褐红色的流水像瀑布一样从上游山峡间倾泻下来，冲击着河底参差耸立的恶石，溅起丈多高的白色浪花。流水声震耳欲聋。在这样的河里，就是一条小鱼，也休想停留片刻，徒涉、船渡都是完全不可能的。

再看看桥吧。既不是石桥，也不是木桥，而是一条铁索桥。

1

2

从东岸到西岸扯了13根用粗铁环一个套一个连成的长铁索，每根有普通的饭碗粗。两边各两根，做成桥栏，底下并排9根，作为桥面。原来桥面上横铺着木板，现在，木板已被敌人搬到城里去了。只剩下悬挂着的铁索。在桥头的一块石碑上刻着两行诗句："泸定桥边万重山，高峰入云千里长。"

泸定桥东端就是泸定城。这座城一半在东山上，一半贴着大渡河岸，城墙高两丈余，西城门正堵住桥头，过了桥，必须通过城门，别无他路，城里驻着两个团的敌人，山坡上修筑了严密的工事。机枪集中在桥头附近，不断地向我们扫射，迫击炮弹也连珠般地飞过来。

敌人凭着这样的天险，疯狂地向我们大声喊叫："你们飞过来吧！我们缴枪啦！"我们的战士则大声回答："不要你们的枪，只要你们的桥。"

看完地形以后，我们立即组织了1个营的火力，封锁河东岸敌人增援的道路。因

▌1 红军强渡大渡河的渡口
▌2 红军战士飞奔泸定桥时用过的油灯
▌3 《飞夺泸定桥》（油画 雷坦 作）

为东岸和西岸一样，也只有一条依山傍水的小道，敌人只有经过那条路才能到泸定桥。

紧接着，我们分头到连队进行夺桥的战斗动员。部队掀起了争取当夺桥突击队的热潮。各连都送来了突击队的名单，要求批准他们担任突击任务。

中午，我们在天主教堂召开了全团干部会议，研究、批准突击队。会议刚开，对岸打过来一排追击炮弹，天主教堂的屋顶被炸开了一个大窟窿，弹片、瓦片直泻而下。大家却一动不动。我乘机进行鼓动："敌人来给我们动员了，我们必须立即打过桥去。现在大家说说该让哪个连担任突击。"我刚说完，平时不爱说话的二连长廖大珠刷地站起来，他那矮而结实的身子激动得有点发抖，黝黑的脸一下红到耳根，吃力地说：

"一连过乌江立了功，成为渡乌江模范连，我们要向一连学习，争取当夺取泸定桥的英雄连。"

"夺桥任务非给我们三连不可！"急性子的三连长王有才没等廖大珠说完，就站了起来。他站在那里像小铁塔，嘴巴像打机关枪："我们三连哪一次战斗都没落后过，这次保证把桥拿下来。"最后，他又说："不叫我们当突击队，我这个连长没法向战士们交代。"往后是一场激烈争论，看样子谁也不愿意把这个任务让给别人，须要我们领导上指定了。我和团长研究后，王团长向干部们交代了夺桥的任务并指定二连任突击队。接着我站起来补充说："要打仗有的是，咱们轮着干，上次渡乌江是三连打头，这次轮到二连，由二连的22个共产党员和积极分

3

1

子组成突击队，廖大珠同志任突击队长，我看很好，看大家有没有意见？”会场上响起了一片掌声。廖大珠高兴地跳起来。只有王有才垂着头，嘴里在叨咕着什么。“三连的任务也不轻。”我指着王有才说：“你连担任2梯队，跟着突击队冲，还要担任铺桥面的任务，让后续部队迅速冲进城去，看你还有什么意见？”这时候王有才才露出笑容。最后我们命令各连，让部队吃饱饭打好仗。会后，总支书记罗华生又亲自到二连去帮助进行突击准备工作。

总攻在下午4点开始。团长和我在桥头指挥战斗。全团的司号员集中起来吹起冲锋号；所有的武器一齐向对岸敌人开火，军号声、枪炮声、喊杀声震撼山谷。22位突击英雄手持冲锋枪或短枪，背挂马刀，腰缠12颗手榴弹，在廖大珠连长的率领下，冒着密集的枪弹，攀着桥栏，踏着铁索向对岸冲去。跟着他们前进的是三连长王有才率领的第三连。他们除携带的武器外，每人找一块木板，边铺桥，边冲锋。

当突击队刚冲到对面桥头，西城门突然烧起冲天大火。敌人企图用火把我们挡在桥上，用火力消灭我们。火光照红了半边天，桥头被熊熊大火包围住了。

这正是千钧一发的时刻。22位英雄看到城门口漫天大火，似乎愣了一下，站在我和团长身边的人一齐大声喊道：“同志们！这是胜利的关键！冲进去呀！不怕火呀！迟疑不得！冲啊！敌人垮了。”这喊声给了英雄们勇气、决心和力量，在宏亮的冲锋号声中，他们神速地向着火里冲去了。冲在前面的廖大珠的帽子着了火，他扔掉了帽子，光着头继续往前冲。其余的突击队员们也紧跟着廖连长穿过火焰一直冲进街去。巷战在街口展开了。敌人集中全力反扑过来，22位英雄的子弹、手榴弹都打光了，形势万分紧急，眼看支持不住了。正在这个严重关头，王有才连长带着三连冲进去了，接着团长和我率领着后续部队也迅速过桥进了城。经过两小时的激战，两个团的敌人被消灭大半，剩下的狼狈逃窜。黄昏，我全部占领泸定城，牢靠地控制了泸定桥。

1 翻夹金山（漫画 黄镇 作）

2 夹金山远景

胜利地翻越夹金山

聂荣臻 红一军团政治委员

六月十二日，我们进到大硗碛，已经进到了夹金山的脚下。这时陈光同志发来电报，他们已经翻过夹金山，到了达维，与四方面军的先头团第八十团会合，并得知四方面军的二十五师已经在八日占领了懋功。接到电报真是高兴极了，给我们翻越夹金山增添了力量。在大硗碛住了一夜，第二天，天刚亮就开始上山。像我们这些病号，为了不致中途落伍，更是早上路，未等天亮就动身了。

这时，左权同志也病了。我和左权同志都是带病过夹金山的。那天一大早，他们用担架抬着我。一上坡，我想起左权同志行走更困难，就赶紧下来。我说："我可以拄一根棍慢慢地走，左权参谋长还在后边，你们抬抬他，帮一帮他吧！"

夹金山，是我们长征路上过的第一座雪山，地图上的海拔高度主峰是四千五百米左右，但是从大硗碛往上走并没有这样高，因为我们到大硗碛时，海拔高度已经很高了。困难的是山上空气稀薄，天气变幻无常。上午爬山，如天气正常，人们开始还并不觉得什么。已经经

2

过反复动员，人们的精神准备都很充足。山坡是原始森林，一片片，一丛丛，铺撒在茫茫浩瀚的“六月雪”中，这些奇特的景色把人们的注意力吸引住了。再加上鼓动工作，把人们的劲头鼓得很足。但一过中午，天气聚变，先是大雾，随后是毛毛细雨，转眼又成了霏霏白雪，随风狂舞，把我们红军战士一个个都变成了雪人。尤其是到了傍晚，天气奇冷。战士们衣着不多，临时打开被包，把能穿的都穿在身上，或者干脆把被子、毯子披在身上。我上到山上感到气也喘不上来。山顶空气稀薄，不能讲话，只能闷着头走，不管多累，也不敢停下来休息，一坐下来就可能永远起不来了。我们警卫班的同志，身体都是比较健壮的，也有的走着走着不知怎么地，倒下来就完了。在山上我们牺牲了一些同志。就整个来说，我们全靠万众一心，群策群力，互相帮助，发挥了阶级友爱，胜利地翻越过了夹金山。我也和大家一起，因为想到我们盼望已久的四方面军的战友就在山脚下，自己也说不清当时是哪里来的那一股体力，硬坚持着越过了雪山。我一打听，左权同志也过来了。林彪这一天反倒掉了队，没有能过夹金山；过去他几乎是从来不掉队的。

六月十四日晚上，我们到了达维，我开始见到四方面军的同志了，那个高兴劲，简直无法形容。真是他们高兴，我们也高兴。

1

1 《红军过草地》（油画　张文源　作）
2 《草地晚餐》（油画　张文源　作）

1935.10 1935.11 1935.12 1936.01 1936.02 1936.03 1936.04 1936.05 1936.06 1936.07 1936.08 1936.09 1936.10

毛主席指导我们过草地

杨成武　红四团政治委员

主席看见我们进来，立即和我握手，叫我坐下，脸上露出慈祥的笑容，亲切地对我说：

“你来了，很好!这次你们四团还是先头团。要切记草地是阴雾腾腾、水草丛生、方向莫辨的一片泽国，你们必须从茫茫的草地上走出一条北上的行军路线来。”

稍顿一下，主席又继续说道：“北上抗日的路线是正确的路线，是中央研究当前的形势后决定的。现在，胡宗南在松潘地区的漳腊、龙虎关、包坐一带集结了四个师；东面的川军也占领了整个岷江东岸，一部已占领了岷江西岸的杂谷垴；追击我们的刘文辉部已赶到懋功，如果我们掉头南下就是逃跑，就会断送革命。”他右手有力地向前一挥：“我们只有前进。敌人判断我们会东出四川，不敢冒险走横跨草地、北出陕甘的这一着棋。但是，敌人是永远摸不到我们的底的，我们偏要走敌人认为不敢走的道路。”

主席详细地告诉我过草地可能遇到的困难，具体地指示了解决的办法，以后又强调指出：“克服困难最根本的办法，是把可能碰到的一切困难向同志们讲清楚，把中央为什么决定要过草地北上抗日的道理向同志们讲清楚。只要同志们明确了这些，我相信没有什么困难能挡得住红军指战员的。”

以后，主席又询问了部队的思想情况和过草地的物质准

2

备情况。

我向主席报告，部队的情绪很高，大家一致坚决拥护中央过草地北上抗日的决定，只要中央、主席一下命令，我们就坚决向草地进军。我们早就有过草地的思想准备，省吃俭用存下了一些粮食，沿途采摘些野菜，估计可以捱过草地。只是衣服成问题，每人只有两套单衣，恐怕抵御不了草地的严寒。

“要尽量想办法多准备些粮食和衣服，减少草地行军的困难！”主席恳切地、着重地嘱咐我这两句话，然后问我是否已找到向导。

我说已有一个六十多岁的通司作向导，已准备了八个同志用担架抬着他为我们带路。

1

“要告诉抬担架的同志抬稳当些，要教育大家尊重少数民族，团结好少数民族。”主席沉思片刻后继续说道：“一个向导解决不了大部队行军的问题，你们必须多做一些‘由此前进’、附有箭头的路标，每逢岔路，插上一个，要插得牢靠，好让后面的部队跟着路标，顺利前进。”

最后主席问我有什么困难。我说，我们一定遵照主席的指示去做，有困难我们依靠大家想办法解决。

1 《毛泽东、周恩来、朱德、张闻天、李先念在懋功》(油画 许宝中 作)

2 20世纪30年代西康少女

3 红军发给藏族同胞的保护证

1935.10 1935.11 1935.12 1936.01 1936.02 1936.03 1936.04 1936.05 1936.06 1936.07 1936.08 1936.09 1936.10

帮助藏民建立政权

贾拓夫 总政治部破坏部(即白军部)部长

因为我们在藏民中影响的扩大及藏民与我们关系的进步，我们就广大的宣传，号召藏民起来反对汉官军阀的压迫，组织藏民自己的人民革命政府。这一宣传得到广大藏民的赞成。于是我们就着手进行组织，召开各部藏民大会，成立人民政府。计前后组织了6个乡人民政府。用民主方式，推举了代表及主席。代表主席胸前都配着红布条，上写“某某主席”或“某村代表”。当主席及代表的均引以为荣，很出力帮助红军办事情，有什么事也到我们的地方报告讨论和解决。我记得有一次，不知哪一部分把一个主席的牛赶去几条，这个主席就跑到我们粮委来报告，我们当时把牛交还了他。这主席感激得真不知怎样才好，一般藏民也都齐声说好。最后我们召集6个人民政府的代表会，成立瓦布梁子区藏民革命政府，并还准备建立他们自己的武装。于是瓦布梁子区变了一个模样，到处飘扬着自由解放的鲜红旗帜。

2

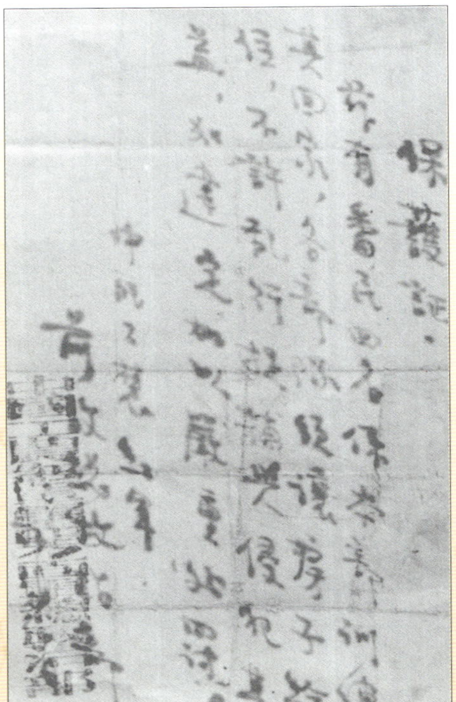
保護證

3

草地断粮

潘峰　第三十军第二六九团宣传员

1

野菜中灰灰菜算是上等菜，其次是大黄叶子、野芹菜、野韭菜、籽籽菜、刺儿菜、花菜、锯齿菜、野蒜等。有好多野菜，其实我们并不晓得它们的真实姓名，大部分是按它长的形状起的名字。这些野菜因肚子饿的关系，吃起来也感觉不到有什么怪味（大黄叶子、籽籽菜经过烤干可以当旱烟抽）。寻找野菜时，不管是哪个单位或个人发现有大片野菜，就马上通知兄弟单位来挖，大家分享，这种革命友爱精神用语言难以形容。由于连续吃野菜，又缺盐，有的野菜因缺少燃料煮的半生不熟就吃，部队发生了浮肿，病号日增，困难就更大了。不久，连营地周围的野菜也吃光了。我们只好转移到新的营地。一天，有几个同志发现一种罕见的山萝卜，类似山药蛋形状，颜色是灰的。当时因为采的数量很少，大伙儿还互相谦让，由部分同志分着吃了。哪晓得到了半夜，这些同志上吐下泻，有的还大叫大闹。卫生队长带着

2

1 反映草地战友情的版画
2 背干粮过草地（漫画　黄镇　作）
3 红军长征途中吃过的野菜标本
4 红军长征途中挖野菜用的小刀

3

医生立即查明情况，原来是吃“山萝卜”中了毒，精神错乱。闹到天明，中毒轻的同志呕吐、头晕、头痛、四肢无力，中毒重的同志竟被夺去了宝贵的生命。根据这种情况，我们决定马上向北转移到新的营地寻找野菜充饥。面对许多病号怎么办？各支部召开临时紧急党员会，任务是：“把牺牲的同志立即掩埋好，不准丢掉一个病号、一支枪、一粒子弹”，干部和党员分工带头。团卫生队有几副担架，实在不能走的重病号，由各单位轮流派人抬，一副担架由四个人或者六个人换着抬，轻病号由两个人负责搀扶一个。同志们发扬了高度的阶级友爱精神，身体比较强的同志争先恐后地帮助身体弱的有病的同志，大家互相勉励，拖着沉重的双腿，一脚水一脚泥地艰难前进着。

4

激烈的包座战斗

程世才　红四方面军第三十军军长

从总的地势上，我们是居高临下，但敌人是纵深配备，并占据着许多小山头。尤其是满山遍野都是大桦树和灌木丛，敌人运动兵力我们看不到。我军冲到哪里，哪里的敌人就利用树林、山包或河坎作掩护，拼命地守卫，拼命地反击。我们把军部的几门迫击炮用来支援八十八师，用仅有的几十发炮弹轰击敌人集群。战士们用手榴弹、刺刀和大刀片同敌人厮杀。有的马尾手榴弹挂在树上，杀伤不了敌人，战士们就端着刺刀或挥着大刀片扑上去。前边的倒下了，后边的又冲上去，同敌人展开了肉搏战，1个山头也要经过几次争夺，敌人抢占了，我们就再把他夺回来。有1位烈士，1只胳膊打断了，另1只手里还紧紧握着大刀片，这种情景是多么令人感慨啊！他们在草地上吃的是野菜、树皮，为人民贡献的是宝贵的生命和鲜血！

师、团掌握的所有预备队及其机关和军的通信连、警卫连、保卫排等都投入了战斗；军部的机关干部、宣传队以及有的炊事员和饲养员，也都拿起武器参加了战斗。师、团指挥员都在第一线，我们军的几个领导同志也都到了前边。

1

战斗激烈地进行了七八个小时。我军终于把截成三段的敌人，一段段啃掉了。敌师长伍诚仁胳膊被打断，被我军俘虏。战士们押着他来见郑维山政委。这个刚才还神气十足的敌师长，现在却吊着个受伤的胳膊，垂头丧气地站在那里。郑维山同志报告了我，并派人把他押到军部。但后来由于天黑下大雨，伍诚仁乘着战场混乱跳河跑了。敌人的1个团长和副团长也做了俘虏。

1 包座河

2 1935年9月8日，张国焘坚持错误方针，主张南下的电文。

南下苦战

徐向前　红四方面军总指挥

南下部队，包括红四方面军的5个军及原一方面军的五、九军团（即五军、三十二军）。蒋介石发现红军少部兵力北上，大部兵力南下，乃令薛岳等嫡系部队和川军向川西南地区集结，准备与我决战。

我军南下的第一个战役，是攻取绥靖、崇化、丹巴、懋功，打通进军川西南的通道。总部决定以五军、九军二十五师、三十一军九十三师组成右纵队，沿大金川西岸前进，抢占绥靖、丹巴；以四军、三十军、三十二军及九军二十七师大部组成左纵队，在大金川以东地区进攻，夺取崇化、懋功；三十三军及九军二十七师一个团，驻守马塘、梦笔山地区，屏障红军总司令部；三十一军九十一师师部及二七七团、红军大学，留守阿坝，掩护后方。

1935年10月8日，我左、右两路纵队发起进攻。大小金川地区，地势复杂，多高山绝壁、峡谷急流。我军机智英勇，灵活迅速，充分发挥山地战、隘路战、近战、奇袭、夜袭的特长，大胆迂回穿插，斩关夺隘，消灭敌人。十多天内，连克绥靖、丹巴、崇化、懋功及日隆关、巴郎关、火烧坪、邓生等地，共击溃敌刘文辉部、杨森部六个旅，毙俘敌3000余人。

第二个战役是攻取天全、芦山、名山、雅安、邛崃、大邑，以便进而直下川西平原。具体部署为：以四军、三十二军为右纵队，由丹巴经金汤攻取天全，并以一部向汉源、荥经活动；以三十军全部、三十一军九十三师及九十一师之两个团、九军二十五师为中纵队，取宝兴、芦山，得手后向名山、雅安及其东北地区进攻；以九军二十七师为左纵

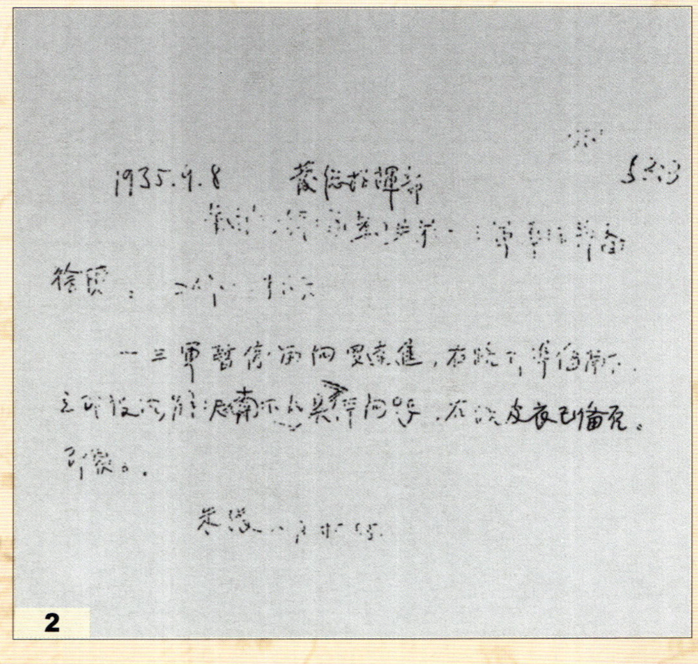

2

1

2

队，除以一部巩固抚边、懋功外，主力向东伸进，威胁理县、灌县、大邑之敌。另以五军为右支队，巩固丹巴地区；三十三军为左支队，留驻马塘、两河口，相机威胁理县，占领威州；以三十一军九十一师师部率277团，驻守达维、懋功。

10月24日，我军展开进攻。十余日内，连克宝兴、天全、芦山等县城，进围名山，前锋直逼邛崃县境，共毙俘川敌5000人以上。再打下去，便是人稠粮丰的川西平原，利于我军获得较大补充。刘湘为确保成都、重庆，急调其主力王缵绪、唐式遵、范绍曾等部及李家钰部，向名山东北集结，连同原来的守敌，共80余团，堵击我军。11月中旬，我军再次发起进攻，集中15个团的兵力，沿名山、邛崃间的大道，破垒前进，连克重镇百丈及黑竹关、治安场、王店子。19日，刘湘挥军反扑，以19个团在飞机掩护下向百丈猛攻。敌我双方，恶战七天七夜，打得尸横遍野，血流满地，战况惨烈至极。这场决战，我军共毙伤敌一万五千余人，自身伤亡近万人，但未能战胜敌人。刘湘的后续部队源源不断，薛岳的大军又压了上来，我们深感兵力不足，遂被迫从战役进攻转入防御。部队撤离百丈、荥经地区，转至九顶山、天品山、莲花山一线，与敌对峙。

这时，川军主力集中于东面的名山、邛崃地区，薛岳部6个师向南面的雅安、天全地区集结，李抱冰部则位于西南的康定、泸定地区，层层筑碉，严密封锁，伺机发起大规模进攻。我军东出或南出已不可能，只好蹲在川康边过冬。那里汉藏杂居，人口稀少，粮食、物资极为短缺。当年冬天，气候异常寒冷，部队靠制棕榈衣御寒，挖土豆、野菜充饥，伤病员大量增加，缺乏医药治疗，真是到了山穷水尽的地步。事实证明，张国焘的南下方针，是毫无出路的。

1 王树声

2 王维舟

3 1949年，参加长征的部分女红军合影。

4 三种锅：四川一带藏民的锅；贵州一带苗民的锅；普通锅（漫画　黄镇　作）

四川的女娃子是一支坚强的队伍

刘坚　川陕省委妇女部长

从丹巴出发开始过党岭山，它比爬夹金山还要艰难，山虽不算陡，但平均海拔却很高，一路都是上坡，走起来很是累人。加之山上常年积雪，气候恶劣，更给运送伤员带来意想不到的困难。越往上走，空气越稀薄，每向前迈一步都要付出极大的努力，有时走不到一百步就要换人抬。这时，我们就分配十几个人轮流抬一副担架。有的同志走着走着就累倒了。碰上这种情况，旁边的同志得赶快抓一把雪塞进她的嘴里，再在脸上打几巴掌，架起

3

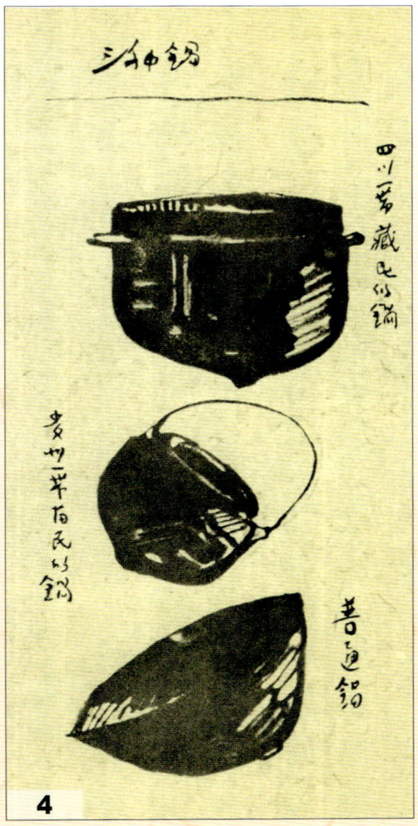

4

1

2

来就走。要是任她躺在地上，就没命了。就这样一步一步地挪着，好容易才挪到山顶。下山的时候，我们就把绑腿解下来，绑在担架的两头，前拉后拽，旁边再安排两个人保护，顺着坡向下滑，比上山时轻松多了。到了山脚下，有的伤病员看见我们女同志的肩膀渗血肿起老高，脚板底打满了血泡，感动地说："把我们丢下吧，同志姐，我们再也不能拖累你们了。"女同志听了，掉着泪回答道："你们为革命挂了花，我们怎能扔下你们不管呢？只要有我们在，就决不会丢下一个伤员。"我们是这么说的，也是这么做的，在从天全、芦山到道孚、炉霍的路上，确实遇到了不少艰难险阻，但大家首先想到的是保护伤员。我们克服一个又一个困难，始终没有丢失一个伤病员。这充分体现了四方面军妇女干部战士们高度的革命责任心和崇高的人道主义精神。朱老总曾经表扬我们："四川的女娃子，是一支坚强的队伍。"

1 1959年，参加长征的部分女红军合影

2 李贞(左)和她的警卫员

3 反映一位藏族姑娘为过草地的女红军和她的孩子送青稞的雕塑《草地情深》

难忘民族情

李中权　红四方面军总政治部地方工作部部长

由于历史上大汉族主义造成的民族隔阂，一般少数民族对汉人，特别对汉人军队，是抱仇恨的。在红军初到时，不了解我军的性质、宗旨，持反对态度，这是可以理解的。红军到达以后，国民党趁群众对红军缺乏了解，就进行反动宣传，并制造谣言，中伤红军。加之语言不通，没有翻译，有些群众在反动土司头人鼓动下，在高山上对红军部队开枪、砸石头。

为了粉碎国民党的阴谋，孤立和打击反动土司头人，融洽少数民族同红军的关系，我们首先大力开展了宣传工作。上从方面军总政治部，下至军、师、团政治机关及地方省委、县委，到处张贴石印的四字句或五字句、六字句大布告，阐明共产党和红军的主张和政策。部队和省委的文工团或宣传队，用文艺演出形式宣传群众，接近群众，群众很乐意。

当时宣传的口号是：打倒帝国主义！打倒军阀封建势力！汉族和各少数兄弟民族联合起来！汉族和各少数民族穷人是一家！汉族和各少数民族一律平等！共产党、红军、苏维埃是少数民族的救星！

在开展宣传工作的同时，方面军总

3

部指示各部队严格执行"三大纪律，八项注意"，还具体规定"一尊四要四不"。其内容是：尊重少数民族的风俗习惯；要严格执行藏族的民族政策，不进住藏民的喇嘛寺；要严格执行回民政策，不在回民家吃大荤；要宣传实行政教分离，不干涉少数民族的宗教信仰自由；要爱护少数民族农作物，不践踏少数民族的青稞大麦。也有单位规定"四要十不准"和其他一些要求，内容都是有关同少数民族搞好关系，严格遵守群众纪律问题。部队为使少数民族认识红军与过去任何军队不相同，使其了解红军的性质、宗旨和政策，付出了极大的努力，但这又是必须做到的。为了这些，我们的一些地方工作人员还穿起少数民族的服装，吃糌粑用手抓而不用筷子，刻苦学习少数民族的语言。

经过一段艰苦的工作后，少数民族逐渐认识到汉、藏、回、羌、彝各民族本是一家，都是平等的。随着工作不断深入，少数民族广大群众，不再把红军当敌人了。在共同劳动之余，大家还一起跳起我们红军从来没有见到过的藏族集体舞。那翩翩多姿的舞蹈，那嘹亮雄壮的歌声，使我们红军感受到了另一个异乡的可爱，而久久不能忘怀。

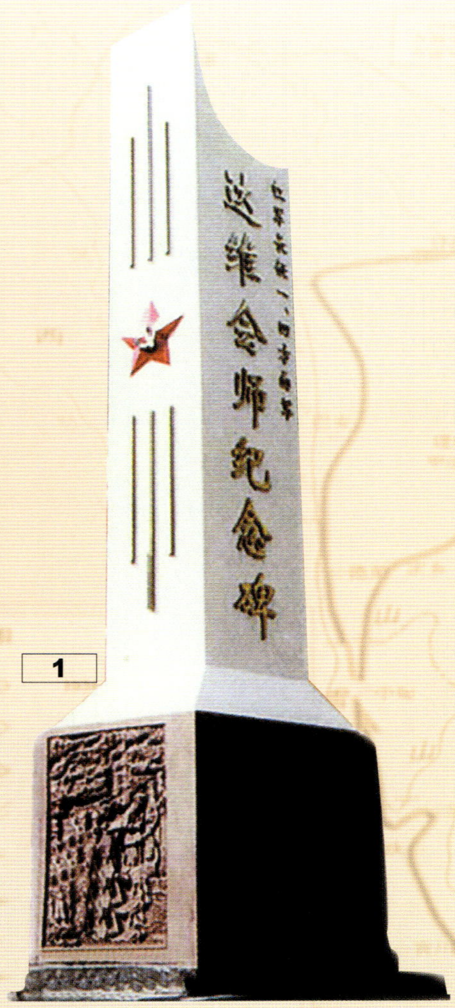

1

热烈的甘孜会师

康克清　红四方面军党校总支部书记

我们每人都带着早已准备好的礼物，高唱着欢迎二、六军团的歌曲，迈着整齐的步伐走进会场。当二、六军团的同志来到时，会场上响起了欢呼的口号声。大会开始，朱老总讲话，他特别强调：

"我们庆祝会师，但是这里不是目的地。我们的目的是北上到陕北党中央那里。我们要团结一致，艰苦奋斗，战胜一切困难，到达陕北。"

接着贺龙讲话，他表示完全拥护朱总司令的讲话，号召二、六军团搞好同四方面军的

1 达维会师纪念碑

2 朱德（2排左9）与红四方面军一部合影。

1935.10 1935.11 1935.12 1936.01 1936.02 1936.03 1936.04 1936.05 1936.06 1936.07 1936.08 1936.09 1936.10

2

团结，克服一切困难，同四方面军共同完成到达陕北，同一方面军胜利会合的光荣任务。

“在一片欢呼声中，开始赠送礼物。先把队伍分行作了插花调整，我们每人都面对一位二、六军团的同志，然后一声号令，大家都掏出早已织好的毛衣、毛裤、毛手套、毛袜子送给二、六军团的同志。他们接过礼品，激动万分，连连地说：

“太好了，太谢谢了，你们怎么想得这么周到？”

有的人翻过来掉过去地看，有的当场穿上，高兴地叫别人看：

“真合适，就像专门为我打的。”穿了又脱下来，怕弄脏了。

他们也有不少人拿出珍藏的小礼品，送给我们。有的手里没有东西，有些不好意思，我对他们说：

“这没有什么，今天是四方面军的同志欢迎二、六军团，不是交换礼品。”

刘伯承彝海结盟传佳话

在指挥强渡大渡河中，刘伯承与彝民沽基族首领小叶丹结盟一事，更表现了共产党人以抗日大业为重，尊重少数民族习俗，善于团结一切革命力量的气魄和胸怀，是我党执行民族政策的光辉典范。

5月20日晚，刘伯承在泸沽听取了侦察组的报告：由泸沽到大渡河有两条路：一条是通往雅安的大道，但是敌人重点防守；一条是通往安顺场的崎岖山路，利于隐蔽，但要通过被汉民视为畏途的彝民聚居区。刘伯承分析敌情，权衡利弊，决定避开敌人重点，不走大道走山路，进入彝区做工作，为红军大队开路。

刘伯承率先遣队进入一碗水、海子边到喇嘛房一带的彝民聚居区。这里山势险要，道路崎岖，林木茂盛野草丛生，山涧之上多是独木桥，易守难攻。沽基家的小叶丹主动来见刘伯承，说："听说你们要打刘文辉，主张彝汉平等，我愿与刘司令结义为兄弟。"刘伯承笑着说："那种欺压彝民的汉人，也是红军的敌人，我们结义是为了反对共同的敌人。"

小叶丹喜出望外，按照彝族规矩举行了简单而庄重的结盟仪式：到塘里舀来一碗清水，

1

1 大桥水库，红军从这里走出凉山。
2 《红军到川北》(油画　刘国枢　作)
3 西昌彝海结盟雕塑
4 中国彝民红军沽鸡支队的队旗

用刀斩掉鸡头，将鸡血滴入水碗，然后将“血酒”分作两碗，分别摆在刘伯承和小叶丹面前。刘伯承和小叶丹并排跪下，刘伯承首先端起“血酒”，虔诚地发誓：“上有天，下有地，我刘伯承与小叶丹今日在海子边结义为兄弟，如有反悔，天诛地灭。”说罢将“血酒”一饮而尽。小叶丹端起大碗激动地说：“我小叶丹今日与刘司令结为兄弟，如有三心二意，同此鸡一样断头而死。”说罢也一饮而尽。刘伯承特备下酒宴祝贺，双方坦诚相见，无话不说。席间，刘伯承将一面上书“中国彝民红军沽鸡支队”红旗赠给小叶丹，任命他为支队长，他的弟弟为副队长，并当场写了委任状。纯朴的小叶丹万万没想到，一个红军的高级将领深明大义，对他又如此信任，使他感到格外激动。

2

3

红军要出发了，小叶丹特意派人护送红军，并选出20人随红军学军事，学好回来打刘文辉。刘伯承嘱咐他：“红军大队人马在后面，拜托你把全部红军送出彝民区，今后你要打起红旗坚持斗争。我们会回来的。”刘伯承将10支铮亮的步枪作为礼物相赠，小叶丹坚持要把他骑的一匹精壮的大黑骡子送给刘伯承。

小叶丹没有辜负刘伯承的嘱托，他将彝民组织起来，整整奔忙七天七夜，使后续红军大队安全通过彝区。过

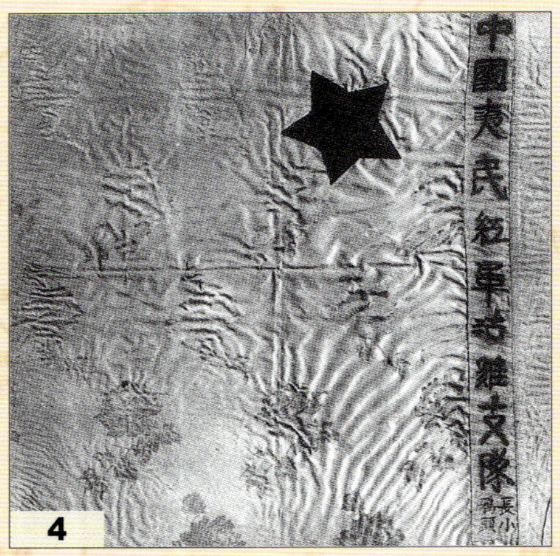

4

彝区后，毛泽东端起大碗米酒高兴地说："祝贺先遣司令和干部战士们！"周恩来说："后续部队通过彝族区时，小叶丹打着'中国红军彝民沽鸡支队'的旗帜出来欢迎，伯承、荣臻他们简直把彝区赤化了。"朱德说："先遣队逢山开路、遇水搭桥，功劳不小。"

2

红军走后，小叶丹勇敢地打起了红军彝民支队的旗帜，坚持斗争5年多。1941年小叶丹被捕。小叶丹被捕前，拿着红旗含泪告诫妻子和弟弟：只有共产党、红军讲民族平等，把我们彝人当人看，万一我死后，你们一定要保护好这面旗帜将来交给刘司令！

刘伯承与沽基族首领结盟修好，使红军顺利地通过了被国民党视为汉人绝地的彝族区。刘伯承还在彝区建立了红军沽基族支队，积极发展革命力量，真正起到"播种机"的作用。

1

3

1 冕宁县的渔海子。刘伯承和小叶丹在此歃血结盟。

2 彝海结盟纪念碑

3 小叶丹的弟弟在冕宁县彝海子边讲述当年小叶丹与刘伯承歃血结盟的故事

4 张琴秋

5 康克清

6 邓颖超

女红军的歌声回荡在雪山和草地之上

长征中的女同志，许多是来自四川、江西等地，这些地方有许多是山歌之乡。利用唱山歌进行宣传，是红军宣传鼓动中的一种重要的形式，既便于表演，也便于广大指战员和群众接受。在长征途中，女同志们一路上唱着山歌和各种革命歌曲，伴随着艰苦的征程，鼓舞了同志们的革命斗志，争取了广大沿途的群众，还瓦解了敌人的军心。

过雪山时，看着倒在路边的战友的尸体，搞宣传鼓动的战士们顾不得不许讲话的命令，她们使出全身的气力唱歌、说快板，鼓动伤病员向山顶爬去：

裹脚要用布和棕，
包得不紧又不松。
到了山顶莫停留，
革命的道路不能停。

一位女红军不顾寒冷，迎着风雪唱：

哎呀哟——
大雾困山山重山，
红军队伍过雪山。
千难万难都不怕，
同志们哟——
红军面前没困难。

4

5

6

还有的女红军豪迈地唱：

夹金山上雪凝冰，
脚踏冰雪奔前程。
革命豪情比火热，
融化冰雪步不停。

面对天气变幻莫测的草地，女战士们毫不畏惧，她们唱着自编的歌谣：

野菜吃来甜又香，
喂饱红军饥饿肠，
没米没面算什么？
红军粮库遍山岗。

她们面对草地充满革命主义的豪情，她们唱道：

万里行军过草地，
铁脚踏平烂泥滩。
七天七夜胜利过，
红旗指向六盘山。

女红军的歌声，久久回荡在雪山和草地之上。

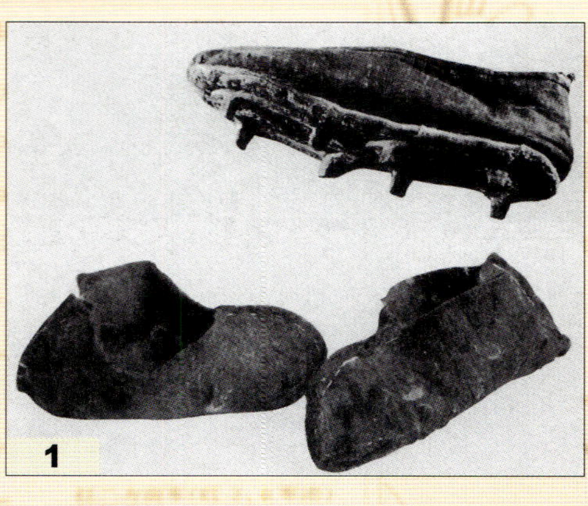

1

■ 1 红军翻越雪山时穿的鞋
■ 2 红军爬雪山时防滑用的脚马子
■ 3 林伯渠用过的皮挂包
■ 4 雪山——虹桥山

1935.10 1935.11 1935.12 1936.01 1936.02 1936.03 1936.04 1936.05 1936.06 1936.07 1936.08 1936.09 1936.10

林伯渠亲自起草割麦通令

红一、红四方面军会师后，近10万大军云集在川西。这一带是少数民族居住的地区，本来就是荒凉贫瘠、人烟稀少，又由于国民党反动派的反动宣传，威胁谁卖粮给红军就要处死。藏民误信敌人的宣传，逃避一空。这就使红军的筹粮遇到了前所未有的困难，部队屡屡断炊。这时的粮食就是生命，多筹到一斤粮食，就可能挽救一个战士的命。

3

2

为解决粮食危机，中央决定成立粮食委员会，并决定由林老负责。在这危难之际，为解决部队的燃眉之急，为了部队的生存，在红军无法通过正常交易采购粮食的情况下，红军决定只好收割地里的青稞。为了严格遵守党的民族政策，林老亲自起草了《关于收割番人（这里指藏民）麦子事的通令》，以总政治部的名义发布。通令宣布：

（一）各部队只有在用其他办法不能得到粮食的时候，才许到番人田中去收割已成熟的麦子。（二）首先收割土司头子的麦子，只有在迫不得已时，才去收割普

4

1

通番人的麦子。(三)收割普通番人的麦子写在木板上，插在田中，番人回来可拿木板向红军部队领回价钱。(四)只收割已成熟的麦子，严禁收割未熟的麦子及洋芋等。(五)收割麦子时应连根拔起或用镰刀去割，应将全丘麦田割干净，严禁零星拔麦头，践踏田中麦子。(六)麦子收割后必须多打几次，打干净，不许浪费，随便丢弃。(七)严禁私人到田中去拔麦子和青菜，禁止马匹放到田中去吃麦子。(八)为统一收割麦子起见，由军团及师政治部作大体的分配，再由各团政治处分配麦田给各单位，分配机关应将麦田以丘为单位编成号数，并用册子登记。

这份珍贵的文献，充分反映出林老执行党的民族政策的坚定性，事事处处、点点滴滴、认认真真地保护人民群众的利益，处处把人民群众的利益摆在首位。正因为如此，红军才得到人民群众，包括少数民族群众的拥护和支持，使红军得以顺利地完成筹粮任务，胜利地完成长征。

1 红军过雪山艺术景观（雕 塑：作者 刘林 背景画：作者 孙浩 邵亚川）

2 参加长征的红军小战士

3 下雪山（漫画 黄镇 作）

追红军

1935年，在红四方面军进行嘉陵江战役期间，由12个儿童团员组成的小队到乡下去宣传前线红军的胜利。他们当中有男孩，也有女孩，最大的才13岁，最小的只有10岁。半个多月后，他们怀着胜利完成任务的喜悦回来，不料想红军却已经出发了。他们顿时像没了娘的孩子似的，哭过闹过之后，年纪稍大的何连英提出："咱们沿着红军走的路，赶大部队去。"这个主意，得到了全体团员的赞同，并一致推选何连英担任他们这个追赶红军"特别行动小组"的组长。于是，他们毫不犹豫地踏上了追赶红军的行程。他们不知道，主力红军已开始了艰苦的长征，更没有设想过这一追会是多少天，甚至会遇到什么样的困难。他们惟一的念头是：追上红军，找到党组织，才算是回到了父母温暖的怀抱。

2

3

他们凭着坚定的信念，一路上不知吃了多少苦，但孩子们全然不顾，脑海里仍然作着归队的梦。为了避开敌人疯狂的盘查，他们装成逃荒要饭的流浪儿，互不相识。渴了，喝口河沟水、山泉水；饿了，就到沿途的百姓家要点吃的，如遇上寺院就偷吃些供品。甚至有的时候，他们主动到地主老财家表示愿意给他们干活，不要钱，只吃饭，

1934.07 1934.08 1934.09 1934.10 1934.11 1934.12 1935.01 1935.02 1935.03 1935.04 1935.05 1935.06 1935.07 1935.

1

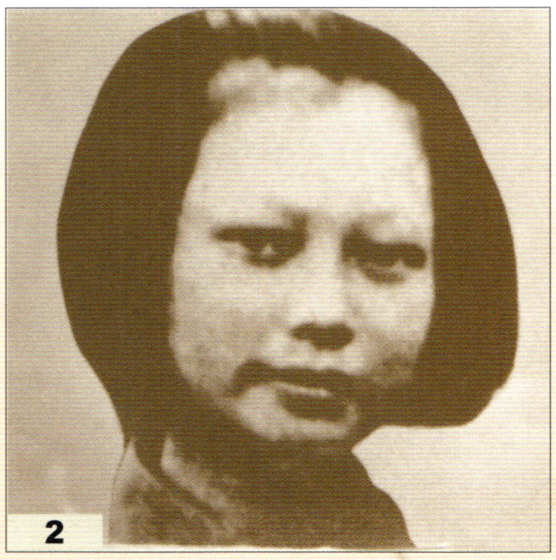
2

等到吃饱喝足后，再偷带一些干粮，找机会脱身开溜。晚上，睡觉就更加简单了，走到哪儿睡到哪儿，屋檐下、打麦场上、草堆里，都是他们的床，没有被，冷得不能入睡，就几个人挤在一起，用彼此的体温相互温暖着对方，有时累得不知冷了，倒头就睡，一觉醒来，浑身冰冷，方知是被冻醒的。他们追赶部队的心情急迫，不论天气好坏，他们都脚步不停往前赶，真是晴天一身汗，雨天一身泥。

就这样，他们边打探边追赶，在3个多月的追赶行程中，遇山翻越，见河涉水，风餐露宿，突然，远处一堆一堆又一堆的篝火，赶走了孩子们的困顿，12双大眼睛各个圆睁：一定是红军的大部队！聪明的孩子们立即派出了自己的“联络官”飞奔向篝火堆。其他孩子们在这边焦急地等待着，期待着！期盼着！不一会儿，两个孩子像小燕子一样飞跑回来，一边跑一边不停地在喊：“找到了！找到了！是红军，是咱们的部队！”顿时，孩子们蹦着，喊着，叫着，向着篝火处，向着红军的怀抱扑去……不知淌了多少泪，更不知道怎么表达内心的喜悦，真是撒了欢儿地跳！

当红军战士得知详情，深情地把12个衣衫褴褛、面黄肌瘦的孩子搂进怀里，不禁泪流满面，心疼地像慈母一样嘘寒问暖。

根据12名儿童团员的表现，红四方面军正式接收他们为红军战士。此后，他们跟随红四方面军转战在漫长的征途上，在党的怀抱里，在红军的队伍中茁壮成长。

1 红军石刻——赤化全球

2 参加长征的红军女战士

3 谢益先的战友回忆他这一事迹的文章

1935.10 1935.11 1935.12 1936.01 1936.02 1936.03 1936.04 1936.05 1936.06 1936.07 1936.08 1936.09 1936.10

一个干粮袋

红军长征进入茫茫的水草地。这里自然条件十分恶劣，纵横数百里的大沼泽地被深草覆盖着，稍有不慎就会陷入泥潭，无法生还。气候变化无常，忽而晴空万里，忽而暴雨冰雹。恶劣的自然环境夺走了许多红军战士的生命！然而，更主要的是粮食！没有粮食，再硬的汉子，失去支撑生命的粮食，便失去了与大自然斗争的力量。无数红军战士因此而长眠在水草地。

3

红军部队到了毛儿盖，开始在这里筹粮，准备过草地。那时虽然正是收获季节，可是由于部队多，粮食少，每人只分了三四斤麦子。大家都把它看成宝贝，缝个小布袋装起来，走路带着它，睡觉枕着它，有人还在袋子上绣上了自己的名字。谁心里都明白，这不仅是三四斤麦子，而是自己的生命呵！缺了它，要想活着走出草地是困难的。

在过草地时，谢益先同志有了不寻常的变化：以前，一到宿营地，他就忙着帮大家弄水，拾柴，烧水；现在呢，只要放下背包，他就一人走开，等大家吃完东西，他才露面。要是问他："吃了吗？"他就拍拍自己的肚子说："吃饱了！"次数多了，大家就不信了。后来，秘密终于暴露了。原来他是有意避开大家，去找野菜吃；遇到没有野菜的地方，就干脆喝点凉水了事。

这样下去怎么行呢？班长对他说："你多少还是吃点粮食，要是不够，大家可以凑点！"

"日子长着呢，能省就节省点。班长，你放心，我还有呢！"他坦然地回答。

"别把身体拖垮了！"

"没什么，在家里吃苦吃惯了。"

话是这样说，但他的身体却越来越不顶事，走在路上直打晃。

1

终于有一天他支持不住了，一步一喘，几步一歇。领导上见他跟不上队，就叫副班长扶着他在后边走。就在路上休息的时候，他躺在地上再也起不来了。他在牺牲以前，嘴里还喃喃地叨咕："那两个孩子不知怎么样了？"

走出草地的那天，一个妇女带着两个孩子站在路边正东张西望，找姓谢的同志。她拿出一条洗得干干净净的干粮袋，上面用白线歪歪扭扭地绣着一个"谢"字。这不是谢益先同志的吗？怎么到她手了呢？没等同志们询问，她就说开了：

"那可真是个好同志，救命恩人哪！那天，你们都走过去了，他站在我们跟前问长问短，直看着我那空米袋子摇头。后来，他把自己的干粮袋给了我。这可不行，粮食就是命，我怎么能收呢？可他说：'拿着，大人好办，孩子不吃东西不行啊！'说着，丢下粮袋就走了，我怎么喊，也喊他不应；问他叫什么名字，他也不吭声。唉！多亏这些干粮哪，要不，我们娘儿三个早就饿死了！"

这时，班里的同志们才明白，谢益先同志不吃粮食，是因为他没有粮食了。谢益先同志在这生与死的边缘上，所想的只是别人！当这位妇女听说谢益先牺牲的消息后，弯下腰，对着孩子们一字一泪地说：

"今天是要走出草地了。孩子，可要记住呀，我们是红军叔叔用生命救出来的啊……"

■ **1** 长征中，战士谢益先把粮食给了母子三人，自己却因饥饿没能走出草地。这是反映此事迹的画作。

■ **2** 《夏（河）洮（河）战役计划》

■ **3** 1935年9月10日，中共中央反对张国焘南下方针，主张北上的电文。

“哪有红军打红军的道理”

徐向前积极拥护党中央北上的战略方针，并于1935年9月8日，与周恩来、洛甫、博古、陈昌浩等领导同志一道，联合致电张国焘，劝其以大局为重，迅速北上。但张国焘一意孤行，仍以种种借口，拒不执行中央北上的决定。甚至发电命令徐向前、陈昌浩率右路军中的红四方面军部队立即南下。

一向敦厚、诚笃的徐向前，此时陷入了郁闷难抒的苦虑之中。他习惯地拿出自己亲手做成的竹烟斗“巴哒、巴哒”地抽着，往事如烟，慢慢地在心中升腾。红四方面军是

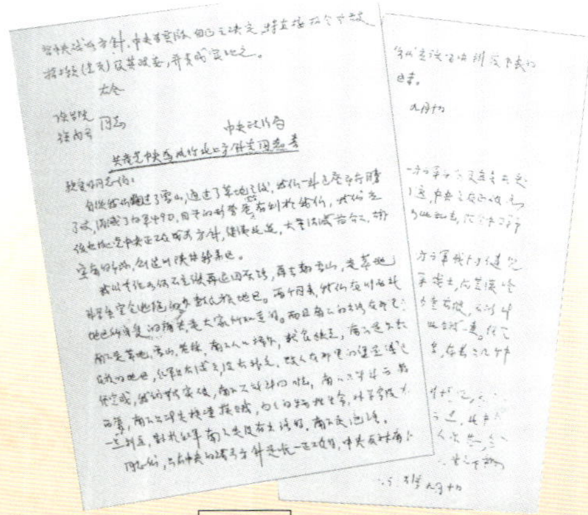

3

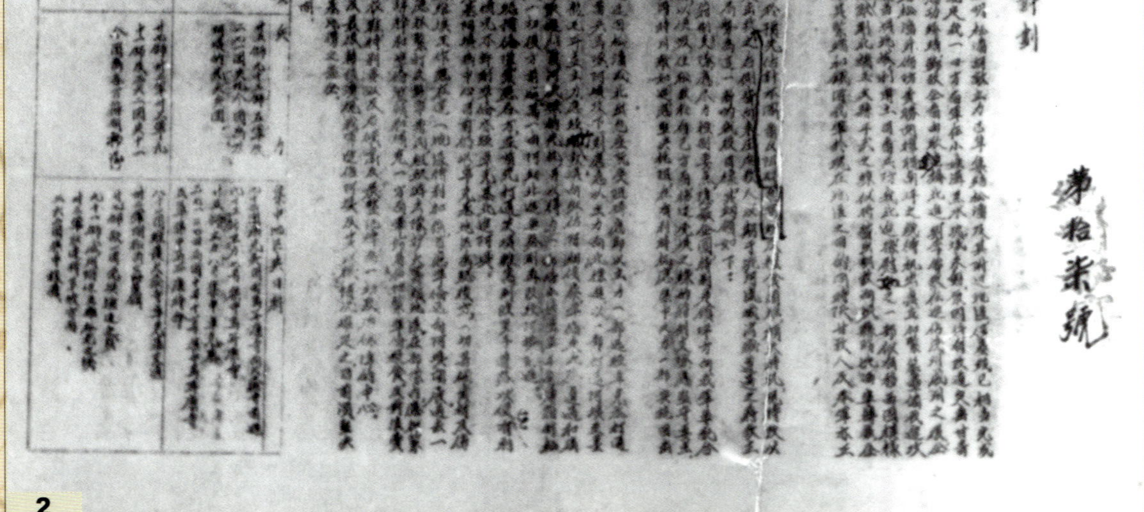

夏洮战役计划

陈伯钧

2

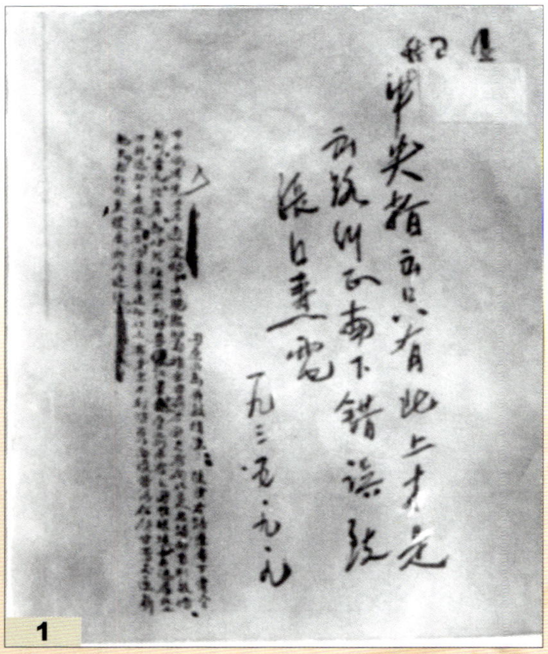

1

徐向前眼看着从小到大发展起来的。他和大家操了不少心，流了不少汗，枪林弹雨，出生入死，才形成这么一支队伍，真不容易啊！所以，当毛泽东询问他的意见时，他诚恳地说过："两军既然已经会合，就不宜再分开，四方面军如分成两半恐怕不好。"是啊！分成两半，各去一方，无论从理智上或感情上说，都是让人难以接受的。

9月10日，中央鉴于张国焘公开对抗中央的方针和分裂党与红军的行径，在对其劝说、命令均无效的情况下，遂率红一方面军主力单独北上。

当徐向前和陈昌浩得知党中央率红一方面军主力单独北上的消息时，都毫无思想准备。一阵阵急促的电话铃声，一个一个地响过，都是下面部队打来的电话请示：中央红军向北走了，我们追不追？打不打？本来内心就很苦闷的徐向前，此时心情更加沉重。他痛苦地挥起拳头，猛打了一下自己的大腿，激动而坚定地说道："哪有红军打红军的道理！叫他们听指挥，无论如何不能打！"

这时，指挥部门前围满了人，埋怨、指责等各种声音不绝于耳。甚至有人拔出手枪道："徐总指挥，陈政委，快下令吧！"

面对这些不明真相，急躁冲动的红四方面军官兵，徐向前知道，无需他命令，只要稍稍点一下头，一场红军打红军的悲剧，就会不可避免地发生，其后果是不堪设想的。这时，他用那冷静而坚毅的目光，紧紧地盯着眼前这些迷惑、激愤的人群，心中牢记一条：红军绝不能自相残杀。于是"呼"地举起拳头，在空中有力地一晃，重重地落到了桌上。顿时，一片鸦雀无声。

尔后，单独北上的红一方面军长征到达陕北。红四方面军的广大指战员经过挫折，更加认识到党中央北上方针的正确，坚决拥护和要求北上。

1 1935年9月9日，张国焘坚持错误方针，主张南下的电文。

2 红二、六军团在长征途中画的宣传画

贺龙赠归化寺“兴盛番族”锦幛

1936年4月28日，红二、六军团从石鼓一带胜利渡过金沙江，进入中甸（今香格里拉县）地区。

中甸县城，是滇西北高原上的一座小镇，海拔3000多米。城外的归化寺，又称“松赞林寺”，是藏族著名的十三林之一，是云南最大的喇嘛寺，是中甸地区的统治中心。寺里设有军队等暴力工具，与土司、头人相结合严格控制着中甸地区的政治、经济和文化。寺内等级森严，有八大“康参”分别管着一个地区的喇嘛，“康参”之上又有八大“老僧”，组成“老庄会议”，是全寺的最高权力机构。“老僧”之上是活佛，是寺内的最高统治者。当红军进入中甸县城和附近地区的时候，受到国民党欺骗宣传的藏族群众，都躲进了山林。归化寺的最高统治者松木活佛为之震惊，也令众僧紧闭寺门，防范红军。为了使部队能较好的休整、训练沿途扩充的新兵、筹集粮秣和顺利通过藏民区，红二、六军团指挥部决定，要求红军指战员用实际行动贯彻执行党的民族政策和宗教政策，严格遵守藏族人民的生活习惯，尊重藏民信仰、保护寺院，使藏族人民群众认识到红军是为人民谋利益的军队，从而取得藏族人民的拥护和支持。红军以贺龙主席的名义颁布了《中华苏维埃人民共和国中央革命军事委员会湘鄂川黔滇康分会布告》，布告指出：“本军以扶助番民，解除番民痛苦，兴番灭蒋，为番民谋利益之目的，将取道稻城、理化，进入康川。军行所至，纪律严明，秋毫无犯。幸望沿途番民群众以及喇嘛、僧侣，其各安居乐道，毋得惊慌逃散。”这份安民布告，阐述了红军性质和纪律，说明了到中甸的目的和意义，向藏族群众和喇嘛提出了要求，宣传

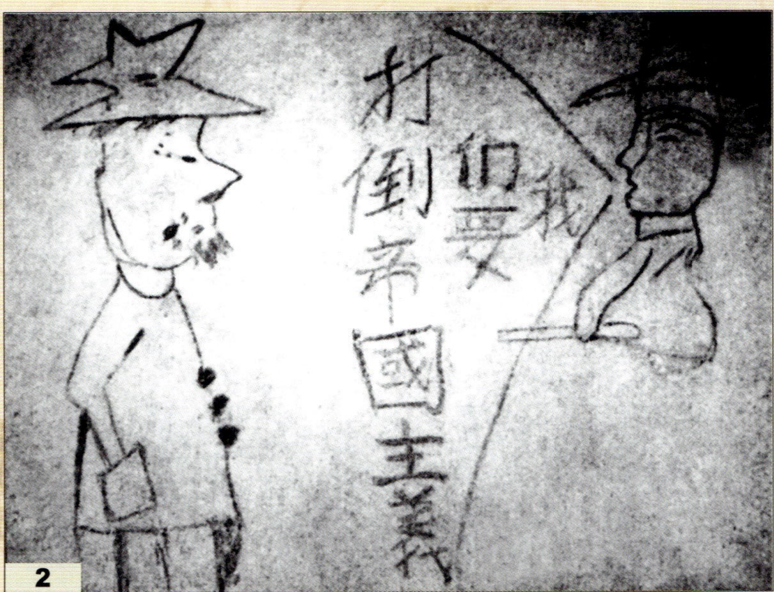

2

了红军的政策。

红二、六军团总指挥部设在县城经堂（寺庙）两侧的耳房里，贺龙等军团首长都不进大殿，带头尊重藏族宗教信仰。红军的言行深深感化了藏族群众，他们称赞“红军好，共产党好”，“真心拥护红军，支援红军北上抗日”。归化寺的僧众也为之所动，在半信半疑中，派出代表进行试探性的谈判。寺院内负责保管青稞和跳神用衣的喇嘛夏拿古瓦比较明智，他看到红军的行动不像国民党说的那样，便自愿要求当代表与红军谈判。夏拿古瓦等带上礼物，到军团部驻地藏经堂（寺庙）拜见红军领导，为了表示对红军的尊重，他向贺龙敬献了“哈达”。贺龙热情接待了夏拿古瓦等代表，从交谈中得知寺院对红军尚存疑虑的情况后，贺龙当即向代表作了明确的解释和答复，宣传党的民族政策和宗教政策，讲述红军的宗旨和北上抗日的决心。并以自己的名义致信八大“老僧”，其内容是：（一）贵代表前来，不胜欣幸。（二）红军允许人民宗教信仰自由，因此对贵喇嘛寺所有僧侣生命财产绝不加以侵犯，并负责保护。（三）你们须即回寺，照安生业，并要所有民众，一概回家，切不要轻听谣言，自造恐慌。（四）本军粮秣，请帮助操办，决照价支付金办。（五）请即派代表前来接洽。夏拿古瓦当即表示，要回去向藏民宣传红军的政策，协助红军采办粮食，招回躲避的群众。

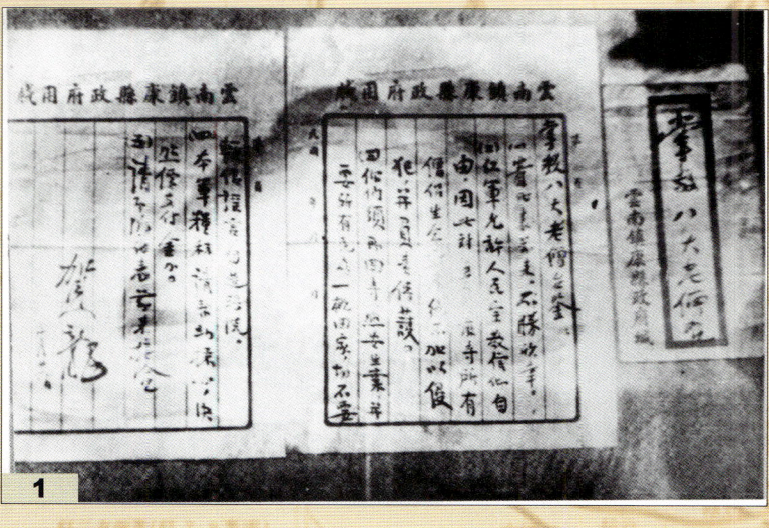

1

5月1日，红2军团领导召开会议，要求红军严格执行中国共产党的民族政策，尊重藏族生活习惯和宗教信仰，保护寺庙。与此同时，红军发出了“严禁入寺庙”的告示，张贴在寺庙门前，通令全军指战同不准进入寺内。为保证寺内安全，红军还派出卫兵到寺院大门站岗。红军正确的政策，严明的纪律，办事的热情和真诚，消除了归化寺大小僧人的疑虑，他们都愿意为红军通过藏族地区尽力。归化寺派出8个喇嘛代表和各村差役，由夏拿古瓦带领，捧着洁白的哈达，牵着牛羊、背着青稞酒，驮着酥油奶

1 贺龙给中甸归化寺八大老僧的信

2 贺龙题写送给中甸归化寺的锦幛“兴盛番族”

3 红二、六军团经过中甸时，藏民夏拿古瓦等帮助红军向寺庙购买青稞。这是贺龙给他的委任令。

1935.10 1935.11 1935.12 1936.01 1936.02 1936.03 1936.04 1936.05 1936.06 1936.07 1936.08 1936.09 1936.10

2

渣、糌粑，到红军总指挥部驻地慰问。贺龙等红军领导向他们回赠了厚礼，并进行了会谈。夏拿古瓦转答了八大老僧的邀请，请贺龙等红军首长到归化寺作客。

次日，贺龙等军团领导一行40余人应邀进入归化寺“做客”，受到全寺僧众的热烈欢迎，八大老僧及30余名喇嘛迎接贺龙一行进大寺“直仓”（佛厅）。归化寺破例为红军代表举行了“跳神”仪式（一种宗教仪式，每年冬月举行，以庆祝丰收，祈祷吉祥如意）。在“跳神”仪式上，贺龙将写着“兴盛番族”四个大字的大红锦幛赠送给归化寺，祝愿藏族人民繁荣昌盛。这四个大字充分体现了党的民族政策和宗教政策，深得藏族各界人士的赞同。八大老僧当即表示拥护红军，愿为红军效力。3、4日，归化寺及中甸的喇嘛、商人、富户，打开仓库，出售青稞、食盐、红糖等物资给红军。两天中，红军共筹粮秣约10万斤，归化寺打开3个仓库，出售了3万公斤青稞和大量的食盐、红糖。夏拿古瓦等人为了红军日夜奔忙，做了许多有益的工作。为保护他的积极性，红军以贺龙的名义，给他发了委任令：“兹委任夏拿古瓦同志为中甸城乡及附近乡区安抚和招徕全体军民并与本军采办给养，仰我全体民众一体知照，至本军全体红色军人，对夏拿古瓦同志应加以保护和帮助，不得稍事为难，是为至要。”

5月5日，红军离开中甸城，开始向西康进发。12日，红二、六军团全部离开云南地域。

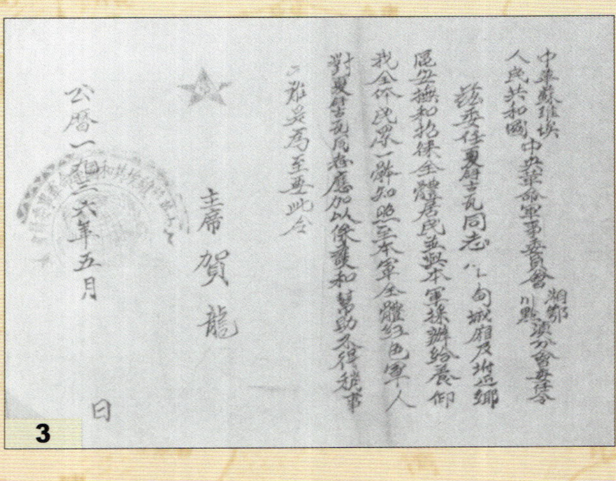
3

牺牲在四川的红军高级将领曾中生

曾中生，军事家。原名曾钟圣。1900年6月10日生于湖南兴宁东乡(今资兴州门司乡)牵牛坳。1917年秋考入湖南郴州第七联合中学。1922年曾到桂军任参谋1年。1925年考入黄埔军校第4期，同年加入中国共产党。1926年参加北伐战争，在国民革命军第八军前敌指挥部政治部任组织科科长，参与在所部建立政治机关，秘密发展中共组织，开展部队政治工作。北伐军占领武汉后，担任汉口民国日报主笔，宣传北伐战争的胜利，传播革命思想。1927年4月蒋介石叛变革命后，任武汉革命委员会委员，参与组织反蒋斗争。9月赴苏联，入莫斯科中山大学学习。1928年6月参加在莫斯科召开的中共第六次全国代表大会。同年冬回国，到上海中共中央军事部任参谋科科长。不久调任中共南京市委书记，曾领导开展兵运工作。

1

1930年8月任中共中央军事委员会委员、武装工农部部长。同年9月以中共中央特派员身份被派到鄂豫皖苏区，于11月抵达湖北黄安（今红安）。当时正值国民党军对鄂豫皖苏区发动第一次“围剿”，中国工农红军第一军主力已东出皖西，在此危急时刻，他果断地组成中共鄂豫皖临时特委和临时革命军事委员会，统一指挥反“围剿”斗争，并领导地方武装和广大群众广泛开展游击战争，以机动灵活的战术，阻滞敌人对鄂豫边苏区中心区的进攻，继与第十五军、第一军相配合，挫败了国民党军的“围剿”。1931年2月正式成立中共鄂豫皖特委和革命军事委员会，他任特委书记和军委主席。主持制订建设根据地的各项政策，创办中国工农红军军事政治学校第4分校并兼任校长，培养训练干部，整编红军主

1 曾中生
2 马尔康民居

力部队，组织进攻作战，先后与旷继勋、徐向前等采取声东击西、“飘忽”制敌的战术，指挥磨角楼、新集、双桥镇等战斗取得胜利，使红军和苏区得到迅速发展。继又领导军民挫败了国民党军的第二次“围剿”。

2

1931年4月张国焘到鄂豫皖苏区后，他任中共鄂豫皖中央分局委员和革命军事委员会副主席，同时被调任第四军政治委员。同年夏与军长徐向前率部南下作战，连克英山、蕲水(今浠水)、罗田、广济等县城，相继取得漕河镇、洗马畈等战斗的胜利，歼敌7个多团。他坚决反对张国焘推行的“左”倾冒险主义，屡遭打击，被降为独立一师师长。后率部参加第四次反“围剿”，在七里坪战斗中，指挥在前，脚负重伤。1932年10月随红四方面军主力撤离鄂豫皖苏区，12月任西北革命军事委员会参谋长，参加创建川陕苏区的斗争。1933年2月被选为中共川陕省委委员。在此期间，他虽处境困难，仍致力于加强部队军事训练，注重军事理论研究，系统地总结红四方面军反“围剿”作战经验，撰写了《与川军作战要点》、《游击战争要诀》、《与“剿赤军”作战要诀》等著作，被西北革命军事委员会作为学习军事理论的教材发至部队。在川陕期间和长征途中，继续对张国焘的错误进行了不屈不挠的斗争。1933年8月被监禁，1935年8月被秘密杀害于四川理番县卓克基（今属马尔康）。

长征中牺牲的部分四川籍营以上干部烈士名录

姓 名	籍 贯	出生年月	部 职 别	牺牲时间	牺牲地点
田海清	四川省		第六军团第十八师第五十二团团长	1934 秋	贵州岩坝
梅林	四川省		第一军团第三十四师第一零二团团长	1934.11	湘南
邓萍	四川省富顺县	1908	第三军团参谋长	1935.2	贵州遵义
陈正洪	四川省通江县		第四方面军总经理部军需科长	1935	四川阿坝
何海洋	四川省	1907	第四军第十师第二十九团团长	1935	四川
徐正昌	四川省宜汉县		第三十三军经理部部长	1935	四川
萧培雄	四川省冕宁县		红军抗捐军大队长	1935.6	四川冕宁
彭龙伯(彭真)	四川省		军委总卫生部保健局局长	1935.6	四川宝兴
项志平	四川省南充县		升钟寺独立师副师长	1935.6	四川毛儿盖
陈子谦	四川省阆中县		升钟寺独立师政治委员	1935.6	川西
李发明	四川省冕宁县		红军抗捐军大队长	1935	四川冕宁
彭载辛	四川省冕宁县		红军抗捐军大队长	1935	四川冕宁
李棠萼	四川省重庆市		第一军团第二师参谋长	1935.8	四川毛儿盖
刘德才	四川省通江县	1910	第九军第二十五师第七十三团副团长	1935.11	四川大金天新桥

1935.10 1935.11 1935.12 1936.01 1936.02 1936.03 1936.04 1936.05 1936.06 1936.07 1936.08 1936.09 1936.10

姓 名	籍 贯	出生年月	部 职 别	牺牲时间	牺牲地点
杨从兴	四川省天全县		天全县苏维埃政府主席	1935	四川天全
余泽鸿	四川省长宁县	1903	川滇黔边区游击纵队政治委员	1935.12	四川江安
曾庆云	四川省		第二军团第五师第十三团团长	1935.12	湖南鸡公坡
萧启荣	四川省万县		第二军团第四师第十一团团长	1936.4	云南
安登榜	四川省松潘县		番民（藏民）游击队大队长	1936	松潘毛儿盖
马骏	四川省丹巴县		大金川独立第二师师长	1936.7	四川
程正鑫	四川省雅安县		阿坝游击队队长	1936	四川草地
萧福祯	四川省成都市		回民工作委员会主席	1936	川西
荀先良	四川省通江县		红军大学学员	1936.8	四川草地
李传元	四川省通江县	1913	第四军第十师政治部宣传科科长	1936.10	甘肃临潭县
罗南辉	四川省成都市	1908	第五军副军长	1936.10.22	甘肃华家岭
陈鸿钧	四川省阆中县		大队长	长征途中	
杨成元	四川省		第四方面军医院院长	长征途中	
胡曼石	四川省璧山县	1911	川陕省反帝大同盟秘书长	长征途中	
康健真	四川省达县		达县妇女部部长		四川草地
李远春(女)	四川省	1914	川陕省总工会女工部部长	长征途中	
向思爵	四川省通江县	1915	川陕省文委主席	长征途中	

长缨在手缚苍龙

中共宁夏回族自治区党委常委、宣传部部长 李东东

红军长征和西征，是中共党史、军史和中国近现代革命史上驰名中外的重大历史事件。在中国工农红军长征胜利70周年之际，中央文献出版社、大象出版社出版大型图文志书《长征颂》，忆往昔峥嵘岁月，颂前辈飒爽英姿，光前裕后，顺势应时。

万水千山长征路，塞上江南落英纷。红军长征和西征，与地小物博、山河壮美的宁夏密不可分。1935年8月至1936年10月，中国工农红军第二十五军、第一方面军（陕甘支队）、第二方面军和第四方面军长征先后经过宁夏地区，一路战凶顽，播火种，救民难，气吞山河，光昭日月。

1935年8月，红二十五军始过宁夏西吉县单家集、兴隆镇，宣传民族宗教政策，谱写回汉共处新篇。10月，陕甘支队第一纵队在毛泽东、张闻天、王稼祥等同志指挥下，宿营回乡，登临六盘，时值仲秋，云淡天高。毛泽东心潮逐浪，吟咏一阕《清平乐·六盘山》，将高山美景、红军英姿、伟人壮志传诵天下。红军以“不到长城非

好汉”的英雄气概，败敌青石嘴，翻越长征路上最后一座高山——六盘山，挥师东去。秋去夏又来。1936年6月至11月，西方野战军西征在宁夏纵横转战半年之久，西征主战场——豫旺地区（今同心县），吸引国际友人埃德加·斯诺专程来访，其著《红星照耀中国》（即中译本《西行漫记》）中，有四分之一的篇幅介绍在宁夏的西征红军。今宁夏西吉县、同心县，是红军长征的会师、会聚地。1936年10月22日，红一、二方面军会师将台堡（时属甘肃隆德县）。11月中旬，红一、二、四方面军会聚同心城。红军主力会师后东移，取得了结束土地革命战争的最后一战——山城堡战役的胜利。重大胜利改天换地，红军从此摆脱了被动局面，进入了“缚苍龙”的新的历史时期。

猛志逸四海，声名垂万古。旷世壮举、英雄业绩、红军气概、伟人风范，永远激励宁夏各族儿女。永远的长征，永远的长征精神。

引言

宁夏是红军长征经过的省区之一。红军长征的伟大壮举给宁夏人民留下了深刻影响，红军的故事至今在宁夏仍被广为传颂。

兴隆镇、单家集，今属宁夏西吉县，是回民聚居的地方。1935年8月15日，红二十五军长征经过该地时，积极宣传党的民族政策，广泛开展群众工作，明确规定了“三大禁令、四项注意”，要求严格尊重回民的风俗习惯，为群众免费治病，为穷人送粮送布等。程子华、吴焕先、徐海东等向清真寺赠送匾额和礼品，受到回民群众的热烈欢迎。毛泽东曾表扬红二十五军：“民族政策水平高，执行得好”，称赞他们“为革命立了大功”。

1935年10月5日清晨，中央红军长征进入回民聚居的单家集时，党中央重申了三大纪律八项注意，要求红军进回民村寨时必须先派代表与回民接洽，经对方同意后方可进村宿营，否则必须露宿野外；向回民群众宣传党的抗日主张和民族政策，反对大汉族主义；反对汉官压迫回民，保护回族的宗教信仰自由，尊重回民的风俗习惯。同时还规定：禁止入清真寺，禁止吃大荤，禁止毁坏回文经典三大禁律。为此回民群众亲切地称赞红军是“回民的军队”。红军在回民群众的帮助和支持下，于10月6日从兴隆镇、单家集出发，经新店子、什字路、杨家磨、黄河湾、张易堡，翻越六盘山，进入甘肃镇原县境。

1936年5月，红一方面军主力为扩大和巩固陕甘根据地，接应红二、红四方面

军北上，促使东北军和国民党第十七路军尽快走向抗日，组织西方野战军，发起西征战役。至8月，红一方面军胜利结束西征，主力在宁夏豫旺堡及其附近地区休整。此时，红二、红四方面军先头部队已抵达甘肃哈达铺地区，形成了3个方面军随时可以会师的有利局面。

8月31日，红一方面军主力从豫旺堡南北地区向西出动。红一军团攻占七营（今属宁夏），红十五军团第七十三师、七十五师攻占王家团庄、高崖子，主力迅速南下，将李旺堡（今属宁夏）地区马鸿宾部1个团另1个营包围。此后，遵照中央军委和野战军首长指示，红一军团以第一师主力加强骑兵第二团一部组成特别支队，在军团政治部委员聂荣臻率领下，于9月9日从海原（今属宁夏）、郑旗堡（今属宁夏）之间南下，14日占领将台堡（今属宁夏），继而进至单家集一线，主力集中在兴隆镇，向海原以南、固原（今属宁夏）以西地区开展群众工作；第二师于12日攻占郑旗堡，击溃马鸿宾部3个骑兵营；军团主力集结于七营东西山地相机击敌，16日在七营以北的韩府湾地区，将企图解救李旺堡被围之敌的骑六师2个团大部歼灭。

10月4日，红二方面军从甘肃徽县地区北移，向红一方面军靠拢。红二方面军经奋勇苦战，夺路前进，于22日到达静宁以北的将台堡（今属宁夏西吉县），同红一方面军会师。至此，三大主力红军胜利会师，结束了具有伟大历史意义的长征。

中央红军翻越六盘山

*1935*年*10*月*4*日，陕甘支队（即中央红军主力）由甘肃静宁界石铺出发，向北前进。次日，右路一纵队经显神庙、长尾河、团庄等地，到达兴隆镇、单家集地区；左路二、三纵队到达公易镇一带，并宿营于此。毛泽东、张闻天、王稼祥、博古等中央领导人5日早晨从界石铺出发，沿西兰公路，过葫芦河，当晚宿营于单家集。

为顺利通过回族地区，红军重申加强纪律，要求：进回民村必须先派代表与回民接洽，经对方同意后方可进村宿营，否则就在野外露营；向回民群众宣传抗日主张和民族政策，反对大汉族主义；反对汉官压迫回民，保护回族的宗教信仰自由，尊重回民的风俗习惯。同时还规定了三大禁律：禁止入清真寺，禁止吃大荤，禁止毁坏回文经典。由于红二十五军在这些地区留下了良好的影响，再加上中央红军又严格地执行了上述纪律，因而，进入回族地区的红军受到回民群众的热烈欢迎，公

1

1 六盘山红军长征纪念馆

2 六盘山

1935.10 1935.11 1935.12 1936.01 1936.02 1936.03 1936.04 1936.05 1936.06 1936.07 1936.08 1936.09 1936.10

2

易镇的回民在街上放桌椅、摆清茶、糖果。深受国民党压迫的回民群众走到街上，呼口号，放鞭炮，兴高采烈地与红军一起活动。他们称赞红军是“回民的军队”，积极为红军筹粮送菜，红军则坚持以市价购买。红军以自己的行动，不仅打破了国民

1

党说红军是“赤匪”、“共产共妻”的反动宣传，而且使回族感到红军是自己人，希望红军能发展壮大，打败国民党反动派。

10月6日，红军一纵队从兴隆镇、单家集出发，经新店子、什字路、杨家磨、黄河湾等地，当晚到达固原县张易堡（今属宁夏）一带；第二、三纵队也在当日过葫芦河，经兴隆镇、北堡子、红城子，在什字路与一纵队会合，当晚宿营于张易堡一带。毛泽东等中央领导人由单家集东南出村，抄小路到张易堡附近。

10月7日，红军决定翻越六盘山。当时，国民党第三十七军紧跟红军之后，东北军骑兵第七师据守六盘山东麓，阻挡于前。他们打算在六盘山夹击红军。红军天未亮出发，抄小路急进，一鼓作气登上六盘山。毛泽东与其他中央领导人从驻地出发，向东南绕隆德县境，沿小水沟上六盘山。

红军前卫部队翻越六盘山，当日下午发现青石嘴有敌军。此部为刚从平凉开到的东北军骑兵第七师第十九团。该团号称劲旅，麻痹大意，将马拴在村外喂草，人却进村吃饭。红军一纵队得知这一情况后，决定消灭这股敌人。按照部署，红一大队杨得志部以快速从北边到青石嘴后面断敌退路；红五大队张青山部迂回南面，截断平固公路；红四大队王开湘部正面攻击。红军包围了敌人，三路一齐杀向敌人。敌兵开饭时忽遭猛攻，官兵惊慌失措，四处乱窜，但处于四面包围之中，无处可逃，只能缴枪投降。战斗仅半小时宣告结束，红军大获全胜。缴获了十多辆马车的子弹、军装及一百多匹战马，补充了给养。红军用这些战马将一纵侦察连改为骑兵侦察连，

1 单家集清真大寺前的“人民救星一代天骄”纪念碑

2 黄河湾

连长梁兴初，副连长刘云彪。

青石嘴战斗是红军在六盘山上的一次漂亮的歼灭战，是红军战史上打击骑兵的重要战例之一。此役的俘虏都是东北人，红军向他们解释北上抗日的主张，希望他们能与红军一道打回东北老家去。在红军强大的思想政治工作下，多数战俘拥护红军的主张，加入了红军。红军当夜宿营于迺家河、小岔沟及青石嘴等地。毛泽东等住在小岔沟的杨洼村。

8日清晨，红军分两路向白洋城（今宁夏彭阳）前进，一路沿古城北山东进，一路经沙河、杨场进古城川，齐头并进。一纵队四大队为前卫，发现一支敌军沿平川向红军开来。红军布下口袋阵，准备伏击。敌人没有发现红军，进入红军伏击圈，遭到红军猛攻，四散而逃。午后，红军到达彭阳，原拟在此宿营。红军正在休息做饭，敌人飞机突然来轰炸，敌人尾追部队也赶了上来，有迂回包围之势。红军未吃午饭，立即向东北方向的深山前进。深夜，左路红军到达固原县东部的堡子崾岘、贾新庄、王洼、小岔子一带；右路红军到达彭阳城以北十余里的长城脚下。毛泽东宿营于乔渠村乔生魁家的窑洞里。

次日，红军分两路继续向东北前进。敌军飞机前来骚扰轰炸，但红军行军于高山深沟，易于躲避，未遭损失。尾追之敌军不明红军行踪，认为红军不敢进入深沟，沿长城塬向东南追击。红军在孟军塬打了刘家堡子土豪，得到不少羊只、白面和大米。在此吃过午饭后，红军向东进入甘肃镇原县境。

2

宁夏

changzheng

红二十五军长征过宁夏

1935年7月16日，红二十五军4000余人从丰峪口出发，踏上西征北上的征途。部队西出秦岭，进入甘肃境内，计划在静宁与主力红军会合。但当红二十五军到静宁时，主力红军尚未到达，于是部队由静宁北上。8月15日，红二十五军进入兴隆镇、单家集（今属宁夏西吉）一带，并在此休整部队，发动群众。同时，随军的中共鄂豫皖省委决定先去陕北与红二十六军会合。

红二十五军针对此地回族聚集的情况，着重宣传和贯彻了共产党的民族政策。他们首先在军内进行了民族政策的教育。政治委员吴焕先指出，要争取革命成功，必须团结和发动各族人民，反对大汉族主义。红二十五军规定了“三大禁令、四项注意”：禁止部队驻扎清真寺，禁止毁坏回族的经文，禁止在回民地区吃荤菜；注意遵守回族人民的风俗习惯，注意使用回族水桶在井里打水，注意回避青年妇女，注意实行公平买卖。他们还派手枪团和少数回民战士先期进入兴隆镇、单家集，把事先写好的标语、传单、布告进行张贴。

1

部队在兴隆镇、单家集休息3天。红二十五军不仅严格执行上述规定，还开展发动群众工作。红军官兵帮助回民群众干活，每天把街头巷尾打扫得干干净净，军领导人向清真寺赠送匾额和礼品，红军医院热情为群众免费治病，军后勤部门为穷人送粮送布。

1 红军时期的徐海东

2 宁夏西吉

1935.10 1935.11 1935.12 1936.01 1936.02 1936.03 1936.04 1936.05 1936.06 1936.07 1936.08 1936.09 1936.10

2

红军的行动受到回民的热烈欢迎，清真寺的阿訇回拜了红军，并送了礼品。有数十名回族青年参加了红军。红军出发时，全镇齐集街头，摆设香案，为红二十五军送行。广大回族群众亲眼看到了共产党领导的红军，党在回族中产生了很大的影响。

红二十五军进入甘肃和今属宁夏的一些地区后，国民党军政各界极为恐慌。国民党在甘肃武装比较薄弱，驻防陇东之马鸿宾部三十五师力图制止红军西进。马鸿宾将其部队分布于曲子、环县、庆阳、西峰镇、固原、平凉、泾川等地，形成南北纵深两道防线，企图截断红二十五军入陕道路，并以固原至平凉一线为防守重点，企图凭借六盘山之险堵击红军。

8月17日，红二十五军离开兴隆镇、单家集，沿西兰公路北侧向东挺进，并一举攻入德隆县城（今属宁夏），全歼守敌第十一旅二团一营大部，活捉敌县长和保安团长。随后，部队连夜翻越六盘山，进入甘肃平凉县。

红二十五军长征过今属宁夏的一些地区，打击和牵制了国民党军队，扩大了革命影响，特别是在宁夏南部回族地区以实际行动宣传了中国共产党的民族政策，赢得广大回族人民的信任和欢迎。为此，毛泽东曾表扬红二十五军："民族政策水平高，执行得好"，称赞他们"为革命立了大功"。

宁夏

红一、红二方面军会师

chang zheng

1935年12月，中共中央在陕北瓦窑堡召开会议，根据日本加紧侵华的严重局势，确定建立抗日民族统一战线的总政策，并派红一方面军渡河东征。1936年5月，东征结束后，为巩固和扩大陕甘根据地，接应红二、红四方面军北上，促进东北军和第十七路军抗日，中共中央军委又决定进行西征，并组织了红一方面军主力组成西方野战军。至7月底，西征战役胜利结束，部队得到发展壮大，陕甘革命根据地巩固扩大为陕甘宁根据地。8月，红一方面军主力在宁夏豫旺堡及其附近地区休整。此时，红二、四方面军先头部队已抵达甘肃省哈达铺地区，形成了三个方面军逐渐靠拢的有利局面。

8月31日，红一方面军西方野战军主力从豫旺堡南北地区向西出动。红一军团攻占七营（今属宁夏），红十五军团第七十三师、七十五师攻占王家团庄、高崖子，主力迅速南下，将李旺堡（今属宁夏）地区马鸿宾部1个团另1个营包围。此后，遵照中央军委和野战军首长指示，红一军团以第一师主力加强骑兵第二团一部组成特别支队，在军团政治部委员聂荣臻率领下，于9月9日从海原（今属宁夏）、郑旗堡（今属宁夏）之间南下，14日占领将

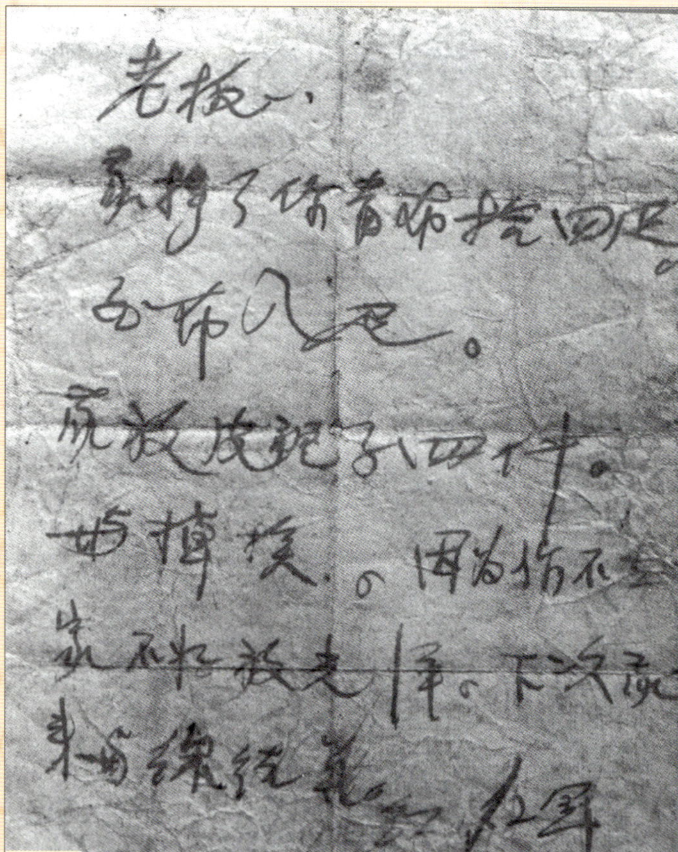

1

1 红二方面军长征途中，与布商黄两发换布后，留下的字据。

2 将台堡

1935.10 1935.11 1935.12 1936.01 1936.02 1936.03 1936.04 1936.05 1936.06 1936.07 1936.08 1936.09 1936.10

2

台堡（今属宁夏），继而进至单家集一线，主力集中在兴隆镇，向海原以南、固原（今属宁夏）以西地区开展群众工作；第二师于12日攻占郑旗堡，击溃马鸿宾部3个骑兵营；军团主力集结于七营东西山地相机击敌，16日在七营以北的韩府湾地区，将企图解救李旺堡被围之敌的骑六师2个团大部歼灭。之后，红一方面军主力隐蔽集结于这一地区，准备打击南北进犯之敌。

10月4日，红二方面军从甘肃徽县地区北移，向红一方面军靠拢。红二方面军经过英勇苦战，于22日到达静宁以北的将台堡（今属宁夏西吉县），同红一方面军会师。至此，三大主力红军胜利会师，结束了具有伟大历史意义的长征。

红军来到兴隆镇

程子华　红二十五军军长

郭述申　红二十五军政治部主任

1

1935年8月15日，红二十五军进入静宁以北的兴隆镇（今属宁夏西吉县）一带，稍作休整，即积极开展群众工作。兴隆镇一带是回民聚居的地区。长期以来，由于受到大汉族主义的歧视，兵匪的掠夺，当地回族群众对红军存在着怀疑和恐惧心理，听到红军要来的消息，不少青年男女纷纷逃往深山野外，躲藏起来了。我军进驻回民区，如何团结上层人士，搞好与回族人民群众的关系，是一个新的课题。

为了团结回族上层人士，进一步打开工作局面，我们还派人把一些有名望的回族老人和阿訇请到军部作客。这些人以为红军同国民党官兵一样，无非是向他们要粮要款，一个个愁眉苦脸，坐立不安。我们按照回族的礼节，让军供给部购买了一些新茶具，在每个茶碗里放上冰糖，热情而真诚地接待他们。吴焕先政委亲切地对他们说："中国工农红军是穷人的军队，也是回族人民的子弟兵。我们这次进驻贵地，一不向你们派捐款，二不向你们催粮草，三不拉夫抓丁。我军只是稍作停留，很快就走，请你们放心，红军决不骚扰老百姓。"一席话，使客人们打消了顾虑，脸上也露出了笑容。吴政委接着又说："为了表示对回族人民的敬意，我们决定明天拜访清真寺，并赠送礼品。"他们听了又惊又喜，老阿訇连连鞠躬道谢。一个回族老人捋着胡子说："我活了这么大年纪，还是头一回见到这样的仁义之师！"

第二天早晨，街道上的大小店铺全部开张，照常营业，人来人往非常热闹。军医院的医务人员，也走上街头，热情为群众治病。院长钱信忠同志，亲自为一腹胀病患者扎针治

1 程子华

2 红二十五军政治委员吴焕先在长征途中送给伤病员的毛毯

3 深谷黄河

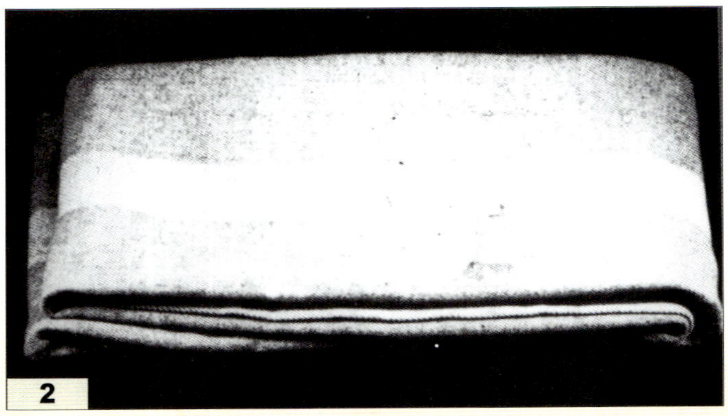

2

疗的情景，当时就引起很大轰动，人们无不交口称赞。当地有两位回族妇女，看到高山顶上的红军哨兵没法做饭，就送去一篮馒头和一灌汤，战士们也付给她们几个铜板，表示酬谢。这些军民团结，亲如手足的情景，给我们留下了很深的印象。

中午，街道上响起了军号声，接着又是锣鼓声、鞭炮声，隆重的拜访仪式开始了。我们几位军领导都穿着整齐的军装，走在队伍前面。身后是两名身材高大的战士，举着一块锦缎匾额，上绣“回汉兄弟亲如一家”八个字，后面是用十二张香案桌抬着的珍贵礼品：六个大元宝和六只大肥羊。紧接着是由军号手、锣鼓手组成的军乐队，吹吹打打地缓步前进。乐队后面是一个全副武装的步兵连，步伐整齐，精神抖擞。街上到处是看热闹的人群，就连平时很少露面的年轻妇女也都涌上街头，不少商店门口响起了欢迎的鞭炮声。当阿訇把我们迎进清真寺时，群众也跟着涌了进来，宽敞的院子挤得满满的。我们向阿訇赠送锦匾和礼物之后，吴焕先政委进一步向回族群众宣传党的抗日救国主张和民族政策，表达了红军对回族人民的深厚情意。随后，清真寺的阿訇还带着几十个回族兄弟，抬着礼品，赶着肥羊，到军部作了回拜。

3

红军尊重和爱护回族人民的实际行动，揭穿了敌人的反动宣传，

当地回汉群众深受感动，赞不绝口。“红军好”的消息不胫而走，很快传遍了回族地区。当时就有马青年、李铁民等五六名回族青年积极要求参加了红军。后来，中央红军到陕北时，毛泽东同志还多次提到红二十五军路过回民地区留下了良好影响，说我们的民族政策执行得好。

第三天傍晚，我们将要离开兴隆镇时，男女老少一齐涌上街头，他们在街道两旁摆上香案桌，桌子上放满油香、点心和鲜果。有些群众还敲锣打鼓，鸣放鞭炮，热烈欢迎红军。阿訇和回族老人依依不舍地为部队送行，祝福胜利。有的青年还高呼着：“欢迎红军再来！”回民聚居的兴隆镇，呈现出一派箪食壶浆送别亲人的情景。

跟随毛主席过六盘山

陈昌奉　毛泽东警卫员

1

在震惊世界的红军长征中，我一直在毛泽东主席身边工作。回想跟随毛主席过六盘山的情景，使我终身难忘。

红军一路上斩关夺隘，浴血奋战，翻过没有人烟的雪山，走过异常险恶的草地，终于来到了漫漫征途上的最后一座大山六盘山下。六盘山雄距大西北，虽然并不怎么高，但地理位置十分重要，它位于甘肃、宁夏交界的地方，是兰州、西安的一个门户。因为这座山，是我们即将翻越的最后一座山，红军战士的情绪非常高涨。

翻越六盘山前，我们跟随毛主席先后在单家集、张易堡宿营，各住了一天。这一带是回民聚居的地区，到达以

1 六盘山红军长征纪念馆

2 《毛主席在六盘山》（国画 周昌谷 作）

3 隆德县城

前，各级领导对部队进行了有关民族政策教育。在行军路上，毛主席一边走路，一边对我们说：回民有回民的规矩，比如他们不吃猪肉，不说“猪”字，这不奇怪。一个国家，一个地区，直到一个家庭，都有自己的规矩。你尊重那些规矩，他们就欢迎你，搞得不好，就要打架闹事的。我们到了这些地区，买羊肉、牛肉可以，对于猪肉么，提都不要提。我们一定要注意处理好和回族群众的关系，尤其是路过清真寺和回民的家，不能冒冒失失地进去。我们听了毛主席的这些话，都牢牢地记住了。那时候，我的年龄很小，对哪个民族究竟有哪些规矩知道得很少。主席一路上对我们的谆谆教导，使人难以忘怀。

2

我们从张易堡出发不久，就踏上由西安通往兰州的西兰公路，宁夏的隆德县城是公路的必经之地。但我们没有沿公路前进，转而进了一条小沟，准备绕过隆德城翻越六盘山。

我在路上问：“主席，为什么不走隆德县城呀？”

主席听了幽默地说：“隆德县城里有敌人，人家不让我们走嘛。没关系，不让我们过，我们就多走点路，绕开它。”

六盘山上的西兰公路是比较宽阔的，它盘旋而上，

3

1

弯弯曲曲，从远处望去，很是壮观。但我们终于没有走那条路，以免同敌人纠缠，耽误时间。红军的目的是尽快到陕北去，与刘志丹领导的陕北红军会合，巩固和扩大陕甘苏区，不出主席所料，驻在隆德县城的敌人，没有敢出来侵扰我们。

绕过隆德县城之后，我们开始翻六盘山。六盘山是一座大山，山上长着很多树木野草。走在山路上，毛主席的兴致非常好，一边走一边问我们：

“你们发现没有，这座山很特殊，它的走向和我们过去走过的山不大相同呀。”主席见我们说不上什么，就又接着说：“这座山离祁连山不远，是兵家要地，古代这里打过很多仗的。”

毛主席在江西老根据地时，有一个时期身体不太好，开始长征的时候，基本上康复了。经过将近一年的长征，主席虽然比过去瘦了，但身体越来越健壮，真是令人高兴。翻越六盘山的时候，眼看就快要到陕北啦，主席也和大家一样，心里格外振奋和愉快。这时候，他走在山间小路上，精神焕发，健步行进，我们这些红小鬼，稍不注意就跟不上了。主席很少骑马，大多是和我们一起走路。他的马不是让给伤病员骑，就是用来驮东西。那还是在到六盘山前，我们和国民党部队打了一仗，缴获敌人一百多匹马。国民党部队的这些军马，养得高大肥壮真叫人喜欢，不少首长都换了马，跟随主席的老余选来一匹膘肥体壮的枣红马，高兴地说：“主席，咱们也换一匹马吧？”

主席看了那匹马，挺喜欢，过了片刻，摆手说：“不要换啦，咱们那匹马从福建上杭到现在，一直跟着我们走了两万里路，也算是经过考验的了。”

听主席这么一说，我们几个人异口同声地说：“别换啦，别换啦！”那匹土黄马也把头

1　三岔口

2　毛泽东手书：《清平乐·六盘山》

直往老余怀里拱，好像害怕把它丢下似的。没有换成马，老余过了一会儿，又扛来一个皮马鞍子，比起原来的那个木鞍子强多了。但主席还是不同意换。

我们都知道，那个木马鞍子是从江西带出来的，它最大的好处是前面有一块隆起的木头，主席骑马时喜欢看书，看书时，便把缰绳挂在那隆起的木头上，左手拿书，右手扶着木鞍隆起的地方，可坦然啦。时间久了，土黄马好像很懂主席的习惯似的，当主席把缰绳挂在隆起的木头上时，它便走得特别慢，格外稳当。老余高高兴兴地把那个皮马鞍子送回去了。从此，他对土黄马和木马鞍子，更加爱护了。后来，主席骑着那匹土黄马到了保安，又到了革命圣地——延安。

行军路上，我们一边听主席给我们说古论今，一边观看着附近的山色风光。在越过一道山岗之后，主席转过身，挥手招呼我们说："休息一会儿吧！"他习惯地坐在一块大石头上，用右手摘下帽子，自然而然地伸开双腿，一边休息，一边眺望着远方，高兴地说道："这里真是个好地方呀，以后可以好好地写一写。你们看，天高云淡，红旗漫卷，大雁南飞，六盘山的景色多好啊……"过了很久，我们才明白：毛主席那是在吟诗作词哩。翻过六盘山，我们跟随主席来到陕北吴起镇，与陕北红军和红二十五军胜利会师了。党中央驻在瓦窑堡时，12月的一天，主席没有开会，也没有看书，静静地坐在桌前，用铅笔修饰长征路上吟诵过的诗词后，挥笔写出了《清平乐·六盘山》这篇著名的词章。后来，每当我看到毛主席的这首词的时候，心里觉得特别的亲切和高兴。六盘山上，那天云

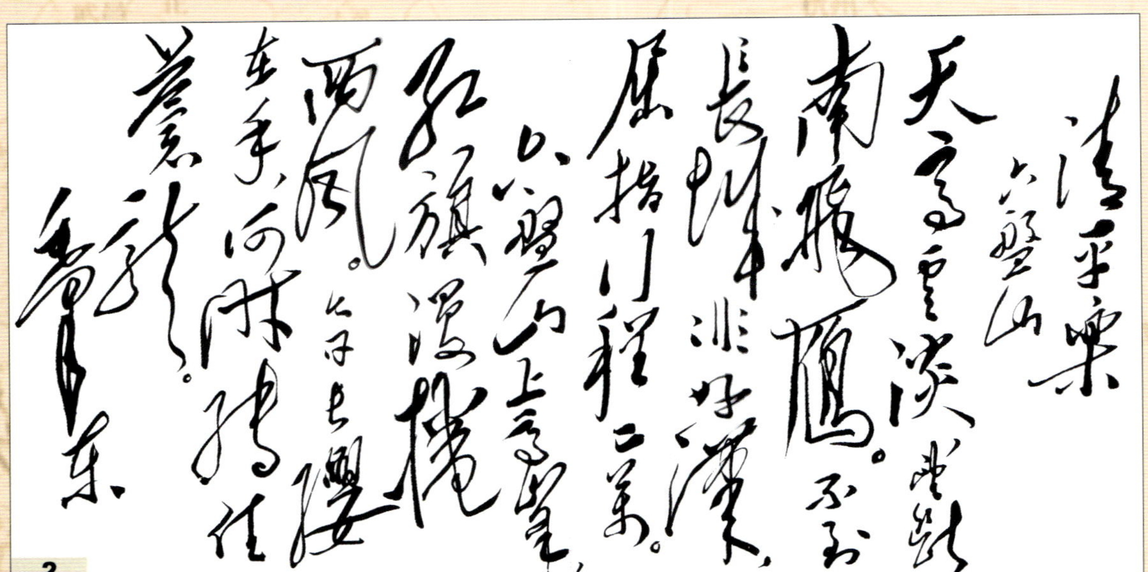
2

1

高气爽、红旗漫卷的情景，就又浮现在我们眼前。我至今仍然能够背诵主席这首豪壮、美好的词："天高云淡，望断南飞雁。不到长城非好汉，屈指行程二万……"

我们很快来到六盘山下的一个小村子——青石嘴附近。前卫部队派人来报告主席说，在青石嘴发现敌人的骑兵。主席很快走到山头上。从望远镜里，看到敌人正在休息，战马栓在树上，村里还冒着炊烟。敌人根本没有料到我们来到青石嘴。毛主席当即对一军团的领导司志说："立即命令一、四、五大队，把敌人的骑兵干掉，我看着你们打！"主席对身边的司志说："对敌人的骑兵，不要怕，没有什么了不起的。"那时候，我们几乎没有和敌人骑兵打过仗，原来听说这一带有宁夏二马（马鸿逵、马鸿宾）和东北张学良的骑兵军，究竟怎么打法，大家心里一直没底。听主席这么一说，心里都轻松多了。

青石嘴的敌骑兵，在红军指战员的猛打猛冲下，顿时慌了手脚，乱作一团，人喊马嘶，

1 隆德风光
2 六盘山红军长征纪念碑

自相践踏。有的还没来得及上马，就被击毙；有的刚跨上马，还没坐稳，就被打落马下。残敌一看无法招架，纷纷举手投降，约半个小时，就把敌骑兵歼灭了。这一仗，歼灭敌骑兵二百多人，缴获一百多匹战马，还有很多军用物资。真是：知己知彼，出其不意，攻其不备，称得上干净利落的歼灭战。这时，我想到绕过隆德县城时，主席决定不惊动敌人，你守你的城，我走我的路。现在发现了敌人的骑兵，主席又决定立即歼灭它。又联想到红军四渡赤水，抢占金沙江，奇袭大渡河的战斗，深深感到：毛主席指挥打仗英明果断，用兵如神啊！

2

我们上了一个小山坡，再往前走，就是三岔口了。这时候，我们发现有一队骑兵朝我们奔来，大约二十多个人。前哨接触后，才意外地知道，他们是徐海东、程子华、刘志丹同志派来给毛主席送信的。主席立即拆开信看了，顿时脸上露出喜悦的笑容。他高兴地说："这下子好了，可到家了。"主席高兴地挥笔写了回信，立即给来人带回陕北去了。

我们快走到三岔口的时候，主席兴奋地对我们说："三岔口这个地方，是不是京剧演的那个三岔口呢？"他见我们几个人都答不上来，又接着说，"按道理应该是这个了，你们知道么，这里古代打了好多次仗。穆桂英你们知道吧，她就在这里打过仗的。"那时候，我们都没看过京剧，历史知识也很少，说不上来什么。那天晚上，我们就住在三岔口村。

我们跟随主席长征经过宁夏，虽时间比较短，但却给我们留下了很深的印象。回民虽然是少数民族，有他们自己的许多讲究，但他们的住家居家及其日常生活很注意卫生，家

1

家户户都收拾得非常干净整洁。回民群众对待红军很热情，很容易说上话，迎接红军的场面既热闹又隆重，当然这与先期路过的红二十五军的深入宣传和良好的影响是分不开的。从进入宁夏开始，我们的心情越来越高兴，这不仅仅是因为我们越走离陕北越近，还因为越走沿途的商品越丰富了。我们可以买到香烟、布料、牛皮、羊毛以及许多种药材。只要有货，回民就卖给我们，真叫人心里有一种说不出的喜悦。因为这几个月以来，我们一直行走在语言不同的彝、藏等少数民族地区和人烟稀少的雪山草地，连吃的喝的都没有，还能有其他什么东西呢。记得刚走出草地不久，我们到了哈达铺那个小镇子时，简直像到了大都市一样，一下子买了很多香烟回来。因为从毛尔盖以来，主席一直吸那种“毛尔盖牌”的土烟叶卷的烟。主席见到我们买了很多烟，笑着说：“你们呀，买这么多干什么？往前走东西就更多了。”现在到这边一看，果然跟主席预料的一样，能够买到的东西越来越多了。

我们胜利通过宁夏，到达陕北。回想长征路上，毛主席对我的谆谆教导和无微不至的关怀，常常使我泪水盈眶。我这个贫苦人家的穷孩子，能跟随毛主席参加举世闻名的二万五千里长征，是我一生最大的荣幸。那难忘的日日夜夜，一直铭刻在我的脑海里，“红军不怕远征难”的大无畏精神，激励我在革命的征途上不断前进。

1 六盘山风光
2 青石嘴

青石嘴突围战

邓飞　红三军团第十三团政治委员

1935年10月2日，陕甘支队分兵三路，突破国民党设在静宁、会宁的封锁线。5日从静宁界石铺出发，经高家堡进入宁夏西吉县公易镇、兴隆镇一带。10月6日晚，我十三大队随纵队进入离固原县城西南40公里的莲花沟地区宿营。翌日凌晨，纵队首长林彪、聂荣臻命令我大队留在这一带，负责警戒从西吉方向尾随而来的敌人。我们始终高度警惕着西面方向敌人的动静。正午十二点后，还未看到敌人的踪影，我们才按照纵队首长的命令，开始向青石嘴方向挺进。

我们刚刚到离青石嘴约五里的一座小山上，大队侦察员气喘吁吁地跑来向我们报告说，在青石嘴外发现了很多敌骑兵，大约有两个团。

原来，他们是从固原方向来接应青石嘴敌骑兵团的。当他们来到青石嘴时，我们的大部队已速战速决地通过了这个地方，他们只好无可奈何地停在这里等待命令，并不知道我们部队后面还留有一个团在莲花沟担任警戒，更不知道我们有多少人。我们也认为敌骑兵已被我主力部队消灭，没想到在这个地方，又会遇到敌骑兵。

2

面对这一切，我们立即意识到去路已被敌人切断。在这紧急关头，大家的心情非常紧张，搞不好，我们全大队有被消灭的可能。这时候，我看了一下大队长陈赓同志，只见他锁眉深思，非常镇定，颇有“猝然临之而不惊”的大将风度。

陈赓大队长下达了战斗任务，由参谋长彭雄同志率领二连和机枪排打前卫，待部队打响后迅速通过水沟，抢占北山梁下沟口处，把两挺机枪和一个步兵排的火力，分布在沟口两边，掩护其他连队通

1

过。接着是陈赓带三连，政治处主任黄春圃（江华同志）带四连跟进。我和一连长韦杰带领一连留在原地，担任掩护和警戒西方尾随之敌的任务。

下午两点钟，部署妥当后，我大队各连队一个接一个，从山梁的侧面绕下来，突然间，前卫连一齐向敌骑兵开枪射击，敌人被这突如其来的打击吓懵了，不知道我们来了多少部队，顿时乱作一团。很多骑兵从马这边跨上去，从马那边掉下来，从马那边爬上去，又从马这边滚下来。战士们乘此时机，飞速向大树沟跑去。机枪排长王玉祥带领机枪排在前卫二连一个排的掩护下，很快穿过水沟，跑到对面山脚下，把两挺重机枪架在沟口的土丘上，对着敌骑兵猛烈扫射起来，敌人骑兵被打倒一大片。打了一阵，敌骑兵才清醒过来。当发现我们人数并不多时，便编好队，举着马刀吼叫着冲了过来。不时在大树根水沟上跳来跳去，挥刀乱砍。我们一排枪打过去，敌人骑兵倒下一批，接着又冲上来一批，战斗进行得很激烈。

由于敌骑兵不断地在大树根水沟两边冲来冲去，而我们部队只能利用敌骑兵冲过的一刹那空隙跳跃前进，当敌骑兵冲过来，又立即伏在沟底，以避免被马刀砍着脑袋。这样跳跳停停，停停跳跳，加之水沟又窄，影响了部队通过的速度。

1 宁夏沙坡头
2 透迤六盘山

1935.10 1935.11 1935.12 1936.01 1936.02 1936.03 1936.04 1936.05 1936.06 1936.07 1936.08 1936.09 1936.10

下午四时多，二、三、四连才冲出去。这时，侦察员向我报告，尾追在我们后面的敌毛炳文部三十七军两个步兵团也追了上来，我回头一看，距我们只有五里路，敌人黑压压一片，正向我们这边压过来。腹背受敌，情况十分危急。由于敌兵摸不清情况，又知道红军的厉害，不敢轻举妄动，进展速度缓慢，我们必须乘这个机会，使剩余部队赶快突围出去，否则，敌步兵围追上来，我军将受敌夹攻，有可能突不出去或造成大量伤亡。我当机立断，要韦连长带二、三排迅速突围，把第一排的战士留给我指挥，以阻止敌步兵。直到5时许，敌前卫营的前卫连才进至我们阵地的山脚下。敌军先用一个排的兵力向我们进攻，当敌距我们只有30米时，我猛地一声喊打，顿时，子弹、手榴弹在敌群里开了花，敌人狼狈地退了下去。这时，我见韦连长带的两个排大部分已通过水沟进入山后，便叫罗排长带二、三班先撤，我留在第一班作最后掩护。罗排长苦苦求我，叫我跟二、三班先走，由他负责掩护，被我拒绝，他只好含着眼泪，一步一回头地向前走了。

战斗一直打到6点多钟，天色已逐渐暗了下来，我才带着这个班边打边撤出阵地，最后来到大树根水沟口，这时，我才发现沟两边横七竖八地躺着许多敌骑兵和马匹的尸体。我扫了一眼，弯着腰向前跑去。气急败坏的敌骑兵，仍不甘休地继续挥着马刀来回在水沟两边跳来跳去，乱砍一气。当我刚跑到水沟中段，一个班的敌骑兵冲了过来，我赶紧弯腰头一低，只见一道寒光，从我头上边闪过，帽子被砍飞了，真危险啊！我顾不上这些，继续指挥着战士们，顺着水沟向前跑去。沟那边的部队也集中火力不停地向敌骑兵射击，掩护我们最后进入山后，终于摆脱了敌人的围追。

2

到了家

朱家胜　红六军团物资保障处处长

“哎呀咧，毛主席领导好主张，拖得敌人叫爹娘，哎呀咧……”前面又传来一阵歌声。

“兴国山歌，兴国山歌！”同志们一阵欢呼。这是在江西革命根据地流行极广泛的民歌，已经有一两年没有听到了。如今，忽然听到它，感到十分亲切。有人情不自禁地高呼：“哎，同志哥……”

前面有6个同志转着一堆火唱着，有的低着头在火里拨着什么。听见喊声，他们立即站起来，迎着我们边跑边喊：“同志们，辛苦啦！你们是红二方面军的吧？”

“是啊，你们是中央红军吧？”

“是啊，是啊！”两边同时回答着，两边同时靠拢着。我们有的同志撂下挑子，就扑了上去。阶级弟兄的手紧紧地握在一起，革命同志的心紧紧地贴在了一起。激情地拥抱，表达了长久的思念；跳动的心声，倾诉着漫长的艰难的历程。

他们拉着我们围拢在火边，把一个个热呼呼地洋芋硬塞在我们手里，还很不过意地说：“前面什么都准备好了，我们是在这里等你们的，没有什么好的，先将就着吃点吧。”熊熊的篝火，向我们表示了热

1 兴国

2 红军长征中用过的饭盒、茶缸和勺子

情的接待。这一切多么温暖啊。虽然是在旷野，我们的心里却连连地默念着：“到家了，到家了！”告别他们，我们又继续赶部队。太阳出来的时候，远远望见山麓下升起一缕缕的炊烟。走近了，才看了是窑洞。村口有个人在向外瞭望，看到我们，急忙回头又叫来两个人，一同在路边站着。

2

“同志们，你们是哪一部分的？”我们走近时，其中一个扎着围裙、带着福建口音的同志问道。

徐班长回答说：“我们是二方面军六军团政治部物资保障处！”

“啊，你们辛苦了，辛苦了！快进去休息休息吧！”他们3个人连说带拉地把我们让进一孔窑洞里。

炕桌上整齐地放着十几副碗筷。他们先拿来一罐开水，接着又端来一碗碗热气腾腾的小米饭和羊肉炖山药蛋，连声地让着：“快吃点，快吃点。”饭菜的香味很诱人，可是谁都不动手。大家好像都是一个想法：一来怕掉队掉远了，二来也觉得不好接受这么丰盛的招待。有个同志起身对我说：“处长，咱们走吧。”

照顾我们的一位同志听了不知所措，急得叫起来：“班长，班长，二方面军的同志要走。”

那位福建同志赶忙堵在门口，埋怨道：“到了家了，还急什么！你们走这么远，挑这么重，还能空着肚皮赶路？你们不吃，教导员回来还要批评我们哩。”我只好叫大家都坐下来。

原来，这是中央红军一个营部的炊事班。班长见我们几个人都接受了他的招待，不客气地吃了起来，就眉飞色舞地打开了话匣子：“今早，天没亮，过去许多二方面军的同志。我们等你们好久了，袜子、毛巾、牙膏、牙刷都送到前面去了。这饭也是为你们准备的。”

他指着桌子上饭菜说："都吃光，一点也不准剩下。"说得大家都笑了起来。

正笑着，他忽然往我身上看了两眼，转身从背包里翻出一块蓝布，里里外外地看了看，又偷眼望着我，拿着布踌躇起来。我心里纳闷，他要干什么呀？

另一个炊事员好像领会了他的心思，说："班长，我有，我有。"他急忙拿出一个布包，把包着的干粮倒在班长的那块蓝布上，然后把这块黑布递给班长，笑嘻嘻地说："这还是东渡黄河的时候，司务长分给我的呢。"

班长抖着那块布，朝我走来。他多细心呀，原来他见我的衣服破了，要给我补。我刚想推辞，班长已拿着那块黑布走到我面前，关切地对我说："同志啊，补补你的衣服吧，整整齐齐地去见毛主席。"

这件黑单衣，还是1934年12月从湖南桃源穿出来的。整整两年了，已经烂得很难再补了。可我还是接受了他的关怀。我让他把衣服补好，用这标志着阶级兄弟的团结友爱来纪念长征的胜利，纪念伟大的会合，纪念中国革命的一个新的历史时期的开端。

1

青石嘴村来了红军

马云龙　青石嘴村村民

红军越过六盘山后，驻扎在青石嘴村一带的敌骑兵团，妄图阻拦中央红军北上与陕北红军会合。1935年10月7日，毛泽东在六盘山北麓的一个山坡上，亲自部署了攻打青石嘴的战斗。部队接到命令，还没来得及吃午饭，就像猛虎下山一般扑向敌人。敌人万万没料到红军来得这么快，还来不及解开缰绳上马，就当了俘虏。

1 陕北人民欢迎红军
2 红军小战士

2

战斗结束后，一部分队伍进青石嘴村休息。我和哥哥把一位14岁的小红军战士迎进家里。小战士和我们年纪不相上下，彼此之间很谈得来。家里穷，拿不出什么东西慰问小战士，哥哥就用吃剩的半个荞麦馍来待客。小战士拿不出钱来，不敢吃。我把荞麦馍硬塞到他的手里说，我们都是小孩，你敢打白军，功劳大，非让他吃不可。小战士饿极了，就啃了一口。这时恰好连长进来，问他付钱了没有，小战士说："我错了，我就去找钱来赔"。连长看着又累又饿的小战士，心里很难过，对他说："你知错就好，但是不付钱就吃老百姓的东西，还是要按纪律给你处分。"我们听到后，连忙跑去告诉大人，一会儿村里的老人都来了。我父亲对连长说："请看在我们老人的面子上，不要给孩子处分了。"连长说："我们是共产党领导的军队，不管谁违反了纪律，都是要受处分的。"父亲要求连长处分我们，说因为是我们破坏了红军的纪律，接着就向连长跪下求情。连长赶忙把我父亲扶起来，然后把小战士拉到身边，从口袋里摸出一个铜板，命令他交给我父亲。

我们早先并不知道共产党是干什么的，红军来到青石嘴后，大家才知道，他们是为人民打天下的。红军离开时，村里的人都十里相送，难分难舍。我们相信：这样好的党，这样好的军队，一定会得天下的。

1936年10月，红军第一方面军与第四、第二方面军在会宁、将台堡会师。
1936年7月，红军第二方面军（原二、六军团）、第四方面军在甘孜地区会师。
1935年7月，红25军退出鄂豫陕苏区
1935年5月，
宁夏（银川）
武威
（门源）
都兰寺
西宁
甘
青海
青
海
贵德
皋兰（兰州）
永靖
夏河
康乐
同德
洮江
临潭
渭源
陇西
会宁
将台堡
靖远
海原
同心
七营
固原
环县
盐池
宁
夏
陕
甘
六
盘
山
庆阳
平凉
宁县
泾川
崇信
隆德
静宁
通渭
秦安
天水
武山
岷县
礼县
腊子口
哈达铺
西和
两当
宝鸡
凤县
徽县
成县
佛坪
俄界
岷
班佑
巴西
包座
阿坝
松
潘
草
地
山
毛儿盖
松潘
南郑（汉中）
宁羌
西乡
广元
昭化
平武
江油
北川
剑阁
苍溪
阆中
南部
彰明
茂县
理番
汶川
绵竹
打
鼓
山
梦
笔
山
邛
崃
山
刷经寺
松冈
卓克基
两河口
崇化
甘孜
炉霍
大
川
陕
苏
区
巴
南江
巴中
通江
宣汉
开江
镇

江源漫道

中共中央率
胜利到达陕
五军团会师。
1935年9月，红军第25
军与陕北红军在永坪镇会师，
并合编为红军第十五军团。
1934年11月，红军
第25军退出鄂豫皖苏区。
太原
(曲阳)
石家庄
(保定)
榆林
米脂
绥德
清涧
吴堡
离石
永坪镇
安塞
延安
甘泉
鄜县
(富县)
宜川
黄龙
同官
(铜川)
三原
风陵渡
潼关
长安
(西安)
雒南
卢氏
栾川
鲁山
叶县
方城
南召
唐河
泌阳
桐柏
邓县
襄阳
枣阳
南漳
信阳
罗山
潢川
固始
商城
六安
合肥
舒城
霍山
麻城
黄安
黄陂
汉口
武昌
郑县
(郑州)
开封
新乡
沁阳
高平
沁县
侯马
邯郸
内黄
道口
曹县
济宁
济南
临清
德县
博兴
临沂
铜山(徐州)
蚌埠
安康
白河
郧县
均县
竹山
房县
荆紫关
山阳
柞水
豫陕苏区
鄂豫皖苏区
巴东
秭归
远安
荆门
钟祥
京山
应城
汉川
罗田
英山
潜山
太湖
怀宁
(安庆)
宿松
至德
太平
绩溪

1934.07 1934.08 1934.09 1934.10 1934.11 1934.12 1935.01 1935.02 1935.03 1935.04 1935.05 1935.06 1935.07 1935.0

引言

青海是红军长征途经的省区之一。红军长征的伟大壮举在青海人民的心目中留下了深刻的影响。

1936年7月中旬，红二方面军与红四方面军在甘孜会师后，部队进行整编，而后共同北上。7月12日，红二方面军第六、第三十二军由川康边境取道青海果洛地区经班玛县，向川北阿坝地区挺进。之所以选择这条路线，是因为当时在此驻防的仅有马步芳的一个骑兵团和一些部分藏民部落武装，兵力空虚，不会有大的阻力；另一方面，班玛是果洛地区最大的农业区，也是川康边境主要产粮区之一，便于解决部队筹粮问题。红二、四方面军共同北上，最大的问题是筹粮难，红二方面军吃粮难的问题尤为突出。

班玛县是一个全民信奉喇嘛教的藏族聚居地区，如何争取少数民族的支持，尽

快奔赴抗日前线，是摆在红军面前的一项重要任务。红军广大指战员坚决执行党的民族政策，严格遵守三大纪律八项注意，模范尊重少数民族的风俗习惯，处处为人民群众谋利益，从而赢得了当地人民群众的信任和支持。他们主动为红军筹办粮食和燃料，购买牛羊，安置伤病员，以他们特有的形式友好地对待流落在当地的“红加”（藏语“红军”译音），为红军长征的最后胜利做出了自己的贡献。红军在青海果洛地区的时间并不长，但当红军离开班玛时，藏族人民群众中流传着“红军走了，村寨空了，村寨空了心不焦，心焦的是红军走了”等歌谣，充分反映了藏族同胞对红军的依依惜别之情。 如今距红军长征经过青海已经过了70年，但红军留在青海班玛地区的遗迹、遗存、遗址还清晰可见，抗日救国、民族独立解放的宣传标语完好保存着，红军长征的故事在这里仍被传颂着。

红二方面军途经青海

红二方面军与红四方面军甘孜会师后，编为左、中、右三个纵队，分别从甘孜、炉霍、绥靖（今金川县）等地出发，共同北上。

7月12日，红二方面军第六、第三十二军经唐摇沟（又称唐牙沟，今班玛县知钦乡第三委员会牧场），于是日到达西倾寺、鱼托寺，后进入青海班玛县，过玛可河，到达绒玉（今班玛县班前乡）宿营。在绒玉稍事休息筹粮后，16日继续行军60里到达王柔（今班玛县亚尔堂乡），后又行军50里到达哑公寺（今班玛县江尔堂乡）宿营。同时，分兵一部沿玛可河西行约30里，进尕昂沟（今江尔堂乡一大队牧场），在阿什羌河南岸与马步芳青南边区保安司令部骑兵第一旅喇平福团一部遭遇，敌军慑于红军神威，加之又远离西宁敌巢，并同当地藏胞仇怨极深，因此慌忙退守营堡，未敢正式与红军接火开仗。红军向东进入塔加里（今江尔堂乡二大队牧场），再进

1

1 1936年7月，红六军团长征经过的班玛县扎洛村所存的碉堡旧址

2 红军经过的阿什羌沟（张世华　摄）

3 1936年7月中旬，红六军团长征经过的班玛县之亚尔堂乡于木大沟

1935.10 1935.11 1935.12 1936.01 1936.02 1936.03 1936.04 1936.05 1936.06 1936.07 1936.08 1936.09 1936.10

2

入作木沟（今江尔堂乡三大队牧场），随后续部队向阿坝前进。18日，六军全军在哑公寺一带休整筹粮，准备向阿坝前进，十八师获耕牛百余头，粮食千余斤。后经作木沟，21日到达离四川阿坝50里处，红四方面军第三十军送来牛120头。六军、三十二军先后于22日和23日到达阿坝。红二方面军总部率二军，继六军之后经西倾寺，22日到26日到绒玉，26日到阿坝与六军、三十二军会合。

3

1

红军进入青海班玛地区以后，因为当地的藏族群众不了解红军是穷苦大众自己的军队，再加上反动派的造谣和胁迫，红军不时受到一些不明真相的人的袭扰，甚至有的指战员流血牺牲。红军以严明的纪律，朝天鸣枪警告，以求把他们撵走而不加伤害。当地青壮年都上山躲进了森林，村寨里只留下一些老弱病残的农牧民。红军进村后，严格执行“三大纪律八项注意”，以自己的模范行动影响藏族群众，并通过在川康地区参加红军的藏族战士做说服解释工作，使藏族群众了解红军是穷苦大

1 红军经过的磨摇沟(张世华 摄)
2 红军经过的叶车沟(张世华 摄)

众自己的军队。尽管红军给养十分困难，但没有乱拿群众的东西，行军走路不踩踏庄稼。同时，通过留在村寨里老年人捎话给躲上山的人，让他们回村安居。躲上山的人都陆续回到了村寨。红军在班玛地区活动时，认真贯彻党的民族宗教政策，尊重少数民族的风俗习惯，给当地人民留下了难忘的印象。红军曾向寺院借住过房屋，购买过牛羊和粮食。他们尊重宗教人员，从不乱动寺院的东西。购买牛羊和粮食，都用银元公平交易。红军用自己的行动向当地藏族群众证明了自己是人民的军队。红军的英名一下子传开了，人们奔走相告，许多人主动为红军筹办粮食和燃料。当红军离开班玛地区时，在藏族群众中流传着“红军走了，村寨空了，村寨空了心不焦，心焦的是红军走了”这样一首依依惜别的歌谣。

2

红军在班玛地区的这段时间里，除了筹粮、休整外，还积极向藏族群众宣传北上抗日的战略方针和革命道理。班玛的藏族群众第一次从红军口中听到了红军、共产党、革命、抗日、救国、民族、解放这样一些词名。红军除了口头宣传以外，还印发了藏文传单，宣传队书写了许多标语。红军书写在亚日堂乡子木达沟口石壁上的“北上响应全国抗日反蒋斗争！安庆宣”的标语，不仅是红军到过班玛的证明，而且也是红军积极向藏族群众宣传革命道理的证明。

1934.07 1934.08 1934.09 1934.10 1934.11 1934.12 1935.01 1935.02 1935.03 1935.04 1935.05 1935.06 1935.07

1

1 红军在马木达沟口石崖上书写的标语

2 红军驻扎过的扎洛村远景（张世华 摄）

红六、红三十二军之所以由川康边境挺进青海省班玛地区，主要原因：一是当时马步芳在果洛地区仅有一个骑兵团和一些藏族部落武装驻防，兵力比较分散，对红军的行军构不成大的威胁；二是班玛是果洛地区最大的农业区，也是川康青边境地区主要的产粮区之一，便于解决部队筹粮问题。红二、红四方面军共同北上，遇至的突出问题是吃粮，特别是红二方面军吃粮困难更加突出。所以，红六、红三十二军等只有向北进入青海班玛地区，边筹粮边前进。红军长征途经青海虽然时间很短，但其影响却是很大的，可以说在辽阔的果洛草原上播下了革命火种，大大地鼓舞促进了当地藏族人民反对马步芳血腥统治的斗争。红二方面军经过近一个月的长途跋涉，才走出茫茫数百里的草地，至8月1日抵达班佑、包座地区，胜利走出茫茫水草地。

走过青海

周龙　红二方面军第六军团政治部主任张子意的警卫员

记得当时生活极艰苦，途中掉队的人很多，王震同志带的六军团长征经过玉草地，那个时候不知道是青海，光知道在阿坝西面不远。走这一路的不是整个大部队，大约有一两个师或更少一点。我记得从甘孜出发往北走了几天后，翻过一座大山即到了现在的班玛县境，沟不宽，山很大，中间有条大河，约二十米宽，水流很急。翻过大山看到藏民村寨和群群牛羊，森林很多很大，村寨旁边种的青稞。我们在那里约有两天时间，很少见到老百姓，估计在后面山林里。宿营后有少数藏民回来了，通过翻译做工作，宣传政策，他们很高兴，有说有笑，为我们杀羊宰牛给吃的。我还记得，部队写过一张传单，我们走时把一些多余的弹药、枪支给了当地藏民，他们极为高兴，自愿为我们带路弄吃的。

1

2

1 红军在长征中使用过的步枪和大刀

2 红军在青海留下的宣传标语（张世华 摄）

3 红军经过的水磨沟（张世华 摄）

4 红军用过的医疗器械

5 红军用过的藤制手提药箱

豌豆花开迎红军

当周 青海班玛县班前乡鸡艾村村民

才项 亚尔堂乡子木达村村民

虽然我们不知道红军到班玛是一九几几年几月几日，但那一年是藏历的鼠年（即1936年），大约是6月、7月，正是豌豆开花结荚的时候，从班前的叶昂沟，亚尔堂的水磨沟、德昂沟、王柔沟来了许多当兵的。因为害怕，我们都躲进了森林。这些兵坐在河边、地埂上休息，可没有一个人钻进地里摘豆荚吃，而是挖野菜、捡牛、羊骨熬汤喝。我们觉得这些兵与过去所见过的其他军队的所作所为大不一样，可不知道他们是红军。

3

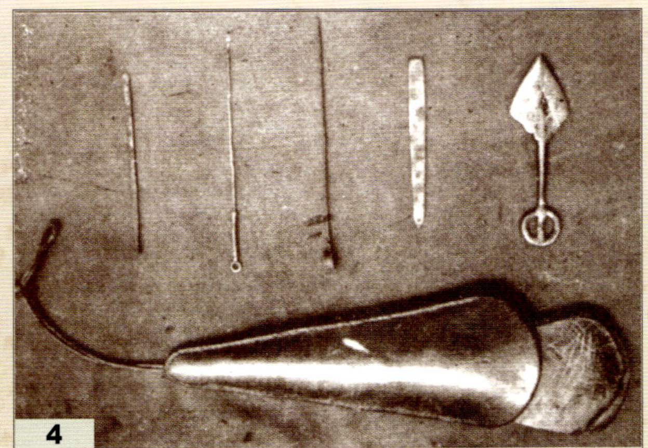
4

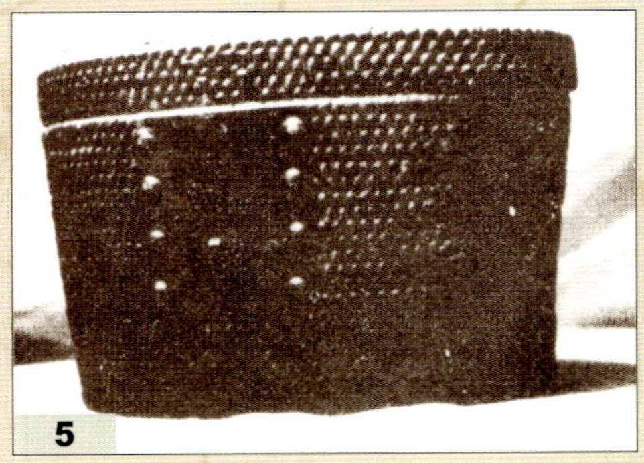
5

藏族少年记忆中的红军

唐洛、扎西、查藩等　堂乡扎洛村村民

红军到班玛来的时候，虽然我们还未成年，但那时候的情形我们还清楚地记得。我们看到来了许多当兵的，就躲进山上的森林里。后来家里的人捎话让我们回去。我们回到村里，看到村外的山坡上，玛可河边上扎了许多帐篷，很多人住在露天或屋檐下。只有我们村的阿帮格交家住了几位“大红保”（藏语，意大官）。因为阿帮格交家的门口站有哨兵，进进出出的人很多，许多人见了他们都要行举手礼。这些首长中有一位首长骑着一匹黑骡子，曾在达什达村的格洛家里住过。因为我们这个地区过去没有骡子，我们没见过，所以这点对我们印象很深，至今还清楚地记得。

1

当时有几位红军住在我们家的屋檐下，由于生火做饭不小心，将我家房子墙里面的垫木烧着了，但不严重。红军的领导知道后，批评了战士，还向我父亲赔礼道歉，并从树林里砍来原木给我们赔偿。当时，红军在阿帮格交家门前的一块歇地里（约五亩左右）安了许多铜锅做饭。后来红军走的时候，留下了几口锅。阿帮格交的父亲把这些锅收集起来了。由于他们家生活困难，这些锅拿去卖钱换牛羊和粮食了。

2

班前乡俄合龙村的阿压三知在红军模范行动的影响下，主动为红军当向导，一直把红军送到阿坝后才返回自己的家乡。虽然阿压三知遭受了许多磨难和打击，但红军的所作所为在他心中深深地扎下了根，他坚信红军一定会回来。

1 红军遗留在扎洛村的红军锅（张世华 摄）
2 红军驻扎过的扎洛村（张世华 摄）
3 红军战士穿过的服装
4 红军长征时没有盐吃，就有这种盐土泡水，代替食盐
5 反映红军长征的雕塑《跋》（邓乐 作）

1935.10 1935.11 1935.12 1936.01 1936.02 1936.03 1936.04 1936.05 1936.06 1936.07 1936.08 1936.09 1936.10

任何时候都不违犯纪律

夏知华 哑公寺宗教人员

有几个红军战士因天冷无行李，把哑公寺内的“麻尼卷”（一种大经卷）拆下来铺在地上当褥子，盖在身上御寒。领导知道后批评了战士并向寺院道歉。当时，红军给养十分困难，但他们没有乱拿群众的东西，行军走路从不踩踏庄稼。有的红军因无粮充饥，把干牛皮放在锅里煮着吃。

3

4

见证哑公寺

压日给公却 班玛县藏族老人

红军到我们村（哑公寺）的时候，人很多。我们村子里住满了，许多人住在露天、生着篝火，唱着歌。红军纪律严明，不欺负我们，不抢我们的东西。红军在我们村住了几日后，就从子昂沟到阿坝去了。

5

藏民救“红加”

红军到达班玛地区之后，认真贯彻党的民族政策，以自己的革命行动教育鼓舞了班玛人民，当地的藏族群众对红军由不了解到了解，他们积极救护伤病员的事迹十分感人，热情地支援了红军长征。

班前乡岗村的“红加”（藏语，红军之意或汉族红军之变音）就是一位在群众的救护下幸存下来的红军战士。他原籍四川，名叫何世安，是在红军路过家乡的村子时，在老师的带领下和他姐姐以及其他同学一块参加红军的。进入班玛后，由于年龄小，体弱多病，而且又负了伤，因缺医少药，伤口已经化脓生蛆，掉队落在后面。当他行至亚尔堂乡阿格东哇村时，昏倒在一块地里，被一个搞天葬的阿卡（即僧人）名叫唐哇觉巴发现后，背到自己家里。唐哇觉巴给他吃东西，为他冲洗包扎伤口，把他救活了。后来，唐哇觉巴又把他用一头奶牛的代价换给了吾扎村的成南木，以后他就跟上成南木学木工手艺，并在岗村找了一位藏族妇女建立了家庭。

莫巴乡铁匠尕拉公保老人和哥哥在亚尔堂（哑公寺）血江滩山根干活时，还抢救了一位30岁左右的红军。这位红军昏倒在离他们帐篷不远的地上，军衣破碎，脸色苍白，两眼深陷，身体十分虚弱。他们把他背回帐篷，喂奶茶和糌粑，他伸出大拇指表示感谢。在兄弟二人的精心照料下，这位红军战士很快康复。后来又教他学打铁，学一些藏话。第二年春天，这位红军战士精心制作了一把锉刀，上面有一只手捧着一颗心的图案，赠送给救命恩人。他含着眼泪向兄弟二人告别，说他要去阿坝找红军，锉刀留给他们作个纪念。兄弟二人劝他留下来，但他意志坚决，一定要走，只好送他上路了。后来，尕拉公保老人的哥

1 红军过班玛县时负伤留下的战士何世安（中）向当地政府人员讲述长征（张世华　摄）

1935.10 1935.11 1935.12 1936.01 1936.02 1936.03 1936.04 1936.05 1936.06 1936.07 1936.08 1936.09 1936.10

哥不放心，又去寻找，沿着开克河、阿曲河一直找到阿坝也没有找到这位红军战士。老人的哥哥去世前，一再嘱咐老人把红军送给他们的锉刀保存好，说这是“红加”留给他们的东西。

1

更喜岷山千里雪　三军过后尽开颜

中共甘肃省委常委、宣传部长　励小捷

红军长征，是中国共产党领导人民军队谱写的英雄史诗，是矗立在全国各族人民心中的一座巍峨丰碑。甘肃在红军长征史上有着十分重要的地位。

甘肃是红军结束长征和最后胜利会师的地区。1935年8月2日，红二十五军进入甘肃，1936年10月，红一方面军与红二方面军、红四方面军先后在会宁和将台堡（今属宁夏）胜利会师，结束了伟大的长征，开创了革命斗争的新局面；甘肃是参加长征的几支主要红军都经过的唯一省份，红二十五军、中央红军、红二方面军、红四方面军、西征军等都经过了甘肃；甘肃是长征红军足迹遍布最广的地区之一，从岷山白水到陇东高原，从洮河渭水到黄河两岸，从巍巍六盘到皑皑祁连，从村寨城市到戈壁雪山，红军途经甘肃近50个县；甘肃是各路红军与敌人浴血鏖战并取得了伟大胜利的地区，进行了泾川四坡村战斗、腊子口战斗、西征战役、岷洮西固战役、成徽两康战役、平大古凉战役、山城堡战役等多达30余次较大规模的战斗与战役；甘肃是长征红军播下了无数革命火种的地区，各路红军在这里宣传革命思想，发动群众，打土豪，分田地，建立苏维埃政权近20个，有力地促进了人民的觉醒，推动了甘肃革命斗争的蓬勃发展。总之，红军长征在甘肃的历史，是中国共产党由第五次反“围剿”

斗争失败到抗日战争兴起伟大历史性转折的重要组成部分，是甘肃革命史上极其光辉灿烂的篇章，在党和红军的历史上，有着重要的历史意义。

红军长征胜利70年了，但红军长征留下的英雄足迹、感人事迹和建立的不朽功勋，永远铭记在陇原儿女的心中。站在新的历史起点上，重温红军长征的历史，对于我们深刻认识和努力实现全面建设小康社会和中华民族伟大复兴有重要的现实意义；对激发全省各族人民继承和发扬红军长征的精神，同心协力，艰苦奋斗，努力推进甘肃的改革与发展、推进西部大开发有着巨大的鼓舞作用；对于坚持用时代发展的要求审视和认识自己，以改革的精神加强和完善自己，全面加强党的先进性建设和执政能力建设有重要的借鉴作用。我们要挖掘好、研究好红军长征的历史，使之成为开展爱国主义、长征精神、革命传统、革命理想和信念教育的生动教材。我们要继承、发扬长征精神，使之成为全省各族人民高举邓小平理论和“三个代表”重要思想伟大旗帜，落实科学发展观，与时俱进，开拓创新，建设美好家园，创造美好生活的强大精神力量。

引言

甘肃是三大主力红军长征胜利会师的省区，留下了大量重要的革命遗址、遗迹和文物，传颂着许多激动人心的战斗故事。这一切都是红军长征胜利的历史见证，也是激励甘肃乃至全国广大干部和人民群众，不畏艰险，不避艰险，艰苦奋斗，发奋图强，创造着美好生活的巨大精神力量。

1936年10月，历经艰险，长途跋涉的中国工农红军第一、第二、第四方面军，在甘肃会宁县将台堡（今属宁夏西吉县）地区的胜利会师，标志着举世闻名的红军长征，以“我们胜利、敌人失败的结果而告结束”，在人类战争史上树立了不朽的丰碑。这是中国共产党人的骄傲，中国工农红军的骄傲，中华民族的骄傲。

三大主力红军的胜利会师，是中国革命斗争史上的伟大事件，意义十分重大。

它战胜了张国焘的右倾分裂主义，实现了中共中央关于三大主力红军会师陕甘的战略计划，加强了红军的团结统一；保存了红军的基干，成为中华民族的精华和全国同胞团结御侮的核心力量；主力红军大会师，实现了同东北军、第17路军的停止内战、联合抗日的夙愿，推动了西北乃至全国抗日救国运动的发展。特别是红军用鲜血和智慧铸就的团结、战斗、胜利精神，充分体现了中华民族百折不挠、自强不息的民族精神，成为中华民族的不朽之魂。

甘肃省至今保存着大量革命遗址、遗迹、文物，这一切，不仅是三大主力红军长征胜利会师的历史见证，也是对广大干部、人民群众，特别是青少年进行爱国主义和革命传统教育的很好资源，同时更是进行社会主义荣辱观教育的生动课堂。

中央红军先行北上

1935年9月8日、9日，中央两次电令张国焘率部北上，张国焘复电继续坚持其南下的错误主张。特别是"密电"陈昌浩等率右路军南下，彻底开展党内斗争，企图分裂和危害党中央和红一方面军，迫使党中央率领红一方面军第一、第三军团和军委纵队迅速脱离险区，先行北上。

9月11日，红一方面军主力进入甘肃境内，到达迭部县俄界（今高吉）。12日，中共中央召开政治局扩大会议。参加会议的有：张闻天、毛泽东、博古、王稼祥、刘少奇、何克全、邓发，以及叶剑英、蔡树藩、林伯渠、李维汉、杨尚昆、林彪、聂荣臻、朱瑞、罗瑞卿、彭德怀、李富春、袁国平、张纯清等。毛泽东在会上作了关于同张国焘的争论及今后战略方针的报告。会议一致同意中央已经采取的步骤和继续北上的战略方针，并通过了《关于张国焘同志的错误的决定》。《决定》认为：张国焘与中央的争论，"其实质是由于对目前政治形势与敌我力量对比估计上有着原则的分歧"。张国焘夸大敌人的力量，轻视革命的力量，丧失了在抗日前线创造新苏区的信心。

会议确定红一方面军今后的行动方针是：首先打到甘东北或陕北，开展游击战争，以便得到共产国际的指示和帮助，休养兵力，扩大部队，创建根据地，

1

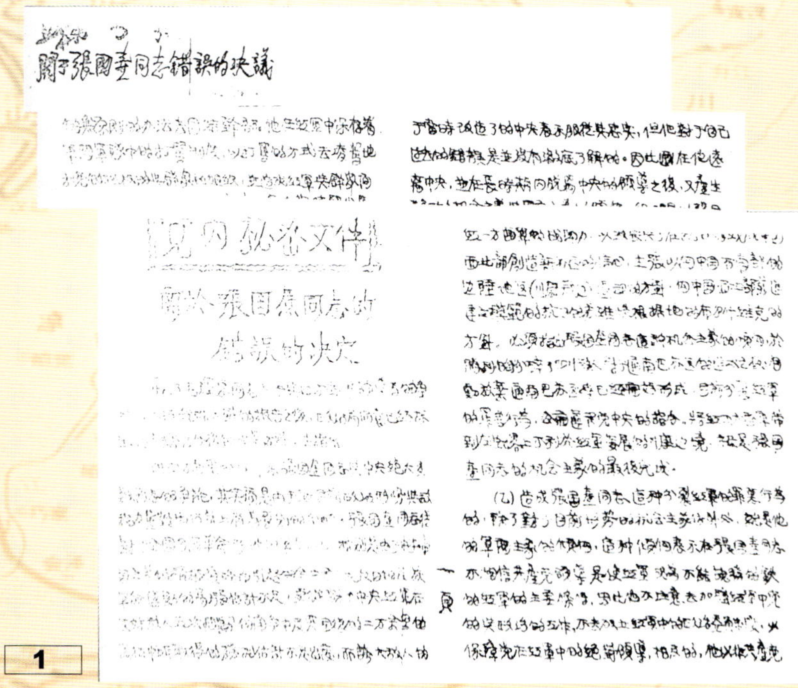
关于张国焘同志错误的决议

党内秘密文件

关于张国焘同志的错误的决定

1 俄界会议决定
2 北上甘南与突破腊子口要图

发展革命战争。

会议采纳了彭德怀的建议，将红一方面军和军委纵队整编为中国工农红军陕甘支队，由彭德怀任司令员，毛泽东任政治委员，林彪为副司令员，叶剑英为参谋长，王稼祥为政治部主任，杨尚昆为政治部副主任。同时成立“五人团”：即毛泽东、周恩来、王稼祥、彭德怀、林彪，加强对继续北上的领导。会上再次致电张国焘，令他率左路军向班佑、巴西前进。张国焘再次拒绝，他电令红一、三军领导人迅速南下，并指责中央率红一方面军主力北上是一种无休止的逃跑主义。

9月13日，红一方面军主力继续北上，渡过白龙江，在残缺危险的栈道上前进。这时，甘南的西固、岷县、临潭一线，只有鲁大昌的新编第十四师和王均的第十二师，兵力较弱。红军乘

1

虚疾进，16日击败敌十四师第六团的拦阻，逼近天险腊子口。

腊子口位于甘肃迭部县境内，为岷山山脉的一个重要隘口，是四川进入甘肃的天然门户，素有天险之称。在这里，两座高山夹着一道山沟，宽30米，两边是悬崖峭壁；山沟两峰之间，有一条水深流急的石沙河，河上横架着一座木桥，把两山连在一起。甘肃军阀敌第十四师师长鲁大昌在这里驻有2个营，纵深配置3个团的兵力。在桥的周围筑有许多坚固的工事，形成纵横交叉的火力封锁网。当地的人们常说："走过腊子口，像过老虎口。"在敌军重兵把守下，要过腊子口比过老虎口还要难。

当时，在红军前进的路上，左右都有敌人的重兵。一边是胡宗南的主力部队，一边是杨土司的2万骑兵部队。如果不通过腊子口，则势必与强敌作战。

9月16日，进攻腊子口的战斗打响了。红四团六连的30多名勇士向木桥发起冲锋，但由于敌人据险固守，火力太强，几次冲锋都未能奏效。于是调整部署，改由六连正面轮番攻击，疲惫敌人；红四团一、二连从侧面攀登悬崖峭壁，迂回到隘口背后袭击敌人。可是，腊子口右侧的石壁非常陡峭，难以攀登。迂回部队中有一名苗族战士，克服困难终于攀了上去，然后用绑带当绳子，将战士们一个个腾空悬起吊上去。

撤下来休息的六连，在战地挑选出20名勇士，组成敢死队，在连长杨信相带领下分两路向桥下集结：一路从桥

1 天险腊子口

2 腊子口小桥——红军攻打腊子口时曾在这里激烈战斗

1935.10 1935.11 1935.12 1936.01 1936.02 1936.03 1936.04 1936.05 1936.06 1936.07 1936.08 1936.09 1936.10

2

1

1 《刀山火海挡不住，勇猛砸开腊子口》（木刻）

2 夺取腊子口的报道

战士 一九三五年九月廿日

向北进攻——胜利的开始

英勇顽强的勇部

夺取拉子口的模范英雄

2

底柱运动到桥对岸袭击桥上的敌人，一路则在桥这边会同前一路对桥上的敌人实行两面夹击。

新的冲锋开始了。六连的20名勇士手持大刀和炸弹，在枪林弹雨中奋勇当先，一连发起了5次冲击，都因地形险要，敌军火力太猛而未成功。

这时，担任侧击任务的一、二连，乘着夜色已攀登上去约一个连的兵力，从敌人的右侧发起了攻击。不一会儿，一连在山上吹起了冲锋号，战士们如猛虎下山般地向敌军阵地冲去。敌人终于顶不住了，火力渐弱，阵地松动。六连见机会到了，也吹起了冲锋号，向敌军阵地发起最猛烈的冲击。红军战士山上山下配合，很快杀进了腊子口的第一关。敌人退踞到第二个险要扼守，当时的兵力约有一个营，但他们没有想到第一个关口这么快就失守了，从思想上毫无作战准备，被突如其来的红军吓懵了，有的还没来得及拿起武器就做了俘虏，有的下意识地向后面逃跑。17日，天刚破晓，红军全部占领了腊子口，并乘胜追击90里，占领了大草滩，歼敌一部。大草滩战斗中缴获大批粮食和1000斤食盐，这对于刚走出草地的红军来说真是无价之宝。

9月18日，红军到达甘南岷县哈达铺。这里是一个三面环山的小镇子，只有一

条街道，人口比较密集，多为回族和汉族。22日，中共中央在该镇的关帝庙里召开团以上干部会议，正式宣布改编：红一军改编为中国工农红军陕甘支队第一纵队，林彪人任司令员，聂荣臻任政治委员；红三军改编为第二纵队，彭雪枫任司令员，李富春任政治委员；军委纵队改编为第三纵队，叶剑英任司令员，邓发任政治委员。红军部队有10个团，改编为10个大队，共计7000余人。

1

1 1935年10月7日，陕甘支队第一纵队在甘肃固原此地（今属宁夏）与国民党军遭遇，经激战，取得胜利

2 红一方面军部分干部在甘肃宫和镇合影

2

在长征途中，红军所过之处都是偏辟的地方，与外界不通邮，连报纸也看不到。到了哈达铺后，部队得到许多国民党办的报纸，从上面得知陕北有刘志丹率领的红军和苏区。于是，党中央决定继续北上，前往陕北。

9月23日，陕甘支队由哈达铺地区出发，以一部兵力东进间井镇，佯攻天水，以调动敌向该地集中，主力乘机折向西北，摆脱敌重兵阻击，迅速通过武山、漳县间的封锁线，并在鸳鸯镇和山丹镇之间渡过渭河。27日，到达通渭县榜罗镇。中央政治局召开常务会，进一步明确北上的方针。

29日，陕甘支队由榜罗镇出发。攻占通渭城，部队休整2天继续北上。10月2日，在静宁以西击溃敌军一部，缴获汽车10余辆。3日，中共中央机关到达静宁县的界石铺。10月5日，陕甘支队进至兴隆镇、单家堡（今属宁夏西吉）地区。其间，陕甘支队越过六盘山，10月9日，陕甘支队由彭阳地区（今属宁夏）向东进入甘肃镇原县境。接着继向甘肃东部的环县、庆阳间地区前进。10月17日，陕甘支队第一纵队进至甘肃、陕西两省分水岭。此后，陕甘支队由甘肃进入陕西。

1

2

3

1 《攻打腊子口》（国画）

2 《三军过后尽开颜》（油画　艾轩　作）

3 《更喜岷山千里雪》（油画　陈宁尔　王方雄　作）

红二、红四方面军继续北上

1936年8月，红二、红四方面军穿过草地后，向甘肃前进。红四方面军走在前面，其先头部队红三十军八十八师在程世才、李先念率领下于8月6日进入甘肃境内。先沿白龙江东进，经旺藏寺、莫牙寺、银固花园，当天到达水泊沟一线。

8月9日，红八十八师攻占腊子口。10日，红八十九师攻占大草滩，哈达铺。之后，包围岷州城。

8月12日，中共中央通电朱德、张国焘、任弼时，告知中央已与国民党东北军首领张学良达成联合抗日协议，要求红军从西、北两个方向打通与苏联的联系。为此，红二、红四方面军尽可能夺取岷州，以甘南为临时根据地，休整补充。之后，以一部出陇西，攻击毛炳文部，威胁兰州；一部出夏河，攻击河州，威胁青海，吸引河西走廊的马步芳回青海支援，以便使国民党东北军乘虚接防甘州（今张掖）凉

1

1　红二方面军部分领导干部合影

2　红二方面军于哈达铺发布的作战命令

1935.10　1935.11　1935.12　1936.01　1936.02　1936.03　1936.04　1936.05　1936.06　1936.07　1936.08　1936.09　1936.10

州（今武威）肃州（今酒泉），接通新疆。在此基础上实现红一、二、四方面军在甘北的会合，扩大陕甘宁苏区。

根据中央电报精神，中共西北局作出了红二、四方面军在甘南建立临时根据地的部署。徐向前率红三十军攻漳县，陈昌浩率红五、九军围攻岷州。

8月14日，红二方面军走出草地。15日，先头部队进入甘肃省境内。

红二方面军进入甘肃的第一件大事就是努力促进红一方面军与红四方面军的团结。在此之前，贺龙、萧克、关向应收到任弼时的一封信。信是任弼时于8月9日在救济寺写的，主要内容是为促进中央红军与红四方面军团结而建议采取促进行动。8月16日，也就是进入甘肃后的第二天，贺龙、萧克、关向应致电任弼时："（一）在救济寺留的信，我已收到。我们完全同意你对过去党内斗争所采取的立场。我们坚决站在这一立场上，为党的统一而斗争。（二）赞成以二方面军的名义出一告一、四方面军的书。（三）你务必在哈达铺归还二方面军。"

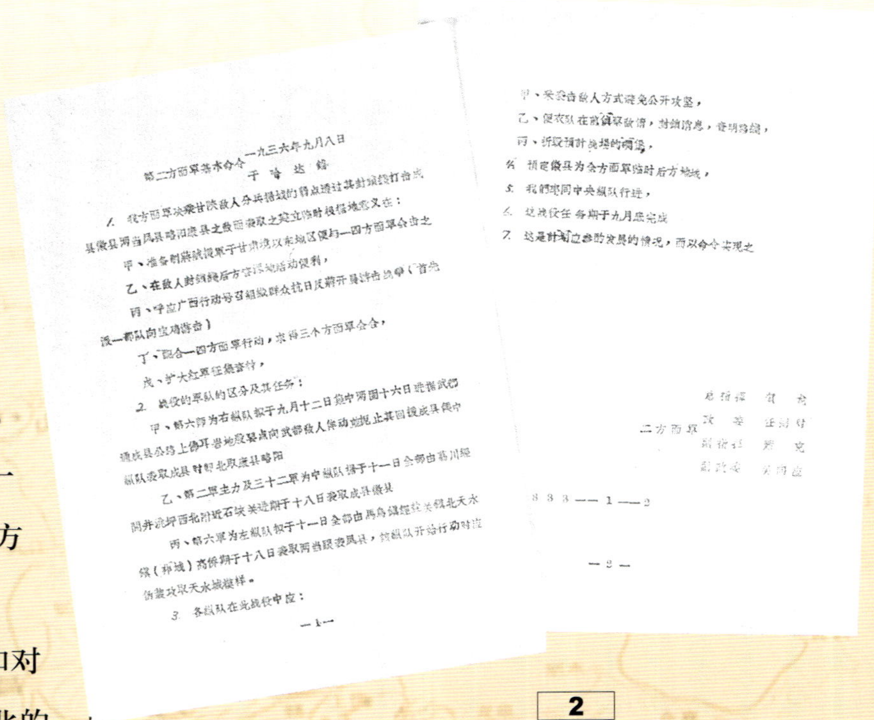
第二方面军恭水命令　一九三六年九月八日
于哈达铺

甲、采袭击敌人方式避免公开攻坚，
……
4. 预定徽县为全方面军临时后方地域，
5. 我们随同中央纵队行进，
6. 这战役任务期于九月底完成
7. 这是计划立案的发展的情况，而以命令实现之
……
—2—

2

红二方面军的这种对中国革命高度负责的精神和对党内团结所做的努力，为红军三大主力会师，开创西北的新局面奠定了政治思想基础。

8月30日，中共中央发布了《关于冬季以前一、二、四方面军行动方针的意见》，指出红军三个方面军行动的基本方针是：逼蒋抗日，造成各种条件使国民党不能不与我们妥协；紧密联合东北军，造成西北新局面；反对日本截断中苏关系，打通与苏联联系的通道；发展甘南作为战略根据地；迫使胡宗南部停止于甘肃以东。

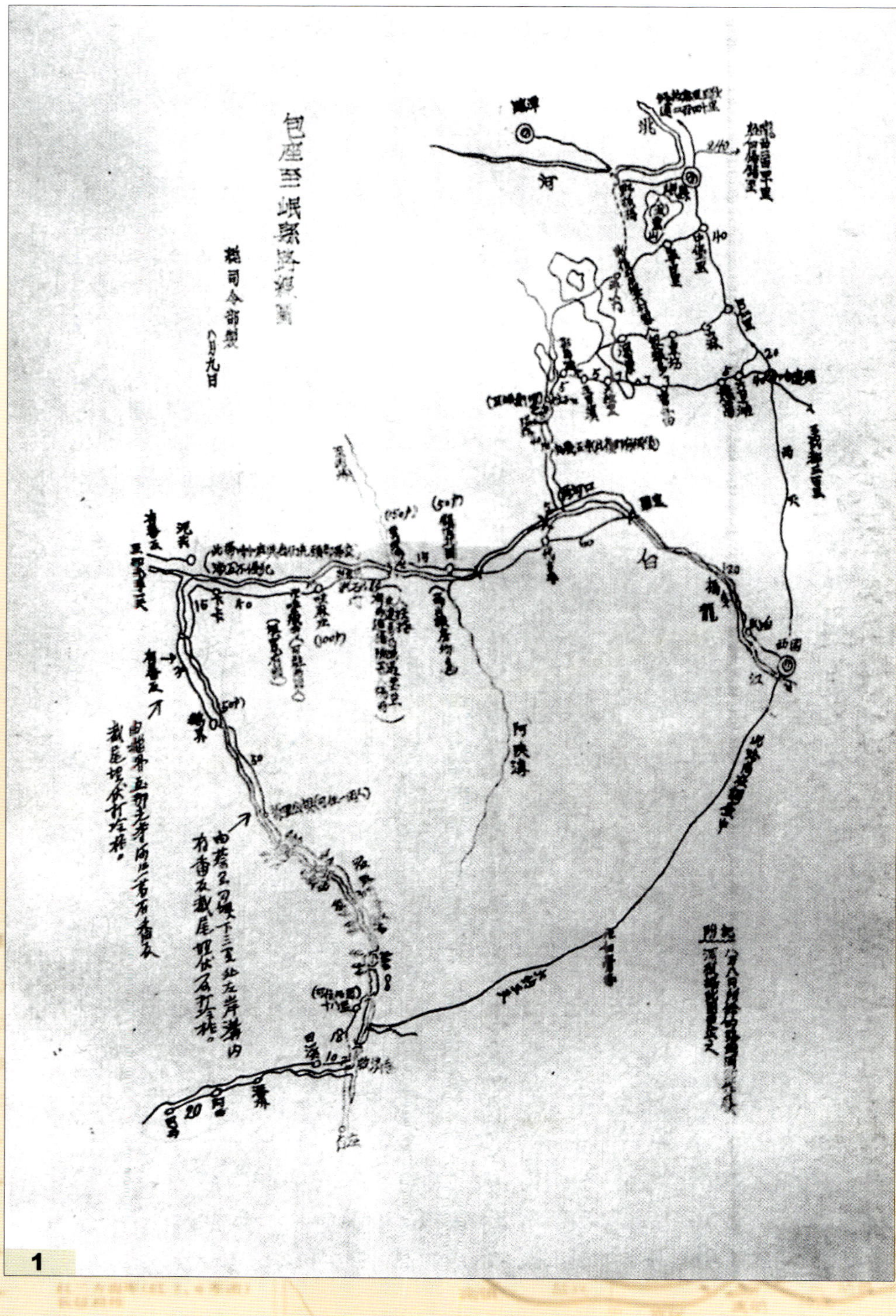
1

9月1日，红二方面军到达哈达铺地区。红二军团和红二方面军总指挥部进至哈达铺，红六军团进至礼县境内。红六军团先头部队攻打礼县县城，未克，于9月3日撤到祁家窑一带休整。任弼时于9月6日从红军总部回到红二方面军。红二方面军在哈达铺休整10天。

9月8日，毛泽东、张闻天、周恩来、博古致电朱德、张国焘、任弼时，指出："中国最大敌人是日本帝国主义，抗日反蒋并提是错误的，我们从二月起开始改变此口号。"与此同时，军委制定新的作战计划，要求红一方面军以一部兵力保卫苏区，主力占领海源、靖远、固原及其以南地区，策应红二、四方面军作战；红二、四方面军兵分两路，红四方面军为左路，占领岷州、武山等地，继续向东向北，会同红一方面军向定西、陇西及西兰大道进攻；红二方面军为右路，东出甘南和陕西省西南部占领成县、徽县、两当、康县，凤县和宝鸡，建立苏区；以这一行动完成后，即实现红军三个方面军的会师。

根据中央军委的行动计划，红二方面军在哈达铺制定出成（县）徽（县）两（当）康

1 红二方面军绘制的从包座至岷县的行军路线图

2 陇南战役要图

1935.10 1935.11 1935.12 1936.01 1936.02 1936.03 1936.04 1936.05 1936.06 1936.07 1936.08 1936.09 1936.10

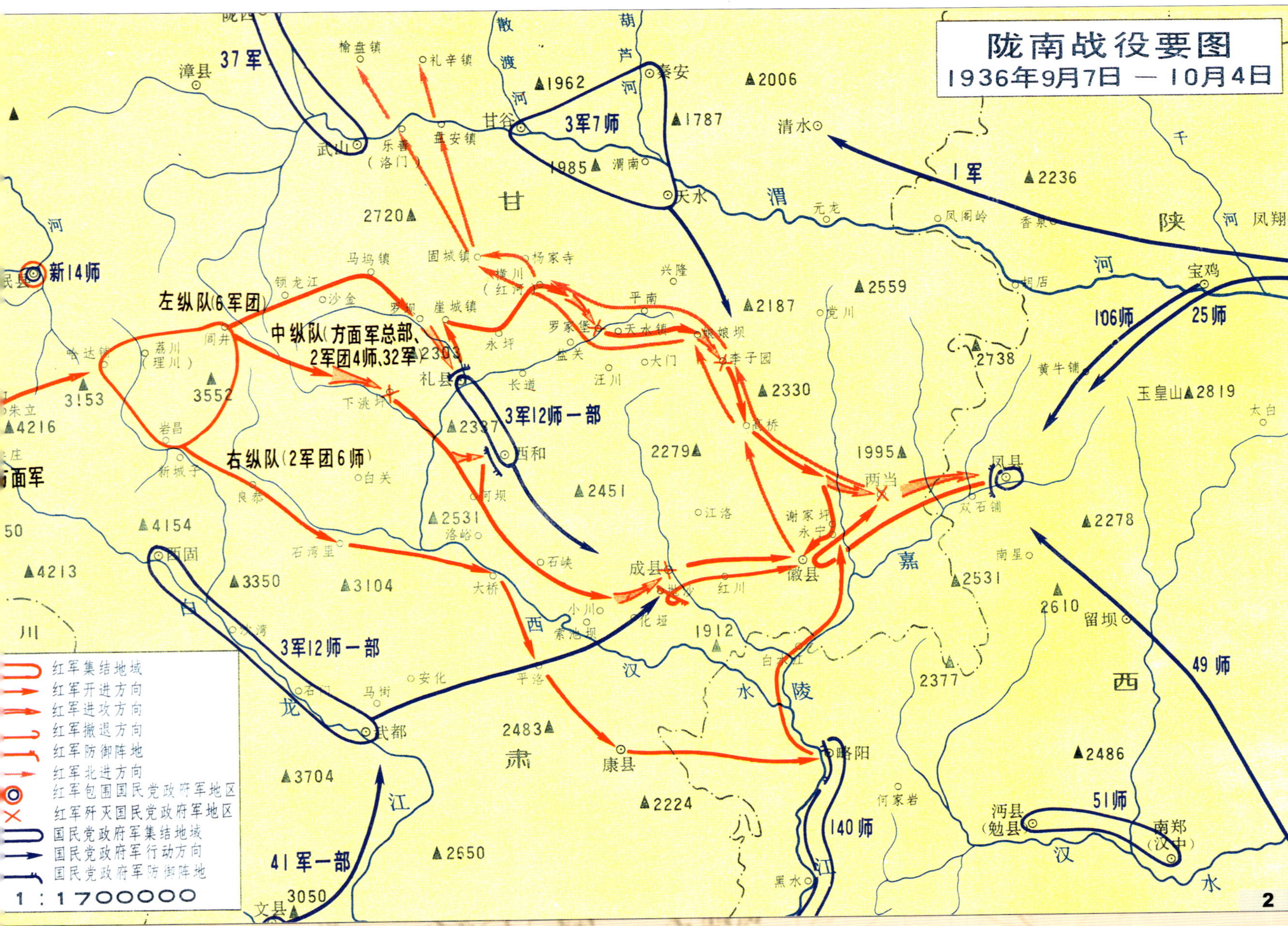

（县）战役计划。8日发布了《第二方面军基本命令》，提出：“我方面军决定乘甘陕敌人分兵据城的弱点，透过其封锁线，打击成县、徽县、两当、凤县、略阳、康县之敌而袭取之，建立临时根据地，配合一、四方面军行动，求得三个方面会合，战役任务期于九月底完成。”

9月11日，红二方面军不顾刚出草地，减员较大，体力虚弱等困难，从哈达铺地区出发，向甘南东部前进。由于红二方面军行动的方向恰是国民党第三军王均部与川军孙震部的中间地带，敌人守备相当薄弱，因此部队进展十分顺利。

左路红六军团沿礼县崖城、红河、罗家堡、天水县娘娘坝、徽县高板，向两当县进发。14日，红十七师途经礼县罗家堡时，发现王均部护送电台的一个连，当即发起攻击，将敌军全部歼灭，俘敌40多人，缴获电台一部。16日，红十六师在娘娘坝歼敌一个连。18日，红十六、十七师进抵两当县城，生俘保安队和警察97人，缴获步枪200多支，子弹400发，服装300套。同一天，红十八师攻克徽县县城。

1

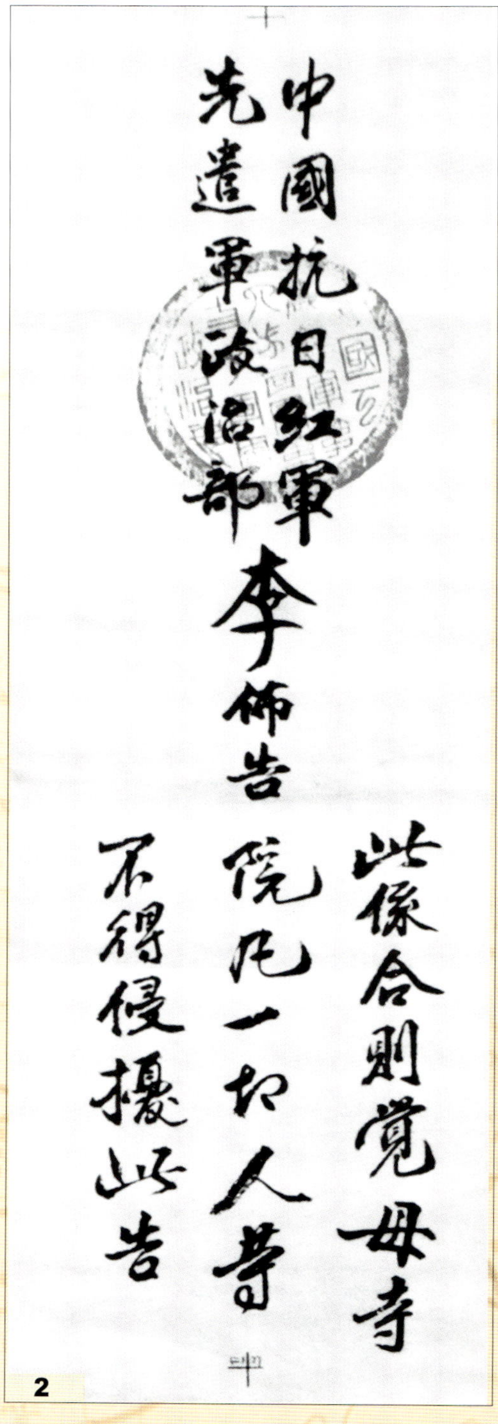

中國抗日紅軍
先遣軍政治部
李　佈告
此係合則覺毋寺
院凡一切人等
不得侵擾此告

2

1 红二方面军在天水送给普华寺和尚刘映南的马灯

2 红军颁布的保护寺院的布告

3 1936年，红四方面军一部与群众举行联欢会时的合影

3

中路纵队红二军团四师和红三十二军，于11日从理川出发，经礼县上坪、洮坪、江口，长驱直入，奔袭成县。17日，发起攻取成县县城的战斗，歼敌王均部一个营，缴获各种枪300多支。红四师从红十八师手中接管徽县，红三十二军在成县一带活动。

右路纵队红二军团第六师，9月12日由岩昌镇出发，一路风餐露宿，跋山涉水，沿礼县的白河、桥头、肖良、三峪、西河、大桥一线，进击康县，19日顺利攻克县城。接着，迅速东进，威逼陕西略阳县。

从9月11日到20日，红二方面军以10天的时间，长途奔袭，英勇作战，胜利攻占了成县、徽县、两当、康县等4座县城，圆满地完成了成徽两康战役计划。

成徽两康战役结束后，为执行中央关于在这一地区建立临时革命根据地的指示，红二方面军抽出大批力量开展群众工作。当时，正值秋收季节，红军战士热情地帮助群众抢收庄稼。每逢集日，敲锣打鼓走上街头，宣传党的抗日主张。在发动群众的基础上，帮助建立革命政权。9月19日，方面军总部在成县召开了数千人的群众

1934.07 1934.08 1934.09 1934.10 1934.11 1934.12 1935.01 1935.02 1935.03 1935.04 1935.05 1935.06 1935.07

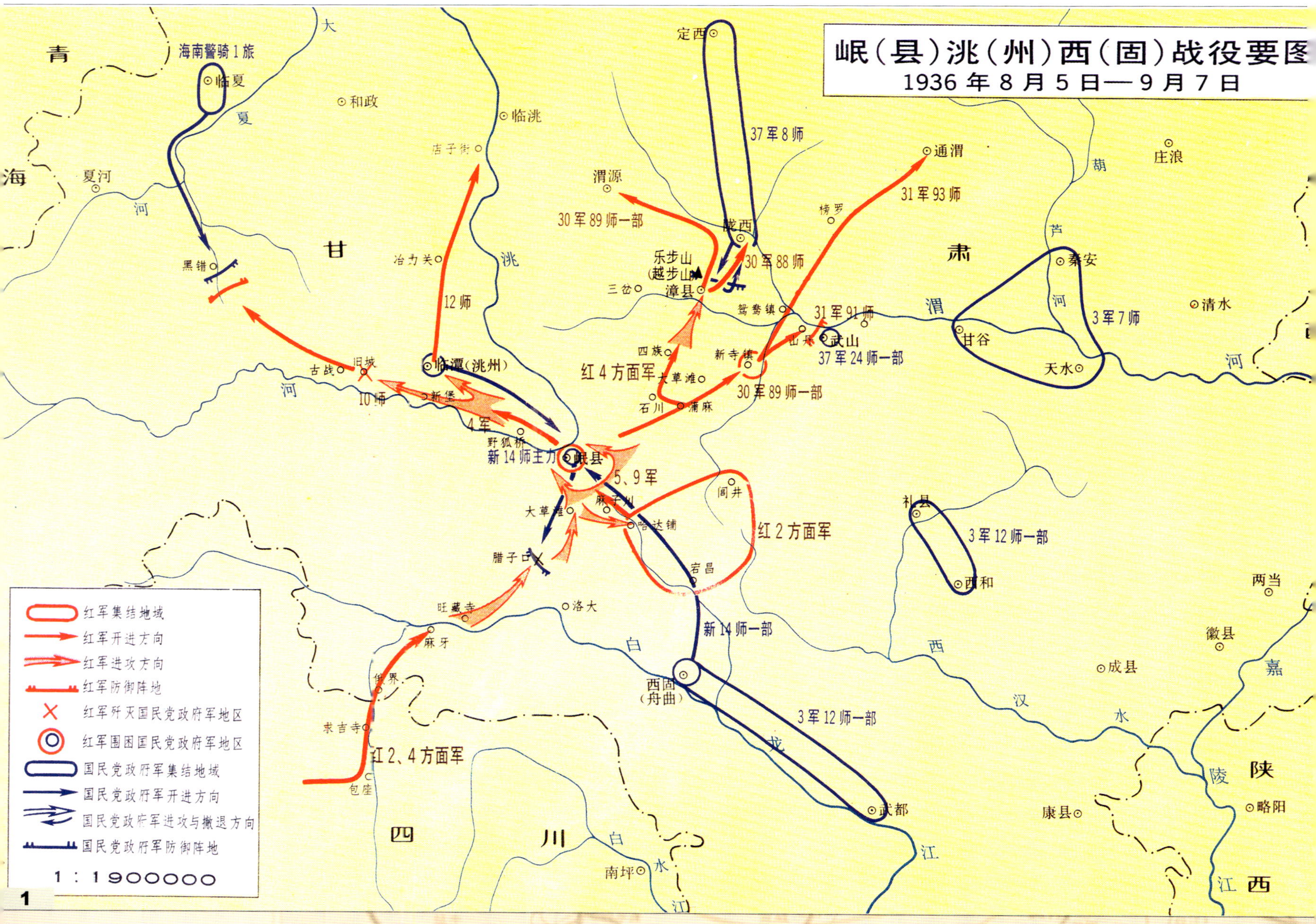

岷(县)洮(州)西(固)战役要图

1936年8月5日—9月7日

1

1 岷洮西战役要图
2 甘肃省岷县二郎山
3 红四方面军总指挥部旧址

1935.10 1935.11 1935.12 1936.01 1936.02 1936.03 1936.04 1936.05 1936.06 1936.07 1936.08 1936.09 1936.10

大会，成立了成县苏维埃政府，并组织了陇南抗日游击队。20日，红六军团在两当县召开群众大会，成立了两当县苏维埃政府、两当县农会、两当县义勇军。21日，红二方面军总部在徽县召开群众大会，成立了徽县苏维埃政府，并组织了东河、东关、东关口、东柳沟四个抗日委员会。

红四方面军在岷县、卓尼、漳县一带战略展开，成立各级政权组织和群众武装组织，建立新的根据地。至此，红二、四方面军长征到甘肃境内的军事行动达到一个崭新阶段。

红二十五军转战甘南

1935年7月16日，红二十五军离开陕南根据地，为“迎接党中央”、“迎接主力红军”，沿秦岭北麓向西进发。8月2日，红二十五军进入甘肃省境内。3日，以手枪团和军部交通队一部化装潜入甘肃省两当县城，俘虏敌保安队数十人。随后，经由两当县城以北的利桥镇，转向西北前进。9日，红军翻越麦积山，直扑天水城下。晚上，副军长徐海东率领第二二三团二营，一举攻占天水城北关，歼敌一部，缴获一批军用物资。甘肃国民党军发现红二十五军深入其后方，急调其第三军十二师一部，从武山、甘谷回援天水。与红二十五军只一水相隔的敌第五十一军一一四师，滞留在渭河北岸的清水地区，踌躇不前。11日，红二十五军从新阳镇北渡渭河，进占秦安县城。

红二十五军疾速西进，使敌军极为恐慌。蒋介石自7月26日至8月10日，接连从成都行辕发出5道电令，要求其各部加强西安、宝鸡、汉中一线的碉堡封锁，防止红二十五军进入甘肃。命令国民党军不分省界，跟踪追击。命令其第五十一军一部向凤（县）徽（县）方向轻装截堵，以围歼红二十五军于两当一带。

1 红二十五军四坡村战斗要图

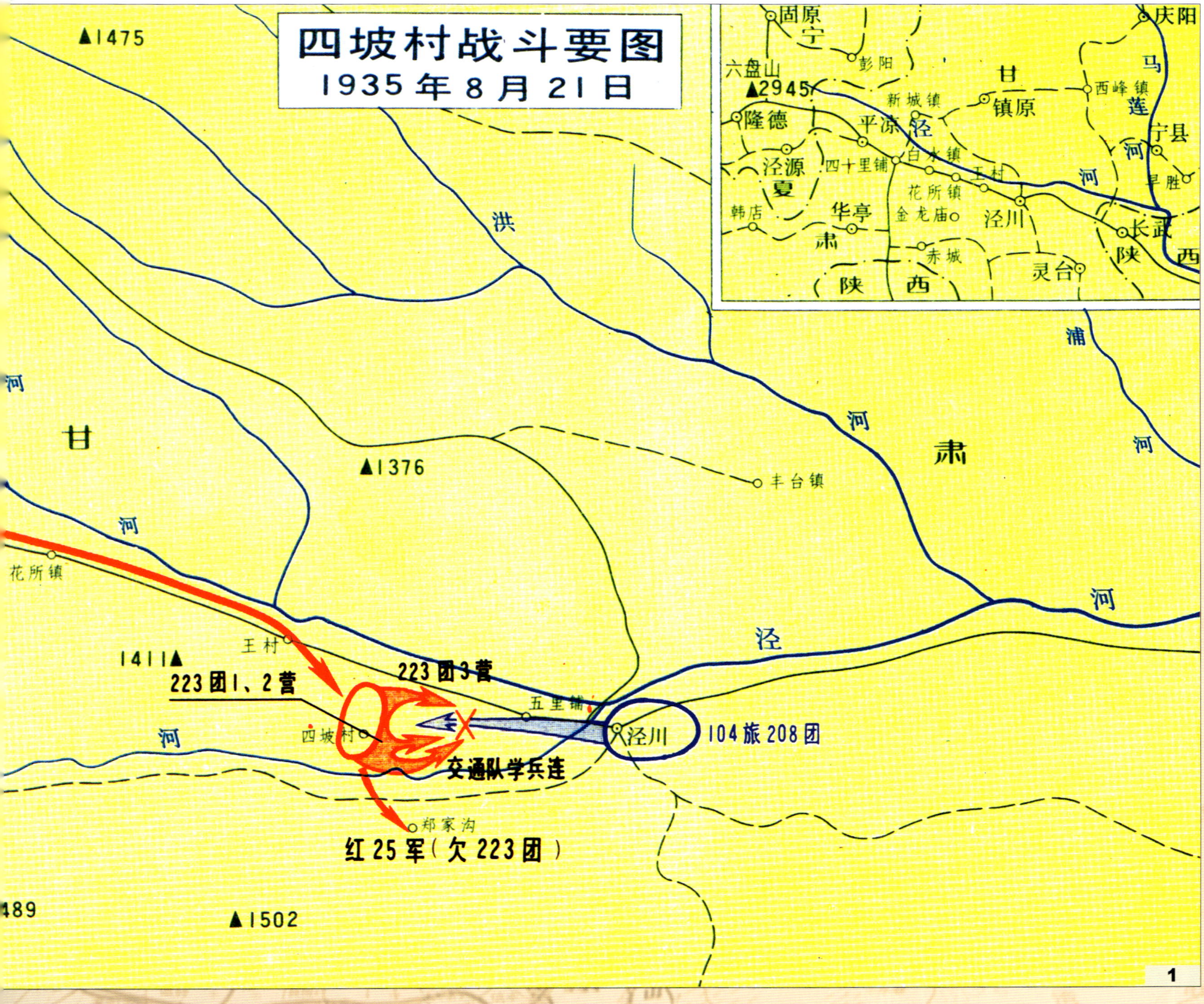

1

2

在8月10日的电文中，蒋介石指出："查徐海东匪西窜原因在策应朱毛，我军应采用内线作战要领，先以优势兵力迅速解决徐匪，再行以全力回击朱毛。"在这一天，蒋介石命令薛岳、王均、于学忠、杨虎城等部，各抽调一部分兵力，"统归朱绍良负责统一指挥"，集中对付红二十五军。另外，敌一部由四川江油北上甘肃文县，一部东移天水，准备南下的第六十师和中央补充第一旅暂留在文县、碧口一带。这样一来，红二十五军的西进行动，有力地吸

3

1 韩先楚

2 刘震

3 红二十五军长征途经的麦积山

4 红二十五军北渡渭河

引了敌人，减轻了中央红军北上的压力。

红二十五军因得不到中央红军的消息，部队连日在大雨和泥泞中行军作战十分疲劳，便决定立即北上陕甘革命根据地，与刘志丹领导的红军会师。

8月30日，红二十五军经华亭安口窑转向北进。31日晚，由平凉县城以东四十里铺渡过泾河。然后，经由镇原、庆阳县境兼前进。敌第三十五师以其骑兵团和第二一〇步兵团跟随追击。9月3日，红二十五军渡过马莲河，进至合水板桥镇。4日，由板桥镇出发时，因军参谋长集合部队讲话时间过长，加上警戒疏忽，导致后卫第二二五团三营遭到敌军骑兵的突然袭击。在紧急时刻，徐海东从前面赶到后卫，指挥红二二五团二营投入战斗。但因敌众我寡，陷入包围之中。这时，红二二五团一营营长韩先楚和营政治委员刘震带领部队迅速抢占一座山头，以猛烈的火力阻止敌

4

进攻，掩护徐海东和二、三营部队突围。这次战斗，红二十五军损失200余人，红二二五团团长方炳仁壮烈牺牲。

跳出敌军包围圈后，红二十五军经东华池、太白镇渡过葫芦河，沿陕甘边界的崇山峻岭向北前进。沿途地瘠民贫，人烟稀少，无粮可筹，部队体力消耗很大。后来，全军断粮，饥不可支，许多战士走着走着就昏到在地。营以上指挥员把自己的

1

1 四坡村的“红军楼”

2 红二十五军政治委员吴焕先（左）与副军长徐海东（右）在甘肃省两当县城合影

2

乘马杀掉，为部队充饥。红二十五军指战员靠紧强的意志，战胜困难，于9月7日到达合水县东北的豹子川（今属华池县）。

在豹子川，红二十五军召开会议，决定由徐海东任军长，程子华任中共鄂豫陕省委书记兼红二十五军军政治委员，戴季英任红二十五军参谋长，郭述申任政治部主任。同时，对部队进行了进入陕甘革命根据地与陕北红军会合的动员。

9月8日，红二十五军走出甘肃省，进入陕西省境内。

甘肃

三大主力红军大会师

chang zheng

1936年9月初，蒋介石解决“两广事变”后，急调胡宗南部兼程北返，抢占西（安）兰（州）公路的静宁和会宁段，企图截断红军三个方面军会合的道路。同时，命令位于定西、陇西、武山地区的第三十七军向陇西集结；位于秦安、天水、西固、武都地区的第三军向武山地区集结；川军第四十一军由绵阳、碧口向北推进到武都、西固一带，协同青海马步芳部进攻红四方面军；第二十五、四十九、五十

1

1 会宁西关城门

2 红四方面军某部就会师的情况通报

一、一四〇师向陕甘南部推进，围堵红二方面军；宁夏马鸿逵和在甘肃固原的何柱国部南北对进，夹击清水河以西的红一方面军主力。在这种形势下，党中央决定放弃红二、四方面军在甘南建立根据地，并在甘肃、宁夏实施战略展开的行动计划，提前实现红军三大主力会师。

为了迅速实现三个方面军会合，9月13日中央军委下达了集中三个方面军主力、以打击蒋介石嫡系胡宗南部为主要目的的静（宁）会（宁）战役计划。这一计划是实现红军主力会师，推动全国抗战的关键。

接到中央电报的当天，贺龙、任弼时、刘伯承、关向应等联名向毛泽东、朱德、张国焘、徐向前、陈昌浩、林育英、洛甫、周恩来、彭德怀等致电，说："静会战役不独是适合当前的军事、政治形势上需要之正确决定，且是一、二、四方面军胜

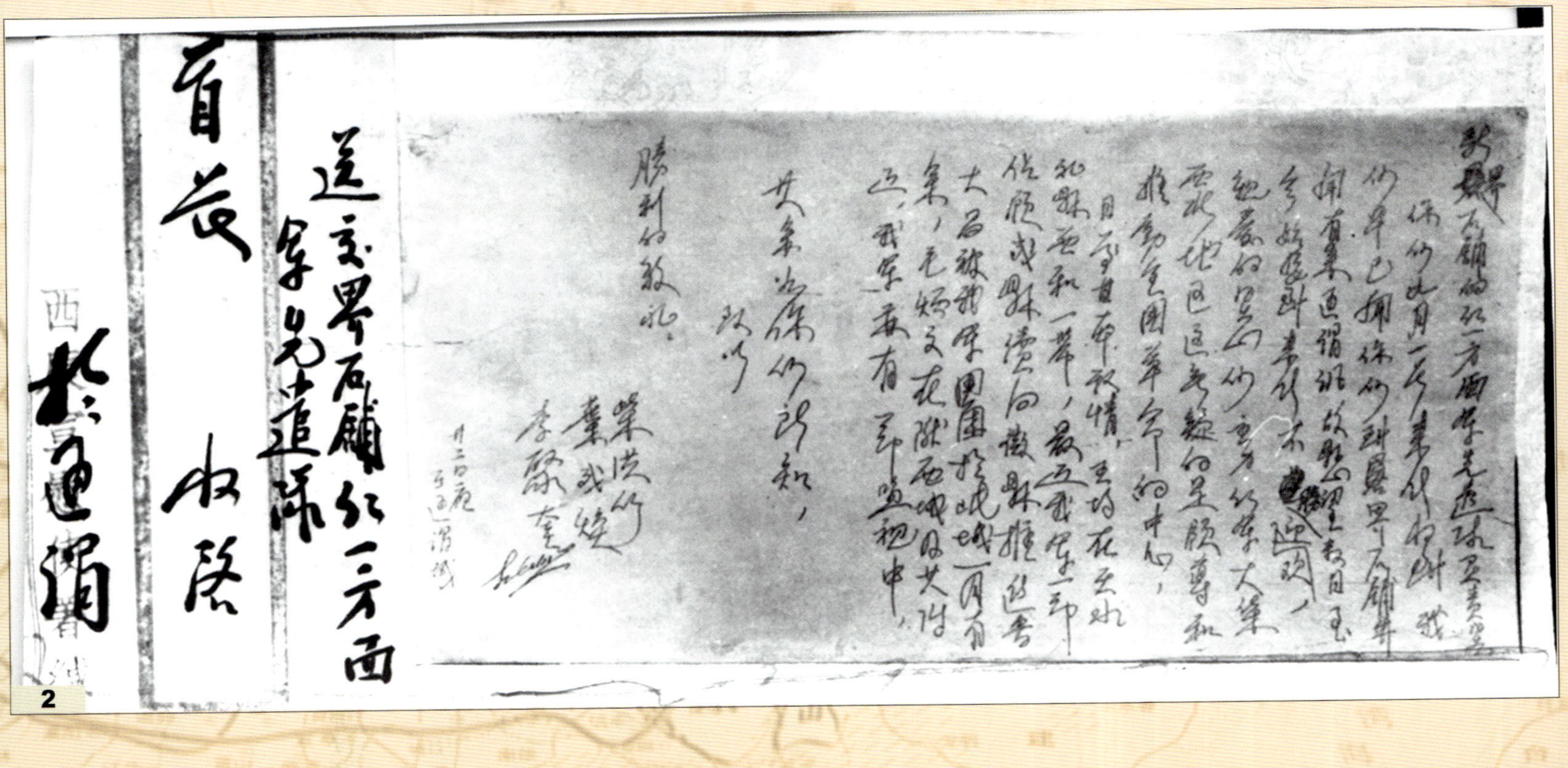
2

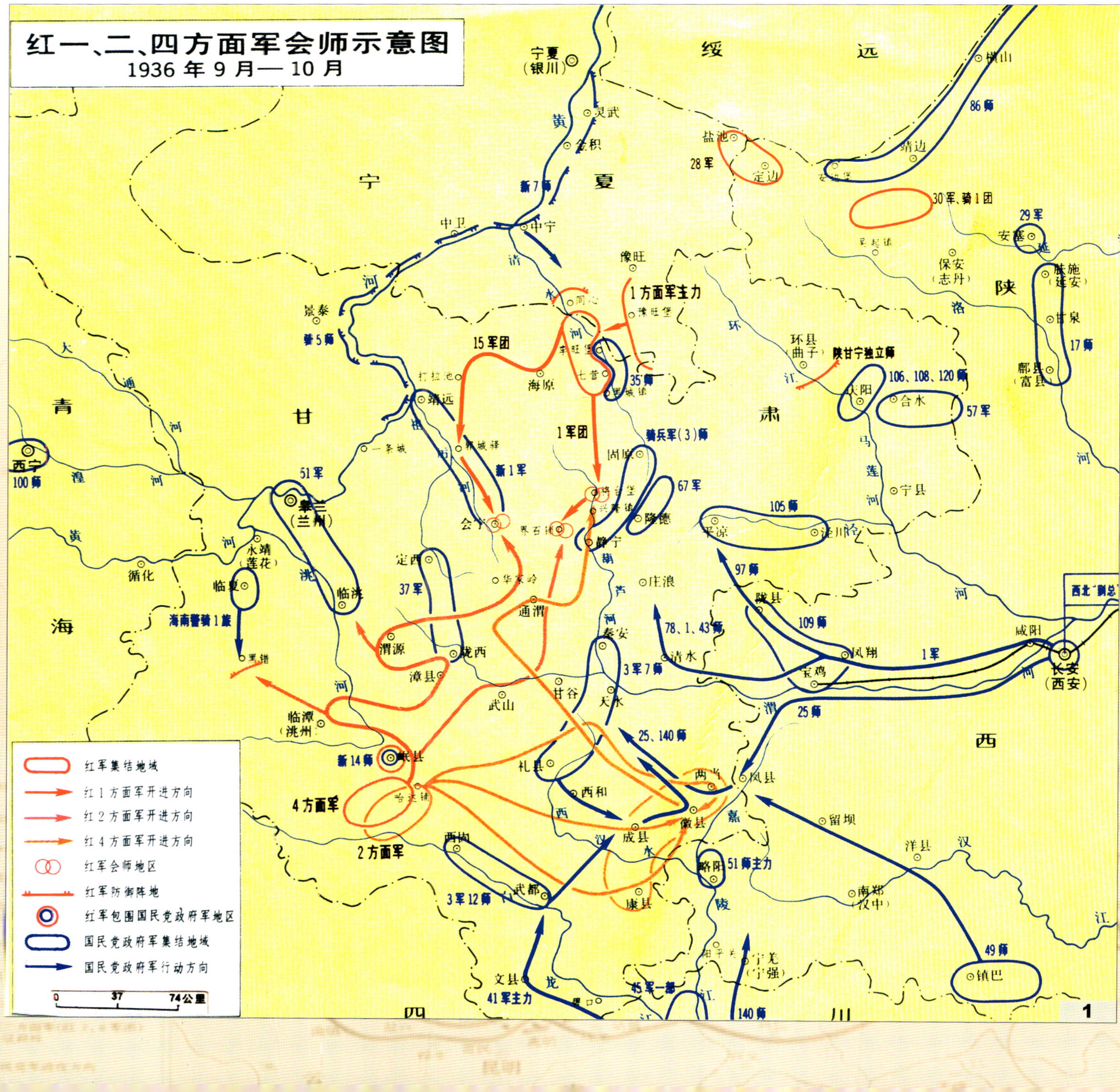
红一、二、四方面军会师示意图
1936 年 9 月—10 月
红军集结地域
红 1 方面军开进方向
红 2 方面军开进方向
红 4 方面军开进方向
红军会师地区
红军防御阵地
红军包围国民党政府军地区
国民党政府军集结地域
国民党政府军行动方向
0 37 74公里
1方面军主力
15军团
1军团
2方面军
4方面军
宁夏
(银川)
中宁
中卫
会宁
静宁
岷县
西宁
皋兰
(兰州)
长安
(西安)
1

1　红一、红二、红四方面军会师示意图

2　中共中央出版的《党的工作》

3　1936年10月22日，左权、聂荣臻给毛泽东等的电报

1935.10　1935.11　1935.12　1936.01　1936.02　1936.03　1936.04　1936.05　1936.06　1936.07　1936.08　1936.09　1936.10

2

利会合，三个方面军在军事上能得到统一集中领导之正确决定……党统一团结自可随之解决。这是我党与中国革命最可喜庆之条件。”

9月16日至18日，中共西北局在岷州三十里铺召开会议，研究贯彻党中央和中央军委下达的“静会战役计划”和今后红二、四方面军的具体部署。会议通过了北上与红一方面军会合的意见，发布了执行《静（宁）会（宁）战役计划》决定，命令红四方面军先机占领静宁和会宁及定西通道，争取与红一方面军早日会师。

为了执行“静会战役计划”，红二方面军当即决定红六军团进至宝鸡地区，牵敌西进，策应红一、四方面军作战。但是，由于张国焘的分裂活动，整个战役计划没有得到贯彻执行，结果非但没有消灭胡宗南部，反而使胡宗南部乘机由西安进至清水、秦安、庄浪地区，同毛炳文和王均部靠拢。

20日，张国焘到达漳县前敌指挥部，提出反对静会战役计划的意见。他向红二方面军提议，由红二方面军在甘南牵制敌军，红四方面军渡黄河向北进军，攻占张掖、武威等重镇，然后东进，与红一方面军会师于宁夏境内。23日，在漳县三岔召开西北局会议，

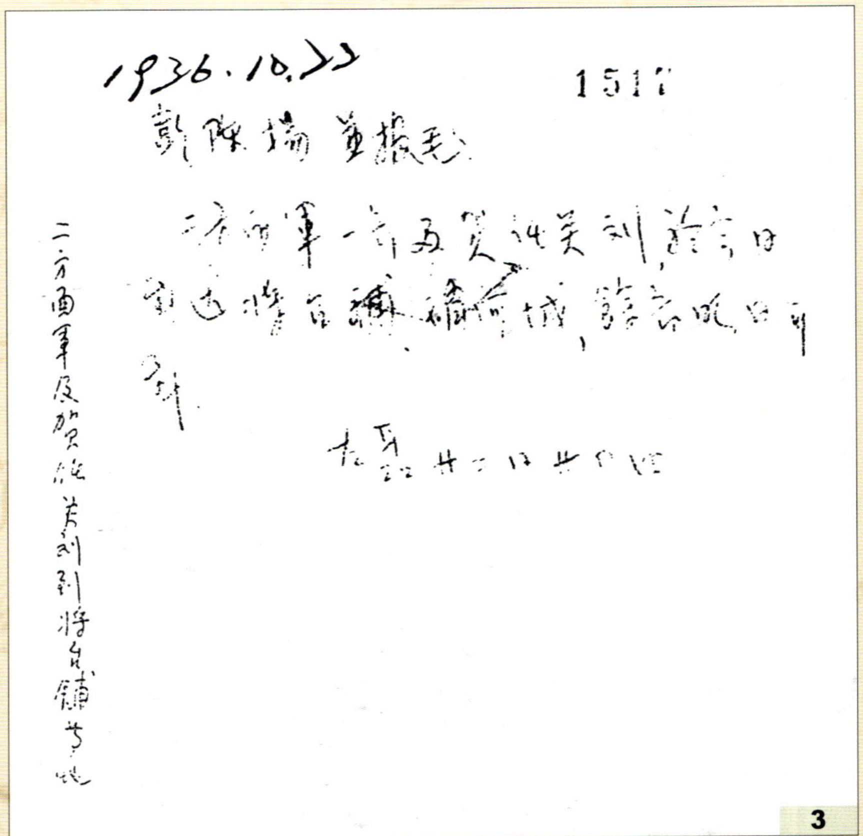

3

采纳了张国焘的意见。会后，红四方面军调集部队向甘西北进军。

中共中央得知张国焘改变红二、四方面军行动计划后，马上拍电报给张国焘、朱德，指出："一、四方面军合则力厚，分则力薄。合则宁夏、甘西均可占领，完成国际所示任务；分则两处难占领，有事实上不能达到任务之危险。"

在这种情况下，红四方面军由于北渡黄河受阻，张国焘被迫改西进为北上。具体部署是：第一纵队为红四军，经官堡（今会川）渭源、华家岭，攻占青红驿、翟家所；第二纵队为红三十军，经鸳鸯铺、榆盘攻占通渭；第三纵队为红九军，经野

1

1 《大会师》（中国画 李宝林 周顺恺 作）

2 红军在会宁搭的会师彩门

1935.10 1935.11 1935.12 1936.01 1936.02 1936.03 1936.04 1936.05 1936.06 1936.07 1936.08 1936.09 1936.10

狐桥、中堡里，攻占新市镇；第四纵队为红三十一军，先随红四军北上，后进至通渭、马营一带；第五纵队为红五军，随红九军行进，向庄浪、威茂镇方向进发。

9月26日，国民党军王均部第三十五旅及补充团向成县反扑，红三十二军迎战。27日，红二军团开到成县，与红三十二军配合，给敌军以严重打击。歼敌数百人，俘虏300多人。战斗中，红十八团政委周成宏牺牲。战斗结束后，红二军团和红三十二军移师徽县的红川一带。

2

9月底，红二方面军处在毛炳文部和王均部的两面夹击之下，处境十分不利。10月1日，红二方面军致电中央军委，就部队行动问题提出建议："占领成(县)、徽(县)、两（当）、康（县）四县后……我们活动内幅狭小，地区贫苦，人口稀少，不利于我扩大、筹资与休整。我们建议在现地一星期后，我方面军即出动，经天水、宝鸡间北渡渭河，至渭水、张家川、莲花镇地域。"

10月2日，中央军委复电，同意放弃成、徽、两、康地区，迅速北上。10月3日，红二方面军在徽县发布了北进会合红一、四方面军的命令。10月4日，红六军团为右纵队，红二军团及红三十二军为左纵队，向北转移。

红四方面军在北上的途中没有遇到强敌堵截，进展顺利。10月2日，红一方面军先头部队攻占会宁城。8日，红四方面军先头部队第四军第十师到达会宁县的青江驿、界石铺与红一方面军第一军团第一师会合。9日，红四方面军总指挥部到达会宁城。当天，两个方面军在会宁城里举行盛大的联欢大会，庆祝会师。红一方面军把准备

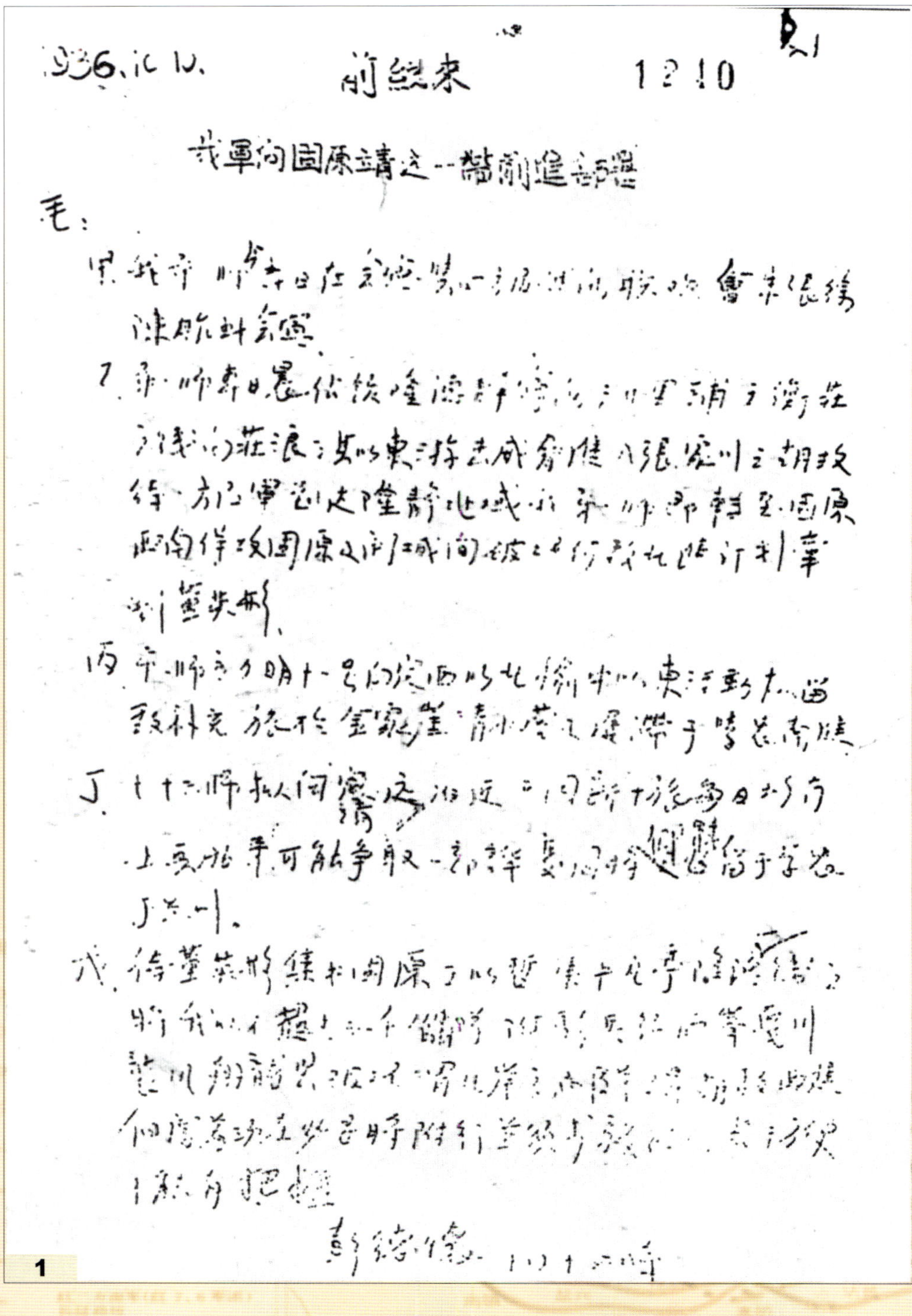
1936.10.10 前総来 1210
我軍向固原靖远一带前進部署
毛：
彭德怀

1

好的大批慰问品赠送给红四方面军的战友。10月10日，中共中央向会宁发贺电表示祝贺。

至此，红四方面军历时1年又7个月的长征胜利结束。沿途进行重要战役战斗80余次，打破了数十万敌军的前堵后追，在川、康、甘、青四省播下了革命的种子。

红二方面军在甘南的转移行动是没有掩护下进行的，一直处于十分仓促的局面。当时，部队分布于徽县、两当、康县地区。成县已被王均部占领，从侧面威胁着红二方面军的安全。川敌孙震部正急速向康县追近，从南面给红军以重大压力。根据当时情况，红二方面军决定，主力经高桥镇、横河镇，从甘谷以西的乐善镇附近抢渡渭河。

胡宗南、毛炳文、王均很快觉察到红二方面军行动中存在的弱点，倾其全力向红军进逼。在甘谷以南的盐关镇，两军发生激战。红六军团损失很大，红十六师政治委员晏福生负伤，与部队失去联系。10月10日，红二方面军抢渡渭河。适逢暴雨，河水猛涨，有不少战士在渡河中牺牲。渡

1 1936年10月10日，彭德怀关于红军行动给毛泽东的电报

2 1936年，到达陕北的红一、红二、红四方面军团以上干部在甘肃宫和镇合影

3 中共中央为庆祝三大主力会师的通电

1935.10 1935.11 1935.12 1936.01 1936.02 1936.03 1936.04 1936.05 1936.06 1936.07 1936.08 1936.09 1936.10

2

过渭河后，仍不断地遭到敌军地面部队的堵截和飞机的袭击，转移行进十分艰难。

在这种极为不利的情况下，红二方面军奋勇苦战，夺路前进。红一方面军急速南下，迎击敌军，红二方面军方得脱险。10月22日，红二方面军在会宁东北的将台堡（今属宁夏）与红一方面军胜利会师。

至此，红二方面军胜利地完成了历时1年、转战湘、黔、滇、康、川、甘、青、陕等8省，行程二万余里的伟大长征。

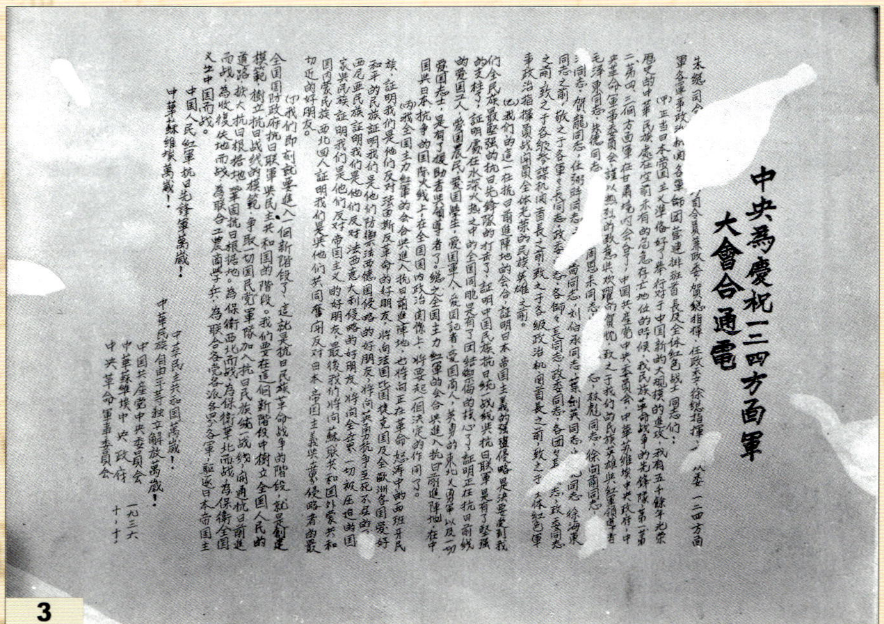
中央為慶祝一二四方面軍大會合通電

3

腊子口上的红六连

胡炳云　红一军团第六连连长

1

腊子口可真称得起险要。从山下看上去，山口子宽约30多米，两边是悬崖峭壁，周围全是高山峻岭，无路可通。山口在两座山峰之间，是一条流速很急、深不见底的石沙河。河上横架一座木桥，把两山连接在一起。要通过腊子口势必通过此桥，再无别路。甘肃军阀鲁大昌在木桥和山口处布置了两个整营的兵力，并在桥头筑有坚固的碉堡。桥西是纵深阵地，桥东山上也筑满了三角形封锁堡。除此而外，在腊子口后面，还设有仓库，屯积着大批粮弹；在岷州城内驻扎着随时都可以增援腊子口的主力部队。但这一切并没有吓倒红战士，大家们说："腊子口就是刀山，我们也要打上去；鲁大昌就是铁铸的，我们也要把他砸成粉末。"

……

会上，总支书记讲完话，党团员都纷纷表示："坚决夺取腊子口，走上抗日最前线。"当场就有20多个战士报名参加敢死队。1排长并提出两路接敌的计划。我们从报名的人中挑选了15名最坚强、最勇敢的党、团员，组织了3个突击小组。

每个敢死队员，都配有短枪一支，子弹百余发，身挂手榴弹，背插大刀。

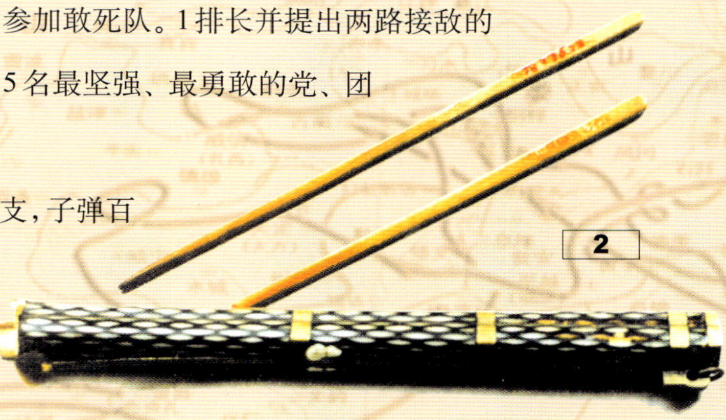

2

突击分两路展开：一路顺河岸的崖壁前进，准备摸到桥肚底

1 胡炳云
2 红军在攻打腊子口时缴获的骨筷
3 被红军打烂的腊子口国民党军碉堡

下，攀着桥柱运动到彼岸；另一路两个战斗组，一组先运动到桥边，等另一组打响，两面夹击，消灭桥上的敌人，夺取木桥。

深夜，天像一口大黑锅似的盖住了山谷和河流。河水的吼叫声，更加震耳。敌人大概以为我们攻了一天零半夜，再也无能为力了，都缩进碉堡和工事里打盹去了。敢死队员们攀着崖壁上横生的小树，一脚实一脚虚，一步一步地往前挪动。浪花溅湿了他们的裤子，汗水又浸透了他们的上衣；崖壁上带刺的野草扎破了他们的手和脸。这一切，勇士们全不理会，一个跟着一个，相互盯着围在脖子上的白毛巾，静悄悄地向桥下摸去。近了，近了，更近了。离桥不远了。就在这时，“喀嚓”一声，一个同志攀断了一棵小树。大家立刻停下来，准备还击敌人。待了一会，却不见敌人的动静。可能是河水的急流声掩护了大家。勇士们继续往前摸去。离桥越近，心里越紧张。摸到了桥边，第一组的勇士们伸手抓住了桥肚底下的横木，又听见“喀嚓”一声，不知哪个同志掉下河去了。这时敌人发觉了，机枪、手榴弹，朝桥下乱射乱打，直炸得河水“扑通扑通”直响。目标已经暴露，无法继续前进，4个战士只得摸到一块岩石下，暂时隐伏下来，待机行动。

3

我听见枪声，立即带领一排的10个同志，趁敌人只顾朝桥下射击的机会，冲到桥边。先向敌人摔过去一排手榴弹，接着冲进了敌人筑在桥头上立射工事。敌人根本没提防这一手，顿时慌了手脚，乱作一团。

我们杀向桥头。桥下的同志也从岩石下钻了出来。他们不顾桥上敌人的射击，翻上桥面，拔出大刀，喊着冲杀声跟敌人肉博起来。桥窄人多，我们的大刀在短兵相接中，大大

1

发挥了作用。一排长抡起大刀，如同武术家练武一般在敌群中挥舞。突然，他被一颗流弹击中了。他踉跄了一下，又站定脚跟，大声呼叫："同志们冲呀，敌人已经支持不住了。"一排长的负伤，大大激怒了我们，十几把大刀，见着敌人就劈。不一会儿工夫，敌人就支持不住了。

正当我们拼杀得非常激烈的时候，突然从敌人后山上，升起了一颗白色信号弹。这是团长率领的一、二连迂回成功的信号。接着，又有3颗红色信号弹从我们的背后升起来。这是发起总攻的信号。4颗信号弹还没有熄灭，冲锋号、轻重机枪、迫击炮和呐喊声，从四面八方一齐响起来。正在与敌人拼杀的勇士们，立刻勇气倍增，大刀挥舞得更欢。被我们杀得晕头转向的敌人听到阵地后面也打起来，周围的枪炮又连天响，以为被红军四面包围，摔下枪支就仓皇逃命了。

这时天已拂晓，我们的敢死队员，又紧紧追杀溃逃的敌人。敌人如同丧家之犬，一群群没命地向后跑。暂时还没有遭到致命打击的敌人，见成群的败兵乱窜，也不敢射击了。沿路丢的枪械子弹不计其数。我们的战士越追越有劲，疲劳饥饿早已丢在一边。有的追着追着，嫌自己身上的手榴弹太重，就干脆搁在一边，手擎大刀往前追赶。我们一口气直追杀到敌人的营房、仓库，占领了腊子口的纵深阵地。

不一会，团长率领一、二连也从山上绕道过来。他面带胜利的欢笑，大声对我们说："同志们，天险腊子口被我们砸开了！"

1 天险腊子口

2 红一军团司令部工作人员在甘肃省宫和镇合影

1935.10 1935.11 1935.12 1936.01 1936.02 1936.03 1936.04 1936.05 1936.06 1936.07 1936.08 1936.09 1936.10

欢呼声响遍会宁

聂荣臻 红一军团政治委员

十日，一、四方面军的先头部队就在会宁举行了热烈的联欢会，大家都很高兴。二方面军也于十九日由贺龙、任弼时同志率领相继到达。一军团一师一团的部队参加了在会宁文庙前举行的庆祝大会，会上宣读了中央发来的贺电。欢呼声响遍会宁城。

会师时，我们看到四方面军的同志们都穿着单衣，在张国焘闹分裂后他们的艰苦历程是可想而知的。这时，我们已经为四方面军的同志每人操办了一件棉衣。当时一下子要搞那么多棉衣，确实是件很困难的事情，除了向当地老乡购买棉花棉布以外，没有其他办法，只好劝说一些商人，让他们把运往新疆的棉花和一些皮毛留下，我们打了收条，让他们向红军后勤部门去领取款项。

我没有见到张国焘，因为我们当时另有任务，把一师师长陈赓留下就出发了。陈赓过去在鄂豫皖当过师长，他和四方面军许多干部都比较熟，留下他来欢迎是最合适的人选。

2

这次张国焘率四方面军北上，朱德、刘伯承同志和二方面军的贺龙、任弼时、关向应等同志是做了大量工作的。据我所知，中央和二方面军以前没有建立密码联系，中央为了引导二方面军到陕北来，曾经用明码电报告诉二方面军，中央在陕北。这也为

会师创造了条件。任弼时同志见到我们时，找我们问及头年张国焘和中央红军分手的情况，他问得很详细。但未表态，态度十分冷静。

会师后，我见到许多原先在一方面军工作过的同志。当时止不住热泪盈眶，悲喜交集。从他们口里，我才知道四方面军自从在草地和我们分手后，就在川康边转来转去，也没有打开什么局面。四方面军加上原先一方面军留下的五、九军团，由八万多人拖得只剩下四万人。这次北上，分左右两翼，而右翼二万多人又在甘肃靖远渡过黄河向西去了。这就是后来所说的“西路军”。这次到达陕北的只有两个军。

1

我还从他们口中打听到原先在一军团当过师长的李聚奎同志，正在四方面军四军当参谋长。他的住地离我们还颇有一段路程。我写了一封信，把党中央有关决定也一并附在其中，雇请了一位回民，骑了一头毛驴给他送去，想不到居然送到了，李聚奎同志还写来了回信。

1 刘伯承（左3）与部分同志在甘肃镇原县合影

2 红军战士长征中用的绑腿

情深义重的礼物

刘强　红一方面军老战士

当天听上级说，我们打下盐池，缴获了好多羊毛，决定拿些羊毛织成袜子、手套、毛衣，作为会师的见面礼。这真太好了。

我们班分到了七八斤羊毛。同志们围在一起，抓的抓，撕的撕，把绞结着的羊毛理松。毛里的灰尘飞了我们一身，呛得鼻孔痒痒的，直打喷嚏；头发、眉毛和睫毛上，也蒙上了一层黄色的粉末。一个个简直成了孙猴子了。同志们眨巴眼睛，相互看着发笑。

大家觉得这个办法不好，羊毛臭烘烘的，织成东西让二、四方面军穿上，我们心里也不舒服；再说，七八十斤羊毛你这样下去不知要撕多久哩。而且要捻成线，织成衣服，手续还多呢。大家开动脑筋，想出了一个土办法。我们架起锅来，把羊毛放到锅里，煮了又洗，洗了又煮，反复弄了四五遍，臭味没有了。

羊毛晒干后，有的拿着柳条打，有的把柳枝做成弯弓，像弹棉花那样"当当"地弹，羊毛很快就被弹松了。

第一步工作还好办，只要多出点力气，谁都可以干得了。但要把羊毛织成袜子、手套等用品，我们这些过去拿锄头现在拿枪杆的手，能做得了吗？可这是给兄弟部队送的见面礼物啊。明摆着有困难，也要想办法织好。

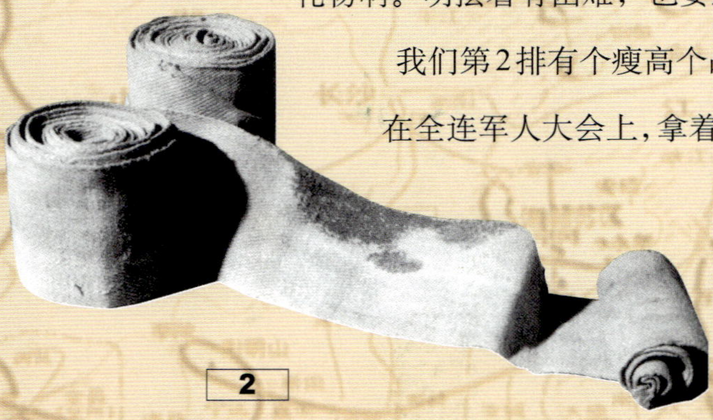

2

我们第2排有个瘦高个战士，过去在手工业毛纺厂帮过工。他在全连军人大会上，拿着一根小小的木棒，一手转动那纺锤。大家看着很有意思，那纺锤一旋转，一根匀匀的毛线就从他的手里滑了出来。大家学着他的样子，10天的功夫，我们班里的羊毛，都捻成了一团团洁

白的毛线。

9月初，我们听说要出发迎接二、四方面军。大家听了非常着急：这怎么办呢？我们的礼物还没有准备好。但是，袜子、衣服一定要打好才行。于是，打瓦片，刮竹针，大家准备在行军途中织毛衣。

部队开始出发了。看吧，每个同志除了武器弹药外，口袋里装的是毛线，手里拿的是竹针，一边走一边织。我技术学的还不到家，顾了走路，就顾不上挂线，要不就是滑了针。

1

松一针，紧一针的，总算对付出来一双袜子，同志们看了却说："这哪里是袜子，简直像两只小米袋，直统统的。"试穿了一下，不行，袜筒都缩到脚根底下了。我只好拆了重打。

到达甘肃境内的新堡子时，我已打好了五双袜子、五双手套和一条短裤。有的同志打好了毛衣，还在毛衣上用驼毛绣着"欢迎阶级弟兄"等字样。

10月的一天晚上，我们同二、四方面军胜利会师了。我们像多年没有见面的亲兄弟那样拉着手，谈笑着。他们穿戴上我们送的礼物，遇见我们时总是指着身上的毛衣、手套和袜子说："好同志，你们关照得真周到。"我们听着他们讲述爬雪山、过草地的故事，也总是这样说："好同志呀，你们辛苦啦！"

1 朱德（2排左9）与红四方面军一部

2 会宁红军会师纪念塔

3 杜义德

来到会宁城

杜义德　红四方面军总部直属纵队司令兼第四局局长

一方面军的同志早为我们准备好了干净的房子，可口的饭菜，还有大批的粮食、肉、菜以及柴草等。接着送来了崭新的冬装，还送来了他们亲手制作的许多慰问品——毛衣、毛袜、手套、鞋子等。有的毛衣、手套上还绣有“欢迎阶级兄弟”、“会师留念”等字样。

2

陈赓同志一直在接待我们。“男儿有泪不轻弹”。然而，看到这一切，我这从来不落泪的男子汉，也留下了感激的热泪。我紧紧地握着陈赓同志的手说：“好同志，太感谢你们了！”他笑着说：“不用谢，这是我们的一点心意！”这些礼物，真叫我们捧在手上，暖在心里，许多同志都舍不得穿戴，把它留作纪念。我也珍藏了一件毛背心，上面绣有“会师留念”4个字，可惜在后来的战斗中丢失了。

3

1

紧急撤出成徽两康地区

贺龙　红二方面军总指挥

出草地后，中央组织三个方面军作战的计划（指静会战役——编者注），他们接到了，我们也接到了。这个战役，我们是出关中坝子，不是汉中，对西安胡宗南有威胁。我们把四县（即成县、徽县、两当、康县——编者注）打下，张国焘不打，向西一跑，所有的敌人都加到我们头上，对付我们。张国焘整了我们一手，损失相当大，我们损失了第十七团。我们按照战役计划打，四方面军走了，我们才请示，十月四号向北走的。十七团一个团收不赢，很紧急。我们过河也很仓促。在盐关镇六军团被侧击，晏福生负伤。行军中受到敌人侧击，二军团甩了个团，到海原又吃了点亏，我差点被炸弹炸死。敌人已经围拢过来，[在]东北军作统一战线工作的王克送信来。四师前卫收不扰来，我们又走错了路，在红包子打了一仗。在一个山上会到朱老总。那时，我们二军团又掉了两个连。部队搞得稀烂，后勤都搞完了。

过渭河，狼狈极了。遭敌侧击，渭河上游下暴雨，徒涉，水越来越大，冲了点人去。张国焘违背中央军委的指示，二方面军几乎遭到全军覆没。在渭河南岸时也很危险。这是长征中最危险

2

1 贺龙
2 红二十五军经过的两当山
3 红二十五军连旗

的一次。乌蒙山并不紧张，他们要埋重武器，我都不准埋。在黔、大、毕那面都可以打，封锁线我们一冲就破。要说紧张第一次是甘孜，张国焘要困死我们；第二次就是成徽两康战役。我们原来估计四方面军不会走的。后来，我们给中央发了电报，早走两天就好了，不会这样狼狈，六军团也遭不到侧击。四方面军一走，敌人就围拢来了，急行军，掉了几千人。

这个战役（指静会战役——编者注）是岷县三十里铺开会决定的，我们坚决执行了，张国焘未执行，敌人压到我们头上来了。

板桥镇脱险

刘震　红二十五军第二二五团第一营政治委员

3

我军过泾河后，追敌紧跟而来。当时军部命令二二三团去包围合水，掩护部队通过。二二五团走后卫，我们营尾军部跟进。部队在板桥稍作休息，拂晓4时准备出发。这时后面追敌快上来了，海东同志带二二五团三营占领了后面山梁，准备抗击敌追兵。我们营和军部全体在沟里集合了，戴季英（军参谋长）开始讲话，一直讲了两三个小时，天已明了，这时后边传来枪声，越打越紧，也越来越近，子华同志就催戴季英快出发。部队刚开步走，海东同志派通信员从后面上来了，传令一营赶快上左面山头，掩护三营撤退。我当时走在全营后头，一面派人到前面告诉营长韩先楚，一面带一连奔往左面山头。刚上去，三营就退下来了。我用望远镜一看，见海东同志拿着手枪在梁上骑着匹白马跑，追敌离他约有四五十米，边追边喊活捉徐海东。我急忙命令一连把机枪全部摆开，让过前面白马，对准后面敌骑兵一齐开火，这样，把军长救过来了。我说，敌人被封在梁上隘口那面了，军长前面走吧。可他不走，我讲，我们营有打骑兵的经验，你放心走吧，他才勉强离去。以后，韩先楚同志带两个连在我们后边山上占领了阵地，我们打退了敌人，掩护了部队脱险。

一张报纸与长征落脚点

1935年9月21日上午10点半左右，毛泽东率领中央红军主力部队走进甘肃境内的哈运铺。而中央红军的先头部队已于两天前来到了这个小镇子。这里三面环山，只有一条街道，人口比较密集，多为回族和汉族。在红军先遣队的组织下，镇上的人们都赶到大路上来欢迎中央红军。当地群众对远道而来的红军表现出很高的热情，有的给红军提供粮食，有的给红军牵来牛和羊，有的送来青菜。更多的人们跑到大街上来，和红军战士说说笑笑。虽然语言有些不同，但所表现出来的内心世界却是相同的、友好的。中央红军指战员们有一种到了家的感觉。

1

1 《到达岷县哈达铺》
（漫画　黄镇　作）

2 红军司令部在哈达铺的旧址

1935.10 1935.11 1935.12 1936.01 1936.02 1936.03 1936.04 1936.05 1936.06 1936.07 1936.08 1936.09 1936.10

2

9月22日，中央在该哈达铺的关帝庙里召开团以上干部会议，正式宣布改编。红一军改编为第一纵队，林彪为司令员，聂荣臻为政治委员；红三军改编为中国工农红军陕甘支队第二纵队，彭雪枫任司令员，李富春任政治委员，军委纵队改编为第三纵队，叶剑英任司令员，邓发任政治委员。红军部队的10个团，改编为10个大队。

来到哈达铺后，红军总部设在一座清真寺里。毛泽东、周恩来等主要领导人没有红军部队那么轻松，他们每天都要研究一些重大问题 下一步到哪里去？来到了祖国的北方，党中央的具体落脚点应放在哪里？应该说，当时总的想法是有的，即继续向北走，尽最大可能地走到离抗日前线最近的地方去。但是，要在当时确定一个十分具体的地点，还一时做不到。

中央红军先期到达哈达铺的部队，了解到当地有一个小邮局，便马上控制起来。哈达铺的小邮局，虽然远离城市，却几乎能够每天收到由城市送来的报纸。由于这个邮局小，在收到报纸后，并不是每天都把所有的的报纸分发下去。因此，在小小的邮局里存放了大量的旧报纸。他们在邮局里找到了许多国民党的报纸，送到了毛泽东和周恩来那里。毛泽东几乎每天在翻阅报纸，连吃饭也顾不上。终于，他从报纸上看到了陕北红军的消息，而且是两条好消息：一条是陕北有一支共产党领导的队伍和一片苏维埃根据地，即由刘志丹领导的陕北红军和陕北根据地；一条是红二十五军经过长征到达陕北，即由程子华、吴

1

焕先、徐海东领导的鄂豫皖根据地红军先到陕南，后到陕北，与刘志丹会师。有了这两条好消息，关于中央红军去向的问题便迎刃而解：到陕北去，和刘志丹、徐海东会师。

毛泽东把自己的想法告诉周恩来、彭德怀等人，得到大家的支持。在哈达铺召开的一次干部会议上，毛泽东满怀激情地对大家说：我们找到家了，我们就要到家了。这个家就在前面不远的地方，它是我们长征的归宿点，也是我们今后抗日救国斗争生活的起点。我们到了那里，搭建起一个民族解放的舞台，把全国的抗日救国力量都团结起来。追求民族解放，追求民族昌盛，是我们的奋斗目标。我们面前还有千把里的路程，是难不住我们的。我相信所有的指挥员、战斗员，在经过了两万多里的长征的洗礼和战火考验之后，在困难面前是无所畏惧的了。把大家的勇敢精神和丰富经验发挥出来，去实现我们的目标吧。

会后的第二天，中央红军离开了哈达铺，向着陕北方向前进。

耿湾镇“红军命案”

1935年10月16日到达木瓜城，部队全部通过了国民党军的封锁线。这时，毛泽东深深地出了一口气，如释重负地说：“这些从江西到这里的红军战士个个可都是宝贝呀！他们是革命的种子，将来撒向全国那可是要带动一大片的。现在再也不能让蒋介石随便端去了。”

然而，第二天黎明，在耿湾镇发生了一起令人震惊的“红军命案”。住在镇外的红军指战员一夜之间就死亡了300余人。初步判断：是食物中毒。这300多名红军战士，对于由最初

■ 1 红军宣传党的宗教政策的标语

■ 2 甘肃徽县

8.6万余人到走出草地到达陕北高原后仅剩7000多人的中央红军来说，是个多么大的数字呀。毛泽东无比震惊和愤怒，他在世时，每谈起长征最后到达陕北的那段岁月时，总是忘不了这300余名红军将士，他亲自部署让周恩来去侦破此案，严惩杀害红军将士的凶手。

为此，红军立即组织了专门力量进行侦破，也抓获了一些“可疑分子”。红军进入陕甘根据地后，毛泽东仍惦记着这起命案。于是，又派专人返回耿湾镇进行侦破。但是，经过数月调查之后，始终没有找到任何线索和证据。此案便成了一桩未了的悬案。在以后的几十年中，诸如：“肃反镇反”、“三反五反”、“反右斗争”及“文化大革命”等多次政治运动中，耿湾镇“红军命案”均被作为重点问题进行调查，但均未查出任何结果，反而造成了一些冤、假、错案，无故伤害和冤枉了许多好人。有人甚至被定为所谓“特务”、“反革命分子”。有一个所谓“反革命分子”在遗书中写道：“我死了不要紧，只是背的这个罪名太冤屈了。红军吃尽了人间苦，爬雪山，过草地，到了我们这里还为群众做好事，我怎能忍心杀他们？！”此案，在当地曾一度被弄得人人自危，个个提心吊胆，生怕自己和家人被列为怀疑对象。

1989年初秋，时隔已经54年的“红军命案”终于被解放军驻宁夏给水团揭秘。他们对该地区的水进行了科学检测，认为：300多名红军是由于当地自然生成的氰化物致死。

1935年10月17日，陕甘支队告别死难的战友，怀着十分悲痛的心情，从木瓜城出发，向陕甘革命根据地挺进，18日到达铁边城，19日到达陕甘根据地的吴起镇（今吴旗）。

2

斗志昂扬战甘南

9月8日，红二方面军总指挥贺龙、政治委员任弼时、副总指挥萧克、副政治委员关向应共同签发了《第二方面军基本命令》，决定“乘甘陕敌人分兵据城的弱点，透过其封锁线，打击成县、徽县、两当、凤县、略阳、康县之敌而袭取之，建立临时根据地”，以“配合一、四方面军行动，求得三个方面军会合”。9月11日～12日，左、中、右三路纵队分路出动。

左路纵队红六军团，沿着礼县崖城、红河、罗家堡和天水县娘娘坝、徽县高板一线，向两当县进击。9月14日，途经礼县罗家堡时，红十七师发现国民党军王均部第21旅护送电台的1个连，当即发起进攻，将敌全歼，缴获15瓦电台一部，俘敌40余人。16日，红十

1

1 贺龙、任弼时和红二方面军部分同志长征到达陕北后的合影

2 甘南风光

1935.10 1935.11 1935.12 1936.01 1936.02 1936.03 1936.04 1936.05 1936.06 1936.07 1936.08 1936.09 1936.10

2

六师在娘娘坝又歼灭王均部1个连。国民党军立即向红军发起疯狂的反扑。红十六师师长张辉在指挥部队作战中牺牲。17日，红六军团进至徽县马家庄后，兵分两路前进：红十八师南下至徽县之永宁；红十六、红十七师直趋两当县城。

18日凌晨，红十六、红十七师进抵两当城下。事先，红军已派出8名战士打入两当县保安队内部。在他们的配合下，红军未发一枪一弹，顺利占领两当县城，俘虏保安队员和警察97人，缴获枪支200余枝，子弹40箱，服装300余套。红军于清晨入城后，即在两当城内张贴标语，出示布告，走访群众，开展宣传工作，使县城里人心迅速得到稳定。红十八师从永宁出发，也于同日攻占徽县县城。19日，红二军团第四师到达徽县城后，红十八师向红四师移交徽县城，返回永宁。红十六、红十七师攻占两当后继续东进，于20日向陕西凤县县城发起进攻。但因守军兵力较强，据城固守，红军久攻不下，遂撤出战斗，返回两当。

中路纵队红二军团第四师和红三十二军在方面军总部率领下，于9月11日从理川（今荔川镇）出发，一路长驱，经礼县的上坪、洮坪、江口，西和县之姜席、十里，成县纸坊镇等地，向成县县城直奔而去。17日，红军向成县城发起进攻，顺利占领县城，歼守军王均部1个营，缴获300余枝。之后，红四师、红三十二军分别在徽县和成县开展宣传发动群众的工作。

右路纵队红二军团第六师，于12日从西固县宕昌镇（今宕昌县城）出发，沿礼县的白

河、桥头、肖良、三峪及西和县之大桥一线，进击康县。19日，红军顺利攻占康县城。接着迅速东进，逼近陕西略阳县城。之后，部队兵分两路：第十六、第十八团由略阳进至徽县；第十七团留在康县开展群众工作。

这样，从9月11日至9月20日，红二方面军广大指战员以顽强的作风、高昂的斗志，长途奔袭、英勇战斗，克服了风餐露宿等困难，胜利攻占了成县、徽县、两当、康县四座县城，并占领了陕西略阳、凤县的部分地区，圆满完成了方面军总部制定的战役计划。

出奇制胜袭成县

红二方面军历尽千辛万苦，克服重重困难，终于走出荒无人烟的茫茫草地，进入甘肃省境内。9月，根据党中央指示，发动了成（县）徽（县）两（当）康（县）战役。

担任攻打成县前卫任务的是红10团。接受任务后，红十团来不及休整，开始急行军。9月12日晨，从吴家窖子出发，经4昼夜兼程行进，于半夜时分赶到距成县还有60里的纸坊镇。稍作休整，战士们又冒雨行进，终于在拂晓前赶到了预定地点。

1

成县城西南一带全部是平川地，加之当时庄稼已收割完毕，没有任何障碍物，不利于部队攻城。经过一番精心筹划，红十团团长王友才，政治委员陈绍命令红七连副班长邹法清带几个战士，把预先为攻城准备好的梯子抬到城下，大队人马则利用田里成捆的麦秆作掩护，实施匍匐前进，隐蔽地接近城下。

战士们个个好似矫捷的燕子一般机敏，行动迅速，眨眼间就静静地摸爬到了城墙脚下。整理好武器，立即组织进攻。可就在这时，

1 祁连山水

2 红十五军团攻克同心城后，尊重回族人民的宗教信仰和风俗习惯，得到回族人民的拥戴。图为今日同心清真大寺

2

意外的情况出现了，当正要往城墙上搭梯子时，1名战士不小心摔倒，随着“哎呀”一声，城墙上放哨的敌人被惊动了。他急忙拉开枪栓并声嘶力竭地大喊起来：“口令！”随着这一叫喊，敌班长也慌里慌张、战战兢兢地从碉堡里走出来，打着手电筒朝下面晃了晃。此时，红军战士急中生智，屏住呼吸，将身体紧紧贴在长满了野菜和荆棘的城墙上，躲过了敌人的视线。敌班长没有发现可疑情况，把那个哨兵大骂了一通，又钻回碉堡里睡觉去了。那哨兵受了班长的气，也不愿多管“闲事”，抱着枪打起盹来。红军战士乘此机会，迅速登城。向汉生和另一个战士，一个鲤鱼打挺，猛扑上去，把敌哨兵紧紧地压住，并低声喝道：“不许叫，喊就打死你！”吓得浑身筛糠的敌哨兵一面缴枪，一面掏钱，跪在地上连求饶命。

“谁要你的臭钱，快带我们到碉堡里去，让你们班长打开城门！”红军战士命令道。

“那可使不得，使不得，让我们班长知道了，他不会给你们开门，一定会开机枪的，你

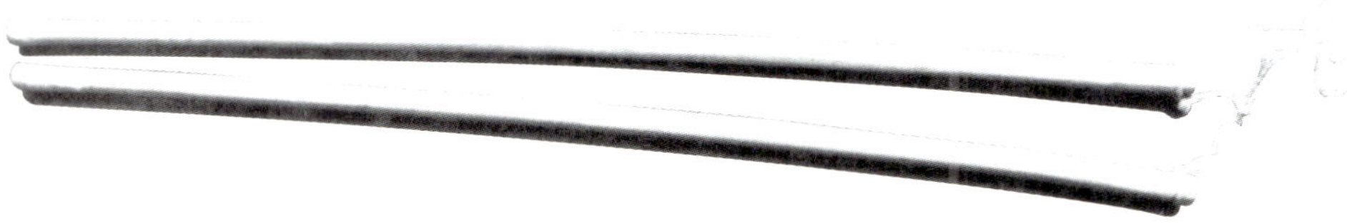

1

们还是扔手榴弹吧。”敌哨兵说。

战士们看那哨兵态度还算老实，话也说得有道理，就押着他来到碉堡前。里面的敌人睡得正香，呼呼的鼾声听得真真切切，他们在梦里也想不到，死已临头。嗖！嗖嗖！手榴弹飞进去了。随着咣咣的爆炸声，敌人死的死，伤的伤，活着的哭爹叫娘地跑出来，缴枪投降。

占领城门后的战士，迅速抢占城墙上的有利地形。手榴弹的爆炸声，惊醒了城内昏睡的敌人，他们不知道发生了什么事情，急忙起床，操枪荷弹，一片混乱。

红军战士打开城门，红十团三营的战士一涌而进，与敌展开了激烈的战斗。打了一个多小时，敌主力大部分被红军歼灭，一小部分残敌退到西北城角，进行顽抗。

担任攻打东北门任务的红十二团，由于迷路了，未能按时发起进攻。败退到城西北角的敌人，重新纠集起来，依仗其优良的装备和居高临下的有利地形，向红十团发起进攻。在这危急关头，红十团参谋长尹光炳及时赶到第一线，亲自指挥战斗，打退了反扑的敌人一次又一次的攻击。当红十二团赶到后，两个团的兵力合在一起，英勇作战，一鼓作气，歼灭了这股敌人，并缴获各种枪支300余件。

2

此次战斗，红军指战员，不怕疲劳，长途奔袭，达到了出奇制胜的目的。这次胜利，不仅极大地鼓舞了红军的士气，同时也扩大了红军的影响，仅半个月的时间，红二方面军就吸收新战士2000多名，并筹集到了大批物资，为迎接抗日战争的到来，做了组织上和物质上的准备。

1 红军战士李文炳在经过甘肃回民区时，为尊重民族风俗习惯特备的筷子

2 成县鸡峰山国家森林公园

3 红军战士长征中戴的斗笠

1935.10 1935.11 1935.12 1936.01 1936.02 1936.03 1936.04 1936.05 1936.06 1936.07 1936.08 1936.09 1936.10

千里跋涉找红军

1936年10月上旬，西北高原已有几分寒意，在陇东崎岖的山路上，有一个人在艰难地向北行走着。他身穿一套破旧的单衣，左手拄着一根木棍，右臂用布带吊在胸前。他，就是红二方面军第六军团第十六师政治委员晏福生同志。他在罗家堡战斗中，为掩护军团主力突围身负重伤，与部队失去了联系。但他坚信红军就在前面，党中央就在陕北。此刻，他正以惊人的毅力追赶部队。

陇东，地处西北黄土高原，道路崎岖，到处是沟沟坎坎。晏福生拖着负伤的身体，每走一步，都震得伤口刺心地疼。可他全然不顾，手拄木棍，匆匆地赶路。为了避开敌人，晏福生不敢走大路，专抄羊肠小路走。终于有一天傍晚，他好不容易赶到了部队原定的宿营地红河镇，可是部队早已离开了。

他找到一户穷苦人家，讨了点吃的，住了一夜。第二天，天不亮，又以惊人的毅力，忍受着伤痛，加快速度赶路。天黑后，赶到了固城镇。一打听，知道部队在两天前就从这里开了过去。于是，他顾不得休息，借着月光又匆匆地上路了。

第4天，晏福生拖着伤臂来到了渭河南岸的50里铺附近。镇上有国民党军的一个营驻防，过河的船只统统被他们控制起来。由于前几天渭河上游下暴雨，此时的渭河水流湍急，洪水上涨。要过河去，既找不到船只，也找不到桥梁。晏福生看着奔腾的渭河水，心情很不平静。自从离开湘鄂川黔革命根据地开始长征那天起，在爬雪山过草地的时候，在和饥寒、伤病作斗争的时候，想的和盼的就是早日和中央红军会师，好在党中央和毛泽东同志领导下，打倒国民党反动派，拯救千百万劳苦大众出苦海，现在眼看部队就要和中央红军会师了，而自己却不能……一想到这儿，晏福生握紧了手中的

3

1

棍子，暗暗下定决心，涉水过河，早日赶上红军队伍。

洪水这么大，对身强力壮的人都是一个威胁，何况是一个重伤员呢？但是，危险吓不倒晏福生，他在离50里铺四五里的地方，选择一个河面较宽、水流较缓的河段，毫不犹豫地下了水。一下河，负伤的右臂浸在水里，河水红了一大片。伤口由于受到冷水的刺激，像刀割一般地疼。他咬紧牙关，一步一步地艰难前进。快到河对岸时，南岸上巡逻的敌人发现了他，嚎叫着追到河边。敌人一边追，一边朝晏福生射击。晏福生冒着枪弹，奋力爬上岸，然后拼命地绕着小路向前跑，才得以脱身。

由于晏福生日夜兼程地赶路，伤口无药治疗，已经溃烂化脓，且发着高烧。但他以百折不挠的顽强意志，坚持着向北走。经过半个多月的艰难跋涉，行程近千里，晏福生凭着对革命事业的坚定信念和一根讨饭棍，在10月下旬的一天，终于找到了红军，找到了党，回到了红军的行列中。

1 陕甘宁边界地区风光
2 岷县

朱德说："他不干，我干！"

1936年8月，红二、四方面军先后走出茫茫草地，从川北进入甘南。这时，党中央派出西征军进行策应。三个方面军形成南北呼应、夹击敌人、实现会师的有利态势。9月13日到17日，中央要求四方面军迅速北出至隆静大道，进占界石铺及以西地段，否则将被敌截堵隔断。张国焘想保存兵力，不愿意主动迎敌，又主张西渡黄河进入甘肃西北部。朱德力主按中央要求迅速北上。岷州会议中间，张国焘突然宣布"辞职"（他是西北局书记），朱德说："他不干，我干！"找来作战参谋，着手制订北上行动计划。当天黄昏，张国焘又同意继续开会。会上，多数人都支持朱德的主张，张国焘只好表示"少数服从多数，牺牲个人意见，同意北上"。

然而，张国焘并不死心，还要最后一搏。岷州会议后，他先行赶到在漳县的四方面军前敌指挥部，向有关未参会人员宣传他西渡黄河的主张，并向部队发出停止北进、掉头向西的命令。朱德十分气愤。他意识到，这是关系到红军前途命运的大问题。他彻夜未眠，于9月22日凌晨致电张国焘，对突然改变计划"不胜诧异"，坚决要求执行原方案，并且冲破阻力，向中央发出了张国焘破坏岷州会议决议的电报。再加之，黄河对岸已进入大雪封山季节，西进企图难以实现，张国焘被迫同意四方面军北上。1936年10月，红一、二、四三个方面军终于在甘肃会宁地区会师，长征胜利结束。

2

三军胜利大会师

1936年10月10日，古老的会宁城披上了节日的盛装，五颜六色的标语贴满了大街小巷，鲜艳的红旗在城头上迎风飘扬。胜利会师的红军指战员们心里充满了欢乐和希望，会宁城里处处欢声笑语，喜气洋洋。这天，中共中央、中华苏维埃中央政府、中央革命军事委员会联合发布了《为庆祝一、二、四方面军大会合通电》，向三个方面军的领导人及全体指战员致以热烈的慰问和祝贺。《通电》指出："正当日本帝国主义准备好了举行对中国新的大规模进攻，我有五千余年光荣历史的中华民族处在空前未有的危急存亡地位的时候，我民族革命战争的先锋队第一、第二、第四三个方面军在甘肃境内会合了。我们的这一在抗日进军阵地的会合，证明日本帝国主义的强盗侵略是定要受到我们全民族最为坚强的抗

1

1 《三大主力红军会师》（油画　蔡亮　张自嶷　作）

2 鲁迅为庆祝红军长征胜利的信

1935.10　1935.11　1935.12　1936.01　1936.02　1936.03　1936.04　1936.05　1936.06　1936.07　1936.08　1936.09　1936.10

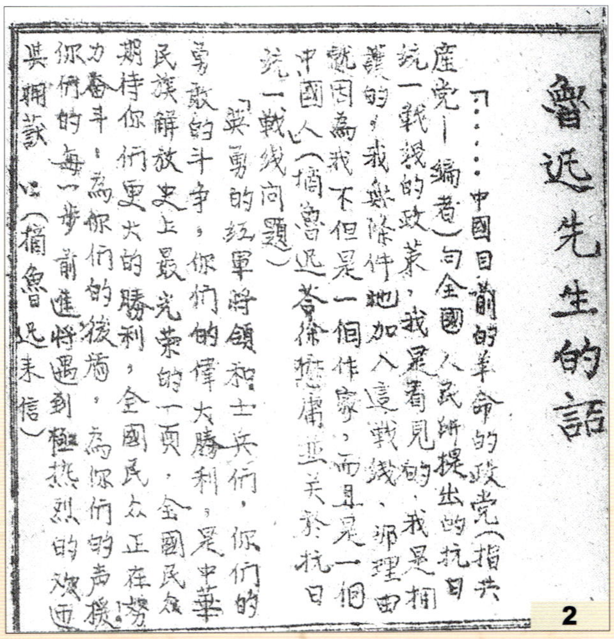

魯迅先生的話

……中國目前的革命的政黨（指共產黨——編者）向全國人民所提出的抗日統一戰綫的政策，我是看見的，我是擁護的，我無條件地加入這戰綫，那理由就因為我不但是一個作家，而且是一個中國人（摘魯迅答徐懋庸並關於抗日統一戰綫問題）

「英勇的紅軍將領和士兵們，你們的勇敢的斗爭，你們的偉大勝利，是中華民族解放史上最光榮的一頁，全國民眾期待你們更大的勝利，全國民眾正在努力奮斗，為你們的後盾，為你們的聲援。你們的每一步前進將遇到極熱烈的歡迎與擁護」（摘魯迅來信）

2

日先锋队的打击，证明中国民族抗日统一战线与抗日联军是有了坚强的支柱，我们在中国和日本的抗争的国际火线上，在全国国内政治关系上，将要起一个决定的作用了。”

《通电》预见了国际国内形势的发展，指明了党和红军今后的任务，号召全党全军做全国人民的模范，做抗战的模范，努力争取一切国民党军队加入抗日民族统一战线，开通抗日前进道路，扩大和巩固抗日根据地，为收复失地，联合各党各派各界各军驱逐日本帝国主义出中国而战。

10日黄昏，红一、四方面军在会宁文庙举行了规模盛大的庆祝会师联欢大会。朱德、张国焘、徐向前、陈昌浩、陈赓出席了大会。在会上，宣读了党中央的贺电。徐向前、陈昌浩、陈赓分别代表红四方面军和红一方面军致祝词。在茫茫草地中痛苦分离后，经过一年的艰苦斗争，又在黄土高原上的会宁城胜利会合。两军战友按捺不住激动的心情，互致问候，掌声、笑声、欢呼声，像一阵阵春雷，响彻会宁城的上空。在这欢乐的时候，四方面军领导人徐向前、陈昌浩、李卓然向党中央发了致敬电，满怀激情地描述了大会师的盛况，表达了他们同红一方面军会师后的激动心情。

正在北进途中的红二方面军指战员们闻知红一、四方面军在会宁会师的消息，心情十分激动，加快了行军的速度，以求得早日分享大会师的欢乐。10月18日，右纵队第六军团到达会宁老君铺，同红一方面军第二师第五团胜利会师。22日，红二方面军总指挥贺龙、政治委员任弼时率左纵队到达隆德将台堡，同红一方面军主力胜利会师。贺龙、任弼时、

1

关向应、王震、萧克、左权、聂荣臻、邓小平在这里亲切会面。红一方面军把5万块大洋、20头肥牛、2000只肥羊、数万斤粮食、1000套棉衣、数百张羊皮、2万斤羊毛和3架缝纫机赠送给红二方面军。两军在将台堡召开了规模盛大的联欢大会，欢庆胜利会师。指战员们欢呼雀跃，其欢乐兴奋之情是长征以来未曾有过的。

红军三大主力会师，标志着中国工农红军胜利地完成了1934年秋开始的战略大转移的历史任务，宣告了国民党反动派围追堵截、聚歼红军阴谋的彻底失败，给全国人民展示了一个光辉灿烂的革命前景，给中国革命带来了新的希望，极大地推动了抗日救亡运动，促进了抗日民族统一战线的形成，开创了中国革命的新局面。

山城堡战役的胜利

1936年11月21日，红军对进入山城堡的胡宗南部发起突然进攻。红一军团第二师和红十五军团一部兵力由山城堡的南、北两侧向西北的哨马营迂回攻击，截断其退路；红一军团第一、第四师由山城堡以南向北实施主攻；红十五军团主力由山城堡东北向西南进攻，红三十一军一部兵力由山城堡以北向南进攻。是日黄昏，胡宗南部第七十八师第二三二旅向曹家阳台转移，红一军团主力乘虚一举攻入山城堡，并乘胜转入追击。此时，红一军团第二师和红十五军团一部兵力已绕至该军之后，截断其退路。第二三二旅顿时溃散，一部兵力突围，大部被红军包围压迫于山城堡西北的山谷之中，至22日9时，基本被红军歼灭。

1 电贺长征胜利的鲁迅（油画 陈逸飞 作）

2 山城堡战斗遗址一角

3 山城堡战斗经过要图

1935.10 1935.11 1935.12 1936.01 1936.02 1936.03 1936.04 1936.05 1936.06 1936.07 1936.08 1936.09 1936.10

2

这次战斗，红军共歼灭国民党中央军第七十八师丁德隆部1个多旅。第七十八师在战报中自称：此战“损失极重，混乱不堪”，“以现计约损失三分之二以上”。

山城堡战役，红军先后进行了萌城、山城堡等多次战斗，共歼灭与击溃胡宗南部1个师另1个旅，基本上制止了国民党军的追击，特别是山城堡战斗，给了蒋介石嫡系胡宗南部以沉重打击，迫使其全线后撤：其左路退回大水坑，中路撤往萌城以西，右路撤往韦州整理。蒋介石为了掩盖战败的真相，竟特令胡宗南对其他各部谎称未受损失。

山城堡战役的胜利，是中央军委正确决策和三大主力红军团结战斗的结果。是役，红一方面军担负了主要进攻任务，全体指战员勇猛战斗，发挥了重要作用。这一胜利，挫败了蒋介石的进攻计划，大振了红军的军威，对于巩固陕甘宁抗日根据地，改变红军的被动局面，促进红军的内部团结，巩固和发展同东北军等部的抗日民族统一战线，促进逼蒋抗日方针的实现，都具有重要意义。

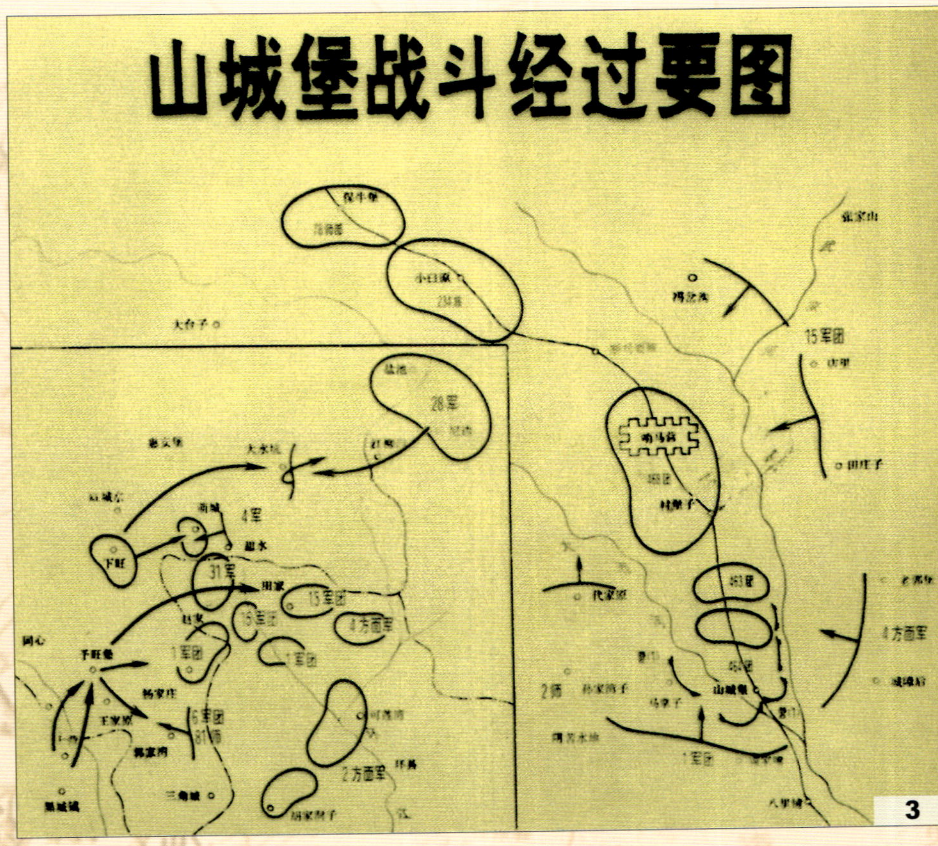

3

吴焕先血洒四坡村

1

1935年8月21日，天色阴沉，不一会便下起了倾盆大雨。红二十五军为了摆脱敌军，尽快地与中央红军会合，冒雨抢渡泾河。军政治委员吴焕先和受了重伤一直躺在单架上行动的军长程子华一起，率领二二三团先行渡河，副军长徐海东率领后续部队跟进。当部队刚刚渡了一半的时候，山洪暴发，河水陡涨，红二十五军被分为两半。正在这时，敌军二〇八军1000余人从泾川县方向袭来，企图把红二十五军压在河边背水作战。在此危急关头，吴焕先把程子华军长安排好，亲自率领军部直属队迎战来敌。

吴焕先观察到敌军受崎岖地形的限制，成一线阵势冲来，便指挥部队插向敌军的腰部。他向战士们高喊着："同志们，决不能让敌人逼近河边，压住敌人就是胜利。先把敌人拦腰切一刀，它就会失去进攻我们的能力。"

在吴焕先的指挥下，红军战士不顾泥泞路滑，一鼓作气冲上一座制高点，把敌人截成两段。敌我双方展开激烈战斗，枪声、喊杀声、手榴弹爆炸声，响成一片。吴焕先身居高位，临危不惧，在最前面指挥部队与敌军展开激战。突然一颗子弹飞来，吴焕先倒在血泊里。

1907年7月，吴焕先出生在河南省新县的一个小康之家，受过传统文化教育。在麻城职业学校学习期间，吴焕先接受了马克思主义，立志投身革命。受党组织的委托，他回到家乡组织农会，创办"三堂红学"，建立农民武装。蒋介石发动、汪精卫发动反革命政变后，中国共产党在全国各地发动武装起义。吴焕先组织起农民赤卫队参加了麻城起义，创立起

1 吴焕先（1907 – 1935），红军第二十五军政治委员，1935 年 8 月牺牲于甘肃泾川

2 吴焕先烈士牺牲的地点——甘肃省泾川县四坡村附近的河

柴山保革命根据地。1931 年 10 月，成立红二十五军，吴焕先担任该军第七十三师政治委员。11 月，红四方面军成立，吴焕先担任红二十五军政治委员，不久担任红四方面军总政治部主任。1932 年 6 月，红二十五军重建，吴焕先担任军长。1934 年 11 月，红二十五军离开鄂豫皖根据地举行长征，由中央派来的程子华担任军长，吴焕先担任军政治委员。在长征路上，红二十五军转战河南、四川、陕西等地。在军长程子华身负重伤的情况下，他

2

和副军长徐海东指挥红二十五军进入甘肃境内，热切地盼望与中央红军会合。没有想到的是，当吴焕先和徐海东率领部队赶到甘肃省静宁县时，怎么也打听不到中央红军的消息。兴隆镇一带的人民并不富裕，数千人的部队难以长住。红二十五军只好渡过泾河，向陕北方向进发。正是在这个时候，吴焕先牺牲在战场上。

徐海东得知消息，急率部队赶来支援。战士们听到军政治委员牺牲的消息，人人悲痛落泪，个个怒火万丈，发誓为政治委员报仇。经过四五个小时的战斗，终于打垮了敌人的进攻，并击毙敌团长马开基，活捉敌人400多名，缴获许多马匹和军用品。部队过了泾河，指挥员们怀着无比悲痛的心情，把吴焕先的遗体安葬在陇东高原上。

吴焕先牺牲时只有28岁，是我党我军创建时期年轻有为的卓越领导人。1985年，在吴焕先牺牲50周年前夕，李先念为他题词“功勋卓著”，徐向前为他题词“赤胆忠心，英勇善战”。

1

1 庚家河战斗纪念碑

1935.10 1935.11 1935.12 1936.01 1936.02 1936.03 1936.04 1936.05 1936.06 1936.07 1936.08 1936.09 1936.10

长征中牺牲在甘肃的部队营以上干部烈士名录

姓 名	籍 贯	出生时间	部 职 别	牺牲时间	牺牲地点
刘坚	江西安福县	1909	红三军团第六师政治部主任	1936.9	甘肃康县病逝
李科	湖南新化县	1896	红六军团第十七师参谋长	1936.9	甘肃两当
张辉	江西安福县	1910	红六军团第十六师师长	1936.10	甘肃天水娘娘坝
罗南辉	四川成都市	1908	红四方面军第三十三军副军长	1936.10	甘肃定西华家岭
彭瑞珍	河南商城县	1912	红四方面军红十一师政治部主任	1936.11	甘肃环县萌城
蔡威	福建宁德县	1907	红军总司令部第二局局长	1936.9	甘肃岷县病逝

1936年10月，红军第一方面军与第四、第二方面军在会宁、将台堡会师。
1936年7月，红军第二方面军（原二、六军团）、第四方面军在甘孜地区会师。
1935年7月，25军退出鄂豫陕

延河欢歌

1935年9月，红军第25军与陕北红军在永坪镇会师，并合编为红军第十五军团。
1934年11月，红军第25军退出鄂豫皖苏区。
榆林
米脂
葭县（佳县）
横山
太原（曲阳）
石家庄
绥德
吴堡
离石
清涧
永坪镇
保安
安塞
延安
甘泉
鄜县（富县）
宜川
直罗镇
黄龙
同官（铜川）
淳化
三原
风陵渡
潼关
长安（西安）
雒南
卢氏
栾川
鲁山
叶县
南召
方城
荆紫关
山阳
柞水
豫陕苏区
汉阴
白河
安康
郧县
均县
竹山
房县
襄阳
枣阳
南漳
邓县
唐河
泌阳
桐柏
信阳
罗山
钟祥
京山
应城
汉川
汉口
武昌
大冶
阳新
九江
侯马
沁县
沁阳
高平
新乡
郑县（郑州）
开封
邯郸
内黄
道口
临清
德县
博兴
济南
济宁
临沂
曹县
铜山（徐州）
淮阳
蚌埠
罗田
黄陂
陕
河南
山西
河北
山东
湖北

引言

陕西是各路红军长征的落脚点和红军奔赴抗日前线的出发点，在中国革命历史上占有极其重要的地位。

陕西具有光荣的革命传统。早在大革命失败后，谢子长、刘志丹、唐澍等，按照党的“八七”会议精神和陕西党组织的决定，高举武装反抗国民党反动派的旗帜，先后举行了清涧起义、渭华起义和旬邑起义，创建了陕甘革命根据地和红军。陕甘革命根据地在中国革命史上地位重要，它是大革命时期惟一保存下来的一块革命根据地，毛泽东对陕甘根据地曾给予高度评价。

1932年冬，红四方面军、红三军曾转战陕南，播下了革命火种。1933年，刘志丹创建的红二十六军也在此地战斗过。1934年12月8日，红二十五军长征进入陕南，该地已经兴起了大刀会、红枪会和抗捐军，到处布满了引燃革命烈火的干柴。因此，中共鄂豫皖省委在陕南丹凤庾家河召开会议，决定红二十五军创建鄂豫陕根据地，鄂豫皖省委改称为鄂豫陕省委。经过半年多的艰苦奋战，接连粉碎国民党军

的两次“围剿”，红军得到发展壮大，鄂豫陕根据地得到巩固扩大。1935年7月15日，中共鄂豫陕省委得悉中共中央率领中央红军同红四方面军会师，并有继续北上动向，决定率领红二十五军西征北上，迎接党中央和主力红军。

1935年9月15日，红二十五军长征到达陕甘根据地，同陕甘红军会师，合编为中国工农红军第十五军团。并先后进行了劳山战役、榆林桥战斗，巩固扩大了陕甘根据地，为迎接党中央和主力红军创造了极为有利的条件。

1935年10月19日，中共中央率领中央红军主力到达陕北吴起镇（今吴旗镇），胜利完成了举世闻名的二万五千里长征。同年11月2日，中央红军主力与红十五军团胜利会师，重建了红一方面军，并在党中央和中央军委的直接领导和指挥下，取得直罗镇战役的胜利，一举粉碎国民党军对陕甘革命根据地的第三次大规模“围剿”，为党中央把全国革命大本营放在西北的任务，“举行了一个奠基礼”。

1935年9月29日根据榜罗镇会议作出的保卫与扩大陕甘苏区的新的战略决策，中共中央率陕甘支队（红一方面军主力，即中央红军）7000人分左、中、右三路纵队北上，10月17日进至甘肃、陕西两省交界处，毛泽东对身边指战员说，从江西算起到现在，我们已经走过了10个省，走下山去，就进入第11个省——陕西省了，那里就是我们的根据地，我们的家了。同日，陕甘支队二、三纵队出河莲湾后由小路上山，于傍晚到达陕甘宁三省交界处“鸡鸣三省”的老爷山。18日，中共中央机关到达陕西省保安县铁边城附近。党中央在铁边城召开了政治局常委会议。参加会议的有张闻天、毛泽东、王稼祥、博古，以及林彪、聂荣臻、杨尚昆等。会上，

毛泽东关于第一、二、三纵队进到吴起镇及其附近宿营的部署致彭德怀电

（1935年10月19日）

彭司令员：

一、一纵队本日到吴起镇及其前后十五里宿营，明（二十）日以准备作战姿势在此休息一天，对来敌筑工事警戒并派队向来路游击。

二、二、三纵队明日宜靠近吴起镇，在其以南二十里左右地区宿营。

三、吴起镇已是苏区边境，此地以东即有红色政权，保安城间有红色部队，但吴起镇、金汤镇之间之金佛坪有地主武装百余守堡，拟派队消灭之。

四、明日请彭来吴起镇商行动方针，二、三纵队交叶、邓[1]指挥。

毛

十九日十九时

1

1 毛泽东关于第一、二、三纵队进到吴起镇及其附近宿营的部署致彭德怀电

2 陕北红军独立师欢迎红军北上抗日通电

3 红一军团政治委员聂荣臻使用的手枪

张闻天指出：关于在陕北建立苏区问题，政治局同志无一异议；毛泽东在榜罗镇会议上作出的决定，大家是同意的，应批准；至于中央整个政治决议，应在与二十五、二十六军同志商量后再发。在这次会议上，根据当前形势和部队实际情况，提出了许多需要中央迅速作出决定的问题，如红军入陕后的主要作战方针：是在西边打蒋介石的嫡系部队，还是在南边打东北军？或是向北打？同陕甘红军会合的方向及其战略方针问题，还有整顿部队、提高战斗力、群众工作、物资供应、冬衣等问题。毛泽东在会上还指出，现在我们已到陕西，到保安尚有四、五天路，需要到前面有粮的地方休息。我们要把保安变为苏区，过去敌人对我们是追击，现在是"围剿"，要打破这"围剿"，须在敌人"围剿"前做很多工作。这次会议实际上是吴起镇会议的预备会议。

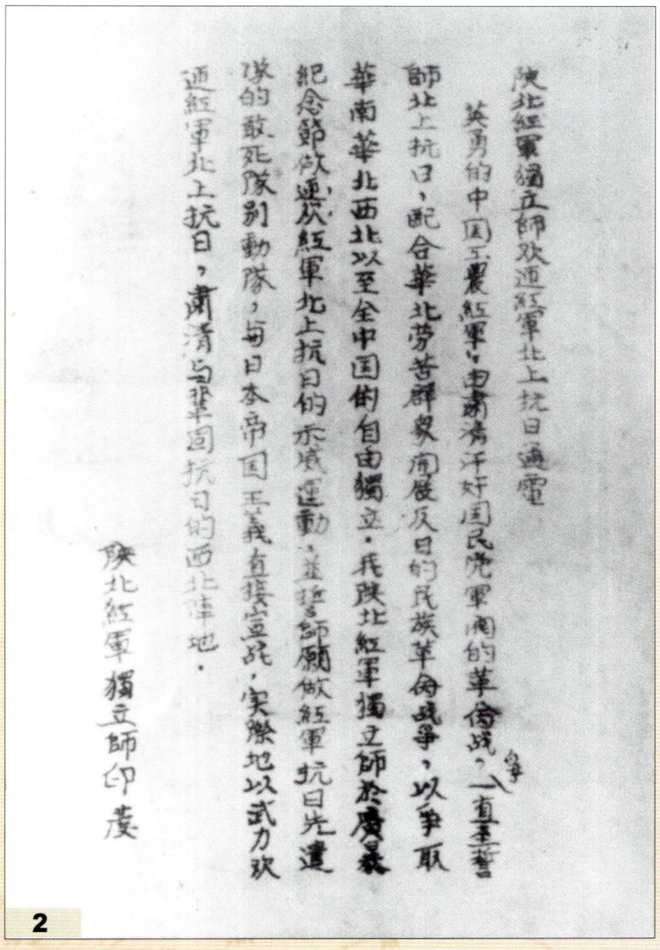
陕北红军独立师欢迎红军北上抗日通电

英勇的中国工农红军，由肃清汉奸国民党军阀的革命战争，一直[illegible]师北上抗日，配合华北劳苦群众开展反日的民族革命战争，以争取华南华北西北以至全中国的自由独立。我陕北红军独立师于庆祝纪念节欢迎红军北上抗日的反帝运动，并誓师愿做红军抗日先遣队的敢死队别动队，与日本帝国主义直接宣战，实际地以武力欢迎红军北上抗日，肃清与巩固抗日的西北阵地。

陕北红军独立师印发

2

10月19日，党中央和中央红军进驻陕甘革命根据地吴起镇。这时，敌骑兵3个团追了上来，其中1个团向吴起镇以北迂回，主力在二道川的唐儿湾、刘家亭子一带。陕甘支队为了不让该敌跟进陕甘苏区，决心集中兵力歼其一部。21日早晨，陕甘支队利用吴起镇一带的有利地形，在塬上深沟设伏，并以第二纵队在左翼，第一纵队在正面，向迂回吴起镇西进之敌骑兵团发起进攻。经数小时激战，将敌击溃，随后又在杨城子以西的齐桥、李新庄之间，分别击溃敌另两个骑兵团，从而迫使国民党军停止追击。此战击溃敌骑兵3个团，俘其约700人，缴获战马1000匹。

3

从1934年10月至1935年10月，红一方面

1

军在中共中央、中革军委的直接指挥下，纵横福建、江西、广东、湖南、广西、贵州、云南、四川、西康、甘肃、陕西等11个省，行程二万五千余里。一路上，斩关夺隘，抢险飞渡，跨过人迹罕至的雪山、草地，克服了数不清的艰难险阻，作战380余次，突破数十万国民党军的围追堵截，胜利到达陕甘苏区，创造了人类战争史上的奇迹，谱写了可歌可泣、感天动地的历史壮歌，在中国革命史上树立了一座永远的丰碑。

中央红军长征的胜利，标志着蒋介石企图消灭中共中央和红一方面军狂妄计划的破产，充分显示了中国无产阶级革命事业的

2

1 1935年10月，陕甘支队发布的《告红二十五、红二十六军全体指战员书》

2 《毛主席在六盘山》
（国画 周昌谷 作）

3 到达陕北的红一方面军一部

3

无比强大的生命力，证明了中国共产党领导下的人民军队是不可战胜的。这是以毛泽东为代表的中共中央正确领导的结果，是红一方面军广大指战员前赴后继、英勇奋战的结果。

10月22日，中共中央在吴起镇召开政治局扩大会议，中心议题是总结俄界会议后红军的行动，确定新形势下陕甘支队的行动方针。毛泽东在会上报告了俄界会议以来的形势与陕甘支队的任务。其主要内容是：1.宣布中央红军已完结一年长途行军，党的新任务是保卫与扩大陕北苏区，以领导全国革命。报告指出：自俄界出

1

2

发已走两千余里，胜利到达陕北苏区，敌人对于我们的围追堵截不得不告一段落，现在的任务是保卫与扩大陕北苏区。主要敌人蒋介石、张学良、阎锡山正准备对陕北苏区进行"围剿"。所以，应提出保卫陕北苏区的口号。2.确定了红军当前作战方针。毛泽东根据陕北的环境和形势指出，从10月到11月初约20天，我们的方向的应是西和西北，大的方向是陕甘，陕甘晋三省是发展的主要区域。现在先向西。以吴起镇为中心，整顿部队，扩大部队，开展群众工作。3.确定了红军当前的中心工作是提高战斗力，扩大红军，解决物资问题。4.决定继续加强与国际的联系。报告说：派一支队去与国际联系，以取得国际技术帮助，是一项重要任务，但目前条件不够暂不能派去。5.重视同西北军同志们的团结。毛泽东指出：现在我们应极大地注意两方面军关系问题。南北军队有些不同，互换领导，亦须注意。我

1 《陕北会师》（油画　黄乃源　谌北新　作）

2 陕北红军赠给到达陕北的长征红军的袜子

3 吴起镇一角

们应以快乐高兴的态度和他们见面。

讨论中，邓发、李富春、聂荣臻、刘少奇、叶剑英、凯丰、博古、贾托夫、张闻天、彭德怀先后围绕下列主要问题发言：1.粉碎敌人“围剿”，保卫与扩大陕北苏区，如不动员起广大陕北群众参加，单靠陕甘支队的力量，是不能粉碎敌人“围剿”的。因为陕北苏区领导着全国的革命运动，所以要“采取一切力量来巩固与发展陕北苏区”2.拥护榜罗镇会议决定，使陕北成为领导全国革命的中心，建立巩固苏区，应向指战员讲解、宣传。彭德怀还特别强调说，俄界会议还不能决定在陕甘的什么地区建立根据地，现已胜利的到达这一地区，保卫这一苏区是惟一正确方针；3.打通国际路线，取得苏联援助。刘少奇说打通国际路线，取得联络，现虽不能派部队去，但可用电报或通讯，与之联络；4.加强与西北红军联系。叶剑英认为，应使二十五、二十六军了解中央红军到陕北苏区是为着领导一方面军和二十五、二十六、二十八军；应公开军委与中央机关；他还提出恢复一、三军团名称有很大历史意义。

3

吴起镇会议是榜罗镇会议和铁边城会议的继续和完善。会议批准了榜罗镇会议把红军长征落脚点放在陕北的战略决策，决定党和红军今后的战略任务是

1

“建立西北苏区，领导全国大革命”，从而宣告了中央红军历时1年、纵横11省、长驱二万五千里的长征胜利结束，开始了新的历史时期。

10月25日，中共中央召开了全体干部会议，毛泽东对长征作了总结。他宣布：“长征以我们的胜利和敌人的失败而告结束。”29日，陕甘支队发表了《告红二十五、二十六军全体指战员书》，指出：中央红军“经过了两万余里的长途远征，经历了十一省的地区，粉碎了一切国民党军阀的堵击、追击、截击，越过了无数的天险要隘、高山大河，为的是要与亲爱的红二十五、二十六军弟兄会合，开展西北苏维埃运动的大局面，替中国苏维埃运动定下巩固的基础，迅速赤化全中国。”现在，中央红军已胜利地完成了党所交给的这一光荣任务。《告指战员书》最后号召红二十五、二十六军全体指战员与中央红军“亲密的团结起来，为保卫扩大陕北苏区，粉碎敌人新围剿，开展西北苏维埃运动的大局面”而斗争。

中共中央率领陕甘支队到达陕北时，陕甘苏区人民和红十五军团正在进行第三次反“围剿”作战。就在反“围剿”斗争紧张进行并取得重大胜利之际，中共陕甘晋省委中推行以王明为代表的“左”倾冒险主义的一些领导人，开展了错误的肃反，在革命队伍中乱捕乱斗。从9月下旬到10月上旬，他们逮捕了刘志丹等一大批党、

1 直罗镇战役旧址及1935年11月30日毛泽东的报告《直罗镇战役同目前的形势与任务》

2 红十五军团一部

政、军领导干部，造成了陕甘苏区人人自危、军心涣散的混乱局面。这种外有强敌"围剿"，内有错误路线干扰破坏的严重情况，使陕甘苏区陷入十分危险的境地。中共中央闻讯后立即派代表去陕甘晋省委，制止错误的肃反，把刘志丹等一大批人释放出来，予以平反，恢复其工作。从而稳定了内部，挽救了陕甘苏区的危局。

陕甘支队在吴起镇短期修整后，继续前进，10月底经保安东进，于11月初到达甘泉地区同红十五军团会师。11月2日，中共中央到达陕甘边苏维埃政府所在地——甘泉下寺湾。在这里，中央领导同志会见了陕甘晋省委主要领导人。3日，中央政治局召开常委会议，会议期间还举办欢迎会，并听取了陕甘晋省委副书记郭洪涛、西北军委主席聂洪钧关于陕甘边苏区政治、军事情况的汇报。参加会议的有毛泽东、张闻天、周恩来、博古，以及王稼祥、刘少奇、凯丰、彭德怀、李维汉、林伯渠、李德等。会议着重研究党政军工作的分工问题，确定由毛泽东、周恩来、刘少奇、凯丰分别负责军事、组织、工会、少共工作，王稼祥任政治部主任，李维汉任中央组织部长，还确定了军事委员会成员名单。同日，中华苏维埃共和国中央政府决定成立中国工农红军西北革命军事委员会，任命毛泽东、彭德怀、周恩来、王稼祥、聂洪钧、林彪、徐海东、程子华、郭洪涛为军事委员会委员，毛泽东为主席，周恩来、彭德怀为副主席；后来，又增补叶剑英、聂荣臻、刘志丹为军委委员。同日，西北革命军事

2

1

委员会发布第一号命令：宣布恢复红一方面军番号，下辖第一军团、第十五军团。任命彭德怀为第一方面军司令员、毛泽东为政治委员，林彪为第一军团团长，聂荣臻为政治委员，徐海东为第十五军团团长、程子华为政治委员。全军共5个师又4个团，1万多人。11月5日，西北革命军事委员会后方办事处成立，周恩来兼主任，聂洪钧任副主任，张云逸任参谋长，下辖供给部、卫生部、兵种部、武装部、动员部、政治部及红军学校。

中共中央到达陕北，两支红军胜利会师，对国民党是一个巨大威胁，陕甘苏区成了革命的中心，也成了敌人“围剿”的重点。国民党“西北剿总”决定重新调整

1 《奠基礼——欢庆直罗大捷》（国画 刘文西 作）

2 陕甘支队政治部为《庆祝我们进入陕北苏区的第一个大胜利》下发的连队讲话材料

3 红十五军团庆祝直罗镇战役胜利大会一角

部署，以5个师的兵力，分别由鄜县（今富县）、合水东西对进，企图乘红军立足未稳，围歼中共中央机关和红一方面军于洛水以西葫芦河以北地区。10月28日，西线之敌第五十七军4个师由庆阳、合水经太白镇沿葫芦河东进，于11月1日占领太白镇，南线之敌第六十七军第一一七师由洛川北进鄜县。根据上述敌情，红一方面军首长决定，首先集中兵力歼灭沿葫芦河东进之敌1至2个师，再视情况转移兵力，各个歼灭敌人，以打破敌人的“围剿”，并向洛川、中部（今黄陵）、宜君、宜川、韩城以及关中、陇东一带发展。11月6日和7日，红一军团由甘泉以西定边集、下寺湾，先后进抵鄜县西北之秋林子和甘泉西南的老人仓地区；红十五军团攻占了直罗镇以东的张村驿、东村等据点，并以一部分兵力加紧围攻甘泉，以调动敌人东进。

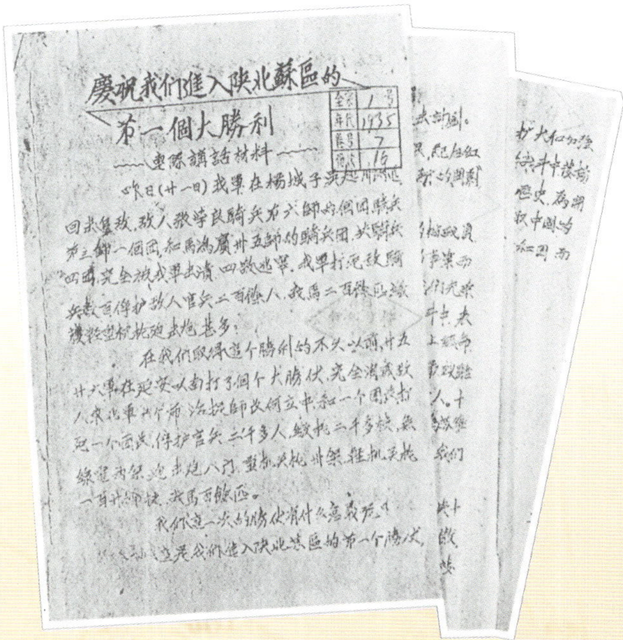
慶祝我們進入陝北蘇區的
第一個大勝利
——連隊講話材料——
昨日（廿一日）我軍在楊城子與直羅鎮之間……

2

11月17日，东北军第五十七军以一个师留守太白镇，主力沿葫芦河向鄜县方向前进。19日，其先头部队第一〇九师进至直罗镇西北的黑水寺等地，军部及第一一一师主力、第一零六师进至张家湾东西地区。红一方面军首长决定，乘敌第一〇九师麻痹骄纵和冒进的有利时机，歼其于直罗镇西北地区。

11月20日下午4时，敌第一〇九师在红军警戒部队节节抗击下被诱入直罗镇。直罗镇

3

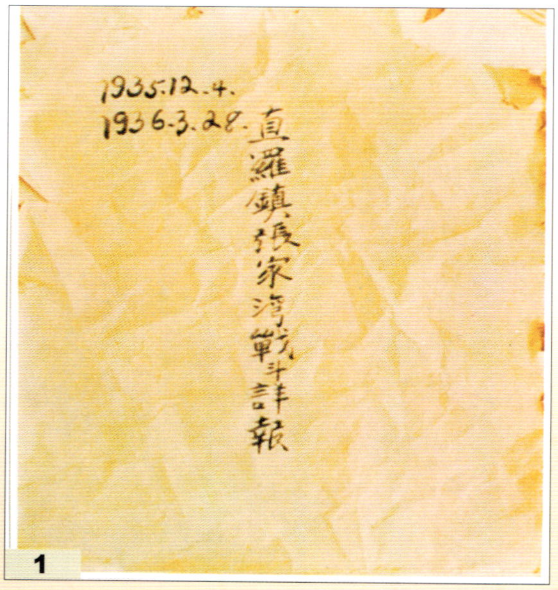

1935.12.4.
1936.3.28.
直羅鎮張家湾戰斗詳報

1

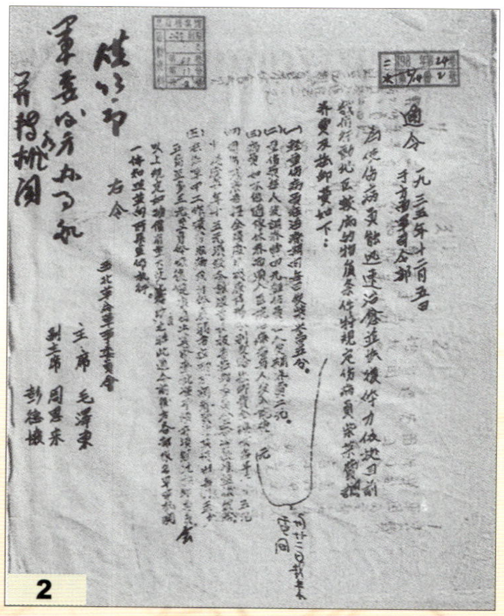

通令

主席 毛澤東
副主席 周恩來
彭德懷

2

是由甘肃合水通向陕西鄜县道路上一个较大的集镇，位于葫芦河南岸，南北群山连绵，中间是一条狭长的谷地，大部队展开行动比较困难。这是一个有利于红军，不利于敌人的好战场。敌人占领此镇后，一面向上级报捷，邀功请赏，一面杀鸡宰羊，大吃大喝。红军乘其立足未稳于当晚将其包围。

21日拂晓，红一军团由北向南，红十五军团由南向北，对被围之敌展开猛攻。敌第一〇九师在红军的突然打击下，从睡梦中惊醒，左冲右突，均不得脱。激战至下午2时，敌人大部分被歼灭。此时，东西两路援敌追近。红军遂以少数兵力继续围攻第一〇九师残部，并阻击由鄜县西援之敌第一一七师，集中主力向西迎击由黑水寺向直罗镇增援之敌第五十七军的主力两个师。第五十七军见势不妙，惧怕被歼，于23日下午沿葫芦河西撤，红军跟踪追击，在张家湾地区歼其1个团，余敌仓皇退回太白镇。第一一七师见第五十七军主力后撤，亦急忙逃回鄜县。第一〇九师

3

1 直罗镇张家湾战斗详报
2 1935年12月2日毛泽东等签发的关于伤病员调养通令
3 红军进驻延安
4 1935年11月30日毛泽东在红一方面军营以上干部大会上的报告《直罗战役同目前形势与任务》
5 毛泽东等率领红军进抵延安（油画 黄乃源 作）

见待援无望，收拾残兵败将500余人，于23日晚向东突围被全歼。此役，红军共歼敌1个师又1个团，俘敌5300余人，缴枪3500余支。

直罗镇战役的胜利，打破了国民党军对陕甘革命根据地的第三次“围剿”，巩固了陕甘边苏区，有力地配合了全国红军的行动，为党中央把全国革命大本营放在西北，举行了奠基礼。

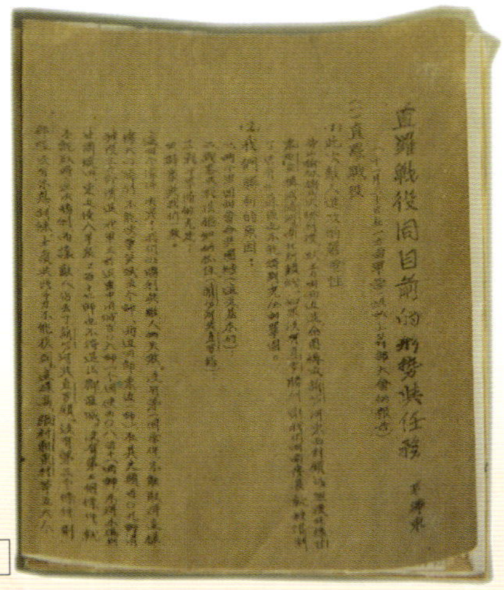
4

5

陕西

chang zheng

红二十五军转战陕南

1934年12月初，长征中的红二十五军得知敌第六十师在卢氏县城以南的五里川、朱阳光、黄沙镇一带构筑工事，控制了入陕大道后，当即决定别择小路入陕南。很快查明一条经大石河、文峪、卢氏城南入陕的隐蔽小路。12月8日，红二十五军在豫陕交界处铁锁关击溃陕西守关民团，由河南进入陕南境内。

这时，由潼关、华阴仓促调来的陕军冯钦哉部第四十二师第二四八、二五二团，已进至雒南（今洛南）县城和景村、三要司等地，准备迎面堵截红二十五军。8日下午，红二十五军先头部队进至三要司，与敌第二四八团三营接触，其余部队则迂回至高地西侧向敌人发起攻击。敌人凭借三要司南面的九泉山高地东南侧陡崖，实施正面攻击，。第二二五团三营八连在营长李学先和连长肖邦与的带领下，首先登上山头，与敌展开肉搏。在红军勇猛夹击下，守敌1个营全部被歼。9日，红二十五军翻越蟒岭，进至雒南之庾家河（今属丹凤）宿营。

12月10日，中共鄂豫皖省委在庾家河召开第十八次常委会，研究在鄂豫陕边界地区创建新的革命根据地问题。此时，敌第六十师突然由鸡头关方向奔袭而来。红二十五军在庾家河东山坳口的排哨，发现敌先头部队已从七里荫岭迂回上来，当即向敌开火。战斗一开始，敌第三六〇团就占领了东山坳口的有利地形，发起猛攻。省委立即停止开会，军首长迅速赶到山上，指挥部队实施反击，强攻山头阵

1

2

▌1 程子华
▌2 徐海东
▌3 庚家河战斗要图

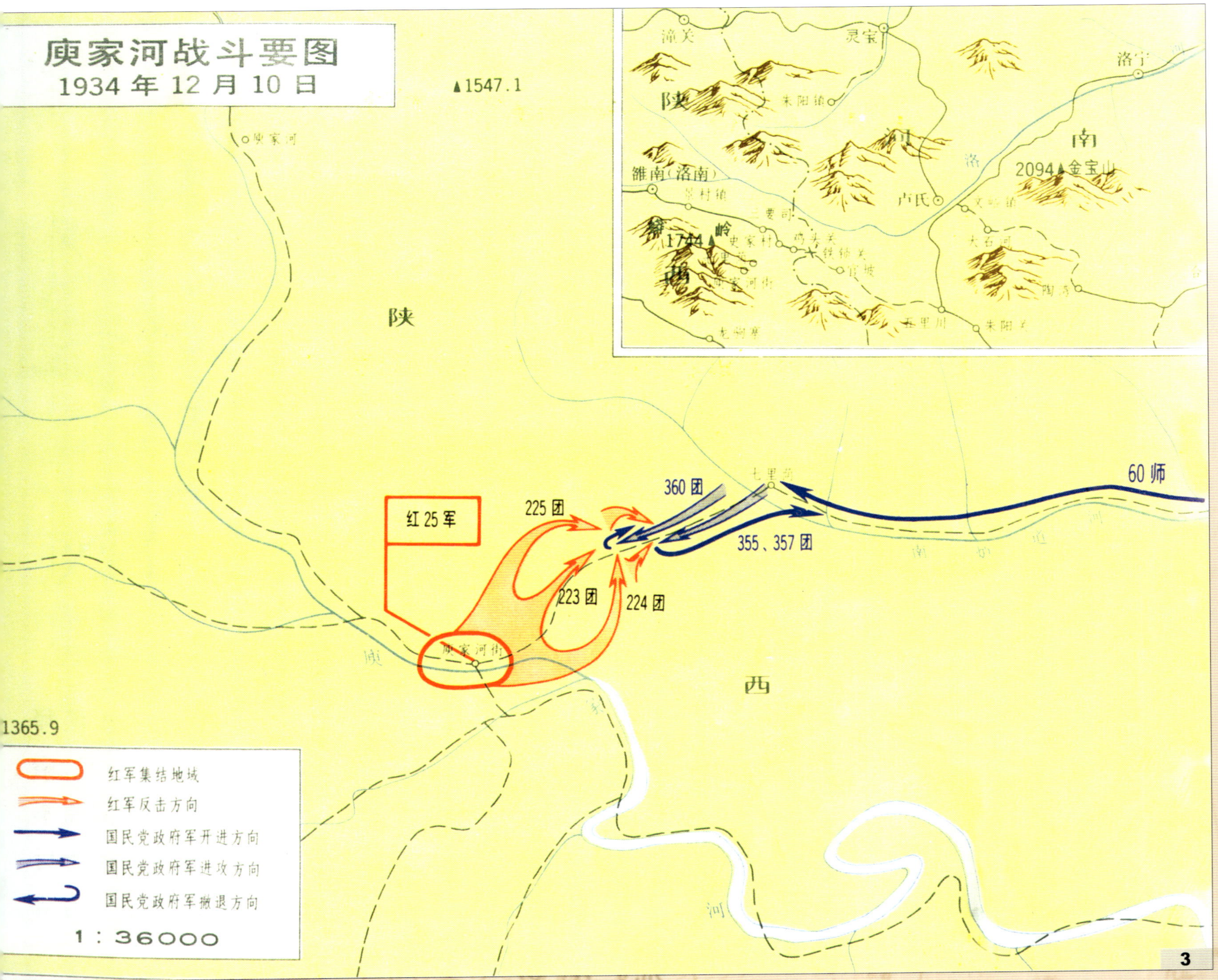

3

地。战至黄昏，经过20多次反复冲杀，红军终于将敌人打垮，毙、伤敌300余名，红军亦伤亡100余名。军长程子华、副军长徐海东和多名团营干部负伤。

红二十五军长征入陕的胜利，牵制了敌人“围剿”鄂豫皖革命根据地的部分兵力，配合了红二十八军坚持鄂豫皖革命根据地的斗争，为开辟鄂豫陕革命根据地创造了条件。

12月11日，红二十五军在雒南蔡家川（亦称蔡川）进行整编，撤销第二二四团建制，部队分别编入第二二三团和第二二五团。同时决定，军政治部主任戴季英改

1

1 庾家河战斗旧址

2 庾家河会议旧址

3 1934年12月20日，红二十五军以中国工农红军北上抗日先遣队司令部名义颁布的布告《关于商业政策问题》

4 1935年1月9日，红二十五军为占领镇安县告群众书

2

任军参谋长，省委秘书长郑位三任军政治部主任。尔后，红二十五军主力以大回旋的行动，南下郧西，北返雒南，东入卢氏，西转蓝田，扫除民团武装和反动政权，摧毁国民党在广大乡村的统治基础。28日，红二十五军北返雒南，消灭景村民团后，即抽调手枪团政治委员宋兴国等带领手枪团第二分队，与当地的农民武装大刀会组成陕南抗捐第一军（后改称雒南游击队），就地开展群众工作，创建新区，并成立了以宋兴国为书记的中共商雒特委。

*1935*年*1*月初，红二十五军由雒南地区再度南下。9日，攻克镇安县城，歼敌保安队一部，救出大批“抗捐犯”，并缴获许多棉花、马匹，解决了全军的冬服问题。此时，还发布了《中国工农红二十五军为占领镇安县城告群众书》，号召工农劳苦群众团结起来，捉拿反动首领，打土豪分田地，发展生产，建立自己的革命政府。接着，乘胜在南部郧西、洵阳、镇安、山阳等四县边界地区横扫民团，宣传“五抗”，发动群众，镇压豪绅恶霸，铲除“地头蛇”，摧毁保甲组织，发动和组织

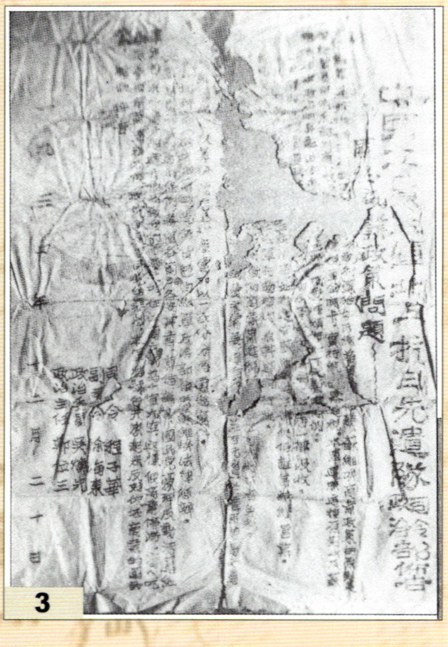

3

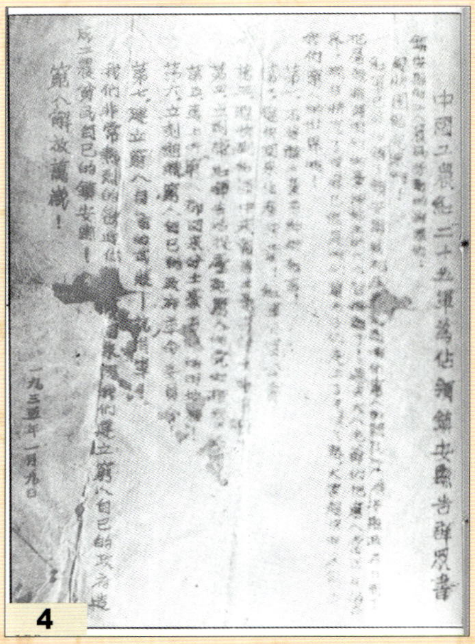

4

群众建立苏维埃基层政权。

1月，蒋介石集中4个旅又1个团的兵力向红二十五军发起第一次“围剿”。红二十五军为争取主动，采用各个击破战术，由山阳、郧西两县交界地区秘密转移到柞水城以东，突然出现于敌人的侧背打击敌人。经蔡玉窑、文公岭两战，敌一二四旅遭受重创。2月，红二十五军乘胜在蓝田、商县、山阳、镇安、柞水五县开辟根据地，建立游击武装。连克宁陕、佛坪两县，消灭了新城的保安队。3月上旬，部队进抵洋县华阳镇，在华阳东南的石塔寺附近打垮了敌警备2旅5个营，毙、伤敌200余人，俘敌团以下官兵400余人。战斗结束后，红二十五军乘胜开辟了华阳地区，建立了华阳、石塔寺等7个乡政权，组织了华阳、茅坪两支游击队和几百人的抗捐军。与此同时，红二十五军还先后在蓝田县葛牌镇、柞水县曹家坪、山阳县小河口、袁家沟口镇、牛耳川、杜家沟等地建立了区、乡苏维埃政权和华阳地区的红色政权。敌第一次“围剿”至此被粉碎。

红二十五军乘胜东进，4月18日晚，徐海东指挥部队攻占雒南县

1

2

1 袁家沟口镇

2 鄂豫陕革命根据地形势图

1935.10 1935.11 1935.12 1936.01 1936.02 1936.03 1936.04 1936.05 1936.06 1936.07 1936.08 1936.09 1936.10

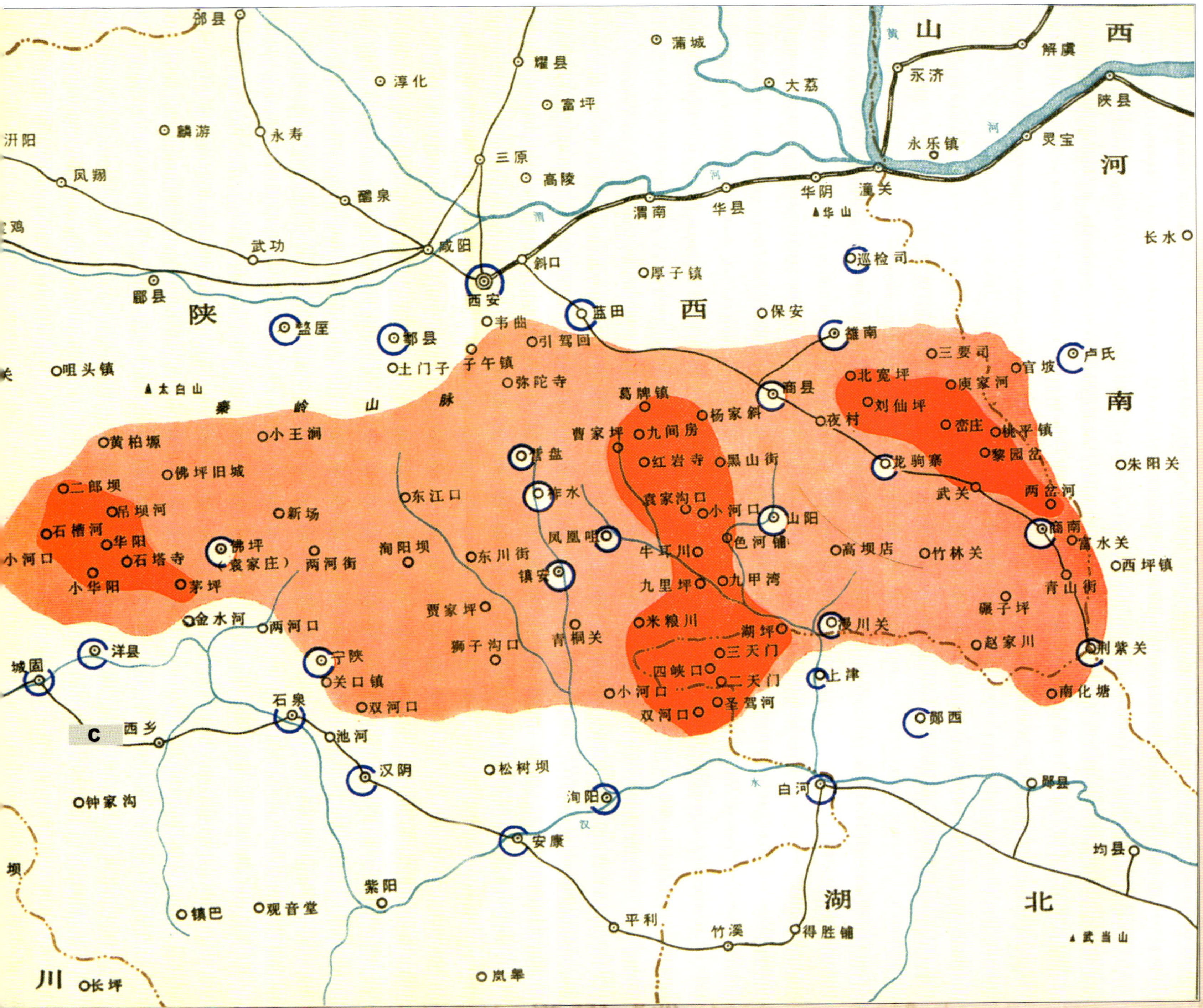

1

2

城，当晚部队进城后，遵照军部命令，对群众秋毫无犯，指战员均露宿在街道两旁。第二天召开群众大会宣传共产党的政策，开仓分粮救济贫民。接着，红二十五军进至雒南、商县以东，深入发动群众，先后建立了5个县工委，2个县和10多个乡的革命政权，并建立了4个游击大队，扩大红军600余人。这时的红二十五军已发展到3700多人，并建立了豫陕游击师，发展了4路游击队，共500余人。鄂豫陕革命根据地初步形成。

5月上旬，敌人又集中30多个团的兵力，对鄂豫陕革命根据地发动第二次“围剿”。中共鄂豫陕省委决定采取“诱敌深入，先拖后打”的方针。6月初，红二十五军自郧西向北，直插商县地区，尔后经商南，奔袭敌荆紫关兵站，歼敌1个营，缴获了大批弹药物资。接着，连续四天急行军，行程560里，转移到根据地边缘的黑山街一带，隐蔽待机歼敌。第四天杨虎城的警备1旅赶来，吴焕先、徐海东指挥红军发起猛烈进攻，经过8小时激战，毙、伤、俘敌1700余人，缴获枪1000余支。其他敌军闻风逃窜，敌“围剿”部署被完全打乱。

红二十五军在陕南虽然取得了一系列胜利，但由于部队长期转战于山区，与外界隔绝，兵源、给养都发生了困难；与中共中央也失去了联系。为了解决物资供应问题和补充部队，为了扩大红军的政治影响并配合陕甘红军的行动，中共鄂豫陕省委决定，部队再次转到外线，北出终南山，威逼西安。

1 陕甘苏区和红军主要领导人谢子长

2 陕甘苏区和红军主要领导人刘志丹

3 1935年7月17日，吴焕先写给中共中央的报告，其中记述了红军有关战斗情况

1935.10 1935.11 1935.12 1936.01 1936.02 1936.03 1936.04 1936.05 1936.06 1936.07 1936.08 1936.09 1936.10

7月中旬，红二十五军打出终南山，前锋部队直抵西安以南20多里，威逼敌军老巢，使西北反革命势力的中心和敌军在西北地区进攻红军的总后方——西安，大受震动。此时正由西安去天水的敌五十一军被迫停止了行动，西安的一些大地主、大资本家，纷纷逃往外地。红二十五军在这次行动中，得到了物资补给，并招收了300多名新战士，扩大了红军。蒋介石妄图在3个月内消灭红二十五军的“围剿”计划至此破产。

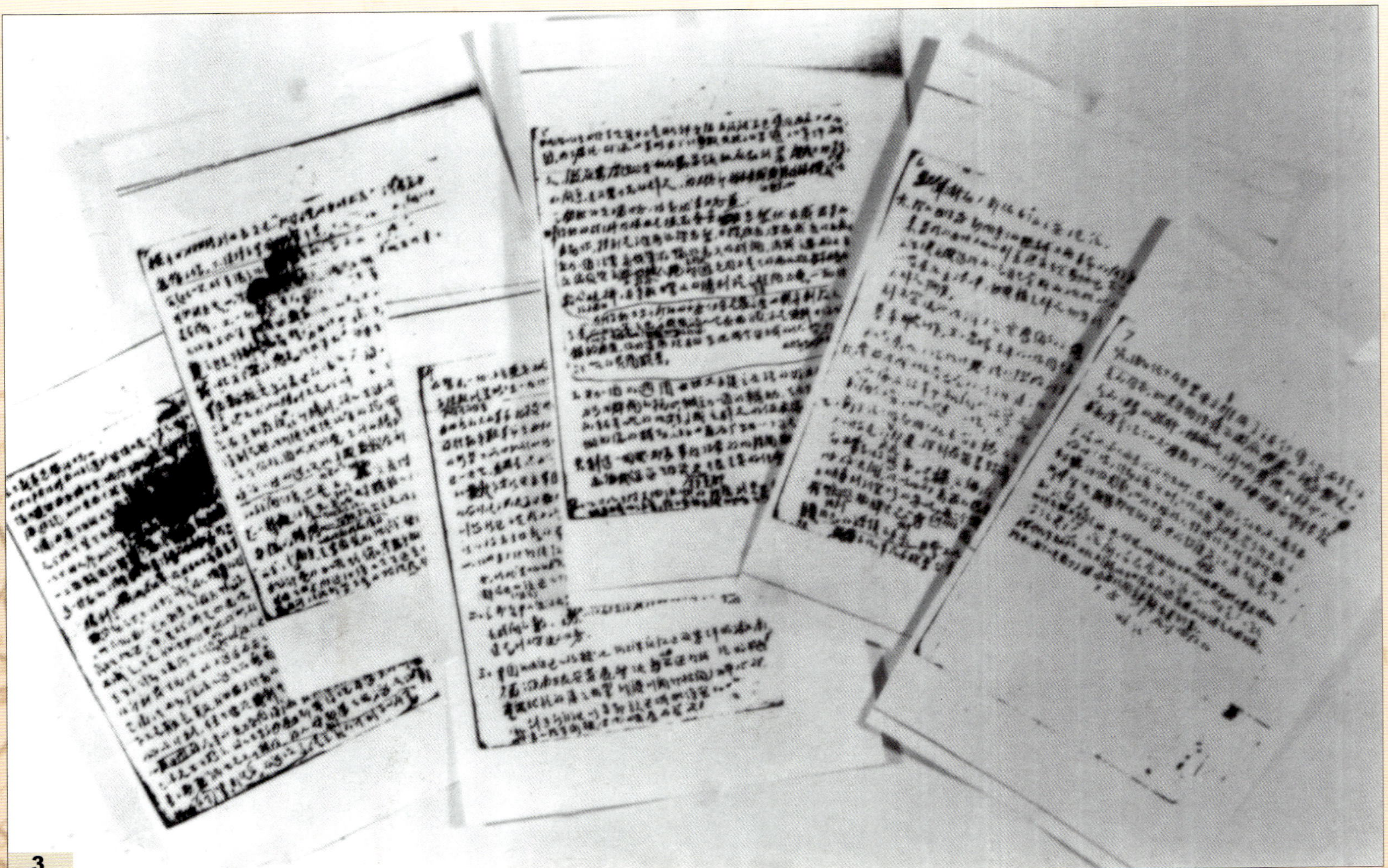
3

陝北軍事形勢轉變
劉子丹徐海東有合股勢
東西南三路援軍開陝北
太原召開晉西防共會議

【中央社綏遠十一日電】陝北殘匪、正由各軍嚴加提剿中、傅作義十一日電伊盟長及七旗札薩克嚴密防範、以免散匪竄入、

……仍沿黃河繼續北竄、直達米脂葭縣東境、……猛撲綏米交界之吉鎮、……極力攻撲、匪遂潰退、復由舊道南竄、向清澗・延川・膚施潰退、現晉軍已有三團渡河、……另聞徐海東匪已由隴南北竄至陝甘邊界之慶陽・六盤山等處、……更有合股會竄之意、……（九月二日）

張學良即赴陝北
陝軍事佈置就緒
綏蒙商聯防辦法

【太原二十日下午八時發專電】閻錫山接張學良由陝來電、謂陝剿匪軍進展甚速、連日迭獲勝利、已打破徐海東與陝北共匪之聯絡、剿匪軍事、佈置就緒、張日內擬赴前方督剿、

【西安二十日下午一時發專電】何柱國由漢抵陝、

閻錫山召集
晉西各縣長開會

1

红二十五军在威逼西安的行动中，从缴获的报纸上和中共地下交通员带来的信息中，获悉一、四方面军已在川西会合，并有北上的动向，受到极大鼓舞。7月15日，中共鄂豫陕省委在长安县沣峪口召开会议，认真分析研究了斗争形势的重大变化，认为“主力会合在西北的胜利，与将要形成中国西北部苏区根据地……都是目前中国革命发展新形势的特点”。省委当即决定，率红二十五军西征北上甘肃境内，牵制打击敌人，以配合主力的北上行动，迎接党中央。

*1935*年*7*月*16*日，红二十五军从西安以南的沣峪口出发，西征北上，向甘肃挺进。9月初，红二十五军强渡泾水，经镇原、庆阳、合水县境，沿陕甘边界的山区北进，7日到达合水东北的豹子川（今属甘肃华池），中共鄂豫陕省委在此召开会议。会议决定由程子华代理中共鄂豫陕省委书记兼军政治委员，徐海东任军长，戴季英任参谋长，郭述申任政治部主任。军领导对部队作了关于进入陕甘革命根据地同陕甘红军会师的政治动员，要求部队整顿军容，讲究礼节，遵守纪律，注意团结，尊重地方政府，虚心向兄弟的陕甘红军学习，向根据地人民学习。全军指战员怀着无比喜悦的心情，准备进入盼望已久的陕甘革命根据地。

会后，红二十五军继续北进，9日到达陕西保安（今志丹）永宁山，与陕甘革命根据地党组织取得了联系。中共陕甘边特委、军委知道此消息后，立即写信报告中共西北工作委员会，并派习仲勋、刘景范到永宁山迎接红二十五军。西北工委为了热情欢迎红二十五军，由组织部印发了《为欢迎红二十五军北上给各级党部的紧

1 天津《大公报》关于陕北军事形势的新闻

2 红二十五、红二十六、红二十七军永坪会师合影

急通知》，指出："这一胜利的红二十五军、二十六军的汇合，是争取陕甘、川陕的联系及联系全国各苏区，在苏维埃中央政府与中央革命军事委员会统一指挥下的一致行动。为苏维埃在整个西北及全中国的胜利而斗争的这个伟大胜利消息，使我们西北劳苦群众听见了，没有一个不手舞足蹈、鼓掌欢迎与庆祝的。我们党应该抓住这一千载一刻的机会，动员全体党员及全苏区的每个劳苦群众，欢迎红二十五军上陕甘[同]红军的汇合，庆祝红二十五军北上的伟大胜利。"并要求各级党组织立刻动员起来，举行各种形式的欢迎与庆祝会，散发传单，广贴标语，欢迎红二十五军，发动群众自动地捐助各种食品与鞋袜，派代表慰问劳苦远征的红二十五军。

陕甘苏区地处陕西、甘肃两省边界地区，包括陕甘边和陕北两块苏区。两苏区

2

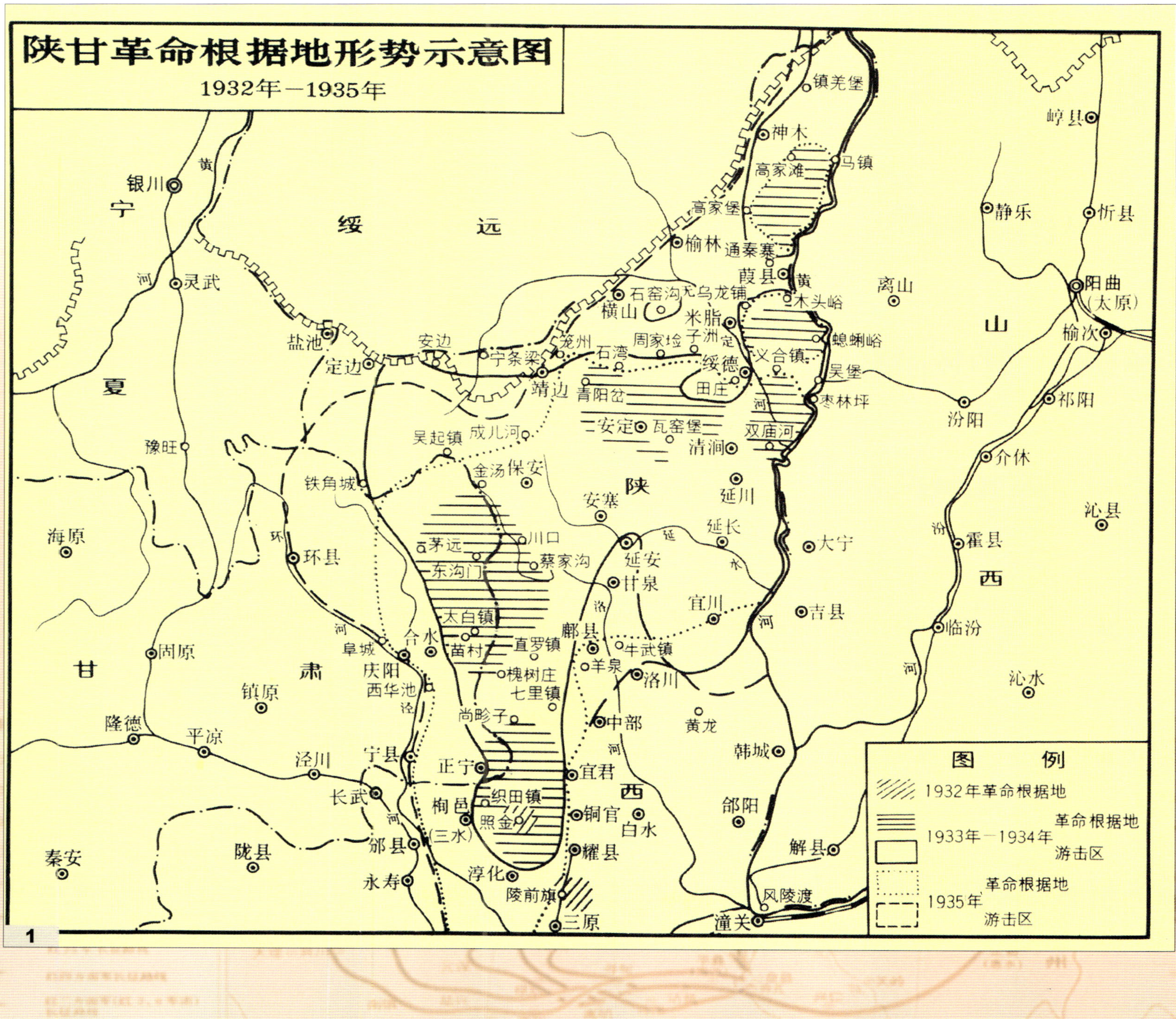

陕甘革命根据地形势示意图
1932年—1935年
图例
1932年革命根据地
1933年—1934年 革命根据地 游击区
1935年 革命根据地 游击区
宁
夏
甘
肃
陕
西
山
西
绥
远
银川
灵武
盐池
定边
安边
宁条梁
靖边
豫旺
海原
固原
隆德
平凉
镇原
泾川
长武
宁县
正宁
枸邑
(三水)
邠县
永寿
淳化
陵前旗
三原
耀县
铜官
白水
宜君
中部
洛川
黄龙
韩城
郃阳
解县
风陵渡
潼关
秦安
陇县
环县
铁角城
吴起镇
成儿河
金汤保安
安塞
延安
甘泉
延长
延川
宜川
鄜县
羊泉
牛武镇
合水
太白镇
苗村
直罗镇
槐树庄
七里镇
尚畛子
织田镇
照金
庆阳
西华池
阜城
茅远
川口
蔡家沟
东沟门
清涧
安定
瓦窑堡
双庙河
枣林坪
吴堡
田庄
绥德
义合镇
蟆蛳峪
米脂
子洲
周家硷
石湾
青阳岔
横山
石窑沟
乌龙铺
木头峪
葭县
通秦寨
榆林
高家堡
高家滩
马镇
神木
镇羌堡
岢县
静乐
忻县
离山
阳曲
(太原)
榆次
祁阳
汾阳
介休
沁县
霍县
大宁
吉县
临汾
沁水

1

1 陕甘革命根据地形势示意图

2 陕甘苏区中共西北工作委员会组织部为欢迎红二十五军北上给各级党组织的紧急通知

的党组织和红军互相联系、互相配合、互相支援，最后在刘志丹、谢子长等领导下，成立了中共西北工作委员会和中国工农红军西北革命军事委员会，统一领导两苏区革命斗争。1935年6月，在西北工委、军委的统一领导和刘志丹的指挥下，红二十六、二十七军联手作战，粉碎了敌人第二次“围剿”，解放了延长、延川、安定、安塞、靖边、保安（今志丹）6座县城，两苏区联成一片，形成地域较为广阔的陕甘革命根据地。根据地人口七八十万，面积三四十万平方公里，成为红军长征的落脚点和抗日救国的出发点。

1935年7月下旬，蒋介石又调集东北军和陕、甘、宁、晋4省部队近10万人，采取南进北堵、东西夹击的方针，对陕甘苏区发动第三次大规模的“围剿”。东线晋绥军约5个旅在山西榆次集中，先头部队第二十六旅进至宋家川（今吴堡县城）、枣林坪一带，阻止红军东渡黄河；北线第八十四师、第八十六师据守横山、神木、绥德等地，阻止红军北上；西线马鸿宾部第三十五师等部队分布于合水、庆阳、环县、盐池一线，阻止红军西进；南线的东北军第六十七军为“围剿”军主力，在洛川以南地区集结，准备向延安方向推进。

2

红军西北军委根据上述情况，决定采取集中兵力各个击破的方针，先打东线之敌，再打

1

北线之敌，然后寻歼南线之敌，以打破敌军“围剿”。8月1日，西北红军第二十六、二十七军主力乘敌第三次“围剿”部署尚未就绪和东线晋绥军态势孤立之机，于清涧县袁家沟、花岩寺一带集结，组成精干部队轻装北上，秘密进至吴堡、宋家川地区，前敌总指挥部决定，以一部兵力进攻慕家塬守敌，主力进至慕家塬以南地区隐蔽待机，以歼援敌。11至18日，红军歼敌第二零六旅1个团又4个连，俘敌1800余人，迫使敌晋绥军主力退回黄河以北。此后，红军又以一部兵力南下鄜县（今富县）、甘泉，箝制南线之敌，主力北上袭击横山之敌。此战虽未得手，但迫使敌军

1 红二十五军与红二十六、红二十七军会师地——陕西省延川县永坪镇

2 陕甘苏区红军一部

收缩兵力，从而达到了巩固后方的目的，为此后集中兵力打破敌军“围剿”创造了条件。

红二十五军在永宁山稍加休息后，即在陕北党组织、红军和人民群众的热烈欢迎声中，向延川县永坪镇开进。一路上，人民群众送水送饭、送米送柴、送鞋送袜，到处都可见欢迎红二十五军的标语，听到热烈欢迎的口号。有一首陕北民歌中唱到：“一杆杆红旗空中飘，红二十五军上来了。来到陕甘洛河川，劳动百姓好喜欢。”这正是当时情况的真实写照。在陕北党组织无微不至的关怀下，红二十五军得到充

2

1

足的食品，大部分战士换了新鞋袜，战士们喜气洋洋，边走边唱，行军速度大大加快。经过4天行军，红二十五军于9月15日胜利到达永坪镇。至此，红二十五军历时10个月，行程近万里的长征胜利结束。这时全军共有3400多人，成为长征的红军中先期到达陕北的第一支队伍，实现了战略转移目标。

红二十五军到达延川永坪镇的第二天，刘志丹率领红二十六、二十七军到达永坪镇，三个军胜利会师。9月17日，在中共中央驻北方代表派驻西北代表团的主持下，中共西北工委和中共鄂豫陕省委在永坪镇召开联席会议。为了统一党的领导和集中兵力，统一指挥作战，会议决定：撤销原西北工委和鄂豫陕省委，成立中共陕甘晋省委，由朱理治任书记，郭洪涛任副书记；组成中国工农红军第十五军团，撤销红二十五、二十六、二十七军番号。会议还号召军民行动起来，准备粉碎敌人对陕甘苏区的第三次“围剿”。

9月18日，在永坪镇石油矿广场举行了盛大的军民联欢大会，庆祝红军胜利会师和纪念“九一八”事变四周年。周围几十里的赤卫军和群众纷纷赶来参加。会场上横挂着“欢迎红二十五军”的标语，红旗飘飘，歌声嘹亮，全场洋溢着两支兄弟红军亲如手足的战斗友谊和根据地人民对子弟兵的真挚感情。会上，刘志丹、徐海东、郭述申、聂洪钧、朱理治先后发言，分别代表陕甘革命根据地军民、红二十五

1 郭述申、习仲勋、刘景范、郭洪涛、聂洪钧(从左至右)

2 1935年9月5日，红二十五军长征到达陕北后与红二十六、红二十七军在永坪镇会师，这是会师时的情景

军、西北革命军事委员会、中共西北工委祝贺红军胜利会师，号召全体军民互相学习，加强团结，积极参加抗日救亡运动，坚决粉碎国民党对陕甘革命根据地的第三次“围剿”，为巩固和扩大陕甘革命根据地而奋斗。

会后，红二十五军和红二十六军、红二十七军在中共中央西北代表团和陕甘晋省委的主持下，合编为红十五军团。徐海东任军团长，程子华任政治委员，刘志丹任副军团长兼参谋长，高岗任政治部主任，郭述申任副主任。下辖三个师，原红二十五、二十六、二十七军依次编为红十五军团第七十五、七十八、八十一师。第七十五师师长张绍东，政治委员赵凌波；下辖第二二三团，团长陈锦秀，政治委员常玉清；第二二五团，团长郎献民，政治委员刘震。第七十八师师长杨森，政治委员张达志；下辖第二

2

三二团，团长王富贵，政治委员黄罗斌；第二三四团，团长郭宝山，政治委员马沛雄；骑兵团，团长康健民，政治委员高锦纯。第八十一师师长贺晋年，政治委员张明先；下辖第二四一团，团长刘明山，政治委员李宗贵；第二四三团，团长李仲英，政治委员王国昌；补充团。军团机关和直属队编有司令部、政治部、供给部（部长查国桢）、卫生部（部长钱信忠）、手枪团（团长傅春早、政治委员夏云亭）、交通队等。全军团共7000余人。

正在红二十五军与陕甘苏区红军会师之际，国民党东北军第六十七军于9月中旬由中部（今黄陵）向北进犯，军部率第一〇七师进驻洛川，其第六一九团1个营

1

1 红十五军团一部

2 劳山战役示意图

进占羊泉；第一一〇师、第一二九师（欠六八五团）沿洛（川）延（安）公路推进至延安；第六八五团驻甘泉，维护南北交通。为了打破敌军的进攻，红十五军团决定采取集中兵力、围点打援的战术，歼击孤军冒进之敌。9月下旬，红十五军团进至甘泉以西之下寺湾、王家坪一带集结。徐海东、刘志丹率团以上干部到劳山勘察。劳山南距甘泉15公里，北距延安30公里，东西群山耸立，树林茂密，地势险要，为延安通往甘泉必经之地，是设伏歼敌的较好战场。据此，军团首长作了具体部署，将主力设伏于劳山东西地域。9月28日，第八十一师二四三团包围甘泉县城，翌日拂晓前，部队进入伏击阵地。军团指挥部规定，每人带三天的干粮，不准生火，不准走动，没有指挥部的命令，任何人不准开枪。部队耐心地埋伏了三天。10月1日，敌第一一〇师由延安沿公路南下增援甘泉，途中留第六三〇团于四十里

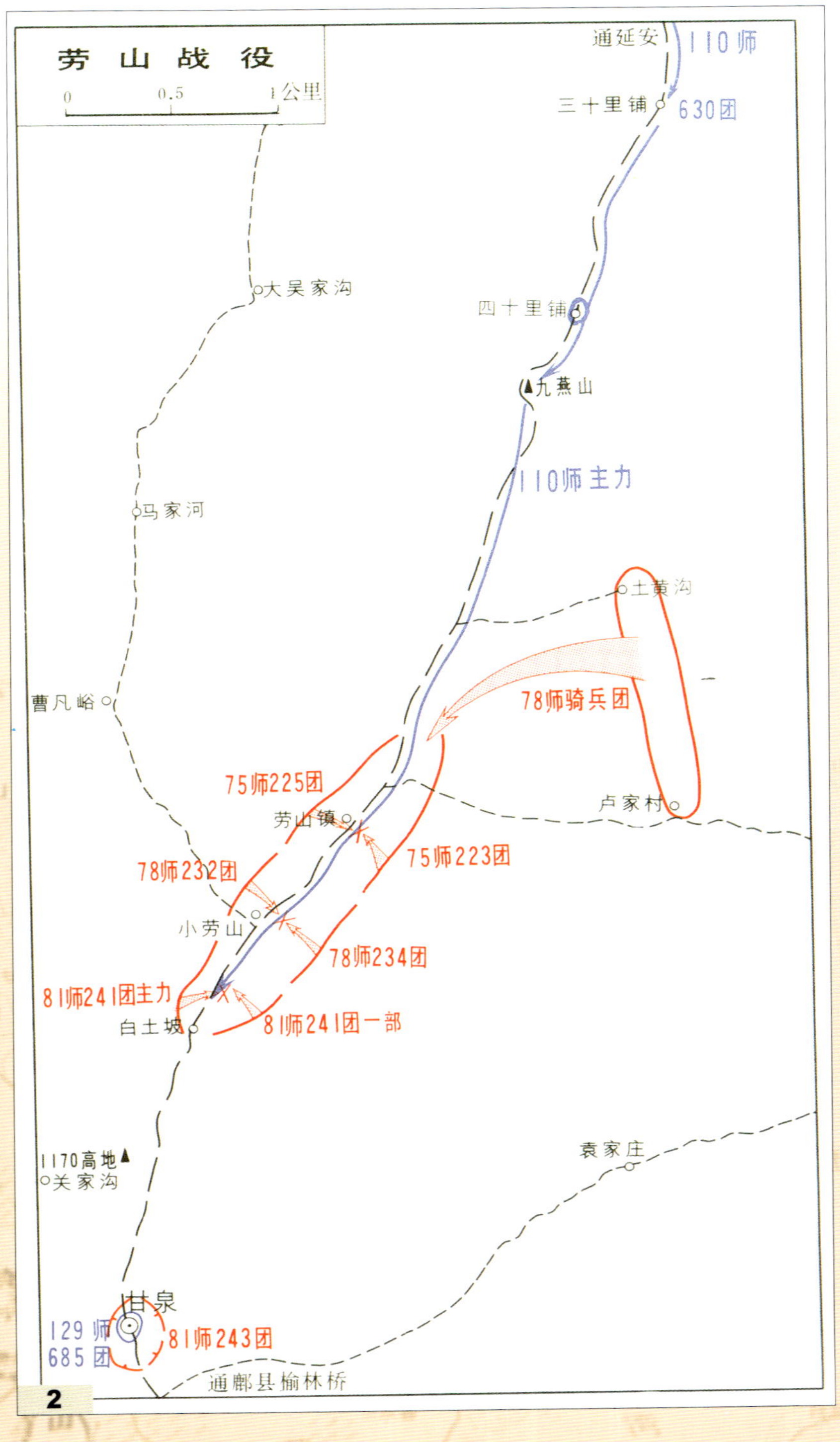

红二十五军长征路线图

1934年11月—1935年9月

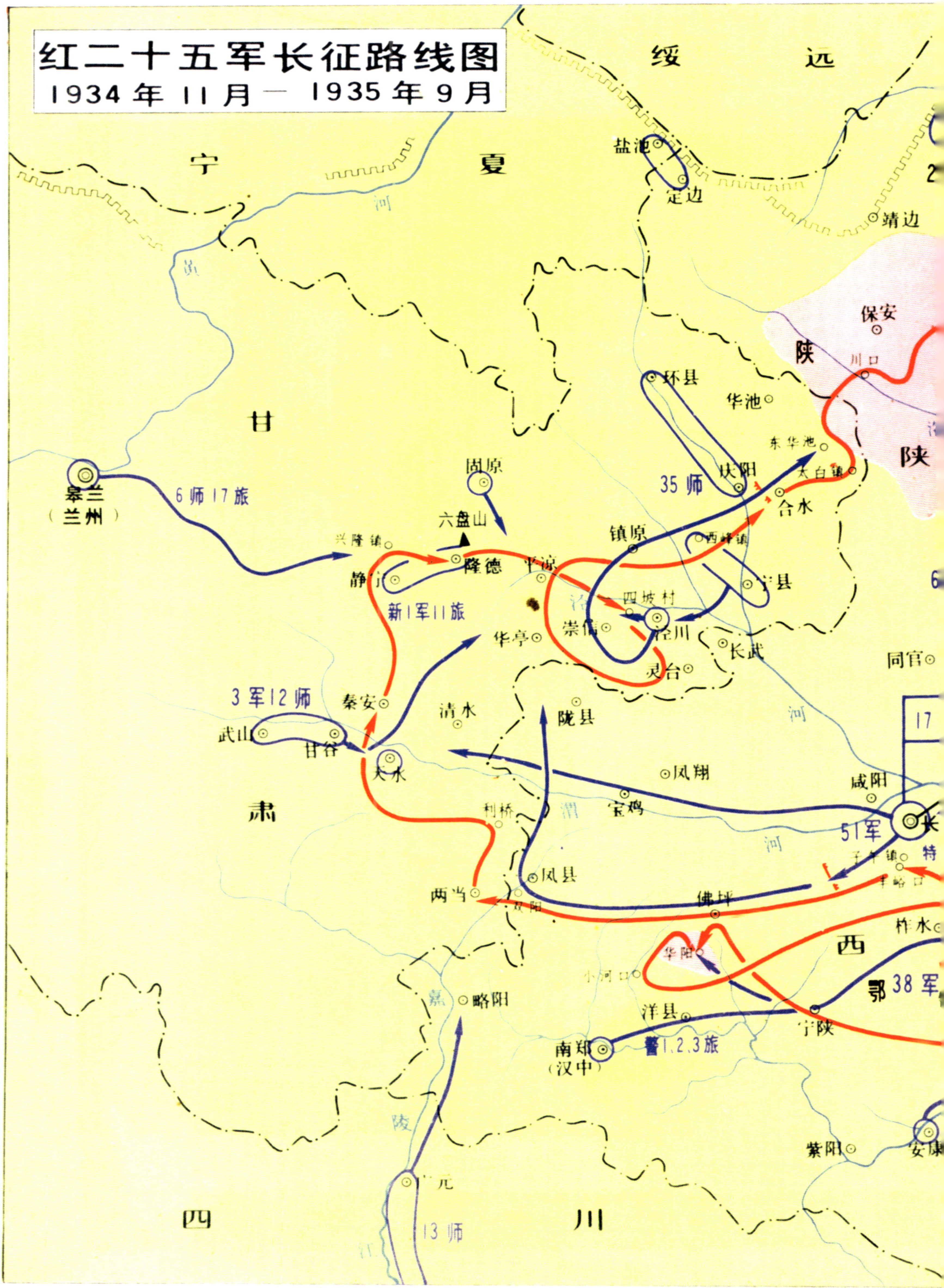

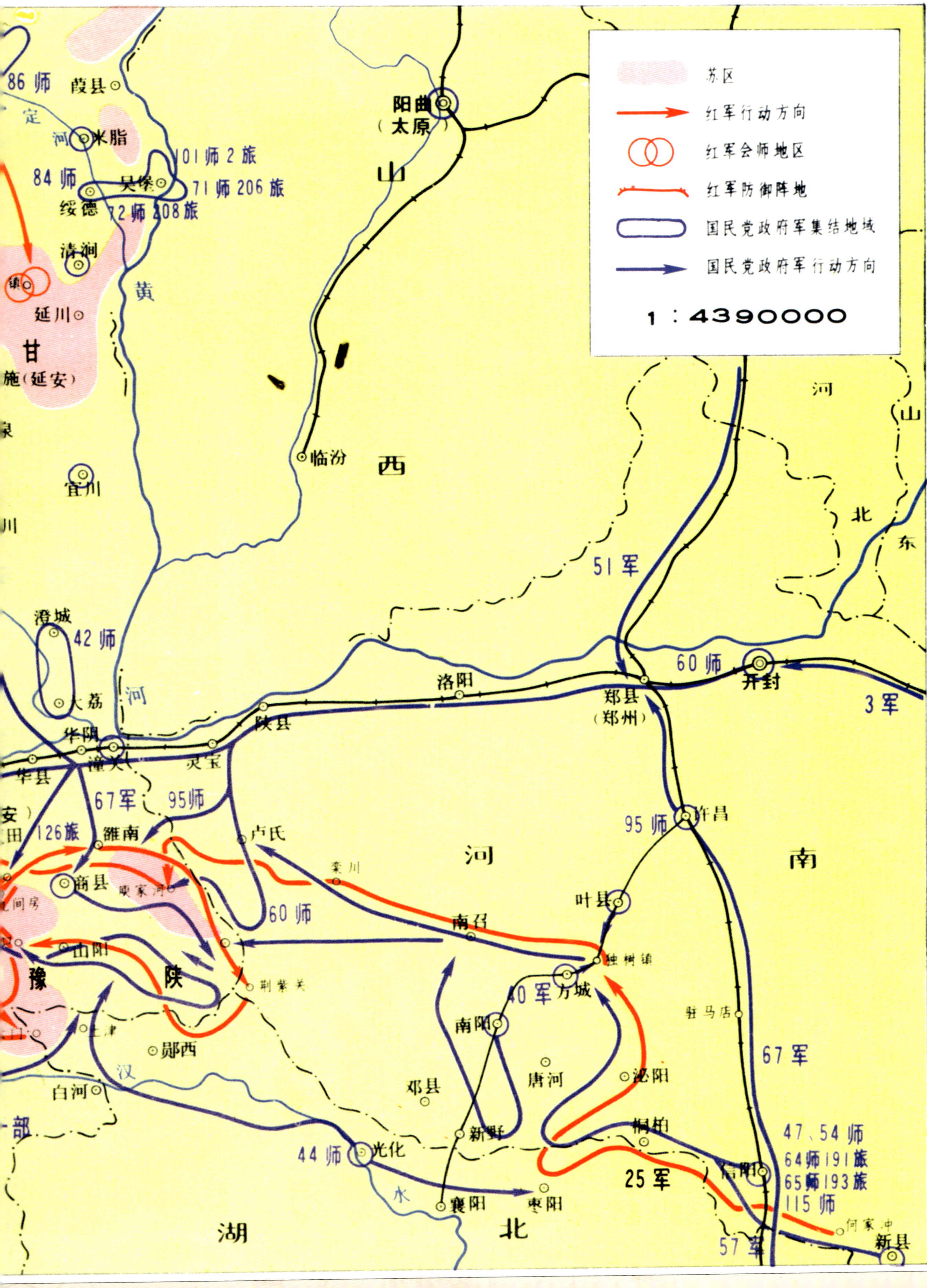
苏区
红军行动方向
红军会师地区
红军防御阵地
国民党政府军集结地域
国民党政府军行动方向
1：4390000
阳曲（太原）
山
西
临汾
河
山
北
东
51军
60师
开封
3军
郑县（郑州）
洛阳
陕县
灵宝
潼关
华阴
华县
大荔
澄城
42师
河
黄
宜川
延川
甘
施（延安）
清涧
绥德
吴堡
米脂
葭县
86师
84师
101师2旅
71师206旅
72师208旅
定
67军
95师
126旅
雒南
卢氏
商县
庾家河
60师
山阳
豫
陕
荆紫关
郧西
上津
白河
汉
95师
许昌
河
南
叶县
栾川
南召
独树镇
方城
40军
南阳
驻马店
67军
泌阳
唐河
邓县
新野
桐柏
光化
44师
水
襄阳
枣阳
湖
北
25军
信阳
47、54师
64师191旅
65师193旅
115师
何家冲
新县
57军

1

2

铺为策应，师长何立中率第六二八、第六二九团沿公路两侧向南搜索前进。当日14时，敌先头部队进至红军设伏地区，红八十一师第二四一团突然向敌开火，堵住敌前进道路。同时，位于阳台（劳山北3公里）之红七十八师骑兵团，适时出击，断敌退路；红七十五师和红七十八师主力从公路两侧山地向敌行军纵队发起猛烈冲击，将敌分割在榆树沟口和小劳山地区，经过5个多小时的激战，全歼该敌。这次战斗，共毙、伤敌师长何立中、师参谋长范驭州、团长杨德新以下1000余人；俘

1 劳山战役旧址
2 榆林桥战役旧址
3 劳山战役缴获的部分武器弹药

3

敌团长裴焕彩以下3700余人，缴获长短枪3000余支，轻重机枪180余挺，炮12门，战马300余匹和电台1部。

敌东北军遭打击后，采取步步为营的堡垒政策，对陕甘苏区实行严密封锁，企图逐步缩小苏区，最后消灭红军。10月20日，敌第一〇七师六一九团并加强第六二〇团1个营进驻榆林桥。红十五军团决定乘敌构筑工事未成，立足未稳之机，消灭该敌。于是，仍以红八十一师第二四三团继续围困甘泉之敌，主力由王家坪地区南下，经道佐铺向榆林桥逼近。10月25日拂晓，红军乘晨雾茫茫，能见度不良之机，由东、西两面对榆林桥守敌发动攻击。敌凭借房屋和窑洞顽抗，我军与敌展开逐窑逐屋的争夺，战至下午，全歼守敌4个营，俘敌团长高福元以下1800余人，缴获大量军用物资。

劳山、榆林桥战斗的胜利，沉重地打击了东北军的气焰，巩固和扩大了陕甘革命根据地，壮大了红军的力量。战役中的大量缴获，使红十五军团的武器装备得到改善，服装给养得到补充，为迎接中共中央和中央红军的到来创造了有利条件。

留陕南红七十四师坚持斗争

红二十五军主力西征北上后，留在鄂豫陕革命根据地的红军和地方武装，在中共鄂豫陕特委领导下，重建红七十四师，采取灵活机动的战略战术，发起了青铜关等战斗，粉碎了敌人的三次围攻，在极端困难的情况下坚持斗争，直到全国抗日战争爆发后，同红十五军团胜利会师，投入了伟大的抗日民族战争。

1

1935年7月16日，红二十五军西征北上后，国民党陕西省“绥靖”主任杨虎城除以部分兵力追击红二十五军主力外，集中国民党第六十七军、第四十军、第九十五师、第四十四师、陕军警备第二旅和特务团等20多个团的兵力，对鄂豫陕革命根据地进行划区“清剿”，企图彻底消灭红军，摧毁根据地。

面对国民党军的疯狂进攻，郑位三、李隆贵、陈先瑞、方升普等根据中共鄂豫陕省委代理省委书记吴焕先的指示，于1935年9月9日，在商南梁家坟举行中共鄂陕、豫陕两特委联席会议，统一了思想认识，克服了一些同志存在的悲观情绪，坚定了坚持游击战争的信心。会议决定：树立独立坚持游击战争的思想，以陕南为中心，广泛开展游击战争，跳出敌人包围圈，在宁陕、佛坪地区开辟新的根据地，争取恢复老根据地；将两特委合并为鄂豫陕特委(又被称为陕南特委)；将各游击师、游击大队合编为红军第七十四师。

10月6日，根据鄂豫陕特委梁家坟会议的决定，红七十四师在商南碾子坪正式成立，下辖2个营，1个手枪团。陈先瑞任师长，李隆贵任政治委员，方升普任副师长兼参谋长。全师近700人。

红七十四师成立后，迅速投入反“清剿”斗争。他们采取避实就虚策略，从碾

1 陈先瑞
2 商洛山

子坪出发，沿鄂陕交界西进，在山阳、镇安、柞水、宁陕等地与敌周旋，并镇压了极少数反动分子。

11月中旬，国民党军第四十军以3个团的兵力向鄂陕边区发动进攻。红七十四师由郧西二天门一带西进宁陕、佛坪地区，摆脱了敌军的围攻。“追剿”红七十四师的主力庞炳勋部第四十军无功而返。

12月初，红七十四师进至青铜关以东月西沟。青铜关位于镇安县城东南90里处，东临乾佑河，西接崇家山，是一个易守难攻的地方。国民党第四十军第一一五旅的一个营已先行到达青铜关，另一个营跟踪尾追，企图前后夹击，消灭红军。红七十四师采取将计就计策略，利用月西沟的有利地形，以小股兵力诱敌进入伏击圈，力求全歼。敌人果然中计，误以为小股红军部队是游击队，便派一个营长带两个连在沟内展开攻击。红七十四师以第一营在左，第二营在右，手枪团两个班断敌退路，待敌人进入伏击圈时，师长陈先瑞一声令下，红军迅速勇猛地冲向敌人。在进攻受阻后，陈先瑞举起大刀带头向敌人冲去，全体指战员们个个奋勇争先，一举将敌人击溃。共毙、伤敌营长以下官兵100多人，缴枪100多支，轻机枪4挺。至此，打破了国民党军对红七十四师的第一次围攻，根据地形势趋于好转。

2

12月中旬，红七十四师到达宁陕县四亩地。中共鄂豫陕特委在此地召开会议，决定继续开展游击战，并不失时机地进攻敌人防守薄弱的县城，扩大党和红军的政治影响。下旬，红七十四师运用声东击西、远程奔袭战术，攻占宁陕县城，击毙县长，全歼保安队300余人，并缴获了敌人的一个武器库。

*1936*年*1*月初，红七十四师再次运用声东击西战术，

先进到洋县金水河地区，顺汉水漂放宣传标语，然后掉头东向，出击豫陕边，歼灭荆紫关、西坪、峦庄、庾家河、三要司、兰草、官坡等地民团500余人，缴长短枪400多支。当敌人调兵追来时，红七十四师则回师西返，袭占佛坪县城，歼敌一部，缴枪数十支。

红七十四师的胜利，有力地打击了国民党正规军和地方反动武装的嚣张气焰，扩大了党和红军的影响，提高了部队的战斗力。

1936年2月，国民党西安“绥靖”公署又调集第四十九师、第四十军一部、胡宗南部混成旅、陕军警备第一、第二旅和特务团等部，以及地方保安团队等共10多个团的兵力，对红七十四师发动第二次围攻。敌人以一部兵力驻守各县城、重要城镇，其余兵力向宁陕、佛坪地区进攻，企图消灭红七十四师于太白山以东地区。中共鄂豫陕特委得悉后，迅速采取敌进我退的策略，避开强敌，以“大回旋”的游击战术，打击围攻之敌。中旬，红七十四师西进，直逼川陕公路，先后在华阳、江口镇、双石铺、黄牛铺等地歼保安团、民团500余人，缴枪400余支。接着，在川陕公路沿线50公里的地段上，以毁路基、断桥梁、割电线、截军用汽车等战术迫使敌中断交通半个月。敌人得悉后，又调集5个团的兵力，封锁宁陕、佛坪一线及其以西地区，企图阻止红七十四师回返根据地；并另调1个团守卫通往山外的要道，2个团专事追击。

1

根据上述敌情，中共鄂豫陕特委率领红七十四师采取“盘旋式打圈子”的战术，翻越秦岭，绕过敌人封锁线，于3月17日跳出了敌军的包围圈，进至根据地东江口地区。至此，敌人的第二次围攻又告失败。

4月上中旬，红七十四师相继进军豫陕边、鄂陕边，消灭保安团和民团500余人，解决了部队的服装和武器弹药

1 巍峨秦岭

2 郑位三

1935.10 1935.11 1935.12 1936.01 1936.02 1936.03 1936.04 1936.05 1936.06 1936.07 1936.08 1936.09 1936.10

2

问题。之后，部队返回梁家坟休整。

中共鄂豫陕特委在梁家坟召开会议，进一步学习中央文件。会议认为，中央根据国内外形势的发展，确定了抗日统一战线总政策，这是红军的行动纲领。会议决定：红七十四师返回宁陕、佛坪地区，抓紧训练部队，进一步开展群众工作，贯彻党的抗日民族统一战线总政策，准备粉碎敌人新的围攻。

4月下旬，红七十四师西进到达漫川关，歼灭了驻守的民团，进入柞水曹家坪，收编了由宋登贤领导的农民武装200余人，并将其改编为“抗捐军”，在宁陕、柞水、长安交界地区开展活动。该部后来改编为红七十四师补充团。5月初，红七十四师又将在长安起义的陕军警备第二旅第四团第九连何振亚部改编为“陕南抗日第一军”，任命何振亚为军长，归红七十四师指挥。6月，又将沈启贤领导的原陕军警备第二旅第四团第四连起义部分队伍与何振亚部会合。1937年1月，红十五军团南下商县，何振亚部调归红十五军团指挥，后改编为红十五军团警卫团。

1936年5月，红七十四师缴获敌人快邮代电一份，得知国民党西安“绥靖”公署调动了20个团的兵力，包括第三军的3个团、国民党军事委员会别动总队公秉藩第1支队等，采取正规军与保安队相结合的手段，准备对红七十四师发动第三次围攻，企图在3个月内将红七十四师彻底歼灭。

中共鄂豫陕特委根据敌人的部署和第二次反围攻的经验，决定不拘一格，将部队化整为零，发挥红军地形熟、善于山地运动和游击战等特点，灵活机动地打击敌人。具体部署是：由郑位三率领第一团，活动于镇安、柞水、蓝田一带；李隆贵率领第五团，活动于汉水北岸的汉阴、洵阳地区；陈先瑞率领第六团，先向宝鸡方向活动，引敌西进，然后东返，活动于山阳、商县、商南、郧西地区。

从6月至8月，红七十四师3个团分别深入敌后，四出游击，飘忽不定，伺机打击敌人，取得连连胜利：第一团奔袭两岔口，回兵大龙庙，在华县、卢氏、洛南

1

和蓝田等周围广大区域进行游击活动，沉重打击反动民团、保安队，扩大了党和红军的影响；第五团在汉水北岸桃园、林达庙等地进行游击活动，歼敌100余人，缴枪80余支；第六团进逼宝鸡，调动敌人西进，随后东返，在竹林关歼敌80余人后，又袭击赵川民团，缴枪200余支。红七十四师的分兵游击活动，打乱了敌人的部署，打破了敌人企图在3个月内消灭红七十四师的计划。

10月初，红七十四师袭占镇安县云盖寺，歼民团150余人，配合了红二方面军的行动。

11月下旬，红七十四师进至豫陕边的罗家湾，利用公路两侧山地，集中火力，向驻商县的国民党军别动总队公秉藩第一支队和陕西省保安队1000人发起攻击。经近1小时激战，将敌击溃，敌人一部分乘汽车逃跑，一部分窜回富水关。是役，红七十四师毙、伤敌近100人，俘敌中校军官1名，缴二十响驳壳枪30余支，步枪数十支，机枪7挺。红军仅伤亡10余人。

富水关战斗后，红七十四师北进至官坡时，与卢氏保安团1个加强连遭遇。前卫第三营第九连在手枪团的配合下，与敌展开勇猛冲杀，歼敌170余人，缴“俄国造”步枪130余支，轻机枪2挺。随后红七十四师转入雒南、蓝田等地，连歼灵峪口、石家坡、许家庙等民团，并沿华山脚下绕行三圈，派少数部队登上华山，大造声势，张贴标语，搞得敌人晕头转向，四处告急。后来毛泽东在接见红七十四师干部时还谈到过这个情况。他说：我们就是那个时候听到你们消息的，中央红军西征出动，你们就在南面闹华山，配合得好啊。

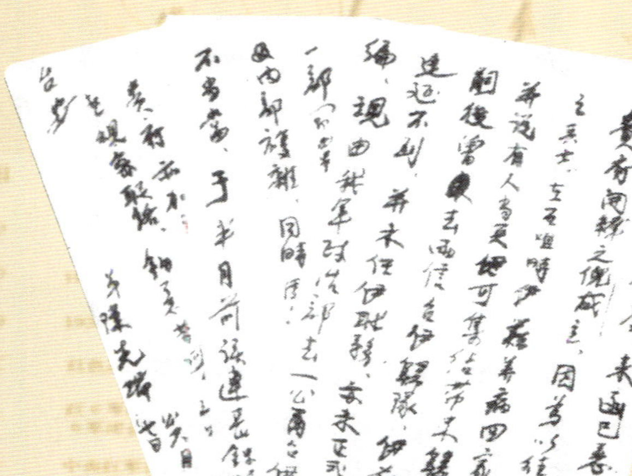

2

12月中旬，红七十四师进至蓝田大龙庙。此时，西安事变爆发，红七十四师接到中央军委副主席周恩来的指示，要求“暂不行动”。之后根据中共中央指示，鄂豫陕边区成立了军委会，郑位三任主席；

1 红七十四师政治部印模

2 红七十四师师长陈先瑞掌握斗争策略，写给柞水县长贾志璞的信

3 红七十四师转战路线图（1935.9—1936.12）

红七十四师改编为南路抗日军(对内仍称红七十四师)，陈先瑞任军长，辖第四、第五团和独立团、补充团，共1700余人。至此，红七十四师独立坚持鄂豫陕边界地区游击战争胜利结束。

1937年1月22日，红七十四师和红十五军团在商县胜利会师。军团长徐海东、政治委员程子华等对红七十四师独立坚持鄂豫陕边区的斗争，给予了很高评价。

1937年8月，红七十四师奉中共中央军委命令，开赴三原改编为国民革命军第一一五师留守处。成千上万的群众夹道欢迎这支在恶劣的环境中独立战斗了一年多的英勇红军。“围剿”红七十四师的主力、国民党军第四十九师师长化装成群众，混在围观的群众中驻足观望，他怎么也不明白，这样一支弱小的军队不但能生存下来，而且还越打越多，越战越强。他最终还是发出了这样的感叹：这真是一支神奇的军队。

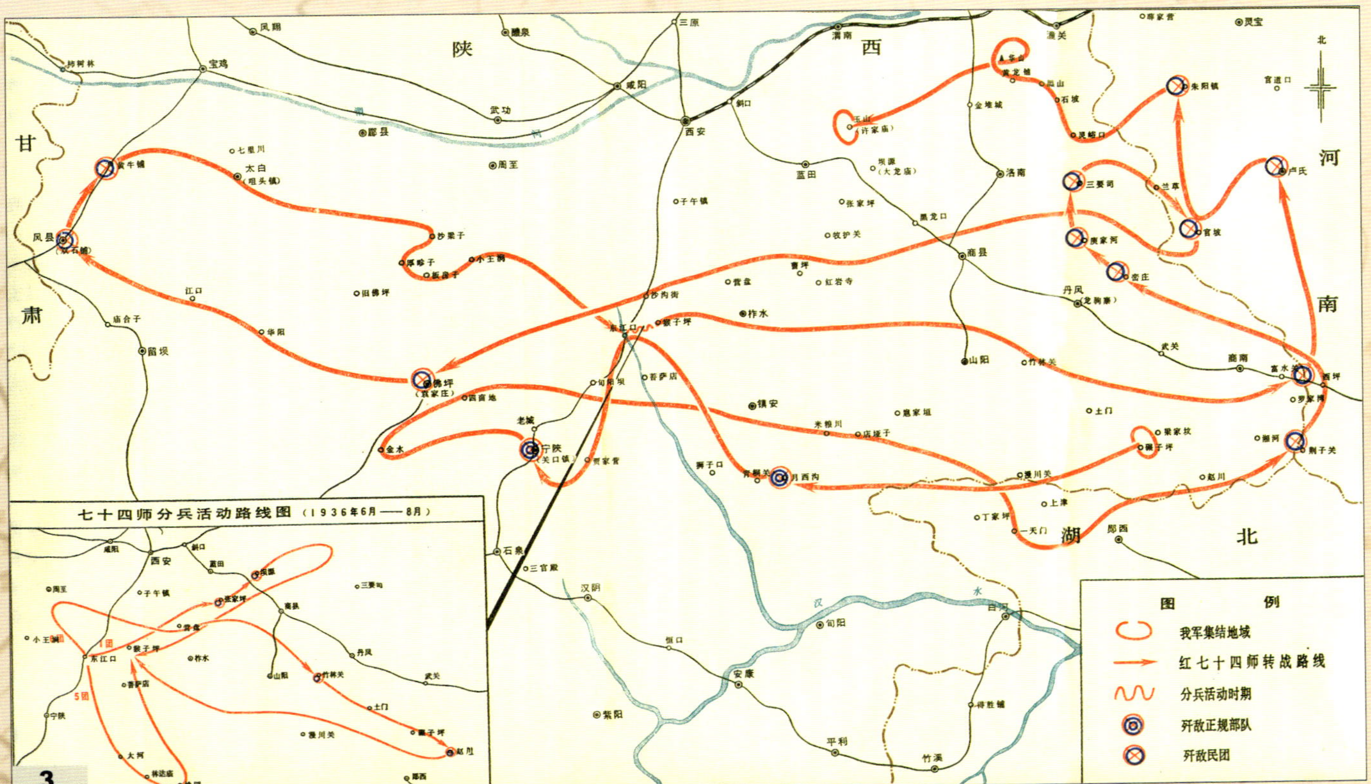

3

来到吴起镇

成仿吾　中华苏维埃共和国中央执行委员

下午，部队在距离吴起镇约二十里的一些村庄宿营。傍晚，刚吃过晚饭，司令部命令各纵队进驻吴起镇及附近村落。大家听到这个命令，莫不十分高兴，因为就要回到红区了，很多人忘记了几天行军的疲劳，像小孩一样，连跳带蹦，直往吴起镇跑。但是当我们进入吴起镇时，群众误认为是匪军又来骚扰，仓皇逃避一空。我们在街上与窑洞内外，到处发现“中国共产党万岁！”“拥护刘志丹！”的标语，确定这已是陕北红区的地方了。大家兴奋地不约而同地说：“我们真的回到自己家了！”于是四下出去找群众，半天找着了几个老头、老太太，却语言不通，讲什么都说：“解不下”，我们的同志误以为群众“害怕”，因为音很相近。战士们首先把街道打扫干净，贴上各种标语，如“北上抗日，收复失地！”“与二十五、六、七军会合，一致抗日救国！”不久那些老人又找来了一些群众。很快当地的支部书记与乡政府主席回来了，他们和战士们热烈握手，战士们把乡干部包围起来，差一点把他们举上天空，口里说着南腔北调，但一张张的脸上表现出十分激动的心情，有的人热泪久久挂在脸上。乡干部们很热情地和部队的负责同志研究解决各种需要。第二天早晨，全镇的男女老少都回来了，见了我们一个个笑容满面，不断地说：“啊！原来是咱们自己人！”

1

1 吴起镇
2 陈鹤桥

1935.10 1935.11 1935.12 1936.01 1936.02 1936.03 1936.04 1936.05 1936.06 1936.07 1936.08 1936.09 1936.10

党中央来到陕北

陈鹤桥 红十五军团政治部文印科科长

1935年10月中旬，我们红十五军团刚打了胜仗，正在延安以南的甘泉县一带休整。一天傍晚，一个三十多岁的农民，冒着凛冽的北风，奔到我们军团政治部，急促地问道："司令部在哪里？哪位是司令员？"我们问他要做什么，他大声地说："中央红军来了！"这位农民是从保安县（现称志丹县）来送消息的，他还带来一张中央红军的布告，内容是宣传红军的抗日主张。军团首长徐海东、程子华等同志看到布告前面写着"中国工农红军北上抗日陕甘支队"，布告后面写着"司令员彭德怀、政治部主任杨尚昆"等字样，才知道中央红军确实已经来到陕甘边区了。

2

过了几天，党中央派贾拓夫同志进入边区（中央红军在边区边沿休整），并来到十五军团。他是来了解苏区的组织情况和红军的情况的，要苏区的党政军领导同志迅速同中央建立直接联系。军团首长当即将陕甘地区红军的编成及最近的作战情况向中央做了报告。中央得到报告后，又派杨光池等同志带一部电台来到十五军团。电台的同志和机要人员来到后，立即开始工作，迅速同中央电台取得了联系。这时，虽然我们同中央仍相距数百里，但是我们都感到中央就在我们的身边，因为我们随时都可以接到中央的指示了。

1

2

部队忙着进行会师的准备工作。过了十来天，中央红军的参观团由张云逸同志和刘亚楼同志率领来到了十五军团。这个参观团，包括几十位领导干部和一个剧团。我们真的看到中央红军了。

中央红军和十五军团即将大会师，使敌人更加恐慌了。他们又继续调兵遣将，重新布置对陕甘苏区的第三次“围剿”。东线敌军被刘志丹同志指挥部队打退了，南线敌军也受到严重打击，北面的是少数的杂牌军，只有西线敌人4个主力师进到庆阳、合水一带。党中央和毛主席详细分析了敌情，并亲自

3

- 1 张云逸
- 2 刘亚楼
- 3 红一方面军无线电报务员全体合影
- 4 歌曲：《到陕北去》

召集了军团首长研究作战方案，决定重点打击西线敌人，迅速粉碎敌人的“围剿”。中央和方面军的首长发出指示，号召两个军团并肩作战，歼灭敌人。“打大胜仗比赛，打大胜仗会师”，成了全军上下最响亮的动员口号。全军团的同志都决心打个大胜仗，作为庆祝会师和向党中央的献礼。

经过很短时间的准备，11月中旬，红一方面军在毛主席和彭德怀同志的直接指挥下，在边区群众的大力支援下，向进至富县西南直罗镇的敌军主力——董英斌第五十七军展开了猛烈的攻击。经过一昼夜激烈的战斗，全歼敌一〇九师，击毙敌师长牛元峰。在扩大战果的追击战中，又在黑水寺歼灭了敌一〇六师的一个整团。至此，进攻陕甘边区的敌军全线溃退，敌人精心布置的三次“围剿”被彻底粉碎了。我们十五军团也就在和中央红军并肩作战的战场上胜利会师了。

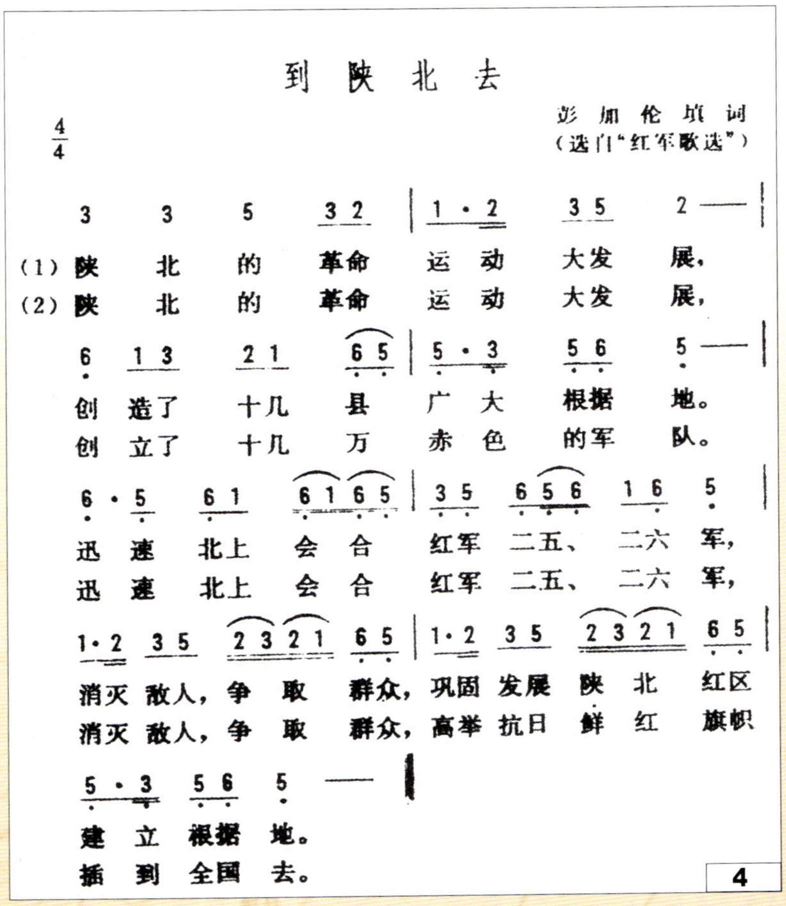

战后，我们进行了庆祝会师和庆祝胜利的很多联欢和访问活动。同志们到处都在互相转告说，在前线上亲眼看到了毛主席，毛主席身体很好。到处都在谈论着中央红军的优良作风，谈论着如何向他们学习。大家都充满着信心：在中央直接领导下，今后一定会取得更大的胜利。

为了学习中央红军丰富的建军和作战经验，军团首长特地要求中央从红一军团调些干部到年轻的十五军团来工作。中央很快地满足了这个要求，派了一大批军政干部，参加了十五军团各机关、各部队的领导工作。这对于十五军团以后的成长和胜利起了很大作用。从此，十五军团在中央军委直接领导下，全体同志互相团结，互相学习，不断地取得新的进步，在各个时期，胜利地执行了党所给予的各种艰巨的任务，并锻炼成为中国人民解放军强有力的军团之一。

胜利的会合

刘炳华　红十五军团第七十五师供给部部长

1

不几天后的一个晚上，中央红军后勤部的军需处长来到了我们供给部。他脚上穿着一双破草鞋，棉衣破得都露出了棉花。看了他的着装，使我想到毛主席、党中央的首长和中央红军的同志们一定是穿的很破烂，他们经历了多少艰苦啊！当晚他和我谈起了中央红军如何爬过了终年积雪的高山，越过了人迹罕到的草地，如何吃皮带、草根，突破敌人的层层封锁，走过了二万五千里。又谈了一些供给、军需工作的经验，这一切都深深地印在我的心里，更加深了我对一方面军同志的敬爱。当晚我便拿出羊皮帽、皮鞋、一套新衬衣、一套新棉衣，从头到脚，都要他换个新。

这一天，在一个大草坪上，搭起了台子，会场布置得非常隆重。我们这些曾转战鄂豫皖和坚持陕北根据地斗争的红色战士，很早就来到草坪上，等着毛主席和中央红军的到来。

“来了！来了！”

“中央红军来了！”人群中忽然响起了暴风雨般的掌声和欢呼声。接着，所有人都用敬佩的眼光注视着一队一队走进会场的中央红军。他们穿着杂色衣服，头戴缀有红五星的八角帽，打着绑腿，脚穿草鞋，个个面孔消瘦，但精神饱满。

部队来齐了，大家都坐在大草坪上，互相对望着。虽然大

1 到达陕北的毛泽东

2 陕北人民载歌载舞

2

家没有拥抱，也没有握手，但每个人的眼睛里却都在表达着兄弟般的深情。

“来了！”

“毛主席来了！”

不知是谁喊了一声，所有的人都立刻站了起来。接着又响起了暴风雨般的掌声和欢呼声。我向台上看去。啊，毛主席在台子上出现了。刹那间，我激动得眼眶里流出了泪水。这是我第一次看见毛主席，他那高高的身材，消瘦的慈祥面孔，宏亮的湖南口音，都给我留下了永不磨灭的印象。直到现在，我还记得毛主席当年给我们讲话的姿态和声音，他说：

"同志们！我们胜利了！我们经过了两万五千里长征，从雪山草地过来了，我们革命的力量会师到一起了！"毛主席的话鼓舞了我们每一个红军战士，给我们增加了无限的力量。

下午，我们和中央红军又在一起大会餐。彭德怀军团长和刘志丹同志都讲了话。这是我们第一次聚餐，饭菜本来是由炊事员们一盆一桶的端来，但大家都兴奋得坐不住，自己动起手来。你敬中央红军同志一盆肉，我敬中央红军同志一碗饭，亲亲热热，一顿饭吃了很长时间。

1

晚上，台子上挂着一盏汽灯，周围用许多条床单围起来。我们十五军团和中央红军又一起坐在草坪上看一军团剧团演戏。也就在那时，我们学会了一支歌：

南北红军大会合，
同志们协力来救国。
一个英勇善战不怕困难多，
一个万里长征打遍全中国。
胜利有把握！
胜利有把握！

这支歌唱出了我们每个红军战士的喜悦和心愿。

1 红军战士剧社演出舞蹈
2 徐海东与周东屏

心里只装着别人的徐海东

周东屏　红二十五军医院护士

徐海东和程子华先后不幸身负重伤。吴焕先政委命令钱信忠想尽一切办法抢救他们。在钱院长领导下，我们尽全力进行抢救工作。徐海东这次是头部负伤，子弹从左眼下面打进去，从左耳朵下面穿出，失血严重，伤势比以往都重。当时，医院条件很差，没有什么药品，我们只能用盐水洗洗伤口，又用碘酒擦擦，然后再用绷带包扎起来。徐海东睡在担架上昏迷了四天。在徐海东昏迷不醒的四天四夜里，我奉命日夜守护在他的身边。到了第五天，他才清醒过来。他勉强睁开眼看到同生死共患难的最亲密战友吴焕先、徐宝珊、郑位三、郭述申等同志都守候在床边，深情地点点头。当时，他的头肿得像巴斗，嘴张不开，好像想讲什么但又讲不出来。又过了一天，伤口开始消肿，他才能讲话。他见我守在他身边，似乎记起我是军医院叫周少兰的小护士，就问我："现在几点钟了?部队该出发了吧?"这是我守候在他身边五天五夜之后，听他讲的第一句话，不由高兴得流下眼泪："首长可醒过来了!五天五夜不省人事，一句话也没说，把人都急死了！"他却开玩笑地说："我可没着急，倒是睡了个好觉。"

当时，钱院长也在他身边，他就问："程子华的伤怎么样了?"当他听到钱院长说程子华的伤已没有危险之后，脸上露出了欣慰的笑容，并叮嘱钱院长道："你们一定要负责治好子华的伤，出了问题，你们要负责。"他这样说时，好像自己是一个健康的人似的，他的心里只装着别人，只装着革命，多好的一个人啊！我的眼里不由得又涌出了眼泪。徐海东以坚毅顽强的精神，跟致命的重伤作斗争，积极地配合我们治疗。

2

永坪会师

陕北老红军

1935年9月的一天早上，雾特别大，相隔十来步远就看不见人。但是，永坪镇附近的红军和老乡，一大早就从四面八方涌到永坪镇的河道上。因为今天，经过长途跋涉，冲破了敌人层层封锁，战胜了无数艰难险阻，胜利到达陕北根据地的红二十五军，就要和我们陕北红军会师了。

庄头上出现了一杆迎风招展的红旗，后边是黑压压看不到头的队伍。立刻，河道里也响起了锣鼓声、歌声和口号声。正在田里干活的老乡们，听到锣鼓声，也扛着锄头跑来了。

徐海东同志走在队伍的最前面。他身体高大结实，穿着一身青色军装，八角形的军帽上，还钉着一颗红五星。他一边走，一边笑着挥手向我们问好。紧跟在首长们后面的是骑兵警卫排，再后边是手枪团。手枪团大多数同志都穿着黑军装，腰里缠着“九龙袋”，每人背着一把盒子枪和几颗手榴弹，身后还斜插着一把大刀。他们排成四路纵队，整齐地走了过去。我们一个劲地喊口号、唱歌，他们一个个神采奕奕，笑容满面，也唱着歌来回答我们。手枪团的后面是八十来个人组成的司号连，吹打得哇哇响。再后面是几十个十五六岁的宣传员，没有化妆就又唱又舞地走了过去。

1

在一些抬着伤员的担架过去以后，战斗部队过来了。先是二二三团。嗬！一个连就有五挺轻机枪，每个营还有六挺重机枪。步兵分成三路纵队行进，都扛着一色的马步枪，有的还上着明晃晃的刺刀。当中还夹杂着一些挑夫，竹扁担颤悠悠地闪动着。他们照样唱着喊着口号，有的趁着换肩的机会，还连连朝我们招手。

一直把红二十五军的同志送到了“红大”休息，欢迎的人们才各自回家。路上，我激动地想：高桂滋，阎锡山还梦想三个月消灭我们，哼！等着瞧吧！红二十五军来了，我

1 到达陕北的徐海东（斯诺 摄）

2 永坪西北军委旧址

3 延川县永坪镇联席会议旧址

们的力量更大了，还不知道谁消灭谁呢？回到驻地，同志们都顾不得吃饭，就凑在一起议论开了。这个说："嘿，咱们老大哥的武器比'大红鞋姑娘队'的武器还要强好几倍。"那个说："比阎老西（即阎锡山）的武器也强呵！"说得大家都高兴地哄笑起来。

2

第四天，是正式的联欢大会。陕北的红军部队、赤卫军都赶到永坪来了。在石油厂左边的河滩上搭了一个大台子，上面横挂着"欢迎红二十五军"的标语。台子顶上插满了红旗。会场当中用石灰划了一条粗粗的白线，左边坐着红二十五军，右边坐着我们陕北红军。满场都飘扬着红旗，旗杆上的黄铜帽在太阳底下闪耀着金光，从高

3

1

处望去，简直是一片旗海。两边的部队都有啦啦队，歌声和欢笑声，此起彼伏，真是热闹极了。

会议开始了，徐海东同志先讲话。他对二十五军到达陕北根据地后，处处受到热烈欢迎，表示感谢。又说红二十五军不过是南方红军的一小部分，以后还要有大批红军到陕北来。另外还讲了一些沿途的战斗情况。接着是各部队和妇女会、赤卫军等团体的代表讲话。最后是刘志丹同志讲话。他穿着一身灰蓝色军装，腰上扎着一根皮带，挂着支手枪，瘦瘦的个子，往台上一站说道："我们陕北根据地还很年轻，敌人用尽一切办法想消灭我们，可是他们并没有能够如愿。金松山（敌师长）被我们消灭了，又来了个高桂滋。高桂滋吹牛三个月要征服我们，三个月早过去了，我们没有被征服，而他自己眼看就要完蛋了。现在晋军、东北军又跟上来

2

3

1 刘志丹
2 西北红军定仙墕战斗指挥部旧址
3 徐海东
4 陕北根据地发展形势图

了，可是我们的红二十五军也来了。我们的力量更强大了，现在不是敌人追着打我们，而是轮到我们收拾他们的时候了。”接着他又说：“我们只要不断地壮大红军，根据地就能巩固。大家都看到了，红二十五军的同志们带来了很多枪支，现在需要的是有更多人来背它，谁愿意来背呀！”这一问，台底下的老乡们轰动起来了，特别是那些小伙子们，他们大声地嚷道：“我愿意！”“我愿意！”当场就有许多人参加了红二十五军。

会后，各地都掀起了参军热潮，红军迅速地发展起来。不久，我们便在劳山消灭了敌人的一一零师，击毙了敌师长何立中。陕北根据地更加扩大和巩固了。

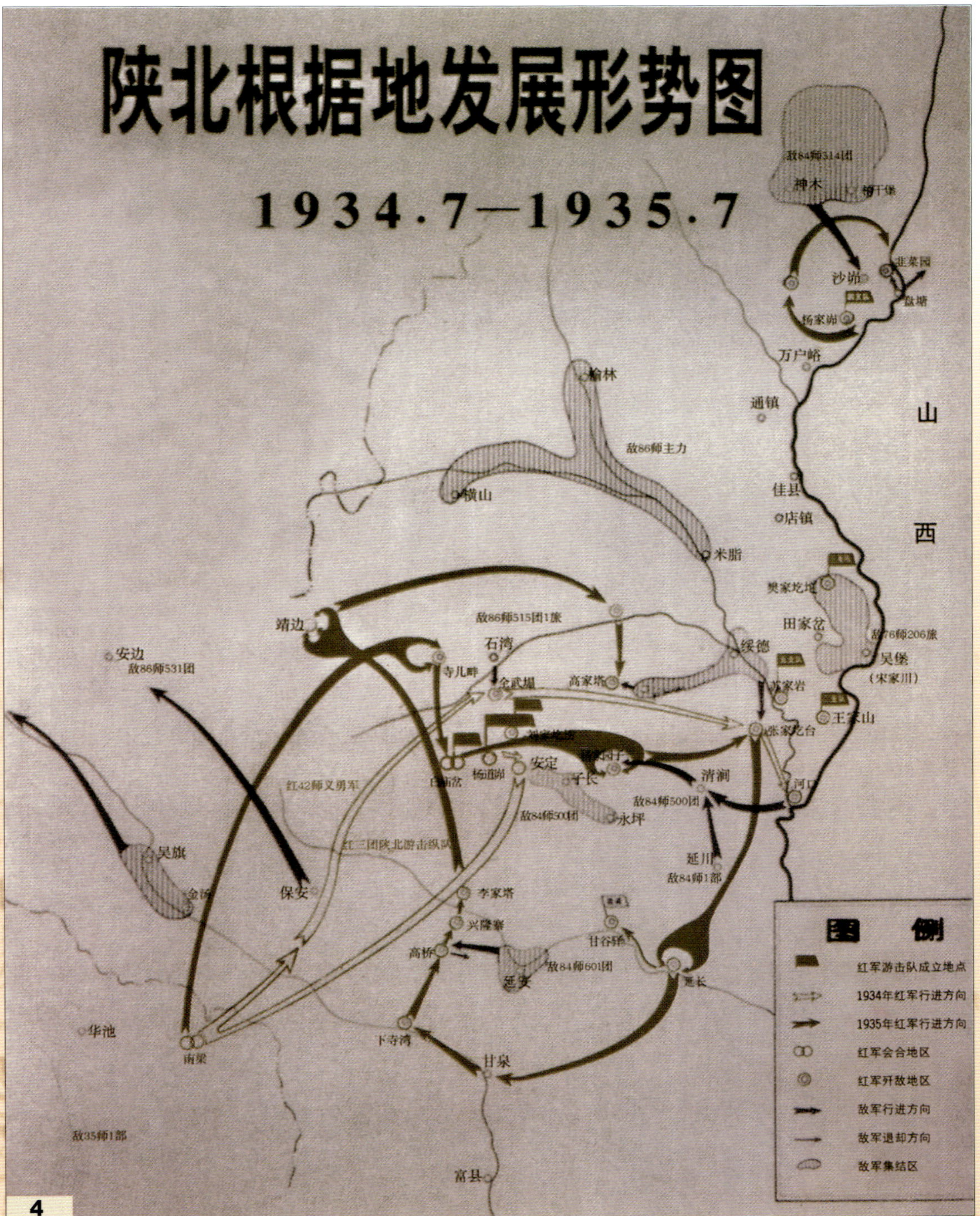

4

红二十五军到达永坪镇

刘华清 红二十五军宣传科长兼秘书油印科长

永坪镇是当时陕北较大的一个镇子。进镇前，为了展现红二十五军的风采，我们认真进行了一番准备。队伍最前面是军里几个领导，紧跟着机关和直属队，再后面就是手枪团。手枪团都是青黑色着装，腰里扎着皮带，每人背一把盒子枪和几颗手榴弹，背后还斜插一把大刀。队伍排着四路纵队前进，很威风。手枪团后面是几十名号手组成的司号队，军号擦得锃亮，拴着长长的红穗子，走起路来一甩一飘的很好看；吹号时，号手憋足了劲，不仅吹得整齐，而且极响亮，非常提精神。再后面是步兵团队。我们武器装备不错，每个营有六挺重机枪，连有九挺轻机枪。步兵排着三路纵队行进，清一色的马步枪，上着明晃晃的刺刀，步伐整齐，不时喊几声响亮的口号，显得精神抖擞。伤病员和大小行李则放在队伍的最后面。

我们从镇子西面进去，山沟和大路两旁贴满了花花绿绿的标语，写着“欢迎红二十五军老大哥部队”之类的口号，还架起了三四道大彩门。道路两旁排列着欢迎的人群。

1

1 陕北延长县全景
2 毛泽东在长征时用过的手枪
3 毛泽东长征时骑的小白马标本

1935.10 1935.11 1935.12 1936.01 1936.02 1936.03 1936.04 1936.05 1936.06 1936.07 1936.08 1936.09 1936.10

天天盼、天天想，毛主席到底来了！

徐海东　红十五军团军团长

战斗刚开始，忽然从军团部后方跑来了七匹快马，军团政治委员程子华同志派人送信来了：毛主席今天下午到司令部来。

这是多么激动人心的消息啊！天天盼、天天想，毛主席到底来了！

我立刻命令部队停止攻击，然后快马加鞭地往回奔。心急只嫌马跑得太慢，到底慢不慢？一百三十五里，当中还有两座山，三个钟头就赶到了。毛主席问了部队的情况，也问到同志们吃的和穿的。我们回答之后，毛主席拿出一份三十万分之一的地图，问我们："陕北的三次反'围剿'怎么样？"

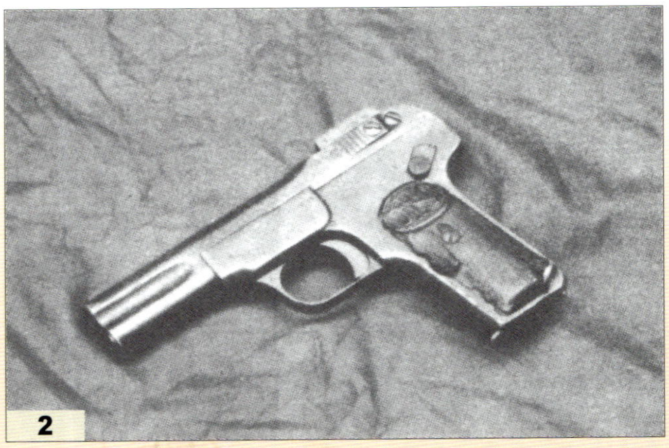
2

我们把敌人的情况扼要地作了报告。毛主席看着地图，又问："你们准备下一步怎么打？"

我们报告后，主席折起地图，亲切地说："好吧，先按你们的部署，把张村驿打下来，我们再共同考虑下一步的行动。"

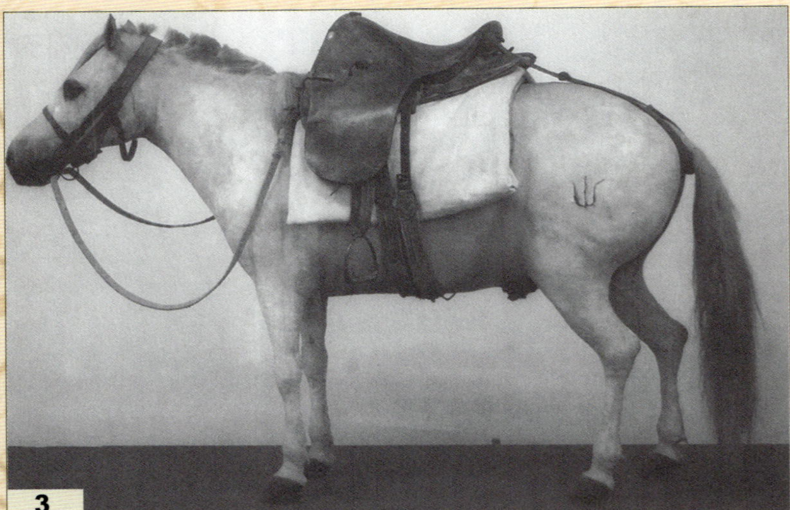
3

陕甘支队砍“尾巴”

1935年10月，毛泽东率领的陕甘支队已经穿过了黄土山谷头道川，来到陕西黄土高原心脏地带——陕甘苏区边缘的吴起镇。这时，国民党军宁夏二马（马鸿逵和马鸿宾）和毛炳文的骑兵又跟了上来，像一条讨厌的“尾巴”，不断骚扰红军的后续部队，使行军掉队的战士吃了不少亏。

毛泽东召集指挥员开会。他说：“让敌人的骑兵一直跟到陕北，对我们很不利，总是被动，一定要把这条讨厌的‘尾巴’斩断在苏区门外。”遂决定由陕甘支队司令员彭德怀直接指挥，一纵队在正面，二纵队在右翼，分两路迎击向吴起镇西北迂回的敌第三十五师骑兵团。

这天，太阳升上山头的时候，远处出现了3个敌人的骑兵。他们走走停停，一看便知道是尖兵。果然，不大一会儿，3个尖兵的后面，又出现了30多个骑兵。他们一律骑着棕色马，目空一切地向前走着。敌人越来越近，已进入我军射程。“打！”一声令下，机枪、步枪一齐吼叫起来。走在前面的3个尖兵首先滚下马，后面的30多个敌人，有的还没停住步子，也滚下马来；有的跳下马就往田坎下面躲，连马也顾不得牵了。受惊的马有的摔掉主人满山乱窜，有的拖着主人撒腿就跑。1个排的敌人就这样被打散了。

不到十分钟，

1 陆定一、李伯钊创作的《打骑兵歌》

2 红军骑兵整装待发

又有1个连的敌人，骑着棕色马，挥舞着马刀，直向我阵地奔来。战士们隐蔽在工事里，聚精会神地瞄准着目标。等他们冲进我军的射程以后，机枪、步枪又一齐猛射。这群凶猛的“骑士”在几分钟以前一个个还杀气腾腾，顷刻之间和前卫排一样，死的死，伤的伤，全部被打下马来。一部分活着的还想就地抵抗，结果被我军的特等射手，一枪一个地消灭在原地。敌人的第二次进攻就这样又一次宣告失败了。

2

太阳偏西的时候，3架敌机飞临我军阵地上空，转了几圈之后，扔下许多炸弹；同时，敌人的迫击炮和重机枪也一齐向我军轰击扫射起来。炮弹震得山谷隆隆作响，一眨眼的工夫，我军阵地的前后左右烟火冲天，对面看不到敌人。敌人一面轰击，一面又集结了1个营的兵力，在炮火掩护下向我阵地奔来。这次敌人变得“聪明”了，在我射程以外就下了马，顺着小河沟，运动到了离我二三百米远的田坎下。战士们紧握着手榴弹，静静地等待着敌人再靠近一些。

敌人的轰击持续了20多分钟后，隐蔽在田坎下的敌人忽地站了起来，挥舞着马刀，满山遍野地向我阵地涌来。不一会儿，离我阵地只有五六十米了。霎时间，我军轻重武器一齐开了火，成排成排的手榴弹飞进敌群里开了花，敌人的嚎叫声被湮没了，马刀的闪光不见了。几分钟以后，敌人的队伍混乱了，滚的滚、爬的爬，拼命向后跑，还在路上扔下了许多尸体。随后，红军又在扬子城以西的齐桥、李新庄之间，分别阻击了敌人三十二师和三十六师的两个骑兵团，将敌人击溃。讨厌的“尾巴”终于被砍掉了！

战斗结束后，红军战士们欣喜地看到了砍“尾巴”的战果：大路上挤满了棕红色、黑色、白色的骏马，马背上驮着一捆捆的枪支；一群群的俘虏，在红军战士的押解下，垂头丧气地穿过了手拿着红绿色小旗、敲着震天响的锣鼓迎接红军的人群，走进吴起镇。

赠诗改诗成佳话

吴起镇战斗，红军共歼国民党军1个团，击溃3个团，俘获官兵约700人，缴获战马约1000匹，为陕甘支队与红15军团在陕北会师扫清了一大障碍。

毛泽东得悉后，十分高兴。他深感彭德怀是一位骁勇过人、能征善战、不可多得的战将。于是，即兴挥毫，写诗以抒胸臆：

山高路远坑深，
大军纵横驰奔，
谁敢横刀立马？
唯我彭大将军！

1

诗的头一句"山高路远坑深"，来自他和彭德怀拟写的如何打好吴起镇伏击战电报中的一句："山高路远沟深"，这是对吴起镇地形的生动描绘，也是对彭德怀的横刀立马、指挥大军纵横驰奔形象的铺垫。毛泽东这首赞颂彭德怀的六言诗，虽寥寥数语，却以精炼的文字、宏大的气魄，生动形象地刻画了彭德怀纵横驰骋、一往无前的威武雄姿，智勇双全的非凡气魄。同时，也反映了人民领袖毛泽东与红军将领彭德怀彼此之间的信赖、融洽和谐的关系和深厚的革命友情。

彭德怀看到这首赠诗后，很高兴。他谦逊地把"惟我彭大将军"改为"惟我英勇红军"，并将原诗奉还给了毛泽东，表现了一个共产党人不居功自傲，为人民利益鞠躬尽瘁不计私利的高尚品德。从此，吴起镇的红军破敌，毛泽东诗赠彭德怀和彭德怀改诗退诗的事，成为一段佳话。

1 彭德怀
2 谢觉哉
3 谢觉哉用过的砚台

1935.10 1935.11 1935.12 1936.01 1936.02 1936.03 1936.04 1936.05 1936.06 1936.07 1936.08 1936.09 1936.10

稳睡恰如春夜暖

2

谢觉哉常说："在长征中我是属于'老弱'类，得到同志们的照顾。"但他也时常照顾战友，处处体现着深厚的革命情谊。过雪山时，虽是盛夏时节，山上却寒冷无比。同志们衣着比较单薄，不能抵挡风雪的吹打。一天，兄弟部队送来两只羊，同志们宰了羊，把羊皮也烤干了。谢觉哉正在患病，大家把两块羊皮捆在谢觉哉的身上，帮他征服了雪山。过草地时，谢觉哉因病脚肿了，拄着棍走在队伍的后面，到达宿营地时，先到的林伯渠很快烧好热水要谢觉哉烫脚。当他看到同志们连喝的水都没有时，就谢绝了林老的好意。草地的夜晚，笼罩着阴森的浓雾，寒风刺骨。谢觉哉和徐特立两位同志只能合盖一条毛毯。由于互相谦让，毯子太薄，夜里两人都未睡好。第二天早上，他们谈起晚间的情景，却显得非常愉快。在以后的行军中，病中的谢觉哉为了追赶队伍，不得已扔掉了这条毛毯。碰巧董必武同志走在后面，发现了路旁的毛毯，一眼认出是谢觉哉的，董老不顾年老体弱，把毛毯加在自己的背包里，等赶上谢觉哉时，又把毯子归还给他。到了延安，谢觉哉把这床有纪念意义的毛毯送给了董必武。全国解放后，董必武又把这珍藏的毛毯，捐赠给了中国革命历史博物馆。过草地时，徐特立得知谢觉哉断粮了，就把自己省下的二三斤干粮全部送给谢觉哉。谢觉哉激动地握着徐老的手说："你的年纪比我大，多少天来我一直看到你吃野菜，我怎能吃你的干粮，还是你保留着吧。"徐老说："我的体质比你好，吃点野菜，还能对付，可你如果再这样，就危险了，我不能看着你倒下啊！"

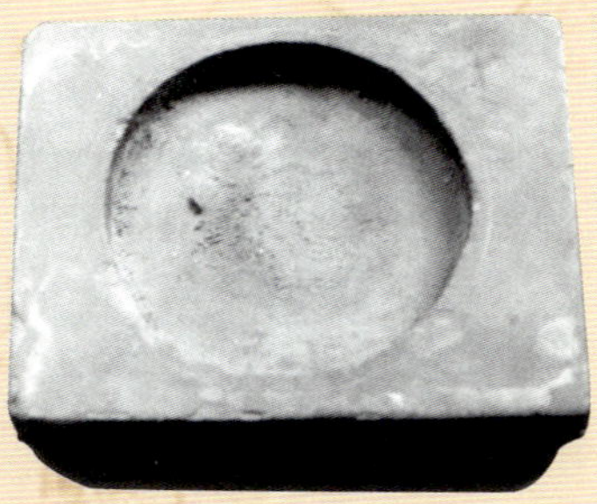

3

1

2

谢觉哉随中央红军到达了吴起镇。由于当时房源紧张，安排住宿困难。谢觉哉为了不增添群众的负担，寒冷深秋中，合衣在区政府门外的麦地里露宿了一夜。第二天早上醒来后，还兴致勃勃地吟诵了一首七绝诗：

露天麦土覆衣裳，
铁杖为桩系马缰。
稳睡恰如春夜暖，
天明始觉满身霜。

1 《红星照耀中国》之一（油画　沈加蔚　作）

2 《红星照耀中国》之二（油画　沈加蔚　作）

3 《红星照耀中国》之三（油画　沈加蔚　作）

1935.10　1935.11　1935.12　1936.01　1936.02　1936.03　1936.04　1936.05　1936.06　1936.07　1936.08　1936.09　1936.10

3

奠基礼

1935年11月，中央红军长征到达陕北与红十五军团会师后，中央决定两部会师后新编成的红一方面军在直罗镇一带打一个漂亮仗，为党中央把全国革命大本营放在西北举行一个奠基礼。

直罗镇位于富县西南数十里，是个不足百户人家的小镇子，三面环山，北面是流速缓慢而平静的葫芦河。在镇东头有座古老的小寨，居高临下警戒着河口。寨里面的房屋已经全部倒塌，但外面的石头寨墙却大部完好。为防止敌人用它作掩体，彭德怀指示立即把寨墙彻底地破坏掉。他和徐海东等用望远镜细心地观察着镇子周围的每一所房屋、道路、山头和河流，最后决定：把敌人放进直罗镇，再狠狠地消灭它！

敌一〇九师师长牛元峰十分狂妄自大，气焰嚣张不可一世，他率部在飞机的掩护下，分3路向直罗镇推进。在距直罗镇不远处便遇上了红军部队。红军且战且退。牛元峰高兴极了，以为红军经不起打，便一步进占了直罗镇，随即又拟电“报捷”，又杀猪宰羊。可是他做梦也没有想到，他这头“蛮牛”已经钻进了红军布下的天罗地网之中。

1

按照布置，红一方面军所辖的红一军团、红十五军团连夜运动到了直罗镇周围，拂晓时从东西南北同时发起了进攻。毛泽东、周恩来冒着严寒，亲临督战。毛泽东特别嘱咐：“一定要打歼灭战。”

随着三声枪响，红一军团和红十五军团像两只铁拳向直罗镇猛压下去。战斗进行了不到两个小时，部队就攻进了镇子。牛元峰只得带着残兵败将逃到了镇东头的破寨子里负隅顽抗。

寨墙虽然被破坏了，但地势险要，仍然利守不利攻，红军立即分成两路，一部分追击逃兵，留下另一部分紧紧地包围住山寨。因为山寨里无粮无水，敌人是无法长期坚守下去的。红军决定在运动战中歼灭敌人。

果然，牛元峰被围得待不住了，留下伤兵、马匹和重武器拼命冲了出来。徐海东立即派出年轻力壮、打仗勇敢的“青年营”追了下去。

当战士们追过一条河流之后，忽然发现路上结着一溜薄冰。天又没下雨又没落雪，哪来的冰呢？后来又发现，路上到处都是敌人扔掉的冻得赛过冰棒的湿棉裤。原来敌人急于逃命，穿着棉裤就蹚过了河。棉裤结成了冰，又冷又湿又重，自然没法穿了。大家见敌人连棉裤都脱了，乐得不行，追得更起劲了，一边追还一边互相鼓励：“快追呀，这回要真让敌人跑了，可无脸去见毛主席和红一军团老大哥了！”

终于撵上了敌人，一阵猛打后，红军战士扑上去便捉俘虏。这些俘虏兵可真叫狼狈，有的穿的湿衣服冻在身上，像铠甲一样哗啦直响，有的只穿一条湿漉漉的短裤。冻得直打哆嗦。一放下武器，就向战士们要裤子穿，要饭吃，牢骚满腹地嘟囔：“当官的早跑了，让我们在后面当替死鬼！”

1 直罗镇
2 刘志丹在瓦窑堡被关押的监狱

听说当官的跑了，战士们又继续追了下去，连翻了几座山头，忽然听到前面有枪声。原来是另一路部队迎头堵住了敌人，于是两头夹击，打得敌人稀里哗啦，这回捉到的当官的比当兵的还多。牛元峰也没能逃出红军的手掌心，在逃跑中被击毙。

这一仗，共歼灭敌人1个师又1个团，俘虏敌人5300多人，缴枪3500余支，真是一个漂亮仗。

11月30日，毛泽东在东村教堂里召开庆祝会师和直罗镇战役胜利的大会上，对此战役作了精辟的总结。他指出："我们胜利的原因：(一)两个军团的会合与团结(这是基本的)；(二)战略与战役的枢纽抓住了(葫芦河与直罗镇)；(三)战斗准备得充分；(四)群众与我们的一致。"

毛泽东指示"刀下留人"

1935年10月，中央红军完成了二万五千里长征，胜利到达陕北，与红十五军团胜利会师。正当毛泽东紧张部署直罗镇战役的时候，当地的干部和群众反映了一个严重的情况，一个多月前，刘志丹等大批陕甘根据地的党、政、军负责同志被捕，有的甚至已被杀害了。毛泽东仔细地倾听了干部群众的反映后，立即指示："刀下留人"，"停止捕人"，并对反映情况的群众说：我们刚到陕北，仅了解到一些情况，但我看到人民群众的政治觉悟很高，懂得许多革命道理，陕北红军的战斗力很强，苏维埃政权能巩固地坚持下来，我相信创造这块根据地的同志们是党的好干部，请大家放心，中央会处理好这个问题的。

2

毛泽东派一个调查组到瓦窑堡，接管陕甘根据地保卫局的工作，先把事态控制下来。毛泽东在下寺湾的一次干部会上，语重心长地对调查组

1

2

的同志们说：杀头不能像割韭菜那样，韭菜割了还可以长起来的，人头落地就长不拢了。如果我们杀错了人，杀了革命的同志，那就是犯罪的行为。大家要切记这一点，要慎重处理。

据调查了解，刘志丹从青年时代起就投身革命，是陕北革命根据地的创始人。从他的全部历史和全部工作来看，刘志丹是一贯坚定不移、忠心耿耿的共产党员。刘志丹和群众关系也非常密切，他在陕北群众中有很高的威望。陕北当地流传一首民歌："正月里来是新年，陕北出了个刘志丹。刘志丹来是清官，他带上队伍上横山，一心要共产。"刘志丹在已经知道上级要秘密逮捕他的情况下，仍然只身前往瓦窑堡，表现了一个真正共产党员光明磊落的气概。

直罗镇战役结束后，毛泽东也来到了瓦窑堡。他听完调查组关于"刘志丹案件"的情况汇报后，明确指出：逮捕刘志丹是完全错误的。对这些同志应立即释放，恢复他们的领导工作。

刘志丹出狱后不久，毛泽东、周恩来一起亲切地接见了他。当周恩来把刘志丹迎到时，毛泽东急忙从窑洞里走出来，紧紧握住刘志丹的手，拉他走进窑洞，请他坐在一盆炭火旁边，亲切地说："你受委屈了。听说他们在牢房里还给你带上了手铐、脚镣！"

刘志丹听到毛泽东这亲切的问候，感到浑身热血奔涌。这位在战场上冲锋陷阵，在失败中从不叹气，在严刑拷打下眉头不皱，铁骨铮铮的硬汉子，此刻却双眼湿润了。过了一会儿，他抑制住激动的感情，轻微一笑，回答说："我以前坐过国民党的牢。坐牢对我来说，不算什么。"

周恩来风趣地说："'左'字号的班房也厉害得很哪！"

毛泽东接着又说：陕北这个地方在历史上是有革命传统的，

1 毛泽东题字的刘志丹墓碑

2 刘志丹烈士陵园

3 毛泽东、周恩来、朱德为刘志丹题写的挽词（由上至下）

李自成、张献忠就是从这里闹起革命的。这地方虽穷，但穷则思变，穷就要闹革命嘛！这里群众基础好，地理条件好，搞革命是个好地方呀！

刘志丹听后很激动，他紧紧握住毛泽东的手，感谢党的信任，并表示要跟着毛主席、党中央坚持革命到底。

不久，毛主席、党中央任命刘志丹为西北革命军事委员会副主任、北路军总指挥和28军军长。1936年初，刘志丹奉毛泽东和党中央的命令，率部渡过黄河东征。4月中旬，在围攻山西三交镇的一次战斗中，不幸中弹牺牲。周恩来亲自扶柩，把他的遗体安葬在瓦窑堡。毛泽东亲自向刘志丹的家属表示慰问。党中央应广大群众要求，将保安县改名志丹县。1943年，刘志丹牺牲7周年时，党和人民把他的遗骨迁回志丹县并修筑陵墓。毛泽东亲笔写了“刘志丹将军之墓”的碑志，并写了“群众领袖，民族英雄”的碑铭。墓碑上还镌刻着毛泽东的碑文：“我到陕北只和刘志丹同志见过一面，就知道他是一个很好的共产党员。他的英勇牺牲，出乎意外，但他的忠心耿耿为党为国的精神永远留在党与人民中间，不会磨灭的。”

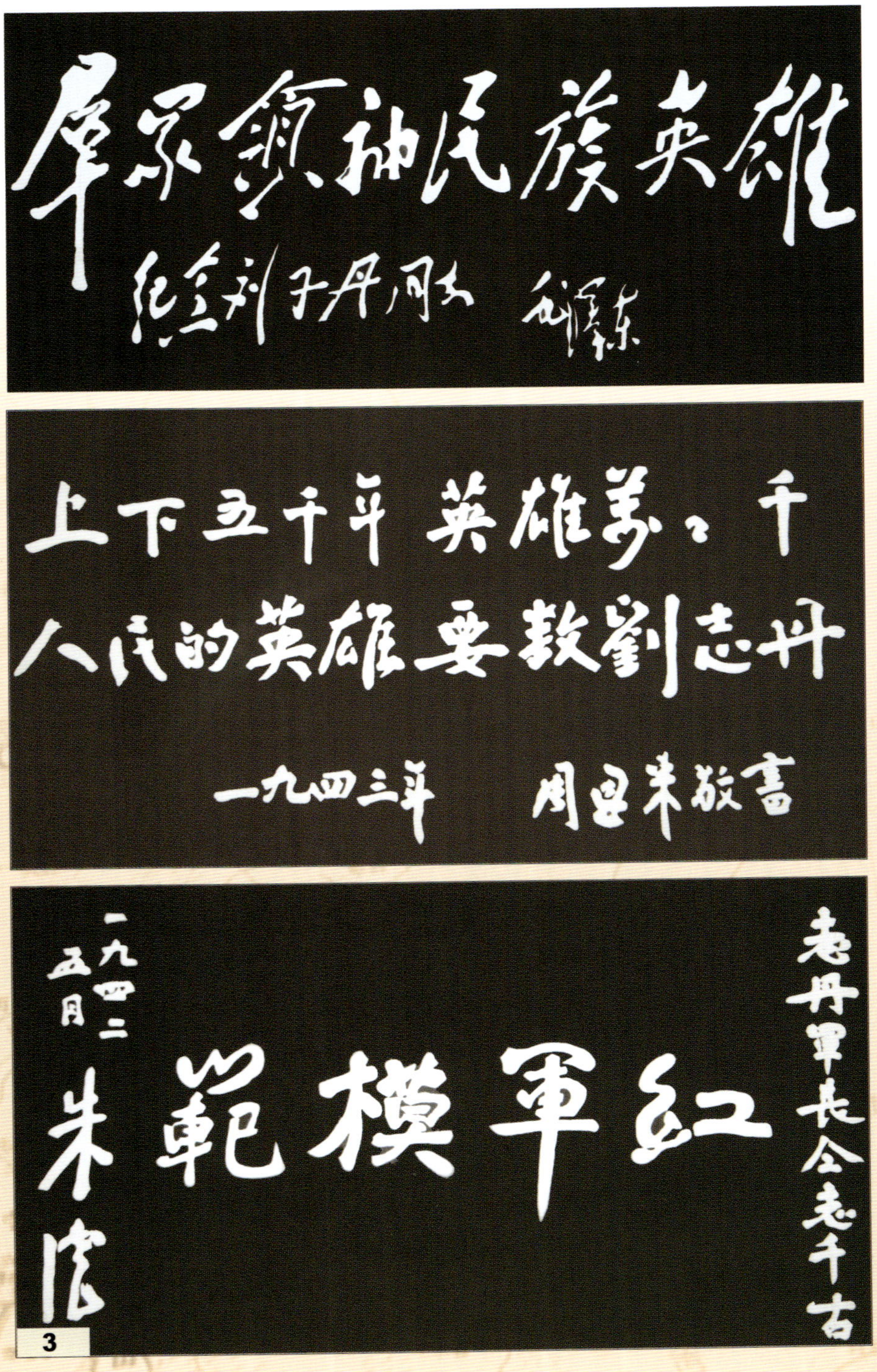

3

惨烈的庚家河战斗

雒南县的庚家河地处秦岭山区的深山峡谷之中，地势险峻。1934年12月9日，红二十五军翻越蟒岭，来到庚家河。中共鄂豫皖省委和红二十五军的领导人住在小镇的一个名叫“春永茂”的中药铺子里。10日上午，省委在“春永茂”召开了第1 8次常委会议，讨论在鄂豫陕创建新的革命根据地的问题。

1

正在讨论热烈的时候，东北方向突然传来了一阵阵枪炮声，并且愈来愈激烈。从枪声中就可判断出是遇上了敌人的精锐部队。原来，敌第六十师突然从鸡头关方向奔袭而来。红二十五军在庚家河东山坳口的排哨，由于过度疲劳，警戒疏忽，发现敌情较迟。在接到警卫人员有关敌人已占领东山坳口的报告时，已经不时有子弹和炮弹片落在“春永茂”药铺的门前。

占领东山坳口，可以居高临下控制庚家河。东山坳口一失，红二十五军就有被击溃甚至覆灭的危险。全军从军长到炊事员，都一齐投入了战斗，战斗进行的异常惨烈，《红军长征史》中记载：

徐海东当即率领第二二三团，勇猛冲入敌群，用刺刀、手榴弹，硬是从敌人手里夺回了东山坳口。接着，第二二四团和第二二五团跑步抢占了坳口南北两侧的高地，配合第二二三团将敌人的进攻打退。激战中，一颗子弹从徐海东的左

1 庾家河战斗纪念碑
2 庾家河现貌

2

眼底下穿过，又从颈后飞出，徐海东身负重伤。这时，敌第三五五团、第三五七团相继增援上来，再次向红军发起冲击。于是，全线展开了争夺坳口和两侧高地的激烈战斗。一时间，满山遍野，刀光剑影，杀声震天，步枪、机关枪对射，手榴弹轰鸣。在反复冲杀中，程子华也身负重伤。红军指战员在吴焕先的指挥下，英勇反击，殊死奋战，以刺刀、手榴弹与敌拼杀，许多干部、战士战斗到生命的最后一刻。第二二四团团长叶光宏，在同敌人拼杀时，一条腿被敌人打断，仍坚持指挥战斗。该团第七连一挺机枪在和敌人对射中，第一名射手倒下去，第二名射手接着打，第二名射手倒下去，第三名射手又接着打起来，终于把敌人的火力压倒了。军部司号长程玉林，下颚负伤，不能吹号，就利用小土地庙作掩护，接连投出几十颗手榴弹，敌人集中火力向他射击，他始终坚守阵地，没有后退一步，最后壮烈牺牲。战斗直至黄昏，红军经过20多次反复冲杀，终于将敌人打垮。这次战斗，共毙伤敌人300余名，红军亦伤亡100余名。

黄甦喋血直罗镇

黄甦(1908～1935)曾用名王甦。广东省南海县佛山镇(今佛山市)人。1925年参加省港工人大罢工，任罢工委员会工人纠察队支队长。同年10月加入中国共产党。1927年12月参加广州起义，任工人赤卫队联队队长、敢死队队长。起义失败后，在香港、广东从事地下工作，历任香港摩托车职工会中共党团书记，中共香港市委组织部部长，中共广东省委候补常委兼职工运动委员会书记等职。1930年12月进入闽西苏区。后任红军新编第十二军政治委员，红十二军第三十四师政治委员，福建省苏维埃执行委员，中华苏维埃共和国第一、第二届中央执行委员，红一方面军第十二军、红一军团第一师政治委员。1934年1月中共六届五中全会上，被补选为第六届中央候补委员。参加了中央苏区历次反“围剿”斗争。1934年9月任红八军团政治委员兼第二十一师政治委员。同年10月率部参加长征，途中任红八军团政治委员兼第二十三师政治委员，红一军团第一师政治委员，红军陕甘支队第一纵队第二、第五大队政治委员。1935年11月被任命为陕南红七十四师政治委员，赴任前夕，代理红一军团第二师第四团政治委员，率部参加直罗镇战役，11月21日在战斗中牺牲。

1

1 英雄血，黄土塬

2 华池人民为红二十五军长征烈士修建的纪念碑

谢唯俊

谢唯俊(1907～1935)字蔚青，号非若。湖南省耒阳县人。1924年加入中国社会主义青年团。1926年加入中国共产党。曾任中共耒阳县委特派员。1928年2月参加湘南起义，后任红四军第二十八团连党代表、营党代表，红四军第一纵队政治部主任。参加了井冈山和赣南、闽西地区的游击战争。1930年后，任赣西南苏维埃执行委员，江西省苏维埃执行委员，中共赣东特委书记，中共红一方面军总前委秘书，中共永丰中心县委书记，江西军区第二军分区指挥兼独立第五师师长。参加了中央苏区历次反“围剿”斗争。1933年夏，被“左”倾冒险主义者作为“罗明路线”在江西的主要代表进行批判，并被撤销职务，调任中共中央组织部巡视员。1934年10月参加长征，到达陕北后，任红军总政治部地方工作部秘书，中共三边(靖边、安边、定边)特委书记。1935年12月底在陕西定边遭国民党武装袭击牺牲。

2

长征中牺牲在陕西的部分营以上干部烈士名录

姓 名	籍 贯	出生年月	部 职 别	牺牲时间	牺牲地点
黄珍	湖北省阳新县		陕甘支队二纵队十大队大队长	1935.10	陕北吴起镇
李明铁(李铁民)	湖南省资兴县	1884	第三军团政治部秘书长	1935.10	陕北吴起镇
黄开湘	江西省弋阳县	1908	第一军团第二师第四团团长	1935.10.19	陕北吴起镇
程玉林			第二十五军司号长	1934.12.10	陕南
吴维儒	河南省新县	1891	第二十五军经理处处长	1935	陕南
庞永俊	上海市		第二十五军司令部参谋	1935	陕南
杜本润	河南省新县		第二十五军手枪团团长	1935	陕南
宋国兴			第二十五军手枪团政治委员	1935	陕南
张勤	安徽省六安县		第二十五军政治部宣传干事	1935.1.5	陕南
方庆元	湖北省黄安县		第二十五军第二二三团第二营营长	1935.1.24	陕南佛云山
夏先国	安徽省六安县		第二十五军第二二三团第三营营长	1934	陕西
杨钱胜	安徽省六安县		第二十五军某团经济主任	1934	陕西
周益华	安徽省金寨县		第二十五军第二二五团团长	1935	陕西

姓 名	籍 贯	出生年月	部 职 别	牺牲时间	牺牲地点
卢祖和	河南省新县		第二十五军第二二五团团长	1935	陕西
罗文直	河南省新县		第二十五军某团副营长	1935	陕西
李志英			第三路游击师政治委员	1935.7	陕西
李觉	湖南省		第六军团第十七师第四十九团第三营营长某团营长	1936	陕西凤翔
石国柱	安徽省六安县		第二十五军第二二五团第二营支部书记	1935.4.7	陕西蓝田九间房
叶光宏	河南省商城县	1914	第二十五军第二二四团团长	1934.12.10	陕西洛南
刘传根	河南省商城县		豫陕游击师第二游击大队政治委员	1936.6	陕西商南县春川街
徐宝珊	湖北省汉川县	1908	中共鄂豫陕省委书记	1935.5.9	陕西商县
易德	河南省商城县		第二十五军某团政治委员	1934.12.10	陕西庾家河
萧光宇	安徽省金寨县		第二十五军第二二五团某营副营长	1935.2.1	陕西柞水蔡玉窑

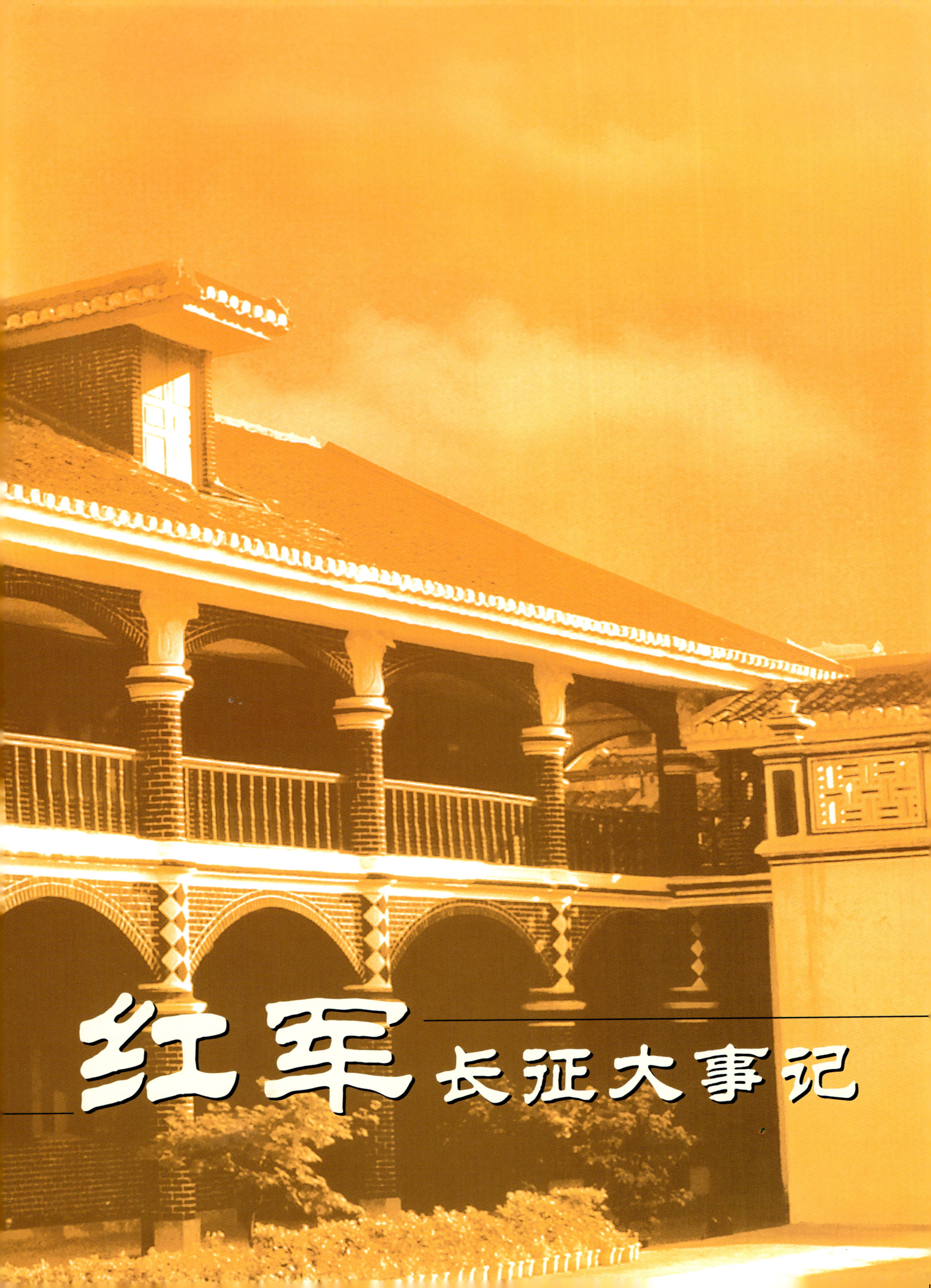

红军长征大事记

红军长征大事记

1934 年 7 月

月初　中共中央和中革军委决定以红七军团组成中国工农红军北上抗日先遣队。

7 日　北上抗日先遣队从瑞金出发东进。12 日到达连城以北，后进入闽中。21 日占领大田。29 日占领龙溪。

15 日　中华苏维埃共和国中央政府和中国工农红军革命军事委员会发表《为中国工农红军北上抗日宣言》。

23 日　中共中央和中革军委命令红六军团离开湘赣苏区，转移到湖南中部发展游击战争及创建新的苏区。

26 日　中共中央发出《关于红军北上抗日的行动给各级党部的指示》。

29 日　中共中央给鄂豫皖省委的训令中指出，在情况严重不能继续在指定地区活动时，可深入河南。

下旬　黔东特区革命委员会成立，夏曦为主席，贺龙、关向应为委员。

本月　中国工农红军北上抗日先遣队发表《中国工农红军北上抗日先遣队告农民书》，号召农民武装起来，组织抗日义勇军，把日本侵略者赶出中国。

1934 年 8 月

1 日　中华苏维埃中央政府主席毛泽东发表《谈目前时局与红军抗日先遣队》一文，指出全国红军准备随时随着抗日先遣队出发。

△　北上抗日先遣队攻占水口。

7 日　红六军团从遂川横石、新江口地区出发，突围西征。

12 日　红六军团在湖南桂东县寨前圩召开誓师大会。

△　北上抗日先遣队与闽东地方党和闽东游击队会合。

22 日　北上抗日先遣队攻占福安穆洋镇、接着向浙江境内前进。

23 日　红六军团抢渡湘江未果。25日进入阳明山区，26日进到白果市，31日渡潇水。

本月　中共中央、中革军委制定《八、九、十三个月战略计划》，正式提出中央红军战略转移问题。

1934 年 9 月

1 日　红六军团进入广西灌阳东北地区。4 日渡过湘江。5 日进入西延山区。

8 日　中共中央、中革军委决定中央红军准备实行战略转移，并开始进行具体准备。

△　中革军委给红六军团发出补充训令，赋予为中央红军实行战略转移探路的任务。

10 日　中革军委发布《关于建立军团后方勤务组织的命令》，规定在各军团内组建野战后方部。

△　《红星报》发表文章，号召苏区人民制做 20 万双草鞋支援红军。

13 日　中革军委下达关于改组县区各级军事部的命令。

15 日　北上抗日先遣队袭占常山。

17 日　红六军团攻占通道。22 日进入黎平地区，24 日渡过清水江。

21 日　中革军委决定中央红军第二十一师、第二十三师合编为红军第八军团。

29 日　张闻天发表《一切为了保卫苏维埃》署名社论，发出实行战略转移的预先号令。

本月　朱德致书陈济棠，提出抗日反蒋 5 项条件，并呼吁派负责代表来江西省瑞金，共同协商作战计划。

1934 年 10 月

1 日　红六军团于施秉、黄平间强渡大沙河，一举突破黔敌防线。

1934.07 1934.08 1934.09 1934.10 1934.11 1934.12 1935.01 1935.02 1935.03 1935.04 1935.05 1935.06 1935.07 1935.08

红军长征大事记

3日　中华苏维埃共和国中央政府、中共中央委员会为发展群众的游击战争发表告全苏区民众书。

4日　北上抗日先遣队攻占皖赣边查湾。

5日　周恩来起草以朱德署名的给陈济棠部黄师长的一封信，开始同粤军陈济棠部秘密谈判。

上旬　中共中央、中革军委领导人博古（秦邦宪）等人，不经中央政治局讨论，决定放弃中央苏区，实行战略转移。

7日　中革军委命令红二十四师及地方部队接替红军主力的防务。

9日　中国工农红军总政治部发出指令，要求加强部队的政治工作，迅速补充物资，准备突破敌人的封锁线，进行长途行军与战斗。

10日　中共中央、中华苏维埃共和国中央政府、中革军委率军委第一、二纵队由瑞金出发，开始实行战略转移。中共中央决定，成立以项英为书记的中共中央分局和以陈毅为主任的中华苏维埃共和国中央政府办事处。22日中央军区正式成立，项英任司令员兼政治委员，负责领导中央苏区及闽浙赣苏区的斗争。

17日　中央红军分别从10个渡口南渡贡水，向突围集结地区开进。

21日　中央红军开始突围。25日渡过桃江，突破敌人第一道封锁线。

△　中革军委电示北上抗日先遣队应逐步转入闽浙赣苏区。

24日　红六军团主力与红三军在印江木黄会师，胜利完成突围西征的战略任务。会师后，红三军恢复红二军团番号。

27日　红二、六军团领导人致电朱德、周恩来，报告向湘西北发展。

1934 年 11 月

1 日　中央红军先头部队进入湖南。

1～9 日　红四方面军于通江县毛浴镇召开政治工作会议，总结政治工作经验，提出粉碎“川陕会剿”的行动口号，表彰反“围剿”作战中的先进单位。

5～8 日　中央红军由汝城到城口间，突破敌人第二道封锁线。

上旬　北上抗日先遣队由皖南转入闽浙赣苏区，在葛源以北地区同红十军会合，并于 4 日合编为红十军团。

7 日　红二、六军团袭占湘西永顺。

11 日　中共鄂豫皖省委决定率红二十五军主力向平汉铁路以西实行战略转移。

15 日　中央红军在良田、宜章间突破敌人第三道封锁线后，红一军团主力占领临武，红三军团逼近嘉禾。18 日，红九军团占领蓝山县城。

16 日　红二十五军开始从河南罗山何家冲出发，实行战略转移。

18 日　中央军区决定红十军团转到外线作战，创建浙皖边新苏区。

19 日　中革军委总政治部发出《关于争取少数民族工作的指示》，要求部队要尊重少数民族的风俗习惯，反对大汉族主义，争取少数民族加入红军。

△　红二十五军进入桐柏山区。

中旬　红四方面军于四川省巴中县清江渡召开军事工作会议。

22 日　中央红军攻占道县。24 日攻占江华。25 日从道县与江华间全部渡过潇水。

25 日　中革军委下达强渡湘江的作战命令。

△　中革军委电示红二、六军团，坚决深入到湖南中部及西部活动，积极配合中央红军的战略转移。

26 日　中共湘鄂川黔边省委、省革命委员会和省军区成立，任弼时任省委书记，贺龙任省委委员兼省革命委员会主席和省军区司令员。

红军长征大事记

△ 红二十五军进入伏牛山区。

29日 中央红军在湘江两岸与各路敌人展开决战。

1934年12月

1日 中央红军经过浴血奋战，终于渡过湘江，突破敌人第四道封锁线，于5日进入西延地区。

7日 红二、六军团主力进袭沅陵未克。

8日 红二十五军进入陕西雒南地区。

10日 中共鄂豫皖省委在雒南庾家河召开会议，决定创建鄂豫陕革命根据地。

11日 中央红军攻占湖南通道。

13日 中革军委命令中央红军迅速脱离桂军，西入贵州，寻求机动，以便转兵北上，同红二、六军团会合。

14日 红十军团在安徽太平谭家桥与敌作战失利，部队遭受较大伤亡。

15日 中央红军突破黔军防线，准备北渡清水江，同红二、六军团会合。

18日 中共中央政治局在黎平召开会议，接受了毛泽东关于改变红军北出湘西北的原定计划，向敌人兵力薄弱的黔北进军的主张。

19日 中革军委按照黎平会议确定的新的战略方针，决定中央红军分左右两路西进。

20日 中央红军继续西进，连克剑河、台拱、施秉、镇远、黄平、余庆、瓮安等县城，于12月底前锋抵乌江南岸。

31日 中央红军进至乌江南岸地区。

本月 蒋介石调集陕西、甘肃、宁夏、山西4个省的国民党军20多个团4万余人，对陕甘边和陕北苏区发动第二次“围剿”。

1935.10 1935.11 1935.12 1936.01 1936.02 1936.03 1936.04 1936.05 1936.06 1936.07 1936.08 1936.09 1936.10

1935 年 1 月

1 日　中共中央政治局在贵州瓮安猴场召开会议，决定强渡乌江，向川黔边进军。

6 日　中央红军全部渡过乌江。

7 日　中央红军先头部队进占遵义城。8 日攻占娄山关。9 日中共中央、中革军委进驻遵义。10 日攻克桐梓。

9 日　红二十五军攻占陕西镇安县城。

15 日　红十军团在德兴到港头村地区遭敌截击，部队被分割成两段。先头部队突破封锁线回到闽浙赣苏区，随后改编为挺进师，在浙南地区坚持游击战争；军团主力在怀玉山区遭数倍于己的敌人围攻，大部壮烈牺牲。

15~17 日　中共中央在遵义召开政治局扩大会议，决定放弃在川黔边建立新苏区，北渡长江，在四川西部或川西北地区建立根据地。会议批评了党内“左”倾教条主义错误，结束其在中共中央的统治，确立毛泽东在红军和党中央的领导地位。

18 日　陕甘西北军委发布反对敌人第二次“围剿”动员令。

19 日　中共中央、中革军委率领中央红军由遵义南北地区开始北上。

20 日　中革军委发出《关于渡江的作战计划》。

22 日　中共中央政治局和中革军委电示红四方面军，集中全力向嘉陵江以西进攻，配合中央红军北上。

24 日　中央红军进占土城。

28 日　中央红军第三军团、第五军团和干部团发起土城战斗。

29 日　中央红军分三路西渡赤水河(一渡赤水)。

30 日　中国工农红军第二十七军第八十四师在陕北安定县白庙岔成立。

红军长征大事记

1935年2月

1日　红二十五军袭占柞水县城。接着部队在鄂豫陕边区北部开展群众工作，创建革命根据地。

5日　中共中央书记处致电项英并中央分局，要求改变组织方式与斗争方式，开展游击战争。

△　中共西北工作委员会和红军西北革命军事委员会成立，统一领导陕甘边、陕北两苏区的党组织和红军及游击队。

7日　中共中央、中革军委决定暂缓执行北渡长江计划。

8日　中共中央审查和通过了《中共中央关于反对敌人五次“围剿”的总结决议》。

9日　中央红军在扎西地区集结完毕。随后，部队缩编为16个团。

10日　中共中央召开干部会议，张闻天传达遵义会议决议。

11日　中共中央、中革军委致电红二、六军团，指出主要活动地区是湘西及鄂西，次是川黔一带，必要时主力可突破敌人的围攻线，向川黔广大地区活动。

18~21日　中央红军分两路由太平渡、二郎滩等渡口东渡赤水河(二渡赤水)，向桐梓地区急进，寻机消灭黔军。

20日　中革军委总政治部发出《关于目前瓦解敌军工作的几项重要指示》。

28日　中央红军再占遵义城。接着，击溃国民党军吴奇伟纵队，歼其大部，取得遵义战役胜利。

下旬　红二十五军为了贯彻郧西会议精神并配合红四方面军的陕南战役，由郧西地区西进。同时，成立中共鄂陕特委和鄂陕游击司令部。

1935年3月

3日　红二十五军占领陕西省宁陕县城。4日占领佛坪县城。8日进到洋县华阳镇。

4 日　中革军委决定设前敌司令部，朱德为司令员、毛泽东为政治委员。

8 日　中共中央发布《告全党同志书》，号召全党克服一切困难，在运动战中消灭敌人，彻底粉碎敌人的围攻，赤化全贵州。

10 日　红二十五军在洋县石塔寺附近设伏，击溃尾追之敌。接着在华阳地区开展群众工作，创建根据地。

16～17 日　中央红军在茅台及其附近西渡赤水河(三渡赤水)，向古蔺、叙永方向前进。

21～22 日　中央红军由二郎滩、太平渡等地东渡赤水河(四渡赤水)。

24 日　蒋介石由重庆飞抵贵阳“督战”，企图集中兵力寻求红军主力决战。

25 日　中央红军进至遵义至仁怀大道北侧。26 日，经长干山与枫香坝之间南下。

28 日　红四方面军发起强渡嘉陵江战役。

31 日　中央红军主力经江口、大塘、梯子岩等处南渡乌江。

下旬　红二十五军由华阳地区东返，经柞水、蔡玉窑、曹家坪，于 4 月初到达蓝田县葛牌镇。

1935 年 4 月

2 日　中央红军以一部佯攻息烽，主力进占扎佐、狗场。

5 日　中共中央复电红二、六军团，认为在湘鄂川黔根据地粉碎敌人“围剿”的可能性还是存在的，应尽力在原地区争取胜利。

7 日　乘云南境内敌人兵力空虚之机，中央红军主力“从贵阳、龙里之间南进”，向云南发展。

12 日　红二、六军团退出湘鄂川黔苏区，拟向湖北之南漳、兴山、远安地区转移，创建新的根据地。

14 日　红四方面军进占平武。18 日攻克中坝、梓潼。19 日攻占彰明。21 日克北

红军长征大事记

川。至此，强渡嘉陵江战役胜利结束，共歼敌万余人。

16 日　红二、六军团决定放弃北渡长江计划。

18 日　红二十五军攻占雒南县城。

27 日　中央红军攻占马龙。接着，攻占寻甸、嵩明，一部进至杨林，前锋逼近昆明。

■ 1935 年 5 月

2 日　中央红军开始北渡金沙江。至 9 日，全部渡过金沙江，到达会理地区，把追敌全部甩在金沙江以南地区，取得战略转移的决定性胜利。

4 日　红二十五军在商县龙驹寨进行战备训练。

6 日　中革军委指示红 9 军团渡过金沙江后，彻底焚毁沿金沙江各渡口的所有船只，阻止追敌于江南岸，以掩护中央红军主力在会理地域集结休整。

8 日　红三军团先头部队抵会理城下。9 日，红三军团与干部团围攻会理城。上旬红四方面军先后撤出彰明、中坝、青川、平武等地，向岷江地区西进。

△　中共豫陕特委和豫陕游击师成立，鄂豫陕根据地初步建成。

12 日　中共中央政治局在会理城附近的铁厂举行扩大会议(即会理会议)，决定继续北进，迅速越过大渡河，向红四方面军靠拢。

15 日　中央红军为了执行在川西或川西北创建根据地的战略方针，撤会理之围，继续北进。17 日攻占德昌。

19 日　主力进抵礼州。

20 日　中革军委决定经冕宁通过彝族区，渡过大渡河，进入川西北地区，建立新的根据地。

25 日　红一团第二连 17 名勇士强渡大渡河成功。

下旬　张国焘在四川茂县成立“西北特区委员会”和“西北联邦政府”，自任主席。

29日　红四团第二连的22名共产党员和积极分子组成的突击队，飞夺泸定桥，冲入泸定城。

30日　陕甘红军攻占延长县城，全歼守敌。

1935年6月

1日　中央红军攻占华林坪，张闻天在干部大会上作渡河以后的形势与任务的报告。

△　在陕甘红军攻占延长的声威下，驻延川敌人逃往清涧，红军进占延川。

2日　中革军委决定中央红军分左中右3个纵队向天全、芦山前进。

8日　中共中央、中革军委指示中央红军占领芦山，翻越大雪山——夹金山，向懋功前进，与红四方面军会合。

12日　中央红军先头部队在达维东南与红四方面军先头部队胜利会师。

13日　陕甘红军歼敌一部，攻占安塞县政府所在地的兴隆寨。

16日　中共中央、中革军委致电红四方面军领导人，提出中央红军与红四方面军会师后的战略方针。

17日　红四方面军领导人张国焘致电中共中央，竭力夸大由岷江向东或向北发展的困难，不同意中央提出的北上方针。

18日　中共中央、中革军委和中央红军主力到达懋功地区。21日中央红军与红四方面军的部队举行联欢会。

21日　陕甘红军攻占安塞县李家塌。至此，基本上打通了陕甘、陕北两根据地的联系。

26日　中共中央政治局在懋功以北的两河口举行会议，确定了北上的战略方针。

28日　中共中央政治局做出《关于一、四方面军会合后战略方针的决定》。

红军长征大事记

29 日　中革军委下达《松潘战役计划》，命令中央红军和红四方面军夺取松潘，向川陕甘进军。

30 日　中央红军主力翻越第二座大雪山之后到达卓克基。

■ 1935 年 7 月

2 日　红一方面军一部翻越大雪山——长板山，进至黑水地区。

△　红二十五军在陕西袁家沟口全歼陕军警一旅。

8 日　张国焘背着党中央在理县杂谷垴召开红四方面军干部会议，进行反党和破坏红军团结的派别活动。

10 日　中央红军、红四方面军先头部队到达毛儿盖地区。

13 日　红二十五军北出终南山，威逼西安。

15 日　中共鄂豫陕省委决定率红二十五军西征北上，配合主力红军北上行动，与陕甘红军会合。

18 日　中共中央召开政治局常委会议，任命张国焘为红军总政治委员。

21、22 日　中共中央政治局在芦花召开会议，会议审查了红四方面军从鄂豫皖到川陕苏区的历史，肯定了成绩，总结了经验教训，批评了张国焘的错误。

下旬　中共中央到达毛儿盖。

△　由于张国焘的拖延，红军丧失了夺取松潘的有利时机。中共中央、中革军委决定放弃原定的松潘战役计划，改经草地北上。

■ 1935 年 8 月

1 日　中华苏维埃共和国中央政府、中国共产党中央委员会发表《为抗日救国告全体同胞书》(即“八一宣言”)。

3日　红军总部拟定《夏洮战役计划》，决定改经草地北上。

4～6日　中央政治局在毛儿盖附近的沙窝召开会议，重申两河口会议确定的战略方针，通过了《中央关于红一、四方面军会合后的政治形势与任务的决议》。并决定恢复红一方面军总部，周恩来任司令员兼政治委员。

14日　红二十五军威逼静宁，切断了西(安)兰(州)公路。

15日　朱德、张国焘率领左路军先头部队由卓克基出发。21日到达阿坝地区。

17日　红二十五军攻占隆德县城。是日翻越六盘山，沿西兰公路东进，逼近平凉城。

20日　中共中央政治局在毛儿盖召开会议，根据毛泽东的报告，做出《关于目前战略方针之补充决定》。

21日　中共中央、红军前敌总指挥部率领右路军从毛儿盖出发，经草地北上。8月底到达班佑、巴西地区。

29日　右路军第三十军和第四军一部发起包座战斗。经3天激战，歼敌5000余人，打破了敌军的堵截。

31日　红二十五军由平凉县城以东四十里铺渡过泾河，继续向东北前进。

1935年9月

1日　毛泽东、徐向前、陈昌浩致电朱德、张国焘，再次要求左路军向右路军靠拢。

2日　中共中央在巴西召开政治局会议，讨论红一方面军工作方针问题。

3日　张国焘复电中共中央，公开反对党的北上方针。

5日　张国焘令左路军部队停止北上。

7日　红二十五军到达陕甘革命根据地保安（今志丹）县的豹子川。9日进至永宁山，同中国共产党陕甘组织取得了联系。

红军长征大事记

10日　中共中央率红三军离开阿西单独北上，随后到达俄界与红一军会合，并发出《为执行北上方针告同志书》。

11日　中共中央致电张国焘，再次指令其“立即命令左路军向班佑、巴西开进”。

12日　中共中央政治局在俄界召开扩大会议，通过《关于张国焘同志的错误的决定》。并决定将红一方面军主力和军委纵队改编为中国工农红军陕甘支队。

13日　张国焘在阿坝召开会议，大肆污蔑党的北上方针，声称其南下错误方针为“进攻路线”。

14日　中共中央致电张国焘，“立即取消南下的决心及命令，服从中央电令”。

15日　红二十五军到达陕甘苏区的延川永坪镇。16日同陕甘红军胜利会师。至此，红二十五军历时10个月、转战豫鄂陕甘4个省、行程近1万里的长征胜利结束。

17日　红一方面军先头部队夺取腊子口，打开了北上通路。

18日　红一方面军将红一军、红三军和军委纵队分别改编为陕甘支队第一、二、三纵队。

△　红二十五军和西北红二十六军、红二十七军在永坪镇召开两军胜利会师庆祝大会。会后合编为中国工农红军第十五军团。

27日　陕甘支队占领通渭县榜罗镇。

1935年10月

1日　红十五军团在甘泉劳山，歼敌一一零师师部及第六二八团、第六二九团。

5日　张国焘公开树起反党旗帜，在理番卓木碉另立“中央”，自任主席。

12日　南下红军攻克绥靖。15日占领崇化，16日攻克丹巴，20日攻克懋功。至此，绥崇丹懋战役结束。

18日　中共中央政治局在保安与定边交界的铁角城召开常委会议，讨论陕甘支队

入陕作战方针、与陕甘红军会师以及巩固扩大陕甘苏区等问题。

19 日　陕甘支队到达陕甘苏区的保安吴起镇。至此，中央红军历时 1 年、途经 11 个省、行程 2.5 万里的长征胜利结束。

22 日　中共中央政治局在吴起镇召开扩大会议，决定“建立西北的苏区，领导全国大革命”。

24 日　南下的红四方面军越过终年积雪的夹金山，向宝兴、天全、芦山之敌发起攻击。11 月下旬撤出百丈。12 月中旬撤出荥经、汉源地区。至此，天芦名雅邛大战役结束。

25 日　红十五军团在甘泉榆林桥，歼敌第一零七师第六一九团等部。

■ 1935 年 11 月

2 日　党中央率陕甘支队经保安到达甘泉的下寺湾。

3 日　中华苏维埃共和国中央政府决定成立西北革命军事委员会。

△　西北革命军事委员会发布命令恢复红一方面军番号。

4 日　中共湘鄂川黔省委和军委分会在湖南桑植刘家坪召开会议，讨论战略转移问题。

5 日　西北革命军事委员会后方办事处成立。

12 日　中共中央电告红四方面军，红一军团、红三军团已与陕甘红军会合，要求红四方面军随时报告情况。

13 日　中共中央发表《为日本帝国主义并吞华北及蒋介石出卖华北出卖中国宣言》，号召全国人民拥护和参加中国共产党领导的抗日反蒋战争。

18 日　中共中央政治局在瓦窑堡召开扩大会议，讨论游击战争问题。

19 日　红二、六军团从湖南桑植刘家坪等地出发，开始战略转移。

21~26 日　红一方面军取得直罗镇战役的胜利，粉碎敌人对陕甘苏区的第三次大规模“围剿”。

红军长征大事记

22日　红六军团袭占大宴溪，突破敌人沅江封锁线。

28日　中华苏维埃共和国中央政府、中国工农红军革命军事委员会联名发表《抗日救国宣言》。

■ 1935年12月

6日　中共中央在瓦窑堡召开政治局会议。会议确定组织整个农民战线，反对主要敌人，适当放宽对富农的政策。

11日　红二、六军团开始退出湘中，向石阡、镇远、黄平地区转移。

17日　中共中央在陕北瓦窑堡召开会议，讨论和制定党在新形势下的政策和战略方针。会议经过将近10天的讨论，先后通过了《关于军事战略问题的决议》、《关于目前政治形势与党的任务决议》，确定了党的建立抗日民族统一战线的总政策和各项具体政策。

27日　毛泽东在党的活动分子会议上作《论反对日本帝国主义的策略》报告。

30日　中国工农红军第二十八军在陕北苏区组成，刘志丹任军长，宋任穷任政治委员。

■ 1936年1月

1日　红二、六军团主力到达冷水铺地区。接着占领龙溪口、晃县、玉屏等城镇。

8日　红十五军团第七十五师在陕西省洛川县洛生镇地区，击溃向陕甘苏区进犯之东北军2个团。

9日　红一方面军第二十八军、第十五军团第七十八师及中央军委骑兵团组成的北路军，开赴陕北横山地区，打击向陕甘苏区袭扰之敌。

△　红六军团主力占领江口。

10日　南下的红四方面军第五军、第三十三军合编为红军第五军。

12 日　红二军团占领贵州省石阡。

16 日　中共驻共产国际代表林育英(即张浩)电告张国焘，说明受共产国际委派解决红一、四方面军问题。

17 日　中共中央政治局在瓦窑堡召开会议，确定当年的基本任务是巩固扩大苏区，打通与苏联的联系，把国内战争与民族战争结合起来，扩大抗日力量及主力红军。

19 日　中央军委命令红一方面军东征山西，准备对日作战。

△　红二、六军团领导人在石阡召开会议，决定继续西进，争取在贵阳西部创建新的根据地。

22 日　中共中央政治局做出《关于张国焘同志成立第二“中央”的决定》。

24 日　中共中央致电张国焘，令其放弃第二“中央”，以实现党内统一，团结对敌。

27 日　张国焘致电中共中央，表示“原则同意”中央的路线。

31 日　中革军委在陕西延长召开会议，进一步讨论战略方针及东征战役问题。

1936 年 2 月

2 日　红二军团侦察大队在乌江东岸之鸭池河镇，歼守敌1个连，掩护主力抢渡乌江。

5 日　中共湘鄂川黔省委在黔西召开会议，决定红二、六军团立即实行战略展开。

9 日　红二、六军团攻占毕节。

11 日　红四方面军开始撤离天全、芦山、宝兴地区，向西北转移。

18 日　红一方面军发布《关于东征渡河战役之作战命令》。

20 日　红一方面军东渡黄河，突破阎锡山晋绥军防御，开始东征。

21 日　中华苏维埃共和国中央政府发出《关于召集全国抗日救国代表大会通电》，提出组织国防政府与抗日联军的主张。

红军长征大事记

25 日　中共湘鄂川黔省委和红二军团总指挥部鉴于敌情十分严重，决定红军退出毕节地区，沿毕（节）威（宁）大道西进，而后转向东南，到安顺地区创建根据地。

1936 年 3 月

2 日　中国工农红军第三十军（直属军委后方办事处）在晋西地区开始组建。

10 日　毛泽东、彭德怀发布《中国人民红军抗日先锋军布告》。

20 日　中共中央政治局在晋西孝义县召开扩大会议，讨论共产国际第七次代表大会决议和战略方针问题。

27 日　中共中央政治局在晋西石楼县城附近召开政治局会议，讨论外交（统一战线）问题。

28 日　红二、六军团攻占盘县、亦资孔地区。至此，红二、六军团在乌蒙山区同敌人5个纵队10多个师的兵力周旋月余，转战500多公里的运动战胜利结束。

下旬　朱德、张国焘致电红二、六军团，要其北渡金沙江，到甘孜地区同南下的红军会师。

31 日　红二、六军团离开盘县地区，向滇中急进，寻机北渡金沙江。

1936 年 4 月

月初　红四方面军制定《四、五月战斗准备工作计划》，进行整编训练，迎接红二、六军团北上。

1 日　中革军委将红一方面军改称中国人民红军抗日先锋军，并规定了行动方针、任务和组织编制等。

5 日　中华苏维埃人民共和国中央政府、中国抗日红军革命军事委员会联名发布

《为反对卖国贼蒋介石阎锡山阻拦中国人民红军抗日先锋军东渡抗日捣乱抗日后方宣言》。

6 日　红二、六军团进抵寻甸。

11 日　红二、六军团攻占富民，逼近昆明。

15 日　红一方面军之右路军一部攻占山西吉县。

23 日　红二、六军团攻占鹤庆。25 日至 28 日，渡过金沙江。

下旬　红三十二军和红四军一部进占雅江、理化，接应已渡过金沙江北上的红二、六军团。

30 日　红二、六军团渡过金沙江后，即沿玉龙雪山西麓金沙江东岸北进，5 月初达到中甸地区。

1936 年 5 月

5 日　红一方面军西渡黄河回到延长、延川地区休整，使蒋介石企图围歼红军于晋西地区的计划落空，历时 75 天的东征战役结束。

△　中华苏维埃人民共和国中央政府和中国人民红军革命军事委员会发出《停战议和，一致抗日通电》。

△　红二、六军团分2个纵队由中甸出发，向甘孜前进，准备与红四方面军会合。

17 日　中共中央决定撤销陕甘省委，成立陕甘宁省委，李富春任书记。

18 日　中央军委发布西征战役计划，决定由司令员兼政治委员彭德怀率领由红一方面军主力组成的西方野战军向陕甘宁三省边境地区发展。

20 日　中央政治局在陕北召开常委会议，着重研究红军大学的组成、教育方针等问题。

26 日　中共中央电询红四方面军“今后具体行动方针”，体现了党中央对张国焘的殷切期待和对南下部队的亲切关怀。

28 日　中共中央政治局在陕北瓦窑堡召开会议，研究争取张学良东北军反蒋抗日，

红军长征大事记

以及争取张国焘转变错误立场，争取红二、六军团及红四方面军北上甘南等问题。

29日　中央军委电示陕甘地区红军，6、7、8月份的基本任务是：西边创造新根据地，东边坚持游击战争，南边争取东北军等部走上抗日道路。

1936年6月

1日　中共中央以毛泽东、朱德名义发布《中华苏维埃共和国中央政府、中国人民抗日红军革命军事委员会布告》，提出救国救民的20条主张。

3日　红六军团到达理化以南的甲洼地区，同前来迎接的红三十二军会师。

6日　张国焘被迫取消其第二“中央”。

7日　西方野战军继续西进，向甘肃、宁夏边境的清水河一线发展。

10日　中央军委决定，红二十八军和红二十九军1个团参加西征。

△　张国焘、朱德及红四方面军领导人致电中共中央，提出拟于6月底北上，向夏、洮西北行动。

12日　中华苏维埃共和国中央政府、中国人民红军革命军事委员会联名发表《为两广出师北上抗日宣言》。

15日　中共中央及军委鉴于陕北各路敌军正向瓦窑堡地区逼近，决定中央领导机关撤离该地，向苏区西部转移；并决定留周恩来指挥东线作战和布置中央领导机关转移事项。

16日　红十五军团一部占领陕西定边县城。

23日　红六军团到达甘孜蒲玉隆，同红四方面军总指挥部会师。

30日　红二军团到达甘孜西北的绒坝岔，同红四方面军第三十军第八十八师第二六三团会师。

1935.10 1935.11 1935.12 1936.01 1936.02 1936.03 1936.04 1936.05 1936.06 1936.07 1936.08 1936.09 1936.10

■ 1936 年 7 月

2 日　红二、六军团与红四方面军在甘孜举行盛大联欢会。

5 日　红二、六军团组成中国工农红军第二方面军，贺龙任总指挥，任弼时任政治委员。

上旬　中革军委决定在陕甘宁地区充实扩大组成3个骑兵团，并组建陕甘宁独立师。

11 日　红二方面军由甘孜的东谷出发北上，经日庆、阿坝、包座等地，向哈达铺地区前进。

13 日　毛泽东、周恩来、彭德怀致电红二、四方面军，“北出草地后应迅速攻占岷州”。

14 日　中共中央致电共产国际书记处，将红一、四方面军会师后中央同张国焘的斗争情况做了报告。

17 日　西方野战军一部在七营地区击溃敌骑兵师试探性进攻。

22 日　中共中央致电红二、四方面军领导人，指出：“我们正动员全部红军全苏区人民粉碎敌人之进攻，迎接你们的北上”。

23 日　红六军团到达阿坝。26 日红二方面军总指挥部及红二军团到达阿坝。

27 日　中共中央西北局成立，张国焘任书记，任弼时任副书记，朱德等为委员，统一领导红二、四方面军的北上行动。

月底　西征战役结束，西方野战军转入休整，准备 9 月份策应红二、四方面军北上，实现三大主力红军会师。

■ 1936 年 8 月

1 日　红四方面军第三次通过茫茫的草地，到达包座地区。

5 日　中共西北局发布《岷洮西战役计划》，决定乘敌主力尚未集中岷洮以前夺取岷州、洮州、西固地区，以便北上。

红军长征大事记

8日　红二方面军到达包座。

9日　红四方面军第一纵队抢占天险腊子口，10日包围岷州；第二纵队于20日攻占洮州旧城，9月7日攻占通渭；第三纵队于9月1日进抵哈达铺。至此，红二、四方面军基本完成岷洮西战役计划。

12日　中共中央领导人毛泽东等联名致电朱德、张国焘、任弼时，提出夺取宁夏战略计划。

25日　中央军委发布训令，指示西方野战军策应红二、四方面军作战。

31日　西方野战军开始向西行动。

1936年9月

1日　中共中央发出《关于逼蒋抗日问题的指示》。

△　红二方面军到达甘肃岷县哈达铺地区。

7日　红二方面军红五师在哈达铺改编为第三十二军第九十六师。

9日　红一方面军第一军团一部组成特别支队，经硝河城向南挺进。14日攻占将台堡。

11~12日　红二方面军发起成(县)徽(县)两(当)康(县)战役。

14日　红一方面军以第十五军团一部组成特别支队攻占打拉池。

15日　中共中央政治局召开扩大会议，讨论目前形势和一年来民族统一战线工作。

16日　中共西北局在岷县以西三十里铺召开会议，讨论红军行动方针问题。

17日　红二方面军攻占成县。18日攻占两当、徽县。19日攻占康县。至此，红二方面军圆满完成成徽两康战役任务。

19日　中共中央政治局召开常委会议，讨论夺取宁夏问题。

△　红四方面军总部发布向静宁、会宁进军命令。

20 日　张国焘推翻西北局关于继续北上同中共中央会合的决定，命令各部队掉头西进。

27 日　中共中央致电张国焘，“中央明令已下，请电令通渭部队仍回占通渭，其余跟即北上”。

28 日　红军总部发出《通庄静会战役计划》。后由于张国焘延误时日，通庄静会战役计划未能实现。

30 日　红四方面军分 5 个纵队，先后由岷县、漳县等地出发，向通渭、庄浪、会宁、静宁等地前进。

■1936 年 10 月

1 日　贺龙、任弼时、关向应、刘伯承致电中央军委及朱德、张国焘，建议红二方面军渡过渭水北进，同红一、四方面军靠近。

3 日　张国焘等致电中央军委，准备先以红四方面军 1 个军速出靖远，抢渡黄河。

4 日　红二方面军主力放弃成徽两康地区，开始向北转移。

8 日　红四方面军先头部队同红一方面军接应部队在会宁以东青江驿、界石铺会师。

9 日　朱德、张国焘率领红四方面军总部到达会宁，与红一方面军会师。至此，红四方面军转战 4 省，历时 1 年多的长征胜利结束。

10 日　红一、四方面军在会宁城召开庆祝会师大会。

16 日　中共中央政治局召开常委会议，讨论争取张国焘和红四方面军问题。

22 日　红二方面军在静宁以北的将台堡（今属宁夏）同红一方面军会师。至此，红二方面军转战 8 省，历时近 1 年，行程近 2 万里的长征胜利结束。

■至此，历时两年的红军长征胜利结束。

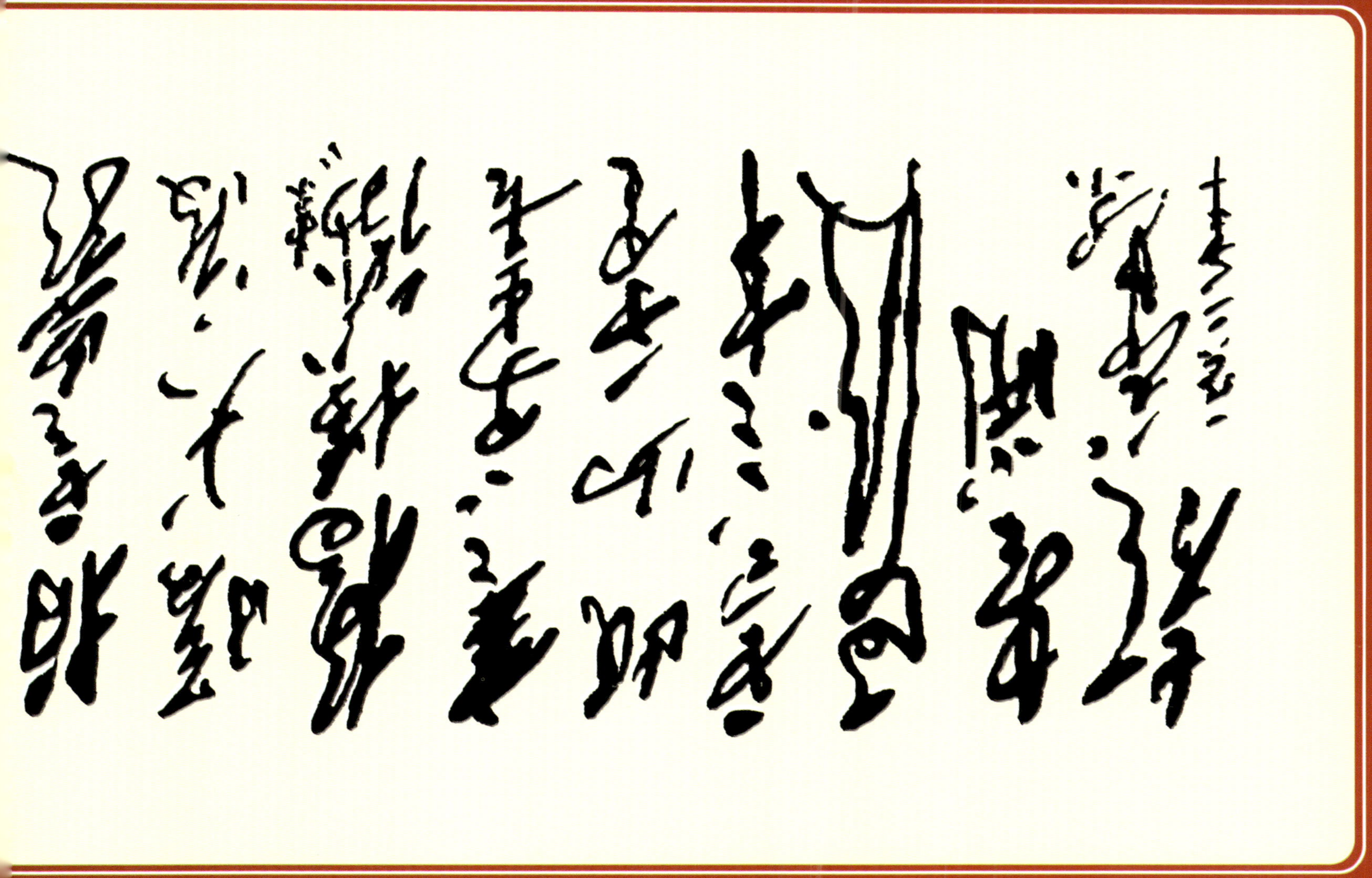